U0921962

黑龙江统计年鉴

HEILONGJIANG STATISTICAL YEARBOOK

2021

（总第35期No.35）

黑　龙　江　省　统　计　局
国家统计局黑龙江调查总队　编

Compiled by

HEILONGJIANG PROVINCIAL BUREAU OF STATISTICS
SURVEY ORGANIZATION OF HEILONGJIANG OF NBS

图书在版编目（CIP）数据

黑龙江统计年鉴. 2021 = Heilongjiang Statistical Yearbook 2021 : 汉英对照 / 黑龙江省统计局, 国家统计局黑龙江调查总队编. -- 北京 : 中国统计出版社, 2021.12
ISBN 978-7-5037-9712-5

Ⅰ. ①黑… Ⅱ. ①黑… ②国… Ⅲ. ①统计资料－黑龙江省－2021－年鉴－汉、英 Ⅳ. ①C832.35-54

中国版本图书馆 CIP 数据核字（2021）第 231224 号

黑龙江统计年鉴—2021

作　　者 / 黑龙江省统计局　国家统计局黑龙江调查总队
责任编辑 / 佘竞雄
执行编辑 / 且淑芬
装帧设计 / 李　静
出版发行 / 中国统计出版社
地　　址 / 北京市丰台区西三环南路甲 6 号　邮政编码 /100073
电　　话 / 邮购（010）63376909　书店（010）68783171
网　　址 / http://www.zgtjcbs.com
印　　刷 / 哈尔滨翱翔印务有限公司
经　　销 / 新华书店
开　　本 / 890mm×1240mm　1/16
字　　数 / 858 千字
印　　张 / 35.25　彩页：1.25
版　　别 / 2021 年 12 月第 1 版
版　　次 / 2021 年 12 月第 1 次印刷
定　　价 / 438.00 元　　Price:438.00 yuan (RMB)

《黑龙江统计年鉴—2021》编委会和编辑工作人员

Heilongjiang Statistical Yearbook-2021

Editorial Board And Editorial Staff

编辑说明

一、《黑龙江统计年鉴—2021》是一部全面反映黑龙江省经济和社会发展状况的资料性工具书。本书系统收录了全省及各市（地）、县2020年经济和社会各方面的统计数据，以及历史重要年份的主要统计数据。

二、全书共分20个部分：1. 综合；2. 人口、就业人员和工资；3. 国民经济核算；4. 价格指数；5. 人民生活；6. 财政、金融和保险；7. 资源与环境；8. 能源；9. 固定资产投资；10. 对外经济贸易；11. 农业；12. 工业；13. 建筑业；14. 住房和房地产；15. 国内贸易和旅游业；16. 运输和邮电；17. 教育与科技；18. 文化、体育、卫生和社会服务；19. 城市概况；附录：各县、市主要指标。各部分均附有主要统计指标解释。

三、资料中使用的度量衡单位均采用国际统一标准的计量单位。

四、本年鉴的资料大部分来自年度统计报表，部分数据来自抽样调查和专业部门年报，部分专业历史数据和资料来源口径有调整，请留意表中注释。

五、附录中的县域经济指标为各县（市）上报数，未做逐级核对，仅供参考。

六、由于数据来源和计算方法不同，一些指标分地区数据相加不等于全省数，请使用时注意。部分合计数或相对数因单位取舍不同而产生的计算误差均未做调整。

七、本年鉴中的符号使用说明：“空格”表示该项统计指标数据不详或无该项数据，数据不足本表最小单位数；“#”表示其中主要项。

EDITOR'S NOTES

I. *Heilongjiang Statistical Yearbook—2021* is an annual statistics publication, which covers very comprehensive data in 2020 and some selected data series in historically important years at provincial levels and local levels of cities, regions, and counties directly under the provincial government and therefore, reflects various aspects of social and economic development of Heilongjiang.

II. The book contains the following 20 parts, 1. General Survey; 2. Population, Employment and Wages; 3. National Accourts; 4. Price Indices; 5. People's Living Conditions; 6. Finance, Banking and Insurance; 7. Resources and Environment; 8. Energy; 9. Investment in Fixed Assets; 10. Foreign Trade and Economic Cooperation; 11. Agriculture; 12. Industry; 13. Construction; 14.Housing and Real Estate; 15. Domestic Trade and Tourism; 16. Transport, Posts and Telecommunication Services; 17. Education, Science and Technoloy; 18. Culture, Sports, Public Health and Social Services; 19. General Survey of Cities; Appedix Main Indicators of Counties. In addition, explanatory notes on main statistical indicators are provided at the end of each part.

III. The units of measurement used in this book are internationally standard measurement units.

IV. The major data sources of this publication are obtained from annual statistical reports, and some from sample surveys and professional departments. Statistical coverage of some professional historical data has adjusted. Please attention to explanatory notes in charts.

V. Some statistical data gathering from regions are not the same as total of province. Please attention to use. Statistical discrepancies due to rounding are not adjusted in this yearbook.

VI. Economic indicators in appendix are statistical data of county. The data are not checked from level. It is reference only.

VII. Notations used in this yearbook:

“(Blank) ” indicates that the data are unknown or are not available or the figure is not large enough to be measured with the smallest unit in the table; “# ” indicates the major items of the total.

篇 目 索 引　　Subject Index

耕地

黑龙江省是中国耕地面积最大的省份，是世界著名的三大黑土带之一。
全省人均耕地面积居全国第一位。

■耕地面积2.579亿亩

■人均耕地面积8.0亩

Heilongjiang province has the largest area of cultivated land among the provinces in China, Heilongiang province lies in one of the three most famous black earth belts in the world. The cultivated land per capita list the first in China.

粮食

黑龙江省粮食产量连续11年居全国首位，是中国重要的商品粮基地。

■粮食播种面积2020年21657.6万亩

■粮食产量2020年1508.2亿斤

Heilongiang province is an important commodity grain base in China,and its grain output ranks first in China for 11 consecutive years.

大豆

黑龙江省大豆种植面积和产量居全国首位。

■大豆播种面积2020年7248.1万亩

■大豆产量2020年184.1亿斤

The sown areas and yield soybean in Heilongjiang are standing number one in China.

绿色食品

黑龙江省绿色食品认证面积居全国第一位。

■绿色食品认证数量2020年2936个

■绿色食品种植面积2020年8513.7万亩

Heilongjiang ranks first in China in area of green food certification.

草原

黑龙江省草地面积约118.6万公顷，优质的牧草为畜牧业发展提供了丰厚的天然条件，全省牛奶和乳制品产量均居全国前列。

■奶牛数量2020年111.9万头

■乳制品产量2020年164.9万吨

■牛奶产量2020年500.2万吨

The provincial grassland area is about 1186000 hectares, and the high- quality grazing provide rich natural condition for the development of the stock raising. The prodction of milk and dairy products rank the total accumulation of the nation.

旅游资源

黑龙江省冰雪旅游资源堪称中国之最。

■亚布力是亚洲最大的滑雪场;

■镜泊湖是中国最大的高山堰塞湖;

■五大连池被誉为“天然火山博物馆”。

The resources of ice-and-snow in Heilongjiang are praised the best of all in China. Yabuli sking site is the biggest in Asia Jingpohu lake is the largest mountain-and-wei stufing lake in China. Wudalianchi is praised as the natural volcano museum.

原油

黑龙江省原油产量居全国第二，大庆油田累计提供原油24.3亿吨。

■原油产量2020年3001万吨

Heilongjiang's crude oil ranks third in China,and Daqing provides 2.4 billion tons.

森林

黑龙江省是我国重点林区之一，森林面积、森林总蓄积量和木材产量均居全国前列，是国家重要的木材战略储备基地。

■森林面积2150.6万公顷

■森林覆盖率47.3%

■森林蓄积量22.38亿立方米

Heilongjiang Province is one of China's major forest areas. The forest area, total volume of forest and timber production rank the total accumulation of the nation, is an important national timber strategic reserve base.

黑龙江的一天（2020年）

Selected Indicators Average Daily Social and Economic Activities of Heilongjiang Province(2020)

地区生产总值37.53亿元
GDP 3753 million yuan

出生人口326人
Birth population 326 persons

死亡人口715人
Deadth population 715 persons

粮食产量20.66万吨
Yield of Grain 206597 tons

公共财政收入3.16亿元
Public financial revenue 316 million yuan

旅游收入4.51亿元
Earnings from tourism 451 million yuan

公共财政支出14.93亿元
Public financial ecpenditures 1493 million yuan

客运量38.2万人
Passenger traffic 0.38 million persons

进出口总额6082万美元
Total exports and imports 60.82 million USD

货运量153.5万吨
Freight traffic 1535096 tons

进口总额4656万美元
Total imports 46.56 million USD

邮电业务总量6.13亿元
Business volume of post and telecom-munications service 613 million yuan

出口总额1426万美元
Total exports 14.26 million USD

金融机构各项存款增加额10.24亿元
Every deposit tota value of financial institution 1024 million yuan

原油产量8.22万吨
Yield of Crude Oil 82219 tons

居民储蓄增加额8.53亿元
Savings deposit of rural and urban residents 853 million yuan

钢材产量2.41万吨
Yield of steel 24081 tons

发电量2.97亿千瓦小时
Electricity 297 million kwh

乳制品产量0.45万吨
Yield of dairy product 4518 tons

三项专利授权78.0件
Number of three types of patent applications granted 78.0 units

汽车产量196辆
Yield of Automobile 196 unit

牛奶产量1.37万吨
Yield of milk 13703 tons

肉类产量0.69万吨
Output of Meat 6936 tons

总人口及自然增长率
Total Population and Natural Growth Rate

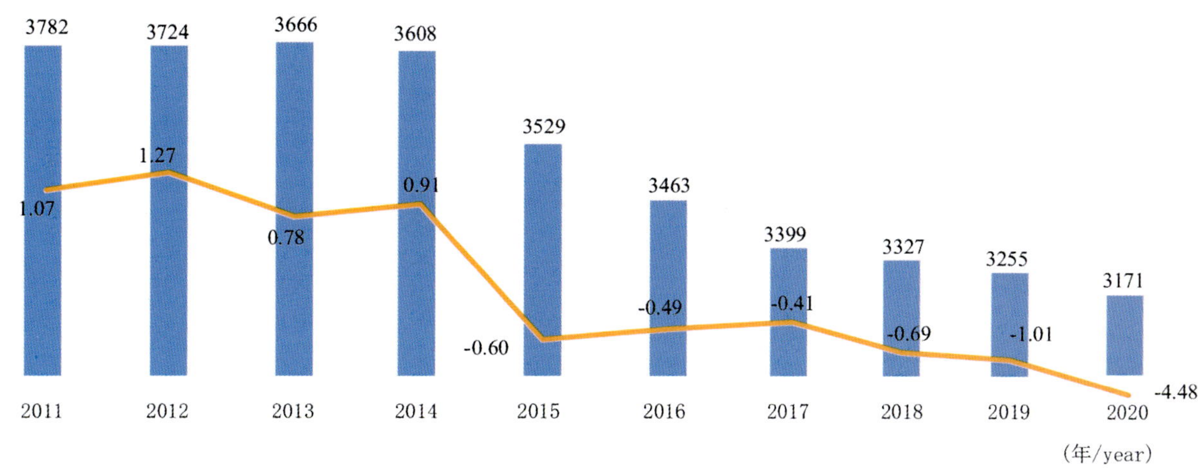

常住人口城镇化率（%）
Resident Population Urbanization Rate (%)

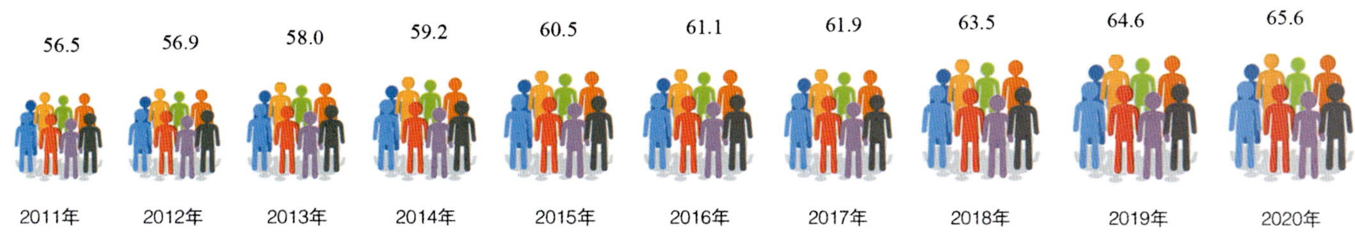

就业人数（万人）
Number of Employed Persons (10000 persons)

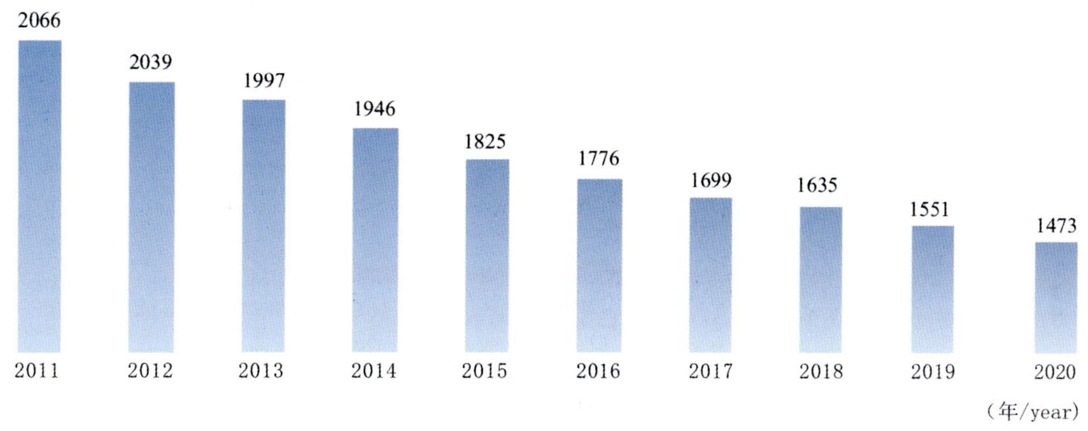

城镇非私营单位就业人员平均工资（元）

Average Wage of Employed Persons in Urban Non-private Units(yuan)

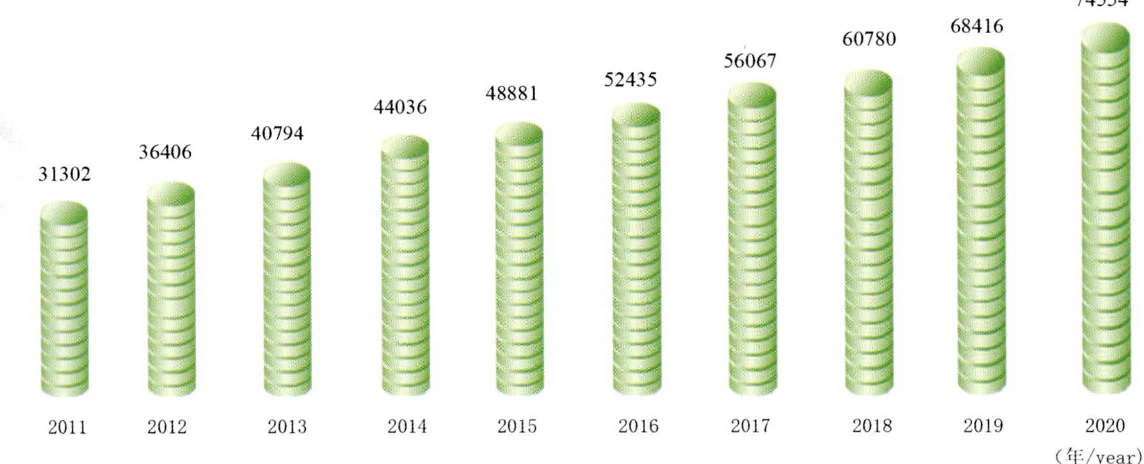

地区生产总值及增长速度

Gross Domestic Product &It's Growth Rate

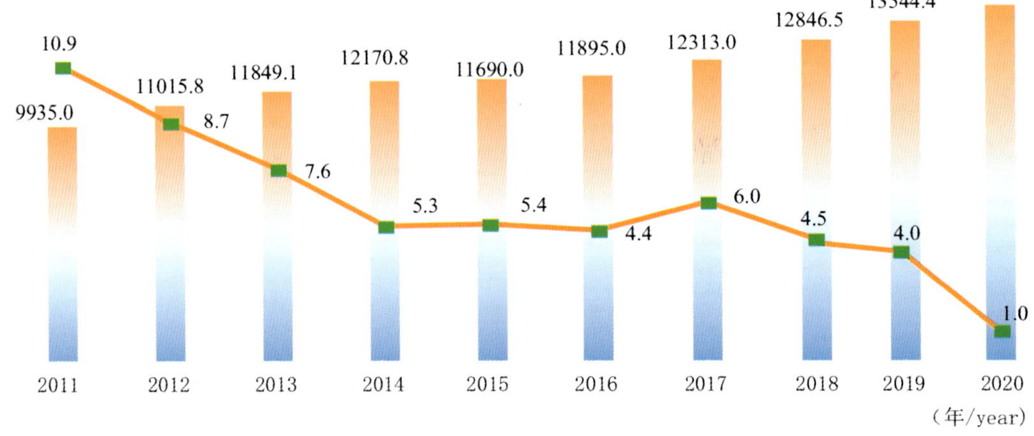

地区生产总值构成(%)

Composition of GDP (%)

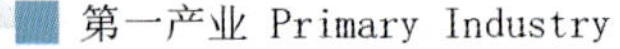

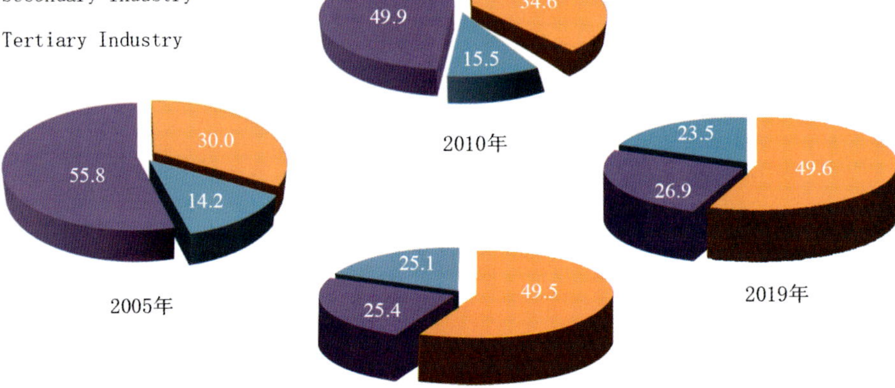

数字黑龙江

人均地区生产总值（元）
Per Capita GDP (yuan)

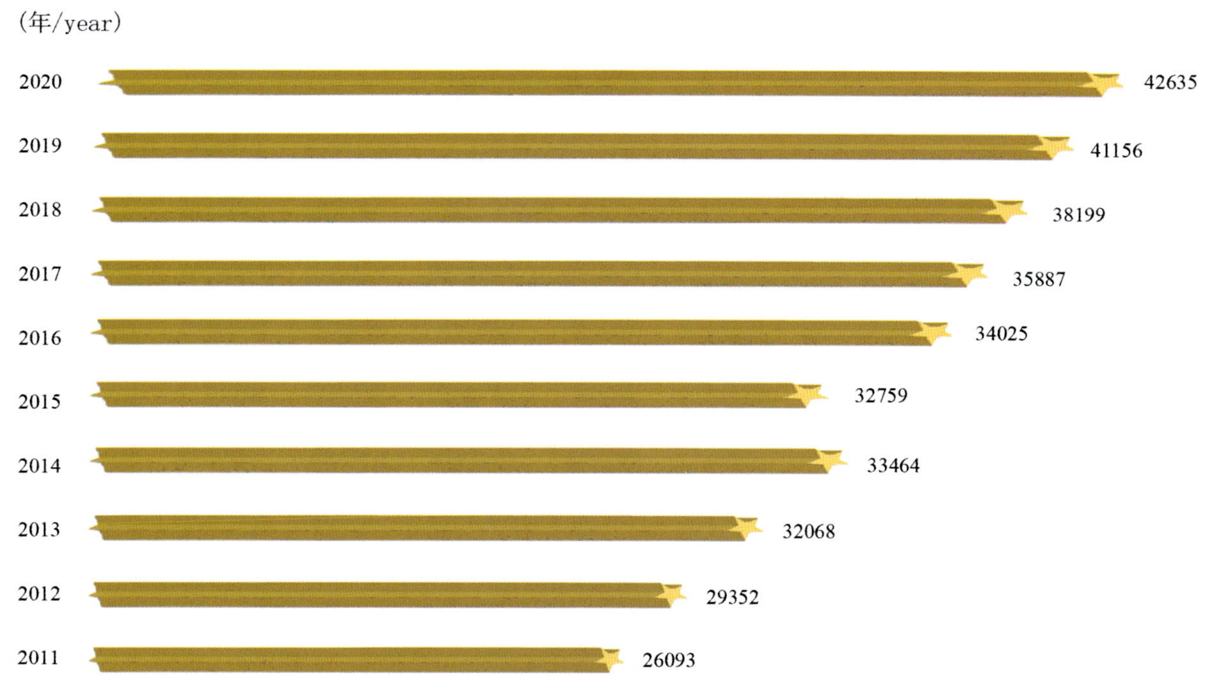

城乡常住居民人均可支配收入（元）
Annual Per Capita Disposable Income of Urban & Rural Households (yuan)

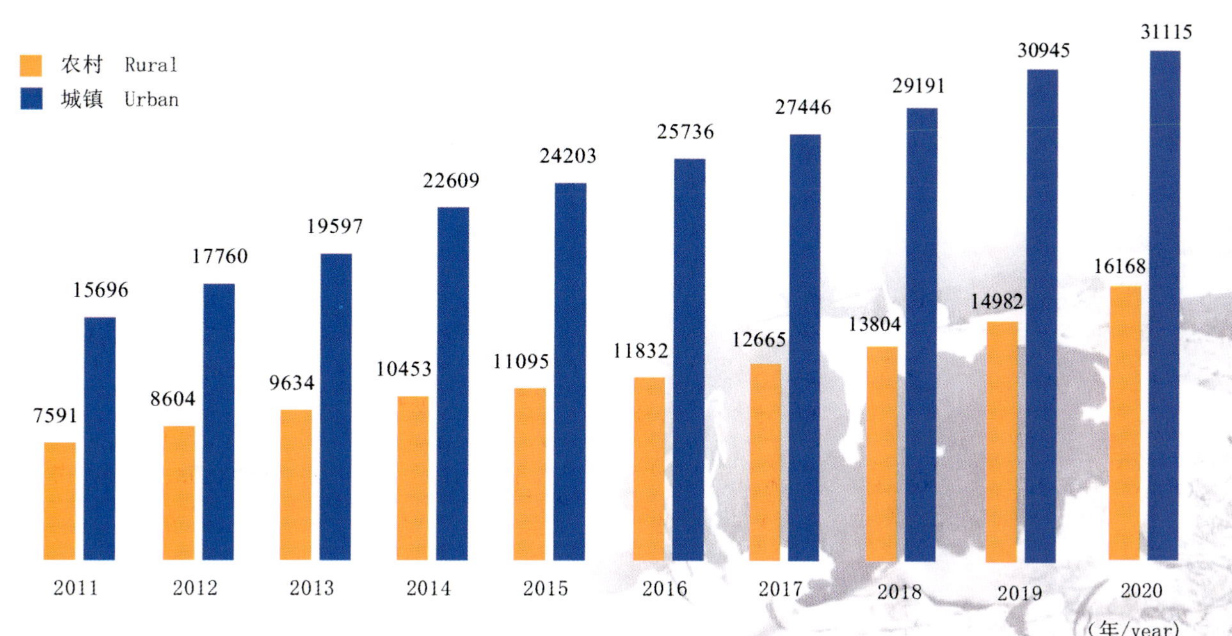

城镇居民消费结构（%）

Urban Resident's Consumption Composition (%)

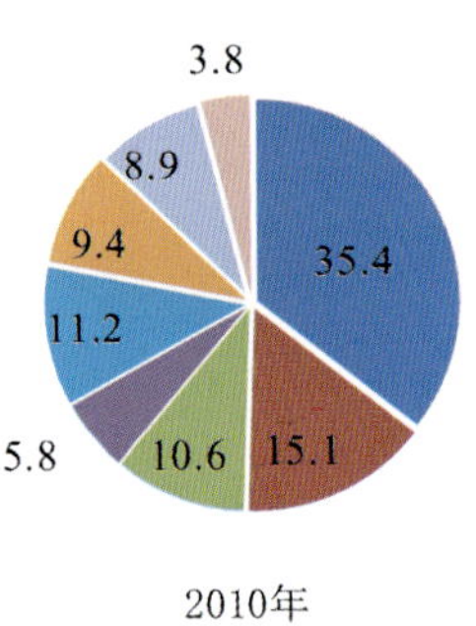

2010年

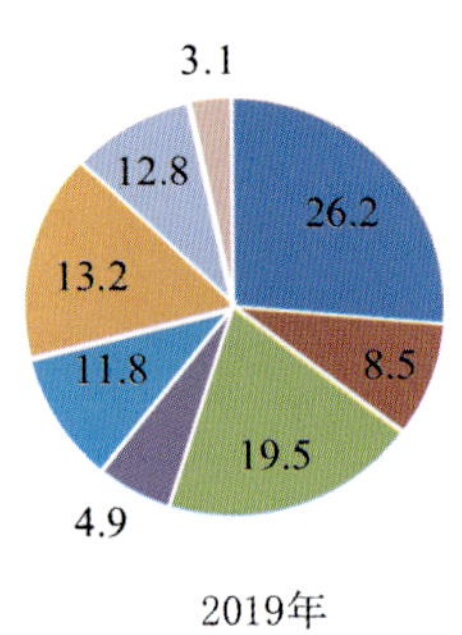

2019年

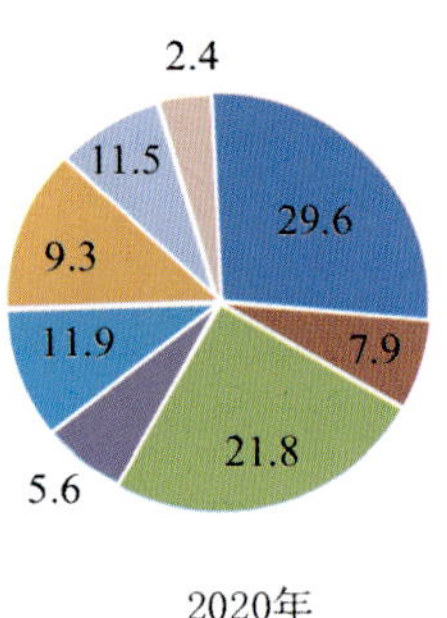

2020年

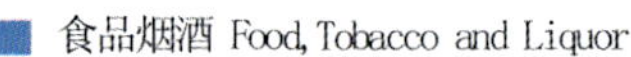

- 食品烟酒 Food, Tobacco and Liquor
- 衣着 Clothing
- 居住 Residence
- 生活用品及服务 Household Facilities, Articles and Service
- 交通通信 Transport and Communications
- 教育文化娱乐 Education, Cultural and Recreation
- 医疗保健 Medicine and Medical Services
- 其他用品和服务 Other Commodities and Services

农村居民消费结构（%）

Rural Resident's Consumption Composition (%)

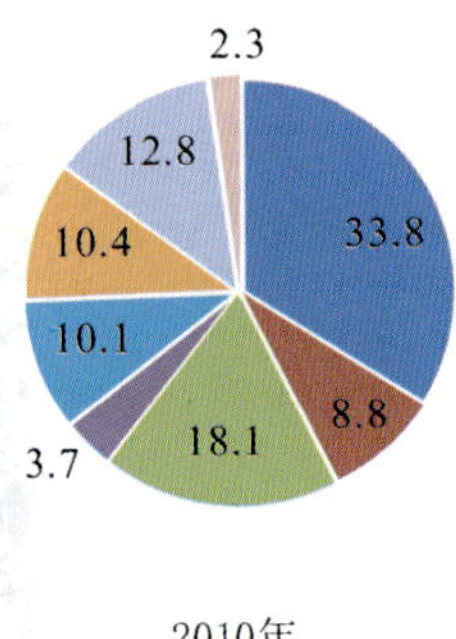

2010年

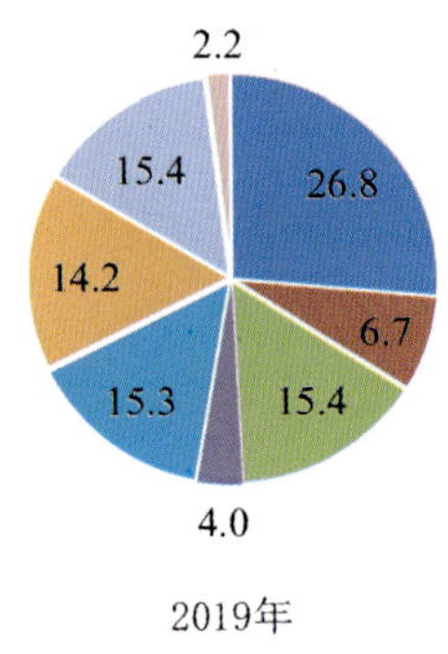

2019年

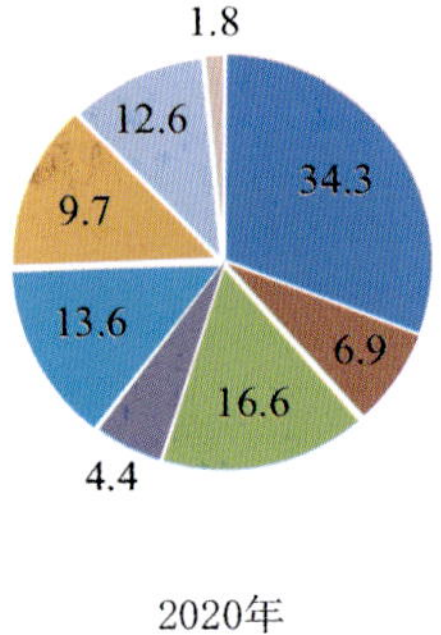

2020年

单位GDP能耗上升或下降（%）

Rise or Fall Rate of Energy Consumption Per Unit of GDP (%)

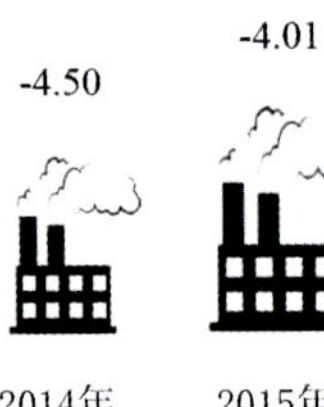

数字黑龙江

进出口总额（亿美元）
Total Value of Imports and Exports (USD 100 million)

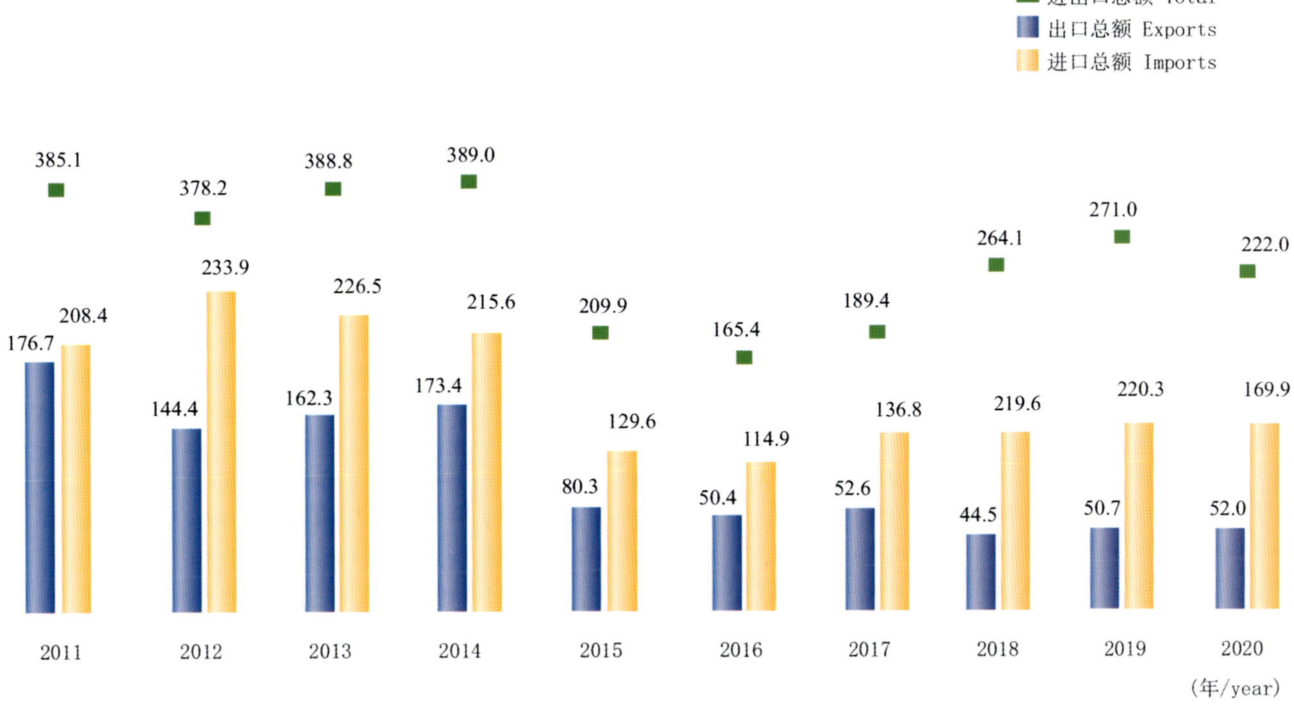

外贸依存度（%）
Degree of Dependence upon Foreign Trade (%)

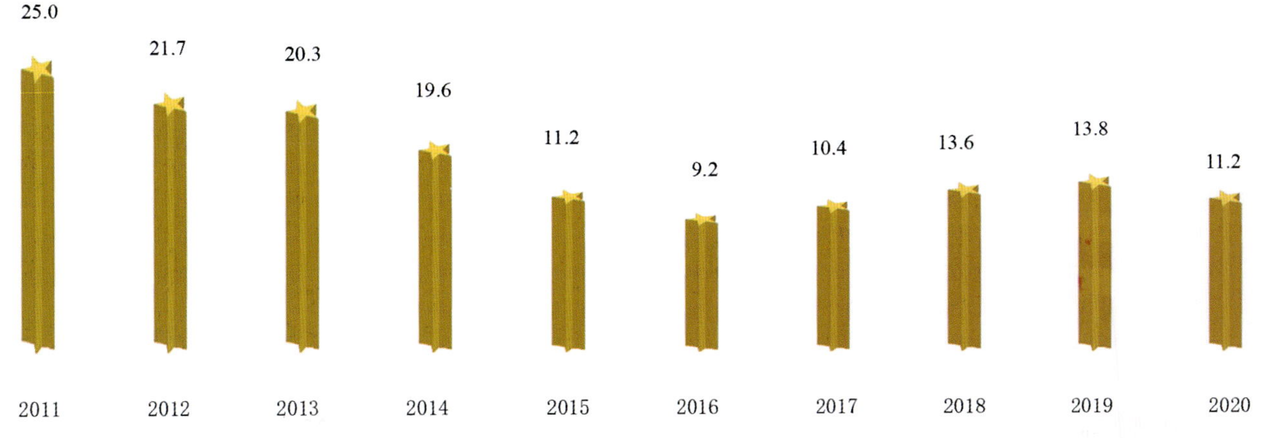

粮食产量（万吨）

Yield of Grain (10000 tons)

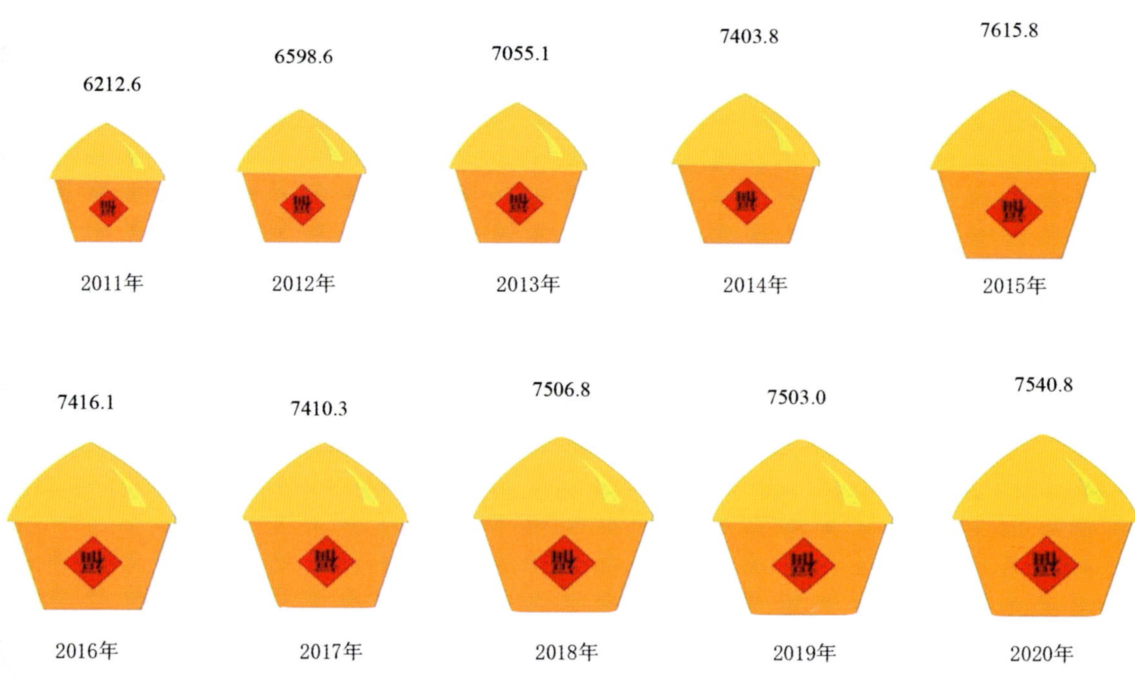

农业总产值（亿元）

Gross Output Value of Farming, Forestry, Animal Husbandry & Fishery (100 million yuan)

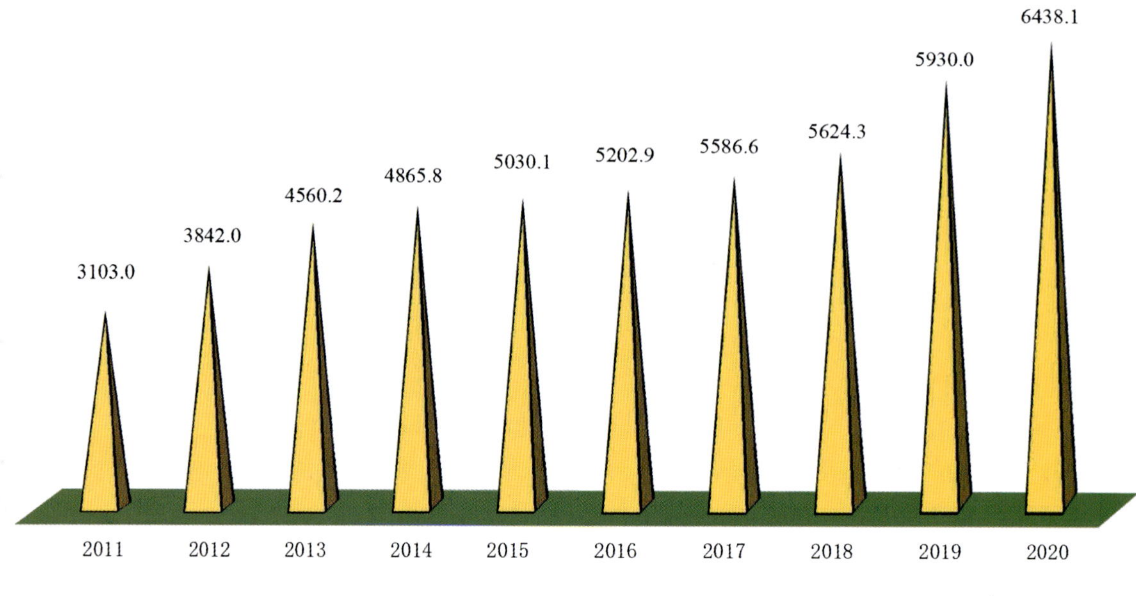

数字黑龙江

绿色食品产业发展

Green Food Industry Development

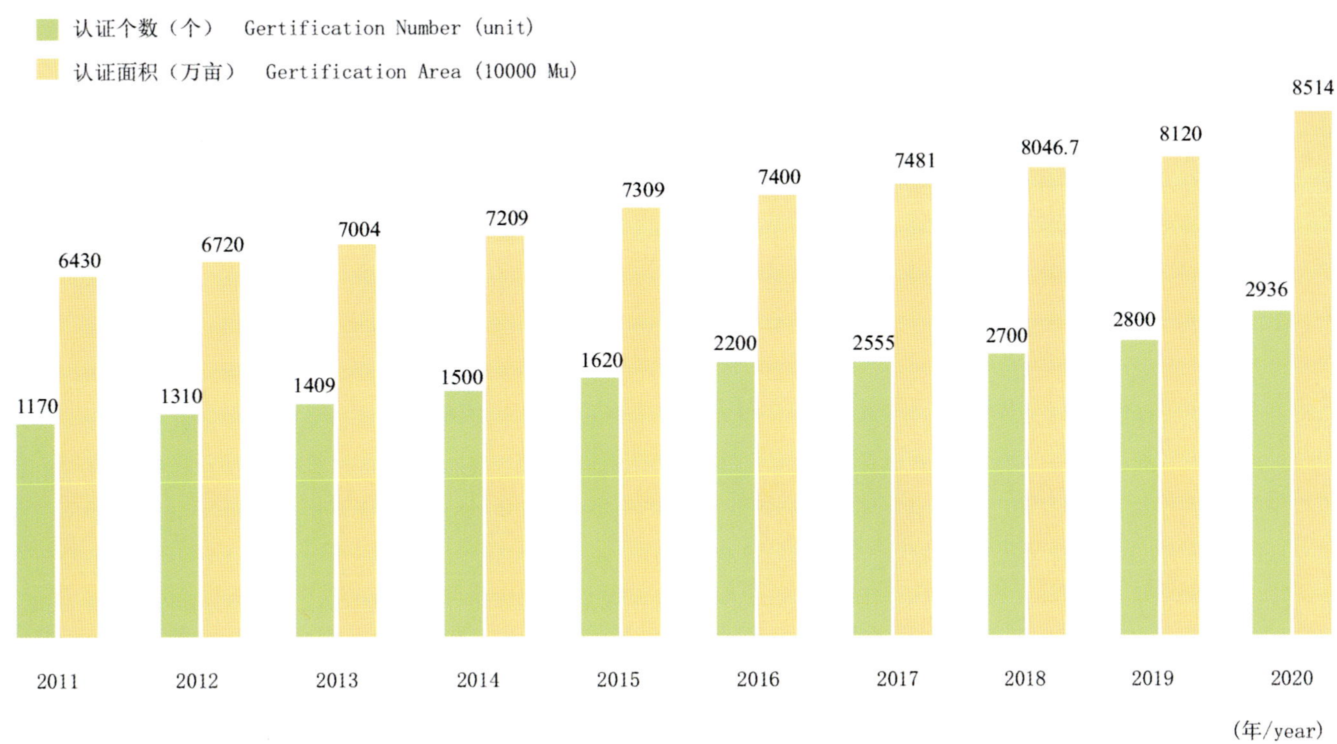

规模以上工业增加值增长速度（%）

Rate of Value-added of Industry Above Designated Size (%)

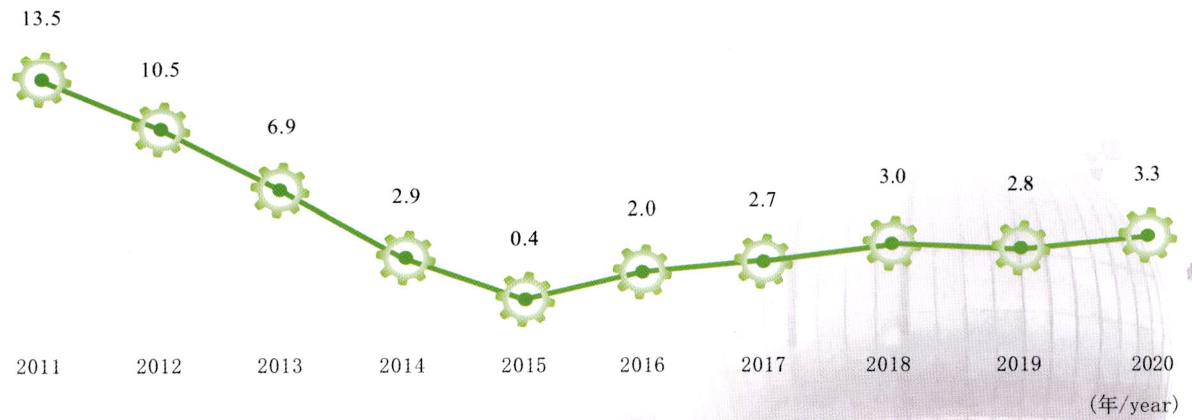

石油产量（万吨）

Yield of Crude Oil (10000 tons)

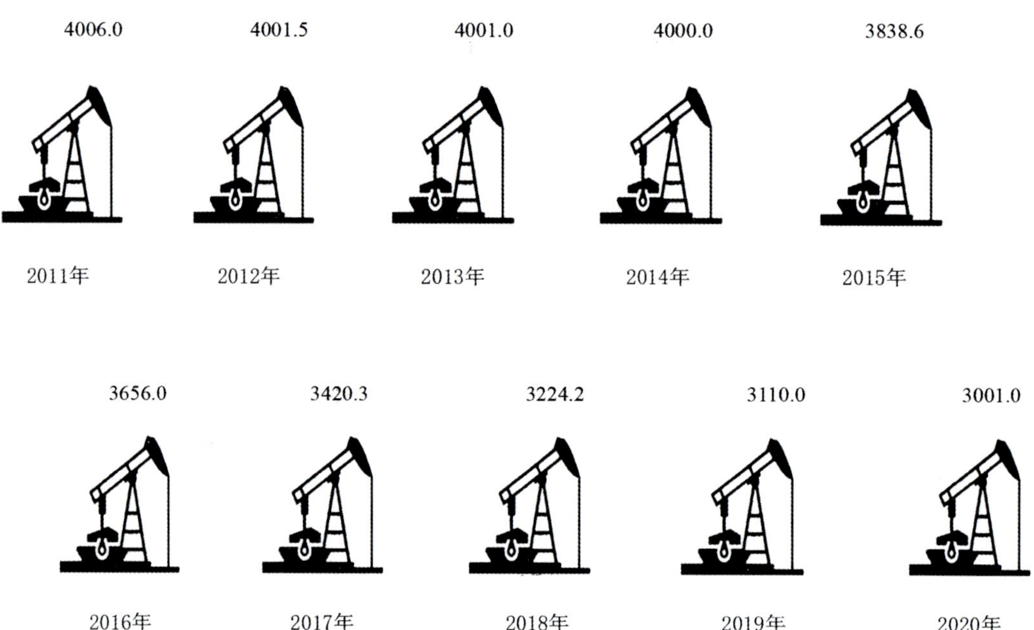

客货运输量

Total Passenger & Freight Traffic

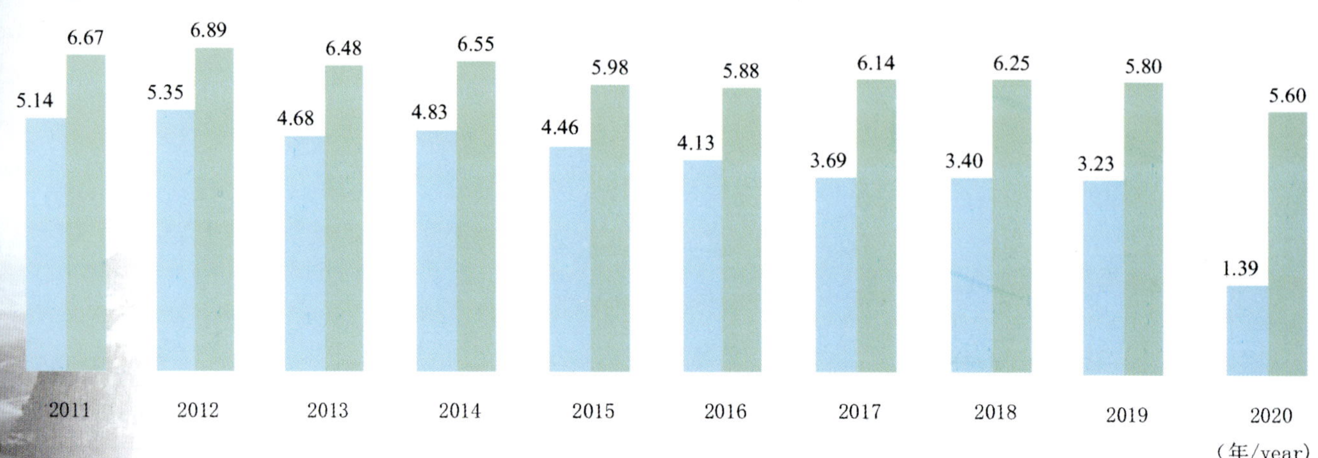

各类学校在校学生数（万人）

Number of Students Enrollment By Type of School (10000 persons)

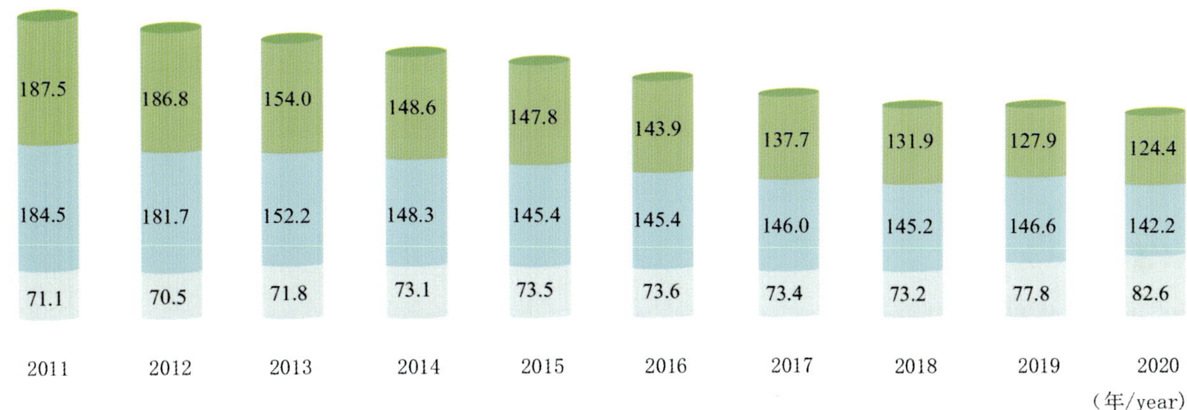

每万人拥有大学生数（人）

Number of University and College Students Per 10000 Population (person)

三项专利授权数（件）

Number of Patent Applications Certified (item)

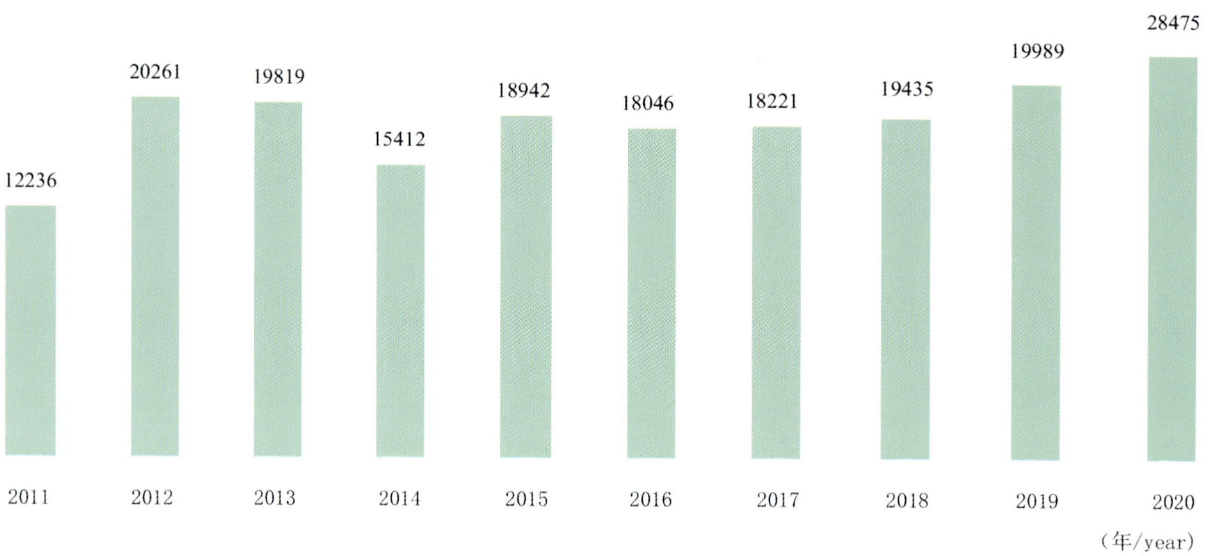

每万人拥有卫生资源数

Number of Health Resources Per 10000 Population

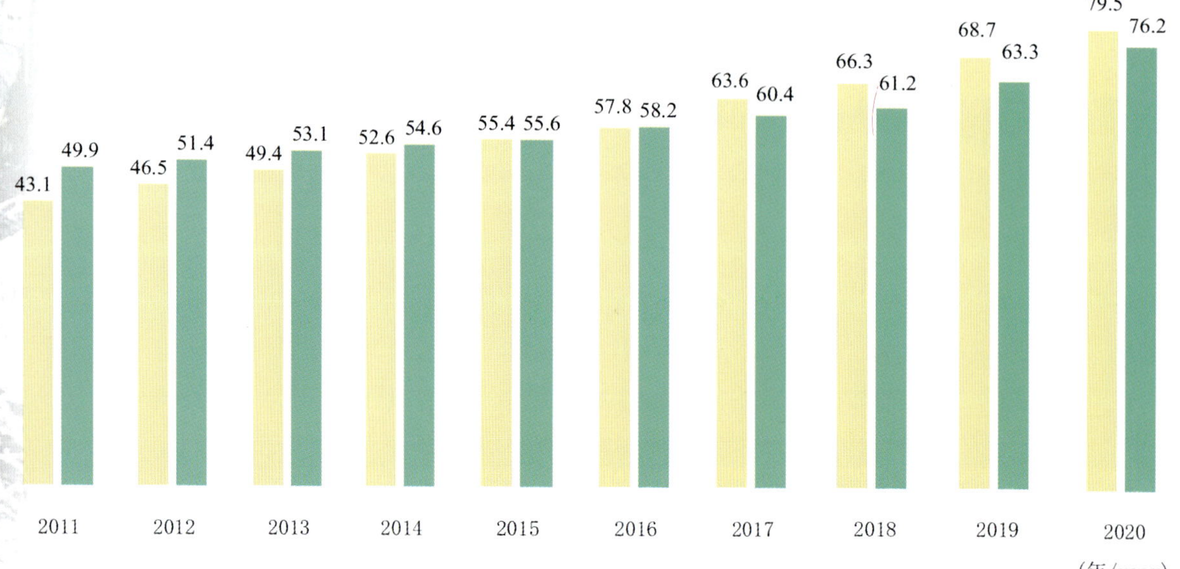

数字黑龙江

目　录
CONTENTS

第一篇　综　合
Chapter 1　General Survey

第二篇　人口、就业人员和工资
Chapter 2　Population, Employment and Wages

第三篇 国民经济核算
Chapter 3 National Accounts

第四篇 价格指数
Chapter 4 Price Indices

第五篇 人民生活
Chapter 5 People's Living Conditions

第六篇 财政、金融和保险
Chapter 6 Government Finance, Financial Intermediation and Insurance

第七篇 资源与环境
Chapter 7 Resources and Environment

第八篇 能 源
Chapter 8 Energy

第九篇 固定资产投资
Chapter 9 Investment in Fixed Assets

第十篇　对外经济贸易
Chapter 10　Foreign Trade and Economic Cooperation

第十一篇　农　业
Chapter 11　Agriculture

第十二篇 工 业
Chapter 12 Industry

第十三篇　建筑业
Chapter 13　Construction

第十四篇　住房和房地产
Chapter 14　Housing and Real Estate

第十五篇 国内贸易和旅游业
Chapter 15 Domestic Trade and Tourism

第十六篇 运输和邮电
Chapter 16 Transport, Postal and Telecommunication Services

第十七篇　教育与科技
Chapter 17　Education, Science and Technology

第十八篇　文化、体育、卫生和社会服务
Chapter 18　Culture, Sports, Public Health and Social Services

第十九篇　城市概况
Chapter 19　General Survey of Cities

第一篇　综　合

CHAPTER 1　GENERAL SURVEY

资料整理: 王志博　陈　宇　高　健

1-1 行政区划（2020年）
Divisions of Administrative Areas(2020)

单位：个 (unit)

地 区	Region	市、地辖区 Districts Under the Jurisdiction of Cities(Prefecture)	县级市 Cities at County Level	县、自治县 County, Autonomous Counties	镇 Towns	民族镇 Ethnic Towns	乡 Township	民族乡 Ethnic Community Township	城市街道办事处 Cities Street Communities
合 计	**Total**	**58**	**21**	**46**	**551**	**11**	**288**	**52**	**390**
哈尔滨	Harbin	9	2	7	109	3	45	11	136
齐齐哈尔	Qiqihar	7	1	8	68	3	46	6	38
鸡 西	Jixi	6	2	1	25		19	4	29
鹤 岗	Hegang	6		2	11		8	2	32
双鸭山	Shuangyashan	4		4	22		18	2	24
大 庆	Daqing	5		4	31		24	3	44
伊 春	Yichun	4	1	5	24		8	1	13
佳木斯	Jiamusi	4	3	3	47		24	4	22
七台河	Qitaihe	3		1	9		6	2	
牡丹江	Mudanjiang	4	5	1	46	2	3	4	23
黑 河	Heihe	1	3	2	29		29	7	11
绥 化	Suihua	1	3	6	104	3	49	4	12
大兴安岭	Daxinganling	4	1	2	26		9	2	6

1-1 续表1 Continued

地 区	Region	县级市	City at County Level	县	County	区	District
哈尔滨市	**Harbin City**	尚志市	Shangzhi	宾 县	Binxian	道里区	Daoli
		五常市	Wuchang	方正县	Fangzheng	南岗区	Nangang
				依兰县	Yilan	道外区	Daowai
				巴彦县	Bayan	松北区	Songbei
				木兰县	Mulan	香坊区	Xiangfang
				通河县	Tonghe	平房区	Pingfang
				延寿县	Yanshou	呼兰区	Hulan
						阿城区	Acheng
						双城区	Shuangcheng
齐齐哈尔市	**Qiqihar City**	讷河市	Nehe	龙江县	Longjiang	龙沙区	Longsha
				依安县	Yian	建华区	Jianhua
				泰来县	Tailai	铁锋区	Tiefeng
				甘南县	Gannan	昂昂溪区	Angangxi
				富裕县	Fuyu	富拉尔基区	Fularji
				克山县	Keshan	碾子山区	Nianzishan
				克东县	Kedong	梅里斯达斡尔族区	Meilisi Daur Nationality District
				拜泉县	Baiquan		
鸡西市	**Jixi City**	密山市	Mishan	鸡东县	Jidong	鸡冠区	Jiguan
		虎林市	Hulin			恒山区	Hengshan
						城子河区	Chengzihe
						滴道区	Didao
						梨树区	Lishu
						麻山区	Mashan
鹤岗市	**Hegang City**			绥滨县	Suibin	向阳区	Xiangyang
				萝北县	Luobei	工农区	Gongnong
						南山区	Nanshan
						兴安区	Xingan
						东山区	Dongshan
						兴山区	Xingshan

1-1 续表2 Continued

地 区	Region	县级市	City at County Level	县	County	区	District
双鸭山市	**Shuangyashan City**			集贤县	Jixian	尖山区	Jianshan
				友谊县	Youyi	岭东区	Lingdong
				宝清县	Baoqing	宝山区	Baoshan
				饶河县	Raohe	四方台区	Sifangtai
大庆市	**Daqing City**			林甸县	Lindian	萨尔图区	Sartu
				肇源县	Zhaoyuan	龙凤区	Longfeng
				肇州县	Zhaozhou	让胡路区	Ranghulu
				杜尔伯特蒙古族自治县	Durbote Mongolia Nationality Autonomous	红岗区	Honggang
						大同区	Datong
伊春市	**Yichun City**	铁力市	Tieli	嘉荫县	Jiayin	伊美区	Yimei
				汤旺县	Tangwang	乌翠区	Wucui
				丰林县	Fenglin	友好区	Youhao
				大箐山县	Daqingshan	金林区	Jinlin
				南岔县	Nancha		
佳木斯市	**Jiamusi City**	同江市	Tongjiang	桦南县	Huanan	向阳区	Xiangyang
		富锦市	Fujin	桦川县	Huachuan	前进区	Qianjin
		抚远市	Fuyuan	汤原县	Tangyuan	东风区	Dongfeng
						郊 区	Suburb
七台河市	**Qitaihe City**			勃利县	Boli	新兴区	Xinxing
						桃山区	Taoshan
						茄子河区	Qiezihe
牡丹江市	**Mudanjiang City**	绥芬河市	Suifenhe	林口县	Linkou	东安区	Dongan
		海林市	Hailin			阳明区	Yangming
		宁安市	Ningan			爱民区	Aimin
		穆棱市	Muling			西安区	Xian
		东宁市	Dongning				
黑河市	**Heihe City**	北安市	Beian	逊克县	Xunke	爱辉区	Aihui
		五大连池市	Wudalianchi	孙吴县	Sunwu		
		嫩江市	Nenjiang				
绥化市	**Suihua City**	安达市	Anda	望奎县	Wangkui	北林区	Beilin
		肇东市	Zhaodong	兰西县	Lanxi		
		海伦市	Hailin	青冈县	Qinggang		
				庆安县	Qingan		
				明水县	Mingshui		
				绥棱县	Suiling		
大兴安岭地区	**Daxinganling Prefecture**	漠河市	Mohe	呼玛县	Huma	新林区	Xinlin
				塔河县	Tahe	呼中区	Huzhong
						松岭区	Songling
						加格达奇区	Jiagedaqi

1-2 各部门机构数
Grass-roots Unit in Various Sectors

单位：个 (unit)

部 门	Sector	2017	2018	2019	2020
规模以上工业企业	**Industrial Enterprises above Designated Size**	**3731**	**3251**	**3531**	**3830**
内资企业	Domestic Funded Enterprises	3549	3096	3377	3684
国有企业	State-owned Industry	119	109	89	47
集体企业	Collective-owned Industry	28	34	28	27
股份合作企业	Cooperative Enterprises	6	6	6	2
联营企业	Joint Ownership Enterprises				
有限责任公司	Limited Liability Corporations	1532	1283	1334	1128
股份有限公司	Share Holding Enterprises	191	169	166	107
私营企业	Private Enterprises	1660	1488	1746	2301
港、澳、台商投资企业	Enterprises with Funds from Hong Kong, Macao and Taiwan	65	49	43	47
外商投资企业	Foreign Funded Enterprises	117	106	111	99
建筑企业	**Construction Enterprises and Units**	**1614**	**1671**	**1850**	**2237**
内资企业	Domestic Funded Enterprises	1608	1667	1847	2234
国有企业	State-owned Industry	91	66	78	76
集体企业	Collective-owned Industry	77	70	60	43
股份合作企业	Cooperative Enterprises	1	2		2
联营企业	Joint Ownership Enterprises	1	1		2
有限责任公司	Limited Liability Corporations	717	479	781	563
股份有限公司	Share Holding Enterprises	77	62	64	38
私营企业	Private Enterprises	641	987	863	1509
港、澳、台商投资企业	Enterprises with Funds from Hong Kong, Macao and Taiwan	3	2	1	1
外商投资企业	Foreign Funded Enterprises	3	2	2	2
外商投资企业	**Enterprise of Foreign-Funded**	**4444**	**5028**	**5296**	**6008**
中外合资	Joint Ventures	497	610	618	350
中外合作	Cooperative Operation	49	66	66	34
外资企业	Foreign Investment	773	907	1010	661
教育(所)	**Education (unit)**				
普通高等学校	Regular Institutions of Higher Education	81	81	81	80
成人高等学校	Adult Education Schools	21	20	16	16
中等专业学校	Specialized Secondary Schools	82	80	76	74
成人中等专业学校	Secondary Schools for Adults	40	36	32	27
普通中学	Regular Secondary Schools	1800	1784	1788	1784
#高 中	#Senior Secondary Schools	371	366	368	370
职业中学	Vocational Secondary Schools	115	113	111	109
技工学校	Vestibule Schools	127	129	129	131
小 学	Primary Schools	1537	1469	1431	1407
幼儿园	Kindergartens	5888	5852	5881	5763
科学研究与开发机构数	Number of R&D Institutions	226	226	226	226

1-2 续表 Continued

单位：个 (unit)

部门	Sector	2017	2018	2019	2020
文化事业机构	**Cultural Establishments**	**2444**	**2466**	**2255**	**2289**
艺术业	Art Institutions	122	146	151	146
图书馆业	Library	109	109	110	103
群众文化服务业	Mass Cultural Establishments	1635	1635	1430	1387
艺术教育业	Arts Education Establishments	6	6	6	4
文物业	Cultural Relic Establishments	275	282	277	388
#博物馆	#Museums	183	191	193	191
其他文化业	Others	297	288	281	261
广播、电视	**Broadcasting and Television**				
广播电台(座)	Radio Stations(unit)	10	10	10	10
电视台(座)	Television Stations(unit)	10	10	10	9
出版、发行事业	**Publishing and Distribution Establishments**	**692**	**625**	**668**	**666**
出版单位	Publishing Houses	420	367	413	406
书刊印刷厂	Printing Houses	155	155	155	160
书　店	Book Stores	103	103	100	100
卫生机构	**Health Institutions**	**20278**	**20357**	**20377**	**20461**
医　院	Hospitals	1088	1104	1143	1126
疗养院	Sanatoriums	2	2	2	3
县(区)社区卫生服务站	Sanitation and Service Agencies of Community of County	629	614	631	645
卫生院	Health Cares	984	976	972	973
县(区)卫生所、医务室	Institutions of Sanitation of County	933	851	855	795
门诊部	Clinics	722	863	949	1018
县(区)诊所	County (district) clinic	4283	4415	4623	4837
村卫生室	Village Clinics	10832	10740	10448	10385
急救中心	First-aid Centers	16	16	15	15
采供血机构	Institutions of Pick and Supply Blood	29	29	28	30
妇幼保健院(所、站)	Institutes of Maternity and Child	144	145	140	131
专科疾病防治院(所、站)	Specialized Disease Prevention and Treatment Institutes	107	94	87	74
疾病预防控制中心	Diseases Prevent and control Centers	164	166	162	147
卫生监督所	Medical Supervise Institutions	150	149	145	135
计划生育技术服务机构	Family Planning Institutions	147	146	129	94
医学科学研究机构	Research Institutes of Medical Sciences	4	5	5	5
医学在职培训机构	Medical Institutions of In-service Education	9	9	8	8
统计信息中心	Statistical Information Center	4	4	4	3
其他卫生机构	Other Medical Institutions	31	29	31	27
社会福利	**Social Welfare Establishments**				
社会福利事业单位	Social Welfare Institutions	1162	1290	1556	1787
收容遣送站	Collecting and Repatriation Units	65	57	56	56
殡葬事业单位	Funeral and Interment Institutions	138	134	135	135

1-3 法人单位数(2020年)
Number of Corporate Units (2020)

单位：个 (unit)

地 区	Region	总 计 Total	农、林、牧、渔业 Agriculture, Forestry, Animal Husbandry and Fishery	采矿业 Mining	制造业 Manufacturing	电力、热力、燃气及水生产和供应业 Production and Supply of Electric,heat, Gas and Water	建筑业 Construction	批发和零售业 Wholesale and Retail Trades
全 省	**Total**	**344360**	**59153**	**2029**	**29455**	**2719**	**17456**	**79395**
哈尔滨	Harbin	125728	16320	305	11580	438	7090	30905
齐齐哈尔	Qiqihar	33624	7704	67	2491	548	1560	6736
鸡 西	Jixi	10887	2245	288	1036	108	398	2217
鹤 岗	Hegang	6661	822	165	535	67	355	1378
双鸭山	Shuangyashan	13251	2747	222	866	152	581	2888
大 庆	Daqing	35787	4515	160	3101	307	1784	9336
伊 春	Yichun	10961	1405	104	1120	100	949	2258
佳木斯	Jiamusi	24526	5118	91	1924	250	1032	5704
七台河	Qitaihe	4923	639	132	381	40	184	971
牡丹江	Mudanjiang	29978	4008	278	3180	249	1486	8323
黑 河	Heihe	18375	5437	106	921	192	897	3847
绥 化	Suihua	22763	7111	30	1901	217	772	3665
大兴安岭	Daxinganling	6896	1082	81	419	51	368	1167

注：本表国民经济行业分类采用《国民经济行业分类(GB/T 4754—2017)》(下同)。
a) The national economy industry classification uses the Industrial Classification of the National Economy (GB/T 4754-2017) (the same below).

1-3 续表1 Continued

单位：个 (unit)

地 区	Region	交通运输、仓储和邮政业 Transport, Storage and Post	住宿和餐饮业 Hotels and Catering Services	信息传输、软件和信息技术服务业 Information Transmission, Software and IT Softwares	金融业 Financial Intermediation	房地产业 Real Estate	租赁和商务服务业 Leasing and Business Services	科学研究和技术服务业 Scientific Research and Technical Services
全 省	**Total**	**10831**	**2993**	**12594**	**1544**	**10893**	**28176**	**18145**
哈尔滨	Harbin	3635	1508	6946	533	3977	13945	9474
齐齐哈尔	Qiqihar	1015	192	663	123	889	1803	1318
鸡 西	Jixi	305	88	111	54	402	473	269
鹤 岗	Hegang	251	45	160	55	270	442	183
双鸭山	Shuangyashan	552	44	215	59	384	856	373
大 庆	Daqing	990	239	2279	162	1244	2898	3128
伊 春	Yichun	363	131	322	57	309	923	307
佳木斯	Jiamusi	1021	169	572	101	792	1711	774
七台河	Qitaihe	143	28	97	50	139	252	124
牡丹江	Mudanjiang	1003	233	630	140	1053	2319	932
黑 河	Heihe	485	110	234	71	585	1059	504
绥 化	Suihua	814	140	242	99	675	827	534
大兴安岭	Daxinganling	254	66	123	40	174	668	225

1-3 续表2 Continued

单位：个 (unit)

地 区	Region	水利、环境和公共设施管理业 Management of Water Conservancy, Environment and Public Facilities	居民服务、修理和其他服务业 Services to Households Repair and Other Services	教 育 Education	卫生和社会工作 Health and Social Services	文化、体育和娱乐业 Culture, Sports and Entertainment	公共管理、社会保障和社会组织 Public Management Social Security and Social Organizations
全 省	**Total**	**2793**	**5168**	**13265**	**6564**	**7565**	**33622**
哈尔滨	Harbin	918	2477	3905	1813	2813	7146
齐齐哈尔	Qiqihar	306	435	1623	918	763	4470
鸡 西	Jixi	118	120	503	268	217	1667
鹤 岗	Hegang	66	69	274	210	142	1172
双鸭山	Shuangyashan	120	123	495	274	290	2010
大 庆	Daqing	275	649	1449	477	861	1933
伊 春	Yichun	181	115	326	231	259	1501
佳木斯	Jiamusi	172	338	999	564	452	2742
七台河	Qitaihe	49	54	451	128	127	934
牡丹江	Mudanjiang	186	321	1308	594	700	3035
黑 河	Heihe	165	166	774	363	352	2107
绥 化	Suihua	145	220	894	556	387	3534
大兴安岭	Daxinganling	92	81	264	168	202	1371

1-4 按地区和行业门类分组的产业活动单位数(2020年)
Number of Industrial Activities Units by Sector and Region(2020)

单位：个 (unit)

地 区	Region	总 计 Total	农、林、牧、渔业 Agriculture, Forestry, Animal Husbandry and Fishery	采矿业 Mining	制造业 Manufacturing	电力、热力、燃气及水生产和供应业 Production and Supply of Electric, heat, Gas and Water	建筑业 Construction
全 省	**Total**	**403713**	**61106**	**2181**	**30155**	**4049**	**19100**
哈尔滨	Harbin	144020	16480	309	11837	789	7568
齐齐哈尔	Qiqihar	39722	7777	67	2536	732	1759
鸡 西	Jixi	13722	2373	321	1076	184	418
鹤 岗	Hegang	8587	949	185	574	104	396
双鸭山	Shuangyashan	16242	2901	239	906	231	745
大 庆	Daqing	39589	4530	167	3160	383	1916
伊 春	Yichun	13817	1777	105	1151	167	1081
佳木斯	Jiamusi	29721	5341	92	1970	366	1132
七台河	Qitaihe	6264	663	172	398	93	195
牡丹江	Mudanjiang	34356	4202	294	3243	323	1628
黑 河	Heihe	22497	5739	109	951	296	981
绥 化	Suihua	26737	7141	31	1914	302	850
大兴安岭	Daxinganling	8439	1233	90	439	79	431

1-4 续表1 Continued

单位：个 (unit)

地 区	Region	批发和零售业 Wholesale and Retail Trades	交通运输、仓储和邮政业 Transport, Storage and Post	住宿和餐饮业 Hotels and Catering Services	信息传输、软件和信息技术服务业 Information Transmission, Software and IT Software	金融业 Financial Intermediation	房地产业 Real Estate	租赁和商务服务业 Leasing and Business Services
全 省	**Total**	**97061**	**14961**	**3839**	**15855**	**9866**	**12099**	**31168**
哈尔滨	Harbin	37335	4671	1979	7789	2770	4630	15209
齐齐哈尔	Qiqihar	8639	1465	237	1033	994	961	2124
鸡 西	Jixi	3041	573	105	278	497	430	559
鹤 岗	Hegang	1901	438	65	259	298	289	504
双鸭山	Shuangyashan	3620	808	73	453	511	405	958
大 庆	Daqing	10388	1301	299	2453	838	1357	3214
伊 春	Yichun	3005	540	157	559	345	357	1007
佳木斯	Jiamusi	7456	1356	209	819	762	851	1880
七台河	Qitaihe	1210	257	33	147	244	149	282
牡丹江	Mudanjiang	9172	1452	285	932	814	1135	2500
黑 河	Heihe	4785	734	129	474	561	633	1265
绥 化	Suihua	5000	945	153	374	1006	708	909
大兴安岭	Daxinganling	1509	421	115	285	226	194	757

1-4 续表2 Continued

单位：个 (unit)

地 区	Region	科学研究和技术服务业 Scientific Research and Technical Service	水利、环境和公共设施管理业 Management of Water Conservancy, Environment and Public Facilities	居民服务、修理和其他服务业 Services to Households Repair and Other Services	教 育 Education	卫生和社会工作 Health and Social Services	文化、体育和娱乐业 Culture, Sports and Entertainment	公共管理、社会保障和社会组织 Public Management Social Security and Social Organization
全 省	**Total**	**19891**	**3275**	**5541**	**14380**	**8609**	**8233**	**42344**
哈尔滨	Harbin	10119	1014	2649	4200	2329	3013	9330
齐齐哈尔	Qiqihar	1465	340	469	1862	1145	815	5302
鸡 西	Jixi	338	150	142	519	296	255	2167
鹤 岗	Hegang	247	103	82	288	249	163	1493
双鸭山	Shuangyashan	454	163	132	522	306	316	2501
大 庆	Daqing	3299	291	676	1540	515	918	2342
伊 春	Yichun	360	207	128	344	391	281	1855
佳木斯	Jiamusi	891	210	361	1060	1018	518	3429
七台河	Qitaihe	159	56	57	494	360	135	1160
牡丹江	Mudanjiang	1043	222	345	1511	679	758	3818
黑 河	Heihe	653	249	184	828	444	430	3052
绥 化	Suihua	601	159	227	945	704	415	4353
大兴安岭	Daxinganling	262	111	89	267	173	216	1542

1-5 按地区和行业门类分组的单产业法人单位数(2020年) Number of Single Industrial Corporate Units by Sector and Region (2020)

单位：个 (unit)

地区	Region	总计 Total	农、林、牧、渔业 Agriculture, Forestry, Animal Husbandry and Fishery	采矿业 Mining	制造业 Manufacturing	电力、热力、燃气及水生产和供应业 Production and Supply of Electric, heat, Gas and Water	建筑业 Construction	批发和零售业 Wholesale and Retail Trades
全省	**Total**	**334293**	**58904**	**1967**	**28828**	**2531**	**16601**	**77301**
哈尔滨	Harbin	121956	16293	299	11307	391	6691	30073
齐齐哈尔	Qiqihar	32744	7679	67	2436	527	1494	6544
鸡西	Jixi	10465	2228	275	1013	96	387	2116
鹤岗	Hegang	6405	803	159	529	58	336	1336
双鸭山	Shuangyashan	12801	2728	214	839	142	541	2808
大庆	Daqing	35020	4509	154	3048	289	1712	9187
伊春	Yichun	10551	1381	104	1099	91	897	2196
佳木斯	Jiamusi	23834	5090	91	1887	231	992	5520
七台河	Qitaihe	4688	634	120	370	33	175	942
牡丹江	Mudanjiang	29148	3992	273	3123	238	1423	8139
黑河	Heihe	17728	5401	103	901	179	866	3748
绥化	Suihua	22292	7098	30	1872	211	734	3572
大兴安岭	Daxinganling	6661	1068	78	404	45	353	1120

1-5 续表1 Continued

单位：个 (unit)

地区	Region	交通运输、仓储和邮政业 Transport, Storage and Post	住宿和餐饮业 Hotels and Catering Services	信息传输、软件和信息技术服务业 Information Transmission, Software and Information Technology	金融业 Financial Intermediation	房地产业 Real Estate	租赁和商务服务业 Leasing and Business Services	科学研究和技术服务业 Scientific Research and Technical Service
全省	**Total**	**10363**	**2842**	**12379**	**1024**	**10405**	**27510**	**17762**
哈尔滨	Harbin	3472	1418	6839	396	3762	13574	9238
齐齐哈尔	Qiqihar	968	181	650	80	857	1759	1297
鸡西	Jixi	285	87	103	27	387	456	265
鹤岗	Hegang	237	41	155	34	256	439	178
双鸭山	Shuangyashan	530	42	204	25	371	840	365
大庆	Daqing	961	227	2264	122	1181	2839	3091
伊春	Yichun	339	125	318	29	293	913	306
佳木斯	Jiamusi	985	162	562	63	772	1678	755
七台河	Qitaihe	132	28	92	30	133	244	122
牡丹江	Mudanjiang	960	228	621	98	1008	2268	904
黑河	Heihe	457	104	223	40	563	1033	495
绥化	Suihua	800	136	236	57	656	816	526
大兴安岭	Daxinganling	237	63	112	23	166	651	220

1-5 续表2 Continued

单位：个 (unit)

地 区	Region	水利、环境和公共设施管理业 Management of Water Conservancy, Environment and Public Facilities	居民服务、修理和其他服务业 Services to Households Repair and Other Services	教 育 Education	卫生和社会工作 Health and Social Services	文化、体育和娱乐业 Culture, Sports and Entertainment	公共管理、社会保障和社会组织 Public Management Social Security and Social Organization
全 省	**Total**	**2734**	**5077**	**12930**	**6317**	**7463**	**31355**
哈尔滨	Harbin	894	2430	3776	1731	2764	6608
齐齐哈尔	Qiqihar	300	425	1566	887	758	4269
鸡 西	Jixi	116	118	495	261	215	1535
鹤 岗	Hegang	64	67	273	205	141	1094
双鸭山	Shuangyashan	116	122	486	267	284	1879
大 庆	Daqing	272	638	1418	474	852	1780
伊 春	Yichun	177	114	323	224	255	1367
佳木斯	Jiamusi	169	333	982	523	445	2594
七台河	Qitaihe	49	53	431	114	127	859
牡丹江	Mudanjiang	183	318	1264	580	691	2837
黑 河	Heihe	162	164	764	347	349	1829
绥 化	Suihua	143	217	888	537	382	3381
大兴安岭	Daxinganling	89	78	264	167	200	1323

1-6 按地区和行业门类分组的多产业法人单位数(2020年)

Number of Multi-industrial Corporate Units by Sector and Region(2020)

单位：个 (unit)

地 区	Region	总 计 Total	农、林、牧、渔业 Agriculture, Forestry, Animal Husbandry and Fishery	采矿业 Mining	制造业 Manufacturing	电力、热力、燃气及水生产和供应业 Production and Supply of Electric, heat, Gas and Water	建筑业 Construction
全 省	**Total**	**10067**	**249**	**62**	**627**	**188**	**855**
哈尔滨	Harbin	3772	27	6	273	47	399
齐齐哈尔	Qiqihar	880	25		55	21	66
鸡 西	Jixi	422	17	13	23	12	11
鹤 岗	Hegang	256	19	6	6	9	19
双鸭山	Shuangyashan	450	19	8	27	10	40
大 庆	Daqing	767	6	6	53	18	72
伊 春	Yichun	410	24		21	9	52
佳木斯	Jiamusi	692	28		37	19	40
七台河	Qitaihe	235	5	12	11	7	9
牡丹江	Mudanjiang	830	16	5	57	11	63
黑 河	Heihe	647	36	3	20	13	31
绥 化	Suihua	471	13		29	6	38
大兴安岭	Daxinganling	235	14	3	15	6	15

1-6 续表1 Continued

单位：个 (unit)

地区	Region	批发和零售业 Wholesale and Retail Trades	交通运输、仓储和邮政业 Transport, Storage and Post	住宿和餐饮业 Hotels and Catering Services	信息传输、软件和信息技术服务业 Information Transmission, Software and Information Technology	金融业 Financial Intermediation	房地产业 Real Estate	租赁和商务服务业 Leasing and Business Services
全　省	**Total**	**2094**	**468**	**151**	**214**	**520**	**488**	**666**
哈尔滨	Harbin	832	163	90	106	137	215	371
齐齐哈尔	Qiqihar	192	47	11	13	43	32	44
鸡　西	Jixi	101	20	1	8	27	15	17
鹤　岗	Hegang	42	14	4	5	21	14	3
双鸭山	Shuangyashan	80	23	2	11	34	13	17
大　庆	Daqing	149	28	12	15	40	63	58
伊　春	Yichun	62	24	6	4	28	16	10
佳木斯	Jiamusi	184	36	7	10	38	20	33
七台河	Qitaihe	29	11		5	20	6	8
牡丹江	Mudanjiang	184	43	5	9	42	45	51
黑　河	Heihe	99	28	6	11	31	22	26
绥　化	Suihua	93	14	4	6	42	19	11
大兴安岭	Daxinganling	47	17	3	11	17	8	17

1-6 续表2 Continued

单位：个 (unit)

地区	Region	科学研究和技术服务业 Scientific Research and Technical Service	水利、环境和公共设施管理业 Management of Water Conservancy, Environment and Public Facilities	居民服务、修理和其他服务业 Services to Households Repair and Other Services	教育 Education	卫生和社会工作 Health and Social Services	文化、体育和娱乐业 Culture, Sports and Entertainment	公共管理、社会保障和社会组织 Public Management Social Security and Social Organization
全　省	**Total**	**384**	**59**	**91**	**335**	**247**	**102**	**2267**
哈尔滨	Harbin	237	24	47	129	82	49	538
齐齐哈尔	Qiqihar	21	6	10	57	31	5	201
鸡　西	Jixi	4	2	2	8	7	2	132
鹤　岗	Hegang	5	2	2	1	5	1	78
双鸭山	Shuangyashan	8	4	1	9	7	6	131
大　庆	Daqing	37	3	11	31	3	9	153
伊　春	Yichun	1	4	1	3	7	4	134
佳木斯	Jiamusi	19	3	5	17	41	7	148
七台河	Qitaihe	2		1	20	14		75
牡丹江	Mudanjiang	28	3	3	44	14	9	198
黑　河	Heihe	9	3	2	10	16	3	278
绥　化	Suihua	8	2	3	6	19	5	153
大兴安岭	Daxinganling	5	3	3		1	2	48

1-7 按地区和行业门类分组的多产业法人所属产业活动单位数(2020年) Number of Multi-industrial Activities Units of Corporation by Sector and Region(2020)

单位：个 (unit)

地 区	Region	总 计 Total	农、林、牧、渔业 Agriculture, Forestry, Animal Husbandry and Fishery	采矿业 Mining	制造业 Manufacturing	电力、热力、燃气及水生产和供应业 Production and Supply of Electric, heat, Gas and Water	建筑业 Construction	批发和零售业 Wholesale and Retail Trades
全 省	**Total**	**69420**	**2202**	**214**	**1327**	**1518**	**2499**	**19760**
哈尔滨	Harbin	22064	187	10	530	398	877	7262
齐齐哈尔	Qiqihar	6978	98		100	205	265	2095
鸡 西	Jixi	3257	145	46	63	88	31	925
鹤 岗	Hegang	2182	146	26	45	46	60	565
双鸭山	Shuangyashan	3441	173	25	67	89	204	812
大 庆	Daqing	4569	21	13	112	94	204	1201
伊 春	Yichun	3266	396	1	52	76	184	809
佳木斯	Jiamusi	5887	251	1	83	135	140	1936
七台河	Qitaihe	1576	29	52	28	60	20	268
牡丹江	Mudanjiang	5208	210	21	120	85	205	1033
黑 河	Heihe	4769	338	6	50	117	115	1037
绥 化	Suihua	4445	43	1	42	91	116	1428
大兴安岭	Daxinganling	1778	165	12	35	34	78	389

1-7 续表1 Continued

单位：个 (unit)

地 区	Region	交通运输、仓储和邮政业 Transport, Storage and Post	住宿和餐饮业 Hotels and Catering Services	信息传输、软件和信息技术服务业 Information Transmission, Software and Information Technology	金融业 Financial Intermediation	房地产业 Real Estate	租赁和商务服务业 Leasing and Business Services	科学研究和技术服务业 Scientific Research and Technical Service
全 省	**Total**	**4598**	**997**	**3476**	**8842**	**1694**	**3658**	**2129**
哈尔滨	Harbin	1199	561	950	2374	868	1635	881
齐齐哈尔	Qiqihar	497	56	383	914	104	365	168
鸡 西	Jixi	288	18	175	470	43	103	73
鹤 岗	Hegang	201	24	104	264	33	65	69
双鸭山	Shuangyashan	278	31	249	486	34	118	89
大 庆	Daqing	340	72	189	716	176	375	208
伊 春	Yichun	201	32	241	316	64	94	54
佳木斯	Jiamusi	371	47	257	699	79	202	136
七台河	Qitaihe	125	5	55	214	16	38	37
牡丹江	Mudanjiang	492	57	311	716	127	232	139
黑 河	Heihe	277	25	251	521	70	232	158
绥 化	Suihua	145	17	138	949	52	93	75
大兴安岭	Daxinganling	184	52	173	203	28	106	42

1-7 续表2 Continued

单位：个 (unit)

地 区	Region	水利、环境和公共设施管理业 Management of Water Conservancy, Environment and Public Facilities	居民服务、修理和其他服务业 Services to Households Repair and Other Services	教 育 Education	卫生和社会工作 Health and Social Services	文化、体育和娱乐业 Culture, Sports and Entertainment	公共管理、社会保障和社会组织 Public Management Social Security and Social Organization
全 省	**Total**	**541**	**464**	**1450**	**2292**	**770**	**10989**
哈尔滨	Harbin	120	219	424	598	249	2722
齐齐哈尔	Qiqihar	40	44	296	258	57	1033
鸡 西	Jixi	34	24	24	35	40	632
鹤 岗	Hegang	39	15	15	44	22	399
双鸭山	Shuangyashan	47	10	36	39	32	622
大 庆	Daqing	19	38	122	41	66	562
伊 春	Yichun	30	14	21	167	26	488
佳木斯	Jiamusi	41	28	78	495	73	835
七台河	Qitaihe	7	4	63	246	8	301
牡丹江	Mudanjiang	39	27	247	99	67	981
黑 河	Heihe	87	20	64	97	81	1223
绥 化	Suihua	16	10	57	167	33	972
大兴安岭	Daxinganling	22	11	3	6	16	219

1-8 按登记注册类型分组的法人单位数和产业活动单位数(2020年)
Numbers of Corporate Units and Industrial Activities Units by Register Type(2020)

单位：个 (unit)

项 目	Item	法人单位数 Unit Number of Legal Person	产业活动单位数 Unit Number of Industry Activity
合 计	**Total**	**344360**	**403713**
内资企业	**Domestic Funded Enterprises**	**343586**	**400809**
国有	State-owned Enterprises	32751	51339
集体	Collective-owned Enterprises	2229	4155
股份合作	Cooperative Enterprises	571	1375
联营企业	Joint Ownership Enterprises	219	315
国有联营	State Joint Ownership Enterprises	36	58
集体联营	Collective Joint Ownership Enterprises	84	130
国有与集体联营	State-Collective Joint Ownership Enterprises	18	23
其他联营	Other Joint Ownership Enterprises	81	104
有限责任公司	Limited Liability Corporations	21417	30310
国有独资公司	State-owned Proprietorship	1018	2365
其他有限责任公司	Other Limited Liability Corporations	20399	27945
股份有限公司	Share Holding Enterprises	2597	9693
私营企业	Private Enterprises	207923	225841
私营独资	Private Proprietorship	19473	20020
私营合伙	Private Partnership	1673	1716
私营有限责任公司	Private Limited Liability Corporations	183995	200718
私营股份有限公司	Private Share Holding Enterprises	2782	3387
其他企业	Others	75879	77781
港澳台商投资企业	**Enterprises with Funds from Hong Kong, Macao and Taiwan**	**293**	**1085**
与港澳台资合资经营	Joint Ventures with Hong Kong, Macao and Taiwan	98	164
与港澳台资合作经营	Cooperative Operation with Hong Kong, Macao and Taiwan	7	12
港澳台商独资经营	Individual Proprietorship of Hong Kong, Macao and Taiwan	167	796
港澳台商投资股份有限公司	Share Holding Enterprises with Funds from Hong Kong, Macao and Taiwan	8	63
其他港、澳、台商投资	Others	13	50
外商投资	**Foreign Funded Enterprises**	**481**	**1819**
中外合资经营	Joint Ventures	176	268
中外合作经营	Cooperative Operation	13	18
外资企业	Foreign Investment	217	940
外商投资股份有限公司	Foreign Funded Share Holding Enterprises	54	547
其他外商投资	Others	21	46

1-9 国民经济和社会发展总量与速度指标

指 标	Item	总量指标	
		2000	2005
人口与就业	**Population and Employment**		
人口(万人)	**Population(10000 persons)**		
总人口	Population at Year-end	3807.0	3820.0
男性人口	Male	1945.8	1933.1
女性人口	Female	1861.2	1886.9
市镇人口	Urban	1977.4	2028.4
乡村人口	Rural	1829.6	1791.6
就业(万人)	**Employment (10000 persons)**		
就业人员数	Number of Employed Persons	1600.7	1748.8
#城镇就业人员	# Urban Employed Persons	722.8	799.8
城镇登记失业人数	Registered Unemployed in Urban Areas	25.3	31.3
宏观经济	**Macro Economy**		
国民经济核算(亿元)	**National Accounting(100 million yuan)**		
地区生产总值	Gross Domestic Product	2855.5	4756.4
第一产业	Primary Industry	375.5	674.6
第二产业	Secondary Industry	1633.4	2656.4
第三产业	Tertiary Industry	846.6	1425.4
人均地区生产总值(元)	Per Capita GDP (yuan)	7515	12456
固定资产投资(亿元)	**Investment in Fixed Assets(100 million yuan)**		
房地产开发	Real Estate Development	104.1	267.6
对外贸易	**Foreign Trade**		
进出口总额(万美元)	Total Exports and Imports(USD 10000)	298620	957216
出口额	Exports	145101	607202
进口额	Imports	153519	350014
实际利用外资额(万美元)	Total Amount of Foreign Capital Actually Used(USD 10000)	26546	43098
财政(亿元)	**Government Finance(100 million yuan)**		
公共财政收入	General Budgetary Financial Revenue	185.3	318.2
公共财政支出	General Budgetary Financial Expenditure	381.9	787.8
价格指数(上年=100)	**Price Indices(preceding year=100)**		
居民消费价格总指数	General Consumer Price Index	98.3	101.2
商品零售价格总指数	General Retail Price Index	97.8	100.4
农业生产资料价格指数	Price Index for Means of Agricultural Production	98.6	108.6
工业生产者购进价格指数	Producer Price Index for Industrial Products	108.6	111.8
工业生产者出厂价格指数	Producer Price Index for Industrial Products	122.9	116.7
产 业	**Industry**		
农 业	**Agriculture**		
农林牧渔业总产值(亿元)	Gross Output Value of Farming, Forestry, Animal Husbandry and Fishery(100 million yuan)	625.1	1294.4
乡村从业人员(万人)	Number of Rural Employees(10000 persons)	913.2	950.1

Principal Aggregate Indicators on National Economic and Social Development and Growth Rates

Aggregate Data			速度指标(%) Indices and Growth Rates(%)						
			指数(2020年为以下各年) Index (2020 as percentage of the following years)				年均增长 Average Annual Growth Rate		
2010	2015	2020	2000	2005	2010	2015	"十一五" 时期 Eleventh Five-Year Period	"十二五" 时期 Twelfth Five-Year Period	"十三五" 时期 Thirteen Five-Year Period
3833.0	3529.0	3171.0	83.3	83.0	82.7	89.9	0.1	-1.6	-2.1
1943.4	1783.7	1588.2	81.6	82.2	81.7	89.0	0.1	-1.7	-2.3
1889.6	1745.3	1582.8	85.0	83.9	83.8	90.7	0.03	-1.6	-1.9
2129.6	2134.0	2080.5	105.2	102.6	97.7	97.5	1.0	0.04	-0.5
1703.4	1395.0	1090.5	59.6	60.9	64.0	78.2	-1.0	-3.9	-4.8
2102.0	1825.0	1473.0	92.0	84.2	70.1	80.7	3.7	-2.8	-4.2
1167.9	1076.0	923.0	127.7	115.4	79.0	85.8	7.9	-1.6	-3.0
36.2	41.0	31.0	122.6	99.1	85.6	75.7	3.0	2.5	-5.4
8308.3	11690.0	13698.5	479.7	288.0	164.9	117.2	11.8	7.1	3.2
1291.8	2712.2	3438.3	915.6	509.7	266.2	126.8	13.9	16.0	4.9
4146.1	3926.9	3483.5	213.3	131.1	84.0	88.7	9.3	-1.1	-2.4
2870.4	5050.9	6776.7	800.5	475.4	236.1	134.2	15.0	12.0	6.1
21694	32759	42635	567.3	342.3	196.5	130.1	11.7	8.6	5.4
843.1	992.1	982.9	944.2	367.3	116.6	99.1	25.8	3.3	-0.2
2550382	2098599	2219892	743.4	231.9	87.0	105.8	21.7	-3.8	1.1
1628176	803072	520486	358.7	85.7	32.0	64.8	21.8	-13.2	-8.3
922207	1295527	1699406	1107.0	485.5	184.3	131.2	21.4	7.0	5.6
90816	48233	54434	205.1	126.3	59.9	112.9	16.1	-11.9	2.4
755.6	1165.9	1152.5	621.8	362.2	152.5	98.9	18.9	9.1	-0.2
2253.3	4020.7	5449.4	1427.0	691.7	241.8	135.5	23.4	12.3	6.3
103.9	101.1	102.3	104.1	101.1	98.5	101.2			
103.1	100.1	101.5	103.8	101.1	98.4	101.4			
105.6	101.3	103.7	105.2	95.5	98.2	102.4			
114.5	88.2	95.1	87.6	85.1	83.1	107.8			
115.0	86.0	93.4	76.0	80.0	81.2	108.6			
2422.2	5030.1	6438.1	1029.9	497.4	265.8	128.0	13.4	15.7	5.1
934.1	721.4	550.0	60.2	57.9	58.9	76.2	-0.3	-5.0	-5.3

1-9 续表1

指标	Item	总量指标 2000	2005
主要农产品产量(万吨)	Output of Major Farm Products(10000 tons)		
粮豆薯	Grain	2545.5	3600.0
#水稻	#Rice	1042.2	1172.5
玉米	Corn	790.8	1379.5
大豆	Bean	450.1	748.0
薯类	Tubers	81.8	85.3
油料	Oil-bearing Crops	43.8	60.6
麻类	Fiber Crops	18.7	36.1
蔬菜、食用菌	Vegetables, Mushroom	1325.6	1153.5
烟叶	Tobacco	9.6	7.4
瓜果	Fruits	319.4	306.4
奶类	Milk	156.5	444.2
水产品	Aquatic Products	38.2	44.6
规模以上工业	**Industry above Designated Size**		
主要工业产品产量	Output of Major Industrial Products		
原油(万吨)	Crude Oil(10000 tons)	5306.7	4495.0
天然气(亿立方米)	Natural Gas(100 million cu.m)	23.0	24.4
水泥(万吨)	Cement(10000 tons)	903.7	1113.3
成品钢材(万吨)	Steel Products(10000 tons)	76.3	232.3
汽车(万辆)	Automobile(10000 unit)	13.4	26.6
发电量(亿千瓦时)	Electricity(100 million kwh)	426.7	596.0
建筑业	**Construction**		
建筑业总产值(亿元)	Gross Output Value(100 million yuan)	334.1	572.9
房屋建筑施工面积(万平方米)	Floor Space of Buildings under Construction(10000 sq.m)	2962.6	4467.7
房屋建筑竣工面积(万平方米)	Floor Space of Buildings Completed(10000 sq.m)	1886.9	2249.7
交通运输业	**Transportation**		
货运量(万吨)	Freight Traffic(10000 tons)	57332	64776
铁路	Railways	13077	16123
公路	Highways	39685	44376
水运	Waterways	788	1301
民航	Civil Aviation	3.2	4.2
管道	Pipelines	3779	2972
客运量(万人)	Passenger Traffic(10000 persons)	49975	55758
铁路	Railways	9897	8359
公路	Highways	39864	46809
水运	Waterways	45	240
民航	Civil Aviation	169	350
邮电通信业	**Postal and Telecommunication Services**		
邮电业务总量(亿元)	Business Volume of Postal and Telecommunication Services(100 million yuan)	167.1	346.8
邮政业务总量	Business Volume of Post	10.5	23.7
电信业务总量	Business Volume of Telecommunications	156.6	323.1
函件(万件)	Number of Letters Delivered (10000 pieces)	9114	13010
报刊期发数(万份)	Number of Newspapers and Magazines(10000 pieces)	240.0	386.0
固定电话年末用户(万户)	Number of Fixed Telephone Subscribers at Year-end(10000 subscribers)	486.9	1082.1
移动电话用户(万户)	Number of Mobile Telephone(10000 subscribers)	315.8	1132.3

Continued

Aggregate Data			速度指标(%) Indices and Growth Rates(%)						
			指数(2020年为以下各年) Index (2020 as percentage of the following years)				年均增长 Average Annual Growth Rate		
2010	2015	2020	2000	2005	2010	2015	"十一五"时期 Eleventh Five-Year Period	"十二五"时期 Twelfth Five-Year Period	"十三五"时期 Thirteen Five-Year Period
5632.9	7615.8	7540.8	296.2	209.5	133.9	99.0	9.4	6.2	-0.2
2277.5	2720.9	2896.2	277.9	247.0	127.2	106.4	14.2	3.6	1.3
2513.7	4280.2	3646.6	461.1	264.3	145.1	85.2	12.8	11.2	-3.2
615.4	498.8	920.3	204.5	123.0	149.5	184.5	-3.8	-4.1	13.0
82.9	69.8	31.9	39.0	37.4	38.5	45.7	-0.6	-3.4	-14.5
27.5	18.3	12.3	28.2	20.4	44.8	67.3	-14.6	-7.8	-7.6
2.2	2.0	11.6	62.2	32.2	535.2	587.8	-43.0	-1.9	42.5
723.8	807.4	674.3	50.9	58.5	93.2	83.5	-8.9	2.2	-3.5
9.6	6.9	2.9	29.9	38.8	30.0	41.9	5.3	-6.5	-16.0
321.5	161.6	132.6	41.5	43.3	41.3	82.1	1.0	-12.9	-3.9
482.7	495.8	501.0	320.1	112.8	103.8	101.0	1.7	0.5	0.2
40.0	54.2	67.4	176.4	151.2	168.7	124.3	-2.2	6.3	4.4
4004.9	3838.6	3001.0	56.6	66.8	74.9	78.2	-2.3	-0.8	-4.8
30.0	35.6	46.8	203.5	191.8	156.0	131.3	4.2	3.5	5.6
3507.2	3264.5	2376.5	263.0	213.5	67.8	72.8	25.8	-1.4	-6.2
566.0	403.8	879.0	1152.0	378.4	155.3	217.7	19.5	-6.5	16.8
24.8	8.0	7.2	53.5	26.9	28.9	89.1	-1.4	-20.1	-2.3
774.5	870.0	1083.5	253.9	181.8	139.9	124.5	5.4	2.4	4.5
1769.7	1675.1	1206.4	361.1	210.6	68.2	72.0	25.3	-1.1	-6.4
7171.0	5617.1	3285.3	110.9	73.5	45.8	58.5	9.9	-4.8	-10.2
3620.0	2966.8	1645.6	87.2	73.1	45.5	55.5	10.0	-3.9	-11.1
62205	59758	56031	97.7	86.5	90.1	93.8	-0.8	-0.8	-1.3
17717	9033	12603	96.4	78.2	71.1	139.5	1.9	-12.6	6.9
40582	44200	35521	89.5	80.0	87.5	80.4	-1.8	1.7	-4.3
1015	1245	538	68.3	41.4	53.0	43.2	-4.8	4.2	-15.4
7.6	12.2	11.6	365.0	277.7	153.6	94.8	12.6	10.1	-1.1
2883	5268	7357	194.7	247.5	255.2	139.6	-0.6	12.8	6.9
47746	44551	13941	27.9	25.0	29.2	31.3	-3.1	-1.4	-20.7
10602	9865	4590	46.4	54.9	43.3	46.5	4.9	-1.4	-14.2
36001	32632	7608	19.1	16.3	21.1	23.3	-5.1	-1.9	-25.3
292	372	99	219.3	41.1	33.8	26.5	4.0	5.0	-23.3
851	1682	1645	974.6	470.6	193.2	97.8	19.5	14.6	-0.4
823.4	511.5	2236.1	1338.2	644.8	271.6	437.2	18.9	-9.1	34.3
47.0	52.2	143.3	1365.1	604.8	305.0	274.6	14.7	2.1	22.4
776.4	459.3	2092.8	1336.4	647.7	269.6	455.6	19.2	-10.0	35.4
9305	4609	1378	15.1	10.6	14.8	29.9	-6.5	-13.1	-21.5
367.7	297.3	233.0	97.1	60.4	63.4	78.4	-1.0	-4.2	-4.8
813.5	596.0	298.8	61.4	27.6	36.7	50.1	-5.5	-6.0	-12.9
2243.0	3329.8	3844.4	1217.4	339.5	171.4	115.5	14.6	8.2	2.9

1-9 续表2

指 标	Item	总量指标	
		2000	2005
旅游业	**Tourism**		
国际旅游人数(万人)	Number of Tourists from Abroad(10000 persons)	55.2	82.2
国内旅游人数(万人)	Number of Domestic tourists(10000 persons)	2712	4466
金融业（亿元）	**Financial Intermediation(100 million yuan)**		
金融机构人民币各项存款余额	Deposits of National Banking System	3333.4	6135.1
金融机构人民币各项贷款余额	Loans of National Banking System	3145.1	3658.5
保险公司保费金额	Insurance Premium of Insurance Companies	40.8	139.6
保险公司赔款及给付金额	Indemnity Expenditure and Payment of Insurance Companies	11.1	25.2
教育、科技、文化	**Education, Science and Technology and Culture**		
教 育	**Education**		
在校学生数(万人)	Students Enrollment(10000 persons)		
普通高等学校	Institutions of Higher Education	20.0	54.0
中等专业学校	Specialized Secondary Schools	11.5	9.8
普通中学	Regular Secondary Schools	248.7	227.9
小 学	Primary Schools	283.1	220.4
专任教师数(万人)	Full-time Teachers(10000 persons)		
普通高等学校	Institutions of Higher Education	1.6	3.5
中等专业学校	Specialized Secondary Schools	0.7	0.3
普通中学	Regular Secondary Schools	14.4	14.3
小 学	Primary Schools	19.3	16.3
科 技	**Science and Technology**		
研究与试验发展经费支出(亿元)	Expenditures on Research and Development(100 million yuan)		
授权专利数(件)	Total Patent Applications Certified(item)	2252	2906
技术市场成交额(亿元)	Volume of Transaction in Technical Markets(100 million yuan)	15.2	14.3
文 化	**Culture**		
电视节目制作时间(小时)	Time for TV Programs Production(hour)	21266	47647
印刷图书(万册)	Number of Printed books(10000 copies)	9944	5938
印刷杂志(万册)	Number of Printed magazine(10000 copies)	7919	3503
印刷报纸(万份)	Number of Printed newspapers(10000 copies)	73571	71410
人民生活	**People's Living Conditions**		
生 活	**Living Conditions**		
城镇非私营单位就业人员平均工资(元)	Average Wage of Employed Persons In Urban Non-private Units(yuan)		
城镇常住居民人均可支配收入(元)	Annual Per Capita Disposable Income of Urban Households(yuan)		
农村常住居民人均可支配收入(元)	Annual Per Capita Disposable Income of Rural Households(yuan)		
城乡居民储蓄存款余额(亿元)	Outstanding Amount of Saving Deposits in Urban and Rural Areas(100 million yuan)	2286	4079
人均储蓄存款(元)	Per Capita Balance of Saving Deposit(yuan)	6015	10681
婚姻(万对)	**Marriages and Divorces(10000 couples)**		
结婚登记总数	Registered Number of Marriages	21.8	22.8
离婚数	Number of Divorces	7.5	9.6
卫 生	**Public Health**		
卫生机构(个)	Health Institutions(unit)	8038	8326
卫生机构床位(万张)	Beds of Health Institutions(10000 unit)	12.0	12.0
卫生技术人员(万人)	Medical Technical Personnel(10000 persons)	17.1	15.1
城市建设	**Municipal Works**		
全年供水总量(亿立方米)	Total Annual Volume of Tap Water Supply(100 million cu.m)	15.4	12.0
城市排水管道长度(公里)	Length of City Sewage Pipes(km)	4877	5918
人工煤气供气量(万立方米)	Volume of Coal Gas Supply(10000 cu.m)	30347	40199
液化石油气供应量(万吨)	Volume of Liquefied Petroleum Gas Supply(10000 tons)	19.9	22.9
年末实有道路长度(公里)	Length of Paved Roads at Year-end(km)	8286	9318
园林绿地面积(公顷)	Green Areas(hectare)	33768	51415
清运垃圾(万吨)	Volume of Garbage Disposal(10000 tons)	918	1027

Continued

Aggregate Data			速度指标(%) Indices and Growth Rates(%)						
			指数(2020年为以下各年) Index (2020 as percentage of the following years)				年均增长 Average Annual Growth Rate		
2010	2015	2020	2000	2005	2010	2015	"十一五"时期 Eleventh Five-Year Period	"十二五"时期 Twelfth Five-Year Period	"十三五"时期 Thirteen Five-Year Period
172.4	83.5	16.5	29.9	20.1	9.6	19.8	16.0	-13.5	-27.7
15702	12926	14256	525.7	319.2	90.8	110.3	28.6	-3.8	2.0
12835.7	21218.9	31452.6	943.6	512.7	245.0	148.2	15.9	10.6	8.2
7230.5	16214.9	22482.3	714.8	614.5	310.9	138.7	14.6	17.5	6.8
343.2	591.8	987.3	2418.8	707.0	287.6	166.8	19.7	11.5	10.8
77.6	169.3	309.3	2796.3	1227.3	398.8	182.7	25.2	16.9	12.8
71.9	73.5	82.6	412.0	152.9	114.8	112.3	5.9	0.4	2.3
11.9	11.2	7.8	67.1	79.1	65.2	69.5	4.0	-1.3	-7.0
190.8	145.4	142.2	57.2	62.4	74.5	97.8	-3.5	-5.3	-0.4
188.0	147.8	124.4	44.0	56.5	66.2	84.2	-3.1	-4.7	-3.4
4.4	4.7	4.9	302.2	139.2	110.5	104.4	4.7	1.2	0.9
0.4	0.5	0.4	57.0	129.1	99.9	91.4	5.3	1.8	-1.8
14.2	15.3	13.0	90.0	90.8	91.4	85.0	-0.1	1.5	-3.2
15.1	10.9	10.4	53.7	63.5	68.5	95.1	-1.5	-6.3	-1.0
	157.7	173.2				109.8			1.9
6803	18942	28475	1264.4	979.9	418.6	150.3	18.5	22.7	8.5
53.4	127.3	267.8	1757.4	1878.0	501.7	210.4	30.2	19.0	16.0
81482	97437	107621	506.1	225.9	132.1	110.5	11.3	3.6	2.0
7420	7170	8804	88.5	148.3	118.7	122.8	4.6	-0.7	4.2
5253	4467	2486	31.4	71.0	47.3	55.7	8.4	-3.2	-11.1
78219	66308	33053	44.9	46.3	42.3	49.8	1.8	-3.3	-13.0
27735	48881	74554			268.8	152.5		12.0	8.8
13857	24203	31115			224.5	128.6		11.8	5.2
6211	11095	16168			260.3	145.7		12.3	7.8
7255	12440	21170	926.3	519.0	291.8	170.2	12.2	11.4	11.2
18944	34860	65888	1095.4	616.9	347.8	189.0	12.1	13.0	13.6
30.9	31.8	17.2	78.9	75.3	55.7	54.0	6.2	0.6	-11.6
14.0	19.0	13.8	184.0	143.5	98.6	72.6	7.8	6.3	-6.2
8938	9304	20461	254.6	245.7	228.9	219.9	1.4	0.8	17.1
16.0	21.2	25.3	210.2	211.3	158.3	119.7	5.9	5.8	3.7
18.9	21.3	24.3	141.7	161.0	128.6	114.2	4.6	2.4	2.7
16.4	14.9	13.7	88.8	114.2	83.5	91.9	6.4	-1.9	-1.7
7504	10345	13291	272.5	224.6	177.1	128.5	4.9	6.6	5.1
7587	7202	2380	7.8	5.9	31.4	33.0	-28.4	-1.0	-19.9
22.0	21.0	14.7	73.9	64.2	66.8	69.8	-0.8	-0.9	-6.9
10090	12364	13713	165.5	147.2	135.9	110.9	1.6	4.1	2.1
69581	76501	71526	211.8	139.1	102.8	93.5	6.2	1.9	-1.3
782	523	498	54.3	48.5	63.7	95.2	-5.3	-7.7	-1.0

1-10 国民经济和社会发展结构指标

Composition Indicators on National Economic and Social Development

单位：% (%)

指标	Item	2000	2010	2015	2020
人口与就业	**Population and Employment**				
人口	**Population**				
性别结构	Sexual Composition				
男	Male	51.1	50.7	50.5	50.1
女	Female	48.9	49.3	49.5	49.9
城乡结构	Urban and Rural Composition				
城镇	Urban	51.9	55.6	60.5	65.6
乡村	Rural	48.1	44.4	39.5	34.4
就业	**Employment**				
城乡结构	Urban and Rural Composition				
城镇	Urban	45.2	55.6	59.0	62.7
乡村	Rural	54.8	44.4	41.0	37.3
宏观经济	**Macro Economy**				
国民经济核算	**National Accounting**				
地区生产总值产业结构	Structure of Gross Domestic Product				
第一产业	Primary Industry	13.2	15.5	23.2	25.1
第二产业	Secondary Industry	57.2	49.9	33.6	25.4
第三产业	Tertiary Industry	29.6	34.6	43.2	49.5
货物进出口	**Imports and Exports of Goods**				
进出口总额结构	Structure of Total Exports and Imports				
出口	Exports	48.6	63.8	38.3	23.5
进口	Imports	51.4	36.2	61.7	76.5
财政	**Government Finance**				
财政收入结构	Composition of Government Revenue				
省级	Province		21.7	22.3	21.2
地级	City		41.3	56.5	57.3
县级	County		35.6	21.2	21.5
乡镇级	Town & Township		1.4		
财政支出结构	Composition of Government Expenditure				
一般公共服务	General Public Services		9.9	6.0	5.9
教育	Education		13.3	13.7	10.3
科学技术	Science and Technology		1.2	1.1	0.8
社会保障和就业	Social Safety Net and Employment Effort		13.6	18.1	24.8
卫生健康	Health		6.0	6.8	7.4
节能环保	Energy Saving and Environmental Protection		3.9	3.9	4.0
城乡社区事务	Urban and Rural Area Community Affairs		6.3	8.7	8.2
农林水事务	Agriculture, Forestry and Water Conservancy		15.0	16.9	16.8
交通运输	Transportation		6.6	6.8	4.6
住房保障支出	Affairs of Housing Security		4.8	5.3	4.2
其他	Others		19.4	12.7	13.1

1-10 续表1 Continued

单位：% (%)

指 标	Item	2000	2010	2015	2020
产 业	**Industry**				
农 业	**Agriculture**				
农林牧渔业总产值结构	Composition of Gross Output Value of Agriculture, Forestry, Animal Husbandry and Fishery				
农 业	Farming	66.3	54.5	62.8	62.8
林 业	Forestry	2.9	3.5	3.1	3.0
牧 业	Animal Husbandry	28.1	37.8	30.1	29.7
渔 业	Fishery	2.7	1.4	1.7	1.8
农、林、牧、渔专业及辅助性活动	Professional and Support Activities for Agriculture, Forestry, Animal Husbandry and Fishery		2.7	2.3	2.7
建筑业	**Construction**				
建筑业总产值结构	Composition of Gross Output Value of Construction Industry				
国有企业	State-owned Enterprise	53.3	32.0	14.7	5.6
集体企业	Collective-owned Enterprises	22.6	5.2	6.3	1.1
有限责任公司	Limited Liability Corporations	10.5	37.9	57.6	53.9
股份有限公司	Share Holding Enterprises	7.6	7.3	5.4	8.2
私营企业	Private Enterprises	2.9	17.2	15.4	31.0
其 他	Other Enterprises	3.2	0.4	0.6	0.2
交通运输业	**Transportation**				
货运量结构	Structure of Freight Traffic				
铁 路	Railways	22.6	28.2	15.1	22.5
公 路	Highways	69.4	65.5	74.0	63.4
水 运	Waterways	1.4	1.6	2.1	1.0
管 道	Petroleum and Gas Pipelines	6.6	4.7	8.8	13.1
客运量结构	Structure of Passenger Traffic				
铁 路	Railways	19.7	22.0	22.1	32.9
公 路	Highways	79.9	75.6	73.2	54.6
水 运	Waterways	0.1	0.6	0.8	0.7
民 航	Civil Aviation	0.3	1.8	3.8	11.8

1-10 续表2 Continued

单位：% (%)

指 标	Item	2000	2010	2015	2020
旅游业	**Tourism**				
国际游客人数结构	Structure of Tourists				
外国人	Foreigners	91.5	95.6	94.3	84.0
港澳台同胞	Compatriots form Hong Kong, Macao and Taiwan	8.5	4.4	5.7	16.0
教育、科技、卫生	**Education, Science and Health Care**				
教 育	**Education**				
普通学校在校学生结构	Structure of Students Enrollment				
大学生	College and University Students	3.5	18.7	24.1	25.7
中学生	Secondary School Students	47.2	45.7	41.1	42.5
小学生	Primary School Students	49.3	35.6	34.8	31.8
普通学校专任教师结构	Full-time Teachers by Type				
普通高等学校	College and Universities	4.4	12.1	14.6	16.7
中等学校	Secondary Schools	43.4	46.6	51.4	48.0
小 学	Primary Schools	52.3	41.3	34.0	35.3
科 技	**Science and Technology**				
研究与试验发展经费内部支出结构	Composition of Intramural Expenditure on R&D				
基础研究	Basic Research			11.3	13.3
应用研究	Applied Research			20.2	31.8
试验发展	Experimental Development			68.5	54.9
卫 生	**Health Care**				
卫生技术人员结构	Composition of Medical Technical Personnel				
#执业(助理)医师	#Licensed (Assistant) Doctors	45.9	40.8	37.4	39.6
注册护士	Registered Nurses	30.0	33.2	38.2	42.2
药师(士)	Pharmacist		5.9	9.5	4.6
人民生活	**People's Living Conditions**				
城镇居民现金消费结构	**Cash Consumption Composition of Urban Residents**				
食品烟酒	Food, Tobacco and Liquor	38.4	35.4	27.7	29.6
衣 着	Clothing	13.3	15.1	10.3	7.9
居 住	Residence	9.4	10.6	19.9	21.8
生活用品及服务	Household Facilities, Articles and Services	5.9	5.8	5.3	5.6
交通通信	Transport and Communications	7.6	11.2	12.0	11.9
教育文化娱乐	Education, Cultural and Recreation	12.0	9.4	10.8	9.3
医疗保健	Health Care and Medical Services	8.9	8.9	11.2	11.5
其他用品和服务	Miscellaneous Goods and Services	4.5	3.8	2.8	2.4
农村居民消费结构	**Consumption Composition of Rural Residents**				
食品烟酒	Food, Tobacco and Liquor	44.3	33.8	27.5	34.3
衣 着	Clothing	6.8	8.8	7.6	6.9
居 住	Residence	19.7	18.1	18.5	16.6
生活用品及服务	Household Facilities, Articles and Services	3.3	3.7	4.3	4.4
交通通信	Transport and Communications	7.6	10.1	13.8	13.6
教育文化娱乐	Education, Cultural and Recreation	5.5	10.4	13.1	9.7
医疗保健	Health Care and Medical Services	9.8	12.8	13.3	12.6
其他用品和服务	Miscellaneous Goods and Services	3.0	2.3	1.9	1.8

1-11 国民经济和社会发展比例与效益指标
Indicators on National Economic and Social Development

指 标	Item	2000	2010	2015	2020
人口与就业	**Population and Employment**				
出生率(‰)	Birth Rate(‰)	9.43	7.35	6.00	3.75
死亡率(‰)	Death Rate(‰)	5.50	5.83	6.60	8.23
自然增长率(‰)	Natural Growth Rate(‰)	3.93	1.52	-0.60	-4.48
每一就业人员负担人口(含本人)(人)	Dependency Ratio (including the labour self)(person)	2.38	1.98	1.89	2.40
城镇登记失业率(%)	Unemployment Rate in Urban Areas(%)	3.30	4.27	4.48	3.37
国民经济核算	**National Accounts**				
三次产业增加值比例(第一产业=100)	Ratio of Value-added by Type of Industry (Value added in primary industry=100)				
第二产业	Secondary Industry	435.0	321.0	144.8	101.3
第三产业	Tertiary Industry	225.4	222.2	186.2	197.1
全社会劳动生产率(元/人)	Overall Labor Productivity (yuan/person)			62000	90599
第一产业	Primary Industry			14385	22740
第二产业	Secondary Industry			20827	23039
第三产业	Tertiary Industry			26788	44819
	in Construction(%)				
财 政	**Government Finance**				
公共财政收入相当于GDP比例(%)	Proportion of General Budgetary Financial Revenue to GDP(%)	6.5	9.1	10.0	8.4
公共财政支出相当于GDP比例(%)	Proportion of General Budgetary Financial Expenditure to GDP(%)	13.4	27.1	34.4	39.8
对外贸易	**Foreign Trade**				
进出口总额相当于GDP比例(%)	Proportion of Total Imports & Exports to GDP(%)	8.7	20.8	11.2	11.2
实际利用外资占签订利用外资额比例(%)	Proportion of Foreign Capital for Utilization by Signed Contracts or Agreements(%)	101.7	93.4	95.0	22.5
能 源	**Energy**				
能源生产弹性系数	Elasticity Ratio of Energy Production	-1.05	0.002	-0.75	-0.65
能源消费弹性系数	Elasticity Ratio of Energy Consumption	-1.35	0.55	0.25	-0.79
单位国内生产总值能耗上升或下降率(±%)	Rise or Fall Rate of Energy Consumption per Unit of GDP(±%)		-5.00	-4.01	-1.70
农 业	**Agriculture**				
每公顷播种面积农产品产量(千克)	Output of Farm Crops per Hectare of Sown Area(kg)				
粮 食	Grain	3242	4526	5332	5223
#水 稻	#Rice	6489	7254	6944	7480
大 豆	Soybean	1569	1651	1874	1905
亚 麻	Flax	2045	4139	4029	5315
甜 菜	Beetroots	17452	22476	35541	45628
烤 烟	Flue-cured Tobacco	1800	2622	2678	2721

1-11 续表 Continued

指 标	Item	2000	2010	2015	2020
规模以上工业	**Industry above Designated Size**				
总资产贡献率(%)	Ratio of Industrial Output Value(%)		22.1	8.7	5.8
资产负债率(%)	Assets-Liability Ratio(%)	58.1	55.2	56.4	60.3
成本费用利润率(%)	Ratio of Profits to Industrial Cost(%)	31.4	15.2	4.2	3.3
营业收入利润率(%)	Proportion of Products Sold(%)				3.2
建筑业	**Construction**				
全员劳动生产率（按总产值计算，元/人)	Overall Labor Productivity (in terms of Gross Output Value, yuan/person)	51580	183395	228445	341327
技术装备率(元/人)	Value of Machinery per Laborer (yuan/person)	10478	7771	10425	12645
动力装备率(千瓦/人)	Power of Machines per Laborer(kw/person)	7.1	3.4	4.2	5.6
产值利税率(%)	Ratio of Pre-tax Profit to Gross Output Value(%)	4.0	10.1	6.0	5.9
交通运输业	**Transportation**				
货运量弹性系数	Elasticity of Freight Traffic				-3.47
客运量弹性系数	Elasticity of Passenger Traffic				-56.78
铁路网密度(公里/万平方公里)	Railway Density(km/10000 sq.km)	120.4	125.4	135.2	145.2
公路网密度(公里/万平方公里)	Highway Density(km/10000 sq.km)	1108	3358	3607	3715
铁路货运密度(万吨公里/公里)	Railway Freight Traffic Density(10000 ton/km)	1315	1821	970	1278
公路货运密度(万吨公里/公里)	Highway Freight Traffic Density(10000 ton/km)	32.2	50.2	56.9	41.3
电话普及率(部/百人)	Access to Telephones(set/100 persons)	22.0	79.7	111.2	130.7
旅游业	**Tourism**				
每一国际游客花费(元)	Per Capita Expenditure of International Tourists(USD)				9631.8
国内旅游人均花费（元)	Expenditure per Domestic Tourist (yuan)	446.2	529.9	1034.3	1142.7
金融业	**Finance intermediation**				
金融机构存款增加额相当于GDP比例(%)	Increasing Deposits as Percentage of GDP(%)	11.1	21.8	16.8	27.3
金融机构贷款增加额相当于GDP比例(%)	Increasing Loans as Percentage of GDP(%)	1.4	15.0	24.2	8.1
百元存款相应的贷款(元)	Loans to Per 100 yuan Deposits(yuan)	94.4	56.3	76.4	71.5
教 育	**Education**				
学龄儿童入学率(%)	Rate of School-age Children Enrollment(%)	98.8	99.1	99.9	100.0
小学升学率(%)	Rate of Graduates of Primary Schools Entering Junior Secondary Schools(%)	95.9	99.9	98.8	98.5
学校教师负担系数(%)	Student-teacher Ratio (in percentage)(%)				
高等学校	Colleges and Universities	12.4	16.3	15.7	16.9
中等学校	Secondary Schools	16.9	13.9	9.9	11.2
小 学	Primary Schools	14.7	12.4	13.6	12.0
教育支出相当于GDP比例(%)	Expenditures for Operating Expenses of Education as Percentage of GDP(%)			4.7	4.1
科 技	**Science and Technology**				
研究与科学发展经费相当于GDP比例(%)	R&D Expenditures as Percentage of GDP(%)			1.4	1.3
卫 生	**Health Care**				
每万人拥有卫生技术人员(人)	Number of Doctors per 10000 Persons(person)	45.0	49.3	55.6	76.2
每万人拥有卫生机构床位(张)	Number of Hospital Beds per 10000 Persons(unit)	31.6	41.8	55.4	79.5
医疗机构病床使用率(%)	Beds Utilization Rate of Medical Organizations(%)	48.7	72.4	76.5	45.4
人民生活	**People's Living Conditions**				
城镇居民家庭恩格尔系数(%)	Engel's Coefficient of Urban Households(%)	38.4	35.4	27.7	29.6
农村居民家庭恩格尔系数(%)	Engel's Coefficient of Rural Households(%)	44.3	33.8	27.5	34.3
城市建设	**Municipal Works**				
城市人口用水普及率(%)	Coverage Rate of Urban Population with Access to Tap Water(%)	74.7	89.1	97.2	99.0
城市燃气普及率(%)	Coverage Rate of Urban Population with Access to Tap Gas(%)	59.3	88.8	86.6	90.8
城市人均公园绿地面积(平方米)	Per Capita Public Green Areas(sq.m)	5.4	11.8	12.0	12.8

1-12 按人口平均的主要工农业产品产量
Per Capita Major Farm Products and Industrial Products

年 份 Year	粮豆薯 (千克) Grain (kg)	油 料 (千克) Oil-bearing Crops (kg)	猪牛羊肉 (千克) Pork, Beef and Mutton (kg)	牛 奶 (千克) Cow Milk (kg)	水产品 (千克) Aquatic Products (kg)	钢 (千克) Steel (kg)	原 煤 (吨) Coal (ton)	原 油 (吨) Crude Oil (ton)	发电量 (千瓦时) Electricity (kwh)
1978	476.4	2.8	10.3	4.4	0.7	17.6	1.20	1.62	347
1980	459.0	7.5	11.6	3.9	0.6	16.5	1.33	1.62	405
1985	420.2	8.5	9.4	12.9	2.0	22.7	1.87	1.65	559
1990	655.7	4.9	13.0	28.8	4.2	27.0	2.34	1.58	837
1991	608.1	4.3	14.3	31.6	4.6	28.0	2.39	1.56	889
1992	658.9	6.1	14.8	33.5	5.0	32.7	2.34	1.55	966
1993	659.7	4.4	14.5	30.8	5.2	34.5	1.99	1.54	1027
1994	705.3	4.3	16.9	30.3	5.7	30.3	2.10	1.53	1044
1995	703.2	5.4	19.1	32.9	6.9	25.4	2.15	1.52	1052
1996	820.2	4.5	25.1	35.9	7.8	22.7	2.21	1.51	1105
1997	830.2	4.9	26.8	37.6	8.6	23.6	2.02	1.50	1158
1998	799.7	4.5	29.8	37.8	9.5	21.0	1.89	1.49	1127
1999	812.8	10.4	31.6	37.8	9.6	20.5	1.65	1.44	1088
2000	670.0	11.5	33.1	40.6	10.1	23.4	1.31	1.40	1123
2001	696.2	9.5	35.3	49.6	10.6	24.2	1.34	1.35	1150
2002	771.6	13.9	38.8	61.9	11.0	37.8	1.54	1.32	1205
2003	658.7	11.7	43.9	78.8	11.0	43.4	1.74	1.27	1277
2004	821.6	12.1	53.3	98.1	11.3	47.4	1.87	1.22	1295
2005	942.8	15.9	63.5	115.3	11.7	60.8	1.90	1.18	1561
2006	989.1	16.5	36.7	110.8	8.7	82.5	2.07	1.14	1654
2007	1015.0	13.1	35.7	114.6	9.0	114.1	2.09	1.09	1782
2008	1209.9	7.4	37.0	114.6	9.3	111.5	2.14	1.05	1881
2009	1251.8	7.4	41.7	119.2	10.0	147.9	2.29	1.05	1879
2010	1470.9	7.2	44.4	124.4	10.4	147.8	2.42	1.05	2022
2011	1631.7	6.1	45.6	123.0	9.4	156.7	2.31	1.05	2164
2012	1758.2	6.0	50.0	128.6	12.1	162.6	2.31	1.07	2246
2013	1909.4	5.1	52.5	120.9	13.2	170.8	2.12	1.08	2237
2014	2035.7	4.7	56.7	132.0	14.1	132.9	1.87	1.10	2403
2015	2134.2	5.1	57.3	137.8	15.2	113.2	1.77	1.08	2438
2016	2121.3	5.9	59.3	134.7	16.4	95.2	1.61	1.05	2568
2017	2159.8	4.2	63.0	135.6	17.1	119.7	1.59	1.00	2660
2018	2232.2	3.3	60.9	135.6	18.6	166.9	1.72	0.96	3020
2019	2279.9	3.5	58.8	141.4	19.7	237.6	1.58	0.95	3212
2020	2347.0	3.8	64.0	155.7	21.0	273.6	1.62	0.93	3372

注：2005、2006年钢产量为粗钢产量。
a) In 2005, 2006 the output of steel is crude steel.

1-13 平均每天主要社会经济活动
Selected Indicators on Average Daily Social and Economic Activities

指　标	Item	2000	2005	2010	2015	2020
每天创造的财富	**Daily Production**					
地区生产总值(亿元)	Gross Domestic Product(100 million yuan)	7.82	13.03	22.76	32.03	37.53
第一产业	Primary Industry	1.03	1.85	3.54	7.43	9.42
第二产业	Secondary Industry	4.48	7.28	11.36	10.76	9.54
工　业	Industry	4.29	7.00	10.67	9.85	8.61
建筑业	Construction	0.27	0.42	0.86	1.16	1.13
第三产业	Tertiary Industry	2.32	3.91	7.86	13.84	18.57
公共财政收入(亿元)	General Budgetary Financial Revenue(100 million yuan)	0.51	0.87	2.07	3.19	3.16
粮豆薯(万吨)	Grain(10000 tons)	6.97	9.86	15.43	20.87	20.66
#水　稻	#Rice	2.86	3.21	6.24	7.45	7.93
玉　米	Corn	2.17	3.78	6.89	11.73	9.99
大　豆	Bean	1.23	2.05	1.69	1.37	2.52
薯　类	Tuber	0.22	0.23	0.23	0.19	0.09
油料(吨)	Oil-bearing Crops(ton)	1200	1660	754	502	338
麻类(吨)	Fiber Crops(ton)	512	989	60	54	319
烟叶(吨)	Tobacco(ton)	263	203	262	188	79
瓜果类(吨)	Melon and Fruits(ton)	8751	8395	8809	4428	3634
水产品(吨)	Aquatic Products(ton)	1047	1222	1095	1486	1847
原油(万吨)	Crude Oil(10000 tons)	14.54	12.32	10.97	10.52	8.22
天然气(亿立方米)	Natural Gas(100 million cu.m)	0.06	0.07	0.08	0.10	0.13
水泥(万吨)	Cement(10000 tons)	2.48	3.05	9.61	8.94	6.51
粗钢(万吨)	Crude Steel(10000 tons)	0.24	0.68	1.79	1.15	2.70
成品钢材(万吨)	Steel Products(10000 tons)	0.21	0.64	1.55	1.11	2.41
汽车(辆)	Automobile(unit)	367	729	679	221	196
发电量(亿千瓦时)	Electricity(100 million kwh)	1.17	1.63	2.12	2.38	2.97
每天消费量	**Daily National Consumption**					
公共财政支出(亿元)	General Budgetary Financial Expenditure(100 million yuan)	1.05	2.16	6.17	11.02	14.93
全社会用电量(亿千瓦时)	Electricity Consumption(100 million kwh)			2.05	2.38	2.78

1-13 续表 Continued

指 标	Item	2000	2005	2010	2015	2020
每天其他经济活动	**Other Daily Economic Activities**					
邮电业务总量(亿元)	Business Volume of Postal and Telecommunication Services(100 million yuan)			2.26	1.40	6.13
客运量(万人)	Passenger Traffic (10000 persons)	136.9	152.8	130.8	122.1	38.2
货运量(万吨)	Freight Traffic (10000 tons)	157.1	177.5	170.4	163.7	153.5
居民新增储蓄额(亿元)	Outstanding Amount of Savings Deposit(100 million yuan)	0.46	1.35	2.26	4.34	8.53
进出口总额(万美元)	Total Value of Imports and Exports (USD 10000)	818	2622	6986	5751	6082
出 口	Total Exports	398	1663	4460	2200	1425
进 口	Total Imports	421	959	2526	3551	4655
实际利用外资额(万美元)	Foreign Capital Actually Used (USD 10000)	73	118	249	132	149
国际旅游人数(人)	Number of Tourists from Abroad (person)	1511	2251	4724	2287	452
国际旅游外汇收入(万美元)	Foreign Exchange Earnings (USD 10000)	51.8	93.3	208.9	108.3	435.1
人口和社会活动	**Population and Social Activities**					
出生人口(人)	Births(person)	984	824	772	627	326
死亡人口(人)	Deaths(person)	574	544	612	689	715
结婚(对)	Marriages(couple)	597	626	846	872	471
离婚(对)	Divorces(couple)	205	263	383	520	377
发表科技论文(篇)	Scientific and Technological Papers(piece)		56.0	110.2	123.4	133.2
出版科技著作(种)	Scientific and Technological Composing(kind)		2.0	2.5	2.8	2.6
成交技术合同(件)	Number of Technical Contracts Completed(piece)	27.08	5.59	5.44	5.08	14.05
技术市场成交额(万元)	Transaction Value on Technical Market(10000 yuan)	417	391	1462	3487	7337
授权专利(件)	Number of Patent Applications Certified(item)	6.17	7.96	18.64	51.90	78.01
公共图书馆流通人次(万人次)	Circulation of Public Libraries(10000 person-times)	1.67	1.38	1.70	2.65	1.09
印刷图书(万册)	Printed Copies of Books(10000 copies)	27.2	16.3	20.3	19.6	24.1
印刷杂志(万册)	Printed Copies of Magazines(10000 copies)	21.7	9.6	14.4	12.2	6.8
印刷报纸(万份)	Printed Copies of Newspaper(10000 copies)	201.6	195.6	214.3	181.7	90.6
诊疗人次(万人次)	Total Number of Patients Treated(10000 person-times)	12.09	12.02	20.35	20.71	23.36
入院人数(万人)	Hospital Admissions(10000 patients)	0.41	0.55	1.02	1.39	0.98
生活垃圾清运量(万吨)	Volume of Garbage Disposal(10000 tons)	2.51	3.08	2.14	1.43	1.36
受理劳动争议案件(件)	Number of Labor Dispute Cases Accepted(piece)	7.81	16.81	24.99	31.13	54.36
劳动争议结案案件(件)	Number of Labor Dispute Cases Settled(piece)	7.99	16.63	24.75	31.33	56.24

主要统计指标解释

行政区划 指国家对行政区域的划分。根据有关法规规定，我国的行政区域划分如下：(1)全国分为省、自治区、直辖市；(2)省、自治区分为自治州、县、自治县、市；(3)自治州分为县、自治县、市；(4)县、自治县分为乡、民族乡、镇；(5)直辖市和较大的市分为区、县；(6)国家在必要时设立的特别行政区。

平均增长速度 平均增长速度表明社会经济现象在一个较长的时期内逐期平均增长变化的程度，它不能根据各个环比增长速度直接求得，但与平均发展速度之间存在着一定的数量关系：平均增长速度＝平均发展速度－1。

平均发展速度是一种根据环比发展速度计算的序时平均数，由于各时期对比的基础不同，所以计算平均发展速度不能采用一般的序时平均数的计算方法，计算方法分为水平法和累计法。水平法，又称几何平均法，即将环比发展速度按连乘法用几何平均数公式计算。累计法，也称方程法，根据一段时期内各年发展水平总和与基期水平的关系，列出方程式计算平均发展速度。水平法着重考虑最后一年所达到的发展水平；累计法着重考虑整个时期累计发展水平的总量。

本《年鉴》内所列的平均增长速度，除固定资产投资用“累计法”计算外，其余均用“水平法”计算。从某年到某年平均增长速度的年份，均不包括基期年在内。如建国四十三年以来的平均增长速度是以 1949 年为基期计算的，则写为 1950-1992 年平均增长速度，其余类推。

国民经济行业分类 自 2017 年年报和2018 年定期报表开始使用新的《国民经济行业分类》(GB/T4754-2017)。该分类是由国家统计局组织修订，原国家质量监督检验检疫总局和中国国家标准化管理委员会于 2017 年 6 月 30 日发布。这次修订是在 2011 年分类标准的基础上，结合我国经济活动特点，参照联合国《全部经济活动的国际标准产业分类》(ISIC/Rev.4) 进行的。修订后的《国民经济行业分类》(GB/T4754-2017) 共有门类 20 个，大类 97 个，中类 473 个，小类 1382 个。

企业登记注册类型 是以在市场监管部门登记注册的各类企业为划分对象，以市场监管部门对企业登记注册的类型为依据，将企业登记注册类型分为内资企业、港澳台商投资企业和外商投资企业三大类。内资企业包括国有企业、集体企业、股份合作企业、联营企业、有限责任公司、股份有限公司、私营企业和其他企业；港澳台商投资企业和外商投资企业分别包括合资经营企业、合作经营企业、独资经营企业和股份有限公司等。

国有企业 指企业全部资产归国家所有，并按《中华人民共和国企业法人登记管理条例》规定登记注册的非公司制的经济组织。不包括有限责任公司中的国有独资公司。

集体企业 指企业资产归集体所有，并按《中华人民共和国企业法人登记管理条例》规定登记注册的经济组织。

股份合作企业 指以合作制为基础，由企业职工共同出资入股，吸收一定比例的社会资产投资组建，实行自主经营，自负盈亏，共同劳动，民主管理，按劳分配与按股分红相结合的一种集体经济组织。

联营企业 指两个及两个以上相同或不同所有制性质的企业法人或事业单位法人，按自愿、平等、互利的原则，共同投资组成的经济组织。联营企业包括国有联营企业、集体联营企业、国有与集体联营企业和其他联营企业。

有限责任公司 指根据《中华人民共和国公司登记管理条例》规定登记注册，由两个以上、五十个以下的股东共同出资，每个股东以其所认缴的出资额对公司承担有限责任，公司以其全部资产对其债务承担责任的经济组织。有限责任公司包括国有独资公司以及其他有限责任公司。

股份有限公司 指根据《中华人民共和国公司登记管理条例》规定登记注册，其全部注册资本由等额股份构成并通过发行股票筹集资本，股东以其认购的股份对公司承担有限责任，公司以其全部资产对其债务承担责任的经济组织。

私营企业 指由自然人投资设立或由自然人控股，以雇佣劳动为基础的营利性经济组织。包括按照《公司法》、《合伙企业法》以及《个人独资企业法》规定登记注册的私营独资企业、私营合伙企业、私营有限责任公司、私营股份有限公司和个人独资企业。

其他企业 指上述企业之外的其他内资经济组织。

与港澳台商合资经营企业 指港澳台地区投资者与内地企业依照原《中华人民共和国中外合资经营企业法》及有关法律的规定，按合同规定的比例投资设立，分享利润、分担风险和亏损的企业。

与港澳台商合作经营企业 指港澳台地区投资者与内地企业依照原《中华人民共和国中外合作经营企业法》及有关法律的规定，依照合作合同的约定进行投资或提供条件设立，分配利润、分担风险和亏损的企业。

港澳台商独资经营企业 指依照原《中华人民共和国外资企业法》及有关法律的规定，在内地由港澳台地区投资者全额投资设立的企业。

港澳台商投资股份有限公司 指根据国家有关规定，经商务部（原外经贸部）批准设立，并且其中港、澳、台商的股本占公司注册资本的比例达 25%以上的股份有限公司。凡其中港、澳、台商的股本占公司注册资本的比例小于 25%的，属于内资中的股份有限公司。

其他港澳台商投资企业 指在中国境内参照原《外国企业或个人在中国境内设立合伙企业管理办法》和《外商投资合伙企业登记管理规定》，依法设立的港、澳、台商投资合伙企业等。

中外合资经营企业 指外国企业或外国人与中国内地企业依照原《中华人民共和国中外合资经营企业法》及有关法律的规定，按合同规定的比例投资设立，分享利润和分担风险和亏损的企业。

中外合作经营企业 指外国企业或外国人与中国内地企业依照原《中华人民共和国中外合作经营企业法》及有关法律的规定，依照合作合同的约定进行投资或提供条件设立，分配利润、分担风险和亏损的企业。

外资企业 指依照原《中华人民共和国外资企业法》及有关法律的规定，在中国内地由外国投资者全额投资设立的企业。

外商投资股份有限公司 指根据国家有关规定，经商务部（原外经贸部）批准设立，并且其中外资的股本占公司注册资本的比例达25%以上的股份有限公司。凡其中外资股本占公司注册资本的比例小于25%的，属于内资企业中的股份有限公司。

其他外商投资企业 指在中国境内依照原《外国企业或个人在中国境内设立合伙企业管理办法》和《外商投资合伙企业登记管理规定》，依法设立的外商投资合伙企业等。

行政机关、事业单位和社会团体 参照企业登记注册类型，主要按其经费来源和管理方式划分。具体规定如下：

⑴行政机关：包括国家机关和政党机关，原则上均列为“国有”。但有特殊规定的，如供销社等，则列为“集体”。

⑵事业单位：包括经国家机构编制部门和有关业务主管部门批准成立的各类事业单位，不包括实行企业化管理的事业单位。事业单位的划分办法如下：

①由国家财政预算拨款或列入财政预算外资金管理以及经费主要来源于国有主管部门或国有上级单位的事业单位，列为“国有”。

②经费主要来源于集体单位的事业单位，列为“集体”。

③公民个人(或个人合伙)开办的事业单位，列为“私营”。

④上述以外的其他事业单位，如果其经费来源不明确，按管理方式进行归类。

⑶社会团体：包括经民政部门批准成立以及未纳入社会团体管理条例范围的工会、妇联等各类社会团体。社会团体的划分办法如下：

①未纳入民政部社会团体管理条例范围的工会、妇联、共青团、青联、工商联、科协、侨联等社会团体，国家拨款设立的基金会或基金管理组织以及经费主要来源于国有业务主管部门或国有上级单位的社会团体，列为“国有”。

②经费主要来源于集体单位的社会团体，列为“集体”。

③公民个人(或个人合伙)开办的社会团体，划为“私营”。

④上述以外的其他社会团体，如果其经费来源不明确，改按管理方式进行归类。

Explanatory Notes on Main Statistical Indicators

Divisions of Administrative Areas refer to the division of administrative areas by the State. The relative laws define the administrative division as follows: 1) the whole country is divided into provinces, autonomous regions and municipalities directly under the Central Government; 2) provinces and autonomous regions are further divided into autonomous prefectures, counties, autonomous counties and cities; 3) autonomous prefectures are further divided into counties, autonomous counties and cities; 4) counties and autonomous counties are further divided into townships, ethnic townships and towns; 5) municipalities directly under the Central Government and large cities are divided into districts and counties, 6) the State shall, when necessary, establish special administrative regions.

Average Annual Growth Rate shows the average growth rate of social and economic development during a longer period. It can not be directly calculated by chain based growth rate. The relation is:

Average growth rate = average speed of development – 1

Average speed of development is the time series average of speed which is obtained through chain-based calculation. Because the reference bases during the different periods are different, average speed of development can not be calculated by the general method. Level approach and accumulative approach for calculating average speed of development rate are applied. The "level approach", or geometric average approach, is derived by the formula of geometric average of the chain-based speeds of development by continuous multiplication. The other is called the "accumulative approach" or the "equation" method, which is derived by the summation of the actual figure of each year in the interval divided by the figure in the base year. The level approach focuses on the level of the last year, while the accumulative approach emphasizes the aggregate development for the entire duration.

The average annual growth rates listed in the *Yearbook* are calculated by the level approach except for the growth rate of investment in fixed assets. The base year is not listed in the duration for which average annual growth rates are computed. For instance, the average annual growth rate of the 43 years since 1949 is shown as the average annual growth rate of 1950-1992 without showing the base year 1949.

Industrial Classification of the National Economy The new *Industrial Classification of the National Economy* (GB/T 4754-2017) is introduced starting from the compilation of 2017 annual statistics and 2018 monthly or quarterly statistics. The revision, based on the 2011 classification, was organized by the National Bureau of Statistics taking into consideration of the characteristics of economic activities in China and the *International Standards of the Industrial Classification of All Economic Activities* (ISIC/Rev.4) of the United Nations. The new *Classification* was promulgated by the former National Administration of Quality Supervision, Inspection and Quarantine and the Standardization Administration of the People's Republic of China on June 30, 2017. The revised version of the *Industrial Classification of the National Economy* (GB/T 4754-2017) is composed of 20 sections, 97 divisions, 473 groups and 1382 classes.

Registration Status of Enterprises (units) Enterprises are classified into 3 categories, namely enterprises with domestic investment, enterprises with investment from Hong Kong, Macao and Taiwan, and enterprises with foreign investment, according to the registration status of an enterprise in market supervision administration. Domestic-invested enterprises include state-owned enterprises, collective-owned enterprises, cooperative enterprises, joint ownership enterprises, limited liability corporations, share-holding corporations Ltd., private enterprises and other enterprises. Included in the enterprises with investment from Hong Kong, Macao and Taiwan and enterprises with foreign investment are joint-venture enterprises, cooperative enterprises, sole-proprietorship enterprises and share-holding corporations Ltd.

State-owned Enterprises refer to non-corporation economic units where the entire assets are owned by the state and which have been registered in accordance with the *Regulation of the People's Republic of China on the Management of Registration of Corporate Enterprises*. Not included from this category are state sole-proprietorship corporations in the limited liability corporations.

Collective-owned Enterprises refer to economic units where the assets are owned collectively and which have been registered in accordance with the *Regulation of the People's Republic of China on the Management of Registration of Corporate Enterprises*.

Cooperative Enterprises refer to a form of collective economic units (enterprises) where capitals come mainly from employees as their shares, with certain proportion of capital from the outside, where production is organized on the basis of independent operation, independent accounting for profits and losses, joint work, democratic management, and a distribution system that integrates remuneration according to work with dividend according to capital share.

Joint Ownership Enterprises refer to economic units established by two or more corporate enterprises or corporate institutions of the same or different ownership, through joint investment on the basis of voluntary participation, equality, and mutual benefits. They include state joint ownership enterprises; collective joint ownership enterprises; joint state-collective enterprises; and other joint ownership enterprises.

Limited Liability Corporations refer to economic units established with investment from 2-50 investors and registered in accordance with the *Regulation of the People's Republic of China on the Management of Registration of Corporations*, each investor bearing limited liability to the corporation depending on its share of investment, and the corporation bearing liability to its debt to the maximum of its total assets. Limited liability corporations include state sole-proprietorship corporations and other limited liability corporations.

Share-holding Corporations Ltd. refer to economic units registered in accordance with the *Regulation of the People's Republic of China on the Management of Registration of Corporations*, with total registered capital divided into equal shares and additional capitals raised through issuing stocks. Each investor bears limited liability to the corporation depending on the holding of shares, and the corporation bears liability to its debt to the maximum of its total assets.

Private Enterprises refer to profit-making economic units invested and established by natural persons, or controlled by natural persons, using employed labour. Included in this category are private sole-proprietorship enterprise, private partnership enterprise, private limited liability companies, private limited-liability company by shares and individual sole-proprietorship enterprise registered in accordance with the *Company Law, the Law on Partnership Business* and *the Law on Individual Proprietorship Enterprises.*

Other Domestic-Invested Enterprises refer to domestic-invested economic units other than those mentioned above.

Joint Venture Enterprises with Hong Kong, Macao and Taiwan are enterprises jointly established by investors from Hong Kong, Macao and Taiwan with enterprises in the mainland of China in accordance with the former *Law of the People's Republic of China on Sino-foreign Equity Joint Ventures* and other relevant laws, where the establishment of the investment and the sharing of profits, taking risks and loss are stipulated in joint venture contracts.

Cooperative Enterprises with Hong Kong, Macao and Taiwan established by investors from Hong Kong, Macao and Taiwan with enterprises in the mainland of China in accordance with the former *Law of the People's Republic of China on Sino-foreign Contractual Joint Venture* and other relevant laws, where the investment or provision of facilities and the sharing of profits and risks are stipulated under cooperative contracts.

Sole-proprietorship Enterprises with Investment from Hong Kong, Macao and Taiwan refer to enterprises established in the mainland of China with exclusive investment from investors from Hong Kong, Macao and Taiwan in accordance with the former *Law of the People's Republic of China on Enterprises with Foreign Investment* and other relevant laws.

Share-holding Corporations Ltd. with Investment from Hong Kong, Macao and Taiwan refer to share-holding corporations Ltd. established with the approval from the Ministry of Commerce（the former Ministry of Foreign Trade and Economic Relations）in line with relevant state regulations, where the share of investment from Hong Kong, Macao or Taiwan businessmen exceeds 25% of the total registered capital of the corporation. In case the share of investment from Hong Kong, Macao or Taiwan is less than 25% of the total registered capital, the enterprise is to be classified as domestic-invested share-holding corporation Ltd.

Other Enterprises with Funds From Hong Kong, Macao and Taiwan refer to partnership enterprises with investments from Hong Kong, Macao and Taiwan established within the territory of China in accordance with former *Administrative Measures on the Establishment of Partnership Enterprises in China by Foreign Enterprises or Foreign Individuals* and *Regulations for the Administration of the Registration of Foreign-invested Partnership Enterprises.*

Joint Venture Enterprises with Foreign Investment refer to enterprises jointly established by foreign enterprises or foreigners with enterprises in the mainland of China in accordance with the former *Law of the People's Republic of China on Sino-foreign Equity Joint Ventures* and other relevant laws, where the sharing of investment, profits and risks and loss are stipulated in contracts.

Cooperative Enterprises with Foreign Investment refer to enterprises jointly established by foreign enterprises or foreigners with enterprises in the mainland of China in accordance with the former *Law of the People's Republic of China on Sino-foreign Contractual Joint Venture* and other relevant laws, where the investment or provision of facilities and the sharing of profits and taking risks and loss are stipulated in cooperative contracts.

Sole-proprietorship Enterprises with Foreign Investment refer to enterprises established in the mainland of China with exclusive investment from foreign investors in accordance with the former *Law of the People's Republic of China on Enterprises with Foreign Investment* and other relevant laws.

Share-holding Corporations Ltd. with Foreign Investment refer to share-holding corporations Ltd. established with the approval from the Ministry of Commerce （the former Ministry of Foreign Trade and Economic Relations） in line with relevant state regulations, where the share of investment from foreign investors exceeds 25% of the total registered capital of the corporation. In case the share of foreign investment is less than 25% of the total registered capital, the enterprise is to be classified as domestic-invested share-holding corporation Ltd.

Other Enterprises with Foreign Funds refer to partnership enterprises established within the territory of China in accordance with former *Administrative Measures on the Establishment of Partnership Enterprises in China by Foreign Enterprises or Foreign Individuals* and *Regulations for the Administration of the Registration of Foreign-invested Partnership Enterprises..*

Government Agencies, Institutions and Social

Organizations are classified into the following categories by source of funds and manner of management taking reference of the registration status of enterprises:

(1) Government agencies: include State and party agencies, classified in principle as State-owned. There are exceptions, such as supply and marketing cooperatives which are classified as collective-owned.

(2) Institutions: include institutions of various types established with the approval by organization and staffing departments of the government, but exclude institutions where enterprise management system is introduced. Institutions are further classified as follows:

(a) Institutions for which their main budgets are from government budget appropriations or extra-budget funds, or allocated from the budget of their competent government agencies. Such institutions are classified as state-owned.

(b) Institutions for which their budget mainly come from collective units. Such institutions are classified as collective-owned.

(c) Social institutions established by individual or a group of citizens, which are classified as private.

(d) Institutions other than those mentioned above for which their sources of budget are not clear. Such institutions are classified by the manner of management.

(3) Social organizations: include social organizations established with the approval from the Ministry of Civil Affairs, and organizations that are not covered by social organization management regulations such as trade unions, women's federations etc.. Social organizations are further classified as follows:

(a) Social organizations that are not covered by social organization management regulations of the Ministry of Civil Affairs such as trade unions, women federations, communist youth leagues, youth associations, industrial and commerce associations, scientist associations, overseas Chinese associations, etc., foundations and fund management organizations established with funds from the state, and social organizations whose funds mainly come from the budget of their competent government agencies. Such institutions are classified as State-owned.

(b) Social organizations for which their budget mainly come from collective units. Such institutions are classified as collective-owned.

(c) Social organizations established by individual or a group of citizens, which are classified as private.

(d) Social organizations other than those mentioned above for which their sources of budget are not clear. Such organizations are classified by the manner of management.

第二篇　人口、就业人员和工资

CHAPTER 2　POPULATION, EMPLOYMENT AND WAGES

资料整理：魏　瑨　周柏岩

2-1　人口和就业基本情况
Population and Employment

指　标	Item	2016	2017	2018	2019	2020
人　口	**Population**					
总人口(万人)	Total Population (10000 persons)	3463.0	3399.0	3327.0	3255.0	3171.0
男	Male	1748.6	1713.8	1675.1	1635.6	1588.2
女	Female	1714.4	1685.2	1651.9	1619.4	1582.8
市　镇	Urban	2115.5	2104.0	2111.3	2103.4	2080.5
乡　村	Rural	1347.5	1295.0	1215.7	1151.6	1090.5
性别比(女性=100)	Sex Ratio (Female=100)	102.0	101.7	101.4	101.0	100.3
出生率(‰)	Birth Rate (‰)	6.12	6.22	5.98	5.73	3.75
死亡率(‰)	Death Rate (‰)	6.61	6.63	6.67	6.74	8.23
自然增长率(‰)	Natural Growth Rate (‰)	-0.49	-0.41	-0.69	-1.01	-4.48
就　业	**Employment**					
就业人员合计(万人)	Total Number of Employed Persons (10000 persons)	1776.0	1699.0	1635.0	1551.0	1473.0
城镇就业人员	Urban Employed Persons	1059.8	1026.0	999.3	959.5	923.0
#国有单位	State-owned Units	263.7	254.1	246.4	176.9	156.9
集体单位	Collective-owned Units	12.2	10.6	9.6	2.9	2.3
其他单位	Units of Other Types of Ownership	149.0	148.3	136.7	169.8	157.2
灵活就业	Obtain Employment Flexibly	232.2	209.9	200.3	180.8	162.3
乡村就业人员	Rural Employed Persons	716.2	673.0	635.7	591.5	550.0
城镇非私营单位就业人员平均工资(元)	Average Wage of Employed Persons In Urban Non-private Units (yuan)	52435	56067	60780	68416	74554
国有单位	State-owned Units	52847	55789	59716	64184	75060
集体单位	Collective-owned Units	41618	45814	51838	63906	66859
其他单位	Other Units	52621	57290	63332	72922	75583
城镇私营单位就业人员平均工资(元)	Average Wage of Employed Persons In Urban Private Units (yuan)	30533	32422	34801	36674	38685
城镇登记失业人数(万人)	Number of Registered Unemployed Persons in Urban Areas(10000 persons)	39.6	39.7	39.4	34.7	31.0
城镇登记失业率(%)	Registered Unemployment Rate in Urban Areas(%)	4.22	4.21	3.99	3.53	3.37

2-2 年末人口数
Population at Year-End

单位：万人、% (10000 persons,%)

年 份 Year	总人口 Total Population	按性别分 By Sex				按城乡分 By Residence			
		男 Male		女 Female		城镇 Urban		乡村 Rural	
		人口数 Population	比 重 Proportion	人口数 Population	比 重 Proportion	人口数 Population	比 重 Proportion	人口数 Population	比 重 Proportion
1953	1189.7	646.4	54.3	543.3	45.7	378.9	31.8	810.8	68.2
1954	1250.2	676.2	54.1	574.0	45.9	416.7	33.3	833.5	66.7
1955	1321.2	714.2	54.1	607.0	45.9	433.8	32.8	887.4	67.2
1956	1418.2	770.9	54.4	647.3	45.6	496.0	35.0	922.2	65.0
1957	1478.5	796.8	53.9	681.7	46.1	545.1	36.9	933.4	63.1
1958	1563.7	842.2	53.9	721.5	46.1	587.1	37.5	976.6	62.5
1959	1682.0	908.1	54.0	773.9	46.0	741.9	44.1	940.1	55.9
1960	1807.1	973.4	53.9	833.7	46.1	877.6	48.6	929.5	51.4
1961	1897.1	1018.4	53.7	878.7	46.3	900.1	47.4	997.0	52.6
1962	1893.5	1001.8	52.9	891.7	47.1	811.2	42.8	1082.3	57.2
1963	1972.0	1041.0	52.8	931.0	47.2	796.0	40.4	1176.0	59.6
1964	2053.3	1078.7	52.5	974.6	47.5	811.5	39.5	1241.8	60.5
1965	2133.9	1116.8	52.3	1017.1	47.7	805.6	37.8	1328.3	62.2
1966	2188.6	1143.9	52.3	1044.7	47.7	822.2	37.6	1366.4	62.4
1967	2258.9	1179.6	52.2	1079.3	47.8	842.0	37.3	1416.9	62.7
1968	2343.4	1218.8	52.0	1124.6	48.0	867.2	37.0	1476.2	63.0
1969	2440.8	1264.7	51.8	1176.1	48.2	865.9	35.5	1574.9	64.5
1970	2522.6	1306.9	51.8	1215.7	48.2	907.3	36.0	1615.3	64.0
1971	2627.2	1361.6	51.8	1265.6	48.2	936.7	35.7	1690.5	64.3
1972	2723.4	1409.7	51.8	1313.7	48.2	1007.3	37.0	1716.1	63.0
1973	2818.6	1459.4	51.8	1359.2	48.2	1034.0	36.7	1784.6	63.3
1974	2894.0	1496.6	51.7	1397.4	48.3	1059.1	36.6	1834.9	63.4
1975	2958.1	1528.7	51.7	1429.4	48.3	1078.8	36.5	1879.3	63.5
1976	3019.4	1558.3	51.6	1461.1	48.4	1093.7	36.2	1925.7	63.8
1977	3072.5	1585.3	51.6	1487.2	48.4	1118.2	36.4	1954.3	63.6
1978	3129.6	1614.2	51.6	1515.4	48.4	1122.9	35.9	2006.7	64.1
1979	3168.7	1629.2	51.4	1539.5	48.6	1181.4	37.3	1987.3	62.7
1980	3203.8	1642.4	51.3	1561.4	48.7	1232.7	38.5	1971.1	61.5
1981	3239.3	1660.3	51.3	1579.0	48.7	1275.3	39.4	1964.0	60.6
1982	3281.1	1677.9	51.1	1603.2	48.9	1309.4	39.9	1971.7	60.1
1983	3306.0	1692.0	51.2	1614.0	48.8	1356.8	41.0	1949.2	59.0
1984	3331.0	1706.0	51.2	1625.0	48.8	1398.0	42.0	1933.0	58.0
1985	3357.0	1718.2	51.2	1638.8	48.8	1440.5	42.9	1916.5	57.1
1986	3385.0	1733.6	51.2	1651.4	48.8	1485.3	43.9	1899.7	56.1

2-2　续表　Continued

单位：万人、%　　　　(10000 persons,%)

年 份 Year	总人口 Total Population	按性别分 By Sex				按城乡分 By Residence			
		男 Male		女 Female		城镇 Urban		乡村 Rural	
		人口数 Population	比 重 Proportion	人口数 Population	比 重 Proportion	人口数 Population	比 重 Proportion	人口数 Population	比 重 Proportion
1987	3424.0	1753.0	51.2	1671.0	48.8	1536.0	44.9	1888.0	55.1
1988	3466.0	1774.4	51.2	1691.6	48.8	1589.9	45.9	1876.1	54.1
1989	3510.0	1796.6	51.2	1713.4	48.8	1646.5	46.9	1863.5	53.1
1990	3543.0	1812.0	51.1	1731.0	48.9	1699.2	48.0	1843.8	52.0
1991	3575.0	1827.5	51.1	1747.5	48.9	1753.2	49.0	1821.8	51.0
1992	3608.0	1844.0	51.1	1764.0	48.9	1809.1	50.1	1798.9	49.9
1993	3640.0	1861.1	51.1	1778.9	48.9	1866.2	51.3	1773.8	48.7
1994	3672.0	1873.0	51.0	1799.0	49.0	1924.9	52.4	1747.1	47.6
1995	3701.0	1887.5	51.0	1813.5	49.0	1985.9	53.7	1715.1	46.3
1996	3728.0	1901.3	51.0	1826.7	49.0	2007.5	53.8	1720.5	46.2
1997	3751.0	1912.0	51.0	1839.0	49.0	2021.8	53.9	1729.2	46.1
1998	3773.0	1923.5	51.0	1849.5	49.0	2037.4	54.0	1735.6	46.0
1999	3792.0	1933.2	51.0	1858.8	49.0	2055.3	54.2	1736.7	45.8
2000	3807.0	1945.8	51.1	1861.2	48.9	1977.4	51.9	1829.6	48.1
2001	3811.0	1948.2	51.1	1862.8	48.9	1996.2	52.4	1814.8	47.6
2002	3813.0	1953.0	51.2	1860.0	48.8	2004.5	52.6	1808.5	47.4
2003	3815.0	1940.4	50.9	1874.6	49.1	2006.3	52.6	1808.7	47.4
2004	3816.8	1937.8	50.8	1879.0	49.2	2014.5	52.8	1802.3	47.2
2005	3820.0	1933.1	50.6	1886.9	49.4	2028.4	53.1	1791.6	46.9
2006	3823.0	1942.5	50.8	1880.5	49.2	2045.3	53.5	1777.7	46.5
2007	3824.0	1931.1	50.5	1892.9	49.5	2061.1	53.9	1762.9	46.1
2008	3825.0	1933.2	50.5	1891.8	49.5	2119.0	55.4	1706.0	44.6
2009	3826.0	1943.6	50.8	1882.4	49.2	2123.4	55.5	1702.6	44.5
2010	3833.0	1943.4	50.7	1889.6	49.3	2129.6	55.6	1703.4	44.4
2011	3782.0	1909.7	50.5	1872.3	49.5	2136.5	56.5	1645.5	43.5
2012	3724.0	1887.7	50.7	1836.3	49.3	2118.2	56.9	1605.8	43.1
2013	3666.0	1844.8	50.3	1821.2	49.7	2127.7	58.0	1538.3	42.0
2014	3608.0	1812.1	50.2	1795.9	49.8	2136.7	59.2	1471.3	40.8
2015	3529.0	1783.7	50.5	1745.3	49.5	2134.0	60.5	1395.0	39.5
2016	3463.0	1748.6	50.5	1714.4	49.5	2115.5	61.1	1347.5	38.9
2017	3399.0	1713.8	50.4	1685.2	49.6	2104.0	61.9	1295.0	38.1
2018	3327.0	1675.1	50.3	1651.9	49.7	2111.3	63.5	1215.7	36.5
2019	3255.0	1635.6	50.2	1619.4	49.8	2103.4	64.6	1151.6	35.4
2020	3171.0	1588.2	50.1	1582.8	49.9	2080.5	65.6	1090.5	34.4

2-3 人口出生率、死亡率、自然增长率
Birth Rate, Death Rate and Natural Growth Rate of Population

单位：‰ (‰)

年 份 Year	全省 Provincial			市 City			县 County		
	出生率 Birth Rate	死亡率 Death Rate	自然增长率 Natural Growth Rate	出生率 Birth Rate	死亡率 Death Rate	自然增长率 Natural Growth Rate	出生率 Birth Rate	死亡率 Death Rate	自然增长率 Natural Growth Rate
1957	36.59	10.45	26.14	48.33	9.50	38.83	33.01	10.74	22.27
1962	35.46	8.62	26.84	38.94	8.08	30.86	33.79	8.87	24.92
1965	40.38	8.00	32.38	40.11	6.08	34.03	40.47	8.67	31.80
1970	34.80	5.81	28.99	30.78	5.21	25.57	36.04	6.00	30.04
1975	21.98	5.43	16.55	16.21	5.11	11.10	23.70	5.53	18.17
1978	16.84	4.68	12.16	14.12	4.91	9.21	17.64	4.61	13.03
1980	13.49	4.86	8.63	11.74	4.77	6.97	14.07	4.89	9.18
1985	15.04	4.76	10.28	13.39	5.22	8.17	16.86	3.86	13.00
1990	18.11	6.35	11.76	15.43	5.92	9.51	20.71	6.79	13.92
1991	15.89	5.70	10.19	12.30	5.42	6.88	17.05	5.73	11.32
1992	16.25	6.12	10.13	12.88	5.40	7.48	17.65	6.55	11.10
1993	15.90	5.52	10.38	15.37	5.88	9.49	16.10	5.65	10.45
1994	15.15	5.47	9.68	14.91	5.06	9.85	15.39	6.18	9.21
1995	13.23	5.33	7.90	12.09	5.30	6.79	13.72	5.34	8.38
1996	12.40	5.05	7.35	12.28	5.02	7.26	12.43	5.06	7.37
1997	12.02	5.17	6.85	11.46	5.02	6.44	12.91	5.35	7.56
1998	11.68	5.32	6.36	10.24	4.67	5.57	13.31	6.07	7.25
1999	10.55	5.49	5.06	9.56	4.68	4.87	11.23	5.86	5.37
2000	9.43	5.50	3.93	8.76	4.94	3.82	10.11	6.10	4.01
2001	8.48	5.49	2.99	7.56	5.31	2.25	9.44	5.82	3.62
2002	7.98	5.44	2.54	7.30	5.29	2.01	9.12	5.61	3.51
2003	7.48	5.45	2.03	5.80	4.60	1.20	9.30	6.40	2.90
2004	7.27	5.45	1.82	5.15	3.97	1.18	9.53	7.02	2.51
2005	7.87	5.20	2.67	5.81	4.74	1.07	10.57	5.80	4.77
2006	7.57	5.18	2.39	5.82	4.86	0.96	9.18	4.90	4.28
2007	7.88	5.39	2.49	6.25	4.89	1.36	9.85	6.02	3.83
2008	7.91	5.68	2.23	6.94	5.77	1.17	9.21	5.55	3.66
2009	7.48	5.42	2.06	6.55	5.40	1.15	8.76	5.54	3.22
2010	7.35	5.83	1.52	6.45	5.36	1.09	7.78	5.98	1.80
2011	6.99	5.92	1.07	6.58	5.57	1.01	7.59	6.33	1.26
2012	7.30	6.03	1.27	6.52	5.21	1.31	8.27	7.06	1.21
2013	6.86	6.08	0.78	5.82	5.21	0.61	7.52	6.49	1.03
2014	7.37	6.46	0.91	6.47	5.51	0.96	7.92	7.11	0.81
2015	6.00	6.60	-0.60	5.96	6.17	-0.21	6.04	7.04	-1.00
2016	6.12	6.61	-0.49	6.19	6.23	-0.04	6.02	7.14	-1.12
2017	6.22	6.63	-0.41	6.33	6.11	0.22	6.06	7.39	-1.33
2018	5.98	6.67	-0.69	6.04	5.94	0.10	5.89	7.77	-1.88
2019	5.73	6.74	-1.01	5.92	6.04	-0.12	5.43	7.83	-2.40
2020	3.75	8.23	-4.48	4.14	6.51	-2.37	3.43	9.57	-6.14

2-4　人口年龄构成和抚养比

Age Composition and Dependency Ratio of Population

单位：万人、%　　(10000 persons,%)

年　份 Year	人口数 Total Population	0-14岁 Aged 0-14	15-64岁 Aged 15-64	65岁及以上 Aged 65 and over	总抚养比 Gross Dependency Ratio	少年儿童抚养比 Children Dependency Ratio	老年人口抚养比 Old Dependency Ratio
1986	3385.0	1020.7	2230.6	133.7	51.8	45.8	6.0
1987	3424.0	993.4	2305.5	125.0	48.5	43.1	5.4
1988	3466.0	931.3	2403.4	131.3	44.2	38.7	5.5
1989	3510.0	957.1	2412.1	140.9	45.5	39.7	5.8
1990	3543.0	944.3	2463.7	135.0	43.8	38.3	5.5
1991	3575.0	990.9	2438.9	145.2	46.6	40.6	6.0
1992	3608.0	984.6	2474.0	149.4	45.8	39.8	6.0
1993	3640.0	881.6	2613.3	145.1	39.3	33.8	5.6
1994	3672.0	869.1	2649.9	153.1	38.6	32.8	5.8
1995	3701.0	868.1	2663.5	169.5	38.9	32.6	6.4
1996	3728.0	802.0	2732.5	193.5	36.4	29.4	7.1
1997	3751.0	798.9	2757.0	195.1	36.1	29.0	7.1
1998	3773.0	776.0	2800.5	196.5	34.7	27.7	7.0
1999	3792.0	778.1	2808.5	205.3	35.0	27.7	7.3
2000	3807.0	719.1	2876.0	211.7	32.4	25.0	7.4
2001	3811.0	699.0	2882.0	230.0	32.2	24.3	8.0
2002	3813.0	648.2	2922.3	242.5	30.5	22.2	8.3
2003	3815.0	604.3	2957.1	253.6	29.0	20.4	8.6
2004	3816.8	555.0	3002.6	259.2	27.1	18.5	8.6
2005	3820.0	563.7	2966.5	289.8	28.8	19.0	9.8
2006	3823.0	536.4	2979.3	307.4	28.3	18.0	10.3
2007	3824.0	501.3	2978.5	344.2	28.4	16.8	11.6
2008	3825.0	481.6	2990.4	353.0	27.9	16.1	11.8
2009	3826.0	464.1	2999.2	362.7	27.6	15.5	12.1
2010	3833.0	458.4	3055.7	318.9	25.4	15.0	10.4
2011	3782.0	447.4	3012.7	321.9	25.5	14.9	10.7
2012	3724.0	439.1	2953.8	331.1	26.1	14.9	11.2
2013	3666.0	430.3	2892.6	343.1	26.8	14.9	11.9
2014	3608.0	422.8	2822.2	363.0	27.8	15.0	12.8
2015	3529.0	391.7	2752.6	384.7	28.2	14.2	14.0
2016	3463.0	379.2	2682.1	401.7	29.1	14.1	15.0
2017	3399.0	365.0	2625.1	408.9	29.5	13.9	15.6
2018	3327.0	353.3	2545.8	427.9	30.7	13.9	16.8
2019	3255.0	336.2	2471.2	447.6	31.7	13.6	18.1
2020	3171.0	327.4	2349.0	494.6	35.0	13.9	21.1

2-5 按年龄和性别分人口数
Population by Age and Sex

单位：万人、% (10000 persons,%)

年龄	Age	合计 Total 2010	合计 Total 2015	合计 Total 2020	男 Male 2010	男 Male 2015	男 Male 2020	女 Female 2010	女 Female 2015	女 Female 2020
人口数	**Population**									
总　计	**Total**	**3833.0**	**3529.0**	**3171.0**	**1943.4**	**1783.7**	**1588.2**	**1889.6**	**1745.3**	**1582.8**
0-4岁	Age 0-4	138.3	116.6	82.6	72.6	61.4	42.6	65.7	55.2	40.0
5-9岁	Age 5-9	150.0	131.2	108.4	78.3	69.3	56.0	71.7	61.9	52.4
10-14岁	Age 10-14	170.1	144.0	136.4	88.3	75.4	70.6	81.8	68.6	65.8
15-19岁	Age 15-19	224.7	159.9	138.3	114.4	81.4	71.7	110.3	78.5	66.6
20-24岁	Age 20-24	331.5	219.5	140.2	166.3	109.1	72.5	165.2	110.4	67.7
25-29岁	Age 25-29	281.3	277.4	157.8	141.8	140.0	81.3	139.5	137.4	76.5
30-34岁	Age 30-34	306.2	252.7	243.4	156.4	126.9	124.3	149.8	125.8	119.1
35-39岁	Age 35-39	394.4	278.4	225.1	202.4	142.0	114.8	192.0	136.4	110.3
40-44岁	Age 40-44	400.0	359.4	245.2	206.0	184.3	125.1	194.0	175.1	120.1
45-49岁	Age 45-49	365.9	362.1	325.0	186.3	184.5	165.5	179.6	177.6	159.5
50-54岁	Age 50-54	302.2	328.2	330.6	152.9	166.8	167.5	149.3	161.4	163.1
55-59岁	Age 55-59	267.7	271.2	302.1	132.7	134.8	150.7	135.0	136.4	151.4
60-64岁	Age 60-64	181.8	243.8	241.3	89.2	120.2	118.3	92.6	123.6	123.0
65-69岁	Age 65-69	116.2	160.6	208.5	55.7	79.1	99.1	60.5	81.5	109.4
70-74岁	Age 70-74	98.0	97.0	128.8	47.9	46.7	59.4	50.1	50.3	69.4
75-79岁	Age 75-79	59.6	71.4	73.0	29.9	34.5	32.0	29.7	36.9	41.0
80-84岁	Age 80-84	30.2	36.6	50.5	15.3	18.2	21.9	14.9	18.4	28.6
85-89岁	Age 85-89	11.1	14.3	23.4	5.3	7.0	10.3	5.8	7.3	13.1
90岁及以上	Age 90 and Over	3.8	4.7	10.4	1.7	2.1	4.6	2.1	2.6	5.8
构成	**Composition**									
总　计	**Total**	**100.0**	**100.0**	**100.0**	**100.0**	**100.0**	**100.0**	**100.0**	**100.0**	**100.0**
0-4岁	Age 0-4	3.6	3.3	2.6	3.7	3.4	2.7	3.5	3.2	2.5
5-9岁	Age 5-9	3.9	3.7	3.4	4.0	3.9	3.5	3.8	3.5	3.3
10-14岁	Age 10-14	4.4	4.1	4.3	4.5	4.2	4.5	4.3	3.9	4.1
15-19岁	Age 15-19	5.9	4.5	4.4	5.9	4.6	4.5	5.8	4.5	4.2
20-24岁	Age 20-24	8.6	6.2	4.4	8.6	6.1	4.6	8.7	6.3	4.3
25-29岁	Age 25-29	7.3	7.9	5.0	7.3	7.8	5.1	7.4	7.9	4.8
30-34岁	Age 30-34	8.0	7.2	7.7	8.0	7.1	7.8	7.9	7.2	7.5
35-39岁	Age 35-39	10.3	7.9	7.1	10.4	8.0	7.2	10.2	7.8	7.0
40-44岁	Age 40-44	10.4	10.2	7.7	10.6	10.3	7.9	10.3	10.0	7.6
45-49岁	Age 45-49	9.6	10.3	10.3	9.6	10.3	10.4	9.5	10.2	10.1
50-54岁	Age 50-54	7.9	9.3	10.4	7.9	9.4	10.6	7.9	9.2	10.3
55-59岁	Age 55-59	7.0	7.7	9.5	6.8	7.6	9.5	7.1	7.8	9.6
60-64岁	Age 60-64	4.7	6.9	7.6	4.6	6.7	7.4	4.9	7.1	7.8
65-69岁	Age 65-69	3.0	4.6	6.6	2.9	4.4	6.2	3.2	4.7	6.9
70-74岁	Age 70-74	2.6	2.7	4.1	2.5	2.6	3.8	2.7	2.9	4.4
75-79岁	Age 75-79	1.6	2.0	2.3	1.5	1.9	2.0	1.6	2.1	2.6
80-84岁	Age 80-84	0.8	1.0	1.6	0.8	1.0	1.4	0.8	1.1	1.8
85-89岁	Age 85-89	0.3	0.4	0.7	0.3	0.4	0.6	0.3	0.4	0.8
90岁及以上	Age 90 and Over	0.1	0.1	0.3	0.1	0.1	0.3	0.1	0.1	0.4

2-6　分地区年末人口数(2020年)
Population at Year-End by Region (2020)

单位：户、万人、%　　(Household,10000 persons,%)

地　区	Region	年底总户数 Total Household	总人口 Total Population	按性别分 By Sex 男 Male 人口数 Population	比重 Proportion	女 Female 人口数 Population	比重 Proportion
全　省	**Total**	**13707216**	**3171.0**	**1588.2**	**50.1**	**1582.8**	**49.9**
哈尔滨	Harbin	4191418	1000.1	500.3	50.0	499.8	50.0
齐齐哈尔	Qiqihar	1775992	403.7	202.9	50.3	200.8	49.7
鸡　西	Jixi	670392	149.4	75.3	50.4	74.1	49.6
鹤　岗	Hegang	417337	88.7	44.4	50.0	44.3	50.0
双鸭山	Shuangyashan	533783	120.3	60.5	50.3	59.8	49.7
大　庆	Daqing	1138778	278.1	137.9	49.6	140.2	50.4
伊　春	Yichun	447895	87.3	43.5	49.8	43.8	50.2
佳木斯	Jiamusi	951199	214.9	107.6	50.1	107.3	49.9
七台河	Qitaihe	297778	68.5	34.6	50.6	33.9	49.4
牡丹江	Mudanjiang	990009	227.9	113.5	49.8	114.4	50.2
黑　河	Heihe	576911	127.7	64.1	50.2	63.6	49.8
绥　化	Suihua	1562596	371.7	187.2	50.4	184.5	49.6
大兴安岭	Daxinganling	153128	32.7	16.5	50.4	16.2	49.6

注：本表按国家反馈数据推算。
a) This table is calculated auording to the national feedback data.

2-7　分地区城镇登记失业人员及失业率
Registered Unemployed Persons and Unemployment Rate in Urban Area by Region

单位：万人、%　　(10000 persons,%)

地　区	Region	失业人员 Unemployed Persons 2016	2017	2018	2019	2020	失业率 Unemployment Rate 2016	2017	2018	2019	2020
全　省	**Total**	**39.58**	**39.74**	**39.41**	**34.69**	**31.02**	**4.22**	**4.21**	**3.99**	**3.53**	**3.37**
哈尔滨	Harbin	8.96	8.82	10.03	9.48	8.96	3.76	3.68	3.76	3.51	3.50
齐齐哈尔	Qiqihar	4.36	4.52	3.96	3.62	3.59	4.30	4.31	3.81	3.34	3.31
鸡　西	Jixi	1.55	1.55	1.71	1.61	1.68	4.09	4.02	3.77	3.68	3.39
鹤　岗	Hegang	1.67	1.72	1.45	1.23	1.37	4.10	4.11	3.82	3.55	3.30
双鸭山	Shuangyashan	1.09	0.96	0.95	0.94	1.00	4.04	4.04	3.82	3.50	3.33
大　庆	Daqing	4.11	4.29	3.81	3.24	3.23	4.06	4.22	3.76	3.20	3.22
伊　春	Yichun	2.21	2.13	1.88	1.66	1.67	4.18	4.15	3.94	3.50	3.59
佳木斯	Jiamusi	2.18	2.32	2.15	1.82	2.06	4.08	4.05	3.95	3.20	3.22
七台河	Qitaihe	0.80	0.78	1.00	0.94	0.89	4.31	4.27	3.87	3.60	3.32
牡丹江	Mudanjiang	2.63	2.82	2.43	2.20	2.76	3.29	3.52	3.81	3.25	3.42
黑　河	Heihe	0.97	0.99	0.97	0.88	1.42	3.59	3.60	3.51	3.27	3.31
绥　化	Suihua	1.91	2.23	1.97	1.80	1.86	3.47	3.82	3.76	3.61	3.23
大兴安岭	Daxinganling	0.59	0.67	0.58	0.56	0.53	4.13	4.20	3.36	3.44	3.48
绥芬河	Suifenhe	0.10	0.10				3.05	2.99			
抚　远	Fuyuan	0.15	0.14				4.20	3.97			
农垦总局	ARB	1.67	1.70	1.65	1.61		2.11	2.35	1.90	2.05	
省森工总局	Heilongjiang Forestry Group	4.63	3.99	4.85	3.10						

2-8 三次产业年末就业人数
Number of Employed Persons at Year-End by Three Strata of Industry

单位：万人、% (10000 persons,%)

年份 Year	就业人员数 Number of Employed Persons				构成 Composition		
	合计 Total	第一产业 Primary Industry	第二产业 Secondary Industry	第三产业 Tertiary Industry	第一产业 Primary Industry	第二产业 Secondary Industry	第三产业 Tertiary Industry
2010	2102.0	868.9	407.3	825.8	41.3	19.4	39.3
2014	1946.0	719.2	377.5	849.6	37.0	19.4	43.7
2015	1825.0	694.2	349.7	781.1	38.0	19.2	42.8
2016	1776.0	664.2	319.7	792.1	37.4	18.0	44.6
2017	1699.0	632.0	295.6	771.3	37.2	17.4	45.4
2018	1635.0	606.2	272.7	756.1	37.1	16.7	46.2
2019	1551.0	569.2	257.5	724.3	36.7	16.6	46.7
2020	1473.0	538.0	240.0	695.0	36.5	16.3	47.2

注：2010-2020年年末数据是国家统计局根据第七次全国人口普查数据修订数。
a) The data at the end of 2010-2020 is revised by the National Bureau of statistics according to the data of the seventh national census.

2-9 分城乡就业人数
Number Employed Persons at Year-End in Urban and Rural Areas

单位：万人 (10000 persons)

年份 Year	合计 Total	城镇 Urban Areas	#国有单位 State-owned Units	集体单位 Collective-owned Units	灵活就业 Obtain Employment Flexibly	其他单位 Units of Other Types of Ownership	乡村 Rural Areas
2010	2102.0	1167.9	332.4	22.0	188.7	105.6	934.1
2011	2066.0	1161.5	333.6	16.1	201.9	116.5	904.5
2012	2039.0	1160.0	335.4	15.3	195.0	120.2	879.0
2013	1997.0	1149.7	291.9	15.8	208.4	159.7	847.3
2014	1946.0	1133.8	277.1	14.7	231.8	159.1	812.2
2015	1825.0	1076.0	267.8	14.1	236.9	151.6	749.0
2016	1776.0	1059.8	263.7	12.2	232.2	149.0	716.2
2017	1699.0	1026.0	254.1	10.6	209.9	148.3	673.0
2018	1635.0	999.3	246.4	9.6	200.3	136.7	635.7
2019	1551.0	959.5	176.9	2.9	180.8	169.8	591.5
2020	1473.0	923.0	156.9	2.3	162.3	157.2	550.0

注：2010-2020年数据是根据第七次全国人口普查修订数。
a) The data for 2010-2020 are revised according to the seventh national census.

2-10　分地区年末按登记注册类型分城镇单位就业人数
Number of Employment in Urban Non-Private Units at Year-End by Registration Status

单位：人　　(person)

年　份 Year	城镇单位就业人数 Number of Urban Employed Persons	国有单位 State-owned Units	集体单位 Urban Collective-owned Units	其他单位 Units of Other Types of Ownership	内　资 Domestic Funded Units	股份合作 Cooperative Units
2013	6272144	2919007	158145	1597193	1435236	70516
2014	5803490	2770991	147269	1590568	1433065	57611
2015	4722304	2678459	141049	1515643	1377680	54302
2016	4752130	2636890	122044	1489780	1357465	51080
2017	4724629	2540814	105883	1483439	1359899	49592
2018	4581436	2464248	95469	1366843	1263318	40510
2019	4082842	1768987	29258	1697495	1594328	13433
2020	3689411	1569389	23035	1571545	1463433	13977

2-10　续表　Continued

单位：人　　(person)

年　份 Year	联　营 Joint Ownership Units	有　限 责任公司 Limited Liability Corporations	股　份 有限公司 Share-Holding Corporations Ltd.	其　他 Others	港澳台商投　资 Units of Funds from Hong Kong, Macao & Taiwan	外商投资 Foreign Funded Units
2013	4145	1046255	305320	9000	52854	109103
2014	4354	1059309	304826	6965	51198	106305
2015	3357	1010657	300355	9009	47402	90561
2016	3290	965417	308077	29601	45876	86439
2017	3973	991126	271455	43753	46485	77055
2018	3855	985212	219154	14587	34825	68700
2019	972	1222215	295826	61882	37137	66030
2020	2767	1082436	302555	61697	42834	65279

2-11 分地区年末城镇非私营单位就业人数
Number of Employment in Urban Non-Private Units at Year-End by Region

单位：人 (person)

年份 地区	Year Region	总计 Total	农、林、牧、渔业 Agriculture, Forestry, Animal Husbandry and Fishery	采矿业 Mining	制造业 Manufacturing	电力、热力、燃气及水生产和供应业 Production and Supply of Electric, heat, Gas and Water	建筑业 Construction
2013		4674345	798383	323312	653326	181815	369628
2014		4508828	710984	359280	613082	180839	338497
2015		4335151	654595	318638	574066	180621	311202
2016		4248714	667985	279101	519865	176015	284420
2017		4130136	677202	255592	456676	168343	247003
2018		3926560	656214	268514	386097	136521	214861
2019		3495740	407217	234219	301119	144566	174291
2020		3163969	201052	235867	280255	138802	147091
哈尔滨	Harbin	1013528	11688	221	108566	58085	68312
齐齐哈尔	Qiqihar	258921	4035	11	42431	12100	7131
鸡西	Jixi	135883	1351	34652	6774	6727	5408
鹤岗	Hegang	140321	31840	33956	4731	5452	4817
双鸭山	Shuangyashan	122890	11261	21904	2521	5997	4442
大庆	Daqing	379089	1213	113218	56458	16499	29182
伊春	Yichun	106374	22772	486	8922	1598	1736
佳木斯	Jiamusi	163986	25978	20	10618	7147	6870
七台河	Qitaihe	83707	2354	27879	3165	2367	1425
牡丹江	Mudanjiang	189161	20361	12	12104	6580	4719
黑河	Heihe	131848	20180	2440	3023	5851	2233
绥化	Suihua	233599	9233		20419	9402	9688
大兴安岭	Daxinganling	76762	38786	1068	523	997	1128
哈尔滨铁路局	Harbin Railway Bureau	127900					

2-11　续表1　Continued

单位：人　　(person)

年　份 地　区	Year Region	批发和零售业 Wholesale and Retail Trades	交通运输仓储和邮政业 Transport, Storage and Post	住宿和餐饮业 Hotels and Catering Services	信息传输、软件和信息技术服务业 Information Transmission, Software and Information Technology	金融业 Financial Intermediation	房地产业 Real Estate	租赁和商务服务业 Leasing and Business Services
2013		196718	280624	109287	70793	159208	60212	59092
2014		187562	277461	45246	76385	169005	60346	62055
2015		182176	274955	41511	73668	187020	59870	62900
2016		186170	271327	40433	72891	213468	61337	68933
2017		177763	270041	36859	81555	226548	62550	79775
2018		156808	250300	32438	79656	217173	64203	108374
2019		111888	257628	14195	88156	234283	57983	135422
2020		108527	234047	13541	85545	243039	54113	124003
哈尔滨	Harbin	48987	41586	7845	57362	76629	24136	89125
齐齐哈尔	Qiqihar	11156	7911	468	3994	10122	4695	4551
鸡　西	Jixi	5407	6173	225	2104	9631	1298	3026
鹤　岗	Hegang	3728	3338	409	1236	7536	577	1995
双鸭山	Shuangyashan	1775	5580	182	1721	6748	1497	3335
大　庆	Daqing	7665	8512	957	3640	26753	13008	5243
伊　春	Yichun	823	3465	341	1665	2450	1096	813
佳木斯	Jiamusi	7209	8188	530	2542	13887	815	3887
七台河	Qitaihe	1064	2177	175	1015	10730	938	783
牡丹江	Mudanjiang	5938	4367	564	3335	28078	2332	6763
黑　河	Heihe	3721	5918	514	1849	13277	715	3754
绥　化	Suihua	10464	7357	392	3891	36210	2723	650
大兴安岭	Daxinganling	590	1575	939	1191	988	283	78
哈尔滨铁路局	Harbin Railway Bureau		127900					

2-11 续表2 Continued

单位：人 (person)

年份 地区	Year Region	科学研究和技术服务业 Scientific Research and Technical Service	水利、环境和公共设施管理业 Management of Water Conservancy, Environment and Public Facilities	居民服务、修理和其他服务业 Services to Households Repair and Other Services	教育 Education	卫生和社会工作 Health and Social Services	文化、体育和娱乐业 Culture, Sports and Entertainment	公共管理、社会保障和社会组织 Public Management Social Security and Social Organization
2013		111528	104330	46290	450369	223051	45595	430784
2014		115422	101503	42642	453708	225950	40981	447880
2015		111809	108794	43100	442622	223709	39965	443930
2016		111223	111348	39937	430329	229192	39209	445531
2017		106923	109521	39102	417976	231389	38244	447074
2018		91742	103924	42349	409036	229921	35017	443412
2019		86370	67099	28329	396144	249073	28254	479504
2020		55808	65370	12409	398007	264625	24908	476960
哈尔滨	Harbin	32697	18827	8932	137413	88560	10851	123706
齐齐哈尔	Qiqihar	3952	10554	789	44401	34593	2708	53319
鸡西	Jixi	1041	3420	280	15717	12059	928	19662
鹤岗	Hegang	677	669	244	10979	9765	1092	17280
双鸭山	Shuangyashan	924	3333	356	14356	9971	950	26037
大庆	Daqing	4922	1561	116	36809	22473	912	29948
伊春	Yichun	1183	4488	80	12057	10272	1024	31103
佳木斯	Jiamusi	1616	3982	151	25226	13728	1150	30442
七台河	Qitaihe	1447	1032	139	7823	5149	381	13664
牡丹江	Mudanjiang	2193	3445	556	26688	21980	2247	36899
黑河	Heihe	1443	5718	199	18015	10957	938	31103
绥化	Suihua	2555	5313	456	44552	22416	1296	46582
大兴安岭	Daxinganling	1158	3028	111	3971	2702	431	17215
哈尔滨铁路局	Harbin Railway Bureau							

2-12　分行业年末国有单位就业人数
Number of Employment in State-Owned Units at Year-End by Sector

单位：人　　(person)

年　份 Year	总　计 Total	农、林、牧、渔业 Agriculture, Forestry, Animal Husbandry and Fishery	采矿业 Mining	制造业 Manufa-cturing	电力、热力、燃气及水生产和供应业 Production and Supply of Electric, heat, Gas and Water	建筑业 Construction	批发和零售业 Wholesale and Retail Trades
2013	2919007	790212	11744	70486	89916	96218	53685
2014	2770991	702780	9331	63476	86450	88314	46677
2015	2678459	647035	7789	69258	85612	68363	45404
2016	2636890	660654	7357	56580	81301	63001	43197
2017	2540814	670334	5199	44306	78987	43438	40301
2018	2464248	650035	23386	28965	49661	39066	36741
2019	1768987	374905	9654	9770	34624	12080	11034
2020	1569389	189983	13543	6658	38079	12333	15083

2-12　续表1　Continued

单位：人　　(person)

年　份 Year	交通运输仓储和邮政业 Transport, Storage and Post	住宿和餐饮业 Hotels and Catering Services	信息传输、软件和信息技术服务业 Information Transmission, Software and Information Technology	金融业 Financial Intermediation	房地产业 Real Estate	租赁和商务服务业 Leasing and Business Services	科学研究和技术服务业 Scientific Research and Technical Service
2013	255329	72907	22082	51414	15017	26177	99043
2014	250879	22073	20135	56488	14570	31374	101157
2015	245370	20231	19380	59693	13292	31133	100886
2016	242424	20527	19327	61832	11708	30544	97896
2017	223218	18634	12894	52705	11345	31126	92959
2018	211133	17986	16769	54447	9106	31369	77070
2019	62021	4897	5610	31583	3362	38498	35667
2020	52891	4555	7233	19369	3533	20205	37598

2-12 续表2 Continued

单位：人 (person)

年 份 Year	水利、环境和公共设施管理业 Management of Water Conservancy, Environment and Public Facilities	居民服务、修理和其他服务业 Services to Households Repair and Other Services	教 育 Education	卫生和社会工作 Health and Social Services	文化、体育和娱乐业 Culture, Sports and Entertainment	公共管理、社会保障和社会组织 Public Management Social Security and Social Organization
2013	97903	37582	445445	213996	39741	430110
2014	92670	36379	447551	217401	35943	447343
2015	97350	36998	437422	214746	34957	443540
2016	100762	33485	421810	216171	33112	435202
2017	98509	33298	404402	210674	30998	437487
2018	90943	38022	404386	213393	28431	443339
2019	59258	4900	362915	213435	19394	475380
2020	57419	6322	360241	232486	18603	473253

2-13 分行业年末城镇集体单位就业人数 Number of Employment in Urban Collective-Owned Units at Year-End by Sector

单位：人 (person)

年 份 Year	总 计 Total	农、林、牧、渔业 Agriculture, Forestry, Animal Husbandry and Fishery	采矿业 Mining	制造业 Manufa-cturing	电力、热力、燃气及水生产和供应业 Production and Supply of Electric, heat, Gas and Water	建筑业 Construction
2013	158145	1538	13188	46735	829	33110
2014	147269	881	7840	48279	888	32932
2015	141049	767	7643	44383	835	28796
2016	122044	642	7416	36047	751	22304
2017	105883	817	9269	33902	741	16451
2018	95469	531	7460	33156	804	12213
2019	29258	136	5702	5783	215	6540
2020	23035	118	5562	3162	80	4050

2-13　续表1　Continued

单位：人　(person)

年　份 Year	批发和零售业 Wholesale and Retail Trades	交通运输仓储和邮政业 Transport, Storage and Post	住宿和餐饮业 Hotels and Catering Services	信息传输、软件和信息技术服务业 Information Transmission, Software and Information Technology	金融业 Financial Intermediation	房地产业 Real Estate	租赁和商务服务业 Leasing and Business Services
2013	12578	2147	3521	193	19208	1166	6632
2014	10150	2008	2346	63	19384	929	5160
2015	11671	1569	2143	55	19239	503	7055
2016	11414	1025	2401	43	19159	563	6928
2017	9206	841	2257	40	16778	642	6012
2018	6871	587	1051	64	14662	650	6992
2019	2372	703	141		1865	421	1203
2020	970	621	198	76	1631	212	988

2-13　续表2　Continued

单位：人　(person)

年　份 Year	科学研究和技术服务业 Scientific Research and Technical Service	水利、环境和公共设施管理业 Management of Water Conservancy, Environment and Public Facilities	居民服务、修理和其他服务业 Services to Households Repair and Other Services	教　育 Education	卫生和社会工作 Health and Social Services	文化、体育和娱乐业 Culture, Sports and Entertainment	公共管理、社会保障和社会组织 Public Management Social Security and Social Organization
2013	1677	3493	2863	2483	5928	678	178
2014	1319	3851	2552	2498	5246	665	278
2015	938	4912	2804	1962	5076	602	96
2016	767	3638	2695	433	4983	732	103
2017	506	1554	1859	513	3885	525	85
2018	450	3299	1534	994	3881	197	73
2019	329	46	203	812	2610	3	174
2020	546	116	173	1122	3051	17	343

2-14 分行业年末城镇其他单位就业人数

Number of Employment in Urban Other Units at Year-End by Sector

单位：人 (person)

年 份 Year	总 计 Total	农、林、牧、渔业 Agriculture, Forestry, Animal Husbandry and Fishery	采矿业 Mining	制造业 Manufa-cturing	电力、热力、燃气及水生产和供应业 Production and Supply of Electric, heat, Gas and Water	建筑业 Construction	批发和零售业 Wholesale and Retail Trades
2013	1597193	6633	298380	536105	91070	240300	130455
2014	1590568	7323	342109	501327	93501	217251	130735
2015	1515643	6793	303206	460425	94174	214043	125101
2016	1489780	6689	264328	427238	93963	199115	131559
2017	1483439	6051	241124	378468	88615	187114	128256
2018	1366843	5648	237668	323976	86056	163582	113196
2019	1697495	32176	218863	285566	109727	155671	98482
2020	1571545	10952	216762	270436	100643	130708	92473

2-14 续表1 Continued

单位：人 (person)

年 份 Year	交通运输仓储和邮政业 Transport, Storage and Post	住宿和餐饮业 Hotels and Catering Services	信息传输、软件和信息技术服务业 Information Transmission, Software and Information Technology	金融业 Financial Intermediation	房地产业 Real Estate	租赁和商务服务业 Leasing and Business Services	科学研究和技术服务业 Scientific Research and Technical Service
2013	23148	32859	48518	88586	44029	26283	10808
2014	24574	20827	56187	93133	44847	25521	12946
2015	28016	19137	54233	108088	46075	24712	9985
2016	27878	17505	53521	132477	49066	31461	12560
2017	45982	15968	68621	157065	50563	42637	13458
2018	38580	13401	62823	148064	54447	70013	14222
2019	194904	9157	82546	200835	54200	95721	50374
2020	180535	8788	78236	222040	50368	102810	17664

2-14　续表2　Continued

单位：人　　(person)

年　份 Year	水利、环境和公共设施管理业 Management of Water Conservancy, Environment and Public Facilities	居民服务、修理和其他服务业 Services to Households Repair and Other Services	教　育 Education	卫生和社会工作 Health and Social Services	文化、体育和娱乐业 Culture, Sports and Entertainment	公共管理、社会保障和社会组织 Public Management Social Security and Social Organization
2013	2934	5845	2441	3127	5176	496
2014	4982	3711	3659	3303	4373	259
2015	6532	3298	3238	3887	4406	294
2016	6948	3757	8086	8038	5365	10226
2017	9458	3945	13061	16830	6721	9502
2018	9682	2793	3656	12647	6389	
2019	7795	23226	32417	33028	8857	3950
2020	7835	5914	36644	29088	6288	3364

2-15　年末分行业女性就业人员(2020年，城镇非私营单位)
Number of Female Employed Persons at Year-End by Sector (2020，Excluding Private)

单位：人、%　　(person, %)

行　业	Sector	女性单位就业人员 Number of Female Employed Persons	占单位就业人员比重 Proportion of Female Employed Persons to Total
总　计	**Total**	**1261628**	**39.9**
农、林、牧、渔业	Agriculture, Forestry, Animal Husbandry and Fishery	56565	28.1
采矿业	Mining	54050	22.9
制造业	Manufacturing	82268	29.4
电力、热力、燃气及水生产和供应业	Production and Supply of Electric, Heat, Gas and Water	32450	23.4
建筑业	Construction	30388	20.7
批发和零售业	Wholesale and Retail Trade	51622	47.6
交通运输、仓储及邮政业	Transport, Storage and Post	46647	19.9
住宿和餐饮业	Hotels and Catering Services	7628	56.3
信息传输、软件和信息技术服务业	Information Transmission, Software and Information Technology	34806	40.7
金融业	Financial Intermediation	149620	61.6
房地产业	Real Estate	22496	41.6
租赁和商务服务业	Leasing and Business Services	43942	35.4
科学研究和技术服务业	Scientific Research and Technical Services	18638	33.4
水利、环境和公共设施管理业	Management of Water Conservancy, Environment and Public Facilities	19583	30.0
居民服务、修理和其他服务业	Services to Households, Repair and Other Services	4876	39.3
教　育	Education	252244	63.4
卫生、社会工作	Health and Social Service	179964	68.0
文化、体育和娱乐业	Culture, Sports and Entertainment	11412	45.8
公共管理、社会保障和社会组织	Public Management, Social Securities and Social Organization	162429	34.1
国际组织	International Organizations		

2-16 按行业分城镇非私营单位就业人员工资总额
Total Wage of Employed Persons in Urban Non-Private Units by Sector

单位：亿元、千元 (100 million yuan, 1000 yuan)

年份 地区	Year Region	总计 Total	农、林、牧、渔业 Agriculture, Forestry, Animal Husbandry and Fishery	采矿业 Mining	制造业 Manufacturing	电力、热力、燃气及水生产和供应业 Production and Supply of Electric, heat, Gas and Water	建筑业 Construction	批发和零售业 Wholesale and Retail Trades
2013		1944.5	188.4	185.1	262.3	99.5	180.3	74.0
2014		2033.1	186.0	200.5	266.4	105.6	167.3	75.8
2015		2164.2	187.2	185.7	265.8	113.8	143.6	80.2
2016		2251.4	190.5	174.1	261.3	114.8	132.9	88.8
2017		2368.6	227.1	179.6	255.0	115.2	118.7	89.3
2018		2421.4	215.5	215.3	246.8	100.0	114.6	81.7
2019		2421.2	136.6	214.1	210.0	116.0	100.6	67.4
2020		2372.0	71.2	216.6	213.1	121.2	87.4	68.6
哈尔滨	Harbin	85603167	621996	7245	8484295	6110061	4214121	3537843
齐齐哈尔	Qiqihar	18137905	154849	411	3199594	861059	312618	651693
鸡西	Jixi	8561536	70004	1987050	327327	397228	277619	311223
鹤岗	Hegang	7789205	957242	2019408	243675	348586	203386	171061
双鸭山	Shuangyashan	7911486	467246	1539437	133666	447435	151647	95897
大庆	Daqing	36801629	69362	14116264	5971905	1687242	2352311	503842
伊春	Yichun	5338820	640590	19229	355622	97658	68500	52883
佳木斯	Jiamusi	9376202	877517	719	560692	464857	243296	342074
七台河	Qitaihe	5219645	85551	1715863	152120	204984	99657	73790
牡丹江	Mudanjiang	11980133	685325	1177	735894	488727	275264	393261
黑河	Heihe	8087727	573925	190898	130588	390223	93123	186947
绥化	Suihua	13593194	212468		996818	579096	397114	492483
大兴安岭	Daxinganling	4522626	1700143	60460	20415	46692	49412	46312
哈尔滨铁路局	Harbin Railway Bureau	14278076						

2-16 续表1 Continued

单位：亿元、千元 (100 million yuan, 1000 yuan)

年份 地区	Year Region	交通运输仓储和邮政业 Transport, Storage and Post	住宿和餐饮业 Hotels and Catering Services	信息传输、软件和信息技术服务业 Information Transmission, Software and Information Technology	金融业 Financial Intermediation	房地产业 Real Estate	租赁和商务服务业 Leasing and Business Services	科学研究和技术服务业 Scientific Research and Technical Service
2013		140.0	46.7	39.2	89.3	22.7	23.6	67.7
2014		157.8	17.8	45.3	97.0	24.7	24.4	72.2
2015		162.4	17.6	47.8	116.4	27.1	27.7	73.8
2016		172.4	18.1	44.2	132.2	28.1	33.1	74.9
2017		187.0	18.1	52.9	150.4	29.0	41.8	78.5
2018		189.3	16.4	51.5	144.5	32.4	59.8	76.4
2019		216.5	5.8	63.1	168.7	29.9	88.1	82.4
2020		209.8	5.3	69.5	168.8	28.1	100.4	50.7
哈尔滨	Harbin	2861608	332492	4722582	7291094	1649686	8726329	3085652
齐齐哈尔	Qiqihar	503155	16244	319538	991833	194553	187139	273509
鸡西	Jixi	327077	6391	155247	705001	58020	117496	66683
鹤岗	Hegang	192229	11971	102051	434407	16352	57342	35253
双鸭山	Shuangyashan	265938	5591	154795	735983	51523	56252	67377
大庆	Daqing	712763	36182	347704	1588946	522694	261222	744231
伊春	Yichun	173910	12081	96476	227849	37179	29917	61509
佳木斯	Jiamusi	437494	15281	208463	606568	30312	152561	114894
七台河	Qitaihe	122275	5856	88038	539797	29402	27789	63385
牡丹江	Mudanjiang	291527	20209	202378	1367254	96363	293833	179999
黑河	Heihe	289204	17187	133068	711521	22330	94376	99279
绥化	Suihua	419988	11586	322360	1576205	92943	36737	186298
大兴安岭	Daxinganling	108639	34434	101818	102935	10683	3743	92516
哈尔滨铁路局	Harbin Railway Bureau	14278076						

2-16 续表2 Continued

单位：亿元、千元 (100 million yuan,1000 yuan)

年份 地区	Year Region	水利、环境和公共设施管理业 Management of Water Conservancy, Environment and Public Facilities	居民服务、修理和其他服务业 Services to Households Repair and Other Services	教育 Education	卫生和社会工作 Health and Social Services	文化、体育和娱乐业 Culture, Sports and Entertainment	公共管理、社会保障和社会组织 Public Management Social Security and Social Organization
2013		27.3	23.1	194.5	95.4	17.8	167.5
2014		28.9	23.0	223.7	106.7	17.6	192.4
2015		35.8	22.6	277.4	124.3	20.2	234.3
2016		38.8	23.4	294.3	142.0	21.7	265.8
2017		39.2	23.4	303.7	154.1	22.5	283.1
2018		40.1	25.8	318.3	164.7	21.7	306.6
2019		27.4	19.2	333.4	182.4	18.0	341.6
2020		28.0	5.3	338.3	202.0	16.1	371.6
哈尔滨	Harbin	909763	354190	12753098	7760387	765517	11415208
齐齐哈尔	Qiqihar	444967	35694	3566362	2344911	155702	3924074
鸡西	Jixi	119477	16540	1225918	908642	57345	1427248
鹤岗	Hegang	28644	6425	834932	707029	64231	1354981
双鸭山	Shuangyashan	130210	24040	1111271	717977	66991	1688210
大庆	Daqing	68209	5690	3255824	1919384	63430	2574424
伊春	Yichun	180324	3504	752532	529420	54937	1944700
佳木斯	Jiamusi	169119	7382	1954203	943729	71388	2175653
七台河	Qitaihe	38520	7506	644391	369771	24614	926336
牡丹江	Mudanjiang	138996	29825	2300063	1604023	105481	2770534
黑河	Heihe	186252	10066	1680439	760021	64852	2453428
绥化	Suihua	246483	21604	3374785	1426540	76096	3123590
大兴安岭	Daxinganling	138772	5205	378362	203231	34699	1384155
哈尔滨铁路局	Harbin Railway Bureau						

2-17 分地区城镇非私营单位就业人员平均工资
Average Wage of Employed Persons in Urban Non-Private Units by Region

单位：元 (yuan)

年 份 地 区	Year Region	总 计 Total	农、林、牧、渔业 Agriculture, Forestry, Animal Husbandry and Fishery	采矿业 Mining	制造业 Manufacturing	电力、热力、燃气及水生产和供应业 Production and Supply of Electric, heat, Gas and Water	建筑业 Construction
2013		40794	23793	58079	39668	54355	36581
2014		44036	25816	56472	43254	58221	37389
2015		48881	28556	54707	45447	62714	37948
2016		52435	28782	59875	49775	64919	39922
2017		56067	30638	68926	55497	68215	42200
2018		60780	30926	79255	62891	72319	48414
2019		68416	31754	90004	69173	80297	52767
2020		74554	36523	91342	75263	86997	52585
哈尔滨	Harbin	83373	53932	42368	76563	104942	53089
齐齐哈尔	Qiqihar	69460	38215	37364	75621	70694	32629
鸡西	Jixi	62887	51663	57943	49008	58883	46777
鹤岗	Hegang	55114	29575	59243	52190	63961	41364
双鸭山	Shuangyashan	64267	42201	69560	52937	76602	34325
大庆	Daqing	96088	58190	122518	104309	100145	76996
伊春	Yichun	50319	28205	40060	42584	64803	33092
佳木斯	Jiamusi	57737	35308	35950	52617	64376	36039
七台河	Qitaihe	62859	36297	63237	48139	87264	50536
牡丹江	Mudanjiang	64465	39914	98083	59567	73982	50378
黑河	Heihe	62944	31282	78301	42802	66286	40915
绥化	Suihua	57631	25497		48072	60996	33988
大兴安岭	Daxinganling	58120	43045	54176	32981	46367	42089
哈尔滨铁路局	Harbin Railway Bureau	109297					

2-17 续表1 Continued

单位：元 (yuan)

年份 地区	Year Region	批发和零售业 Wholesale and Retail Trades	交通运输仓储和邮政业 Transport, Storage and Post	住宿和餐饮业 Hotels and Catering Services	信息传输、软件和信息技术服务业 Information Transmission, Software and Information Technology	金融业 Financial Intermediation	房地产业 Real Estate	租赁和商务服务业 Leasing and Business Services
2013		38346	50817	43308	55780	57385	36849	38722
2014		41480	56406	39387	59055	58112	40002	39918
2015		44654	58601	42095	64003	65140	44447	44945
2016		48576	62977	44807	62707	64737	45376	48066
2017		50907	68747	48778	65370	66790	46693	56493
2018		52525	74935	50404	64022	66942	48982	67108
2019		60286	83090	40192	71471	69860	51173	70901
2020		63050	88628	39837	80673	68288	51387	84975
哈尔滨	Harbin	72372	70095	43543	81653	88012	66330	103662
齐齐哈尔	Qiqihar	58977	63795	35313	78743	96585	40881	41522
鸡西	Jixi	59450	52399	31955	73577	71873	43493	38561
鹤岗	Hegang	44202	57296	33626	82233	60875	29148	26029
双鸭山	Shuangyashan	53129	47295	30720	88454	108217	34235	16697
大庆	Daqing	64703	79152	38822	94665	61392	40804	49213
伊春	Yichun	64335	49902	33190	57188	92247	34266	36708
佳木斯	Jiamusi	47616	52921	28724	82822	46102	38370	36984
七台河	Qitaihe	65708	56270	33463	84979	51185	30374	36661
牡丹江	Mudanjiang	65413	66211	34843	60520	49778	41824	48075
黑河	Heihe	50472	49093	34374	71658	55501	31100	31055
绥化	Suihua	46052	57258	33486	82869	42622	34070	55161
大兴安岭	Daxinganling	74457	66365	37106	84426	102935	36838	47987
哈尔滨铁路局	Harbin Railway Bureau		109297					

2-17 续表2 Continued

单位：元 (yuan)

年 份 地 区	Year Region	科学研究和技术服务业 Scientific Research and Technical Service	水利、环境和公共设施管理业 Management of Water Conservancy, Environment and Public Facilities	居民服务、修理和其他服务业 Services to Households Repair and Other Services	教 育 Education	卫生和社会工作 Health and Social Services	文化、体育和娱乐业 Culture, Sports and Entertainment	公共管理、社会保障和社会组织 Public Management Social Security and Social Organization
2013		60617	26855	49320	43379	43194	39726	39335
2014		62073	28993	52333	49503	47659	43083	43143
2015		66168	32980	50275	62673	55776	50931	53007
2016		68514	35519	55411	68288	62122	55056	59837
2017		73978	36282	58569	72656	66627	58391	63684
2018		82607	38571	60090	77787	71719	62263	69260
2019		94140	41454	65339	84227	73454	63598	71516
2020		90288	43365	45351	85176	76562	64342	77808
哈尔滨	Harbin	92967	49206	43252	93038	87923	70038	92491
齐齐哈尔	Qiqihar	69173	42438	46416	80530	67837	58098	73678
鸡 西	Jixi	63995	34712	59071	77521	75188	61529	72964
鹤 岗	Hegang	54069	41816	27110	75937	73260	58766	76110
双鸭山	Shuangyashan	72840	39303	67718	77679	71391	70517	64497
大 庆	Daqing	152413	43752	48632	89257	85652	67623	85365
伊 春	Yichun	53162	38771	42217	64473	51626	53545	61917
佳木斯	Jiamusi	71585	42967	48887	76931	69011	61754	71575
七台河	Qitaihe	45798	36135	52125	82067	71996	64774	69519
牡丹江	Mudanjiang	82004	40654	54926	86475	73340	48744	74437
黑 河	Heihe	68610	35537	50838	93280	71290	70035	77951
绥 化	Suihua	72687	47030	47481	75608	63699	58445	67339
大兴安岭	Daxinganling	79618	45724	45658	92804	73929	73515	81268
哈尔滨铁路局	Harbin Railway Bureau							

2-18 城镇非私营单位就业人员平均工资(2020年)

Average Wage of Employed Persons in Urban Non-Private Units (2020)

单位：元 (yuan)

项 目	Item	全部单位 Total	国有单位 State-owned Units	集体单位 Urban Collective-owned Units	其他单位 Others
总 计	**Total**	**74554**	**73622**	**66859**	**75583**
按执行会计标准类别分组	**Group by Implementation Accounting Standard Category**				
企业	Enterprises	72969	60908	68114	75985
政府	Government	77657	77672	62724	79165
民间非营利组织	Non-Governmental Non-profit Organizations	47754	79474	38440	41028
其他	Other	57163	74082	32200	34560
按行业分组	**Grouped by Sector**				
农、林、牧、渔业	Agriculture, Forestry, Animal Husbandry and Fishery	36523	35760	54426	49260
采矿业	Mining	91342	87380	76062	91987
制造业	Manufacturing	75263	66680	83248	75364
电力、热力、燃气及水生产和供应业	Production and Supply of Electric, Heat, Gas and Water	86997	75543	51154	91395
建筑业	Construction	52585	53066	61517	52252
批发和零售业	Wholesale and Retail Trade	63050	103827	32495	56806
交通运输、仓储及邮政业	Transport, Storage and Post	88628	66063	43160	95340
住宿和餐饮业	Hotels and Catering Services	39837	42818	37224	38311
信息传输、软件和信息技术服务业	Information Transmission, Software and IT Services	80673	83872	163329	80300
金融业	Financial Intermediation	68288	119745	89795	63684
房地产业	Real Estate	51387	50785	40032	51475
租赁和商务服务业	Leasing and Business Services	84975	49788	42427	91921
科学研究和技术服务业	Scientific Research and Technical Services	90288	85695	59350	100960
水利、环境和公共设施管理业	Management of Water Conservancy, Environment and Public Facilities	43365	43851	61022	39631
居民服务、修理和其他服务业	Services to Households, Repair and Other Services	45351	54786	33977	35450
教 育	Education	85176	87465	72913	62482
卫生、社会工作	Health and Social Services	76562	78433	55027	63818
文化、体育和娱乐业	Culture, Sports and Entertainment	64342	67439	76118	54919
公共管理、社会保障和社会组织	Public Management, Social Security and Social Organization	77808	77901	57915	66798
国际组织	International Organizations				

2-19　分行业国有单位就业人员平均工资
Average Wage of Employed Persons in State-Owned Units by Sector

单位：元　(yuan)

年　份 Year	总　计 Total	农、林、牧、渔业 Agriculture, Forestry, Animal Husbandry and Fishery	采矿业 Mining	制造业 Manufa-cturing	电力、热力、燃气及水生产和供应业 Production and Supply of Electric, heat, Gas and Water	建筑业 Construction	批发和零售业 Wholesale and Retail Trades
2013	39072	23868	40007	43876	47990	38573	44178
2014	42794	25862	45310	51557	50904	38150	50711
2015	49307	28627	45471	48958	54168	39947	55589
2016	52847	28825	46392	52532	56360	40762	57455
2017	55789	30685	47000	56784	57585	54943	65150
2018	59716	30985	77097	54715	57828	66449	70743
2019	64184	32181	71412	41577	58274	50717	101961
2020	73622	35760	87380	66680	75543	53066	103827

2-19　续表1　Continued

单位：元　(yuan)

年　份 Year	交通运输仓储和邮政业 Transport, Storage and Post	住宿和餐饮业 Hotels and Catering Services	信息传输、软件和信息技术服务业 Information Transmission, Software and Information Technology	金融业 Financial Intermediation	房地产业 Real Estate	租赁和商务服务业 Leasing and Business Services	科学研究和技术服务业 Scientific Research and Technical Service
2013	51796	47305	54993	65784	36493	37095	61761
2014	57840	44781	57864	67957	40097	36521	63643
2015	60376	47820	63774	74356	47055	40818	67252
2016	64415	49893	65312	75790	49742	42938	69908
2017	71718	55309	68314	84871	52507	42796	74929
2018	78963	56154	67973	74878	49810	47565	83945
2019	63683	43794	79570	102551	47718	40995	79147
2020	66063	42818	83872	119745	50785	49788	85695

2-19 续表2 Continued

单位：元 (yuan)

年 份 Year	水利、环境和公共设施管理业 Management of Water Conservancy, Environment and Public Facilities	居民服务、修理和其他服务业 Services to Households Repair and Other Services	教 育 Education	卫生和社会工作 Health and Social Services	文化、体育和娱乐业 Culture, Sports and Entertainment	公共管理、社会保障和社会组织 Public Management Social Security and Social Organization
2013	26760	51217	43377	43489	39770	39364
2014	28936	53433	49462	48034	43258	43156
2015	33136	50351	62739	56328	51335	53018
2016	35422	56271	68269	62483	55653	60761
2017	35793	59070	72783	67240	58583	64490
2018	38145	60598	78075	72249	64347	69261
2019	41625	52060	85716	74530	66359	71651
2020	43851	54786	87465	78433	67439	77901

2-20 分行业城镇集体单位就业人员平均工资
Average Wage of Employed Persons in Urban Collective-Owned Units by Sector

单位：元 (yuan)

年 份 Year	总 计 Total	农、林、牧、渔业 Agriculture, Forestry, Animal Husbandry and Fishery	采矿业 Mining	制造业 Manufa-cturing	电力、热力、燃气及水生产和供应业 Production and Supply of Electric, heat, Gas and Water	建筑业 Construction
2013	35819	15662	37757	36004	54607	31823
2014	37740	23913	46419	36207	45483	34562
2015	39063	21659	44709	33319	54664	36615
2016	41618	27715	44700	34592	56491	34492
2017	45814	35120	48670	36516	57243	37422
2018	51838	25766	58446	47439	58825	46713
2019	63906	51783	78826	73169	75628	53750
2020	66859	54426	76062	83248	51154	61517

2-20　续表1　Continued

单位：元　(yuan)

年　份 Year	批发和零售业 Wholesale and Retail Trades	交通运输仓储和邮政业 Transport, Storage and Post	住宿和餐饮业 Hotels and Catering Services	信息传输、软件和信息技术服务业 Information Transmission, Software and Information Technology	金融业 Financial Intermediation	房地产业 Real Estate	租赁和商务服务业 Leasing and Business Services
2013	26732	29559	43635	25804	49174	26971	35845
2014	26941	31064	44848	31175	52725	25945	37392
2015	33247	31845	46459	35702	53758	31321	41013
2016	37111	42310	52458	36860	60736	27125	43072
2017	34067	45467	57890	39000	70941	28726	56523
2018	30893	42482	55508	30688	69402	29256	59058
2019	33662	62130	38450		90442	27399	50299
2020	32495	43160	37224	163329	89795	40032	42427

2-20　续表2　Continued

单位：元　(yuan)

年　份 Year	科学研究和技术服务业 Scientific Research and Technical Service	水利、环境和公共设施管理业 Management of Water Conservancy, Environment and Public Facilities	居民服务、修理和其他服务业 Services to Households Repair and Other Services	教　育 Education	卫生和社会工作 Health and Social Services	文化、体育和娱乐业 Culture, Sports and Entertainment	公共管理、社会保障和社会组织 Public Management Social Security and Social Organization
2013	42813	22201	45573	39942	35905	40800	31017
2014	42978	24479	49224	45846	40067	48922	29081
2015	54220	25898	60850	48668	47047	53138	55031
2016	60736	32110	59834	54727	51980	57845	60221
2017	56851	39258	59900	60817	54327	61126	66800
2018	62498	38762	58554	70617	60184	36929	66905
2019	54602	55064	32980	71447	63644	87333	51230
2020	59350	61022	33977	72913	55027	76118	57915

2-21 分行业城镇其他单位就业人员平均工资
Average Wage of Employed Persons in Urban Other Units by Sector

单位：元 (yuan)

年 份 Year	总 计 Total	农、林、牧、渔业 Agriculture, Forestry, Animal Husbandry and Fishery	采矿业 Mining	制造业 Manufacturing	电力、热力、燃气及水生产和供应业 Production and Supply of Electric, heat, Gas and Water	建筑业 Construction	批发和零售业 Wholesale and Retail Trades
2013	44381	16803	59698	39437	60556	36564	37067
2014	46776	21506	56996	42868	65089	37677	39436
2015	49062	22666	55165	46098	64742	37512	41944
2016	52621	24688	60649	50668	72349	40313	46734
2017	57290	24402	70110	57038	77753	39869	47833
2018	63332	24231	80087	65164	80906	44463	48251
2019	72922	25340	91095	70040	87178	52888	56207
2020	75583	49260	91987	75364	91395	52252	56806

2-21 续表1 Continued

单位：元 (yuan)

年 份 Year	交通运输仓储和邮政业 Transport, Storage and Post	住宿和餐饮业 Hotels and Catering Services	信息传输、软件和信息技术服务业 Information Transmission, Software and Information Technology	金融业 Financial Intermediation	房地产业 Real Estate	租赁和商务服务业 Leasing and Business Services	科学研究和技术服务业 Scientific Research and Technical Service
2013	41889	34712	56212	54187	37244	41317	52606
2014	43606	32995	59511	53138	40257	44550	51601
2015	44547	35257	64114	61960	43860	51135	56157
2016	51342	37813	61742	60122	44549	53730	58216
2017	54413	39673	64829	60103	45605	67049	68049
2018	53419	42097	63033	63541	49072	79106	75792
2019	89233	38272	70915	64656	51576	84450	104836
2020	95340	38311	80300	63684	51475	91921	100960

2-21　续表2　Continued

单位：元　(yuan)

年　份 Year	水利、环境和公共设施管理业 Management of Water Conservancy, Environment and Public Facilities	居民服务、修理和其他服务业 Services to Households Repair and Other Services	教　育 Education	卫生和社会工作 Health and Social Services	文化、体育和娱乐业 Culture, Sports and Entertainment	公共管理、社会保障和社会组织 Public Management Social Security and Social Organization
2013	35497	38036	47305	36799	39255	17491
2014	33216	44065	57563	35322	40831	35726
2015	36261	42001	62165	36444	47216	35571
2016	39018	45051	69990	58632	51070	21320
2017	40979	53650	69185	61836	57300	26307
2018	42633	54031	46975	66216	53261	
2019	40099	68498	67799	67251	57385	56336
2020	39631	35450	62482	63818	54919	66798

2-22　分行业城镇私营单位就业人员平均工资
Average Wage of Employed Persons in Urban Private Units by Sector

单位：元　(yuan)

年　份 Year	总　计 Total	农、林、牧、渔业 Agriculture, Forestry, Animal Husbandry and Fishery	采矿业 Mining	制造业 Manufa-cturing	电力、热力、燃气及水生产和供应业 Production and Supply of Electric, heat, Gas and Water	建筑业 Construction
2014	26960	22241	27071	26571	27860	30191
2015	28586	25011	31468	27966	29179	32129
2016	30533	26367	32478	29592	32277	34021
2017	32422	28196	34577	31469	34590	34447
2018	34801	30123	38716	34405	32493	34426
2019	36674	32354	39311	37581	36226	33595
2020	38685	32494	48006	41348	39089	35463

2-22 续表1 Continued

单位：元 (yuan)

年份 Year	批发和零售业 Wholesale and Retail Trades	交通运输仓储和邮政业 Transport, Storage and Post	住宿和餐饮业 Hotels and Catering Services	信息传输、软件和信息技术服务业 Information Transmission, Software and Information Technology	金融业 Financial Intermediation	房地产业 Real Estate	租赁和商务服务业 Leasing and Business Services
2014	26648	27677	24030	28065	31235	28268	23625
2015	27481	30996	25377	31261	32638	31287	26644
2016	28874	35454	27556	34172	34216	35178	30494
2017	30821	36994	27875	37286	36555	37102	32501
2018	31793	40120	31009	40903	43467	36683	39310
2019	33620	43740	33176	45348	41225	36751	36813
2020	35848	43075	34027	47617	47414	37050	38780

2-22 续表2 Continued

单位：元 (yuan)

年份 Year	科学研究和技术服务业 Scientific Research and Technical Service	水利、环境和公共设施管理业 Management of Water Conservancy, Environment and Public Facilities	居民服务、修理和其他服务业 Services to Households Repair and Other Services	教育 Education	卫生和社会工作 Health and Social Services	文化、体育和娱乐业 Culture, Sports and Entertainment	公共管理、社会保障和社会组织 Public Management Social Security and Social Organization
2014	31204	22651	21346	27379	23488	23344	
2015	33246	26537	24661	28264	26033	23913	
2016	34537	29730	28193	29425	28830	25032	
2017	38214	30315	30725	31382	33421	26825	
2018	43348	30526	30471	32520	36565	29379	
2019	44782	34459	32010	35856	36274	33856	
2020	47070	32883	30241	32701	37626	35035	

2-23　分地区城镇私营单位就业人员平均工资

Average Wage of Employed Persons in Urban Private Units by Region

单位：元　　(yuan)

地　区	Region	2015	2016	2017	2018	2019	2020
总　计	**Total**	**28586**	**30533**	**32422**	**34801**	**36674**	**38685**
哈尔滨	Harbin	30155	32448	34961	39327	42785	43718
齐齐哈尔	Qiqihar	27518	29650	30975	32126	34272	35038
鸡　西	Jixi	25625	26608	27639	28973	28363	30042
鹤　岗	Hegang	25619	29524	32993	31639	32700	35596
双鸭山	Shuangyashan	25849	28124	29296	32849	35469	37477
大　庆	Daqing	29016	30675	32321	34423	36682	39371
伊　春	Yichun	22865	23188	23838	26390	29930	30272
佳木斯	Jiamusi	27089	28765	29622	31740	32808	36250
七台河	Qitaihe	23035	23610	24234	28302	32285	36013
牡丹江	Mudanjiang	25915	26223	27518	28617	30074	32214
黑　河	Heihe	28547	34643	34742	32236	33992	37564
绥　化	Suihua	26101	29067	30676	34978	35867	36723
大兴安岭	Daxinganling	27211	27896	28523	29097	29896	33894

主要统计指标解释

人口数 指一定时点、一定地区范围内有生命的个人总和。

年度统计的年末人口数指每年12月31日24时的人口数。年度统计的全国人口总数内未包括香港、澳门特别行政区和台湾省以及海外华侨人数。

城镇人口和乡村人口 城镇人口是指居住在城镇范围内的全部常住人口；乡村人口是除上述人口以外的全部人口。

出生率(又称粗出生率) 指在一定时期内(通常为一年)一定地区的出生人数与同期内平均人数(或期中人数)之比，用千分率表示。本资料中的出生率指年出生率，其计算公式为:

$$出生率=\frac{年出生人数}{年平均人数}\times 1000‰$$

式中：出生人数指活产婴儿，即胎儿脱离母体时(不管怀孕月数)，有过呼吸或其他生命现象。年平均人数指年初、年底人口数的平均数，也可用年中人口数代替。

死亡率(又称粗死亡率) 指在一定时期内(通常为一年)一定地区的死亡人数与同期内平均人数(或期中人数)之比，用千分率表示。本资料中的死亡率指年死亡率，其计算公式为:

$$死亡率=\frac{年死亡人数}{年平均人数}\times 1000‰$$

人口自然增长率 指在一定时期内(通常为一年)人口自然增加数(出生人数减死亡人数)与该时期内平均人数(或期中人数)之比，用千分率表示。计算公式为:

$$人口自然增长率=\frac{本年出生人数-本年死亡人数}{年平均人数}\times 1000‰$$

$$=人口出生率-人口死亡率$$

总抚养比 也称总负担系数。指人口总体中非劳动年龄人口数与劳动年龄人口数之比。通常用百分比表示。说明每100名劳动年龄人口大致要负担多少名非劳动年龄人口。用于从人口角度反映人口与经济发展的基本关系。计算公式为:

$$GDR=\frac{P_{0\sim14}+P_{65^+}}{P_{15\sim64}}\times 100\%$$

其中：GDR为总抚养比；

$P_{0\sim14}$为0～14岁少年儿童人口数；

P_{65^+}为65岁及65岁以上的老年人口数；

$P_{15\sim64}$为15～64岁劳动年龄人口数。

老年人口抚养比 也称老年人口抚养系数。指某一人口中老年人口数与劳动年龄人口数之比。通常用百分比表示。用以表明每100名劳动年龄人口要负担多少名老年人。老年人口抚养比是从经济角度反映人口老化社会后果的指标之一。计算公式为:

$$EDR=\frac{P_{65^+}}{P_{15-64}}\times 100\%$$

其中：EDR为老年人口抚养比；

P_{65^+}为65岁及65岁以上的老年人口数；

$P_{15\sim64}$为15～64岁的劳动年龄人口数。

少年儿童抚养比 也称少年儿童抚养系数。指某一人口中少年儿童人口数与劳动年龄人口数之比。通常用百分比表示。以反映每100名劳动年龄人口要负担多少名少年儿童。计算公式为:

$$CDR=\frac{P_{0\sim14}}{P_{15\sim64}}\times 100\%$$

其中：CDR为少年儿童抚养比；

$P_{0\sim14}$为0～14岁少年儿童人口数；

$P_{15\sim64}$为15～64岁劳动年龄人口数。

劳动力 指在16周岁及以上，有劳动能力，参加或要求参加社会经济活动的人口。包括就业人员和失业人员。

就业人员 指年满十六周岁，为取得报酬或经营利润，在调查周内从事了1小时（含1小时）以上劳动的人员；或由于在职学习、休假等原因在调查周内暂时未工作的人员；或由于停工、单位不景气等原因临时未工作的人员。

单位就业人员 指报告期末最后一日24时在本单位中工作，并取得工资或其他形式劳动报酬的人员数。该指标为时点指标，不包括最后一日当天及以前已经与单位解除劳动合同关系的人员，是在岗职工、劳务派遣人员及其他就业人员之和。就业人员不包括:

(1)离开本单位仍保留劳动关系，并定期领取生活费的人员；

(2)在本单位实习的各类在校学生；

(3)本单位因劳务外包而使用的人员。如:建筑业整建制使用的人员。

城镇私营和个体就业人员 城镇私营就业人员指在工商管理部门注册登记，其经营地址设在县城关镇(含县城关镇)以上的私营企业就业人员，包括私营企业投资者和雇工。城镇个体就业人员指在工商管理部门注册登记，并持有城镇户口或在城镇长期居住，经批准从事个体工商经营的就业人员，包括个体经营者和在个体工商户劳动的家庭帮工和雇工。

在岗职工 指在本单位工作且与本单位签订劳动合同，并由单位支付各项工资和社会保险、住房公积金的人员，以及上述人员中由于学习、病伤、产假等原因暂未工作仍由单位支付工资的人员。在岗职工还包括:

(1)应订立劳动合同而未订立劳动合同人员(如使用的农村户籍人员)；

(2)处于试用期人员;

(3)编制外招用的人员;

(4)派往外单位工作，但工资仍由本单位发放的人员(如挂职锻炼、外派工作等情况)。

工资总额　指根据《关于工资总额组成的规定》(1990 年 1 月 1 日国家统计局发布的一号令)进行修订，在报告期内(季度或年度)直接支付给本单位全部就业人员的劳动报酬总额。包括计时工资、计件工资、奖金、津贴和补贴、加班加点工资、特殊情况下支付的工资，是在岗职工工资总额、劳务派遣人员工资总额和其他就业人员工资总额之和。

工资总额是税前工资，包括单位从个人工资中直接为其代扣或代缴的房费、水费、电费、住房公积金和社会保险基金个人缴纳部分等。

工资总额不论是计入成本的还是不计入成本的，不论是以货币形式支付的还是以实物形式支付的，均应列入工资总额的计算范围。

平均工资　指单位就业人员在一定时期内平均每人所得的工资额。它表明一定时期工资收入的高低程度，是反映就业人员工资水平的主要指标。计算公式为:

$$平均工资=\frac{报告期就业人员工资总额}{报告期就业人员平均人数}$$

城镇登记失业人员　劳动年龄（年满 16 周岁（含）至依法享受基本养老保险待遇）内，有劳动能力，有就业要求，处于无业状态，并在公共就业和人才服务机构进行失业登记的城镇常住人员。

城镇登记失业率　城镇登记失业人员与城镇单位就业人员(扣除使用的农村劳动力、聘用的离退休人员、港澳台及外方人员)、城镇单位中的不在岗职工、城镇私营业主、个体户主、城镇私营企业和个体就业人员、城镇登记失业人员之和的比。

Explanatory Notes on Main Statistical Indicators

Total Population refers to the total number of people alive at a certain point of time within a given area.

The annual statistics on total population is taken at midnight, the 3lst of December, not including residents in Taiwan province, Hong Kong SAR and Macao SAR and Chinese national residing abroad.

Urban Population and Rural Population Urban population refers to all people residing in cities and towns, while rural population refers to population other than urban population.

Birth Rate (or Crude Birth Rate) refers to the ratio of the number of births to the average population (or mid-period population) during a certain period of time (usually a year), expressed in ‰. Birth rate in the chapter refers to annual birth rate. The following formula is used:

$$\text{Birth Rate} = \frac{\text{Number of Births}}{\text{Annual Average Population}} \times 1000‰$$

Number of births in the formula refers to live births, i.e. when a baby has breathed or showed any vital phenomena regardless of the length of pregnancy.

Annual average population is the average of the number of population at the beginning of the year and that at the end of the year. Sometimes it is substituted by the mid-year population.

Death Rate (or Crude Death Rate) refers to the ratio of the number of deaths to the average population (or mid-period population) during a certain period of time (usually a year), expressed in ‰. Death rate in the chapter refers to annual death rate. The following formula is used:

$$\text{Death Rate} = \frac{\text{Number of Deaths}}{\text{Annual Average Population}} \times 1000‰$$

Natural Growth Rate of Population refers to the ratio of natural increase in population (number of births minus number of deaths) in a certain period of time (usually a year) to the average population (or mid-period population) of the same period, expressed in ‰. The following formula is applied:

$$\begin{matrix}\text{Natural Growth} \\ \text{Rate of Population}\end{matrix} = \frac{\text{Number of Births - Number of Deaths}}{\text{Annual Average Population}} \times 1000‰$$

Natural Growth Rate of Population = Birth Rate-Death Rate

Gross Dependency Ratio also called gross dependency coefficient, refers to the ratio of non-working-age population to the working-age population, express in %. Describing in general the number of non-working-age population that every100 people at working ages will take care of, this indicator reflects the basic relation between population and economic development from the demographic perspective. The gross dependency ratio is calculated with the following formula:

$$GDR = \frac{P_{0\sim14} + P_{65^+}}{P_{15\sim64}} \times 100\%$$

Where: *GDR* is the gross dependency ratio,

$P_{0\sim14}$ is the population of children aged 0-14,

P_{65^+} is the elderly population aged 65 and over,

$P_{15\sim64}$ is the working-age population aged 15-64.

Elderly Dependency Ratio also called elderly dependency coefficient, refers to the ratio of the elderly population to the working-age population, express in %. It describes the number of the elderly population that every 100 people at working ages will take care of. Elderly dependency ratio is one of the indicators reflecting the social implication of population aging from the economic perspective. The elderly dependency ratio is calculated with the following formula:

$$Elderly = \frac{P_{65^+}}{P_{15\sim64}} \times 100\%$$

Where: *EDR* is the elderly dependency ratio,

P_{65^+} is the elderly population aged 65 and over,

$P_{15\sim64}$ is the working-age population aged 15-64.

Children Dependency Ratio also called children dependency coefficient, refers to the ratio of the children population to the working-age population, express in %. It describes the number of children population that every 100 people at working ages will take care of. The children dependency ratio is calculated with the following formula:

$$CDR = \frac{P_{0\sim14}}{P_{15\sim64}} \times 100\%$$

Where: *CDR* is the children dependency ratio,

$P_{0\sim14}$ is the children population aged 0-14, and

$P_{15\sim64}$ is the working-age population aged 15-64.

Labour Force refers to the population aged 16 and over who are capable of working, are participating in or willing to participate in economic activities, including employed persons and unemployed persons.

Employed Persons refer to persons, aged 16 and over, who performed some work for compensation or business gains for one hour or more during the reference period; or persons who do not work for the reasons of study or on holiday; or persons who are temporarily absent from a job for disorganization or suspension of work, recession, etc.

Persons Employed in Various Units refer to the total number of employees who work at his unit and obtain wages or other forms of payment at the end of the reporting period. This indicator is a kind of time point index and it equals to the sum of the number of employed staff and workers, labor dispatch personnel and other employed persons. Employed persons do not include:

1)persons who have left their working units while keeping their labour contract (employment relation) unchanged and receiving regular alimony;

2)all kinds of enrolled students who do internship in various units;

3) persons employed due to labor outsourcing, for example, persons employed in the organizational system of construction industry.

Persons Employed in Private Enterprises and Self-Employed Individuals in Urban Areas Persons employed in private enterprises refer to the persons employed in the private enterprises which have been registered at the departments of industrial and commercial administration for which the business operation are situated at a county town (i.e. a town where the county government is located), or at urban areas with administrative hierarchy higher than a county town. The self-employed individuals in urban areas refer to persons who hold the certificates of residence in urban areas or have resided in the urban areas for a long time and have been registered at the departments of industrial and commercial administration and approved to be engaged in individual industrial or commercial business, including self-employed persons as well as helpers and hired laborers who work in individual households.

Employed Staff and Workers refer to persons who signed labor contracts with working units and working units would pay wages, social insurance and housing funds for them. Persons who have their work posts but are temporarily absent from work for reasons of study or on sick, injury or maternal leave and still receive wages from their working units are also included. Employed staff and workers also include:

1)Persons who should have signed the labor contracts but not (like people with rural household registration);

2)Employees on probation;

3)Employees beyond the staffing quota;

4)Employees who are sent to other working units but still obtain wages from their original units (situations like on-the-job placement, expatriated assignment, etc.)

1)Employed Staff and Workers do not include: Dispatched personnel who work and are paid directly by the working units; they shall be counted into "labour dispatch personnel" of the working units;

2)Personnel through labor outsourcing, they shall be counted into "employed staff and workers" of the units which contracted them.

Total Wage Bill It is revised according to the "Provision of Composition of Total Wages" (Order No.1 by National Bureau of Statistics on January, 1st, 1990), total wage bill refers to the total remuneration payment to all employed persons in various units during the reporting period (by quarter or by year), including hourly-paid wages, piece-rate wages, bonuses, allowance and subsidies, overtime wages and wages paid under special circumstances. It equals to the sum of total wages of employed staff and workers, dispatch labors and other employed persons.

Total wage bill is pre-tax wages, including the room charges, utility bills, housing funds and social insurance paid or withheld by employee's units.

Total wage bill, whether or not included in cost, whether or not paid in money or in kind, shall be included in the calculation of total wage.

Average Wage refers to the average per capita wage during a certain period of time for employed persons. It shows the general level of wage income during a certain period of time, one major indicator to reflect the wage level. It is calculated as follows:

$$\text{Average Wage} = \frac{\begin{array}{c}\text{Total Wage Bill of Employed}\\ \text{Persons at Reference Time}\end{array}}{\begin{array}{c}\text{Average Number of Persons}\\ \text{Employed at Reference Time}\end{array}}$$

Registered Unemployed Persons in Urban Areas refer to the persons residing in urban areas at certain working ages (16 years old to the age of enjoying primary endowment insurance benefits according to the law), who are capable of working, unemployed and willing to work, and have been registered at the public employment and talent service agencies to apply for a job.

Registered Unemployment Rate in Urban Areas refers to the ratio of the number of the registered unemployed persons to the sum of the number of persons employed in various units (minus the employed rural labour force, re-employed retirees, and Hong Kong, Macao, Taiwan or foreign employees), laid-off staff and workers in urban units, owners of private enterprises in urban areas, owners of self-employed individuals in urban areas, employees of private enterprises in urban areas, employee of self-employed individuals in urban areas, and the registered unemployed persons in urban areas

第三篇　国民经济核算

CHAPTER 3 NATIONAL ACCOUNTS

资料整理：于占占　翟 雪　　谭 磊

3-1　地区生产总值
Gross Domestic Product

单位：亿元　　(100 million yuan)

年　份 Year	地　区 生产总值 Gross Domestic Product	第一产业 Primary Industry	第二产业 Secondary Industry	工　业 Industry	建筑业 Construction	第三产业 Tertiary Industry	#交通运输仓储邮电通信业 Traffic, Transport, Storage, Post and Telecommunication Services	#批发零售贸易餐饮业 Wholesale, Retail Trade and Catering Services	人均地区生产总值(元) Per Capita GDP (yuan)
1952	26.0	11.9	7.8	7.0	0.9	6.3	1.6	2.5	238
1953	31.9	12.9	10.7	9.3	1.4	8.3	2.1	3.3	277
1954	36.5	15.0	13.1	11.5	1.6	8.4	2.1	3.0	299
1955	37.9	16.6	12.2	10.6	1.6	9.1	2.2	3.6	295
1956	41.8	18.0	13.1	11.4	1.7	10.7	2.5	4.0	305
1957	43.9	17.2	14.9	13.4	1.5	11.8	2.6	4.1	303
1958	60.8	18.2	29.4	26.9	2.5	13.2	3.2	5.0	400
1959	72.3	17.4	37.9	34.7	3.2	17.0	5.1	5.9	446
1960	78.9	11.7	47.7	43.6	4.1	19.5	6.1	6.0	452
1961	52.9	10.9	25.3	23.3	1.9	16.7	4.4	4.5	286
1962	53.3	14.5	22.9	21.2	1.7	15.9	4.2	4.3	281
1963	60.4	17.9	27.8	25.2	2.6	14.7	3.3	3.6	312
1964	66.2	16.8	32.6	29.4	3.2	16.8	4.1	4.7	329
1965	76.7	19.6	39.6	36.4	3.2	17.5	4.4	4.7	367
1966	89.6	23.3	48.0	44.1	3.9	18.3	5.0	4.8	414
1967	88.4	26.0	44.5	41.0	3.5	17.9	4.8	4.6	398
1968	86.3	25.2	43.9	40.6	3.3	17.2	4.7	4.4	375
1969	97.9	24.4	55.1	51.0	4.1	18.4	5.6	4.6	409
1970	107.7	25.6	63.0	58.5	4.5	19.1	6.0	4.6	434
1971	111.7	25.9	65.6	60.9	4.7	20.2	6.4	4.5	434
1972	111.7	27.5	63.5	59.1	4.4	20.7	6.2	4.4	417
1973	119.3	30.1	68.2	63.9	4.3	21.0	6.2	4.3	430
1974	126.8	32.6	72.3	67.8	4.5	21.9	6.4	4.4	444
1975	136.2	33.4	80.6	75.8	4.8	22.2	6.7	4.7	466
1976	139.2	33.9	83.8	79.4	4.4	21.5	6.4	4.2	466
1977	150.5	38.0	90.7	86.2	4.5	21.8	6.4	4.3	494
1978	169.2	41.0	105.1	100.6	4.5	23.1	7.7	4.0	546
1979	180.8	44.3	112.2	107.3	4.9	24.3	8.9	4.2	574
1980	212.5	55.3	128.8	122.5	6.3	28.4	9.9	4.6	667
1981	218.3	57.8	129.7	122.6	7.1	30.8	9.6	5.3	678
1982	236.2	63.8	136.9	127.3	9.7	35.5	10.8	5.3	725
1983	263.1	78.9	145.6	134.8	10.8	38.6	11.9	5.6	799
1984	300.3	86.0	169.0	154.9	14.1	45.3	13.3	6.8	905
1985	331.5	77.0	197.7	180.9	16.8	56.8	15.8	10.4	991
1986	371.1	92.7	206.6	189.0	17.6	71.8	19.3	11.9	1101
1987	422.9	90.7	252.0	231.9	20.1	80.2	20.5	13.7	1242
1988	499.0	94.2	286.5	261.6	24.9	118.3	27.9	27.5	1449
1989	569.6	93.9	335.5	310.0	25.5	140.2	31.0	29.6	1633
1990	654.0	156.9	343.1	323.9	25.4	154.0	26.2	30.7	1855
1991	734.5	145.2	390.8	369.5	28.4	198.5	34.7	47.4	2064

注：1.本表按当年价格计算。
2.表中数据为第四次全国经济普查衔接修订后的数据(下同)。
3.从1992年开始，执行《国民经济行业分类》(GB/T 4754-2017)，交通运输仓储邮电通信业改为交通运输、仓储和邮政业；批发零售贸易餐饮业调整为批发和零售业。
4.三次产业分类依据国家统计局2018年修订的《三次产业划分规定》。
5.2020年为初步核算数(下同)。
6.2011-2020年计算人均地区生产总值使用的常住人口数据为第七次全国人口普查衔接修订后数据。

a) Data in value terms in this table are calculated at current prices.
b) The data in the table are the data of the fourth national economic census (the same below).
c) Since 1992, the data has been in accordance with the classification of national economic sectors (GB / T 4754-2017), and the transportation, warehousing, post and telecommunications industry has been changed into transportation, warehousing and postal industry; the wholesale and retail trade catering industry has been adjusted to wholesale and retail industry, accommodation and catering industry.
d) The classification of three industries is based on the provisions on the classification of three industries revised by the National Bureau of statistics in 2018.
e) The year of 2020 is the preliminary accounting amount (the same below).
f) The resident population data used to calculate the per capita GDP from 2011 to 2020 is the revised data of the seventh national census.

3-1 续表 Continued

单位：亿元 (100 million yuan)

年 份 Year	地区生产总值 Gross Domestic Product	第一产业 Primary Industry	第二产业 Secondary Industry	工业 Industry	建筑业 Construction	第三产业 Tertiary Industry	#交通运输仓储邮电通信业 Traffic, Transport, Storage, Post and Telecommunication Services	#批发零售贸易餐饮业 Wholesale, Retail Trade and Catering Services	人均地区生产总值(元) Per Capita GDP (yuan)
1992	857.4	163.5	465.5	440.0	34.1	228.4	32.2	50.7	2387
1993	1075.3	194.2	613.1	580.4	44.0	268.0	36.6	58.5	2967
1994	1448.1	298.8	803.6	764.3	54.0	345.7	45.1	73.8	3961
1995	1790.2	363.5	992.5	949.1	61.7	434.2	54.6	88.0	4856
1996	2137.6	434.9	1205.4	1160.0	67.8	497.3	65.1	98.4	5755
1997	2397.6	450.6	1357.2	1304.9	77.7	589.8	90.2	114.0	6412
1998	2470.2	419.9	1396.1	1332.0	90.2	654.2	98.3	120.2	6566
1999	2536.9	369.2	1466.6	1399.9	93.0	701.1	100.5	123.3	6707
2000	2855.5	375.5	1633.4	1566.4	97.0	846.6	131.7	155.1	7515
2001	3043.4	426.6	1665.9	1592.0	105.2	950.9	159.2	166.7	7990
2002	3242.7	464.2	1728.3	1650.8	110.7	1050.2	177.5	180.3	8507
2003	3609.7	493.0	1956.4	1874.8	119.1	1160.3	184.9	195.0	9464
2004	4134.7	580.9	2270.3	2175.7	137.4	1283.5	201.2	216.6	10836
2005	4756.4	674.6	2656.4	2556.6	152.9	1425.4	224.0	226.3	12456
2006	5329.8	731.8	2998.0	2890.2	173.6	1600.0	236.1	243.8	13947
2007	6126.3	892.4	3383.0	3254.1	200.2	1850.9	274.3	271.0	16023
2008	7134.2	1073.8	3935.0	3765.6	243.4	2125.4	286.8	331.1	18654
2009	7218.9	1141.9	3668.1	3470.2	271.3	2408.9	284.4	406.3	18871
2010	8308.3	1291.8	4146.1	3894.1	312.9	2870.4	316.4	496.6	21694
2011	9935.0	1695.5	4916.3	4624.4	363.0	3323.2	346.3	577.2	26093
2012	11015.8	2119.6	5099.8	4776.0	409.3	3796.4	380.4	688.0	29352
2013	11849.1	2539.6	5202.7	4857.5	428.6	4106.8	374.4	713.5	32068
2014	12170.8	2691.0	4872.4	4527.9	424.5	4607.4	426.6	795.0	33464
2015	11690.0	2712.2	3926.9	3593.9	422.3	5050.9	434.3	830.9	32759
2016	11895.0	2751.2	3689.7	3367.3	429.5	5454.1	463.4	876.0	34025
2017	12313.0	2965.3	3519.5	3226.1	414.3	5828.2	488.7	900.6	35887
2018	12846.5	3001.2	3536.0	3266.7	409.4	6309.3	508.5	946.3	38199
2019	13544.4	3183.2	3640.1	3334.0	417.4	6721.1	503.6	1001.3	41156
2020	13698.5	3438.3	3483.5	3144.0	412.8	6776.7	501.7	984.0	42635

3-2 地区生产总值构成
Composition of Gross Domestic Product

单位：% (%)

年份 Year	地区生产总值 Gross Domestic Product	第一产业 Primary Industry	第二产业 Secondary Industry	工业 Industry	建筑业 Construction	第三产业 Tertiary Industry	#交通运输仓储邮电通信业 Traffic, Transport, Storage, Post and Telecommunication Services	#批发零售贸易餐饮业 Wholesale, Retail Trade and Catering Services
1952	100.0	45.8	30.2	26.8	3.4	24.0	6.3	9.4
1953	100.0	40.5	33.5	29.2	4.3	26.0	6.6	10.4
1954	100.0	41.1	35.9	31.6	4.3	23.0	5.7	8.3
1955	100.0	43.8	32.0	27.9	4.1	24.2	5.9	9.4
1956	100.0	43.1	31.3	27.2	4.1	25.6	5.9	9.6
1957	100.0	39.1	33.9	30.5	3.4	27.0	6.0	9.4
1958	100.0	29.9	48.4	44.2	4.2	21.7	5.3	8.2
1959	100.0	24.1	52.4	48.0	4.4	23.5	7.0	8.2
1960	100.0	14.8	60.5	55.2	5.3	24.7	7.7	7.6
1961	100.0	20.6	47.7	44.1	3.6	31.7	8.4	8.5
1962	100.0	27.2	43.0	39.8	3.2	29.8	7.8	8.1
1963	100.0	29.6	46.0	41.7	4.3	24.4	5.5	5.9
1964	100.0	25.4	49.1	44.4	4.7	25.5	6.1	7.1
1965	100.0	25.6	51.7	47.5	4.2	22.7	5.7	6.1
1966	100.0	26.0	53.5	49.2	4.3	20.5	5.5	5.3
1967	100.0	29.4	50.3	46.4	3.9	20.3	5.4	5.2
1968	100.0	29.2	50.9	47.1	3.8	19.9	5.4	5.1
1969	100.0	24.9	56.3	52.1	4.2	18.8	5.8	4.7
1970	100.0	23.8	58.5	54.3	4.2	17.7	5.6	4.3
1971	100.0	23.2	58.7	54.5	4.2	18.1	5.7	4.0
1972	100.0	24.6	56.9	52.9	4.0	18.5	5.5	3.9
1973	100.0	25.2	57.2	53.6	3.6	17.6	5.2	3.6
1974	100.0	25.7	57.1	53.5	3.6	17.2	5.1	3.5
1975	100.0	24.5	59.2	55.6	3.6	16.3	4.9	3.4
1976	100.0	24.4	60.2	57.1	3.1	15.4	4.6	3.0
1977	100.0	25.2	60.3	57.3	3.0	14.5	4.3	2.8
1978	100.0	24.2	62.1	59.4	2.7	13.7	4.5	2.4
1979	100.0	24.5	62.1	59.4	2.7	13.4	4.9	2.3
1980	100.0	26.0	60.6	57.6	3.0	13.4	4.7	2.2
1981	100.0	26.5	59.4	56.2	3.2	14.1	4.4	2.4
1982	100.0	27.0	58.0	53.9	4.1	15.0	4.6	2.3
1983	100.0	30.0	55.4	51.2	4.2	14.6	4.5	2.1
1984	100.0	28.6	56.3	51.6	4.7	15.1	4.4	2.3
1985	100.0	23.2	59.6	54.6	5.0	17.2	4.8	3.1
1986	100.0	25.0	55.7	50.9	4.8	19.3	5.2	3.2
1987	100.0	21.4	59.6	54.8	4.8	19.0	4.8	3.2
1988	100.0	18.9	57.4	52.4	5.0	23.7	5.6	5.5
1989	100.0	16.5	58.9	54.4	4.5	24.6	5.4	5.2
1990	100.0	24.0	52.5	49.5	3.9	23.5	4.0	4.7
1991	100.0	19.8	53.2	50.3	3.9	27.0	4.7	6.5

3-2 续表 Continued

单位：% (%)

年份 Year	地区生产总值 Gross Domestic Product	第一产业 Primary Industry	第二产业 Secondary Industry	工业 Industry	建筑业 Construction	第三产业 Tertiary Industry	#交通运输仓储邮电通信业 Traffic, Transport, Storage, Post and Telecommunication Services	#批发零售贸易餐饮业 Wholesale, Retail Trade and Catering Services
1992	100.0	19.1	54.3	51.3	4.0	26.6	3.8	5.9
1993	100.0	18.1	57.0	54.0	4.1	24.9	3.4	5.4
1994	100.0	20.6	55.5	52.8	3.7	23.9	3.1	5.1
1995	100.0	20.3	55.4	53.0	3.4	24.3	3.0	4.9
1996	100.0	20.3	56.4	54.3	3.2	23.3	3.0	4.6
1997	100.0	18.8	56.6	54.4	3.2	24.6	3.8	4.8
1998	100.0	17.0	56.5	53.9	3.7	26.5	4.0	4.9
1999	100.0	14.6	57.8	55.2	3.7	27.6	4.0	4.9
2000	100.0	13.2	57.2	54.9	3.4	29.6	4.6	5.4
2001	100.0	14.0	54.7	52.3	3.5	31.3	5.2	5.5
2002	100.0	14.3	53.3	50.9	3.4	32.4	5.5	5.6
2003	100.0	13.7	54.2	51.9	3.3	32.1	5.1	5.4
2004	100.0	14.1	54.9	52.6	3.3	31.0	4.9	5.2
2005	100.0	14.2	55.8	53.8	3.2	30.0	4.7	4.8
2006	100.0	13.7	56.3	54.2	3.3	30.0	4.4	4.6
2007	100.0	14.6	55.2	53.1	3.3	30.2	4.5	4.4
2008	100.0	15.1	55.2	52.8	3.4	29.7	4.0	4.6
2009	100.0	15.8	50.8	48.1	3.8	33.4	3.9	5.6
2010	100.0	15.5	49.9	46.9	3.8	34.6	3.8	6.0
2011	100.0	17.1	49.5	46.5	3.7	33.4	3.5	5.8
2012	100.0	19.2	46.3	43.4	3.7	34.5	3.5	6.2
2013	100.0	21.4	43.9	41.0	3.6	34.7	3.2	6.0
2014	100.0	22.1	40.0	37.2	3.5	37.9	3.5	6.5
2015	100.0	23.2	33.6	30.7	3.6	43.2	3.7	7.1
2016	100.0	23.1	31.0	28.3	3.6	45.9	3.9	7.4
2017	100.0	24.1	28.6	26.2	3.4	47.3	4.0	7.3
2018	100.0	23.4	27.5	25.4	3.2	49.1	4.0	7.4
2019	100.0	23.5	26.9	24.6	3.1	49.6	3.7	7.4
2020	100.0	25.1	25.4	23.0	3.0	49.5	3.7	7.2

3-3　地区生产总值指数
Indices of Gross Domestic Product

(上年=100)　　(preceding year=100)

年　份 Year	地　区 生产总值 Gross Domestic Product	第一产业 Primary Industry	第二产业 Secondary Industry	工业 Industry	建筑业 Construction	第三产业 Tertiary Industry	人均地区 生产总值 Per Capita GDP
1953	110.0	98.4	126.9	124.1	148.9	110.7	104.4
1954	110.2	106.1	120.9	122.7	109.2	101.9	103.9
1955	106.5	111.1	98.7	97.6	106.3	111.6	101.0
1956	106.5	95.8	116.3	116.2	116.4	110.7	100.0
1957	107.8	106.8	110.0	110.7	105.1	106.0	102.0
1958	140.5	133.4	170.4	173.1	146.7	113.2	133.7
1959	118.6	93.3	133.2	134.3	120.9	134.4	111.2
1960	107.8	66.1	129.0	128.6	134.2	117.5	100.3
1961	58.1	74.8	45.5	46.0	39.5	72.8	54.7
1962	97.9	120.6	89.5	89.4	90.8	93.1	95.6
1963	115.1	121.9	118.6	115.5	158.6	104.6	112.8
1964	114.1	100.5	120.4	121.3	112.3	119.3	109.6
1965	115.5	116.7	122.4	124.3	103.1	104.7	111.0
1966	116.6	118.7	121.8	122.0	120.0	105.8	112.9
1967	101.4	111.6	96.7	96.9	94.3	99.1	98.5
1968	97.4	96.9	98.4	98.6	95.1	96.1	94.1
1969	109.3	96.9	120.2	120.3	118.2	104.1	105.2
1970	110.1	110.9	112.6	112.8	111.0	103.5	106.1
1971	102.3	100.3	102.4	102.4	102.0	104.7	98.6
1972	98.7	85.8	102.4	102.6	100.0	103.6	95.0
1973	106.4	109.3	107.7	108.4	98.7	99.1	102.7
1974	106.5	108.2	106.3	106.3	105.7	105.1	103.3
1975	107.8	110.2	109.5	110.3	98.1	98.9	105.2
1976	100.9	94.5	103.2	103.4	100.2	100.6	98.8
1977	108.3	111.9	108.6	109.1	101.5	102.3	106.3
1978	111.4	105.3	115.9	116.5	105.0	100.6	109.4
1979	102.8	92.9	105.9	105.8	107.0	102.2	101.3
1980	109.6	112.1	108.5	107.8	122.9	111.8	108.3
1981	103.4	102.8	103.5	102.9	115.4	104.3	102.3
1982	106.1	107.8	104.2	102.5	133.8	111.7	104.9
1983	108.6	124.5	102.9	102.4	108.4	103.3	107.5
1984	110.5	102.0	114.8	113.6	128.8	112.0	109.7
1985	105.2	87.4	110.8	110.6	112.8	117.3	104.4
1986	102.9	117.9	93.5	93.3	95.4	118.4	102.1
1987	108.1	95.5	112.6	113.4	104.2	113.1	107.1
1988	106.6	97.6	102.6	101.9	111.2	130.5	105.3
1989	106.2	89.6	110.6	111.6	100.1	110.8	104.9
1990	106.5	141.8	98.2	98.5	94.9	99.9	105.3
1991	105.7	91.9	110.2	110.9	101.9	109.8	104.8

注：本表按不变价格计算。
a) Data in this table are calculated at constant prices.

3-3 续表 Continued

(上年=100) (preceding year=100)

年 份 Year	地 区 生产总值 Gross Domestic Product	第一产业 Primary Industry	第二产业 Secondary Industry	工业 Industry	建筑业 Construction	第三产业 Tertiary Industry	人均地区 生产总值 Per Capita GDP
1992	106.2	105.8	106.3	106.4	105.9	106.3	105.2
1993	107.1	104.3	108.3	108.2	110.5	106.6	106.1
1994	108.3	107.2	108.7	108.9	106.4	108.2	107.3
1995	109.0	106.8	110.0	110.0	110.7	108.6	108.1
1996	110.0	110.8	110.3	110.3	111.0	108.7	109.2
1997	109.5	106.2	109.6	109.3	113.7	111.8	108.7
1998	107.6	98.9	109.2	108.5	118.8	110.6	106.9
1999	107.1	103.0	107.5	107.5	106.8	109.0	106.5
2000	107.7	96.9	109.5	109.7	107.4	110.7	107.2
2001	108.9	106.8	109.9	109.8	111.6	107.9	108.6
2002	109.9	107.1	110.9	111.1	107.3	109.1	109.8
2003	109.8	102.1	111.9	112.1	108.0	109.0	109.8
2004	110.4	112.5	111.8	111.8	110.9	106.8	110.3
2005	110.6	112.0	111.3	111.6	108.9	108.4	110.5
2006	110.4	107.4	111.3	111.6	111.1	110.2	110.3
2007	109.8	104.3	111.2	111.2	109.3	109.8	109.8
2008	110.3	108.5	111.2	111.1	108.6	109.4	110.3
2009	110.1	105.2	111.5	111.3	117.6	109.6	110.1
2010	111.7	106.1	113.8	113.5	108.1	109.9	111.6
2011	110.9	106.4	112.0	112.2	109.1	111.3	111.5
2012	108.7	106.5	109.1	109.5	107.2	109.2	110.3
2013	107.6	104.7	107.0	107.2	102.9	109.6	109.2
2014	105.3	105.6	102.9	103.3	99.2	108.6	107.0
2015	105.4	105.1	101.7	101.4	101.4	110.6	107.5
2016	104.4	104.2	102.0	102.0	101.1	106.3	106.6
2017	106.0	104.5	102.8	102.9	101.5	109.1	108.0
2018	104.5	103.7	102.1	102.6	97.9	106.4	106.6
2019	104.0	102.4	102.7	102.8	101.8	105.6	106.2
2020	101.0	102.9	102.6	102.7	99.0	99.0	103.4

3-4　地区生产总值指数

Indices of Gross Domestic Product

(1978=100)　　(1978=100)

年　份 Year	地区生产总值 Gross Domestic Product	第一产业 Primary Industry	第二产业 Secondary Industry	工业 Industry	建筑业 Construction	第三产业 Tertiary Industry	人均地区生产总值 Per Capita GDP
1953	23.0	45.4	11.7	10.9	28.5	37.7	62.2
1954	25.4	48.1	14.2	13.4	31.1	38.4	64.7
1955	27.0	53.5	14.0	13.1	33.1	42.9	65.3
1956	28.8	51.2	16.3	15.2	38.5	47.5	65.3
1957	31.0	54.7	17.9	16.8	40.5	50.3	66.6
1958	43.6	73.0	30.5	29.1	59.4	56.9	89.1
1959	51.7	68.1	40.7	39.1	71.8	76.5	99.0
1960	55.7	45.0	52.5	50.3	96.4	89.9	99.3
1961	32.4	33.7	23.9	23.1	38.1	65.5	54.3
1962	31.7	40.6	21.4	20.7	34.6	60.9	51.9
1963	36.5	49.5	25.3	23.9	54.8	63.8	58.6
1964	41.6	49.7	30.5	29.0	61.6	76.1	64.2
1965	48.1	58.0	37.3	36.0	63.5	79.6	71.3
1966	56.0	68.9	45.5	44.0	76.1	84.2	80.5
1967	56.8	76.9	44.0	42.6	71.8	83.5	79.3
1968	55.3	74.5	43.3	42.0	68.3	80.2	74.6
1969	60.5	72.2	52.0	50.5	80.7	83.5	78.5
1970	66.6	80.1	58.6	57.0	89.6	86.4	83.3
1971	68.1	80.3	60.0	58.4	91.4	90.5	82.1
1972	67.2	68.9	61.4	59.9	91.4	93.8	78.0
1973	71.6	75.3	66.1	64.9	90.2	92.9	80.1
1974	76.2	81.5	70.3	69.0	95.4	97.7	82.7
1975	82.1	89.8	77.0	76.1	93.6	96.6	87.0
1976	82.9	84.9	79.4	78.7	93.8	97.2	86.0
1977	89.8	95.0	86.3	85.8	95.2	99.4	91.4
1978	100.0	100.0	100.0	100.0	100.0	100.0	100.0
1979	102.8	92.9	105.9	105.8	107.0	102.2	101.3
1980	112.7	104.1	114.9	114.1	131.5	114.3	109.7
1981	116.5	107.1	118.9	117.4	151.7	119.2	112.2
1982	123.6	115.4	123.9	120.3	203.1	133.1	117.7
1983	134.2	143.7	127.5	123.2	220.2	137.5	126.6
1984	148.3	146.6	146.4	139.9	283.6	154.0	138.8
1985	156.0	128.1	162.2	154.8	319.9	180.7	144.9
1986	160.6	151.0	151.6	144.4	305.1	213.9	148.0
1987	173.6	144.2	170.8	163.7	318.0	241.9	158.5
1988	185.0	140.8	175.2	166.9	353.5	315.7	166.9
1989	196.5	126.1	193.8	186.2	353.9	349.8	175.1
1990	209.3	178.8	190.3	183.4	336.0	349.4	184.4
1991	221.2	164.4	209.7	203.4	342.5	383.7	193.2

注：本表按不变价格计算。

a) Data in this table are calculated at constant prices.

3-4　续表　Continued

(1978=100)　　(1978=100)

年　份 Year	地　区 生产总值 Gross Domestic Product	第一产业 Primary Industry	第二产业 Secondary Industry	工业 Industry	建筑业 Construction	第三产业 Tertiary Industry	人均地区 生产总值 Per Capita GDP
1992	234.9	173.9	222.9	216.4	362.7	407.9	203.2
1993	251.6	181.4	241.4	234.2	400.7	434.8	215.6
1994	272.5	194.4	262.4	255.0	426.4	470.4	231.4
1995	297.0	207.6	288.6	280.5	472.0	510.9	250.1
1996	326.7	230.1	318.4	309.4	523.9	555.3	273.1
1997	357.7	244.3	348.9	338.2	595.7	620.9	296.9
1998	384.9	241.6	381.0	366.9	707.7	686.7	317.4
1999	412.3	248.9	409.6	394.5	755.8	748.5	338.0
2000	444.0	241.2	448.5	432.7	811.8	828.6	362.4
2001	483.5	257.6	492.9	475.1	905.9	894.0	393.5
2002	531.4	275.9	546.7	527.9	972.1	975.4	432.1
2003	583.5	281.7	611.7	591.7	1049.8	1063.2	474.4
2004	644.1	316.9	683.9	661.6	1164.3	1135.5	523.3
2005	712.4	354.9	761.2	738.3	1267.9	1230.8	578.3
2006	786.5	381.2	847.2	823.9	1408.6	1356.4	637.8
2007	863.6	397.5	942.1	916.2	1539.6	1489.3	700.3
2008	952.5	431.3	1047.6	1017.9	1672.0	1629.3	772.4
2009	1048.8	453.8	1168.1	1133.0	1966.3	1785.7	850.5
2010	1171.5	481.4	1329.3	1285.9	2125.6	1962.5	949.1
2011	1299.1	512.3	1488.8	1442.8	2319.0	2184.3	1058.6
2012	1412.2	545.6	1624.2	1579.9	2486.0	2385.2	1167.8
2013	1519.5	571.2	1737.9	1693.6	2558.1	2614.2	1275.8
2014	1600.0	603.2	1788.3	1749.5	2537.6	2839.0	1364.9
2015	1686.4	633.9	1818.7	1774.0	2573.1	3140.0	1466.7
2016	1760.6	660.6	1855.1	1809.5	2601.4	3337.8	1562.9
2017	1866.3	690.3	1907.1	1861.9	2640.5	3641.5	1687.4
2018	1950.3	715.8	1947.1	1910.3	2585.0	3874.6	1798.3
2019	2028.3	733.0	1999.7	1963.8	2631.5	4091.5	1910.3
2020	2048.6	754.3	2051.7	2016.9	2605.2	4050.6	1975.4

3-5　全省三次产业对地区生产总值贡献率

Share of the Contributions of the Three Strata of Industry to the Increase of the GDP

单位：%　(%)

年　份 Year	地区生产总值 Gross Domestic Product	第一产业 Primary Industry	第二产业 Secondary Industry	第三产业 Tertiary Industry
2001	100.0	10.1	63.5	26.4
2002	100.0	9.3	63.6	27.1
2003	100.0	2.7	70.5	26.8
2004	100.0	14.0	67.1	18.9
2005	100.0	13.5	64.3	22.2
2006	100.0	10.1	60.7	29.2
2007	100.0	6.0	64.0	30.0
2008	100.0	10.8	61.9	27.3
2009	100.0	6.6	65.2	28.2
2010	100.0	6.5	68.5	25.0
2011	100.0	9.2	55.1	35.7
2012	100.0	11.1	52.3	36.6
2013	100.0	9.1	46.8	44.1
2014	100.0	15.0	27.4	57.6
2015	100.0	13.4	15.3	71.3
2016	100.0	22.0	15.6	62.4
2017	100.0	17.5	15.4	67.1
2018	100.0	19.2	15.3	65.5
2019	100.0	14.0	20.9	65.1
2020	100.0	66.5	83.2	-49.7

注：三次产业贡献率指各产业不变价增加值增量与GDP不变价增量之比。

a) Share of the contributions of the three strata of industry to the increase of the GDP refers to the proportion of the increment of the value-added of each industry to the increment of GDP.

3-6 三次产业对地区生产总值增长的拉动
Contribution of the Three Strata of Industry to GDP Growth

单位：百分点 (percentage points)

年 份 Year	地区生产总值 Gross Domestic Product	第一产业 Primary Industry	第二产业 Secondary Industry	第三产业 Tertiary Industry
2001	8.90	0.90	5.65	2.35
2002	9.90	0.92	6.30	2.68
2003	9.80	0.26	6.91	2.63
2004	10.40	1.46	6.98	1.96
2005	10.60	1.43	6.82	2.35
2006	10.40	1.05	6.31	3.04
2007	9.80	0.59	6.27	2.94
2008	10.30	1.11	6.38	2.81
2009	10.10	0.67	6.59	2.84
2010	11.70	0.76	8.01	2.93
2011	10.90	1.00	6.01	3.89
2012	8.70	0.97	4.55	3.18
2013	7.60	0.69	3.56	3.35
2014	5.30	0.80	1.45	3.05
2015	5.40	0.72	0.83	3.85
2016	4.40	0.97	0.69	2.74
2017	6.00	1.05	0.92	4.03
2018	4.50	0.86	0.69	2.95
2019	4.00	0.56	0.84	2.60
2020	1.00	0.67	0.83	-0.50

注：三次产业拉动指GDP增长速度与各产业贡献率之乘积。
a) Contribution of the three strata of industry to GDP growth refers to the growth rate of GDP multiplied by the contribution share of each industry.

3-7 分地区生产总值和指数
Gross Regional Product and Indices by Region

地 区	Region	地区生产总值(亿元) Gross Regional Product (100 million yuan)					指 数(上年=100) Indices (preceding year=100)			
		2016	2017	2018	2019	2020	2017	2018	2019	2020
哈尔滨	Harbin	4374.6	4717.2	5010.1	5129.4	5183.8	106.3	104.9	103.9	100.6
齐齐哈尔	Qiqihar	1038.2	1043.8	1052.2	1123.0	1200.4	106.0	106.1	105.8	103.5
鸡 西	Jixi	504.6	508.6	521.0	552.8	572.4	106.5	105.0	104.6	102.1
鹤 岗	Hegang	285.6	308.2	317.6	336.8	340.2	107.8	105.2	103.7	100.3
双鸭山	Shuangyashan	385.2	407.8	446.8	478.3	493.9	104.9	105.0	104.8	101.2
大 庆	Daqing	2080.5	2234.1	2502.6	2540.3	2301.1	102.7	103.4	103.5	100.7
伊 春	Yichun	238.3	261.8	276.0	298.5	295.2	106.5	106.0	105.5	100.2
佳木斯	Jiamusi	640.5	714.8	724.1	762.9	811.8	105.5	104.0	103.4	102.8
七台河	Qitaihe	193.5	204.4	225.5	219.1	206.4	105.9	105.5	100.3	97.5
牡丹江	Mudanjiang	746.1	790.0	783.9	826.4	831.7	105.6	101.2	104.2	100.4
黑 河	Heihe	482.3	504.2	531.8	580.0	614.4	106.9	107.2	106.0	103.5
绥 化	Suihua	1014.4	1016.2	1030.7	1101.4	1150.2	105.6	103.9	103.5	102.0
大兴安岭	Daxinganling	112.4	122.5	129.0	138.8	141.9	106.6	105.6	105.1	102.7

注：1.本表绝对数按当年价格计算，指数按不变价格计算。
2.各地地区生产总值绝对数、指数为第四次全国经济普查衔接修订后的数据。
a) Level data in this table are calculated at current prices while indices at constant prices.
b) The absolute number and index of regional GDP are the data of the fourth national economic census.

3-8 分地区人均地区生产总值和指数
Per Capita Gross Regional Product and Indices by Region

地 区	Region	人均地区生产总值(元) Per Capita Gross Regional Product (yuan)					指 数(上年=100) Indices (preceding year=100)			
		2016	2017	2018	2019	2020	2017	2018	2019	2020
哈尔滨	Harbin	42425	45974	49097	50650	51597	106.8	105.5	104.6	101.4
齐齐哈尔	Qiqihar	22132	22902	23832	26293	29149	109.1	109.5	109.3	107.4
鸡 西	Jixi	29567	30405	32051	35129	37647	108.7	108.1	108.0	105.6
鹤 岗	Hegang	28728	31724	33533	36441	37797	110.3	107.9	106.2	103.0
双鸭山	Shuangyashan	28600	31015	34780	38056	40370	107.5	107.5	107.1	103.9
大 庆	Daqing	72554	77905	87572	89785	82262	102.7	103.8	104.6	101.8
伊 春	Yichun	23378	26522	28760	32135	33073	110.0	109.0	109.0	104.2
佳木斯	Jiamusi	27667	31229	32082	34391	37348	106.7	105.5	105.2	104.9
七台河	Qitaihe	24697	27114	30734	30628	29681	110.1	108.4	102.9	100.3
牡丹江	Mudanjiang	29071	31444	31951	34571	35873	107.8	103.6	107.0	103.5
黑 河	Heihe	32481	35164	38172	42852	47086	110.7	110.3	109.1	107.3
绥 化	Suihua	22761	23661	25008	27794	30257	109.6	108.3	107.6	106.3
大兴安岭	Daxinganling	26995	31090	34252	38758	42073	112.7	110.5	110.6	109.0

注：1.本表绝对数按当年价格计算，指数按不变价格计算。
2.各地生产总值绝对数、指数为第四次全国经济普查衔接修订后的数据。
3.本表计算人均GDP使用的GDP数据为根据第四次全国经济普查资料修订后数据，人口数据为根据第七次全国人口普查资料修订后数据。
a) Level data in this table are calculated at current prices while indices at constant prices.
b) The absolute number and index of GDP of each region are the data of the fourth national economic census.
c) The GDP data used in the calculation of per capita GDP in this table is the data revised according to the data of the fourth national economic census, and the population data is the data revised according to the data of the seventh national census.

3-9 分地区三次产业增加值(2020年)
Gross Regional Product by Three Strata of Industry by Region(2020)

单位：亿元 (100 million yuan)

地　区	Region	地　区 生产总值 Gross Regional Product	第一产业 Primary Industry	第二产业 Secondary Industry	第三产业 Tertiary Industry
哈尔滨	Harbin	5183.8	615.8	1144.5	3423.6
齐齐哈尔	Qiqihar	1200.4	381.0	268.9	550.5
鸡　西	Jixi	572.4	215.2	133.2	223.9
鹤　岗	Hegang	340.2	103.9	99.5	136.8
双鸭山	Shuangyashan	493.9	210.1	111.3	172.6
大　庆	Daqing	2301.1	244.3	1075.2	981.5
伊　春	Yichun	295.2	116.4	51.2	127.6
佳木斯	Jiamusi	811.8	393.5	104.7	313.6
七台河	Qitaihe	206.4	36.0	79.2	91.2
牡丹江	Mudanjiang	831.7	197.3	178.1	456.3
黑　河	Heihe	614.4	275.7	78.1	260.5
绥　化	Suihua	1150.2	560.3	130.2	459.7
大兴安岭	Daxinganling	141.9	55.9	17.8	68.1

注：1.本表绝对数按当年价格计算，指数按不变价格计算。
2.三次产业增加值数据因四舍五入未做机械调整。

a) Level data in this table are calculated at current prices while indices at constant prices.
b) The added value data of the three industries were not adjusted mechanically due to rounding.

3-9 续表 Continued

地　区	Region	构　成（地区生产总值=100） Composition (GRP=100)			指　数　（上年=100） Indices (preceding year=100)			
		第一产业 Primary Industry	第二产业 Secondary Industry	第三产业 Tertiary Industry	地区生产总　值 Gross Regional Product	第一产业 Primary Industry	第二产业 Secondary Industry	第三产业 Tertiary Industry
哈尔滨	Harbin	11.9	22.1	66.0	100.6	102.1	102.3	99.6
齐齐哈尔	Qiqihar	31.7	22.4	45.9	103.5	104.0	107.1	101.0
鸡　西	Jixi	37.6	23.3	39.1	102.1	102.2	106.3	99.2
鹤　岗	Hegang	30.5	29.3	40.2	100.3	103.2	99.1	98.8
双鸭山	Shuangyashan	42.5	22.5	35.0	101.2	102.1	103.4	98.9
大　庆	Daqing	10.6	46.7	42.7	100.7	104.0	101.3	99.0
伊　春	Yichun	39.4	17.3	43.3	100.2	102.1	96.7	99.8
佳木斯	Jiamusi	48.5	12.9	38.6	102.8	102.4	113.3	100.0
七台河	Qitaihe	17.4	38.4	44.2	97.5	103.7	90.7	101.3
牡丹江	Mudanjiang	23.7	21.4	54.9	100.4	104.9	101.8	98.2
黑　河	Heihe	44.9	12.7	42.4	103.5	104.7	111.6	99.9
绥　化	Suihua	48.7	11.3	40.0	102.0	102.4	107.5	99.7
大兴安岭	Daxinganling	39.4	12.6	48.0	102.7	103.5	115.0	99.1

主要统计指标解释

国内生产总值(GDP) 指一个国家所有常住单位在一定时期内生产活动的最终成果。国内生产总值有三种表现形态，即价值形态、收入形态和产品形态。从价值形态看，它是所有常住单位在一定时期内生产的全部货物和服务价值与同期投入的全部非固定资产货物和服务价值的差额，即所有常住单位的增加值之和；从收入形态看，它是所有常住单位在一定时期内创造的各项收入之和，包括劳动者报酬、生产税净额、固定资产折旧和营业盈余；从产品形态看，它是所有常住单位在一定时期内最终使用的货物和服务价值与货物和服务净出口价值之和。在实际核算中，国内生产总值有三种计算方法，即生产法、收入法和支出法。三种方法分别从不同的方面反映国内生产总值及其构成。

对于一个地区来说，称为地区生产总值或地区 GDP。

三次产业 三次产业的划分是世界上较为常用的产业结构分类，但各国的划分不尽一致。根据《国民经济行业分类》（GB/T 4754—2017）和《三次产业划分规定》，我国的三次产业划分是:

第一产业是指农、林、牧、渔业（不含农、林、牧、渔专业及辅助性活动）。

第二产业是指采矿业(不含开采专业及辅助性活动)，制造业（不含金属制品、机械和设备修理业），电力、热力、燃气及水生产和供应业，建筑业。

第三产业即服务业，是指除第一产业、第二产业以外的其他行业。

劳动者报酬 指劳动者从事生产活动应获得的全部报酬，既包括货币形式的报酬，也包括实物形式的报酬。主要包括工资、奖金、津贴和补贴，单位为其员工交纳的社会保险费、补充社会保险费和住房公积金、行政事业单位职工的离退休金、单位为其员工提供的其他各种形式的福利和报酬等。

生产税净额 指生产税减生产补贴后的差额。其中，生产税指政府对生产单位从事生产、销售和经营活动，以及因从事生产活动使用某些生产要素（如固定资产和土地等）所征收的各种税收、附加费和其他规费。生产税分为产品税和其他生产税，产品税主要有: 增值税、消费税、进口关税、出口税等；其他生产税主要有: 房产税、车船使用税、城镇土地使用税等。生产补贴则相反，它是政府为影响生产单位的生产、销售及定价等生产活动而对其提供的无偿支付，包括农业生产补贴、政策亏损补贴、进口补贴等。生产补贴作为负生产税处理。

固定资产折旧 指由于自然退化、正常淘汰或损耗而导致的固定资产价值下降，用以代表固定资产通过生产过程被转移到其产出中的价值。原则上，固定资产折旧应按照固定资产的重置价值计算。

营业盈余 指常住单位创造的增加值扣除劳动者报酬、生产税净额和固定资产折旧后的余额。

支出法国内生产总值 是从最终使用的角度反映一个国家(或地区)一定时期内生产活动最终成果的一种方法，包括最终消费支出、资本形成总额及货物和服务净出口三部分。计算公式为:

支出法国内生产总值=最终消费支出+资本形成总额+货物和服务净出口

最终消费支出 指常住单位为满足物质、文化和精神生活的需要，从本国经济领土和国外购买的货物和服务的支出。它不包括非常住单位在本国经济领土内的消费支出。最终消费支出分为居民消费支出和政府消费支出。

居民消费支出 指常住住户在一定时期内对于货物和服务的全部最终消费支出。居民消费支出除了直接以货币形式购买的货物和服务的消费支出外，还包括以其他方式获得的货物和服务的消费支出，后者称为虚拟消费支出。居民虚拟消费支出主要包括: 单位以实物报酬及实物转移的形式提供给劳动者的货物和服务；住户生产用于自身消费的货物（如自产自用的农产品），以及纳入生产核算范围并用于自身消费的服务（如住户的自有住房服务）；银行和保险机构提供的间接计算的金融服务。

政府消费支出 指政府部门为全社会提供的公共服务的消费支出和免费或以较低的价格向居民住户提供的货物和服务的净支出，前者等于政府服务的产出价值减去政府单位所获得的经营收入的价值，后者等于政府部门免费或以较低价格向居民住户提供的货物和服务的市场价值减去向住户收取的价值。

资本形成总额 指常住单位在一定时期内获得减去处置的固定资产和存货的净额，包括固定资本形成总额和存货变动两部分。

固定资本形成总额 指常住单位在一定时期内获得的固定资产减处置的固定资产的价值总额。固定资产是通过生产活动生产出来的，且其使用年限在一年以上、单位价值在规定标准以上的资产，不包括自然资产、耐用消费品、小型工器具。固定资本形成总额包括住宅、其他建筑和构筑物、机器和设备、培育性生物资源、知识产权产品（研发支出、矿藏的勘探、计算机软件）的价值获得减处置。

存货变动 指常住单位在一定时期内存货实物量变动的市场价值，即期末价值减期初价值的差额，再扣除当期由于价格变动而产生的持有收益。存货变动可以是正值，也可以是负值，正值表示存货上升，负值表示存货下降。存货包括生产单位购进的原材料、燃料和储备物资等存货，以及生产单位生产的产成品、在制品和半成品等存货。

货物和服务净出口 指货物和服务出口减货物和服务

进口的差额。出口包括常住单位向非常住单位出售或无偿转让的各种货物和服务的价值；进口包括常住单位从非常住单位购买或无偿得到的各种货物和服务的价值。货物的出口和进口都按离岸价格计算。

直接消耗系数 也称为投入系数，记为aij(i,j=1,2,…,n)它是指在生产经营过程中第 j 产品(或产业)部门的单位总产出所直接消耗的第 i 产品部门货物或服务的价值量，将各产品(或产业)部门的直接消耗系数用表的形式表现出来，就是直接消耗系数表或直接消耗系数矩阵，通常用字母 A 表示。

完全消耗系数 指第 j 产品部门每提供一个单位最终使用时，对第 i 产品部门货物或服务的直接消耗和间接消耗之和。将各产品部门的完全消耗系数用表的形式表现，就是完全消耗系数表或完全消耗系数矩阵，通常用字母 B 表示。

Explanatory Notes on Main Statistical Indicators

Gross Domestic Product (GDP) refers to the final products produced by all resident units in a country during a certain period of time. Gross domestic product is expressed in three different perspectives, namely value, income, and products respectively. GDP in its value perspective refers to the balance of total value of all goods and services produced by all resident units during a certain period of time, minus the total value of input of goods and services of the nature of non-fixed assets; in other words, it is the sum of the value-added of all resident units. GDP from the perspective of income refers to the sum of all kinds of revenue, including Compensation of Employees, Net Taxes on Production, Depreciation of Fixed Assets, and Operating Surplus. GDP from the perspective of products refers to the value of all goods and services for final demand by all resident units plus the net exports of goods and services during a given period of time. In the practice of national accounting, gross domestic product is calculated from three approaches, namely production approach, income approach and expenditure approach, which reflect gross domestic product and its composition from different angles.

For a region, it is called as Gross Regional Product(GRP) or regional GDP.

Three Strata of Industry Classification of economic activities into three strata of industries is a common practice in the world, although the grouping varies to some extent from country to country. In China, according to Industrial Classification for National Economic Activities (GB/T 4754—2017) and Rules on Division of Three Strata of Industries, economic activities are categorized into the following three strata of industries:

Primary industry refers to agriculture, forestry, animal husbandry and fishery industries (not including services in support of agriculture, forestry, animal husbandry and fishery industries).

Secondary industry refers to mining and quarrying (not including support activities for mining), manufacturing (not including repair service of metal products, machinery and equipment), production and supply of electricity, heat, gas and water, and construction.

Tertiary industry refers to all other economic activities not included in the primary or secondary industries.

Compensation of Employees refers to the total payment of various forms to employees for the productive activities they are engaged in. It includes the employees earn in cash or in kind. It mainly include: wages, bonuses and allowances, subsidies, social insurance paid by company or unit for its staff, supplementary social insurance, housing fund, the pension for the employees of the administrative institution, other forms of welfare and remuneration provide by the units for its employees.

Net Taxes on Production refers to taxes on production less subsidies on production. The taxes on production refers to the various taxes, extra charges and fees levied on the production units on their production, sale and business activities as well as on the use of some factors of production, such as fixed assets, land etc. in the production activities they are engaged in. Taxes on production are divided into product tax and other kinds of taxes on production, product tax mainly includes: value-added tax, consumption tax, import duty, export duty; other taxes on production mainly include: House Property Tax, Tax on Vehicles and Boat Operation, Urban Land Use Tax, etc. In contrast to taxes on production, subsidies on production refer to the payment by the government for free to the production units to influence production activities of production units such as production, sales and pricing, which include agricultural production subsidies, subsidies for policy losses, import subsidies, etc. Subsidies on production are therefore regarded as negative taxes on production.

Depreciation of Fixed Assets Refers to the decline of the value of fixed assets due to natural deterioration, normal elimination or loss, it reflects the value of transfer of the fixed assets in the production of the current period. In principle, the depreciation of fixed assets should be calculated on the basis of the re-purchased value of the fixed assets.

Operating Surplus refers to the balance of the value added created by the resident units after deducting the labourers remuneration, net taxes on production and the depreciation of fixed assets.

GDP by Expenditure Approach refers to the method of measuring the final results of production activities of a country (region) during a given period from the perspective of final uses. It includes final consumption expenditure, gross capital formation and net export of goods and services. The formula for computation is.:

GDP by expenditure approach = final consumption expenditure + gross capital formation + net export of goods and services

Final Consumption Expenditure refers to the total expenditure of resident units for purchases of goods and services from both the domestic economic territory and abroad to meet the needs of material, cultural and spiritual life. It does not include the expenditure of non-resident units on consumption in the economic territory of the country. The final consumption expenditure is broken down into household consumption expenditure and government consumption expenditure.

Household Consumption Expenditure refers to the total expenditure of resident households on the final consumption of goods and services. In addition to the consumption of goods and services bought by the households directly with money, the household consumption expenditure also includes expenditure on goods and services obtained by the households in other ways, i.e. the latter so-called imputed consumption expenditure, which mainly includes: (a) the goods and services provided to households by employers in the form of payment in kind and transfer in kind; (b) goods and services produced and consumed by the households themselves (such as self produced agricultural products); (c) financial intermediate services provided by banking and insurance institutions.

Government Consumption Expenditure refers to the consumption expenditure spent for the provision of public services provided by the government to the whole country and the net expenditure on the goods and services provided by the government to households free of charge or at reduced prices. The former equals to the output value of the government services minus the value of operating income obtained by the government departments. The latter equals to the market value of the goods and services provided by the government free of charge or at reduced prices to the households minus the value received by the government from the households.

Gross Capital Formation refers to the fixed assets acquired less disposals and the net value of inventory, thus including gross fixed capital formation and changes in inventories.

Gross Fixed Capital Formation refers to the value of acquisitions less those disposals of fixed assets during a given period. Fixed assets are the assets produced through production activities with unit value above a specified amount and which could be used for over one year. Natural assets, consumer durables, small instruments are not included. Gross Fixed Capital Formation includes the value of housing, other buildings and structure, equipment and machinery, breeding biological resources, intellectual property right product (expenditure for R&D, the prospecting of minerals and the acquisition of computer software) minus the disposal of them.

Changes in Inventories refers to the market value of the change in the physical volume of inventory of resident units during a given period, i.e. the difference between the values at the beginning and at the end of the period minus the gains due to the change in prices. The changes in inventories can have a positive or a negative value. A positive value indicates an increase in inventory while a negative value indicates a decrease in inventory. The inventory includes raw materials, fuels and reserve materials purchased by the production units as well as the inventory of finished products, semi-finished products and work-in-progress.

Net Export of Goods and Services refers to the exports of goods and services subtracting the imports of goods and services. Exports include the value of various goods and services sold or gratuitously transferred by resident units to non-resident units. Imports include the value of various goods and services purchased or gratuitously acquired resident units from non-resident units. Because the provision of services and the use of them happen simultaneously, the acquisition of services by resident units from abroad is usually treated as import while the acquisition of services by non-resident units in this country is usually treated as export. The exports and imports of goods are calculated at FOB.

Direct Input Coefficient refers to the volume of products and services of industry i, which is consumed directly by industry j in the course of its production or business, recorded as aij (i,j=1,2, … ,n). The table of direct input coefficients, or the direct input coefficients matrix, usually denoted as A, is a table that presents direct input coefficients of all industries.

Total Input Coefficient refers to the volume of products and services of industry i which is consumed directly and indirectly by industry j in producing each unit of final use. The table of total input coefficients, or total input coefficients matrix, usually denoted as B, is a table that presents total input coefficients of all industries.

第四篇　价格指数

CHAPTER 4　PRICE INDICES

资料整理: 张红艳　陆　艳　韩晓宇　于海鹏

4-1　各种价格指数
Price Indices

(上年=100) (preceding year=100)

年份 Year	商品零售价格指数 Retail Price Index	居民消费价格指数 Consumer Price Index	城市 Urban Areas	农村 Rural Areas	农业生产资料价格指数 Price Index for Means of Agricultural Production	工业生产者购进价格指数 Purchasing Price Index for Industrial Producers	工业生产者出厂价格指数 Producer Price Index for Industrial Products
1978	100.2	100.5	100.5				
1979	101.8	102.5	102.5				
1980	105.6	107.3	107.3				
1981	102.1	102.1	102.1				
1982	102.8	103.0	103.0				
1983	102.2	102.5	102.5				
1984	104.4	104.3	104.4	103.1			
1985	111.7	111.8	111.9	110.0			
1986	105.9	106.2	106.0	107.5			
1987	109.6	109.4	109.7	106.6			
1988	117.8	118.0	118.6	116.1	114.9		
1989	114.0	114.6	114.6	114.6	111.9		
1990	104.9	105.7	105.6	106.3	104.3		
1991	106.5	107.4	108.2	105.3	105.4		
1992	108.5	109.2	109.7	105.9	109.6	112.9	111.6
1993	114.6	114.8	115.2	113.7	124.6	139.6	141.3
1994	120.7	121.9	122.0	121.3	125.9	119.3	129.0
1995	114.3	116.1	115.9	116.2	123.1	112.7	116.1
1996	105.1	107.1	107.6	105.8	110.3	103.4	104.6
1997	102.2	104.4	104.5	103.8	100.6	104.4	102.3
1998	98.4	100.4	100.9	99.7	96.0	97.7	97.8
1999	96.1	96.8	97.0	96.3	96.5	98.2	107.4
2000	97.8	98.3	98.7	97.2	98.6	108.6	122.9
2001	100.4	100.8	100.8	100.4	98.9	99.5	96.0
2002	98.5	99.3	99.3	99.5	99.7	99.3	97.8
2003	99.7	100.9	100.8	101.2	101.8	107.6	111.9
2004	102.8	103.8	103.5	105.2	112.0	115.2	113.1
2005	100.4	101.2	100.8	102.3	108.6	111.8	116.7
2006	101.5	101.9	101.8	102.4	101.9	105.6	109.9
2007	105.6	105.4	105.4	105.4	109.4	105.0	105.3
2008	105.8	105.6	105.0	107.2	122.7	114.1	114.0
2009	98.9	100.2	99.8	101.2	94.2	93.4	87.4
2010	103.1	103.9	103.6	104.9	105.6	114.5	115.0
2011	104.5	105.8	105.6	106.4	110.2	111.1	112.0
2012	102.2	103.2	103.3	102.9	107.8	98.8	100.0
2013	101.1	102.2	102.0	103.1	104.1	98.7	98.0
2014	100.8	101.5	101.4	101.6	100.3	97.6	97.1
2015	100.1	101.1	101.1	101.1	101.3	88.2	86.0
2016	101.1	101.5	101.2	102.1	100.0	96.0	95.1
2017	99.9	101.3	101.2	101.8	100.6	110.2	109.3
2018	101.1	102.0	102.0	101.9	103.6	109.0	109.0
2019	102.1	102.8	102.7	103.2	105.6	100.3	98.2
2020	101.5	102.3	102.1	102.9	103.7	95.1	93.4

注：1.1994年后商品零售价格指数不包括农业生产资料。
2.从2011年起工业品出厂价格指数改为工业生产者出厂价格指数，原材料、燃料、动力购进价格指数改为工业生产者购进价格指数(下同)。

a) Since 1994, Retail Price Indices Exclude Agricultural Means of Production.

b) From 2011, the producer price index for manufactured goods and the purchasing price index for raw materials, fuel and power changed to the producer price index for industrial products and the purchasing price index for industrial producers. The same applies to the tables following.

4-2 各种价格定基指数
Fixed-Base Price Indices

年 份 Year	商品零售价格指数 Retail Price Index	居民消费价格指数 Consumer Price Index	城市 Urban Areas	农村 Rural Areas	农业生产资料价格指数 Price Index for Means of Agricultural Production	工业生产者购进价格指数 Purchasing Price Index for Industrial Producers	工业生产者出厂价格指数 Producer Price Index for Industrial Products
1978=100							
1979	101.8	102.5	102.5				
1980	107.5	110.0	110.0				
1981	109.7	112.3	112.3				
1982	112.8	115.7	115.7				
1983	115.3	118.6	118.6				
1984	120.4	123.7	123.8				
1985	134.6	100.0	138.6	100.0			
1986	142.5	106.2	146.9	107.5			
1987	156.2	116.2	161.1	114.6			
1988	184.0	137.1	191.1	133.1			
1989	209.8	157.1	219.0	152.5			
1990	220.1	166.1	231.3	162.1	100.0		
1991	234.4	178.4	250.3	170.7	105.4		
1992	254.3	194.8	274.6	180.8	115.5		
1993	291.5	223.6	316.3	205.6	143.9		
1994	351.8	272.6	385.9	249.4	181.2		
1995	402.1	316.5	447.3	289.8	223.1	100.0	100.0
1996	422.6	339.0	481.3	306.6	246.1	103.4	104.6
1997	431.9	353.9	503.0	318.3	247.5	107.9	107.0
1998	425.0	355.3	507.5	317.3	237.6	105.5	104.7
1999	408.0	343.8	491.8	305.4	229.3	103.6	112.4
2000	399.0	337.9	485.4	296.8	226.1	112.5	138.1
2001	400.6	340.6	489.3	298.0	223.6	111.9	132.6
2002	394.6	338.2	485.9	296.5	222.9	111.1	129.7
2003	393.4	341.2	489.8	300.1	226.9	119.5	145.1
2004	404.4	354.2	506.9	315.7	254.1	137.7	164.1
2005	406.0	358.5	510.9	322.9	276.0	153.9	191.5
2006	412.1	365.3	520.1	330.6	281.2	162.5	210.5
2007	435.2	385.0	548.2	348.5	307.6	170.6	221.7
2008	460.4	406.6	575.6	373.6	377.4	194.7	252.7
2009	455.3	407.4	574.4	378.1	355.5	181.8	220.9
2010	469.4	423.3	595.1	396.6	375.4	208.2	254.0
2011	490.5	447.8	628.4	422.0	413.7	231.3	284.5
2012	501.3	462.1	649.1	434.2	446.0	228.5	284.5
2013	506.8	472.3	662.1	447.7	464.3	225.5	278.8
2014	510.9	479.4	671.4	454.9	465.7	220.1	270.7
2015	511.4	484.7	678.8	459.9	471.8	194.1	232.8
2016	517.0	492.0	686.9	469.6	471.8	186.3	221.4
2017	516.5	498.4	695.1	478.1	474.6	205.3	242.0
2018	522.2	508.4	709.0	487.2	491.7	223.8	263.8
2019	533.2	522.6	728.1	502.8	519.2	224.5	259.1
2020	541.2	534.6	743.4	517.4	538.6	213.5	242.0

注：居民消费价格总指数及农村居民消费价格指数以1985年为基期，农业生产资料、建筑安装工程价格指数和固定资产投资价格指数以1990年为基期，工业生产者出厂价格指数和工业生产者购进价格指数以1995年为基期。

a) The index of year 1985 is defined as 100 in Consumer Price Index and Rural Consumer Price Index, the index of year 1990 is defined as 100 in Price Index for Means of Agricultural Production, Build-in Project Price Index and Price Index of Investment In Fixed Assets, the index of year 1995 is defined as 100 in Purchasing Price Index for Industrial Producers and Producer Price Index for Industrial Products.

4-3　居民消费价格分类指数
Consumer Price Indices by Category

(上年=100)　　(preceding year=100)

项　目	Item	2019年			2020年		
		全　省 Total Indices	城　市 Urban Indices	农　村 Rural Indices	全　省 Total Indices	城　市 Urban Indices	农　村 Rural Indices
居民消费价格指数	**Consumer Price Index**	**102.8**	**102.7**	**103.2**	**102.3**	**102.1**	**102.9**
食品烟酒	**Food, Tobacco and Liquor**	**107.4**	**107.1**	**108.2**	**108.0**	**107.7**	**108.9**
食　品	Food	109.6	109.3	110.4	109.6	109.1	110.7
粮　食	Grain	101.0	102.3	99.3	101.9	101.7	102.2
薯　类	Tubers	97.8	98.3	96.2	100.5	101.7	96.6
豆　类	Soybeans	99.9	99.4	100.9	106.4	107.0	105.2
食用油	Edible Oil	99.9	99.6	100.4	103.2	101.6	105.8
菜	Vegetables	106.2	105.9	107.3	105.1	105.6	103.6
畜肉类	Livestock Meat	130.7	128.9	135.8	138.9	136.5	145.3
禽肉类	Poultries Meat	115.2	115.6	113.8	102.9	102.7	103.8
水产品	Aquatic Products	101.2	100.5	104.4	103.7	103.4	104.7
蛋　类	Eggs	103.5	103.1	104.6	89.0	89.2	88.3
奶　类	Milk	100.5	100.7	99.6	101.4	101.3	101.8
干鲜瓜果类	Dried and Fresh Melons and Fruits	111.5	109.7	117.5	92.7	93.6	90.0
糖果糕点类	Confectionery	100.5	100.3	101.2	100.4	100.3	101.0
调味品	Flavoring	101.3	100.0	104.7	99.9	99.8	100.2
其他食品类	Other Foods	100.8	100.6	101.2	100.9	100.7	101.3
茶及饮料	Tea and Beverages	102.6	103.0	101.1	100.8	101.1	100.1
烟　酒	Tobacco and Liquor	100.2	99.9	100.5	100.4	100.5	100.3
在外餐饮	Dining Out	103.1	102.8	104.2	105.9	105.6	107.0
衣　着	**Clothing**	**100.9**	**101.0**	**100.6**	**99.1**	**99.0**	**99.5**
服　装	Garments	101.5	101.7	100.6	99.0	98.8	99.7
服装材料	Clothing Material	100.2	100.1	100.4	100.1	100.1	100.0
其他衣着及配件	Other Clothing and Parts	99.8	99.9	99.6	100.3	100.3	100.1
衣着加工服务费	Clothing Manufacturing Services	95.7	94.5	100.5	99.0	98.7	100.0
鞋　类	Footwear	99.7	99.4	100.9	99.1	99.2	98.8
居　住	**Residence**	**99.6**	**99.4**	**100.1**	**98.5**	**97.9**	**100.1**
租赁房房租	Rent of Rental Housing	98.9	98.9	99.1	96.9	96.4	100.2
住房保养维修及管理	Housing Maintenance and Management	100.0	100.2	99.8	100.4	100.8	99.9
水电燃料	Water, Electricity and Fuels	100.8	100.4	101.9	100.2	100.1	100.2
自有住房	Private Housing	98.7	98.6	99.3	97.1	96.0	100.1
生活用品及服务	**Supplies and Services**	**100.3**	**100.3**	**100.5**	**99.7**	**99.6**	**100.0**
家具及室内装饰品	Furniture and Interior Decorations	99.2	99.2	99.1	100.3	100.3	100.3
家用器具	Household Facilities	98.7	98.6	98.9	98.8	98.7	99.3
家用纺织品	Household Textile	99.6	99.4	100.4	99.6	99.2	100.9
家庭日用杂品	Daily Use Household Articles	100.7	100.7	100.6	99.1	98.8	99.8
个人护理用品	Personal-care Supply	101.9	102.2	100.3	101.7	101.9	100.5
家庭服务	Household Services	102.2	100.8	107.6	98.3	97.7	100.7
交通和通信	**Transportation and Communication**	**99.3**	**99.3**	**99.3**	**96.5**	**96.4**	**96.9**
交　通	Transportation	100.0	100.0	99.9	95.2	95.0	95.7
通　信	Communication	98.1	98.0	98.4	99.1	99.1	99.0
教育文化和娱乐	**Education, Culture and Recreation**	**103.5**	**103.1**	**104.7**	**102.3**	**102.4**	**102.1**
教　育	Education	105.2	105.0	105.5	102.4	102.4	102.5
文化娱乐	Cultural and Recreational Articles	100.1	100.1	100.3	101.9	102.3	99.5
医疗保健	**Health Care**	**102.0**	**102.3**	**101.1**	**102.5**	**103.0**	**101.4**
药品及医疗器具	Drugs and Medical Instrument	104.2	104.6	103.3	102.2	102.3	101.9
医疗服务	Medical Service	100.6	100.9	99.9	102.8	103.6	101.1
其他用品和服务	**Other Articles and Services**	**102.9**	**103.3**	**101.6**	**104.4**	**104.8**	**102.8**
其他用品类	Other Articles	103.7	104.0	102.4	110.0	110.6	107.1
其他服务类	Other Services	102.3	102.7	101.2	100.2	100.1	100.4

4-4　商品零售价格分类指数
Retail Price Indices by Category of Commodities

(上年=100)　　(preceding year=100)

项　目	Item	2019年 全 省 Total Indices	2019年 城 市 Urban Indices	2019年 农 村 Rural Indices	2020年 全 省 Total Indices	2020年 城 市 Urban Indices	2020年 农 村 Rural Indices
商品零售价格总指数	**Retail Price Index**	**102.1**	**102.1**	**102.2**	**101.5**	**101.5**	**101.6**
食品类	**Food**	**108.8**	**108.7**	**109.2**	**109.6**	**109.6**	**109.8**
粮　食	Grain	102.0	102.8	99.4	102.4	102.6	101.8
薯　类	Tubers	98.3	98.6	96.0	101.1	101.8	97.1
豆　类	Soybeans	100.0	99.7	101.1	106.8	107.1	105.4
食用油	Edible Oil	100.2	100.0	100.9	102.5	101.8	105.4
菜	Vegetables	105.7	105.6	106.8	105.2	105.5	103.1
畜肉类	Livestock Meat	130.5	129.9	135.3	137.8	136.8	145.8
禽肉类	Poultries Meat	115.6	115.9	113.6	102.8	102.6	104.0
水产品	Aquatic Products	100.3	99.9	104.1	103.3	103.1	105.0
蛋　类	Eggs	104.7	104.6	105.1	88.4	88.3	88.7
奶　类	Milk	101.0	101.1	99.6	102.2	102.2	101.7
干鲜瓜果类	Dried and Fresh Melons and Fruits	110.7	109.7	118.7	93.5	94.0	89.8
糖果糕点类	Confectionery	100.2	100.1	101.0	100.5	100.5	101.0
调味品	Flavoring	101.3	100.7	104.9	99.7	99.7	100.2
其他食品类	Other Foods	100.5	100.3	101.3	100.6	100.5	101.1
在外餐饮	Dining Out	103.3	103.2	104.5	105.7	105.5	107.2
饮料、烟酒	**Beverages, Tobacco and Liquor**	**100.6**	**100.6**	**100.7**	**100.8**	**100.9**	**100.2**
茶及饮料	Tea and Beverages	103.2	103.3	101.2	101.4	101.5	100.1
烟　草	Tobacco	100.0	100.0	100.0	100.2	100.2	100.0
酒	Liquor	100.1	99.9	101.4	101.6	101.8	100.5
服装、鞋帽类	**Garments, Shoes and Hats**	**101.1**	**101.2**	**100.6**	**98.7**	**98.6**	**99.4**
服　装	Garments	101.8	102.0	100.4	98.5	98.3	99.5
鞋袜帽	Footgear and Hats	99.2	99.0	100.9	99.2	99.3	98.9
其他衣着配件	Others	101.0	101.0	100.4	99.6	99.5	100.4
纺织品类	**Textiles**	**99.7**	**99.6**	**100.4**	**99.0**	**98.8**	**100.3**
衣着材料	Clothing	100.1	100.0	100.5	100.0	100.0	100.0
床上用品	Bedding	99.6	99.5	100.4	98.7	98.5	100.4

4-4　续表　Continued

(上年=100)　　(preceding year=100)

项　　目	Item	2019年 全 省 Total Indices	2019年 城 市 Urban Indices	2019年 农 村 Rural Indices	2020年 全 省 Total Indices	2020年 城 市 Urban Indices	2020年 农 村 Rural Indices
家用电器及音像器材	**Household Appliances and Music and Video Equipment**	**99.3**	**99.5**	**98.1**	**99.0**	**99.0**	**98.9**
家庭设备	Household Facilities	99.2	99.3	98.8	99.0	98.9	99.4
文娱用耐用消费品	Durable Consumer Goods for Recreational Use	99.4	99.7	96.9	99.0	99.1	98.0
音像器材类	Sound and Video Equipment	99.6	99.7	97.7	99.5	99.5	99.3
文化办公用品	**Cultural and Official Appliances**	**98.6**	**98.5**	**98.9**	**100.0**	**100.0**	**99.6**
日用品	**Articles for Daily Use**	**99.6**	**99.5**	**100.5**	**98.4**	**98.2**	**99.9**
日用百货	General Merchandise for Daily Use	99.2	98.9	100.8	97.8	97.4	100.0
厨具餐具茶具	Kitchen Utensils and Tableware	100.2	100.1	100.5	100.0	100.2	98.8
洗涤用品	Washing Product	100.7	100.8	100.2	97.8	97.5	100.0
其它日用品	Others	99.1	99.0	100.5	99.1	99.0	100.3
体育娱乐用品	**Sports and Recreation Articles**	**100.4**	**100.3**	**100.9**	**99.9**	**99.9**	**100.1**
体育用品	Sports Goods	101.1	101.0	101.5	100.6	100.7	100.0
娱乐用品	Amusement Goods	100.3	100.2	100.8	99.7	99.7	100.1
交通、通信用品	**Transportation and Communication Articles**	**98.6**	**98.6**	**99.1**	**97.4**	**97.4**	**97.2**
交通运输机械	Transportation Facility	101.7	101.6	102.1	97.9	97.9	97.7
通信器材类	Communication Facility	92.6	92.4	93.7	96.2	96.2	96.2
家　具	**Furniture**	**99.6**	**99.7**	**99.2**	**100.3**	**100.4**	**100.3**
化妆品类	**Cosmetics**	**102.8**	**103.1**	**100.2**	**102.4**	**102.6**	**100.1**
金银珠宝类	**Gold, Silver and Jewelry**	**106.6**	**107.0**	**103.7**	**118.3**	**119.2**	**112.2**
中西药品及医疗保健用品	**Medicines and Health Cares Articles**	**104.7**	**104.9**	**103.8**	**102.3**	**102.3**	**102.3**
医疗器具及用品	Medical Treatment Appliance Articles	108.5	109.4	99.2	105.3	105.8	98.6
中药材及中成药	Chinese Traditional Medicines	103.3	102.8	105.9	103.9	104.3	101.9
西　药	Western Medicine	105.6	106.1	102.9	101.2	101.0	102.3
保健器具及用品	Health Care Appliances and Articles	102.8	102.8	103.2	104.0	103.9	104.3
书报杂志及电子出版物	**Newspapers, Magazines and E-journal**	**102.9**	**102.8**	**103.2**	**101.0**	**101.0**	**100.8**
教材及参考书	Teaching Materials and Reference Books	102.8	103.1	101.2	101.4	101.4	101.8
书报杂志	Newspapers and Magazines	103.8	103.4	107.0	100.8	100.9	100.4
电子音像制品	E-journal	99.9	100.2	97.6	99.8	100.0	98.0
燃料类	**Fuels**	**98.3**	**98.1**	**99.1**	**92.9**	**92.6**	**94.3**
煤炭及制品类	Coal and Their Products	103.3	103.5	102.8	101.0	101.1	100.7
石油及制品类	Oil and Their Products	96.7	96.8	96.0	90.2	90.4	88.7
建筑材料及五金电料类	**Building Materials, Hardware and Electric Materials**	**100.1**	**99.9**	**101.3**	**100.2**	**100.1**	**101.0**
建筑装潢材料	Building Decoration Materials	99.9	99.7	101.5	100.4	100.3	101.1
五金电料类	Hardware and Electric Materials	100.5	100.5	100.8	99.7	99.5	100.7

4-5　农业生产资料价格分类指数
Price Indices for Means of Agricultural Production by Category

(上年=100)　　(preceding year=100)

项　目	Item	2016	2017	2018	2019	2020
总指数	**General Index**	**100.0**	**100.6**	**103.6**	**105.6**	**103.7**
农用手工工具	Farm Hand Tools	100.6	101.4	107.5	101.6	100.0
饲　料	Forage	100.0	97.5	101.3	103.1	102.7
仔畜幼禽及产品畜	Newborn Animals & Poultry, and Commodity Animals		95.9	89.7	163.8	137.4
半机械化农具	Semi-mechanized Farm Tools	97.8	99.6	100.9	100.2	99.6
机械化农具	Mechanized Farm Machinery	100.3	101.1	102.4	101.8	99.8
化学肥料	Chemical Fertilizer	97.9	102.9	105.3	103.8	101.2
农药及农药械	Pesticide & Its Appliances	99.9	100.3	106.6	102.7	100.0
化学农药	Chemical Pesticide	99.9	100.4	106.2	102.8	99.9
农药械	Pesticide Appliances	100.0	100.0	108.6	102.2	100.0
农机用油	Oil for Farm Machinery	96.0	109.9	112.8	94.7	85.3
其他农业生产资料	Others Means of Agricultural Production	100.0	100.3	104.7	101.6	100.3
农业生产服务	Service for Agricultural Production	99.8	99.8	104.8	102.7	104.1

4-6　农产品生产价格指数
Producer Price Indices for Farm Products

(上年=100)　　(preceding year=100)

指　标	Item	2016	2017	2018	2019	2020
总指数	**General Index**	**93.6**	**95.1**	**100.8**	**106.2**	**118.5**
农业产品	Agricultural Products	90.0	96.1	102.9	99.5	112.1
林业产品	Forestry Products	85.3	115.3	105.1	102.5	100.7
畜牧业产品	Animal Husbandry Products	112.4	89.8	89.6	141.1	129.9
渔业产品	Fishery Products	104.2	95.3	99.1	105.3	112.8

4-7　按工业部门分工业生产者出厂价格指数
Producer Price Indices for Industrial Products by Category

(上年=100)　(preceding year=100)

类　别	Category	2016	2017	2018	2019	2020
总指数	**General Index**	**95.1**	**109.3**	**109.0**	**98.2**	**93.4**
轻工业	Light Industry	99.2	99.5	101.0	101.0	102.2
以农产品为原料	Using Farm Products as Raw Materials	99.3	99.2	100.8	101.2	102.6
以非农产品为原料	Using Non-Farm Products as Raw Materials	98.2	101.8	102.8	99.5	99.2
重工业	Heavy Industry	93.2	113.9	112.4	97.0	89.4
采掘工业	Mining & Quarrying Industry	84.9	129.3	125.2	96.1	75.1
原料工业	Raw Materials Industry	95.7	113.6	110.0	95.6	90.8
加工工业	Manufacturing Industry	97.6	102.9	103.3	99.4	99.6
生产资料	Means of Production	93.4	113.5	112.3	96.9	89.8
采　掘	Mining & Quarrying Industry	84.9	129.3	125.2	96.1	75.1
原　料	Raw Materials Industry	95.3	113.6	110.6	95.4	90.7
加　工	Manufacturing Industry	98.2	103.0	103.2	99.3	99.9
生活资料	Consumer Goods	99.1	99.4	100.6	101.4	102.1
食　品	Food	99.1	99.1	100.5	101.6	102.5
衣　着	Clothing	98.5	98.6	99.0	99.6	101.3
一般日用品	Articles for Daily Use	98.5	100.9	101.5	100.7	100.2
耐用消费品	Durable Consumer Goods	101.1	99.2	100.8	100.5	100.4
冶金工业	Metallurgical Industry	99.1	115.6	108.7	101.0	100.8
电力工业	Power Industry	99.5	100.5	99.8	100.7	100.5
煤炭及炼焦工业	Coal and Coking Industry	98.7	131.3	110.1	101.6	97.2
石油工业	Petroleum Industry	86.4	124.2	123.0	94.5	75.2
化学工业	Chemical Industry	95.0	109.8	108.9	96.3	96.2
机械工业	Machine Building Industry	99.5	100.1	100.7	100.3	100.6
建筑材料工业	Building Materials Industry	93.0	103.7	108.3	97.0	99.3
森林工业	Timber Industry	100.1	99.9	99.6	99.7	98.6
食品工业	Food Industry	99.6	99.1	100.3	101.6	102.9
纺织工业	Textile Industry	97.4	100.0	100.0	103.1	97.0
缝纫工业	Tailoring Industry	101.2	98.9	98.5	99.4	102.1
皮革工业	Leather Industry	92.7	98.8	99.9	100.0	100.3
造纸工业	Paper Industry	97.8	108.1	112.0	94.0	98.2
文教艺术用品工业	Cultural, Educational & Handicrafts Articles	100.1	100.4	100.6	100.0	99.9
其他工业	Others	99.6	101.3	101.1	99.1	101.1

4-8 按工业行业分工业生产者出厂价格指数
Producer Price Indices for Industrial Products by Sector

(上年=100) (preceding year=100)

行 业	Sector	2016	2017	2018	2019	2020
总指数	**General Indices**	**95.1**	**109.3**	**109.0**	**98.2**	**93.4**
采矿业	**Mining**					
煤炭开采和洗选业	Mining and Washing of Coal	97.5	128.0	107.6	103.6	97.5
石油和天然气开采业	Extraction of Petroleum and Natural Gas	80.8	133.2	130.1	94.9	68.8
黑色金属矿采选业	Mining of Ferrous Metal Ores	103.6	114.5	103.8	111.6	107.4
有色金属矿采选业	Mining of Non-ferrous Metal Ores	103.4	121.5	117.0	99.7	96.8
非金属矿采选业	Mining and Processing of Nonmetal Ores	93.4	102.7	108.9	102.8	98.7
开采辅助活动	Mining Auxiliary Activities	101.6	99.9	98.1	99.9	100.0
制造业	**Manufacturing**					
农副食品加工业	Processing of Food from Agricultural Products	99.9	98.4	100.0	100.9	103.5
食品制造业	Manufacture of Foods	99.1	101.3	101.3	101.8	100.4
酒、饮料和精制茶制造业	Manufacture of Wine, soft drinks and refined tea	97.0	97.8	102.5	97.5	102.8
烟草制品业	Manufacture of Tobacco	100.0	100.0	100.0	118.8	108.1
纺织业	Manufacture of Textile	97.4	100.0	100.0	103.1	97.0
纺织服装、服饰业	Manufacture of Textile and Apparel	101.2	98.9	98.5	99.4	102.1
皮革、毛皮、羽毛及其制品和制鞋业	Manufacture of Leather, Furs, Feather and Related Products and Footwear	92.9	98.9	99.9	100.4	101.0
木材加工和木、竹、藤、棕、草制品业	Processing of Timber, Manufacture of Wood, Bamboo, Rattan, Palm and Straw Products	100.2	100.0	99.4	99.6	98.4
家具制造业	Manufacture of Furniture	100.1	99.1	101.0	100.4	100.2
造纸和纸制品业	Manufacture of Paper and Paper Products	97.8	108.1	112.0	94.0	98.2
印刷和记录媒介复制业	Manufacture of Printing and Record Medium Reproduction	100.0	102.2	101.3	99.4	100.7
文教、工美、体育和娱乐用品制造业	Manufacture of Articles for Culture, Education and Sports Activities	100.1	99.6	100.1	102.1	101.4
石油加工、炼焦和核燃料加工业	Processing of Petroleum ,Coking, Processing of Nucleus Fuel	94.4	118.3	115.5	93.0	82.0
化学原料和化学制品制造业	Manufacture of Chemical Raw Material and Chemical Products	93.6	117.1	113.2	93.5	92.7
医药制造业	Manufacture of Medicines	96.3	102.5	103.1	100.3	98.8
化学纤维制造业	Manufacture of Chemical Fiber	85.1	121.3	121.2	86.2	80.2
橡胶塑料制品业	Manufacture of Rubber and Plastics Products	98.2	105.7	103.0	99.6	98.5
非金属矿物制品业	Manufacture of Non-metallic Mineral Products	93.8	103.5	107.0	96.5	99.6
黑色金属冶炼和压延加工业	Manufacture and Processing of Ferrous Metals	100.0	126.1	113.4	96.9	98.1
有色金属冶炼和压延加工业	Manufacture and Processing of Non-ferrous Metals	96.2	99.8	102.8	109.5	106.1
金属制品业	Manufacture of Metal Products	98.1	104.9	102.5	101.2	101.4
通用设备制造业	Manufacture of General Purpose Machinery	99.7	99.2	99.6	100.6	99.2
专用设备制造业	Manufacture of Special Purpose Machinery	98.6	100.9	101.0	100.8	103.0
汽车制造业	Manufacture of Automobiles	100.0	100.1	100.1	100.0	99.9
铁路、船舶、航空航天和其他运输设备制造业	Manufacture of Railway, Ship, Aerospace and Other Transport Equipment	100.4	100.5	100.3	100.7	99.8
电气机械及器材制造业	Manufacture of Electrical Machinery and Equipment	99.0	100.3	102.8	98.8	100.8
计算机、通信和其他电子设备制造业	Manufacture of Computers, Communication and Other Electronic Equipment	100.1	108.8	99.9	98.0	100.6
仪器仪表制造业	Manufacture of Measuring Instruments	100.7	100.1	102.4	102.8	101.7
其他制造业	Other Manufacturing	103.7	118.7	100.0	100.0	100.0
废弃资源综合利用业	Comprehensive Utilization of Waste Resources Industry	95.3	111.5	113.6	103.3	103.9
金属制品、机械和设备修理业	Metal Products, Machinery and Equipment Repair Industry	100.0	100.0	100.0	99.9	99.5
电力、燃气及水生产和供应业	**Production and Distribution of Electricity, Gas and Water**					
电力、热力生产和供应业	Production and Supply of Electric Power and Heat Power	99.5	100.5	99.8	100.7	100.5
燃气生产和供应业	Production and Distribution of Gas	92.0	100.8	97.1	104.2	100.9
水的生产和供应业	Production and Distribution of Water	104.5	100.0	100.0	99.9	100.3

4-9　工业生产者购进价格指数
Purchasing Price Indices for Industrial Producers

(上年=100)　　(preceding year=100)

类　别	Category	2016	2017	2018	2019	2020
总指数	**General Index**	**96.0**	**110.2**	**109.0**	**100.3**	**95.1**
燃料、动力类	Fuels and Motive Power	93.0	117.3	114.9	98.0	87.2
黑色金属材料类	Ferrous Metals Materials	95.9	107.1	106.5	104.3	102.6
# 钢　材	#Steel Products	95.0	104.3	105.5	104.1	101.9
其　他	Others	99.8	118.9	110.2	105.4	105.7
有色金属材料和电线类	Nonferrous Metals Materials and Electric Wire	98.6	103.4	100.5	99.7	100.4
化工原料类	Chemical Raw Materials	99.1	107.4	105.8	91.5	88.6
木材及纸浆类	Logging and Paper Pulp	99.9	104.9	106.2	99.0	96.1
建筑材料类及非金属矿类	Building Materials and Nonmetal Minerals	99.1	107.0	109.7	96.6	97.8
其他工业原料及半成品	Others Industry Materials & Semi Finished Articles	97.5	101.9	102.3	102.6	102.0
农副产品类	Farm Products	103.4	99.2	96.8	110.1	113.2
纺织原料类	Textile Raw Materials	96.8	101.4	99.8	98.9	97.6

主要统计指标解释

居民消费价格指数 是反映一定时期内城乡居民所购买的生活消费品和服务项目价格变动趋势和程度的相对数。

城市居民消费价格指数 是反映一定时期内城市居民家庭所购买的生活消费品价格和服务项目价格变动趋势和程度的相对数。通过该指数可以观察和分析消费品的零售价格和服务项目价格变动对城镇居民收入和消费支出的影响。

农村居民消费价格指数 是反映一定时期内农村居民家庭所购买的生活消费品价格和服务项目价格变动趋势和程度的相对数。该指数可以观察农村消费品的零售价格和服务项目价格变动对农村居民收入和生活消费支出的影响。

商品零售价格指数 是反映一定时期内城乡商品零售价格变动趋势和程度的相对数。

农业生产资料价格指数 指反映一定时期内农业生产资料价格变动趋势和程度的相对数。

农产品生产者价格指数 是反映一定时期内，农产品生产者出售农产品价格水平变动趋势及幅度的相对数。该指数可以客观反映全国农产品生产价格水平和结构变动情况，满足农业与国民经济核算需要。其中某代表品生产价格指数是通过对全部有出售该产品行为的调查单位的个体指数进行几何平均求得的，类价格指数是通过对其所属的类（或代表品）的价格指数进行加权平均求得的。季度累计价格指数的计算方法与分季指数的计算方法相同。

工业生产者出厂价格指数 是反映一定时期内全部工业产品第一次出售时的出厂价格总水平的变动趋势和变动幅度的相对数。

工业生产者购进价格指数 是反映作为中间投入的原材料、燃料、动力购进价格总水平的变动趋势和变动幅度的相对数。

固定资产投资价格指数 是反映一定时期内固定资产投资品及取费项目的价格变动趋势和变动幅度的相对数。

Explanatory Notes on Main Statistical Indicators

Consumer Price Indices are relative figures reflecting the trend and degree of changes in prices of consumer goods and services purchased by urban and rural households during a given period.

Consumer Price Indices of Urban Household reflect the trend and degree of changes in prices of consumer goods and services purchased by urban households during a given period. It can be used to observe and analyze the impact of price changes in consumer goods and services on urban household income and consumption expenditure.

Consumer Price Indices of Rural Household reflect the trend and degree of changes in prices of consumer goods and services purchased by rural households during a given period. It can be used to observe the impact of change in retail prices of consumer goods and service prices on rural household income and consumption expenditure on living.

Retail Price Indices are relative figures reflecting the trend and degree of changes in retail prices of commodities during a given period.

Price Indices for Means of Agricultural Production reflect the trend and degree of changes in the prices of the means of agricultural production during a given period. Compilation of these indices helps to understand the price changes of material input in agricultural production and facilitate the compilation of national accounts. Before 1994, price indices for means of agricultural production were a sub-category in the retail price indices for commodities, and it has been compiled separately since 1994.

Producer Prices Indices for Farm Products are relative figures reflecting the trend and degree of changes in producers' prices received by farmers when they sell farm products during a given period. These indices depict the change in the level and structure of producer prices for farm products of the country and meet the needs of agricultural statistics and national accounts statistics. The producer price index for a given product is calculated as the geometrical mean of individual indices for all surveyed units which sell such products, and the indices for a product category is obtained as the weighted mean of price indices for all products in the category. Method for calculating accumulative quarterly indices is the same as for calculating the distinctive quarterly indices.

Producer Price Indices for Industrial Products are relative figures reflecting the trend and degree of changes in general ex-factory prices of all manufactured goods for first sale during a given period.

Purchasing Price Indices for Industrial Producers are relative figures reflecting changes in the level and degree of purchasing prices such as intermediate input such as raw materials, fuels and power.

Price Indices for Investment in Fixed Assets are relative figures reflecting the trend and degree of changes in prices of investment goods and projects in fixed assets during a given period.

第五篇　人民生活

CHAPTER 5 PEOPLE'S LIVING CONDITIONS

资料整理: 高子珺　冯天宠

5-1　人民生活基本情况
Basic Statistics on People's Living Conditions

项　　目	Item	2016	2017	2018	2019	2020
就　　业	**Employment**					
每一农村劳动力负担人数(人)	Number of Dependents per Rural Laborer(person)	1.3	1.3	1.3	1.3	1.3
每一城镇就业者负担人数(人)	Number of Dependents per Urban Employee(person)	2.2	2.2	2.2	2.2	2.4
城镇登记失业率(%)	Urban Registered Unemployment Rate(%)	4.22	4.21	3.99	3.53	3.37
收　　入	**Income of Rural and Urban Residents**					
全省居民人均可支配收入(元)	Annual Per Capita Disposable Income of the Province Households(yuan)	19838	21206	22726	24254	24902
农村常住居民人均可支配收入(元)	Annual Per Capita Disposable Income of Rural Households(yuan)	11832	12665	13804	14982	16168
城镇常住居民人均可支配收入(元)	Annual Per Capita Disposable Income of Urban Households(yuan)	25736	27446	29191	30945	31115
城镇非私营单位就业人员平均工资(元)	Average Wage of Employed Persons In Urban Non-private Units(yuan)	52435	56067	60780	68416	74554
消　　费	**Consumption**					
全省居民人均消费支出(元)	Per Capita Annual Living Expenditure of the Province Households(yuan)	14446	15577	16994	18111	17056
农村常住居民人均消费支出(元)	Per Capita Annual Living Expenditure of Rural Households(yuan)	9424	10524	11417	12495	12360
农村居民恩格尔系数(%)	Engel's Coefficient of Rural Households (%)	27.7	26.5	26.3	26.8	34.3
城镇常住居民人均消费支出(元)	Per Capita Annual Living Expenditure of Urban Households(yuan)	18145	19270	21035	22165	20397
城镇居民恩格尔系数(%)	Engel's Coefficient of Urban Households (%)	27.7	27.2	26.3	26.2	29.6
储　　蓄	**Savings**					
城乡居民年底储蓄存款余额(亿元)	Balance of Savings Deposit of Rural and Urban Residents at Year-end(100 million yuan)	13448	14331	15611	18056	21170
平均每人储蓄存款余额(元)	Per Capita Balance of Saving Deposit (yuan)	38467	41769	46420	54865	65888
城市公用事业	**Public Utilities in Urban Areas**					
城市人口用水普及率(%)	Coverage Rate of Urban Population with Access to Tap Water(%)	97.2	98.5	98.5	98.8	99.0
燃气普及率(%)	Coverage Rate of Urban Population with Access to Tap Gas(%)	86.7	87.8	89.5	91.1	90.8
每万人拥有公共交通车辆(标台)	Number of Public Transportation Vehicles Per 10000 Population(unit)	15.1	15.5	15.8	16.5	15.7
人均公园绿地面积(平方米)	Per Capita Public Green Areas(sq.m)	11.9	11.8	12.4	12.4	12.8
教育、文化、卫生	**Education, Culture and Public Health**					
学龄儿童入学率(%)	Enrollment Ratio of School-Age Children(%)	99.9	99.9	99.9	100.0	100.0
每万人口在校大学生数(人)	Number of University Students per 10000 Persons(person)	259.1	256.5	258.6	253.0	316.1
城镇每百户拥有彩色电视机(台)	Number of Color TV Sets per 100 Households in Urban Areas(unit)	99	101	99	100	100
农村每百户拥有彩色电视机(台)	Number of TV Sets per 100 Households in Rural Areas(unit)	106	106	103	102	103
每万人拥有卫生机构病床数(张)	Number of Hospital Beds per 10000 Persons(bed)	57.8	63.6	66.3	68.7	79.5
每万人拥有卫生技术人员数(人)	Number of Medical Personnel per 10000 Persons(person)	58.2	60.4	61.2	63.3	76.2

5-2 城乡居民家庭人均收入和恩格尔系数
Per Capita Annual Income and Engel's Coefficient of Urban and Rural Households

年 份 Year	农村居民人均可支配收入 Per Capita Annual Net Income of Rural Households		城镇居民人均可支配收入 Per Capita Annual Disposable Income of Urban Households		农村居民家庭恩格尔系数(%) Engel's Coefficient of Rural Households(%)	城镇居民家庭恩格尔系数(%) Engel's Coefficient of Urban Households (%)
	绝对数(元) Value (yuan)	指数 Index (1985=100)	绝对数(元) Value (yuan)	指数 Index (1985=100)		
1978	172	56.3	455		61.8	42.9
1979	191	59.8	458		57.0	
1980	205	61.7	420		57.7	56.7
1981	224	62.7	424		58.2	57.4
1982	252	67.3	460		57.7	58.6
1983	388	102.4	518		55.0	58.2
1984	432	112.1	580		53.4	56.9
1985	398	100.0	742	100.0	57.7	52.8
1986	476	115.6	830	105.5	56.4	51.7
1987	474	112.3	889	103.0	55.2	52.6
1988	553	128.9	1004	98.1	55.5	50.3
1989	535	112.4	1138	97.0	55.0	51.8
1990	760	144.3	1211	97.7	56.6	51.1
1991	735	135.5	1389	103.6	57.7	50.6
1992	949	160.5	1630	110.9	62.0	49.9
1993	1028	163.8	1960	115.7	61.0	49.2
1994	1394	175.6	2597	125.6	64.4	50.8
1995	1766	199.9	3375	140.9	55.0	48.2
1996	2182	213.1	3768	146.2	55.5	46.2
1997	2308	219.1	4091	151.9	54.8	45.9
1998	2253	217.1	4269	157.1	55.0	43.5
1999	2166	211.9	4595	174.2	52.8	40.5
2000	2148	213.6	4913	188.9	44.3	38.4
2001	2280	226.2	5426	207.0	42.7	37.2
2002	2405	239.3	6101	241.8	41.6	35.5
2003	2509	248.9	6679	255.0	40.7	35.6
2004	3005	287.0	7471	275.7	40.9	35.4
2005	3221	299.9	8273	303.0	36.3	33.5
2006	3552	325.4	9182	330.4	35.3	33.3
2007	4132	357.0	10245	349.8	34.6	35.0
2008	4856	391.3	11581	375.2	33.0	36.3
2009	5207	414.8	12566	408.2	31.4	35.3
2010	6211	471.7	13857	434.3	33.8	35.4
2011	7591	541.5	15696	466.0	35.1	36.1
2012	8604	596.5	17760	510.4	37.9	36.1
2013	9634	647.8	19597	552.2	35.2	35.8
2014	10453		22609		28.2	27.5
2015	11095		24203		27.5	27.7
2016	11832		25736		27.7	27.7
2017	12665		27446		26.5	27.2
2018	13804		29191		26.3	26.3
2019	14982		30945		26.8	26.2
2020	16168		31115		34.3	29.6

注：从2014年起，居民收支调查数据为新口径汇总数据，与以前年份不可比。
a) Since 2014, Income and Expenditure Survey data for the new residents caliber aggregate data is not comparable with previous years.

5-3　城镇居民家庭基本情况
Basic Conditions of Urban Households

单位：元　　(yuan)

项　目	Item	2017	2018	2019	2020
调查户数(户)	**Number of Households Surveyed (household)**	**3097**	**3486**	**3488**	**3490**
期内户均常住成员数(人)	Average Household Size(person)	2.5	2.5	2.5	2.5
平均每户就业人口(人)	Average Number of Employed Persons per Household(person)	1.1	1.2	1.1	1.1
平均每户就业面(%)	Percentage of Employment per Household(%)	45.8	46.0	45.3	42.4
平均每一就业者负担人数(人)	Number of Dependents Per Employee(person)	2.2	2.2	2.2	2.4
人均可支配收入	**Per Capita Disposable Income**	**27446**	**29191**	**30945**	**31115**
工资性收入	Income of Wages and Salaries	15783	16706	17829	17543
经营净收入	Net Business Income	2897	3302	3422	2753
财产净收入	Net Income from Property	1314	1387	1367	1324
转移净收入	Net Income from Transfer	7452	7797	8327	9495
消费支出	**Consumption Expenditure**	**19270**	**21035**	**22165**	**20397**
食品烟酒	Food, Tobacco and Liquor	5247	5525	5814	6029
衣　着	Clothing	1921	1920	1873	1615
居　住	Residence	3644	4149	4319	4449
生活用品及服务	Household Facilities, Articles and Services	1031	1173	1093	1142
交通通信	Transport and Communications	2564	2605	2612	2436
教育文化娱乐	Education, Cultural and Recreation	2290	2473	2926	1891
医疗保健	Health Care and Medical Services	1967	2512	2841	2351
其他用品和服务	Miscellaneous Goods and Services	607	678	687	484
恩格尔系数(%)	**Engel's Coefficient(%)**	**27.2**	**26.3**	**26.2**	**29.6**

5-4 农村居民家庭基本情况
Basic Conditions of Rural Households

单位：元 (yuan)

项 目	Item	2017	2018	2019	2020
调查户数(户)	**Number of Households Surveyed (household)**	**2107**	**1810**	**1810**	**1810**
期内住户常住成员数(人)	Number of Permanent Residents in the Households Surveyed	6137	5109	4976	4863
平均每户整、半劳动力	Average Number of Full/Semi Labour Force (including the laborer himself or herself)	2.2	2.1	2.0	2.1
平均每个劳动力负担人口	Average Number of Dependents per Laborer Force	1.3	1.3	1.3	1.3
人均可支配收入	**Per Capita Disposable Income**	**12665**	**13804**	**14982**	**16168**
工资性收入	Income of Wages and Salaries	2840	3009	3330	3152
经营净收入	Net Business Income	6693	7053	7196	8452
财产净收入	Net Income from Property	553	679	759	848
转移净收入	Net Income from Transfer	2579	3062	3698	3716
消费支出	**Consumption Expenditure**	**10524**	**11417**	**12495**	**12360**
食品烟酒	Food, Tobacco and Liquor	2788	3001	3350	4244
衣 着	Clothing	777	695	834	859
居 住	Residence	1723	1917	1922	2047
生活用品及服务	Household Facilities, Articles and Services	428	491	501	549
交通通信	Transport and Communications	1668	1633	1909	1681
教育文化娱乐	Education, Cultural and Recreation	1362	1419	1779	1198
医疗保健	Health Care and Medical Services	1551	2030	1925	1563
其他用品和服务	Miscellaneous Goods and Services	227	232	275	221
恩格尔系数(%)	**Engel's Coefficient(%)**	**26.5**	**26.3**	**26.8**	**34.3**

5-5 城镇家庭居住户耐用消费品百户拥有情况
Number of Durable Consumer Goods Owned Per 100 Urban Households

品 名	Item	2016	2017	2018	2019	2020
摩托车(辆)	Motorcycle(unit)	9	9	7	6	6
家用汽车(辆)	Automobile(unit)	16	17	21	25	26
洗衣机(台)	Washing Machine(unit)	91	94	95	98	98
电冰箱(柜)(台)	Refrigerator(unit)	92	95	98	100	101
彩色电视机(台)	Color TV Set(unit)	99	101	99	100	100
计算机(台)	Computer(unit)	59	60	54	54	54
照相机(台)	Camera(unit)	17	18	12	12	12
微波炉(台)	Microwave Oven(unit)	35	36	34	35	36
空调(台)	Air Conditioner(unit)	10	11	14	14	15
热水器(台)	Shower(unit)	50	52	71	75	78
移动电话(部)	Mobile Telephone(unit)	201	208	212	223	224

5-6　农村家庭居住户耐用消费品百户拥有情况
Number of Durable Consumer Goods Owned Per 100 Rural Households

项　目	Item	2016	2017	2018	2019	2020
洗衣机(台)	Washing Machine(unit)	89	90	90	93	94
电冰箱(柜)(台)	Refrigerator(unit)	91	93	94	98	100
排油烟机(台)	Smoke Absorber(unit)	12	13	11	11	12
微波炉(台)	Microwave Oven(unit)	5	5	6	6	6
热水器(台)	Shower(unit)	7	8	8	9	11
摩托车(辆)	Motorcycle(unit)	56	53	46	42	40
固定电话(部)	Telephone(unit)	22	12	7	3	2
移动电话(部)	Mobile Telephone(unit)	212	213	222	236	237
彩色电视机(台)	Color TV Set(unit)	106	106	103	102	103
计算机(台)	Computer(unit)	26	28	21	20	22
照相机(台)	Camera(unit)	3	5	1	1	1

5-7　城乡居民人民币储蓄存款(年底余额)
Savings Deposit of Urban and Rural Households at Year-End

年　份 Year	城乡储蓄存款余额(亿元) Balance of Savings Deposit of Rural and Urban Residents (100 million yuan)	全省人均储蓄存款(元) Per Capita Balance of Saving Deposit (yuan)	年　份 Year	城乡储蓄存款余额(亿元) Balance of Savings Deposit of Rural and Urban Residents (100 million yuan)	全省人均储蓄存款(元) Per Capita Balance of Saving Deposit (yuan)
1978	9	30	2004	3586	9397
1980	19	59	2005	4079	10681
1985	70	210	2006	4374	11445
1990	309	876	2007	4478	11712
1991	389	1092	2008	5545	14499
1992	476	1325	2009	6430	16809
1993	583	1608	2010	7255	18944
1994	791	2162	2011	8147	21397
1995	1091	2960	2012	9269	24698
1996	1419	3820	2013	10059	27223
1997	1690	4519	2014	10857	29851
1998	1907	5068	2015	12440	34860
1999	2119	5603	2016	13448	38467
2000	2286	6015	2017	14331	41769
2001	2578	6769	2018	15611	46420
2002	2916	7649	2019	18056	54865
2003	3342.4	8764	2020	21170	65888

5-8 分地区城乡常住居民人均可支配收入
Per Capita Disposable Income of Urban and Rural Households by Region

单位：元 (yuan)

地 区	Region	城镇常住居民人均可支配收入 Annual Per Capita Disposable Income of Urban Households				农村常住居民人均可支配收入 Annual Per Capita Disposable Income of Rural Households			
		2017	2018	2019	2020	2017	2018	2019	2020
全 省	**Average**	**27446**	**29191**	**30945**	**31115**	**12665**	**13804**	**14982**	**16168**
哈尔滨	Harbin	35546	37828	40007	39791	15557	16934	18238	19631
齐齐哈尔	Qiqihar	26304	28051	30031	30736	13965	15283	16689	18057
鸡 西	Jixi	22607	23889	25413	25957	16808	18258	19700	21217
鹤 岗	Hegang	21370	22639	24149	24521	13967	15134	16466	17783
双鸭山	Shuangyashan	23806	25272	26844	27340	13882	15102	16235	17290
大 庆	Daqing	38736	41091	43298	42891	14757	15978	17368	18584
伊 春	Yichun	23676	25191	26707	26881	13725	15017	16188	17386
佳木斯	Jiamusi	26332	28141	29869	30658	14872	16315	17702	19196
七台河	Qitaihe	23528	24949	26431	26315	12169	13230	14340	15473
牡丹江	Mudanjiang	30569	32504	34422	34133	16896	18458	20045	21729
黑 河	Heihe	26138	27957	29970	30899	14007	15268	16734	18247
绥 化	Suihua	23450	25023	26760	27546	12831	14002	15262	16616
大兴安岭	Daxinganling	23220	24718	26285	26876	12098	13288	14378	15499

主要统计指标解释

从 2012 年四季度起，国家统计局对分别进行的城乡住户调查实施了一体化改革，规范了城乡划分范围，统一了城乡居民收入指标名称、分类和统计标准，建立了城乡统一的一体化住户调查，并据此采集全国居民有关数据。1978-2012 年的数据，根据国家统计局城镇住户调查和农村住户调查的历史数据，按照住户收支与生活状况调查可比口径推算得到。

一、居民可支配收入

居民可支配收入指居民可用于最终消费支出和储蓄的总和，即居民可用于自由支配的收入。既包括现金收入，也包括实物收入。按照收入的来源，可支配收入包含四项，分别为：工资性收入、经营净收入、财产净收入和转移净收入。

工资性收入 指就业人员通过各种途径得到的全部劳动报酬和各种福利，包括受雇于单位或个人、从事各种自由职业、兼职和零星劳动得到的全部劳动报酬和福利。

经营净收入 指住户或住户成员从事生产经营活动所获得的净收入，是全部经营收入中扣除经营费用、生产性固定资产折旧和生产税之后得到的净收入。计算公式为：

经营净收入=经营收入-经营费用-生产性固定资产折旧-生产税

财产净收入 指住户或住户成员将其所拥有的金融资产、住房等非金融资产和自然资源交由其他机构单位、住户或个人支配而获得的回报并扣除相关的费用之后得到的净收入。财产净收入包括利息净收入、红利收入、储蓄性保险净收益、转让承包土地经营权租金净收入、出租房屋净收入、出租其他资产净收入和自有住房折算净租金等。财产净收入不包括转让资产所有权的溢价所得。

转移净收入 计算公式为：转移净收入=转移性收入-转移性支出

转移性收入 指国家、单位、社会团体对住户的各种经常性转移支付和住户之间的经常性收入转移。包括养老金或退休金、社会救济和补助、政策性生产补贴、政策性生活补贴、救灾款、经常性捐赠和赔偿、报销医疗费、住户之间的赡养收入，本住户非常住成员寄回带回的收入等。转移性收入不包括住户之间的实物馈赠。

转移性支出 指调查户对国家、单位、住户或个人的经常性或义务性转移支付。包括缴纳的税款、各项社会保障支出、赡养支出、经常性捐赠和赔偿支出以及其他经常转移支出等。

二、居民消费支出

居民消费支出是指居民用于满足家庭日常生活消费需要的全部支出，既包括现金消费支出，也包括实物消费支出。消费支出可划分为食品烟酒、衣着、居住、生活用品及服务、交通通信、教育文化娱乐、医疗保健以及其他用品及服务八大类。

食品烟酒 指用于各种食品和烟草、酒类的支出。

衣着 指与居民穿着有关的支出，包括服装、服装材料、鞋类、其他衣类及配件、衣着相关加工服务的支出。

居住 指与居住有关的支出，包括房租、水、电、燃料、物业管理等方面的支出，也包括自有住房折算租金。

生活用品及服务 指家庭及个人的各类生活品及家庭服务。包括家具及室内装饰品、家用器具、家用纺织品、家庭日用杂品、个人用品和家庭服务。

交通通信 指用于交通和通信工具及相关的各种服务费、维修费和车辆保险等支出。

教育文化娱乐 指用于教育、文化和娱乐方面的支出。

医疗保健 指用于医疗和保健的药品、用品和服务的总费用。包括医疗器具及药品，以及医疗服务。

其他用品及服务 指无法直接归入上述各类支出的其他用品与服务支出。

服务性消费 指住户用于各种生活服务的消费支出，包括餐饮服务、衣着鞋类加工服务、居住服务、家庭服务、交通通信服务、教育文化娱乐服务、医疗服务和其他服务等。

Explanatory Notes on Main Statistical Indicators

In the fourth quarter of 2012, the NBS launched its reform on the household survey programme, to develop an integrated survey, instead of two separate urban and rural household surveys. The reform aims at regulating the division of urban and rural areas, integrating the concepts, classifications and standards, implementing the integrated household survey, and collecting household data in the whole country thereafter. Data from 1978 to 2012 are estimated based on the historical data of Urban Household Survey and Rural Household Survey according to the comparable definition and coverage of main income and consumption indicators of Household Survey on Income and Expenditure and Living Conditions.

1. Disposable Income of Households

Disposable Income of Households refers to the income of households for purpose of final expenditure and savings. It includes income both in cash and in kind. By sources of income, disposable income includes four categories: income from wages and salaries, net business income, net income from properties and net income from transfer.

Income from Wages and Salaries refers to remuneration of labour and salaries from all kinds of sources, including those employed by other units or individuals, freelance work, part-time jobs, and sporadic labour.

Net Business Income refers to net income earned by households and their members engaged in production and business activities. It refers to the net income of operating revenue minus operating costs, depreciation of productive fixed assets, and production tax. The formula is:

Net Business Income=Operating Revenue-Operating Costs-Depreciation of Productive Fixed Assets-Production Tax

Net Income from Properties refers to the net income received as returns by households or members of financial assets, non-financial assets such as housing, to other institutions, households or individuals, and minus relevant costs. Net income from properties includes net income of interest, bonus income, net income of saving insurance, net income of rents of transferring management right of contract land, income of renting housing, income of renting other assets, net converted rents of self-owned housing. Net income from properties do not include premium of transferring ownership of assets.

Net Income from Transfer The formula is:

Net Income from Transfer=Income from Transfers-Expenditure from Transfer

Income from Transfer refers to the regular transfer from country, institutions, social communities to households and between households. It includes old-agc and retirement pension, disaster relief funds, regular donation and compensation, applying for medical fees, supporting income between households, income from non-usual-residing members of households, etc. Income from transfer do not include presents in kinds between households.

Expenditure from Transfer refers to regular or deontic transfer from households to country, institutions, households or individuals. It includes taxes paid, expenditure of all kinds of social security, supporting expenditure, regular donation and compensation and other regular transfer expenditure, etc.

2. Consumption Expenditure of Households

Consumption Expenditure of Households refers to all expenditure of households for living expenditure to satisfy family daily living. It includes expenditure in cash and in kind. It includes eight categories: food, tobacco and liquor; clothing; residence; household facilities, articles and services; transport and communications; education, cultural and recreational activities; health care and medical services, and miscellaneous goods and services.

Food, Tobacco and Liquor refers to expenditure for food, tobacco and liquor of all kinds.

Clothing refers to expenditure related to clothing, including clothes, clothing materials, footwear, other clothing and accessories, processing services related to clothing.

Residence refers to expenditure related to residence, including housing rents, water, electricity, fuel, property management, and including converted self-owned housing rents.

Household Facilities, Articles and Services refers to expenditure for family and individual articles for living purpose and family services. It includes furniture and interior decoration, home appliances, home textiles, household miscellaneous daily articles, personal articles, and family services.

Transport and Communications refers to expenditure for transport and communication and related services, maintenance and repairs, and vehicle insurance.

Education, Cultural and Recreational Activities refers to expenditure on education, cultural and recreational activities.

Health Care and Medical Services refers to expenditure on drugs, supplies and services of medical and health care. It includes medical appliances and drugs, and medical services.

Miscellaneous Goods and Services refers to expenditure of all kinds of expenditure of other articles and services that can not divided into the category above.

Service Consumption refers to consumption expenditure of households for various living services, including catering services, clothing and footwear processing services, housing services, household services, transportation and communication services, education, culture and entertainment services, medical services and other services.

第六篇　财政、金融和保险

CHAPTER 6 GOVERNMENT FINANCE,
FINANCIAL INTERMEDIATION AND INSURANCE

资料整理：王　悦　王志博

6-1 财政、金融和保险
Government Finance, Financial Intermediation and Insurance

单位：亿元 (100 million yuan)

年 份 Year	公共财政收入 Public Financial Revenue	公共财政支出 Public Financial Expenditure	金融机构人民币存款余额 RMB Deposits	金融机构人民币贷款余额 RMB Loans	全年各项保费收入 All Premium Income	全年各项赔款及给付 All Claim and Payment
1978	63.3	31.5	81.9	84.6		
1979	54.1	28.3	76.7	97.2		
1980	17.1	25.8	98.5	123.3		
1981	15.6	25.9	105.8	138.0		
1982	17.3	28.0	112.0	159.0		
1983	21.6	30.7	118.6	178.6		
1984	26.7	36.1	162.6	245.4		
1985	37.4	44.6	145.1	276.8		
1986	47.4	61.3	183.3	342.2		
1987	53.8	66.0	232.5	368.2		
1988	62.6	74.1	294.0	456.4		
1989	72.3	85.4	356.9	519.5		
1990	76.6	92.7	413.8	697.5		
1991	94.7	110.1	553.0	814.7	7.9	4.2
1992	84.6	102.5	690.0	953.6	11.9	5.3
1993	108.1	124.9	761.4	1247.3	8.7	5.0
1994	84.7	142.4	1012.8	1507.1	9.4	6.8
1995	101.3	174.6	1555.9	1776.4	10.8	6.1
1996	126.9	208.9	2021.3	2102.1	16.1	7.0
1997	150.6	233.6	2409.5	2524.4	25.5	7.3
1998	179.3	280.8	2713.2	2854.9	28.4	10.6
1999	170.1	339.0	3017.0	3103.9	35.3	8.0
2000	185.3	381.9	3333.4	3145.1	40.8	11.1
2001	213.6	478.3	3742.1	3358.6	53.3	14.8
2002	231.9	531.9	4236.7	3624.0	85.6	16.5
2003	248.9	564.9	4810.0	3981.3	118.7	19.9
2004	289.4	697.6	5313.9	4038.9	127.6	24.0
2005	318.2	787.8	6135.1	3658.5	139.6	25.2
2006	386.6	968.5	6923.4	3971.9	157.2	34.4
2007	440.2	1187.3	7559.7	4256.4	155.5	82.2
2008	578.4	1542.3	8993.8	4532.7	251.2	103.0
2009	641.6	1877.7	11022.8	5988.3	278.4	96.7
2010	755.6	2253.3	12835.7	7230.5	343.2	77.6
2011	997.5	2794.1	14328.4	8548.7	317.8	86.8
2012	1163.2	3171.5	16326.6	9906.7	344.1	98.3
2013	1277.4	3369.2	18131.8	11359.4	384.3	154.4
2014	1301.3	3434.2	19254.8	13391.7	507.1	154.8
2015	1165.9	4020.7	21218.9	16214.9	591.8	169.3
2016	1148.4	4227.3	22179.0	17725.0	685.5	237.8
2017	1243.3	4641.1	23615.1	19208.4	931.4	240.5
2018	1282.5	4675.7	25321.9	20156.3	899.1	257.2
2019	1262.8	5011.6	27716.7	21370.0	952.2	324.0
2020	1152.5	5449.4	31452.6	22482.3	987.3	309.3

注：2011年开始，原指标“地方一般预算收入”和“地方一般预算支出”更名为“地方公共财政收入”和“地方公共财政支出”（下同）。

a) From 2011,local financial revenue and local financial expenditure is renamed local public financial budgetary revenue and local financial budgetary expenditure(similarly following tables).

6-2 地方公共财政收入
Local Public Financial Revenue

单位：万元 (10000 yuan)

项 目	Item	2016	2017	2018	2019	2020
收入合计	**Total Revenue**	**11484112**	**12433118**	**12825950**	**12627563**	**11525107**
税收收入	Tax Revenue	8278542	9019067	9808045	9244036	8119164
增值税	Value-added Tax	2267325	3507220	3768882	3394949	2802099
营业税	Sales Tax	1353087	70142	46080		
企业所得税	Enterprises' Income Tax	945983	1023780	1070358	1037439	983862
企业所得税退税	Drawback of Enterprise Income Tax					
个人所得税	Individual Income Tax	372830	414555	472613	326864	306082
资源税	Resources Tax	407378	535913	665485	649114	480018
城市维护建设税	Tax on Urban Maintenance and Construction	522404	580773	632876	564671	494137
房产税	Tax on Real Estates	319232	382670	411377	421829	386697
印花税	Stamp Tax	103850	117461	120908	127656	129639
城镇土地使用税	Tax on the Use of Urban Land	579344	752109	727595	808290	726649
土地增值税	Land Value Added Tax	533136	634119	798121	669295	661799
车船税	Tax on Vehicles and Ships	173576	194021	211033	226235	251442
耕地占用税	Tax on The Occupancy of Cultivated Land	215010	209184	159951	229602	199549
契 税	Contract Tax	466718	582291	690676	732589	650072
烟叶税	Tax on Tobacco Leaf	18669	14829	14924	10749	11906
环境保护税	Environmental protection tax				23279	22734
其他税收收入	Others			17166	21475	12479
非税收入	Non-Tax Revenue	3205570	3414051	3017905	3383527	3405943
专项收入	Expert Project Income	660067	657423	674179	619833	558909
行政事业性收费收入	Income from Administrative Fees	661676	623652	507307	557906	500031
罚没收入	Penalty and Confiscator Income	421947	459911	490675	593673	560852
国有资本经营收入	Stated-owned Assets Profit	182158	280104	77261	87180	202580
国有资源(资产)有偿使用收入	Revenue from using Stated-owned Assets Profit	961278	1137811	1039602	1199580	1207503
捐赠收入	Income from Donation	11674	16630	19555	15821	26510
政府住房基金收入	Government Housing Fund Income	244217	161892	162906	228259	212425
其他收入	Other	318444	76628	46420	81275	137133

6-3 各级地方公共财政收入(2020年)
Local Public Financial Revenue by Rating (2020)

单位：万元 (10000 yuan)

项目	Item	合计 Total	省级 Province	地级 City	县级 County
收入合计	**Total Revenue**	**11525107**	**2447012**	**6601914**	**2476181**
税收收入	Tax Revenue	8119164	1750794	5003414	1364956
增值税	Value-added Tax	2802099	964923	1469237	367939
企业所得税	Enterprises' Income Tax	983862	225218	562691	195953
企业所得税退税	Drawback of Enterprise Income Tax				
个人所得税	Individual Income Tax	306082	38477	231848	35757
资源税	Resources Tax	480018	373136	72113	34769
城市维护建设税	Tax on Urban Maintenance and Construction	494137	716	413850	79571
房产税	Tax on Real Estates	386697	19605	290271	76821
印花税	Stamp Tax	129639	6548	94960	28131
城镇土地使用税	Tax on the Use of Urban Land	726649	36448	612192	78009
土地增值税	Land Value Added Tax	661799	33258	512131	116410
车船税	Tax on Vehicles and Ships	251442	12622	163433	75387
耕地占用税	Tax on The Occupancy of Cultivated Land	199549		69041	130508
契税	Contract Tax	650072	32659	490933	126480
烟叶税	Tax on Tobacco Leaf	11906		1404	10502
环境保护税	Environmental protection tax	22734	3426	13763	5545
其他税收收入	Others	12479	3758	5547	3174
非税收入	Non-Tax Revenue	3405943	696218	1598500	1111225
专项收入	Expert Project Income	558909	191188	248601	119120
行政事业性收费收入	Income from Administrative Fees	500031	113418	238187	148426
罚没收入	Penalty and Confiscator Income	560852	86418	307784	166650
国有资本经营收入	Stated-owned Assets Profit	202580	97371	97090	8119
国有资源(资产)有偿使用收入	Revenue from using Stated-owned Assets Profit	1207503	192883	373523	641097
捐赠收入	Income from Donation	26510		9213	17297
政府住房基金收入	Government Housing Fund Income	212425	12052	195964	4409
其他收入	Other	137133	2888	128138	6107

6-4 地方公共财政支出
Local Public Financial Expenditure

单位：万元 (10000 yuan)

项 目	Item	2016	2017	2018	2019	2020
支出合计	**Total Expenditure**	**42273373**	**46410771**	**46767503**	**50115589**	**54494110**
一般公共服务	General Public Services	2667033	2790825	3076072	3009978	3210368
外 交	Foreign Affairs					
国 防	National Defense	48809	53419	55208	46620	44810
公共安全	Public Security	2102956	2233909	2472225	2538635	2642513
教 育	Education	5588722	5731126	5443838	5551255	5624245
科学技术	Science and Technology	449209	469094	395249	421622	429831
文化旅游体育与传媒	Cultural,Tourism,Sport and Media	532130	535564	462012	547005	583747
社会保障和就业	Social Security and Employment	7324055	9285487	10240862	11132672	13508548
卫生健康	Health Care	2805635	2971657	3009978	3144235	4011913
节能环保	Energy Conservation and Environmental Protection	1134428	1932040	1540926	2110589	2202687
城乡社区	Urban and Rural Community Affairs	3870819	4566972	4156980	5557916	4448389
农林水	Agriculture, Forestry and Water Conservancy	8017680	8151611	8344713	8819893	9145251
交通运输	Transportation	2503984	2525594	2447099	2206055	2489537
资源勘探工业信息等	Resource Exploration Industry Information	819932	703486	901820	927609	1035758
商业服务业等	Commerce and Services	174706	182754	183753	109027	194708
金融	Financial Affairs	59007	29221	23421	75874	84581
援助其他地区	Assistance to Other Regions	29800	28540	36856	34510	32147
自然资源海洋气象等	Nature Resources, Ocean and Weather	357266	478266	324406	368150	269788
住房保障	Housing Security	2719528	2651544	2409575	1668965	2277713
粮油物资储备	Reserve of Grain, Oil and Other Materials	623220	483161	546516	472599	635963
灾害防治及应急管理	Prevention of Disaster and Emergency Management				304931	371319
其他支出	Other Expenditure	81147	48209	49658	27821	9899
债务付息	Interest Payments on Debts	355080	551806	639464	1033566	1233717
债务发行费用	Issuing Debts	8227	6486	6872	6062	6678

6-5 各级地方公共财政支出(2020年)
Local Public Financial Expenditure by Rating(2020)

单位：万元 (10000 yuan)

项 目	Item	合 计 Total	省 级 Province	地 级 City	县 级 County
支出合计	**Total Expenditure**	**54494110**	**10877315**	**21882882**	**21733913**
一般公共服务	General Public Services	3210368	257509	1619623	1333236
外 交	Foreign Affairs				
国 防	National Defense	44810	14000	16074	14736
公共安全	Public Security	2642513	1022630	1087662	532221
教 育	Education	5624245	1240705	2072422	2311118
科学技术	Science and Technology	429831	182920	177105	69806
文化旅游体育与传媒	Cultural, Tourism, Sport and Media	583747	139942	249850	193955
社会保障和就业	Social Security and Employment	13508548	3702987	5678587	4126974
卫生健康	Health Care	4011913	386325	1699881	1925707
节能环保	Energy Conservation and Environmental Protection	2202687	526618	920863	755206
城乡社区	Urban and Rural Community Affairs	4448389	-172573	3216614	1404348
农林水	Agriculture, Forestry and Water Conservancy	9145251	1738641	1161242	6245368
交通运输	Transportation	2489537	875118	656025	958394
资源勘探工业信息等	Resource Exploration Industry Information	1035758	150468	699840	185450
商业服务业等	Commerce and Services	194708	8590	83364	102754
金融	Financial Affairs	84581	71580	10648	2353
援助其他地区	Assistance to Other Regions	32147	32000	47	100
自然资源海洋气象等	Nature Resources, Ocean and Weather	269788	6078	105918	157792
住房保障	Housing Security	2277713	116828	1429089	731796
粮油物资储备	Reserve of Grain, Oil and Other Materials	635963	292332	104009	239622
灾害防治及应急管理	Prevention of Disaster and Emergency Management	371319	119183	150330	101806
其他支出	Other Expenditure	9899	603	7568	1728
债务付息	Interest Payments on Debts	1233717	164188	732635	336894
债务发行费用	Issuing Debts	6678	643	3486	2549

6-6 分地区公共财政收入(2020年)
Local Public Financial Revenue by Region (2020)

单位：万元 (10000 yuan)

地 区	Region	公共财政收入 General Budgetary Financial Revenue	税收收入 Tax Revenue	#增值税 Value-added Tax	#企业所得税 Corporate Income Tax	#个人所得税 Individual Income Tax
哈尔滨	Harbin	3395674	2816897	826773	379642	164904
齐齐哈尔	Qiqihar	745843	474819	147089	102207	14015
鸡 西	Jixi	336601	200030	68395	20002	6714
鹤 岗	Hegang	229843	133183	45159	18988	4153
双鸭山	Shuangyashan	254147	162423	58180	11198	5538
大 庆	Daqing	1528677	1046258	249148	59036	27367
伊 春	Yichun	152430	88566	27849	9522	2449
佳木斯	Jiamusi	465923	269179	67362	27908	7822
七台河	Qitaihe	192536	123520	45647	7017	3717
牡丹江	Mudanjiang	545433	349506	114509	44383	10303
黑 河	Heihe	425270	207993	47111	28331	7719
绥 化	Suihua	674869	402800	103976	40070	9898
大兴安岭	Daxinganling	93354	57379	23839	5607	1714

6-6 续表 Continued

单位：万元 (10000 yuan)

地 区	Region	#城市维护建设税 Tax on Town Maintenance and Construction	#耕地占用税 Tax on Occupation of Cultivated Land	#契 税 Deed Tax	非税收入 Non-Tax Revenue	#专项收入 Expert Project Income	#行政事业性收费收入 Income from Administrative Fees	基金收入 Fund Income
哈尔滨	Harbin	203285	52674	366199	578777	116990	126686	3036711
齐齐哈尔	Qiqihar	24585	18969	41454	271024	25883	28199	212014
鸡 西	Jixi	16397	2914	12392	136571	15461	15865	36745
鹤 岗	Hegang	10983	3283	5791	96660	8098	13398	21096
双鸭山	Shuangyashan	12468	8926	8466	91724	10396	17013	27722
大 庆	Daqing	117490	12470	42457	482419	60576	44055	173290
伊 春	Yichun	5373	5746	7226	63864	5826	7877	27375
佳木斯	Jiamusi	14454	19205	28559	196744	24884	21164	114083
七台河	Qitaihe	10028	2515	7040	69016	11014	13746	61648
牡丹江	Mudanjiang	35243	10961	26338	195927	25623	23498	170124
黑 河	Heihe	8235	26237	20302	217277	18134	18711	82242
绥 化	Suihua	27656	29319	46170	272069	39394	53772	362655
大兴安岭	Daxinganling	5106	6257	2223	35975	4035	2629	5384

6-7 分地区公共财政支出(2020年)

Local Public Financial Expenditure by Region(2020)

单位：万元 (10000 yuan)

地区	Region	公共财政支出 General Budgetary Financial Expenditure	一般公共服务 General Public Services	公共安全 Public security	教育 Education	科学技术 Science and Technology	文化旅游体育与传媒 Cultural Tourism Sport and Media	社会保障和就业 Social Security and Employment
哈尔滨	Harbin	11622493	693552	6466	1174796	126930	99072	2604188
齐齐哈尔	Qiqihar	5289246	335681	2767	593619	17092	40198	1366546
鸡西	Jixi	2153462	164145	3822	177848	15531	19686	590329
鹤岗	Hegang	1368276	149180	3395	131921	2745	21826	315371
双鸭山	Shuangyashan	1788158	128870	1509	168322	2466	25095	426892
大庆	Daqing	3369001	280602	817	451340	13359	42508	648061
伊春	Yichun	1985662	122250	1013	163483	2258	16894	608233
佳木斯	Jiamusi	3417891	246767	5608	278928	12190	35007	634039
七台河	Qitaihe	1250084	99346	60	104741	21215	7980	228033
牡丹江	Mudanjiang	2847840	203384	1176	305678	7387	28569	737514
黑河	Heihe	2563837	166904	1173	206986	5528	40759	416458
绥化	Suihua	5056660	263940	561	589653	19283	47364	1005808
大兴安岭	Daxinganling	874346	94546	2443	32348	927	18847	223852

6-7 续表 Continued

单位：万元 (10000 yuan)

地区	Region	卫生健康 Health Care	节能环保 Energy Conservation and Environmental Protection	城乡社区 Urban and Rural Community Affairs	农林水 Agriculture Forestry and Water Conservancy	其他支出 Other Expenditure	政府性基金支出 Government Fund Income
哈尔滨	Harbin	942227	232195	1627597	1188827	2926643	5567553
齐齐哈尔	Qiqihar	442264	175955	280111	1326794	4692365	510332
鸡西	Jixi	173066	82956	326263	278087	6057117	202145
鹤岗	Hegang	97705	63462	105355	197682	6453285	124622
双鸭山	Shuangyashan	143373	106311	174158	272464	6221183	276803
大庆	Daqing	415899	41646	379080	396067	5684797	424276
伊春	Yichun	111546	238237	157716	184184	6225806	118994
佳木斯	Jiamusi	243306	146933	402282	911695	5213273	451910
七台河	Qitaihe	78370	184140	168200	124014	6362765	333457
牡丹江	Mudanjiang	273706	63519	268527	361644	5950093	470591
黑河	Heihe	178361	122541	260186	782657	5573744	462651
绥化	Suihua	467594	206111	383237	1242787	4617760	650809
大兴安岭	Daxinganling	57119	12063	73376	136640	6638291	78052

6-8 金融机构、人员数(2020年)

Number of Institutions and employees in Financial Intermediation(2020)

单位：个、人 (unit, person)

项 目	Item	机构总数 Number of Institutions	从业人员数 Number of Employees
金融机构合计	**Total**	**6398**	**112321**
大型商业银行	**State Owned Commercial Bank**	**3508**	**61748**
工商银行	Industrial and Commercial Bank	519	13205
农业银行	Agriculture Bank	648	13904
中国银行	Bank of China	249	6039
建设银行	Bank of Construction	398	9777
交通银行	Bank of Communication	86	2141
邮政储蓄银行	Postal Deposit and Remittance	1608	16682
政策性银行及国家开发银行	**Policy Bank**	**90**	**2549**
国家开发银行	The Bank of State Development	1	199
进出口银行	Export-Import Bank	1	71
中国农业发展银行	The Bank of Agricultural Development	88	2279
股份制商业银行	**Shareholding System Bank**	**215**	**5058**
中国光大银行	Ever Bright Bank	53	1072
招商银行	Merchants Bank	39	1046
上海浦东发展银行	Pudong Development Bank	33	652
兴业银行	Industrial Bank	30	680
中信银行	China CITIC Bank	18	509
广发银行	Development Bank	23	588
中国民生银行	China MinSheng Bank	12	227
华夏银行	HXB	6	168
平安银行	Ping An Bank	1	116
城市商业银行	**City Commercial Bank**	**583**	**13024**
农村金融机构	**Rural Financial Institutions**	**1985**	**29099**
农村信用社	Rural Credit Coopertive	743	10402
农村商业银行	Rural Commercial Bank	1145	17000
村镇银行	Village Bank	93	1655
农村资金互助社	Rural Credit Union Funds	4	42
非银行金融机构	**Non-bank Financial Institutions**	**6**	**554**
企业集团财务公司	Finance Company of Enterprise Group	3	77
信托公司	International Trust in the Financial	1	232
金融租赁公司	Financial Leasing Company	1	85
消费金融公司	Consumer Finance Companies	1	160
外资金融银行	**Foreign-funded Banks**	**7**	**98**
国民银行(中国)有限公司哈尔滨分行	Kookmin Bank (China) co., LTD. Harbin Branch	1	23
韩亚银行(中国)有限公司哈尔滨分行	Hanya Bank (China) co., LTD. Harbin Branch	1	26
东亚银行(中国)有限公司哈尔滨分行	East Asia Bank (China) co., LTD. Harbin Branch	1	9
汇丰银行(中国)有限公司哈尔滨分行	The Hongkong and Shanghai Banking Corporation Limited, Harbin Branch	1	14
摩根大通银行(中国)有限公司哈尔滨分行	JPMorgan Chase Bank (China) co., LTD. Harbin branch	1	17
法兴银行(中国)有限公司哈尔滨分行	Societe Generale Bank (China) co., LTD. Harbin Branch	1	4
渣打银行(中国)有限公司哈尔滨分行	Standard Chartered Bank (China) co., LTD. Harbin Branch	1	5
资产管理公司	**Asset Management**	**4**	**191**
东方资产管理公司黑龙江省分公司	Orient Asset Management Corporation	1	34
长城资产管理公司黑龙江省分公司	Great Wall Asset Management Corporation	1	59
信达资产管理公司黑龙江省分公司	Cinda Asset Management Corporation	1	54
华融资产管理公司黑龙江省分公司	HuaRong Assets Management Corporation	1	44

6-9 金融机构人民币信贷资金平衡表(年底余额)
Balance Sheet of Credit Funds of Financial Institutions at Year-End

单位：亿元 (100 million yuan)

指 标	Item	2018	2019	2020
资金来源总计	**Sources of Funds**	**26126.5**	**28676.4**	**32053.1**
各项存款	**Total Deposits**	**25321.9**	**27716.7**	**31452.6**
境内存款	Domestic Deposits	25306.9	27699.9	31435.6
住户存款	Households Deposits	15610.7	18056.1	21169.7
活期存款	Demand Deposits	5956.6	6373.7	7220.4
定期及其他存款	Time Deposits and Others	9654.1	11682.4	13949.3
非金融企业存款	Non-financial Corporate Deposits	4294.2	4377.0	4554.0
活期存款	Demand Deposits	2450.8	2445.0	2340.0
定期及其他存款	Time Deposits and Others	1843.3	1932.0	2214.0
财政性存款	Fiscal Deposits	852.9	748.9	997.2
机关团体存款	Organizations Deposits	3816.2	4224.8	4422.4
非银行业金融机构存款	Non-banking Financial Institutions Deposits	732.9	293.1	292.3
境外存款	Overseas Deposits	15.0	16.8	17.0
金融债券	Financial Bond	151.9	167.0	139.0
卖出回购资产	Sell Repurchase Assets	77.8	206.2	167.5
借款及非银行业金融机构拆入	Borrowing and Non-banking Financial Institutions are Dismantled	9.0	3.5	16.0
联行往来(净)	Jones Lang Lasalle Exchanges (net)			
应付及暂收款	Payable and Temporary Collection	593.3	664.4	774.6
各项准备	Reserves	595.9	633.0	719.7
所有者权益	Owners Equity	1278.3	1389.6	1446.8
#实收资本	#Paicl-up Capital	566.2	574.1	601.1
其 他	Others	-1901.5	-2104.0	-2663.1
资金运用总计	**Uses of Funds**	**26126.5**	**28676.4**	**32053.1**
各项贷款	**Total Loans**	**20156.3**	**21370.0**	**22482.3**
境内贷款	Domestic Loans	19922.1	21109.4	22173.2
住户贷款	Households Loans	5376.4	5925.1	6479.3
短期贷款	Short-term Loans	1420.5	1508.8	1545.5
消费贷款	Consumer Loans	474.6	604.8	580.6
经营贷款	Business Loans	945.9	904.0	964.9
中长期贷款	Medium & Long-term Loans	3955.9	4416.2	4933.9
消费贷款	Consumer Loans	3147.8	3597.8	4038.0
经营贷款	Business Loans	808.1	818.4	895.8
非金融企业及机关团体贷款	Non-financial Companies and Organizations Loans	14535.7	15184.3	15693.9
短期贷款	Short-term Loans	7418.9	7581.7	7160.0
中长期贷款	Medium & Long-term Loans	5788.4	6239.0	7271.5
票据融资	Bill Financing Loans	1089.3	1110.0	1010.5
融资租赁	Finance Lease Loans	221.9	238.3	239.9
各项垫款	Advances	17.2	15.3	12.0
非银行业金融机构贷款	Non-banking Financial Institutions Loans	10.0		
境外贷款	Overseas Loans	234.2	260.7	309.1
债券投资	Bond Investment	1430.3	1621.2	2052.5
股权及其他投资	Equity and Other Investments	2782.2	2492.2	2355.6
买入返售资产	Buy Back to Sell Assets	40.2	27.7	22.7
存放非银行业金融机构款项	Storage of Non-banking Financial Institutions	2.8	1.9	3.7
联行往来(净)	Jones Lang LaSalle Exchanges (net)	1144.8	2580.0	4510.0
#境内存放二级准备金	#Stored in the Secondary Reserve	434.2	407.1	59.3
金银占款	Funds Outstanding for Gold and Silver			
中央银行外汇占款	Central Bank Foreign Exchange Occupation			
应收及预付款	Receivables and Advance Payments	232.3	249.4	301.3
投资性房地产	Investment Real Estate	0.7	0.2	0.6
固定资产	Fixed Assets	337.0	333.6	324.3

6-10 分地区金融机构人民币信贷收支表(年底余额)(各项存款)

单位：亿元

年份 地区	Year Region	各项存款 Total Deposits	境内存款 Domestic Deposits	住户存款 Households Deposits	活期存款 Demand Deposits	定期及其他存款 Time Deposits and Others
2015		21218.9	21204.2	12439.8	4928.1	7511.6
2016		22179.0	22165.1	13448.4	5525.0	7923.3
2017		23615.1	23600.1	14331.0	5806.0	8525.1
2018		25321.9	25306.9	15610.7	5956.6	9654.1
2019		27716.7	27699.9	18056.1	6373.7	11682.4
2020		31452.6	31435.6	21169.7	7220.4	13949.3
哈尔滨	Harbin	13749.4	13736.2	7311.4	2632.8	4678.6
齐齐哈尔	Qiqihar	2578.3	2577.8	2066.8	731.8	1335.0
鸡西	Jixi	1346.1	1345.7	1068.8	327.9	740.9
鹤岗	Hegang	855.9	855.8	693.4	236.6	456.8
双鸭山	Shuangyashan	1080.7	1080.6	834.2	299.3	534.9
大庆	Daqing	3197.9	3197.5	2378.6	637.0	1741.6
伊春	Yichun	911.4	911.2	650.0	185.6	464.5
佳木斯	Jiamusi	1688.1	1687.7	1339.5	531.9	807.5
七台河	Qitaihe	603.2	603.2	456.4	143.8	312.5
牡丹江	Mudanjiang	1876.1	1874.7	1563.6	457.2	1106.4
黑河	Heihe	1043.9	1043.4	786.7	308.2	478.5
绥化	Suihua	2093.3	2093.1	1756.2	641.3	1114.9
大兴安岭	Daxinganling	428.4	428.3	264.3	87.1	177.2

Balance Sheet of Credit Funds of Financial Institutions at Year-End by Region(Deposits)

(100 million yuan)

非金融企业存款 Non-financial Corporate Deposits	活期存款 Demand Deposits	定期及其他存款 Time and Others	财政性存款 Fiscal Deposits	机关团体存款 Organizations	非银行业金融机构存款 Non-banking Financial Institutions Deposits
4085.2	2337.3	1747.9	859.2	2939.9	880.2
4298.8	2448.5	1850.3	689.8	3174.9	553.2
4531.2	2594.3	1936.9	619.7	3306.0	812.2
4294.2	2450.8	1843.3	852.9	3816.2	732.9
4377.0	2445.0	1932.0	748.9	4224.8	293.1
4554.0	2340.0	2214.0	997.2	4422.4	292.3
2990.2	1323.0	1667.2	741.0	2409.8	283.9
239.2	142.3	96.9	37.6	234.1	0.2
101.3	67.3	33.9	18.3	155.3	2.1
41.6	35.0	6.5	10.9	109.0	1.0
93.8	52.8	41.0	9.8	142.9	0.004
434.3	214.5	219.9	27.9	356.4	0.3
90.1	54.6	35.5	15.3	155.8	0.02
138.3	105.5	32.8	36.4	168.8	4.7
44.2	39.6	4.6	3.7	98.9	0.02
126.5	90.9	35.5	16.1	168.6	0.01
94.2	77.6	16.6	22.0	140.6	0.01
107.4	90.0	17.4	34.8	194.6	0.04
53.0	46.9	6.1	23.4	87.7	0.02

6-11 分地区金融机构人民币信贷收支表(年底余额)(各项贷款)

单位：亿元

年份 地区	Year Region	各项贷款 Total Loans	境内贷款 Domestic loans	住户贷款 Households loans	短期贷款 Short-term Loans	消费贷款 Consumer	经营贷款 Business	中长期贷款 Medium & Long-term Loans
2015		16214.9	16174.2	4036.7	1398.9	322.6	1076.3	2637.8
2016		17725.0	17625.1	4590.2	1412.5	363.3	1049.3	3177.7
2017		19208.4	19073.5	5000.5	1414.5	427.2	987.3	3586.0
2018		20156.3	19922.1	5376.4	1420.5	474.6	945.9	3955.9
2019		21370.0	21109.4	5925.1	1508.8	604.8	904.0	4416.2
2020		22482.3	22173.2	6479.3	1545.5	580.6	964.9	4933.9
哈尔滨	Harbin	12553.3	12244.2	3793.2	648.6	323.0	325.5	3144.6
齐齐哈尔	Qiqihar	1520.2	1520.2	427.2	112.9	28.2	84.6	314.4
鸡西	Jixi	899.8	899.8	152.4	65.5	11.1	54.4	86.9
鹤岗	Hegang	532.2	532.2	69.3	39.3	9.3	30.0	30.0
双鸭山	Shuangyashan	914.4	914.4	140.9	71.9	9.7	62.3	69.0
大庆	Daqing	1206.4	1206.4	401.8	70.4	26.7	43.8	331.3
伊春	Yichun	188.7	188.7	48.9	16.7	7.1	9.6	32.1
佳木斯	Jiamusi	1856.3	1856.3	281.8	117.5	26.7	90.8	164.3
七台河	Qitaihe	240.0	240.0	54.2	21.8	5.9	15.9	32.4
牡丹江	Mudanjiang	747.4	747.4	306.9	87.4	19.4	68.1	219.5
黑河	Heihe	443.3	443.3	183.8	86.1	26.0	60.1	97.7
绥化	Suihua	1228.6	1228.6	559.1	156.5	48.1	108.4	402.6
大兴安岭	Daxinganling	151.8	151.8	59.8	50.8	39.5	11.3	9.0

Balance Sheet of Credit Funds of Financial Institutions at Year-End by Region(Loans)

(100 million yuan)

消费贷款 Consumer	经营贷款 Business	非金融企业及机关团体贷款 Non-financial Companies and Organizations Loans	短期贷款 Short-term Loans	中长期贷款 Medium & Long-term Loans	票据融资 Bill Financing	融资租赁 Finance Lease	各项垫款 Advances
1893.8	744.0	12137.5	6353.3	4512.8	1155.0	105.6	10.8
2382.0	795.7	13034.9	7119.0	4726.9	1023.9	152.9	12.2
2806.6	779.4	14073.0	7841.0	5370.0	689.5	160.6	12.0
3147.8	808.1	14535.7	7418.9	5788.4	1089.3	221.9	17.2
3597.8	818.4	15184.3	7581.7	6239.0	1110.0	238.3	15.3
4038.0	895.8	15693.9	7160.0	7271.5	1010.5	239.9	12.0
2777.4	367.2	8451.0	2277.5	5171.2	760.0	239.9	2.4
241.6	72.8	1093.0	712.7	339.5	40.7		
52.5	34.4	747.4	612.7	120.6	14.1		
15.9	14.1	462.9	357.0	96.7	9.2		
18.9	50.0	773.5	589.0	180.4	4.1		
214.6	116.7	804.6	342.5	389.3	63.4		9.4
21.9	10.2	139.8	49.0	76.2	14.5		0.1
105.8	58.6	1574.5	1321.8	220.1	32.6		
20.9	11.5	185.8	81.6	91.9	12.3		
190.5	29.0	440.4	181.4	240.7	18.3		
65.8	31.9	259.5	185.7	64.3	9.4		0.1
306.9	95.6	669.5	404.5	242.4	22.6		
5.4	3.6	92.0	44.6	38.2	9.2		

6-12 黑龙江A股股票发行情况

单位：万元

公司名称	Company Name	证券代码 Securities Code
金洲慈航集团股份有限公司	Jinzhou Cihang Group Co., Ltd	000587.SZ
京蓝科技股份有限公司	Kingland Technology Co.,Ltd.	000711.SZ
航天科技控股集团股份有限公司	Aerospace Hi-Tech Holding Group Co., Ltd.	000901.SZ
哈尔滨电气集团佳木斯电机股份有限公司	Harbin Electric Corporation Jiamusi Electric Machine Co., Ltd.	000922.SZ
大庆华科股份有限公司	Daqing Huake Co., Ltd.	000985.SZ
哈尔滨誉衡药业股份有限公司	Harbin Gloria Pharmaceuticals Co., Ltd.	002437.SZ
哈尔滨博实自动化股份有限公司	Harbin Boshi Automation Co., Ltd.	002698.SZ
葵花药业集团股份有限公司	Sunflower Pharmaceutical Group Co., Ltd.	002737.SZ
哈尔滨三联药业股份有限公司	Harbin Medisan Pharmaceutical Co., Ltd.	002900.SZ
哈尔滨九洲集团股份有限公司	Harbin Jiuzhou Group Co.,Ltd.	300040.SZ
哈尔滨中飞新技术股份有限公司	Harbin Zhongfei New Technology Co.,Ltd.	300489.SZ
中航直升机股份有限公司	Avicopter Plc.	600038.SH
湘财股份有限公司	Xiangcai Co.,Ltd	600095.SH
哈尔滨东安汽车动力股份有限公司	Harbin Dongan Auto Engine Co.,Ltd.	600178.SH
安通控股股份有限公司	Antong Holdings Co., Ltd.	600179.SH
佳通轮胎股份有限公司	Giti Tire Corporation	600182.SH
黑龙江国中水务股份有限公司	Heilongjiang Interchina Water Treatment Co.,Ltd	600187.SH
哈尔滨空调股份有限公司	Harbin Air Conditioning Co., Ltd.	600202.SH
亿阳信通股份有限公司	Bright Oceans Inter-Telecom Corporation	600289.SH
牡丹江恒丰纸业股份有限公司	Mudanjiang Hengfeng Paper Co., Ltd	600356.SH
万向德农股份有限公司	Wanxiang Doneed Co.,Ltd	600371.SH
黑龙江北大荒农业股份有限公司	Heilongjiang Agriculture Company Limited	600598.SH
哈药集团股份有限公司	Harbin Pharmaceutical Group Co.,Ltd.	600664.SH
哈尔滨工大高新技术产业开发股份有限公司	Harbin GongDa High-Tech Enterprise Development Co.,Ltd	600701.SH
广联航空工业股份有限公司	Guanglian Aviation Industry Co., Ltd.	300900.SZ
中航资本控股股份有限公司	Avic Capital Co., Ltd.	600705.SH
华电能源股份有限公司	Huadian Energy Company Limited	600726.SH
东方集团股份有限公司	Orient Group Incorporation	600811.SH
哈药集团人民同泰医药股份有限公司	HPGC Renmintongtai Pharmaceutical Corporation	600829.SH
龙建路桥股份有限公司	Longjian Road&Bridge Co.,Ltd	600853.SH
哈尔滨哈投投资股份有限公司	Harbin Hatou Investment Co.,Ltd	600864.SH
哈尔滨秋林集团股份有限公司	Harbin Churin Group Jointstock Co.,Ltd.	600891.SH
宝泰隆新材料股份有限公司	Baotailong New Materials Co.,Ltd	601011.SH
中国第一重型机械股份公司	China First Heavy Industries	601106.SH
黑龙江交通发展股份有限公司	Heilongjiang Transport Development Co.,Ltd	601188.SH
哈尔滨威帝电子股份有限公司	Harbin Viti Electronics Corp.	603023.SH
黑龙江珍宝岛药业股份有限公司	Heilongjiang ZBD Pharmaceutical Co.,Ltd.	603567.SH
奥瑞德光电股份有限公司	Aurora Optoelectronics Co., Ltd.	600666.SH
哈尔滨新光光电科技股份有限公司	Harbin Xinguang Optic-Electronics Technology Co.,Ltd.	688011.SH

Issuance of A Shares

(10000 yuan)

上 市 时 间 Listed Time	首 发 融资额 Initial Issue	可转债 Transferable Bond	配 股 Rationed Shares	定 向 增 发 Directed Issuance	公 开 增 发 Public Issuance	融资额 合 计 Total Amount of Financing	总股本(万股) (2020年末) Stock Capital by 2020 (10000 share)
1996-4-25			18711	601650		620361	212375
1997-4-11	5988		5962	460003		471953	102367
1999-4-1	18600		135972	295520		450091	79820
1999-6-18	37510			274022		311532	59840
2000-7-26	25020					25020	12964
2010-6-23	175000					175000	219812
2012-9-11	52480					52480	102255
2014-12-30	133335					133335	58400
2017-9-22	95349					95349	31660
2010-1-8	59400	80800		44968		185168	38040
2015-7-1	19931					19931	13613
2000-12-18	47100		27476	442647		517222	58948
1997-7-8	28900		19843	1160838		1209581	268199
1998-10-14	57400		35622			93022	46208
1998-11-4	39100			435000		474100	436429
1999-5-7	40320					40320	34000
1998-11-11	22850		18150	295759		336759	165394
1999-6-3	18240					18240	38334
2000-7-20	72960			111143		184103	63105
2001-4-19	28360	45000		28938		102298	29873
2002-9-16	13880					13880	29258
2002-3-29	161400	150000				311400	177768
1993-6-29			179767	548206		727972	250696
1996-5-28	13500		29610	324252		367361	103474
2020-10-29	93925					93925	21024
1996-5-16			17971	1683702	90000	1791673	891997
1996-7-1	5898	80000		150000	68850	304748	153468
1994-1-6	47499		123777	870300		1041576	371458
1994-2-24	11700					11700	57989
1994-4-4	29400			47024		76424	100490
1994-8-9	11500		7992	1483413		1502905	208057
1996-3-25	18360		14074	180800		213234	61759
2011-3-9	174600			256160		430760	160481
2010-2-9	1140000			155095		1295095	685778
2010-3-19				23000		23000	131588
2015-5-27	26500	20000				46500	56208
2015-4-24	152409					152409	84916
1993-7-12	1820		8106	436837		446763	122733
2019-7-22	95225					95225	10000

6-13 保险公司机构数(2020年)

单位：个

机构名称	Organization Name	机构总数 Number of Institutions
全省合计	**Total**	**2502**
寿险公司小计	**Life Insurance Companies Subtotal**	**1385**
中国人寿保险股份有限公司	China Life Insurance Co., Ltd.	537
中国太平洋人寿保险股份有限公司	China Pacific Life Insurance Co., Ltd.	121
中国平安人寿保险股份有限公司	China Ping An Life Insurance Co., Ltd.	136
新华人寿保险股份有限公司	China Life Insurance Co., Ltd.	70
泰康人寿保险有限责任公司	Tai Kang Life Insurance Co., Ltd.	83
太平人寿保险有限公司	Taiping Life Insurance Co., Ltd.	93
建信人寿保险股份有限公司	CCB Life Insurance Co., Ltd.	10
民生人寿保险股份有限公司	Minsheng Life Insurance Co., Ltd.	15
富德生命人寿保险股份有限公司	Fude Sino Life Insurance Co., Ltd.	48
平安养老保险股份有限公司	Ping An Endowment Insurance Co., Ltd.	3
合众人寿保险股份有限公司	Union Life Insurance Co., Ltd.	28
君康人寿保险股份有限公司	June Life Insurance Co., Ltd.	10
信泰人寿保险股份有限公司	Xintai Life Insurance Co., Ltd.	20
农银人寿保险股份有限公司	ABC Life Insurance Co., Ltd.	4
和谐健康保险股份有限公司	Hexie Health Insurance Co., Ltd.	2
中国人民人寿保险股份有限公司	Chinese People's Life Insurance Co., Ltd.	79
阳光人寿保险股份有限公司	Sun Life Insurance Co., Ltd.	55
百年人寿保险股份有限公司	Century Life Insurance Co., Ltd.	21
大家人寿保险股份有限公司	Dajia Life Insurance Co., Ltd.	7
中意人寿保险有限公司	Generali China Life Insurance Co., Ltd.	8
中英人寿保险有限公司	England Life Insurance Co., Ltd.	16
光大永明人寿保险有限公司	Sun Life Everbright Life Insurance Co., Ltd.	6
太平养老保险股份有限公司	Taiping Pension Insurance Co., Ltd.	1
华夏人寿保险股份有限公司	Huaxia Life Insurance Co., Ltd.	1
中邮人寿保险股份有限公司	China Post Life Insurance Co., Ltd	1
泰康养老保险股份有限公司	Tai Kang Pension Insurance Co., Ltd.	1
华泰人寿保险股份有限公司	Huatai Life Insurance Co., Ltd.	5
英大泰和人寿保险股份有限公司	Yingdataihe Life Insurance Co., Ltd.	3
中国人寿养老保险股份有限公司	China Life Pension Company Limited	1
财险公司小计	**Insurance Company Subtotal**	**1117**
中国人民财产保险股份有限公司	China PICC	384
中国大地财产保险股份有限公司	China Continent Property & Casualty Insurance Co., Ltd.	60
中国出口信用保险公司	China Export & Credit Insurance Corporation	1
中华联合财产保险股份有限公司	China United Property Insurance Co., Ltd.	5
中国太平洋财产保险股份有限公司	China Pacific Property Insurance Co., Ltd.	62
中国平安财产保险股份有限公司	China Ping An Insurance Company	78
天安保险股份有限公司	Tian An Insurance Co., Ltd.	23
华安财产保险股份有限公司	Hua An Property Insurance Co., Ltd.	44
太平财产保险有限公司	Pacific Property Insurance Co., Ltd.	7
永诚财产保险股份有限公司	Yongcheng Property Insurance Co., Ltd.	9
大家财产保险股份有限公司	DaJia Property and Casualty Insurance Co., Ltd	57
安华农业保险股份有限公司	Anhua Agricultural Insurance Co., Ltd.	10
阳光财产保险股份有限公司	Sunshine Property and Casualty Insurance Co., Ltd.	64
阳光农业相互保险公司	Sunshine Agriculture Mutual Insurance Company	189
都邦财产保险股份有限公司	Du Bang Property Insurance Company	10
中国人寿财产保险股份有限公司	China Life Insurance Company	79
中意财产保险有限公司	China Insurance Co., Ltd.	2
英大泰和财产保险股份有限公司	Yingda Taihe Property Insurance Co., Ltd.	5
华泰财产保险有限公司	Huatai Property Insurance Co., ltd	3
中航安盟财产保险有限公司	AVIC UNITA Property Insurance Co., Ltd	19
中银保险有限公司	BOC Insurance Co., Ltd.	1
中原农业保险股份有限公司	Zhongyuan Agricultural Insurance Co., Ltd	5

Number of Institutions of Insurance Company(2020)

(unit)

机构类别 Organization Type					
总公司 Company	分公司 Branch	中心支公司 Center Support Company	支公司 Support Company	营业部 Sales Department	营销服务部 Marketing Services Division
1	**51**	**335**	**1022**	**39**	**1054**
	29	**180**	**433**	**2**	**741**
	1	13	91	2	430
	1	13	91		16
	1	11	53		71
	1	12	22		35
	1	11	33		38
	1	12	1		79
	1	6			3
	1	6	4		4
	1	12	16		19
	1	2			
	1	9	5		13
	1	9			
	1	6	9		4
	1	3			
	1	1			
	1	13	65		
	1	9	32		13
	1	7	6		7
	1	6			
	1	5	2		
	1	6			9
	1	4	1		
	1				
	1				
	1				
	1				
	1	3	1		
	1	1	1		
	1				
1	**22**	**155**	**589**	**37**	**313**
	1	13	145	37	188
	1	12	34		13
	1				
	1	3	1		
	1	13	48		
	1	13	38		26
	1	9			13
	1	12	16		15
	1	5	1		
	1	7	1		
	1	13	31		12
	1	2	7		
	1	13	46		4
1	1	12	168		7
	1	7			2
	1	13	32		33
	1	1			
	1	3	1		
	1	2			
	1	2	16		
	1				
	1		4		

6-14 保险业务情况
Major Indicators of Insurance Business

单位：万元 (10000 yuan)

项　目	Item	2015	2016	2017	2018	2019	2020
保费收入	**Premium Income**	**5917671**	**6855239**	**9314112**	**8991064**	**9521556**	**9872576**
企业财产险	Enterprise Property Insurance	48861	50093	48405	47217	47166	51538
家庭财产险	Family Property Insurance	7885	8647	11272	12473	15190	17654
机动车辆险	Motor Vehicle Insurance	870855	999313	1146753	1181570	1228451	1234585
船舶险	Ships Insurance	111	96	84	78	70	178
货物运输险及责任保险	Cargo Transportation Insurance and Liability Insurance	5875	6693	5900	7251	6879	7410
责任险	Liability Insurance	31216	33808	43045	51469	62818	78523
保证保险	Guarantee Insurance	54912	39162	57919	144579	194399	154491
农业险	Agriculture Insurance	298473	318422	354612	396870	432777	511958
其他保险	Other Insurance	17464	32721	27392	36270	33800	43076
寿　险	Life Insurance	4033169	4135990	6392455	5455620	5273386	5282709
健康险	Health Insurance	447541	1107113	1075470	1487407	2047283	2309170
人身意外伤害险	Person Accident Insurance	101308	123180	150806	170260	179336	181284
赔款及给付	**Claim and Payment**	**1692546**	**2377512**	**2405184**	**2571690**	**3240484**	**3092566**
企业财产险	Enterprise Property Insurance	22560	31127	34603	22765	20920	32326
家庭财产险	Family Property Insurance	2588	3456	5095	5424	6625	8957
机动车辆险	Motor Vehicle Insurance	421467	492419	556124	620019	626711	611272
船舶险	Ships Insurance	2.66	13.95	7.76	5.37	8.49	16.21
货物运输险及责任保险	Cargo Transportation Insurance and Liability Insurance	3051	2433	3175	4735	2668	2535
责任险	Liability Insurance	14717	21279	29058	30477	34755	47971
保证保险	Guarantee Insurance	8663	15516	18800	34399	85099	150668
农业险	Agriculture Insurance	189845	375930	273767	280285	624517	462578
其他保险	Other Insurance	6916	8069	7321	8199	13780	16939
寿　险	Life Insurance	867684	1187491	1120847	1064294	1049992	1032355
健康险	Health Insurance	138198	218194	329204	462425	734902	692596
人身意外伤害险	Person Accident Insurance	16853	21583	27182	38664	40506	34352

注：其他保险=建筑安装工程保险及责任保险+出口信用险+其他险。
a) Other Insurance = construction and installation insurance and liability insurance + export credit insurance + other.

主要统计指标解释

一般公共预算收入　指国家财政参与社会产品分配所取得的收入，是实现国家职能的财力保证。主要包括：(1)各项税收：包括国内增值税、国内消费税、进口货物增值税和消费税、出口货物退增值税和消费税、企业所得税、个人所得税、资源税、城市维护建设税、房产税、印花税、城镇土地使用税、土地增值税、车船税、船舶吨税、车辆购置税、关税、耕地占用税、契税、烟叶税、环境保护税等。(2)非税收入：包括专项收入、行政事业性收费、罚没收入、国有资本经营收入、国有资源(资产)有偿使用收入和其他收入。财政收入按现行分税制财政体制划分为中央本级收入和地方本级收入。

一般公共预算支出　指国家财政将筹集起来的资金进行分配使用，以满足经济建设和各项事业的需要。主要包括：一般公共服务、外交、国防、公共安全、教育、科学技术、文化体育与传媒、社会保障和就业、医疗卫生与计划生育、节能环保、城乡社区、农林水、交通运输、资源勘探信息等、商业服务业等、金融、援助其他地区、国土海洋气象等、住房保障、粮油物资储备、债务付息、债务发行费用等方面的支出。财政支出根据政府在经济和社会活动中的不同职权，划分为中央财政支出和地方财政支出。

信贷资金　指金融机构以信用方式积聚和分配的货币资金。金融机构信贷资金的来源有各项存款、金融债券、对国际金融机构负债、流通中现金、其他项目等；信贷资金的运用有各项贷款、有价证券及投资、金银占款、外汇占款、财政借款及在国际金融机构中的资产等。

存款　指企业、机关、团体或居民根据资金必须收回的原则，把货币资金存入银行或其他信贷机构保管并取得一定利息的一种信用活动形式。根据存款对象或性质的不同可划分为单位存款、个人存款、财政性存款、临时性存款、委托存款、其他存款等科目。它是银行信贷资金的主要来源。

贷款　指银行或其他信贷机构根据资金必须归还的原则，按一定利率，为企业、个人等提供资金的一种信用活动形式。我国银行贷款分为短期贷款、中长期贷款、融资租赁、票据融资、各项垫款、境外贷款等。

保险公司　在中国境内的、经过保险监督管理部门批准设立，并依法登记注册的各类商业保险公司。

保险金额　指保险人承担赔偿或者给付保险金责任的最高限额。

保费　指投保人为取得保险人在约定范围内所承担赔偿责任而支付给保险人的费用。

赔款　指保险人根据保险合同的规定，向被保险人支付的赔偿保险责任损失的金额。

给付　包括死伤医疗给付和满期给付。死伤医疗给付是指保险人根据人寿保险及长期健康保险合同的规定，因被保险人在保险期内发生保险责任范围内的保险事故支付给被保险人(或受益人)的金额。满期给付是指被保险人生存期满，保险人按人寿保险合同规定支付给被保险人的满期保险金额。

股票及其他股权　指股票购买者及直接投资者对其投资企业净资产所拥有的权益。股票是股份公司签发的证明股东投资并按其所持股份享有权益和承担义务的权益性证券。其他股权是机构单位以直接投资的方式用除股票、债权性证券以外的土地、房屋及建筑物、机器设备、存货、资源资产等实物资产，商标、专利权、土地使用权、特许使用权、商誉等无形资产及货币资金直接向其他单位进行的投资。通常以股权证、出资证明书、参与证或类似的单据为凭证。

Explanatory Notes on Main Statistical Indicators

General Public Budget Revenue refers to income for the government finance through participating in the distribution of social products. It is the financial guarantee to ensure government functioning. The government revenue includes the following main items: (1) Various tax revenues including domestic value added tax (VAT), domestic consumption tax, VAT and consumption tax from imports, VAT and consumption tax rebate for exports, corporate income tax, individual income tax, resource tax, city maintenance and construction tax, house property tax, stamp tax, urban land use tax, land appreciation tax, tax on vehicles and boat operation, ship tonnage tax, vehicle purchase tax, tariffs, farm land occupation tax, deed tax, and tobacco tax, environment protection tax, etc. (2) Non-tax revenue, including special program receipts, charge of administrative and institutional units, penalty receipts, operating income from government capital, income from use of state-owned resources (assets) and others non-tax receipts.

General Public Budget Expenditure refers to the distribution and use of the funds which the government finance has raised, so as to meet the needs of economic construction and various undertakings. It includes the following main items: expenditure for general public services, expenditure for foreign affairs, expenditure for national defence expenditure for public security, expenditure for education, expenditure for science and technology, expenditure for culture, sport and media, expenditure for social safety net and employment effort, expenditure for medical and health care and family planning, expenditure for energy conservation and environment protection, expenditure for urban and rural community affairs, expenditure for agriculture, forestry and water conservancy, expenditure for transportation, expenditure for resource exploration and information, expenditure for affairs of commerce and services, expenditure for finance, aid to other regions, expenditure for land, ocean and weather, expenditure for housing security, expenditure for grain & oil reserves, interest payment for public debts, expenditure for issuing debts. General public budget expenditure is divided into general public budget expenditure of central government and general public budget expenditure of local government according to the different functions of the governments played in economic and social activities,

Credit Funds refer to the monetary funds accumulated and distributed in the means of credit by the financial institutions. The sources of credit funds include various deposits, financial bonds, liabilities to international financial institutions, currency in circulation, other items. The uses of credit funds include loans, securities and investment, position for bullion and silver purchase, position for foreign exchange purchase, advances to treasury, and assets with international financial institutions.

Deposit is a form of credit by which enterprises, institutions, organizations or households can put money into banks and other credit institutions for safekeeping and interest earning under the principle of free withdrawal. According to different depositors, deposits are divided into unit deposits, personal deposits, fiscal deposits, temporary deposits, entrusted deposits and other deposits. Deposits are major sources of the credit funds of banks.

Loan is a form of credit by which banks and other credit institutions provide funds at certain interest rate to enterprises and individuals in the light of the principle of unconditional repayment. Loans from Chinese banks include short-term loan, medium-term and long-term loans, financial lease, bill financing, various money advanced, foreign loans.

Insurance Companies refer to commercial insurance companies of various forms registered by law and established in China with the approval of insurance regulatory agencies.

Amount Insured refers to the maximum that the insurant will get for the claim of the case insured.

Premium is the fee paid by the insurant to the insurer to obtain the obligation of compensation from the insurance within the agreed terms.

Settled Claim is the compensation paid by the insurer to the insurant in accordance with the insurance contract.

Payment includes payment for death, injury or medical treatment and payment at maturity. Payment for death, injury or medical treatment refers to the money paid to the insurant (or the beneficiary) in accordance with the life or health insurance contract when the insurant encounters accidents within the insured period covered in the contract. Payment at maturity refers to the payment to the insurant in accordance with the life insurance contract at the end of the insured period.

Shares and Other Holding Rights refer to the rights of stockholders and direct investors on the net assets of corporations they have invested in. Shares refer to negotiable securities on creditor's rights, issued by share companies certifying the investment by stockholders and their rights and duties in accordance with the amount of stocks that they hold. Other holding rights refer to the direct investment by

institutional units in other units with currency capital or with assets, in forms other than shares and negotiable securities on creditor's rights, including such tangible assets such as land, buildings, machines and equipment, inventory, resources, etc., and such intangible assets as trade marks, patents, monopolies, rights on land use, licenses, commercial reputation, etc.. Documents of proof of holding rights usually include certificates on creditor's right, certificates on investment or on participation, etc.

第七篇　资源与环境

CHAPTER 7 RESOURCES AND ENVIRONMENT

资料整理: 王志博　赵春贵

7-1　土地状况
Land Characteristics

项　　目	Item	面　　积（万公顷） Area (10000 hectares)	占总面积（%） Percentage to Total Area(%)
总面积	**Total Land Area**	**4707.0**	**100.0**
耕　地	Cultivated Land	1719.5	36.5
园　地	Garden Land	6.2	0.1
林　地	Forests Land	2162.3	45.9
草　地	Grassland	118.6	2.5
湿　地	Wetland	350.1	7.4
城镇村及工矿用地	Land for Inhabitation, Mining and Manufacturing	116.4	2.5
交通运输用地	Land for Transport Facilities	54.4	1.2
水域及水利设施用地	Land for Water Conservancy Facilities	168.6	3.6
其他用地	Other	10.7	0.2

注：本表数据来源于黑龙江省自然资源厅，为2019年第三次全国国土调查相关数据(7-2表同)。

a) The data in this table is from the Department of natural resources of Heilongjiang Province and is the relevant data of the third national land survey in 2019 (the same as 7-2 table).

7-2　分地区土地面积
Land Area in the Region

地　　区	Region	总面积(万公顷) Total Land Area (10000 hectares)
全　　省	**Total**	**4707.0**
哈 尔 滨	Harbin	530.8
齐齐哈尔	Qiqihar	422.6
鸡　　西	Jixi	224.9
鹤　　岗	Hegang	146.7
双 鸭 山	Shuangyashan	220.5
大　　庆	Daqing	212.1
伊　　春	Yichun	328.0
佳 木 斯	Jiamusi	324.6
七 台 河	Qitaihe	61.9
牡 丹 江	Mudanjiang	388.3
黑　　河	Heihe	668.6
绥　　化	Suihua	348.7
大兴安岭	Daxinganling	829.3

7-3 主要河流基本情况(2020年)
Major Rivers(2020)

名 称	Name	流域面积（平方公里） Drainage Area (sq.km)	河长（公里） Length (km)
呼玛河	Humahe River	31197	524
逊毕拉河	Xunbilahe River	15739	279
穆棱河	Mulinghe River	18136	834
挠力河	Naolihe River	22495	596
呼兰河	Hulanhe River	31424	523
蚂蚁河	Ant River	10547	341
汤旺河	Tangwanghe River	20557	509

注：水利数据来源于黑龙江省水文水资源中心。
a) Figures of water resources were obtained from the Hydrographic Department of Heilongjiang Province.

7-4 分地区水资源状况(2020年)
Water Resources by Region(2020)

单位：亿立方米 (100 Million cu.m)

地 区	Region	水资源总量 Total Water Resources Volume	地下水资源与地表水资源不重复量 Unduplicated Measurement Volume of Surface Water and Ground Water	地表水资源量 Total Surface Water Resources Volume
全 省	**Total**	**1419.9**	**198.5**	**1221.4**
哈尔滨	Harbin	247.2	29.1	218.2
齐齐哈尔	Qiqihar	95.6	32.8	62.9
鸡 西	Jixi	90.3	14.9	75.4
鹤 岗	Hegang	60.0	9.4	50.7
双鸭山	Shuangyashan	75.0	10.3	64.7
大 庆	Daqing	27.9	18.1	9.8
伊 春	Yichun	124.7	3.9	120.8
佳木斯	Jiamusi	99.8	27.8	72.0
七台河	Qitaihe	20.8	1.3	19.5
牡丹江	Mudanjiang	142.5	4.5	138.1
黑 河	Heihe	215.0	17.5	197.5
绥 化	Suihua	84.0	23.1	60.8
大兴安岭	Daxinganling	137.2	6.0	131.2

7-5 主要矿产资源储量
Reserves of Major Mineral Resources

项 目	Item	2016	2017	2018	2019	2020
煤炭(亿吨)	Coal(100 million tons)	198.0	199.1	198.2	198.2	209.6
铁矿(矿石亿吨)	Iron(Ore,100 million tons)	4.03	4.06	3.68	3.65	3.63
铜矿(铜万吨)	Copper(Metal,10000 tons)	425.2	425.2	573.5	317.8	312.1
铅矿(万吨)	Lead(Metal,10000 tons)	54.7	58.0	57.5	57.4	58.7
锌矿(万吨)	Zinc(Metal,10000 tons)	185.3	192.7	190.8	190.2	189.5
镁矿(万吨)	Magnesium(10000 tons)	891.3	891.3	891.3	891.3	891.3
镍矿(吨)	Nickel(ton)	21612	21612	21612	21612	21612
钨矿(WO3)(万吨)	Tungsten(WO3,10000 tons)	16.51	16.51	15.67	15.40	15.18
金矿(岩金)(千克)	Gold ore (rock gold) (kg)	160297	159695	162260	218474	133529
矽线石(万吨)	Fibrolite(10000 tons)	757.3	757.3	757.3	757.3	757.3
熔剂用灰岩(万吨)	Limestone for Flux(10000 tons)	4643.7	4229.4	4120.4	4051.9	3982.6
冶金用白云岩(万吨)	Dolomite for Metallurgy(10000 tons)	3653	3653	3653	3653	3653
铸型用砂(万吨)	Placer for Mould(10000 tons)	1039.9	1039.9	1039.9	1039.9	49427.7
耐火粘土(万吨)	Refractory Clay(10000 tons)	1533.7	1533.7	1533.7	1533.7	1533.7
硫铁矿(万吨)	Pyrite Ore(10000 tons)	251.4	251.4	251.4	251.4	380.0
化肥用蛇纹岩(万吨)	Serpentinite for Chemical Fertilizer(10000 tons)	7880.3	7880.3	7880.3	7880.3	7880.3
泥炭(万吨)	Peat(10000 tons)	2877.3	2877.3	2877.3	2877.3	2885.0
磷矿石(万吨)(不包括伴生磷)	Phosphorite(10000 tons)	4255	4255	4255	4255	6791
长石(万吨)	Feldspar(10000 tons)	17558	17558	17558	17558	17558
陶瓷土(万吨)	Pottery Clay(10000 tons)	3600	2021	2021	2021	33493
玻璃用砂(万吨)	Gritstone for Glass(10000 tons)	1591	1591	1591	1591	39217
玻璃用脉石英(万吨)	Vein Quartz for Glass(10000 tons)	799.5	799.5	799.5	799.5	537.2
玻璃用大理岩(万吨)	Marble for Glass(10000 tons)	2820	2820	2820	2820	2820
水泥配料用粘土(万吨)	Clay for Cement Industry(10000 tons)	11210.9	11210.9	11210.7	11210.5	11210.4
水泥用大理岩(亿吨)	Marble for Cement(100 million tons)	16.2	16.2	16.8	18.2	18.1
膨润土(万吨)	Bentonite(10000 tons)	14594	14594	14594	14594	14594
饰面用花岗岩(万立方米)	Granite for Facing(10000 cu.m)	5265	5265	5265	5264	5313
火山灰(万吨)	Pozzolana(10000 tons)	4948	4948	4948	4948	4948
饰面用大理岩(万立方米)	Marble for Facing(10000 cu.m)	668	668	668	668	668
石墨(万吨)	Graphite(10000 tons)	12884.8	19535.8	23263.4	28604.6	33604.7
沸石(万吨)	Zeolite(10000 tons)	11908	11908	11908	11908	11908
颜料黄土(万吨)	Sienna(10000 tons)	192	192	192	192	192
铸石用玄武岩(万吨)	Basalt for Casting(10000 tons)	11110	11110	11110	11110	11110
岩棉用玄武岩(万吨)	Basalt for Artificial Asbestos(10000 tons)	7274	7274	7274	7274	7274
珍珠岩(万吨)	Perlite(10000 tons)	3322	3316	3304	3298	3296

注：本表数据来源于黑龙江省自然资源厅。
a) Figures in this table were obtained from the Department of Natural Resources of Heilongjiang Province.

7-6 主要城市(区)平均气压(2020年)
Monthly Average Atmospheric Pressure of Major Cities(2020)

单位：百帕 (hPa)

月 份	Month	哈尔滨 Harbin	齐齐哈尔 Qiqihar	北林 Beilin	大庆 Daqing	加格达奇 Jiagedaqi	爱辉 Aihui	伊春 Yichun	佳木斯 Jiamusi	鸡西 Jixi	牡丹江 Mudan-jiang	鹤岗 Hegang	双鸭山 Shuang-yashan	七台河 Qitaihe
年平均	**Annual Average**	**1000.2**	**996.3**	**992.6**	**995.6**	**968.9**	**993.2**	**981.7**	**1003.8**	**981.3**	**978.0**	**991.5**	**992.4**	**990.5**
1 月	Jan.	1011.3	1006.9	1003.1	1006.4	977.1	1002.9	991.1	1014.0	989.7	986.7	1000.4	1001.4	999.8
2 月	Feb.	1009.6	1005.8	1001.5	1005.1	976.5	1002.0	989.6	1012.7	988.4	985.1	999.4	1000.3	998.3
3 月	Mar.	1000.0	995.9	992.1	995.3	966.7	991.7	980.5	1003.2	980.4	977.1	990.4	991.5	989.7
4 月	Apr.	999.8	997.2	992.3	995.9	971.0	994.3	981.3	1002.7	979.8	976.8	990.5	991.2	989.1
5 月	May	992.1	988.2	985.0	987.7	961.9	985.9	974.9	996.3	974.9	971.4	984.6	985.5	983.6
6 月	June	989.4	986.1	982.4	985.3	961.3	984.7	972.9	994.3	972.6	968.9	983.0	983.6	981.4
7 月	July	992.4	987.9	985.6	987.8	962.1	985.9	976.0	997.0	976.1	972.4	985.7	986.6	984.7
8 月	Aug.	991.5	987.7	984.7	987.1	963.1	986.5	975.5	996.8	975.5	971.6	985.5	986.2	984.2
9 月	Sept.	997.1	993.9	990.2	992.9	969.0	992.9	981.1	1002.7	980.7	976.6	991.2	992.0	989.7
10 月	Oct.	1002.7	998.1	994.8	997.8	970.0	994.1	983.6	1005.9	984.1	981.2	993.4	994.5	993.0
11 月	Nov.	1007.6	1003.8	999.4	1002.9	974.8	998.9	987.4	1010.2	987.1	984.3	997.1	998.1	996.6
12 月	Dec.	1008.4	1003.7	999.7	1003.2	972.8	998.0	986.8	1010.2	986.5	983.9	996.4	997.7	996.3
春 季	Spring	997.3	993.8	989.8	993.0	966.5	990.6	978.9	1000.7	978.4	975.1	988.5	989.4	987.5
夏 季	Summer	991.1	987.2	984.2	986.7	962.2	985.7	974.8	996.0	974.7	971.0	984.7	985.5	983.4
秋 季	Fall	1002.5	998.6	994.8	997.9	971.3	995.3	984.0	1006.3	984.0	980.7	993.9	994.9	993.1
冬 季	Winter	1009.8	1005.5	1001.4	1004.9	975.5	1001.0	989.2	1012.3	988.2	985.2	998.7	999.8	998.1
最 高	Highest	1002.9	999.0	995.3	998.4	971.5	995.7	984.4	1006.5	984.0	980.7	994.1	995.0	993.2
最 低	Lowest	997.2	993.3	989.7	992.7	966.1	990.5	978.9	1001.0	978.6	975.2	988.8	989.7	987.8

注：气象数据来源于黑龙江省气象数据中心。
a) Figures of climate were obtained from Herlongjiang Province Meteorological Data Center.

7-7　主要城市(区)平均气温(2020年)
Monthly Average Temperature of Major Cities (2020)

单位：摄氏度　　　　(℃)

月　份	Month	哈尔滨 Harbin	齐齐哈尔 Qiqihar	北林 Beilin	大庆 Daqing	加格达奇 Jiagedaqi	爱辉 Aihui	伊春 Yichun	佳木斯 Jiamusi	鸡西 Jixi	牡丹江 Mudan-jiang	鹤岗 Hegang	双鸭山 Shuang-yashan	七台河 Qitaihe
年平均	**Annual Average**	**5.4**	**5.3**	**4.7**	**5.8**	**1.1**	**2.4**	**3.1**	**5.0**	**5.4**	**5.3**	**3.6**	**5.7**	**4.3**
1　月	Jan.	-16.9	-16.6	-16.6	-15.5	-20.2	-19.7	-17.8	-15.7	-12.6	-14.2	-15.6	-12.5	-15.7
2　月	Feb.	-11.4	-12.8	-12.2	-11.6	-15.7	-15.5	-13.4	-11.8	-9.9	-9.6	-13.0	-10.0	-11.5
3　月	Mar.	-1.1	-2.7	-2.0	-1.3	-6.1	-4.7	-2.9	-1.1	-0.9	-0.5	-2.6	-0.1	-1.8
4　月	Apr.	7.5	7.6	7.3	7.8	4.7	5.0	5.1	6.7	6.2	6.1	5.2	7.0	5.4
5　月	May	15.6	15.9	15.4	16.0	12.0	13.3	13.4	15.3	14.3	14.1	13.4	15.3	14.1
6　月	June	19.9	19.6	19.1	19.9	15.9	17.0	16.3	17.9	17.5	18.9	16.2	17.5	17.3
7　月	July	24.4	26.2	24.2	25.6	22.5	23.8	22.5	23.9	22.6	22.4	22.4	23.8	22.4
8　月	Aug.	21.7	20.9	20.8	21.5	16.3	18.1	18.9	20.7	21.1	21.7	19.1	20.9	20.7
9　月	Sept.	16.3	15.4	15.5	16.2	11.5	13.6	14.2	16.0	15.4	15.1	14.7	16.1	15.6
10 月	Oct.	7.2	6.7	6.1	7.0	1.8	4.2	4.7	6.7	6.9	6.4	5.2	7.7	6.2
11 月	Nov.	-3.3	-3.0	-4.7	-2.8	-9.3	-7.9	-6.1	-4.0	-3.0	-3.0	-5.4	-3.3	-4.4
12 月	Dec.	-15.2	-14.0	-16.6	-13.6	-19.8	-18.5	-17.9	-14.9	-13.4	-13.4	-16.5	-13.5	-16.9
春　季	Spring	7.3	6.9	6.9	7.5	3.5	4.5	5.2	7.0	6.5	6.6	5.3	7.4	5.9
夏　季	Summer	22.0	22.2	21.4	22.3	18.2	19.6	19.2	20.8	20.4	21.0	19.2	20.7	20.1
秋　季	Fall	6.7	6.4	5.6	6.8	1.3	3.3	4.3	6.2	6.4	6.2	4.8	6.8	5.8
冬　季	Winter	-14.5	-14.5	-15.1	-13.6	-18.6	-17.9	-16.4	-14.1	-12.0	-12.4	-15.0	-12.0	-14.7
最　高	Highest	10.5	10.6	9.7	10.8	8.4	8.0	9.3	10.6	10.5	11.6	9.6	10.4	9.8
最　低	Lowest	0.7	0.3	0.2	1.5	-5.1	-2.6	-2.6	-0.8	0.9	0.1	-2.3	1.7	-1.0

7-8 主要城市(区)平均相对湿度(2020年)
Monthly Average Relative Humidity of Major Cities (2020)

单位: % (%)

月 份	Month	哈尔滨 Harbin	齐齐哈尔 Qiqihar	北林 Beilin	大庆 Daqing	加格达奇 Jiagedaqi	爱辉 Aihui	伊春 Yichun	佳木斯 Jiamusi	鸡西 Jixi	牡丹江 Mudan-jiang	鹤岗 Hegang	双鸭山 Shuang-yashan	七台河 Qitaihe
年平均	**Annual Average**	**70**	**61**	**68**	**65**	**64**	**64**	**69**	**69**	**66**	**67**	**70**	**65**	**72**
1 月	Jan.	74	66	72	73	66	66	70	68	62	69	65	61	69
2 月	Feb.	72	62	71	69	62	63	64	63	60	64	60	59	66
3 月	Mar.	62	52	63	58	58	57	60	60	55	59	59	52	61
4 月	Apr.	49	39	46	45	37	41	54	57	52	50	56	53	61
5 月	May	61	49	53	54	50	52	55	59	60	64	59	56	65
6 月	June	75	69	72	71	71	74	82	83	80	73	85	82	83
7 月	July	79	63	74	70	69	65	77	79	77	74	82	77	83
8 月	Aug.	86	79	83	82	85	74	84	85	82	80	85	83	86
9 月	Sept.	85	78	82	78	79	77	84	86	83	82	87	85	85
10 月	Oct.	65	58	64	58	63	64	64	66	60	62	68	57	65
11 月	Nov.	67	55	67	57	66	66	66	63	59	63	65	59	66
12 月	Dec.	68	60	72	60	61	63	68	63	59	61	63	58	68
春 季	Spring	57	47	54	52	48	50	56	59	56	58	58	54	62
夏 季	Summer	80	70	76	74	75	71	81	82	80	76	84	81	84
秋 季	Fall	72	64	71	64	69	69	71	72	67	69	73	67	72
冬 季	Winter	71	63	72	67	63	64	67	65	60	65	63	59	68

7-9　主要城市(区)降水量(2020年)
Monthly Precipitation of Major Cities (2020)

单位：毫米　　(millimeters)

月　份	Month	哈尔滨 Harbin	齐齐哈尔 Qiqihar	北林 Beilin	大庆 Daqing	加格达奇 Jiagedaqi	爱辉 Aihui	伊春 Yichun	佳木斯 Jiamusi	鸡西 Jixi	牡丹江 Mudan-jiang	鹤岗 Hegang	双鸭山 Shuang-yashan	七台河 Qitaihe
合　计	**Total**	**790.5**	**625.3**	**934.6**	**644.0**	**556.9**	**884.4**	**886.9**	**830.8**	**942.8**	**734.0**	**810.4**	**750.9**	**817.2**
1　月	Jan.	3.2	4.0	2.6	6.2	2.9	2.0	0.8	0.2	1.0	3.2	0.2	0.4	0.8
2　月	Feb.	8.3	10.7	12.4	10.3	2.1	1.7	5.7	8.9	14.4	12.2	6.2	11.3	12.0
3　月	Mar.	6.9	1.0	13.8	4.5	5.7	5.2	17.4	11.0	6.8	14.7	6.8	8.4	4.4
4　月	Apr.	6.3	46.0	15.5	29.2	13.3	51.9	38.5	56.5	33.6	11.2	44.6	73.7	22.7
5　月	May	77.4	29.7	32.5	44.2	54.5	85.9	43.1	62.0	136.7	83.3	34.1	81.5	93.4
6　月	June	202.6	107.0	167.5	139.8	38.5	222.6	307.0	135.5	212.8	91.2	196.2	148.7	224.6
7　月	July	126.4	46.8	122.9	77.1	60.4	56.4	64.4	50.0	62.5	83.8	30.6	40.5	67.1
8　月	Aug.	146.1	172.3	302.1	117.4	182.6	259.1	229.0	232.0	241.2	217.5	213.8	181.5	211.0
9　月	Sept.	168.4	190.9	203.7	197.6	163.9	142.0	139.7	209.6	161.4	150.9	190.5	136.9	116.0
10 月	Oct.	13.6	14.2	41.3	14.6	22.3	41.7	32.9	39.0	20.0	18.3	70.7	44.1	17.5
11 月	Nov.	30.9	1.0	18.0	2.6	10.2	14.6	6.2	22.7	52.1	47.1	13.2	21.4	45.6
12 月	Dec.	0.4	1.7	2.3	0.5	0.5	1.3	2.2	3.4	0.3	0.6	3.5	2.5	2.1
春　季	Spring	90.6	76.7	61.8	77.9	73.5	143.0	99.0	129.5	177.1	109.2	85.5	163.6	120.5
夏　季	Summer	475.1	326.1	592.5	334.3	281.5	538.1	600.4	417.5	516.5	392.5	440.6	370.7	502.7
秋　季	Fall	212.9	206.1	263.0	214.8	196.4	198.3	178.8	271.3	233.5	216.3	274.4	202.4	179.1
冬　季	Winter	11.9	16.4	17.3	17.0	5.5	5.0	8.7	12.5	15.7	16.0	9.9	14.2	14.9

7-10 主要城市(区)平均风速(2020年)
Monthly Average Wind Velocity of Major Cities(2020)

单位: m/s (m/s)

月份	Month	哈尔滨 Harbin	齐齐哈尔 Qiqihar	北林 Beilin	大庆 Daqing	加格达奇 Jiagedaqi	爱辉 Aihui	伊春 Yichun	佳木斯 Jiamusi	鸡西 Jixi	牡丹江 Mudan-jiang	鹤岗 Hegang	双鸭山 Shuang-yashan	七台河 Qitaihe
年平均	**Annual Average**	**2.8**	**2.5**	**2.1**	**3.0**	**2.3**	**2.6**	**2.2**	**2.4**	**3.6**	**3.0**	**2.1**	**2.0**	**3.2**
1 月	Jan.	1.8	1.7	1.6	2.2	1.4	1.8	1.8	1.8	3.4	1.6	1.8	2.0	2.3
2 月	Feb.	2.7	1.9	2.1	2.7	2.1	2.2	2.3	2.3	3.9	2.6	2.1	1.9	3.4
3 月	Mar.	3.2	2.7	2.3	3.3	2.4	2.6	2.4	2.7	4.3	3.6	2.5	2.4	3.8
4 月	Apr.	3.4	3.2	2.5	3.6	3.0	3.7	2.3	2.6	4.3	3.7	2.4	2.0	3.9
5 月	May	3.3	3.1	2.2	3.4	2.5	2.8	2.2	2.8	3.5	3.7	2.3	2.0	3.2
6 月	June	2.9	2.4	2.1	2.9	2.4	2.3	2.1	2.1	3.2	3.2	1.9	1.5	2.9
7 月	July	2.2	2.4	1.7	2.6	2.3	2.2	1.7	1.8	2.6	2.3	1.4	1.6	2.1
8 月	Aug.	2.5	2.3	1.9	2.8	2.1	2.8	2.2	2.4	2.7	2.5	2.0	1.7	2.8
9 月	Sept.	3.1	2.6	2.0	3.1	2.5	2.4	2.0	2.2	2.8	2.9	2.1	1.6	2.7
10 月	Oct.	2.8	2.6	2.1	3.1	2.4	3.2	2.5	2.7	3.7	3.2	2.3	2.3	3.6
11 月	Nov.	3.2	2.7	2.3	3.4	2.1	3.0	2.8	2.9	4.4	3.7	2.4	2.5	4.0
12 月	Dec.	2.7	1.9	1.9	2.5	2.0	2.3	2.6	2.7	4.4	3.5	2.3	2.5	3.1
春季	Spring	3.3	3.0	2.3	3.4	2.6	3.0	2.3	2.7	4.0	3.7	2.4	2.1	3.6
夏季	Summer	2.5	2.4	1.9	2.8	2.3	2.4	2.0	2.1	2.8	2.7	1.8	1.6	2.6
秋季	Fall	3.0	2.6	2.1	3.2	2.3	2.9	2.4	2.6	3.6	3.3	2.3	2.1	3.4
冬季	Winter	2.4	1.8	1.9	2.5	1.8	2.1	2.2	2.3	3.9	2.6	2.1	2.1	2.9
最大	Maximum	13.4	10.7	8.9	13.1	10.3	11.6	11.7	14.1	18.7	15.8	11.2	9.5	18.0
风向	Wind Direction	NNE	NNW	W	WSW	NW	NW	W	WNW	WSW	2次	WSW	SSE	WNW

7-11 主要城市(区)日照时数(2020年)
Monthly Sunshine Hours of Major Cities (2020)

单位：小时 (hour)

月份	Month	哈尔滨 Harbin	齐齐哈尔 Qiqihar	北林 Beilin	大庆 Daqing	加格达奇 Jiagedaqi	爱辉 Aihui	伊春 Yichun	佳木斯 Jiamusi	鸡西 Jixi	牡丹江 Mudan-jiang	鹤岗 Hegang	双鸭山 Shuang-yashan	七台河 Qitaihe
合 计	**Total**	**3426.4**	**3555.1**	**3241.5**	**2825.1**	**3353.7**	**3350.3**	**2438.4**	**3377.4**	**3445.9**	**2277.3**	**2254.1**	**2912.4**	**3357.5**
1 月	Jan.	235.3	227.9	221.6	211.5	220.5	224.9	135.1	238.2	247.2	184.4	185.8	202.6	238.4
2 月	Feb.	243.1	257.3	231.1	215.8	248.3	250.1	159.9	251.0	250.8	167.9	170.7	214.3	249.4
3 月	Mar.	307.9	322.7	298.0	265.1	310.0	311.7	201.4	298.8	303.9	184.3	196.5	278.7	302.6
4 月	Apr.	314.7	338.1	319.8	273.1	352.9	353.3	231.1	332.5	326.8	204.0	203.4	312.0	324.5
5 月	May	364.0	367.4	351.6	266.1	371.4	372.0	227.9	359.6	338.1	192.0	238.2	321.1	344.6
6 月	June	348.2	366.1	332.7	252.6	363.7	319.3	95.0	296.2	316.2	146.8	89.9	262.5	290.5
7 月	July	387.6	405.9	367.2	330.8	392.7	384.3	329.4	397.8	378.5	255.9	210.7	344.6	374.7
8 月	Aug.	295.4	304.5	282.8	195.7	249.6	264.5	286.7	296.3	303.2	164.1	153.1	259.4	303.5
9 月	Sept.	240.8	262.3	219.8	178.0	232.2	235.0	225.6	236.0	251.5	108.1	160.7	216.5	242.3
10 月	Oct.	243.2	260.9	221.0	218.3	195.3	225.1	219.8	245.6	274.0	227.8	234.1	205.6	254.6
11 月	Nov.	213.6	220.4	193.7	198.5	213.7	204.3	162.9	202.1	214.0	211.2	190.6	123.2	205.6
12 月	Dec.	232.6	221.6	202.2	219.6	203.4	205.8	163.6	223.3	241.7	230.8	220.4	171.9	226.8
春 季	Spring	696.8	817.4	725.7	810.0	880.1	706.8	780.5	752.9	701.3	637.8	758.7	723.8	691.9
夏 季	Summer	530.1	602.8	455.7	696.7	1003.0	545.5	580.5	902.7	486.7	529.7	379.2	407.0	934.5
秋 季	Fall	744.4	688.5	655.5	724.8	771.6	614.8	577.6	807.0	788.4	659.8	629.0	650.7	789.3
冬 季	Winter	526.8	621.1	571.8	589.8	575.4	581.7	414.0	600.2	624.9	526.7	569.2	570.8	544.7

7-12 工业“三废”排放治理情况(2020年)
Discharge and Treatment of Industrial Waste Water, Waste Gas and Solid Wastes(2020)

项 目	Item	2020
工业废水	**Industrial Waste Water**	
工业废水排放量(万吨)	Volume of Industrial Waste Water Discharged(10000 tons)	15256.90
直接排入环境的	Directly Into the Environment	10964.27
排入污水处理厂的	Discharged Into the Sewage Treatment Plant	4292.63
化学需氧量COD排放量(万吨)	Chemical Oxygen Demand COD Emissions(10000 tons)	2.13
氨氮排放量(万吨)	Ammonia - Nitrogen Emissions(10000 tons)	0.10
工业废气	**Industrial Waste Gas**	
工业废气排放量(亿立方米)	Emission Volume of Industrial Waste Gas(100 million cu.m)	14058.40
二氧化硫排放量(万吨)	Emission Volume of Sulphur Dioxide (10000 tons)	9.03
氮氧化物排放量(万吨)	Emission Volume of Nitrogen Oxide (10000 tons)	10.61
烟(粉)尘排放量(万吨)	Emission Volume of Smoke (powder) Dust(10000 tons)	11.92
工业固体废物	**Industrial Solid Wastes**	
工业固体废物产生量(万吨)	Volume of Industrial Solid Wastes Produced(10000 tons)	6769.13
工业固体废物综合利用量(万吨)	Volume of Industrial Solid Wastes Utilized(10000 tons)	3166.23
工业固体废物处置量(万吨)	Volume of Industrial Solid Wastes Treated(10000 tons)	1328.01
工业固体废物贮存量(万吨)	Volume of Industrial Solid Wastes Accumulated(10000 tons)	2744.83
危险废物产生量(万吨)	Hazardous Waste Generated Volume(10000 tons)	118.54
危险废物利用处置量(万吨)	Utilization and Disposal of Hazardous Waste(10000 tons)	126.56
危险废物本年末贮存量(万吨)	Storage Capacity of Hazardous Wastes at the End of the Year (10000 tons)	16.92

注：1.环保数据来源于黑龙江省生态环境厅，此数据为快报数据。
2.2020年生态环境统计数据为国家动态更新后数据(下同)。

a) Figures of climate were obtained from the Department of Ecology Environmental of Heilongjiang Province.

b) The ecological environment statistics data in 2020 are the state dynamic updated data(the same below).

7-13　分地区污染物排放总量情况(2020年)
Total Emission Volume of Pollutants by Region (2020)

地　区	Region	废　水排放量(万吨) Volume of Waste Water Discharged (10000 tons)	化学需氧量COD排放量(吨) Chemical Oxygen Demand COD Emissions (ton)	氨　氮排放量(吨) Ammonia-Nitrogen Emissions (ton)	二氧化硫排放量(吨) Emission Volume of Sulphur Dioxide(ton)	氮氧化物排放量(吨) Emission Volume of Nitrogen Oxide(ton)	烟(粉)尘排放量(吨) Emission Volume of Smoke(powder) Dust(ton)
全　省	**Total**	**124778.5**	**1491659.7**	**24164.7**	**143198.3**	**297631.2**	**387188.8**
哈尔滨	Harbin	41058.8	47568.2	2130.1	36261.3	78243.3	140523.7
齐齐哈尔	Qiqihar	12523.4	30296.5	1281.7	24274.5	36774.5	37728.3
鸡　西	Jixi	4343.0	4700.8	271.8	16108.4	11118.6	8585.8
鹤　岗	Hegang	6144.8	5829.7	849.7	5565.0	8893.2	46321.4
双鸭山	Shuangyashan	4538.2	5578.0	143.7	5545.4	12503.6	27253.4
大　庆	Daqing	13852.1	12691.0	714.7	11483.5	34397.2	25884.7
伊　春	Yichun	5580.9	13414.8	830.6	3759.5	12386.2	6423.5
佳木斯	Jiamusi	9563.7	15716.7	1048.8	5468.6	17563.8	17677.6
七台河	Qitaihe	1835.2	3291.4	119.3	6236.2	12900.7	9270.4
牡丹江	Mudanjiang	10776.4	34037.8	2722.8	11916.1	21287.4	39955.2
黑　河	Heihe	3372.1	4284.3	182.8	5968.0	7418.9	8264.3
绥　化	Suihua	9803.3	23068.9	698.7	5481.5	38241.1	12262.2
大兴安岭	Daxinganling	1386.7	2252.3	92.4	5130.3	4036.2	7015.0
农垦总局	ARB					1866.5	23.3

注：以上数据中，化学需氧量和氨氮无各地市农业源数据，农垦总局只有机动车排放数据。

a) In the above data, there is no agricultural source data of local cities for chemical oxygen demand and ammonia nitrogen, and the General Administration of agricultural reclamation only has motor vehicle emission data.

7-14 工业污染排放和处理利用情况(2020年)

类别	Category	汇总工业企业数(个) Number of Industrial Enterprises (unit)	工业废水排放量(万吨) Volume of Industrial Waste Water Discharged (10000 tons)	直接排入环境的 Directly Into the Environment	排入污水处理厂的 Discharged Into the Sewage Treatment Plant
重点调查企业	**Key Survey Enterprises**	**1549**	**15256.90**	**10964.27**	**4292.63**
农、林、牧、渔专业及辅助性活动	Professional and Support Activities for Agriculture, Forestry, Animal Husbandry and Fishery	6	0.12	0.01	0.11
煤炭开采和洗选业	Mining and Washing of Coal	83	4505.21	4505.21	
石油和天然气开采业	Extraction of Petroleum and Natural Gas	22			
黑色金属矿采选业	Mining and Processing of Ferrous Metal Ores	2			
有色金属矿采选业	Mining and Processing of Non-Ferrous Metal Ores	10	0.89	0.89	
非金属矿采选业	Mining and Processing of Nonmetal Ores	22			
开采专业及辅助性活动	Professional and Support Activities for Mining	7	0.27	0.27	
农副食品加工业	Processing of Food from Agricultural Products	206	1250.93	148.28	1102.65
食品制造业	Manufacture of Foods	84	2320.01	1118.13	1201.89
酒、饮料和精制茶制造业	Manufacture of Wine, Soft Drinks and Refined Tea	82	1213.16	529.80	683.36
烟草制品业	Manufacture of Tobacco	2	19.43		19.43
纺织业	Manufacture of Textile	7	95.08	15.00	80.08
纺织服装、服饰业	Manufacture of Textile, Wearing Apparel and Accessories	1			
皮革、毛皮、羽毛及其制品和制鞋业	Leather, Fur, Feathers and Its Process and System Footwear	7	53.97		53.97
木材加工和木、竹、藤、棕、草制品业	Processing of Timber, Manufacture of Wood, Bamboo, Rattan, Palm, and Straw Products	11			
家具制造业	Manufacture of Furniture	12	3.84	3.84	
造纸和纸制品业	Manufacture of Paper and Paper Products	29	325.65	317.29	8.36
印刷和记录媒介复制业	Printing, Reproduction of Recording Media	5	0.87		0.87
文教、工美、体育和娱乐用品制造业	Manufacture of Culture and Education, Arts and Crafts, Sports and Recreation Supplies				
石油、煤炭及其他燃料加工业	Processing of Petroleum, Coal and Other Fuels	30	882.56	805.54	77.02

Discharge and Treatment of Industrial Pollution (2020)

工业废水中化学需氧量排放量(吨) Emission Volume of Industrial Waste Water Chemical Oxygen Demand COD (ton)	工业废水中氨氮排放量(吨) Emission Volume of Industrial Waste Water Ammonia - Nitrogen (ton)	工业废气排放量(亿立方米) Emission Volume of Industrial Waste Gas (100 million cu.m)	工业废气中二氧化硫产生量(吨) Volume of Industrial Waste Gas Sulphur Dioxide Produced (ton)	工业废气中二氧化硫排放量(吨) Emission Volume of Industrial Waste Gas Sulphur Dioxide (ton)	工业废气中氮氧化物产生量(吨) Volume of Industrial Waste Gas Nitrogen Oxide Produced (ton)	工业废气中氮氧化物排放量(吨) Emission Volume of Industrial Waste Gas Nitrogen Oxide (ton)
20297.36	**975.18**	**14058.40**	**648935.51**	**90311.10**	**305379.43**	**106102.69**
8.22	0.27	5.47	1773.40	1715.49	38.84	38.84
605.89		205.09	6501.53	3674.78	1172.09	1096.84
		221.97	313.04	311.87	2633.80	2633.80
		1.68	96.80	93.70	50.91	48.73
0.16	0.001	4.60	474.97	74.89	130.94	68.48
		7.47	2255.99	2112.95	113.67	110.02
0.43		1.79	179.30	179.30	43.87	43.87
8413.65	192.85	124.04	24714.93	1696.18	4324.84	1573.27
3729.55	394.61	210.77	8810.07	1443.77	5934.70	1659.20
5208.05	195.89	166.95	12250.83	3631.13	4979.76	1559.84
4.42	0.14	3.58	9.31	9.31	17.72	15.27
29.72	1.19	2.37	9.55	9.55	17.64	17.01
		0.01	0.03	0.03	0.09	0.09
73.43	12.00	0.0004			0.06	0.06
		2.29	180.33	54.23	64.14	45.36
0.40		3.95	1602.94	1576.77	27.91	26.72
95.65	1.37	23.34	1055.55	376.79	664.25	324.68
0.27	0.004	0.11	8.74	8.74	1.34	1.34
463.63	9.07	638.87	8605.48	2009.98	14254.07	8715.64

7-14 续表1

类 别	Category	汇总工业企业数(个) Number of Industrial Enterprises (unit)	工业废水排放量(万吨) Volume of Industrial Waste Water Discharged (10000 tons)	直接排入环境的 Directly Into the Environment	排入污水处理厂的 Discharged Into the Sewage Treatment Plant
化学原料和化学制品制造业	Manufacture of Raw Chemical Materials and Chemical Products	81	2418.54	2377.33	41.22
医药制造业	Manufacture of Medicines	78	345.78	21.76	324.02
化学纤维制造业	Manufacture of Chemical Fibers	1	0.32		0.32
橡胶和塑料制品业	Manufacture of Rubber and Plastic Products	9	18.75	18.75	
非金属矿物制品业	Manufacture of Non-metallic Mineral Products	123	14.76	4.26	10.50
黑色金属冶炼和压延加工业	Smelting and Pressing of Ferrous Metals	5	572.44	572.44	
有色金属冶炼和压延加工业	Smelting and Pressing of Non-ferrous Metals	2	142.25		142.25
金属制品业	Manufacture of Metal Products	19	23.71	1.83	21.87
通用设备制造业	Manufacture of General Purpose Machinery	15	71.82	3.25	68.57
专用设备制造业	Manufacture of Special Purpose Machinery	10	252.96	250.11	2.86
汽车制造业	Manufacture of Automotive	8	20.77		20.77
铁路、船舶、航空航天和其他运输设备制造业	Manufacture of Railways, Ship, Aerospace and Other Transport Equipment	8	122.54	25.25	97.29
电气机械和器材制造业	Manufacture of Electrical Machinery and Equipment	2	18.72		18.72
计算机、通信和其他电子设备制造业	Manufacture of Computer, Communications and Other Electronic Equipment	4	34.30		34.30
仪器仪表制造业	Manufacture of Instrument	1			
其他制造业	Other Manufacture	6	56.86	44.15	12.71
废弃资源综合利用业	Comprehensive Utilization of Abandoned Resources	8	0.05		0.05
金属制品、机械和设备修理业	Metal Products, Machinery and Equipment Repair Industry	5	0.01	0.01	
电力、热力生产和供应业	Production and Supply of Electric Power and Heat Power	534	433.82	200.88	232.94
燃气生产和供应业	Production and Supply of Gas	1			
水的生产和供应业	Production and Supply of Water	1	36.50		36.50

CONTINUED

工业废水中化学需氧量排放量(吨) Emission Volume of Industrial Waste Water Chemical Oxygen Demand COD (ton)	工业废水中氨氮排放量(吨) Emission Volume of Industrial Waste Water Ammonia - Nitrogen (ton)	工业废气排放量(亿立方米) Emission Volume of Industrial Waste Gas (100 million cu.m)	工业废气中二氧化硫产生量(吨) Volume of Industrial Waste Gas Sulphur Dioxide Produced (ton)	工业废气中二氧化硫排放量(吨) Emission Volume of Industrial Waste Gas Sulphur Dioxide (ton)	工业废气中氮氧化物产生量(吨) Volume of Industrial Waste Gas Nitrogen Oxide Produced (ton)	工业废气中氮氧化物排放量(吨) Emission Volume of Industrial Waste Gas Nitrogen Oxide (ton)
890.55	95.67	320.14	2358.49	1465.20	3172.54	2736.18
289.49	26.65	23.93	1425.88	556.18	471.49	356.67
0.06	0.002	0.05	24.57	24.57	0.87	0.87
1.51	0.02	2.75	171.66	32.91	110.80	56.08
3.67	0.03	995.63	5786.13	3547.96	24578.47	8713.75
47.63	1.26	1733.30	10185.27	2354.81	10467.37	5464.98
54.15	17.03	51.20	4426.34	11.61	242.45	77.34
10.02	0.91	33.98	17.92	11.50	16.80	16.65
21.89	0.87	3.72	441.89	38.82	100.63	84.31
49.99	1.37	42.86	75.43	24.28	473.07	472.99
9.38	0.97	1.75	76.92	11.64	15.17	14.99
78.83	16.29	105.51	323.14	67.13	423.41	186.55
3.47	0.13	38.89	9.27	9.27	9.14	8.71
12.13	0.28	0.14	0.04	0.04	0.57	0.11
7.15	0.11	4.98	255.93	18.80	90.89	54.47
3.64	0.13	4.83	17.16	10.02	2.90	2.90
0.01		0.14	5.08	5.08	4.66	4.66
169.85	5.73	9068.65	554357.22	63007.44	230665.84	69809.72
		1.62	134.40	134.40	61.74	61.74
10.49	0.35					

7-14 续表2

类 别	Category	工业废气中烟(粉)尘产生量(吨) Produced Volume of Industrial Waste Gas Smoke (powder) Dust (ton)	工业废气中烟(粉)尘排放量(吨) Emission Volume of Industrial Waste Gas Smoke(powder) Dust (ton)	一般工业固体废物产生量(万吨) Volume of Industrial Solid Wastes Produced (10000 tons)
重点调查企业	**Key Survey Enterprises**	**22826885.54**	**119229.98**	**6769.13**
农、林、牧、渔专业及辅助性活动	Professional and Support Activities for Agriculture, Forestry, Animal Husbandry and Fishery	128.75	0.67	0.35
煤炭开采和洗选业	Mining and Washing of Coal	77626.34	13047.37	968.91
石油和天然气开采业	Extraction of Petroleum and Natural Gas	84.80	37.92	7.23
黑色金属矿采选业	Mining and Processing of Ferrous Metal Ores	3957.43	1082.52	41.81
有色金属矿采选业	Mining and Processing of Non-Ferrous Metal Ores	7254.80	322.17	2009.47
非金属矿采选业	Mining and Processing of Nonmetal Ores	52939.92	1722.20	352.45
开采专业及辅助性活动	Professional and Support Activities for Mining	684.38	4.46	205.34
农副食品加工业	Processing of Food from Agricultural Products	137854.14	858.51	47.37
食品制造业	Manufacture of Foods	155097.24	458.55	40.81
酒、饮料和精制茶制造业	Manufacture of Wine, Soft Drinks and Refined Tea	142677.63	763.38	39.59
烟草制品业	Manufacture of Tobacco	127.19	87.92	5.14
纺织业	Manufacture of Textile	127.57	0.64	0.24
纺织服装、服饰业	Manufacture of Textile, Wearing Apparel and Accessories	1.74	0.002	0.001
皮革、毛皮、羽毛及其制品和制鞋业	Leather, Fur, Feathers and Its Process and System Footwear			
木材加工和木、竹、藤、棕、草制品业	Processing of Timber, Manufacture of Wood, Bamboo, Rattan, Palm, and Straw Products	921.91	28.88	0.71
家具制造业	Manufacture of Furniture	411.67	255.62	0.25
造纸和纸制品业	Manufacture of Paper and Paper Products	54104.42	88.14	11.54
印刷和记录媒介复制业	Printing, Reproduction of Recording Media	1.76	0.45	0.03
文教、工美、体育和娱乐用品制造业	Manufacture of Culture and Education, Arts and Crafts, Sports and Recreation Supplies			
石油、煤炭及其他燃料加工业	Processing of Petroleum, Coal and Other Fuels	168138.16	11409.21	20.22

CONTINUED

一般工业固体废物综合利用量(万吨) Volume of Industrial Solid Wastes Utilized (10000 tons)	一般工业固体废物处置量(万吨) Volume of Industrial Solid Wastes Treated (10000 tons)	一般工业固体废物贮存量(万吨) Volume of Industrial Solid Wastes Accumulated (10000 tons)	危险废物产生量(万吨) Hazardous Waste Generated Volume (10000 tons)	危险废物利用处置量(万吨) Utilization and Disposal of Hazardous Waste (10000 tons)	危险废物年末贮存量(万吨) Storage Capacity of Hazardous Wastes at the End of the Year (10000 tons)
3166.23	**1328.01**	**2744.83**	**118.54**	**126.56**	**16.92**
0.35	0.002				
738.21	177.45	107.34	0.0002	0.0004	0.0001
0.08	7.14	0.01	66.74	73.34	12.93
27.21	21.90	14.60	0.0001		0.0001
124.15	216.95	1885.32	14.88	14.88	0.01
59.35	181.65	211.94	0.001	0.0003	0.03
95.21	110.12	0.001	0.04	0.05	0.26
41.92	5.47	0.07	0.01	0.01	0.001
18.20	22.61	0.01	0.01	0.01	0.002
25.85	13.74	0.001	0.01	0.01	0.001
	5.14				
0.09	0.15		0.0009	0.001	
0.001					
0.65	0.06				
0.12	0.13	0.0004	0.02	0.03	0.002
1.63	9.95	0.001	0.001	0.001	0.0002
0.0002	0.03		0.00003	0.00002	0.0001
17.92	2.31		5.31	5.31	0.0004

7-14 续表3

类 别	Category	工业废气中烟(粉)尘产生量(吨) Produced Volume of Industrial Waste Gas Smoke (powder) Dust (ton)	工业废气中烟(粉)尘排放量(吨) Emission Volume of Industrial Waste Gas Smoke(powder) Dust (ton)	一般工业固体废物产生量(万吨) Volume of Industrial Solid Wastes Produced (10000 tons)
化学原料和化学制品制造业	Manufacture of Raw Chemical Materials and Chemical Products	205220.99	687.35	84.73
医药制造业	Manufacture of Medicines	16115.12	429.49	4.97
化学纤维制造业	Manufacture of Chemical Fibers	34.73	0.57	0.01
橡胶和塑料制品业	Manufacture of Rubber and Plastic Products	7883.14	31.69	2.49
非金属矿物制品业	Manufacture of Non-metallic Mineral Products	2352030.22	32612.91	95.93
黑色金属冶炼和压延加工业	Smelting and Pressing of Ferrous Metals	433486.90	2841.86	421.21
有色金属冶炼和压延加工业	Smelting and Pressing of Non-ferrous Metals	3797.36	10.34	42.16
金属制品业	Manufacture of Metal Products	148.96	38.38	0.13
通用设备制造业	Manufacture of General Purpose Machinery	1233.78	60.83	3.93
专用设备制造业	Manufacture of Special Purpose Machinery	3845.68	961.51	6.79
汽车制造业	Manufacture of Automotive	281.20	61.86	3.14
铁路、船舶、航空航天和其他运输设备制造业	Manufacture of Railways, Ship, Aerospace and Other Transport Equipment	5910.82	310.19	10.42
电气机械和器材制造业	Manufacture of Electrical Machinery and Equipment	3.41	0.01	0.09
计算机、通信和其他电子设备制造业	Manufacture of Computer, Communications and Other Electronic Equipment			
仪器仪表制造业	Manufacture of Instrument			
其他制造业	Other Manufacture	479.20	2.30	1.12
废弃资源综合利用业	Comprehensive Utilization of Abandoned Resources	32.39	5.04	1.20
金属制品、机械和设备修理业	Metal Products, Machinery and Equipment Repair Industry	71.47	21.44	0.06
电力、热力生产和供应业	Production and Supply of Electric Power and Heat Power	18992645.57	50650.35	2338.52
燃气生产和供应业	Production and Supply of Gas	1524.74	335.26	0.77
水的生产和供应业	Production and Supply of Water			

CONTINUED

一般工业固体废物综合利用量(万吨) Volume of Industrial Solid Wastes Utilized (10000 tons)	一般工业固体废物处置量(万吨) Volume of Industrial Solid Wastes Treated (10000 tons)	一般工业固体废物贮存量(万吨) Volume of Industrial Solid Wastes Accumulated (10000 tons)	危险废物产生量(万吨) Hazardous Waste Generated Volume (10000 tons)	危险废物利用处置量(万吨) Utilization and Disposal of Hazardous Waste (10000 tons)	危险废物年末贮存量(万吨) Storage Capacity of Hazardous Wastes at the End of the Year (10000 tons)
82.72	9.52	0.01	21.40	21.38	0.18
2.72	2.01	0.24	0.11	0.10	0.02
0.01	0.01				
0.0003	2.49		0.02	0.01	0.01
7.11	0.22	89.14	0.01	0.003	0.003
236.55	184.66		0.21	0.21	0.004
0.55	40.76	0.90	0.22	0.22	0.0001
0.06	0.06	0.00001	0.02	0.02	0.003
3.48	0.45		0.25	0.25	0.004
1.09	0.20	5.50	0.45	2.79	1.89
2.86	0.28		0.13	0.13	0.001
10.14	0.28		0.29	0.29	
0.09			0.27	0.27	
			0.02	0.02	0.0006
			0.00002		0.00003
0.62	0.50		0.03	0.03	0.0003
1.08	0.13	0.01	0.93	0.90	0.05
0.06			0.01	0.01	0.004
1665.73	311.64	429.38	7.14	6.29	1.53
0.42		0.35			

主要统计指标解释

耕地 指利用地表耕作层种植农作物为主，每年种植一季及以上（含以一年一季以上的耕种方式种植多年生作物）的土地，包括熟地，新开发、复垦、整理地，休闲地（含轮歇地、休耕地）；以及间有零星果树、桑树或其他树木的耕地；包括南方宽度＜1.0米，北方宽度＜2.0米固定的沟、渠、路和地坎(埂)；包括直接利用地表耕作层种植的温室、大棚、地膜等保温、保湿设施用地。

园地 指种植以采集果、叶、根、茎、汁等为主的集约经营的多年生木本和草本作物，覆盖度大于50%和每亩株数大于合理株数70%的土地。包括用于育苗的土地。

林地 指生长乔木、竹类、灌木的土地。不包括生长林木的湿地，城镇、村庄范围内的绿化林木用地，铁路、公路征地范围内的林木，以及河流、沟渠的护堤林用地。

牧草地 指生长草本植物为主的土地。

径流量 指在一定时段内通过河流某一过水断面的水量，用以反映一个国家或地区水资源的丰歉程度。计算公式为:

径流量=降水量-蒸发量

流域 每条河流都有自己的干流和支流，干支流共同组成这条河流的水系。每条河流都有自己的集水区域，这个集水区域就称为该河流的流域。

矿产资源 指由地质作用形成的，具有利用价值的，呈固态、液态、气态的自然资源，是社会生产发展的重要物质基础。目前我国已发现矿种有170多种，按其特点和用途，可分为能源矿产(如煤炭、石油、天然气、地热)、金属矿产(如铁矿、锰矿、铜矿、铅矿、铝土矿)、非金属矿产(如金刚石、石灰岩、粘土)和水气矿产(如地下水、矿泉水、二氧化碳气)四大类。其中：金属矿产按其物质成份和性质又可分为：黑色金属矿产、有色金属矿产、贵金属矿产、稀有金属矿产、稀土金属矿产、分散元素金属矿产六类。

矿产基础储量 基础储量是查明矿产资源的一部分。它能满足现行采矿和生产所需的指标要求，是控制的、探明的并通过可行性或预可行性研究认为属于经济的、边界经济的部分，用未扣除设计、采矿损失的数量表示。

平均气温 气温指空气的温度，我国一般以摄氏度为单位表示。气象观测的温度表是放在离地面约1.5米处通风良好的百叶箱里测量的，因此，通常说的气温指的是离地面1.5米处百叶箱中的温度。计算方法：月平均气温是将全月各日的平均气温相加，除以该月的天数而得。年平均气温是将12个月的月平均气温累加后除以12而得。

平均相对湿度 指空气中实际水气压与当时气温下的饱和水气压之比。其统计方法与气温相同。

降水量 指从天空降落到地面的液态或固态(经融化后)水，未经蒸发、渗透、流失而在地面上积聚的深度。计算方法：月降水量是将全月各日的降水量累加而得。年降水量是将12个月的月降水量累加而得。

日照时数 指太阳实际照射地面的时数，通常以小时为单位表示。其统计方法与降水量相同。

水资源总量 指当地降水形成的地表和地下产水总量，即地表径流量与降水入渗补给量之和。

地表水资源量 指河流、湖泊以及冰川等地表水体中可以逐年更新的动态水量，即天然河川径流量。

地下水资源量 指地下饱和含水层逐年更新的动态水量，即降水和地表水入渗对地下水的补给量。

地表水与地下水重复计算量 指地表水和地下水相互转化的部分，即天然河川径流量中的地下水排泄量和地下水补给量中来源于地表水的入渗补给量。

供水总量 指各种水源为用水户提供的包括输水损失在内的毛水量。

地表水源供水量 指地表水体工程的取水量，按蓄、引、提、调四种形式统计。从水库、塘坝中引水或提水，均属蓄水工程供水量；从河道或湖泊中自流引水的，无论有闸或无闸，均属引水工程供水量；利用扬水站从河道或湖泊中直接取水的，属提水工程供水量；跨流域调水指水资源一级区或独立流域之间的跨流域调配水量，不包括在蓄、引、提水量中。

地下水源供水量 指水井工程的开采量，按浅层淡水、深层承压水和微咸水分别统计。城市地下水源供水量包括自来水厂的开采量和工矿企业自备井的开采量。

其他水源供水量 包括污水处理再利用、集雨工程、海水淡化等水源工程的供水量。

用水总量 指各类用水户取用的包括输水损失在内的毛水量。

农业用水 包括农田灌溉用水、林果地灌溉用水、草地灌溉用水、鱼塘补水和畜禽用水。

工业用水 指工矿企业在生产过程中用于制造、加工、冷却、空调、净化、洗涤等方面的用水，按新水取用量计，不包括企业内部的重复利用水量。

生活用水 包括城镇生活用水和农村生活用水。城镇生活用水由居民用水和公共用水（含第三产业及建筑业等用水）组成；农村生活用水指居民生活用水。

生态环境补水 仅包括人为措施供给的城镇环境用水和部分河湖、湿地补水，而不包括降水、径流自然满足的水量。

一般工业固体废物产生量 指当年全年调查对象实际产生的一般工业固体废物的量。一般工业固体废物指企业在工业生产过程中产生且不属于危险废物的工业固体废物。

一般工业固体废物综合利用量 指当年全年调查对象通过回收、加工、循环、交换等方式，从固体废物中提取或者使其转化为可以利用的资源、能源和其他原材料的固体废

物量（包括当年利用的往年工业固体废物累计贮存量）。如用作农业肥料、生产建筑材料、筑路等。综合利用量由原产生固体废物的单位统计。

一般工业固体废物处置量　指当年全年调查对象将工业固体废物焚烧和用其他改变工业固体废物的物理、化学、生物特性的方法，达到减少或者消除其危险成分的活动，或者将工业固体废物最终置于符合环境保护规定要求的填埋场的活动中，所消纳固体废物的量（包括当年处置的往年工业固体废物累计贮存量）。

一般工业固体废物贮存量　指当年全年调查对象以综合利用或处置为目的，将固体废物暂时贮存或堆存在专设的贮存设施或专设的集中堆存场所内的量。专设的固体废物贮存场所或贮存设施必须有防扩散、防流失、防渗漏、防止污染大气、水体的措施。

一般工业固体废物倾倒丢弃量　指当年全年调查对象将所产生的固体废物倾倒或者丢弃到固体废物污染防治设施、场所以外的量。

危险废物产生量　指当年全年调查对象实际产生的危险废物的量。危险废物指列入国家危险废物名录或者根据国家规定的危险废物鉴别标准和鉴别方法认定的，具有爆炸性、易燃性、易氧化性、毒性、腐蚀性、易传染性疾病等危险特性之一的废物。包括利用处置危险废物过程中二次产生的危险废物的量。按《国家危险废物名录》（2016）填报。

危险废物利用处置量　指调查年度调查对象从危险废物中提取物质作为原材料或者燃料的活动中消纳危险废物的量，以及将危险废物焚烧和用其他改变危险废物物理、化学、生物特性的方法，达到减少或者消除其危险成分的活动，或者将危险废物最终置于符合环境保护规定要求的填埋场的活动中，所消纳危险废物的量。包括本单位自行处置利用的本单位产生和接收外单位危险废物量。

危险废物年末累积贮存量　指将危险废物以一定包装方式暂时存放在专设的贮存设施内的量。专设的贮存设施指对危险废物的包装、选址、设计、安全防护、监测和关闭等符合《危险废物贮存污染控制标准》（GB18597-2001）等相关环保法律法规要求，具有防扩散、防流失、防渗漏、防止污染大气和水体措施的设施。包括本单位自行贮存的本单位产生的和接收外单位的危险废物量。

生活垃圾清运量　指报告期收集和运送到各生活垃圾处理厂(场)和生活垃圾最终消纳点的生活垃圾数量。生活垃圾指城市日常生活或为城市日常生活提供服务的活动中产生的固体废物以及法律行政规定的视为城市生活垃圾的固体废物。包括：居民生活垃圾、商业垃圾、集市贸易市场垃圾、街道清扫垃圾、公共场所垃圾和机关、学校、厂矿等单位的生活垃圾。

生活垃圾无害化处理率　指报告期生活垃圾无害化处理量与生活垃圾产生量的比率。在统计上，由于生活垃圾产生量不易取得，可用清运量代替。计算公式为：

$$\text{生活垃圾无害化处理率}=\frac{\text{生活垃圾无害化处理量}}{\text{生活垃圾产生量}}\times 100\%$$

森林面积　包括郁闭度 0.2 以上的乔木林地面积和竹林面积，国家特别规定的灌木林地面积，农田林网以及村旁、路旁、水旁、宅旁林木的覆盖面积。

森林覆盖率　以行政区域为单位的森林面积占区域土地总面积的百分比。计算公式为：

$$\text{森林覆盖率}=\frac{\text{森林面积}}{\text{土地总面积}}\times 100\%$$

活立木总蓄积量　指一定范围土地上全部树木蓄积的总量，包括森林蓄积、疏林蓄积、散生木蓄积和四旁树蓄积。

森林蓄积量　指一定森林面积上存在着的林木树干部分的总材积。

湿地　指天然或人工、长久或暂时性的沼泽地、泥炭地或水域地带，包括静止或流动、淡水、半咸水、咸水体，低潮时水深不超过 6 米的水域以及海岸地带地区的珊瑚滩和海草床、滩涂、红树林、河口、河流、淡水沼泽、沼泽森林、湖泊、盐沼及盐湖。

自然保护区　指为了保护自然环境和自然资源，促进国民经济的持续发展，将一定面积的陆地和水体划分出来，并经各级人民政府批准而进行特殊保护和管理的区域个数。根据保护对象，自然保护区分为自然生态系统类、野生生物类、自然遗迹类。风景名胜区、文物保护区不计在内。

Explanatory Notes on Main Statistical Indicators

Cultivated Land refers to the land that mainly for the regular cultivation of farm crops by using the surface tillage layer, planting more than one harvest a year (including perennial crops cultivated by more than one harvest a year), including cultivated land, newly-developed land, reclaimed land, consolidated land, fallow; It covers the land with some fruit trees, mulberry trees and others; It also covers fixed ditch, canal, road and sill (ridge) with width less than 1 meter in the South and 2 meters in the North; It covers the land for thermal insulation and moisturizing facilities such as greenhouse, greenhouse and plastic film planted directly by surface tillage layer.

Garden Land refers to land for intensive cultivation of perennial woody plants and herbs to collect fruits, leaves, roots, stems and juice, with a covering rate over 50% and plant number per mu over 70% of rational plant number. Land for nursery is included.

Forest Land refers to land for planting arbor, bamboo, bush shrub. It does not include the wetland where trees grow, the land for greening trees within the scope of towns and villages, the forest within the scope of railway and highway land acquisition, the land for revetment forest of rivers and ditches.

Pastureland refers to land mainly for the growth of herbs.

Volume of Runoff refers to the total volume of water running through a certain cross section of a river during a certain period of time, reflecting the water resource condition in a country or a region. The formula for calculating volume of runoff is as follows:

Runoff =Precipitation-Evaporation

Drainage Area Each river has its own main stream and branches to form the water system of the river. Each river has its own catchment's area, which is also called as the drainage area of the river.

Mineral Resources refer to useful minerals, with solid state, liquid state, gaseity, due to the geological process. Minerals are important natural resources, and important material base for social development. At present, there are more than 170 types of minerals discovered in China. They can be categorized into four groups: energy producing minerals (including coal, petroleum, natural gas and terrestrial heat), metallic minerals (including iron, manganese, copper, lead and bauxite), non metallic minerals (including diamond, limestone and clay), and water/gas related minerals (including ground water, mineral water and carbon dioxide). Metallic minerals can be further classified as ferrous, non-ferrous, noble metal, rare metal, rare earth metal and dispersed metals.

Ensured Mineral Reserves refer to the actual mineral reserves, which equal to the proven mineral reserves (including industrial reserves and prospective reserves) minus extracted parts and underground losses.

Average Temperature refers to the air temperature. China uses centigrade as the unit. The thermometry used for weather observation is put in a breezy shutter, which is 1.5 meters high from the ground. Therefore, the commonly used temperature refers to the temperature in the breezy shutter 1.5 meters away from the ground. The calculation method is as follows:

Monthly average temperature is the summation of average daily temperature of one month divided by the actual days of that particular month.

Annual average temperature is the summation of monthly average of a year divided by 12 months.

Average Annual Relative Humidity refers to the ratio of actual water vapour pressure to the saturation water vapour pressure under the current temperature. The calculation method is the same as that of temperature.

Volume of Precipitation refers to the deepness of liquid state or solid state (thawed) water falling from the sky to the ground that has not been evaporated, infiltrated or run off. The calculation method is as follows:

Monthly precipitation is the summation of daily precipitation of a month.

Annual precipitation is the summation of 12 months precipitation of a year.

Annual Sunshine Hours refer to the actual hours of sun irradiating the earth, usually expressed in hours. The calculation method is the same as that of the precipitation.

Total Water Resources refers to total volume of surface water and groundwater and is measured as run-off for surface water and replenishment of groundwater with rainfall in local area.

Surface Water Resources refers to total volume of year by year renewable dynamic resources which exist in rivers, lakes, glaciers and other surface water and are the natural run-off of rivers.

Groundwater Resources refers to total volume of year by year renewable dynamic resources which exist in saturation acquifers of groundwater and are measured as replenishment of groundwater with rainfall and surface water.

Duplicated Measurement between Surface Water and Groundwater refers to mutual exchange between surface water and groundwater, i.e. run-off of rivers includes some depletion into groundwater while groundwater includes some replenishment from surface water.

Water Supply refers to gross water of various sources supplied to consumers, including losses during distribution.

Surface Water Supply refers to withdrawals by surface

water supply system, broken down with storage, flow, pumping and transfer. Supply from storage projects includes withdrawals from reservoirs; supply from flow includes withdrawals from rivers and lakes with natural flows no matter if there are locks or not; supply from pumping projects includes withdrawals from rivers or lakes with pumping stations; and supply from transfer refers to water supplies transferred from first-level regions of water resources or independent river drainage areas to others, and should not be covered under supplies of storage, flow and pumping.

Groundwater Supply refers to withdrawals from supplying wells, broken down with shallow layer freshwater, deep layer freshwater and slightly brackish water. Groundwater supply for urban areas includes water mining by both waterworks and own wells of enterprises.

Other Water Supply Sources include supplies by waste-water treatment, rain collection, seawater desalinization and other water projects.

Water Use refers to gross water used by various water users, including losses during distribution.

Water Use for Agriculture includes uses of water for irrigation of farming fields, forestry and orchards, irrigation of grassland, replenishment of fishing farms and water used for animal husbandry.

Water Use for Industry refers to new withdrawals of water, excluding reuse of water within enterprises.

Water Use for Residential includes use of water for residential in both urban and rural areas. Urban water useof residential is composed of household use and public use (including tertiary industry and construction). Rural water use for residential includes water used by households.

Water Use for Ecological purposes includes recharge of rivers , lakes and wetlands, and use for urban environment protection.

Common Industrial Solid Wastes Generated refers to the amount of common industrial solid wastes the surveyed units actual generated over the year. The common industrial solid wastes refers to the industrial solid wastes that are generated during the industrial process and are not hazardous wastes.

Common Industrial Solid Wastes Integrated Use refers to amount of solid wastes from which useable materials can be extracted or converted into usable resources, energy or other materials through reclamation, processing, recycling and exchange (including utilizing in the year the stocks of industrial solid wastes of the previous year) generated by surveyed units over the year of the survey, e.g. being used as agricultural fertilizers, building materials or as material for paving road. The information should be measured as the unit of generating wastes.

Common Industrial Solid Wastes Disposed refers to the amount of industrial solid wastes disposed, which covers the amount of previous years, through incineration or other methods to change its physical, chemical and biological propertiesto reduce or eliminate the hazardsor landfilled in the sites following the requirements for environmental protection by surveyed units over the year of the survey.

Stock of Common Industrial Solid Wastes refers to the amount of solid wastes placed in special facilities or special sites by enterprises for the purposes of integrated use or disposal over the year of the survey. The sites or facilities should take measures against dispersion, loss, seepage, and air and water contamination.

Common Industrial Solid Wastes Discharged refers to the amount of industrial solid wastes dumped or discharged by producing enterprises to disposal facilities or to other sites over the year of the survey.

Hazardous Wastes Generated refers to the amount of actual hazardous wastes generated by surveyed units over the year of the survey, which is covered secondary generation during the process of disposal and reuse of hazardous wastes. Hazardous waste refers to those listed in the National Hazardous Wastes catalogue or identified as any one of the following properties in light of the national hazardous wastes identification standards and methods: explosive, ignitable, oxidizable, toxic, corrosive or liable to cause infectious diseases or lead to other dangers. It should be reported following the National Catalogue of Hazardous Wastes (2016 Version).

Hazardous Wastes Reused and Disposed refers to the amount of hazardous wastes that are used to extract materials for raw materials or fuel over the year of the survey, and the amount of hazardous wastes which are incineration or specially disposed using other methods to change its physical, chemical and biological properties and thus to reduce or eliminate the hazards, or placed ultimately in the sites following the requirements for environmental protection over the year of the survey. It includes the hazardous wastes generated by the enterprise itself and received from other enterprises.

Year-end Stock of Hazardous Wastes refers to the amount of hazardous wastes specially packaged and placed in special facilities or special sites by enterprises, which covered stock of surveyed units generated and received from other units. The special stock facilities should meet the requirements set in relevant environment protection laws and regulations such as "Pollution Control Standards for Hazardous Waste Stock" (GB18597-2001) in regard to package of hazardous waste, location, design, safety, monitoring and shutdown, and take measures against dispersion, loss, seepage, and air and water contamination.

Municiple Wastes Transported refers to amount of municiple wastes collected and transported to disposal factories or sites during the reference period. Municiple wastes are solid wastes generated from urban households or from service activities for urban households, and solid wastes regarded by laws and regulations as municiple wastes, including those from households, commercial activities, markets, cleaning of streets, public sites, offices, schools, factories, mining units and other sources.

Treated Ratio of municiple Wastes refers to the amount ofmunicple wastes treated over the generation amount. Accutually it is difficult to get the amount of generation of municiple wastes, so in practise it is substituted by that the amount of municiple wastes transported. It is calculated as:

$$\text{Ratio of consumption wastes treated} = \frac{\text{consumption wastes treated}}{\text{consumption wastes produced}} \times 100\%$$

Forest Area refers to the area of trees and bamboo grow with a canopy density above 0.2 degree, the area of shrubby tree according to regulations of the government, the area of forest land inside farm land and the area of trees planted by the side of villages, farm houses and along roads and rivers.

Forest Coverage Rate refers to the percentage of afforested land area to the total land area.within the administrative region, The formula is as follows:

$$\text{Forestry coverage rate} = \frac{\text{Area of Afforested Land}}{\text{Area of Total Land}} \times 100\%$$

Total Living Forest Stock Volume refers to the total stock volume of timber of living treeswithin the given region, including forest,trees sparse trees, scattered trees and trees planted by the side of villages, farm houses and along roads and rivers.

Stock Volume of Forest refers to total stock volume of timber of tree trunk in a given forest area, which shows the total size and level of forest resources of a country or a region.

Wetlands refer to marshland and peat bog, whether natural or man-made, permanent or temporary; water covered areas, whether stagnant or flowing, with fresh or semi-fresh or salty water that is less than 6 meters deep at low tide; as well as coral beach, weed beach, mud beach, mangrove, river outlet, rivers, fresh-water marshland, marshland forests, lakes, salty bog and salt lakes along the coastal areas.

Natural Reserves refer to number of certain areas of land, or waters that have been set aside and put under special protection and management in order to protect natural environment and natural resources, and promote the sustainable development of national economy. They are subject to formal approval from governments of various levels. According to the protected targets, natural reserves can be divided into three categories: reserves of natural ecological system, natural reserves of wildlife species, and natural heritage of historical significance.Scenic spots and cultural preservation zones are not included.

第八篇　能　源

CHAPTER 8　ENERGY

资料整理：苗立辉　赵春贵　鄢杰明　李依滨

8-1 能源生产和消费弹性系数
Elasticity Ratio of Energy Production and Consumption

单位：% (%)

年 份 Year	能源生产比上年增长 Growth Rate of Energy Production over Preceding Year	能源消费比上年增长 Growth Rate of Energy Consumption over Preceding Year	能源生产弹性系数 Elasticity Ratio of Energy Production	能源消费弹性系数 Elasticity Ratio of Energy Consumption
1957	20.60	7.30	2.42	0.86
1962	-1.70	-18.80	0.85	9.40
1965	15.80	-6.60	1.03	-0.43
1970	26.80	28.90	2.65	2.86
1975	11.60	3.00	1.53	0.39
1978	4.30	9.30	0.39	0.83
1980	1.50	4.30	0.15	0.43
1985	5.10	0.50	0.85	0.08
1990	2.70	3.10	0.47	0.53
1995	1.30	8.50	0.14	0.92
1996	1.10	0.10	0.11	0.01
1997	-9.60	5.90	-0.96	0.59
1998	4.50	0.90	0.54	0.11
1999	-6.10	-4.70	-0.81	-0.63
2000	-8.60	-11.10	-1.05	-1.35
2001	-1.00	2.90	-0.11	0.31
2002	3.00	6.40	0.29	0.62
2003	2.30	12.40	0.22	1.20
2004	13.60	11.90	1.16	1.02
2005	0.90	9.30	0.08	0.80
2006	1.20	8.60	0.10	0.72
2007	-2.70	7.50	-0.23	0.63
2008	-3.60	6.50	-0.31	0.55
2009	0.62	4.60	0.06	0.41
2010	0.02	6.98	0.002	0.55
2011	1.29	8.23	0.11	0.67
2012	-0.04	5.28	-0.004	0.53
2013	-4.90	3.30	-0.61	0.41
2014	-6.20	0.86	-1.11	0.15
2015	-4.28	1.43	-0.75	0.25
2016	-3.76	-0.30	-0.85	-0.07
2017	0.11	1.70	0.02	0.28
2018	-3.94	1.58	-0.88	0.34
2019	-1.98	1.56	-0.48	0.38
2020	-0.62	-0.76	-0.65	-0.79

8-2 综合能源平衡表
Overall Energy Balance Sheet

单位：万吨标准煤 (10000 tons of SCE)

项　目	Item	2018	2019	2020
可供消费的能源总量	**Total Energy Available for Consumption**	**11435.9**	**11613.8**	**11525.1**
一次能源生产量	Primary Energy Output	9957.3	9760.6	9700.6
外省(区、市)调入量	Inflow from Other Provinces (Regions, Cities)	6112.9	6804.1	6588.2
进口量	Imports	4870.0	5036.6	4502.4
本省(区、市)调出量(−)	Outflow to Other Provinces (Regions, Cities) (-)	9938.0	9887.5	9258.9
出口量(−)	Exports (-)	1.8		-4.2
年初年末库存差额	Stock Changes in the Year	435.5	-100.0	-11.4
年初库存量	Stocks	1874.1	1440.5	1540.5
年末库存量(−)	Stock Changes in the Year (-)	1438.6	1540.5	1551.9
能源消费总量	**Total Energy Consumption**	**11435.9**	**11613.9**	**11525.1**
在总量中:	Consumption by Sector			
农、林、牧、渔业	Agriculture, Forestry, Animal Husbandry and Fishery	625.9	658.9	669.0
工　业	Industry	5948.5	6282.7	6320.4
建筑业	Construction	56.0	52.3	49.6
交通运输、仓储和邮政业	Transport, Storage and Post	934.0	1038.3	994.4
批发、零售业和住宿、餐饮业	Wholesale and Retail Trade , Hotels and Catering Services	788.7	761.4	739.1
其　他	Others	2049.2	812.8	766.7
生活消费	Household Consumption	1743.5	2007.4	1985.9
在总量中:	Consumption by Usage			
终端消费	End-use Consumption	9700.4	10621.0	10378.9
#工　业	#Industry	4213.0	5289.9	5174.2
加工转换损失量	Losses During the Process of Energy Conversion	1562.1	923.2	1084.3
火力发电	Fuel Power Generation			
供　热	Heating	887.5	496.8	607.6
洗选煤	Coal Washing and Dressing	515.6	271.0	243.5
炼　焦	Coking	96.5	115.4	103.6
炼　油	Petroleum Refining	170.7	206.6	312.3
制　气	Gas Production	18.0	3.5	2.7
损失量	Energy Losses	173.4	69.6	61.8

注：电力、热力按等价热值折算。
a) Electric power and heat are converted by the equivalent calorific value.

8-3　全社会用电量
Electricity Consumption

单位：亿千瓦时　　(100 million kwh)

行　业	Sector	2018	2019	2020
全社会用电量	**Electricity Consumption**	**973.88**	**995.63**	**1014.40**
居民生活用电	**Electricity Consumption for Households**	**184.64**	**182.28**	**195.23**
城镇居民	Urban	114.75	112.05	126.10
乡村居民	Rural	69.88	70.24	69.13
行业用电	**Electricity Consumption for Sector**	**789.24**	**813.34**	**819.16**
第一产业	Primary Industry	28.43	25.77	26.97
第二产业	Secondary Industry	583.01	597.77	608.63
工　业	Industry	571.46	586.88	598.47
建筑业	Construction	11.82	11.14	10.50
第三产业	Tertiary Industry	177.80	189.80	183.56
批发和零售业	Wholesale and Retail Trade	35.64	41.54	38.17
交通运输、仓储和邮政业	Transport, Storage and Post	25.12	30.57	29.63
住宿和餐饮业	Hotels and Catering Services	10.57	11.76	10.67
信息传输、软件和信息技术服务业	Information Transmission, Software and Information Technology	12.94	13.82	15.98
金融业	Financial Intermediation	2.47	2.58	2.68
房地产业	Real estate	12.53	13.49	12.67
租赁和商务服务业	Leasing and Business Services	4.37	4.98	4.80
科学研究和技术服务业	Scientific Research and Technical Services	1.59	1.86	1.77
水利、环境和公共设施管理业	Management of Water Conservancy, Environment and Public Facilities	6.72	7.47	6.94
居民服务、修理和其他服务业	Services to Households, Repair and Other Services	21.13	18.35	15.83
教　育	Education	9.41	9.87	9.53
卫生和社会工作	Health and Social Service	6.17	6.79	7.17
文化、体育和娱乐业	Culture, Sports and Entertainment	2.76	2.92	2.65
公共管理和社会组织、国际组织	Public Management, Social Securities and Social Organization	7.28	7.68	8.64

8-4 工业用电量
Electricity Consumption of Industry

单位：亿千瓦时 (100 million kwh)

行业	Sector	2018	2019	2020
工业合计	**Total**	**571.46**	**586.88**	**598.47**
采矿业	**Mining**	**184.32**	**186.83**	**194.20**
煤炭开采和洗选业	Mining and Washing of Coal	42.73	40.09	39.06
石油和天然气开采业	Extraction of Petroleum and Natural Gas	125.28	125.64	133.68
黑色金属矿采选业	Mining of Ferrous Metal Ores	0.69	0.59	1.24
有色金属矿采选业	Mining of Non-ferrous Metal Ores	10.86	15.69	14.70
非金属矿采选业	Mining and Processing of Nonmetal Ores	3.03	2.73	3.21
其他采矿业	Mining of Other Ores	1.73	2.09	2.31
制造业	**Manufacturing**	**194.50**	**202.98**	**203.97**
农副食品加工业	Processing of Food from Agricultural Products	21.16	21.96	23.43
食品制造业	Manufacture of Foods	8.14	9.20	12.21
酒、饮料和精制茶制造业	Manufacture of Wine, soft drinks and refined tea	5.77	5.88	5.48
烟草制品业	Manufacture of Tobacco	0.64	0.65	0.62
纺织业	Manufacture of Textile	2.23	2.45	2.53
纺织服装、服饰业	Manufacture of Textile, Wearing Apparel and Accessories	0.42	0.42	0.42
皮革毛皮羽毛及其制品和制鞋业	Manufacture of Leather, Fur, feather and Its Products and Footwear	0.14	0.20	0.23
木材加工和木竹藤棕草制品业	Processing of Timbers, Manufacture of Wood, Bamboo, Rattan, Palm, and Straw Products	4.09	3.98	3.86
家具制造业	Manufacture of Furniture	1.15	1.00	1.05
造纸及纸制品业	Manufacture of Paper and Paper Products	4.14	3.61	3.72
印刷和记录媒介的复制业	Printing, Reproduction of Recording Media	0.81	0.84	0.81
文教工美体育和娱乐用品制造业	Manufacture of Culture, Art, Sports and Entertainment Goods	0.30	0.32	0.28
石油、煤炭及其他燃料加工业	Petroleum, Coal and Other Fuel Processing Industries	24.76	26.18	25.71
化学原料及化学制品制造业	Manufacture of Chemical Raw Material and Chemical Products	25.31	25.40	23.39
医药制造业	Manufacture of Medicines	4.94	4.62	4.31
化学纤维制造业	Manufacture of Chemical Fiber	0.15	0.19	0.19
橡胶和塑料制品业	Manufacture of Rubber and Plastic	4.81	4.73	5.46
非金属矿物制品业	Manufacture of Non-metallic Mineral Products	24.04	24.81	24.09
黑色金属冶炼及压延加工业	Manufacture and Processing of Ferrous Metals	29.65	32.60	31.96
有色金属冶炼及压延加工业	Manufacture & Processing of Non-ferrous Metals	3.15	3.90	5.74
金属制品业	Manufacture of Metal Products	5.44	5.12	5.20
通用设备制造业	Manufacture of General Purpose Machinery	8.24	7.94	7.85
专用设备制造业	Manufacture of Special Purpose Machinery	1.47	1.47	1.49
汽车制造业	Manufacture of Automobile	1.14	1.04	0.96
铁路、船舶、航空航天和其他运输设备制造业	Manufacture of Railroads, Ships, Aerospace and Other Transport Equipment	4.39	4.45	4.25
电气机械及器材制造业	Manufacture of Electrical Machinery & Equipment	2.19	2.16	2.14
计算机、通信和其他电子设备制造业	Manufacture of Computer, Communication and Other Electronic Equipment	0.60	0.48	2.69
仪器仪表制造业	Manufacture of Instrument	0.08	0.10	0.26
其他制造业	Other Manufacture	4.39	6.37	2.49
废弃资源综合利用业	Recycling and Disposal of Waste	0.52	0.68	0.82
金属制品、机械和设备修理业	Metal Products, Machinery and Equipment Repair	0.26	0.25	0.34
电力、热力、燃气及水生产和供应业	**Production and Distribution of Electricity, Heat, Gas and Water**	**192.64**	**197.08**	**200.30**
电力、热力生产和供应业	Production and Supply of Electric Power and Heat Power	182.30	185.61	186.96
燃气生产和供应业	Production and Distribution of Gas	1.95	1.90	2.46
水的生产和供应业	Production and Distribution of Water	8.39	9.57	10.89

8-5 分地区单位地区生产总值能耗上升或下降
Rise or Fall Rate of Energy Consumption Per Unit of GDP by Region

单位：% (%)

地 区	Region	2014	2015	2016	2017	2018	2019	2020
全 省	**Total**	**-4.50**	**-4.01**	**-4.50**	**-4.02**	**-2.76**	**-2.49**	**-1.70**
哈尔滨	Harbin	-4.84	-3.11	-3.31	-4.86	-0.31	-3.50	-3.12
齐齐哈尔	Qiqihar	-8.78	-10.08	-7.29	-3.63	0.77	0.25	-3.95
鸡 西	Jixi	-4.69	-1.53	-7.34	-5.04	-3.32	-1.11	-0.51
鹤 岗	Hegang	-4.36	-4.18	-3.85	-3.63	-2.53	-3.00	-2.99
双鸭山	Shuangyashan	-4.06	-2.51	-4.03	-4.01	-3.11	-3.05	-3.01
大 庆	Daqing	-3.30	-2.51	-3.20	-3.20	-3.32	-2.96	-2.97
伊 春	Yichun	-3.95	-2.19	-3.55	8.30	2.57	13.03	-3.74
佳木斯	Jiamusi	-3.52	-3.11	-5.30	-5.11	-3.67	-1.53	-0.29
七台河	Qitaihe	-4.30	-4.34	-4.51	-4.05	-3.13	-2.92	-3.56
牡丹江	Mudanjiang	-3.79	-4.01	-3.63	-3.64	-2.75	-3.19	-2.92
黑 河	Heihe	-3.42	-3.09	-8.99	-2.88	-3.31	-2.33	-1.07
绥 化	Suihua	-3.45	-3.42	-3.31	-3.40	1.36	-3.03	-3.00
大兴安岭	Daxinganling	-3.21	-2.53	-3.24	-3.13	-3.19	-2.81	-2.51
绥芬河	Suifenhe	-4.19	-4.30	-1.02	-3.64			
抚 远	Fuyuan	-3.56	-3.12	-3.24	-2.51			

主要统计指标解释

能源生产总量 指一定时期内，全国一次能源生产量的总和。该指标是观察全国能源生产水平、规模、构成和发展速度的总量指标。一次能源生产量包括原煤、原油、天然气、水电、核能及其他动力能(如风能、地热能等)发电量，不包括低热值燃料生产量、太阳热能等的利用和由一次能源加工转换而成的二次能源产量。

能源消费总量 是指一定地域内，国民经济各行业和居民家庭在一定时间消费的各种能源的总和。包括：原煤、原油、天然气、水能、核能、风能、太阳能、地热能、生物质能等一次能源；一次能源通过加工转换产生的洗煤、焦炭、煤气、电力、热力、成品油等二次能源和同时产生的其他产品；其他化石能源、可再生能源和新能源。其中水能、风能、太阳能、地热能、生物质能等可再生能源，是指人们通过一定技术手段获得的，并作为商品能源使用的部分。在核算过程中，一次能源、二次能源消费不能重复计算。能源消费总量分为终端能源消费量、能源加工转换损失量和能源损失量三部分。

(1)终端能源消费量：指一定时期内，全国生产和生活消费的各种能源在扣除了用于加工转换二次能源消费量和损失量以后的数量。

(2)能源加工转换损失量：指一定时期内，全国投入加工转换的各种能源数量之和与产出各种能源产品之和的差额。该指标是观察能源在加工转换过程中损失量变化的指标。

(3)能源损失量：指一定时期内，能源在输送、分配、储存过程中发生的损失和由客观原因造成的各种损失量，不包括各种气体能源放空、放散量。

能源生产弹性系数 是研究能源生产增长速度与国民经济增长速度之间关系的指标。计算公式：

$$能源生产弹性系数=\frac{能源生产量年平均增长速度}{国民经济年平均增长速度}$$

国民经济年平均增长速度，可根据不同的目的或需要，用国民生产总值、国内生产总值等指标来计算，本年鉴是采用国内生产总值指标计算的。

电力生产弹性系数 是研究电力生产增长速度与国民经济增长速度之间关系的指标。一般来说，电力的发展应当快于国民经济的发展，也就是说电力应超前发展。计算公式为：

$$电力生产弹性系数=\frac{电力生产量年平均增长速度}{国民经济年平均增长速度}$$

能源消费弹性系数 反映能源消费增长速度与国民经济增长速度之间比例关系的指标。计算公式为：

$$能源消费弹性系数=\frac{能源消费量年平均增长速度}{国民经济年平均增长速度}$$

电力消费弹性系数 反映电力消费增长速度与国民经济增长速度之间比例关系的指标。计算公式为：

$$电力消费弹性系数=\frac{电力消费量年平均增长速度}{国民经济年平均增长速度}$$

能源加工转换效率 指一定时期内，能源经过加工、转换后，产出的各种能源产品的数量与同期内投入加工转换的各种能源数量的比率。该指标是观察能源加工转换装置和生产工艺先进与落后、管理水平高低等的重要指标。计算公式为：

$$能源加工转换效率=\frac{能源加工转换产出量}{能源加工转换投入量}\times 100\%$$

单位国内生产总值能耗 指一定时期内，一个国家或地区每生产一个单位的国内生产总值所消耗的能源。计算公式为：

$$单位国内生产总值能耗=\frac{能源消费总量}{国内生产总值}$$

单位国内生产总值电耗 指一定时期内，一个国家或地区每生产一个单位的国内生产总值所消耗的电力。计算公式为：

$$单位国内生产总值电耗=\frac{全社会用电量}{国内生产总值}$$

Explanatory Notes on Main Statistical Indicators

Total Energy Production refers to the total production of primary energy by all energy producing enterprises in the country in a given period of time. It is a comprehensive indicator to show the level, scale, composition and pace of development of energy production of the country. The production of primary energy includes that of coal, crude oil, natural gas, hydro-power and electricity generated by nuclear energy and other means such as wind power and geothermal power. However, it does not include the production of fuels of low calorific value, solar thermal and secondary energy converted from primary energy.

Total Energy Consumption refers to the total consumption of energy of various kinds by the production sectors of the economy and the households in a given period of time. It includes the primary kinds of energy such as coal, crude oil, natural gas, hydro-power, nuclear power, wind power, solar power, geothermal power and bio-energy; the secondary kinds of energy and their products which are transformed from the primary energy such as washed coal, coke, coal gas, electricity, heating, and petroleum products; and other kinds of fossil energy, renewable energy and new energy. The renewable energy, including hydro-power, wind power, solar power, geothermal power and bio-energy, refers to the part attained with some given technical means and used for commercial purposes. Total energy consumption can be divided into three parts: end-use energy consumption; loss during the process of energy conversion; and energy loss.

(1) End-use Energy Consumption: It refers to the total energy consumption by the production sectors and the households in the country (region) in a given period of time. It does not include the consumption during the conversion of primary energy into secondary energy and the loss in the process of energy conversion.

(2) Loss During the Process of Energy Conversion: It refers to the total input of various kinds of energy for conversion, minus the total output of various kinds of energy in the country in a given period of time. It is an indicator to show the loss that occurs during the process of energy conversion.

(3) Energy Loss: It refers to the total of the loss of energy during the course of energy transport, distribution and storage and the loss caused by any objective reason in a given period of time. The loss of various kinds of gas due to gas discharges and stocktaking is not included.

Elasticity Ratio of Energy Production is an indicator to show the relationship between the growth rate of energy production and the growth rate of the national economy. The formula is:

$$\text{Elasticity Ratio of Energy Production} = \frac{\text{Average Annual Growth Rate of Energy Production}}{\text{Average Annual Growth Rate of National Economy}}$$

The average annual growth rate of the national economy can be measured by indicators such as the Gross National Product and the Gross Domestic Product, depending on the purposes or needs. The Gross Domestic Product has been used in the calculation of the ratio in this Yearbook.

Elasticity Ratio of Electricity Production is an indicator to show the relationship between the growth rate of electricity production and the growth rate of the national economy. Generally speaking, the growth rate of electricity production should be higher than that of the national economy.

Its formula is:

$$\text{Elasticity Ratio of Electricity Production} = \frac{\text{Average Annual Growth Rate of Electricity Production}}{\text{Average Annual Growth Rate of National Economy}}$$

Elasticity Ratio of Energy Consumption is an indicator to show the relationship between the growth rate of energy consumption and the growth rate of the national economy. The formula is:

$$\text{Elasticity Ratio of Energy Consumption} = \frac{\text{Average Annual Growth Rate of Energy Consumption}}{\text{Average Annual Growth Rate of National Economy}}$$

Elasticity Ratio of Electricity Consumption is an indicator to show the relationship between the growth rate of electricity consumption and the growth rate of the national economy. The formula is:

$$\text{Elasticity Ratio of Electricity Consumption} = \frac{\text{Average Annual Growth Rate of Electricity Consumption}}{\text{Average Annual Growth Rate of National Economy}}$$

Efficiency of Energy Processing and Conversion refers to the ratio of the total output of energy products of various kinds after processing and conversion to the total input of energy of various kinds for processing and conversion in the same reference period. It is an important indicator to show the current conditions of energy processing and conversion equipment, production technique and management. The formula is:

$$\text{Efficiency of Energy Processing \& Conversion} = \frac{\text{Output of Energy After Processing \& Conversion}}{\text{Input of Energy for Processing \& Conversion}} \times 100\%$$

Energy Consumption per Unit of GDP refers to the energy consumption per unit of Gross Domestic Product in a country or the Gross Regional Product in a region in the same reference period. The formula is:

$$\text{Energy Consumption per Unit of GDP} = \frac{\text{Total Energy Consumption}}{\text{Gross Domestic Product}}$$

Electricity Consumption per Unit of GDP refers to the electricity consumption per unit of Gross Domestic Product in a country or the Gross Regional Product in a region in the same reference period. The formula is:

$$\text{Electricity Consumption per Unit of GDP} = \frac{\text{Total Electricity Consumption}}{\text{Gross Domestic Product}}$$

第九篇　固定资产投资

CHAPTER 9　INVESTMENT IN FIXED ASSETS

资料整理：王晓静

9-1　固定资产投资比上年增长情况
Growth Rate of Investment in Fixed Assets Over Preceding Year

单位：%　　　　(%)

指　　标	Item	2020
全社会固定资产投资总额	**Total Investment**	**3.3**
固定资产投资总额(不含农户)	**Total Investment(Excluding Rural Households)**	**3.6**
按登记注册类型分	**Grouped by Registration Status**	
内　　资	Domestic Capital	3.8
国　　有	State-Owned Units	-12.5
集　　体	Collective-Owned Units	262.9
股份合作	Cooperative	20.7
联　　营	Joint	38.8
国有独资公司	State-owned Companies	23.1
其他有限责任公司	Other Limited Liability	16.9
股份有限公司	Share-holding	-27.8
私　　营	Private	3.9
其　　他	Others	-17.3
港澳台商投资	Funds from Hong Kong, Macao and Taiwan	7.7
外商投资	Foreign Funded	-29.9
个体经营	Self-employed	51.9
按隶属关系分	**Grouped By Jurisdiction of Management**	
中　　央	Central Investment	-15.0
地　　方	Local Investment	8.0
按控股情况分	**By Situation of Holdings**	
国有控股	State-holding	5.9
集体控股	Collective-holding	24.1
私人控股	Private-holding	0.7
港澳台商控股	Hong Kong, Macao and Taiwan-holding	0.6
外商控股	Foreign-holding	43.3
其　　他	Others	101.7
按构成分	**Grouped by Composition of Funds**	
建筑安装工程	Construction and Installation	11.8
设备工器具购置	Purchase of Equipment and Instruments	-11.7
其他费用	Others	-17.8
按产业分	**Grouped by Sector**	
第一产业	Primary Industry	124.1
第二产业	Secondary Industry	-0.8
#工　业	#Industry	0.3
第三产业	Tertiary Industry	1.7
按建设性质分	**Grouped by Type of Construction**	
#新　　建	#New Construction	7.4
扩　　建	Expansion	-31.0
改建和技术改造	Reconstruction	2.1
到位资金	**Funds Available**	**1.3**
施工项目个数	**Number of Projects Under Construction**	**16.3**
#本年新开工	#Started This Year	15.3

9-2　各行业按建设性质和构成分固定资产投资及施工、投产项目比上年增长情况(不含农户)(2020年)

单位：%

指　　标	Item	投资额 Investment	#新　建 New Construction
总　计	**Total**	**3.6**	**7.4**
农、林、牧、渔业	**Agriculture, Forestry, Animal Husbandry and Fishery**	**49.3**	**53.0**
农　业	Farming	93.3	102.8
林　业	Forestry	51.3	15.2
畜牧业	Animal Husbandry	158.7	173.7
渔　业	Fishery	-91.2	-88.6
农、林、牧、渔专业及辅助性活动	Professional and Support Activities for Agriculture,Forestry, Animal Husbandry and Fishery	-32.4	-37.5
采矿业	**Mining and Quarrying**	**-2.6**	**-5.1**
煤炭开采和洗选业	Mining and Washing of Coal	-11.4	3.6
石油和天然气开采业	Extraction of Petroleum and Natural Gas	-4.9	-4.9
黑色金属矿采选业	Mining and Processing of Ferrous Metal Ores	54.2	
有色金属矿采选业	Mining and Processing of Non-ferrous Metal Ores	0.4	-24.2
非金属矿采选业	Mining and Processing of Nonmetal Ores	-21.4	23.2
开采专业及辅助性活动	Mining Auxiliary Activities	88.9	180.9
其他采矿业	Mining of Other Ores		
制造业	**Manufacturing**	**-4.3**	**5.1**
农副食品加工业	Processing of Food from Agricultural Products	9.3	20.5
食品制造业	Manufacture of Foods	-40.2	-41.6
酒、饮料和精制茶制造业	Manufacture of Liquor, Beverages and Refined Tea	-23.6	-36.1
烟草制品业	Manufacture of Tobacco	-19.2	-19.2
纺织业	Manufacture of Textile	4.4	-11.5
纺织服装和服饰业	Manufacture of Textile, Wearing Apparel and Accessories	-20.4	-72.1
皮革、毛皮、羽毛及其制品和制鞋业	Manufacture of Leather, Furs, Feather and Related Products and Footwear	-98.9	-98.9
木材加工及木竹藤棕草制品业	Processing of Timber, Manufacture of Wood, Bamboo, Rattan, Palm and Straw Products	-42.9	-40.3
家具制造业	Manufacture of Furniture	204.9	157.2
造纸和纸制品业	Manufacture of Paper and Paper Products	125.2	117.5
印刷和记录媒介复制业	Manufacture of Printing and Record Medium Reproduction	88.5	111.3
文教、工美、体育和娱乐用品制造业	Manufacture of Articles for Culture, Education, Arts and Crafts, Sport and Entertainment Activities	-55.7	-73.7
石油、煤炭及其他燃料加工业	Processing of Petroleum, Coal and Other Fuels	20.7	31.5
化学原料及化学制品制造业	Manufacture of Raw Chemical Materials and Chemical Products	-1.6	-11.4
医药制造业	Manufacture of Medicines	30.6	43.3
化学纤维制造业	Manufacture of Chemical Fibers	280.7	280.7
橡胶和塑料制品业	Manufacture of Rubber and Plastics	-57.1	-20.3
非金属矿物制品业	Manufacture of Non-metallic Mineral Products	-5.8	-1.4
黑色金属冶炼及压延加工业	Smelting and Pressing of Ferrous Metals	-39.1	522.7
有色金属冶炼及压延加工业	Smelting and Pressing of Non-ferrous Metals	-68.1	-69.8
金属制品业	Manufacture of Metal Products	108.2	128.2
通用设备制造业	Manufacture of General Purpose Machinery	5.1	17.5
专用设备制造业	Manufacture of Special Purpose Machinery	-29.7	-29.1
汽车制造业	Manufacture of Automotive	-87.2	-56.3
铁路、船舶、航空航天和其他运输设备制造业	Manufacture of Railroad, Marine, Aerospace and Other Transportation Equipment	15.2	17.6
电气机械及器材制造业	Manufacture of Electrical Machinery and Equipment	-71.9	-63.1
计算机、通信和其他电子设备制造业	Manufacture of Computers, Communication and Other Electronic Equipment	-36.3	-60.0
仪器仪表制造业	Manufacture of Measuring Instruments and Machinery	-47.6	-47.6
其他制造业	Other Manufacturing		
废弃资源综合利用业	Comprehensive Utilization of Waste Resources Industry	-23.0	-33.6
金属制品、机械和设备修理业	Repair Service of Metal Products, Machinery and Equipment		
电力、热力、燃气及水生产和供应业	**Production and Supply of Electricity, heat, Gas and Water**	**11.6**	**11.4**
电力、热力生产和供应业	Production and Supply of Electric Power and Heat Power	4.2	-1.5
燃气生产和供应业	Production and Supply of Gas	-2.8	0.6
水的生产和供应业	Production and Supply of Water	39.8	83.5
建筑业	**Construction**		
房屋建筑业	Housing Building Construction		
土木工程建筑业	Civil Engineering Construction		
建筑安装业	Construction Installation		
建筑装饰和其他建筑业	Construction Decoration and Other Construction		

Growth Rate of Investment in Fixed Assets over Preceding Year by Sector, Type of Construction and Composition of Funds Number of Construction Projects and under Construction and Put into Use (Excluding Rural Households)(2020)

(%)

#扩　建 Expansion	#改　建 Recons-truction	建筑安装工程投资 Construction and Installation	设备工器具购置 Purchase of Equipment and Instruments	其　他 费　用 Others	施工项目 Number of Projects under Construction	#新开工 Number of Projects Started This Year
-31.0	**2.1**	**11.8**	**-11.7**	**-17.8**	**16.3**	**15.3**
-49.7	**21.8**	**51.3**	**19.8**	**75.3**	**19.4**	**14.9**
0.8	-11.7	93.8	35.3	210.7	53.3	79.0
-71.2	578.6	-23.5	-67.1	1718.1	118.2	43.8
-39.8	3890.2	172.5	72.7	29.7	86.3	163.8
		-87.4			-75.0	
-84.2	-6.9	-36.6	-6.4	-10.9	-32.9	-66.2
6.0	**9.6**	**-1.6**	**8.9**	**-29.4**	**25.8**	**22.2**
-26.0	-14.2	-19.7	9.0	-63.5	16.2	17.6
		-1.5	-58.4	-31.9		
30.2	-43.5	-8.4	283.0	9303.6	100.0	
		72.1	3.2	-32.4	100.0	100.0
-51.6	-35.8	-27.8	-8.6	-17.8	57.1	60.0
	70.3	44.5	128.1	548.9	75.0	50.0
-34.9	**-49.7**	**5.1**	**-18.3**	**-5.9**	**-0.7**	**-9.0**
-26.9	49.1	21.3	-32.4	107.2	12.0	10.1
14.7	-52.9	-18.1	-64.3	246.6	-21.0	
-12.8	217.5	-33.7	-27.4	802.7	-21.3	-12.9
		-21.4				
0.6		-16.0	27.5		72.2	85.7
		-68.2		-97.7	-50.0	
			-97.6		-66.7	
-68.6	2.5	-46.4	-38.5			23.5
	58.8	206.8	653.8	-99.4	60.0	-25.0
136.9		76.5	209.0	154.0		-28.6
-75.1	2088.1	44.3	297.2	-9.8		10.0
		55.9	-78.3		50.0	33.3
-41.1	-55.4	15.1	51.1	-32.9	-16.2	-45.3
4651.4	36.0	25.0	-46.5	97.4		-20.9
-74.5	-45.9	1.9	60.4	61.1	36.1	61.3
		24.1	306.5	9997.1		
66.5	-89.8	-20.8	-83.3	432.5	-30.3	-66.7
-62.6	-14.1	5.7	-18.3	-69.7	-13.4	-32.4
-31.3	-91.3	-7.1	-61.7	-48.5		80.0
	-46.4	-47.3	-88.9	-87.6	-28.6	-50.0
-6.4		93.5	149.2	116.4	8.7	-12.5
-8.8	-19.1	-4.6	15.0	36.6	-9.8	-56.0
	2.0	-3.6	-59.8	-68.8	-8.2	-13.3
-99.3	-55.9	-67.2	-87.6		-7.1	
-79.1	74.1	55.7	51.0	-91.0	26.7	-12.5
	-88.3	-72.7	-72.0	-58.0	6.7	33.3
	1048.4	-66.8	34.4	13.6		
		0.3	-75.9	-95.9		
6636.0	-88.6	-65.6	37.1	212.7	-30.0	-36.4
-11.1	**41.8**	**15.9**	**12.0**	**-21.2**	**28.0**	**9.5**
48.5	49.0	5.2	11.8	-29.1	18.7	2.6
-45.6	12.2	-1.8	-19.2	521.5	20.9	-4.2
-43.0	33.8	39.8	30.9	70.8	39.9	19.4

9-2 续表

单位：%

指 标	Item	投资额 Investment	#新 建 New Construction
批发和零售业	**Wholesale and Retail Trades**	**-59.7**	**-59.2**
批发业	Wholesale Trade	-57.5	-58.4
零售业	Retail Trade	-60.9	-59.8
交通运输、仓储和邮政业	**Transport, Storage and Post**	**-0.1**	**13.7**
铁路运输业	Railway Transport	-17.7	-0.6
道路运输业	Road Transport	13.5	33.8
水上运输业	Water Transport	32.1	28.0
航空运输业	Air Transport	23.3	9.9
管道运输业	Transport Via Pipelines	-86.7	-86.7
多式联运和运输代理业	Multimodal transportation and transportation agency	122.8	122.8
装卸搬运和仓储业	Loading, Unloading and Storage	18.7	23.3
邮政业	Post	17.0	17.0
住宿和餐饮业	**Hotels and Catering Services**	**-39.8**	**-38.2**
住宿业	Hotels	-43.5	-42.1
餐饮业	Catering Services	-4.3	-3.3
信息传输、软件和信息技术服务业	**Information Transmission, Software and Information Technology**		**1.3**
电信、广播电视和卫星传输服务	Telecommunication, Radio and Television and Satellite Transmission Service	11.3	12.4
互联网和相关服务	Internet and Related Service	-54.4	-60.3
软件和信息技术服务业	Software and Information Technology	-36.2	-30.6
金融业	**Financial Intermediation**	**-78.5**	**-77.1**
货币金融服务	Monetary and Financial Service	-79.8	-78.4
资本市场服务	Capital Market Service		
保险业	Insurance		
其他金融业	Other Financial Activities	-58.9	-58.9
房地产业	**Real Estate**	**-0.5**	**-51.0**
租赁和商务服务业	**Leasing and Business Services**	**53.2**	**52.7**
租赁业	Leasing	253.9	201.7
商务服务业	Business Services	48.2	51.2
科学研究和技术服务业	**Scientific Research and Technical Services**	**39.6**	**59.9**
研究和试验发展	Research and Experimental Development	22.4	32.7
专业技术服务业	Professional Technical Services	18.8	27.8
科技推广和应用服务业	Science and Technology Popularization and Application Services	51.2	78.4
水利、环境和公共设施管理业	**Management of Water Conservancy, Environment and Public Facilities**	**13.6**	**-0.2**
水利管理业	Management of Water Conservancy	-16.7	-15.0
生态保护和环境治理业	Ecological Protection and Environmental Treatment	69.7	81.1
公共设施管理业	Management of Public Facilities	20.0	-4.9
居民服务、修理和其他服务业	**Service to Households, Repair and Other Services**	**-55.3**	**-16.4**
居民服务业	Services to Households	-54.6	-14.2
机动车、电子产品和日用产品修理业	Repair of Motor Vehicles, Electronics and Household Products	-39.4	216.7
其他服务业	Other Services	-39.4	216.7
教育	**Education**	**-7.8**	**-0.1**
卫生和社会工作	**Health and Social Service**	**83.2**	**97.8**
卫生	Health	43.0	33.9
社会工作	Social Service	165.6	172.1
文化、体育和娱乐业	**Culture, Sports and Entertainment**	**-11.0**	**-19.4**
新闻和出版业	Journalism and Publishing Activities		
广播、电视、电影和影视录音制作业	Radio, Television, Motion Picture and Audio-visual Programme Production Services	-14.1	-29.6
文化艺术业	Cultural and Art Activities		
体育	Sports Activities	-29.2	-32.1
娱乐业	Entertainment		
公共管理、社会保障和社会组织	**Public Management, Social Security and Social Organization**	**2.2**	**-4.4**
中国共产党机关	Organs of Communist Party of China		
国家机构	Government Agencies	1.9	-3.9
人民政协、民主党派	People's Political Consultative Conference and Democratic Parties		
社会保障	Social Security		
群众团体、社会团体和其他成员组织	Mass Organizations, Social Organizations and Other Membership Organizations	78.6	
基层群众自治组织	Grass Roots Self-Governing Organizations		
国际组织	**International Organizations**		

Continued

(%)

#扩　建 Expansion	#改　建 Reconstruction	建筑安装 工程投资 Construction and Installation	设备工器 具购置 Purchase of Equipment and Instruments	其　他 费　用 Others	施工项目 Number of Projects under Construction	#新开工 Number of Projects Started This Year
-86.7	**36.1**	**-58.0**	**-75.0**	**-50.4**	**-17.5**	**13.5**
	-29.7	-59.9	-69.3	-21.6	-4.5	85.7
-86.7	113.2	-56.7	-76.8	-60.5	-22.4	-3.3
-33.1	**-41.2**	**15.5**	**-67.9**	**-21.3**	**12.7**	**12.0**
	-73.0	-14.7	-17.1	-25.5	-20.0	75.0
-35.0	40.0	34.9	-80.8	-16.7	17.4	3.7
	55.1	38.9		-94.5	-25.0	-33.3
49.0		26.5	-17.4	21.5	12.5	-20.0
		-89.2	-92.7	-47.1	25.0	100.0
		29.0			25.0	
-69.5	613.9	48.7	-82.2	-43.9	7.0	53.8
		64.2			-25.0	
	-46.1	**-33.1**	**-90.6**	**600.8**	**-27.8**	**-3.8**
	-46.3	-37.2	-93.7	600.8	-25.0	
	-43.3	7.4	-64.9		-40.0	-20.0
5.6	**-27.0**	**-13.4**	**7.1**	**3.6**	**-30.6**	**-23.8**
	-22.8	5.9	11.9	14059.5	11.1	20.0
	169.6	-46.6	-66.4	-47.6	-35.7	-38.5
		-78.4	78.0	-39.1	-50.0	-33.3
		-80.1	**90.2**	**-78.8**	**-44.4**	**-40.0**
		-80.5			-50.0	-50.0
		-74.1				
46.8	**-62.2**	**10.5**	**-20.1**	**-22.9**	**-40.0**	**-42.3**
-56.2	**34.6**	**84.3**	**6.6**	**-26.0**	**34.2**	**121.4**
		133.4	288.2			-50.0
-56.2	34.6	83.8	-68.1	-27.3	36.1	150.0
-80.9	**1.0**	**103.4**	**-16.4**	**-35.1**	**20.4**	**8.0**
	117.2	19.7	20.2	774.6		33.3
		-3.8	155.2	680.1	29.4	11.1
-80.5	-31.9	179.5	-74.7	-43.2	26.3	
-53.9	**229.3**	**12.6**	**-10.4**	**40.6**	**41.0**	**30.8**
-79.4	33.1	-17.4	21.2	-17.1	14.6	1.3
-99.7	-5.9	70.9	-30.5	187.1	29.4	-8.9
-40.1	297.7	18.7	-6.4	75.7	58.1	60.3
-91.0	**39.9**	**-56.3**	**-30.0**	**-8.1**	**-4.9**	
-90.9	39.9	-54.8	-73.5	-22.4	-5.6	-21.7
		-44.5	-0.5		100.0	
		-44.5	-0.5		100.0	
-53.1	**-30.5**	**-5.5**	**-40.9**	**283.7**	**3.4**	**30.0**
99.1	**92.0**	**93.5**	**48.5**	**138.2**	**60.5**	**177.9**
127.9	87.0	24.7	61.5	264.1	91.9	229.5
1.4	284.2	197.6	-85.8	92.2	3.3	83.3
1268.2	**-81.2**	**-13.3**	**3.8**	**22.4**	**1.7**	**3.5**
		74.5	-74.0			
		-30.8	25.4	-9.6	2.6	-5.3
158.5	**390.8**	**3.8**	**-15.9**	**20.8**	**25.7**	**27.5**
241.3	112.7	2.9	-12.6	21.6	28.4	22.5
		86.6			-50.0	

9-3 固定资产投资资金来源比上年增长情况(不含农户)(2020年)
Growth Rate of Funds Sources for Investment in Fixed Assets Over Preceding Year (Excluding Rural Households)(2020)

单位：% (%)

年份 地区	Year Region	合计 Total	按资金来源分 By Sources of Funds					
			国家预算内资金 State Budget	国内贷款 Domestic Loans	债券 Bond	利用外资 Foreign Investment	自筹资金 Self-raising Funds	其他资金 Others
总计	**Total**	**3.0**	**53.3**	**-4.6**	**-16.4**	**83.0**	**1.4**	**-3.4**
哈尔滨	Harbin	3.4	105.7	0.2	201.1	-94.2	-0.5	-4.4
齐齐哈尔	Qiqihar	4.7	-11.4	5.2	13.8	115317.3	1.2	-10.9
鸡西	Jixi	-12.8	-6.8	173.9	-82.7		-16.7	-40.0
鹤岗	Hegang	26.9	1.8	167.2	-53.9		34.3	84.3
双鸭山	Shuangyashan	-11.9	137.7	-91.4			-23.0	155.2
大庆	Daqing	-0.8	177.9	72.4	-59.6	16.2	3.5	-20.6
伊春	Yichun	-31.8	3.2	-70.5	-65.7		-22.8	-58.6
佳木斯	Jiamusi	13.2	185.3	30.9	-73.4		7.6	-65.9
七台河	Qitaihe	56.1	66.8	746.4	511.4		18.4	64.2
牡丹江	Mudanjiang	4.9	77.5	29.1	17.1	-82.8	-2.5	1.8
黑河	Heihe	10.7	276.1	-85.9	220.4	26.4	-15.5	79.8
绥化	Suihua	26.0	10.8	608.4	-67.2		23.3	-16.5
大兴安岭	Daxinganling	-12.2	-67.7				67.6	310.8
不分地区	Not Classified by Region	-23.0	19.9	-46.2	-29.0		-11.5	-81.5

9-4　分地区按构成和建设性质分固定资产投资比上年增长情况(不含农户)(2020年)

Growth Rate of Investment in Fixed Assets over Preceding Year by Region, Composition of Funds and Type of Construction (Excluding Rural Households)(2020)

单位：%　　　　(%)

年份 地区	Year Region	投资额 Total Investment	按构成分 By Composition of Funds			按建设性质分 By Type of Construction		
			建筑安装工程 Construction and Installation	设备、工器具购置 Purchase of Equipment and Instruments	其他费用 Others	#新建 New Construction	#扩建 Expansion	#改建 Reconstruction
总计	**Total**	**3.6**	**11.8**	**-11.7**	**-17.8**	**7.4**	**-31.0**	**2.1**
哈尔滨	Harbin	2.8	22.8	-15.8	-26.1	5.7	2.4	25.5
齐齐哈尔	Qiqihar	7.7	16.9	-20.4	-11.7	17.4	42.9	-19.8
鸡西	Jixi	6.4	11.0	4.2	-33.6	20.6	1.0	-18.4
鹤岗	Hegang	12.1	-4.7	69.3	40.1	15.3	-10.4	9.9
双鸭山	Shuangyashan	3.5	12.9	-14.7	-47.0	1.1	1.6	37.4
大庆	Daqing	3.0	1.0	32.2	-23.9	9.4	-87.2	43.4
伊春	Yichun	-8.4	-16.4	-13.7	107.1	14.4	-83.2	-23.1
佳木斯	Jiamusi	11.0	11.0	-31.9	83.7	11.4	-56.3	226.6
七台河	Qitaihe	37.2	30.1	63.4	29.1	69.4	-43.0	-23.3
牡丹江	Mudanjiang	2.5	4.5	5.7	-26.3	9.5	-29.4	37.8
黑河	Heihe	0.2	3.4	-14.2	-7.8	-7.3	60.3	111.5
绥化	Suihua	21.0	47.5	-50.0	51.0	13.6	-64.9	13.0
大兴安岭	Daxinganling	0.4	-12.1	88.2	38.2	21.8	-18.1	-20.3
不分地区	Not Classified by Region	-25.6	-17.6	-40.3	-32.3	-21.5	-12.3	-62.4

9-5 分地区按行业分固定资产投资比上年增长情况(不含农户)(2020年)
Growth Rate of Investment in Fixed Assets over Preceding Year by Region and Sector(Excluding Rural Households)(2020)

单位: % (%)

年份 地区	Year Region	总计 Total	农、林、牧、渔业 Agriculture, Forestry, Animal Husbandry and Fishery	采矿业 Mining	制造业 Manufacturing	电力、热力、燃气及水生产和供应业 Production and Supply of Electric, heat, Gas and Water	建筑业 Construction	批发和零售业 Wholesale and Retail Trades
总　计	**Total**	**3.6**	**49.3**	**-2.6**	**-4.3**	**11.6**		**-59.7**
哈尔滨	Harbin	2.8	10.6	-48.0	-8.7	25.1		-82.9
齐齐哈尔	Qiqihar	7.7	77.0	0.2	19.2	8.7		-55.1
鸡　西	Jixi	6.4	81.5	-25.6	19.1	85.5		-62.2
鹤　岗	Hegang	12.1	5.5	2.2	-29.3	125.2		-69.8
双鸭山	Shuangyashan	3.5	82.5	71.2	-19.2	-14.6		-16.8
大　庆	Daqing	3.0	9.5	-0.5	22.5	95.4		-49.5
伊　春	Yichun	-8.4	1.9		-30.2	-10.8		
佳木斯	Jiamusi	11.0	110.9		0.4	7.0		-39.2
七台河	Qitaihe	37.2	269.0	-37.8	43.9	47.4		
牡丹江	Mudanjiang	2.5	12.0	42.7	-18.1	16.9		-24.5
黑　河	Heihe	0.2	78.0	-19.4	18.0	11.5		-65.2
绥　化	Suihua	21.0	11.8		-45.8	33.9		-68.1
大兴安岭	Daxinganling	0.4	112.7	5436.5	-21.9	-24.4		
不分地区	Not Classified by Region	-25.6						

9-5　续表1 Continued

单位：%　　(%)

年　份 地　区	Year Region	交通运输仓储和邮政业 Transport, Storage and Post	住宿和餐饮业 Hotels and Catering Services	信息传输、软件和信息技术服务业 Information Transmission, Software and Information Technology	金融业 Financial Intermediation	房地产业 Real Estate	租赁和商务服务业 Leasing and Business Services	科学研究和技术服务业 Scientific Research and Technical Service
总　计	**Total**	**-0.1**	**-39.8**		**-78.5**	**-0.5**	**53.2**	**39.6**
哈 尔 滨	Harbin	15.4	-92.9	129.9	-93.7		-23.8	7.2
齐齐哈尔	Qiqihar	-15.0	85.5	141.8		-27.4	-19.5	33.0
鸡　西	Jixi	1.2				1.2		-61.4
鹤　岗	Hegang	18.1	-91.8			-22.7	-51.9	-6.3
双 鸭 山	Shuangyashan	-3.2	3179.5	-82.8		-30.3	121.8	2.0
大　庆	Daqing	58.7		358.1		-36.3	995.7	88.9
伊　春	Yichun	-0.4	-52.2			-28.4	20.3	
佳 木 斯	Jiamusi	19.7	-66.7	-38.7		-17.4	372.3	389.4
七 台 河	Qitaihe	156.3		1675.0		13.4		349.9
牡 丹 江	Mudanjiang	7.4	-22.2			-6.7	328.5	195.1
黑　河	Heihe	-20.8	42.8	429.3	-60.0	-24.0	-47.8	22.0
绥　化	Suihua	16.7	2400.0	-99.9		190.2	473.5	-71.6
大兴安岭	Daxinganling	-50.5	-22.8	-67.9		3.6		8560.9
不分地区	Not Classified by Region	-10.7		-17.7				

9-5 续表 2 Continued

单位：% (%)

年 份 地 区	Year Region	水利、环境和公共设施管理业 Management of Water Conservancy, Environment and Public Facilities	居民服务、修理和其他服务业 Services to Households Repair and Other Services	教 育 Education	卫生和社会工作 Health and Social Work	文化、体育和娱乐业 Culture, Sports and Entertainment	公共管理、社会保障和社会组织 Public Management Social Securities and Social Organization
总 计	**Total**	**13.6**	**-55.3**	**-7.8**	**83.2**	**-11.0**	**2.2**
哈 尔 滨	Harbin	22.6	-67.2	-19.8	41.3	-9.4	84.1
齐齐哈尔	Qiqihar	14.0	87.5	0.4	-40.4	42.2	-30.3
鸡 西	Jixi	-20.6		-91.2	-13.6	31.1	54.4
鹤 岗	Hegang	16.0	39.8	26.6	61.7	-20.0	-20.1
双 鸭 山	Shuangyashan	47.8	-3.8	27.2	2972.6	-12.4	192.0
大 庆	Daqing	-20.9	304.8	-2.8	-24.0	-59.7	-84.5
伊 春	Yichun	35.5		7.8	119.7	-72.7	12.1
佳 木 斯	Jiamusi	61.6	-54.8	-9.1	-29.9	-0.2	19.6
七 台 河	Qitaihe	38.6		64.4	-35.0		-97.1
牡 丹 江	Mudanjiang	10.9	49.9	14.0	83.5	-34.0	66.3
黑 河	Heihe	-19.2		76.7	852.0	-16.5	21.9
绥 化	Suihua	-3.5	-88.6	-19.2	855.9	-59.4	190.0
大兴安岭	Daxinganling	-2.4	-29.3	286.4	1197.7	52.2	529.4
不分地区	Not Classified by Region						

9-6　国有单位固定资产投资比上年增长情况(2020年)

Growth Rate of Investment in Fixed Assets over Preceding Year of State-Owned Units (2020)

单位：% (%)

指　　标	Item	2020
投资总额	**Total Investment**	**-12.5**
按构成分	**Grouped by Composition of Funds**	
建筑安装工程	Construction and Installation	-6.3
设备、工器具购置	Purchase of Equipment and Instruments	-24.4
其他费用	Others	-45.7
按隶属关系分	**Grouped By Jurisdiction of Management**	
中　　央	Central Investment	-58.7
地　　方	Local Investment	1.2
按建设性质分	**Grouped by Type of Construction**	
#新　　建	# New Construction	-15.1
扩　　建	Expansion	-38.2
改　　建	Reconstruction	42.1
按行业分	**Grouped by Sector**	
农、林、牧、渔业	Agriculture, Forestry, Animal Husbandry and Fishery	46.0
采矿业	Mining	178.3
制造业	Manufacturing	-61.9
电力、热力、燃气及水生产和供应业	Production and Supply of Electric, heat, Gas and Water	36.4
建筑业	Construction	
批发和零售业	Wholesale and Retail Trade	54.4
交通运输、仓储及邮政业	Transport, Storage and Post	-43.7
住宿和餐饮业	Hotels and Catering Services	212.2
信息传输、软件和信息技术服务业	Information Transmission, Software and Information Technology	-65.7
金融业	Financial Intermediation	-66.1
房地产业	Real Estate	-36.4
租赁和商务服务业	Leasing and Business Services	19.8
科学研究和技术服务业	Scientific Research and Technical Services	50.5
水利、环境和公共设施管理业	Management of Water Conservancy, Environment and Public Facilities	8.7
居民服务、修理和其他服务业	Services to Households, Repair and Other Services	-67.6
教　　育	Education	-1.2
卫生、社会工作	Health and Social Work	63.3
文化、体育和娱乐业	Culture, Sports and Entertainment	23.4
公共管理、社会保障和社会组织	Public Management, Social Securities and Social Organization	
国际组织	International Organizations	

9-7 按构成和建设性质分的国有单位固定资产投资比上年增长情况(2020年)
Growth Rate of Investment in Fixed Assets over Preceding Year of State-Owned Units by Composition of Funds and Type of Construction(2020)

单位：% (%)

年份 Year 地区 Region	投资总额 Total Investment	按构成分 By Composition of Funds 建筑安装工程 Construction and Installation	设备、工器具购置 Purchase of Equipment and Instruments	其他费用 Others	按建设性质分 By Type of Construction #新建 New Construction	#扩建 Expansion	#改建 Recon-struction
总计 Total	**-12.5**	**-15.1**	**-38.2**	**42.1**	**-6.3**	**-24.4**	**-45.7**
哈尔滨 Harbin	-29.8	-50.7	-2.8	104.7	-6.3	-51.4	-79.6
齐齐哈尔 Qiqihar	-9.7	-11.8	-22.9	28.5	-9.9	-59.7	204.6
鸡西 Jixi	-4.8	-5.0	69.4	-6.4	4.4	-9.5	-57.3
鹤岗 Hegang	-13.9	-3.6	-98.0	296.6	-15.1	-26.8	9.5
双鸭山 Shuangyashan	28.7	41.3	-68.1	-6.4	37.2	52.6	-44.7
大庆 Daqing	-20.7	-25.2	-26.4	174.7	-24.4	1.4	47.4
伊春 Yichun	33.7	77.9	-86.0	1184.0	16.4	128.9	221.5
佳木斯 Jiamusi	38.3	37.5	-66.0	587.1	34.2	12.3	155.0
七台河 Qitaihe	55.2	59.8	63.0	-15.3	61.7	-89.8	130.6
牡丹江 Mudanjiang	-13.8	-25.7	-22.5	70.2	-17.0	79.8	-7.8
黑河 Heihe	15.6	-2.2	36.7	135.4	4.1	204.4	79.5
绥化 Suihua	25.1	67.8	-61.4	119.5	30.0	-19.2	-5.6
大兴安岭 Daxinganling	-14.2	-13.8	-18.2	-20.3	-13.0	30.9	-34.6
不分地区 Not Classified by Region	-68.8	-74.9	-12.3		-66.7	-99.7	-69.8

主要统计指标解释

全社会固定资产投资　是以货币形式表现的在一定时期内全社会建造和购置固定资产的工作量以及与此有关的费用的总称。该指标是反映固定资产投资规模、结构和发展速度的综合性指标。全社会固定资产投资按登记注册类型可分为国有、集体、联营、股份制、私营和个体、港澳台商、外商、其他等。

固定资产投资（不含农户）　指城镇和农村各种登记注册类型的企业、事业、行政单位及城镇个体户进行的计划总投资500万元及以上的建设项目投资和房地产开发投资，包括原口径的城镇固定资产投资加上农村企事业组织项目投资，该口径自2011年起开始使用。

房地产开发投资　指各种登记注册类型的房地产开发法人单位统一开发的包括统代建、拆迁还建的住宅、厂房、仓库、饭店、宾馆、度假村、写字楼、办公楼等房屋建筑物，配套的服务设施，土地开发工程（如道路、给水、排水、供电、供热、通讯、平整场地等基础设施工程）和土地购置的投资；不包括单纯的土地开发和交易活动。

实际到位资金　指用于固定资产投资的各种货币资金。包括国家预算资金、国内贷款、利用外资、自筹资金和其他资金。

国家预算资金　国家预算包括一般预算、政府性基金预算、国有资本经营预算和社保基金预算。各类预算中用于固定资产投资的资金全部作为国家预算资金填报，其中一般预算中用于固定资产投资的部分包括基建投资、车购税、灾后恢复重建基金和其他财政投资。各级政府债券也应归入国家预算资金。

国内贷款　指报告期固定资产投资项目单位向银行及非银行金融机构借入用于固定资产投资的各种国内借款，包括银行利用自有资金及吸收存款发放的贷款、上级拨入的国内贷款、国家专项贷款（包括煤代油贷款、劳改煤矿专项贷款等），地方财政专项资金安排的贷款、国内储备贷款、周转贷款等。

利用外资　指报告期收到的境外（包括外国及港澳台地区）资金(包括设备、材料、技术在内)。包括对外借款(外国政府贷款、国际金融组织贷款、出口信贷、外国银行商业贷款、对外发行债券和股票)、外商直接投资、外商其他投资(包括利用外商投资收益在国内进行固定资产再投资活动的资金)。不包括我国自有外汇资金(国家外汇、地方外汇、留成外汇、调剂外汇和国内银行自有资金发放的外汇贷款等)。各类外资按报告期的外汇牌价（中间价）折成人民币计算。

自筹资金　指固定资产投资单位在报告期收到的，由各企、事业单位筹集用于固定资产投资的资金，包括各类企事业单位的自有资金和从其他单位筹集的用于固定资产投资的资金，但不包括各类财政性资金、从各类金融机构借入资金和国外资金。

其他资金来源　指在报告期收到的除以上各种资金之外的用于固定资产投资的资金。包括社会集资、个人资金、无偿捐赠的资金及其他单位拨入的资金等。

固定资产投资按国民经济行业分　指根据其从事的社会经济活动性质对各类单位进行的分类。应根据建设项目建成投产后的主要产品种类或主要用途及社会经济活动种类来划分，不能根据项目单位本身的行业类别来划分。如果项目投产后有几种产品，应根据主要产品来确定行业类别。一般情况下，一个建设项目只能属于一种国民经济行业。

固定资产投资按隶属关系分　是按建设单位或企业、事业、行政单位的主管上级机关确定的。

(1)中央　是指中共中央、人大常委会和国务院各部、委、局、总公司以及直属机构直接领导的建设项目和企业、事业、行政单位。这些单位的固定资产投资计划由国务院各部门直接编制和下达，统一组织或委托下级实施。包括有中央垂直管理的部门（如国家统计局各级调查队）和中央直属企业、事业单位（如工商银行、中国电信、中国石油）等。

(2)地方　是由省（自治区、直辖市）、地（区、市、州、盟）、县（区、市、旗）三级政府及业务主管部门直接领导和管理的建设项目、企业、事业、行政单位。地方项目还包括不隶属以上各级政府及主管部门的建设项目和企业、事业单位，如外商投资企业和无主管部门的企业等。

固定资产投资按建设性质分　按整个建设项目情况来确定。建设项目的性质一般分为新建、扩建、改建和技术改造、单纯建造生活设施、迁建、恢复、单纯购置。农户投资不划分建设性质。

(1)新建　指从无到有“平地起家”开始建设的项目。现有企业、事业、行政单位投资的项目一般不属于新建。但如有的单位原有基础很小，经过建设后新增的固定资产价值超过该企业、事业、行政单位原有固定资产价值（原值）三倍以上的，也应作为新建。

(2)扩建　指在厂内或其他地点，为扩大原有产品的生产能力(或效益)或增加新的产品生产能力，而增建的生产车间(或主要工程)、分厂、独立的生产线等项目。行政、事业单位在原单位增建业务性用房(如学校增建教学用房、医院增建门诊部、病房等)也作为扩建。

现有企、事业单位为扩大原有主要产品生产能力或增加新的产品生产能力，增建一个或几个主要生产车间(或主要工程)、分厂，同时进行一些更新改造工程的，也应作为扩建。

(3)改建和技术改造　指现有企业、事业单位对原有设施进行技术改造或更新(包括相应配套的辅助性生产、生活福利设施) 的建设项目。改建项目包括现有企业、事业单位为适应市场变化的需要，而改变企业的主要产品种类(如军工企业转民产品等）的建设项目，原有产品生产作业线由于各工序(车间)之间能力不平衡，为填平补齐充分发挥原有生产能力而增建但不增加主要产品设计能力的建设项目。技术改造是指企业、事业单位在现有基础上用先进的技术代替落后的技术，用先进的工艺和装备代替落后的工艺和装备，以改变企业落后的技术经济面貌，实现以内涵为主的扩大再生产，达到提高产品质量、促进产品更新换代、节约能源、降低消耗、扩大生产规模、全面提高社会经济效益的目的。技术改造具体包括以下内容：机器设备和工具的更新改造；生产工艺改革、节约能源和原材料的改造；厂房建筑和公共设施的改造；保护环境进行的“三废”治理改造；劳动条件和生产环境的改造等。

固定资产投资按构成分

(1)建筑工程　指各种房屋、建筑物的建造工程。这部分投资额必须兴工动料，通过施工活动才能实现，是固定资产投资额的重要组成部分。

(2)安装工程　指各种设备、装置的安装工程。

在安装工程中，不包括被安装设备本身价值。

(3)设备工具器具购置　指报告期内购置或自制的，达到固定资产标准的设备、工具、器具的价值。新建单位及扩建单位的新建车间，按照设计或计划要求购置或自制的全部设备、工具、器具，不论是否达到固定资产标准均计入“设备工具器具购置”中。

(4)其他费用　指在固定资产建造和购置过程中发生的，除建筑安装工程和设备、工器具购置投资完成额以外的应当分摊计入固定资产投资的费用，不指经营中财务上的其他费用。

施工项目个数　是指本年正式进行过建筑或安装施工活动的建设项目个数。包括本年新开工项目，以前年度开工跨入本年继续施工项目，本年全部建成投产项目、以前年度全部停缓建在本年恢复施工的项目，本年进行过施工又在本年内全部停缓建的项目。施工项目个数可以反映一定时期固定资产投资的实际规模，与同期全部建成投产项目个数相比，可以从建设速度的角度反映固定资产投资的效果。

本年投产项目个数　指报告期内按设计文件规定建成主体工程和相应配套的辅助设施，形成生产能力或工程效益，经过验收合格，并且已正式投入生产或交付使用的建设项目。

新增生产能力（或工程效益）　指通过固定资产投资活动而增加的设计能力(或工程效益)。主要指标包括建设规模、本年施工规模、自开始建设累计新增生产能力(或工程效益)、本年新增生产能力(或工程效益)等。

建设规模　指建设项目或工程设计文件中规定的全部设计能力(或工程效益)。包括已经建成投产和尚未建成投产的工程的生产能力(或工程效益)。

本年施工规模　指报告期内施工的单项工程（或更新改造项目）的设计能力(或工程效益)，包括报告期以前已开工跨入本年继续施工的工程的设计能力和报告期新开工工程的设计能力。也包括报告期内建成投产或报告期施工后又停缓建的单项工程设计能力。不包括在报告期以前建成投产或已经停、缓建的工程，以及报告期内尚未正式开工的工程的设计能力。

自开始建设累计新增生产能力（或工程效益）　指自开始建设至本年底止建成投产的全部单项工程累计新增生产能力(或工程效益)。

本年新增生产能力（或工程效益）　指在本年度内按照新增生产能力(或工程效益)的计算条件和标准，实际建成投入生产或交付使用的生产能力(或工程效益)。

新增固定资产　是指已经完成建造和购置过程，并已交付生产或使用单位的固定资产的价值，包括已经建成投入生产或交付使用的工程投资和达到固定资产标准的设备、工具、器具的投资及有关应摊入的费用。该指标是表示固定资产投资成果的价值指标，也是反映建设进度，计算固定资产投资效果的重要指标。

项目建成投产率　指一定时期内全部建成投产项目个数与同期施工项目个数的比率。该指标从建设单位建设速度的角度反映投资效果。

固定资产交付使用率　指一定时期新增固定资产与同期完成投资额的比率。该指标是反映固定资产动用速度，衡量建设过程中宏观投资效果的综合指标。由于新增固定资产是较长时期内形成的结果，而投资额则是当年完成的，因此，该指标一般适宜于反映较长时期内固定资产的动用情况。

Explanatory Notes on Main Statistical Indicators

Total Investment in Fixed Assets in the Whole Country refers to the volume of activities in construction and purchases of fixed assets of the whole country and related fees, expressed in monetary terms during the reference period. It is a comprehensive indicator which shows the size, structure and growth of the investment in fixed assets. Total investment in fixed assets in the whole country includes, by type of ownership, the investment by State-owned units, collective-owned units, joint ownership units, share-holding units, private units, individuals as well as investments by entrepreneurs from Hong Kong, Macao and Taiwan, foreign investors and others.

Investment in Fixed Assets (Excluding Rural Households) refers to the investment in construction projects with a total planned investment of 5 million yuan and over by enterprises of various ownerships, institutions, administrative units and urban self-employed individuals, and the investment in real estate development in both urban and rural areas. Since 2011, it covers the urban investment in fixed assets under the previous statistical coverage plus project investments by rural enterprises and institutions.

Investment in Real Estate Development refers to investment by real estate development companies, commercialized buildings construction companies and other real estate development units of various types of ownership in the construction of buildings, such as residential buildings, factory buildings, warehouses, hotels, guesthouses, holiday villages, office buildings, the complementary service facilities and land development projects, such as roads, water supply, water drainage, power supply, heating supply, telecommunications, land leveling and other infrastructural projects. It does not include activities in pure land transactions.

Actual Funds for Investment refer to all kinds of monetary funds used for fixed assets investment. It includes state budget funds, domestic loans, foreign capital utilization, self-raising funds and other funds.

Fund from the State Budget State budget consists of general budget, government fund budget, operation budget of state-owned assets and social security fund budget. Funds for investment in fixed assets from various budgets are reported as fund from the state budget, of which, the general budget utilized on fixed assets investment includes investment on infrastructure construction, vehicle purchase tax, post-disaster restoration and reconstruction funds and other financial investment. Government bonds at all levels should also be included.

Domestic Loans refer to loans of various forms borrowed by investing units from banks and non-bank financial institutions during the reference period for the purpose of investment in fixed assets, including loans issued by banks from their self-owned funds and deposit, loans appropriated by higher responsible authorities, special loans by government (including loan for substituting petroleum with coal, special loans for reform-through-labour coal mines), loans arranged by local government from special funds, domestic reserve loan, and revolving loan, etc.

Foreign Investment refers to overseas (including foreign countries, Hongkong, Macao and Taiwan) funds received during the reference period (covering equipment, materials and technology), including foreign borrowings (loans from foreign governments and international financial institutions, export credit, commercial loans from foreign banks, issue of bonds and stocks overseas), foreign direct investment and other foreign investments (including funds from foreign direct investment income that are reinvested in fixed assets domestically). Excluded from this category is capital in foreign exchanges owned by China (foreign exchanges owned by the central and local governments, foreign exchanges retained by enterprises, foreign exchanges by enterprises through the regulating mechanism, loans in foreign exchanges issued by the Bank of China with its own fund, etc.). In calculating the utilization of foreign capital, foreign currencies are converted into Chinese Renminbi applying the exchange rate (central parity rate) at the end of the reference period.

Self-raised Funds refer to funds for investment in fixed assets received during the reference period by investing units, including investment in fixed assets using own funds of various enterprises and institutions or funds raised from other units other than financial funds, funds borrowed from financial institutions and overseas funds.

Other Funds refer to funds for investment in fixed assets received from sources other than those listed above, including funds raised from individuals and through donations, and funds transferred from other units.

Investment in Fixed Assets by Sector refers to the classification of investment by the nature of social economic activities the investing units are engaged in. The classification of construction projects by sector is determined by the major products or the purpose of the projects when they are put into production or use, and by the nature of their social economic activities, instead of being determined by industrial classification of the project enterprises. The project will be classified according to major product if there are several kinds of products yielded. In general, one project can only be classified into one sector.

Investment in Fixed Assets by Jurisdiction of Management refers to the classification of investment by the competent authorities under which investment is made by construction units, enterprises, institutions or administrative units.

(1) Central investment refers to the investment in projects or by enterprises, institutions or administrative units which are under the direct leadership and management of the State Council and of the national commissions, ministries, agencies and State-owned large corporations. Various ministries and departments of the State Council prepare and implement plans through unified organization or lower-level commissions, which include departments direct under central government (i.e. survey offices at all level of the National Bureau of Statistics) and enterprises and institutions directly under central government (like the Industrial and Commercial Bank of China, China Telecom and China National Petroleum Corporation)..

(2) Local investment refers to the investment in projects or by enterprises, institutions or administrative units which are under the direct leadership and management of competent departments and governments at the level of province (autonomous regions and municipalities directly under the Central Government), prefecture （prefectures, cities and leagues） and county (districts, cities and banners). Also included are projects by foreign-invested enterprises and enterprises without competent managing authorities.

Investment in Fixed Assets by Type of Construction Construction projects in general can be classified, by the type of construction, into new construction, expansion, reconstruction and technical transformation, purely construction of living facilities, moving, restoration and purely purchasing. However, investment by type of construction is not applied to investment by and investment by rural households.

(1) New construction in general refers to construction projects, which start from scratch. The existing projects invested by enterprises, institutions and administrative agencies cannot be classified as new construction. In case the size of the existing unit is quite small, and the value of newly added fixed assets is more than three times of the original value, the expansion will be considered as new construction.

(2) Expansion refers to construction of new production workshop, branch factory or independent production line within a factory or in other locations, for the purpose of increasing the production capacity (or improving efficiency) or adding new production capacity by enterprises and institutions. Newly constructed accommodation for the operation of institutions and administrative organizations (such as newly constructed buildings for teaching in schools, buildings for clinics or wards in hospitals, etc.) are also classified as expansion.

Also included in expansion are investments by existing enterprises or institutions in building major production line(s) or branch factory (ies) along with some work on innovation, for the purpose of expanding the production capacity of original products or producing new products.

(3) Reconstruction and technical transformation refers to construction projects by existing enterprises or institutions in innovation or technical transformation of the old facilities (including auxiliary production equipment and welfare facilities). Also considered as reconstruction is the construction of new workshops by the existing enterprises or institutions to change the variety of products to meet the market demand (such as the production of civil products by defence industries), or to bring the designed production capacity into full play through a more balanced production process on production lines. Technical transformation refers to replacement of old technology or equipment by new technology or equipment, in order to expand the reproduction through improvement of technology contents in production, to improve product quality, to promote new products, to save energy, to reduce consumption, to expand the production scale and to improve overall social-economic efficiency. Contents of technical transformation include: updating of machinery, equipment and tools; reforming production process by using energy or materials saving technology; construction of factory workshops and transformation of public facilities; treatment transformation of "three wastes" (waste gas, waste water and industrial residue) aiming at environmental protection; improvement of working conditions and environment, etc.

Investment in Fixed Assets by Structure

(1) Construction refers to the construction of houses and buildings. This part of investment can only be achieved through construction activities, it is the major component of the total investment in fixed assets.

(2) Installation refers to the installation of various kinds of equipment and instruments.

The value of equipment installed itself is not included in the value of installation projects.

(3) Purchase of equipment and instruments refers to the total value of equipment, tools, and instruments purchased or self-produced which come up to the cut-off point for fixed assets during the reference period. Equipment, tools and instruments purchased or self-produced for new workshops by newly established or expanded units are categorized as "purchase of equipment and instruments" no matter whether they come up to the cut-off point for fixed assets.

(4) Other expenses refer to expenses arising during the construction or purchase of fixed assets other than those expenses on construction, installation and purchase of equipment and instruments. Other financial expenses arising in operation are not included.

Number of Projects under Construction refers to number of all projects with actual construction or installation activities in current year, including newly started projects, projects started previously and extended into the current year, projects completed and put into operation in current year, projects suspended previously and resumed in current year, and projects started this year but suspended or postponed in current year. The number of projects under construction can reflect the actual size of investment in fixed assets during a given period, and when compared with the number of projects completed and put into use during the same period, it demonstrates the results of investment in fixed assets from the angle of the speed of the construction.

Number of Projects Put into Use This Year refer to projects have completed the main construction and correspondent auxiliary facilities in accordance with the design documents, resulting in forming production capacity (efficiency)

and have been checked and accepted after relevant tests, and have been formally delivered for use.

Newly Increased Production Capacity (or Project Efficiency) refers to the increase in design capacity (or project efficiency) through investment in fixed assets. The main indicators include: construction scale, scale of projects under construction in current year, the accumulated newly increased production capacity (project efficiency) since the start of the projects and the newly increased production capacity (project efficiency) of current year.

Construction Scale refers to the total designed production capacity (project efficiency) of the construction projects in accordance with the design document, including those have been put into operation and those that have not been completed.

Scale of Projects under Construction in Current Year refers to the designed production capacity (project efficiency) of a single project (or renovation project) under construction in the reference period, including the designed production capacity of projects that have been started previously and still under construction in the current year, the newly started projects, and projects that have been completed and put into operation in the reference period or those have been started but suspended or postponed in the reference period. Projects that have been completed and put into operation, suspended or postponed before the reference period, and projects that have not been officially started in the reference period are not included.

The Accumulated Newly Increased Production Capacity (project efficiency) since the Start of the Projects refers to the accumulated newly increased production capacity of all the single projects which have been put into use from the beginning of the projects till the end of current year.

The Newly Increased Production Capacity (project efficiency) of Current Year refers to the production capacity (project efficiency) that has been completed and put into operation in current year according to the calculation conditions and standards on newly increased production capacity (project efficiency).

Newly Increased Fixed Assets refer to the value of fixed assets that has completed the construction and purchase, and has been delivered to the production or owner units, including investment in projects that have been completed and put into operation in current year and the investment in equipment, tools and appliance that meet the standard of fixed assets and fees that should be apportioned. This is an indicator that demonstrates the results of investment in fixed assets in monetary terms, and an important indicator to reflect the speed of construction and to calculate the efficiency of investment.

Rate of Construction Projects Completed and Put into Use refers to the ratio of the number of construction projects completed and put into use in a certain period of time to the number of projects under construction in the same period. This reflects the investment efficiency from the perspective of the speed of projects construction.

Rate of Projects of Fixed Assets Completed and Put into Operation refers to the ratio of the newly increased fixed assets to the total investment made in the same period. This is a comprehensive indicator reflecting the speed of the employment of fixed assets and the investment efficiency at the macro-level. As the newly increase fixed assets is the result of a long period while the investment is completed in the current year, this indicator is expected to be used to reflect the employment of fixed assets over a long period of time.

第十篇　对外经济贸易

CHAPTER 10 FOREIGN TRADE AND ECONOMIC COOPERATION

资料整理：刘　妍

10-1　对外经济贸易基本情况
Foreign Trade and Economic Cooperation

指　标	Item	2016	2017	2018	2019	2020
货物进出口总额(人民币亿元)	**Total Value of Imports and Exports (RMB 100 million yuan)**	**1093.7**	**1280.7**	**1747.7**	**1865.9**	**1537.0**
出口总额	Total Exports	332.5	356.3	294.0	349.4	360.9
初级产品	Primary Goods	7.4	8.3	54.5	55.4	
工业制成品	Manufactured Goods	43.1	44.3	239.5	294.2	
进口总额	Total Imports	761.2	924.5	1453.7	1516.5	1176.1
初级产品	Primary Goods	85.3	96.0	1226.1	1273.6	
工业制成品	Manufactured Goods	29.7	40.7	227.6	243.7	
进出口差额	Balance	-428.8	-568.2	-1159.8	-1167.1	-815.3
货物进出口总额(亿美元)	**Total Value of Imports and Exports (USD 100 million)**	**165.4**	**189.4**	**264.1**	**271.0**	**222.0**
出口总额	Total Exports	50.4	52.6	44.5	50.7	52.0
进口总额	Total Imports	114.9	136.8	219.6	220.3	169.9
进出口差额	Balance	-64.5	-84.2	-175.1	-169.6	-117.9
实际使用外资额(亿美元)	**Total Amount of Foreign Investment Actually Utilized (USD 100 million)**	**59.0**	**58.6**	**59.5**	**5.4**	**5.4**
外商直接投资合同项目(个)	**Number of Projects for Contracted Foreign Direct Investment (unit)**	**117**	**105**	**127**	**158**	**113**
外商直接投资合同金额(亿美元)	**Contract Value of Projects for Contracted Foreign Direct Investment (USD 100 million)**	**77.2**	**97.6**	**84.9**	**20.3**	**24.2**
外资企业基本情况	**Registered Foreign-funded Enterprises**					
年底登记户数(户)	Number of Registered Enterprises (household)	4227	4444	5028	5296	6008
投资总额(亿美元)	Total Investment (USD 100 million)	282.8	336.7	427.5	460.5	1681.7
注册资本(亿美元)	Registered Capital (USD 100 million)	149.1	200.4	259.1	287.6	1536.1
#外方	#Capital from Foreign Investors	110.4	148.3	177.0	192.0	860.2

注：进出口总额1993年以前为对外贸易经济合作厅数据，1993年起为哈尔滨海关数据，未包括石油出口业务(下同)。

a) The total value of imports and exports were provided by Department of Foreign Trade and Economic Cooperation before 1993.Since 1994,the data were provided by Harbin CIQ expecting exports of petroleum. The same as following tables.

10-2 货物进出口总额
Total Value of Imports and Exports of Goods

年 份 Year	人民币(亿元) (RMB 100 million yuan)				美元(亿元) (USD 100 million)			
	进出口总额 Total Value of Imports and Exports	出口总额 Total Exports	进口总额 Total Imports	进出口差额 Balance	进出口总额 Total Value of Imports and Exports	出口总额 Total Exports	进口总额 Total Imports	进出口差额 Balance
1957	2.6	2.6			0.8	0.8		
1965	0.6	0.6			0.2	0.2		
1970	0.5	0.5			0.2	0.2		
1975	1.3	1.3			0.7	0.7		
1978	0.8	0.8			0.5	0.5		
1979	1.2	1.2			0.7	0.7		
1980	1.9	1.5	0.5	1.0	1.3	1.0	0.3	0.7
1981	2.7	2.3	0.4	1.8	1.6	1.3	0.3	1.1
1982	3.8	3.3	0.5	2.9	2.0	1.7	0.2	1.5
1983	6.5	5.4	1.1	4.3	3.3	2.7	0.5	2.2
1984	10.0	7.9	2.1	5.8	4.3	3.4	0.9	2.5
1985	15.0	12.1	2.9	9.3	5.1	4.1	1.0	3.2
1986	28.0	21.2	6.7	14.5	8.1	6.2	2.0	4.2
1987	35.8	30.2	5.6	24.6	9.6	8.1	1.5	6.6
1988	46.2	34.9	11.3	23.6	12.4	9.4	3.0	6.3
1989	53.2	38.7	14.5	24.2	14.1	10.3	3.9	6.4
1990	71.4	52.0	19.4	32.6	14.9	10.9	4.1	6.8
1991	107.4	73.3	34.1	39.2	20.2	13.8	6.4	7.4
1992	158.9	101.0	57.9	43.1	28.8	18.3	10.5	7.8
1993	190.1	97.2	92.9	4.3	33.0	16.9	16.1	0.7
1994	209.1	107.0	102.1	4.9	24.3	12.4	11.8	0.6
1995	199.3	97.4	101.9	-4.5	23.9	11.7	12.2	-0.5
1996	203.6	90.0	113.7	-23.7	24.5	10.8	13.7	-2.9
1997	204.2	108.4	95.8	12.6	24.6	13.1	11.6	1.5
1998	166.4	75.0	91.4	-16.4	20.1	9.1	11.0	-2.0
1999	181.4	78.7	102.7	-24.1	21.9	9.5	12.4	-2.9
2000	247.2	120.1	127.1	-7.0	29.9	14.5	15.4	-0.8
2001	280.2	133.4	146.7	-13.2	33.9	16.1	17.7	-1.6
2002	360.1	164.7	195.3	-30.6	43.5	19.9	23.6	-3.7
2003	441.2	237.5	203.6	33.9	53.3	28.7	24.6	4.1
2004	562.0	304.6	257.4	47.2	67.9	36.8	31.1	5.7
2005	783.9	497.2	286.7	210.5	95.7	60.7	35.0	25.7
2006	1025.2	672.8	352.4	320.5	128.6	84.4	44.2	40.2
2007	1315.5	933.0	382.5	550.5	173.0	122.7	50.3	72.4
2008	1590.4	1150.8	438.9	711.9	229.0	165.7	63.2	102.5
2009	1108.0	688.6	419.4	268.5	162.2	100.8	61.4	39.3
2010	1726.2	1102.1	624.1	477.9	255.0	162.8	92.2	70.6
2011	2487.3	1141.3	1346.0	-204.7	385.1	176.7	208.4	-31.7
2012	2387.4	911.5	1476.5	-565.0	378.2	144.4	233.9	-89.5
2013	2407.9	1005.2	1402.8	-397.0	388.8	162.3	226.5	-64.1
2014	2389.5	1065.2	1324.4	-259.2	389.0	173.4	215.6	-42.2
2015	1307.3	500.1	807.2	-306.4	209.9	80.3	129.6	-49.2
2016	1093.7	332.5	761.2	-428.8	165.4	50.4	114.9	-64.5
2017	1280.7	356.3	924.5	-568.2	189.4	52.6	136.8	-84.2
2018	1747.7	294.0	1453.7	-1159.8	264.1	44.5	219.6	-175.1
2019	1865.9	349.4	1516.5	-1167.1	271.0	50.7	220.3	-169.6
2020	1537.0	360.9	1176.1	-815.3	222.0	52.0	169.9	-117.9

10-3　海关货物进出口总额

Total Value of Imports and Exports (Customs Statistics)

单位：万元　(10000 yuan)

类　别	Category	进出口总额 Total Value of Imports and Exports				
		2016	2017	2018	2019	2020
总　额	**Total**	**1653789**	**1893574**	**17477261**	**18659107**	**15370091**
一般贸易	General Trade	1123261	1266303	13891134	15367668	12059419
国家间、国际组织无偿援助和赠送的物资	Donation of Countries and International	277		1869	6064	1033
进出口捐赠物资	Others Donation of Overseas Chinese	22	1			**3959**
来料加工	Processing and Assembling with Customer's Materials	85338	37947	68707	103597	56849
进料加工	Processing and Assembling with Import Materials	33519	187128	872877	858512	778682
边境小额贸易	Little Amount Trade on the Borders	265337	310924	1868991	1671026	1833001
对外承包工程出口货物	Export Goods of Contracted Projects with Foreign Countries or Territories	72508	45523	213819	192501	281922
外商投资企业作为投资进口的设备、物品	Import Equipment's and Goods of Foreign-Funded Enterprises	575	13	49		
保税监管场所进出境货物	Inbound and Outbound Goods in Bonded Supervision Places	6055	13972	473614	75374	78799
其　他	Others	66897	31763	86200	371733	174327

注：2016年-2017年数据单位为万美元。(下同)

a) The data unit from 2016 to 2017 is USD 10000. (same below)

10-3　续表 Continued

单位：万元　(10000 yuan)

类　别	Category	出口总额 Total Exports				
		2016	2017	2018	2019	2020
总　额	**Total**	**504386**	**525751**	**2939826**	**3493875**	**3608596**
一般贸易	Ordinary Trade	224766	209731	1580638	1995715	2182186
国家间、国际组织无偿援助和赠送的物资	Donation of Countries and International	5		1869	6064	1033
进出口捐赠物资	Others Donation of Overseas Chinese					1236
来料加工	Processing and Assembling with Customer's Materials	39619	19076	47417	29907	15860
进料加工	Processing and Assembling with Import Materials	21793	118496	533566	505517	418968
边境小额贸易	Little Amount Trade on the Borders	93022	116074	554429	512219	626150
对外承包工程出口货物	Export Goods of Contracted Projects with Foreign Countries or Territories	72508	45523	213819	192501	281922
保税监管场所进出境货物	Inbound and Outbound Goods in Bonded Supervision Places	96	101	7	65	2213
其　他	Others	52577	16750	8081	248223	27779

10-4 海关分国家(地区)货物进出口总额
Total Value of Imports and Exports by Countries and Territories (Customs Statistics)

单位：万元 (10000 yuan)

国家(地区)	Countries(Territories)	进出口总额 Total Value of Imports and Exports		出口总额 Total Exports		进口总额 Total Imports	
		2019	2020	2019	2020	2019	2020
总　额	**Total**	**18659107**	**15370091**	**3493875**	**3608596**	**15165232**	**11761496**
亚　洲	**Asia**	**2717341**	**2378137**	**1381276**	**1583227**	**1336065**	**794910**
阿富汗	Afghanistan	13	5	13			5
巴　林	Bahrain	5689	804	5292	804	397	
孟加拉国	Bangladesh	24766	9146	24766	9120		27
文　莱	Brunei	46	286	46	286		
缅　甸	Myanmar	4590	10720	2304	7806	2286	2914
柬埔寨	Cambodia	6001	8444	6001	8165		279
塞浦路斯	Cyprus	714	177	679	177	35	
中国香港	Hong Kong, China	205877	355815	205330	353288	547	2528
印　度	India	139622	95667	126361	75740	13261	19927
印度尼西亚	Indonesia	83317	76577	60328	56179	22989	20398
伊　朗	Iran	27133	4349	23350	4293	3783	55
伊拉克	Iraq	222439	159367	27309	34079	195130	125288
以色列	Israel	42039	21422	7436	6642	34603	14780
日　本	Japan	263186	266184	122629	105001	140557	161184
约　旦	Jordan	2344	1707	2344	1707		
科威特	Kuwait	3699	4829	3699	1988		2841
老　挝	Lao People's Democratic Republic	1240	3552	1240	3547		5
黎巴嫩	Lebanon	1397	1139	1397	1131		8
中国澳门	Macao, China	9	6	9	6		
马来西亚	Malaysia	46197	54933	26398	45181	19799	9752
马尔代夫	Maldives	736	35	736	35		
蒙　古	Mongolia	62581	26177	33809	10970	28772	15208
尼泊尔	Nepal	179	716	179	715		1
阿　曼	Oman	11919	1267	2075	1267	9844	
巴基斯坦	Pakistan	28665	206063	28057	204393	607	1670
菲律宾	Philippines	62403	38188	24124	34656	38279	3531
卡塔尔	Qatar	12738	6057	4054	3333	8684	2724
沙特阿拉伯	Saudi Arabia	649139	300349	46368	23964	602771	276385
新加坡	Singapore	69330	37848	50309	17644	19021	20204
韩　国	Republic of Korea	188823	240084	148309	176170	40514	63914
斯里兰卡	Sri Lanka	3506	4191	3506	4190		1
叙利亚	Syria	150	531	150	528		2
泰　国	Thailand	49384	39209	35021	29577	14363	9632
土耳其	Turkey	30761	63313	29125	60573	1636	2740
阿拉伯联合酋长国	United Arab Emirates	224843	122601	134406	114978	90437	7623
也门共和国	Arab Republic of Yemen	767	542	767	542		
越　南	Viet Nam	58249	59398	55523	53685	2726	5713
中国台湾	Taiwan China	62576	45534	31795	33721	30780	11813
东帝汶	Democratic Republic of Timor-Leste	18	73	18	73		
哈萨克斯坦	Kazakhstan	32187	34430	29835	34208	2352	223
吉尔吉斯斯坦	Kirghizia	12177	2502	12133	2446	44	56
塔吉克斯坦	Tadzhikistan	3520	78	3520	78		
土库曼斯坦	Turkmenistan	51832	54508	51697	54508	135	
乌兹别克斯坦	Uzbekistan	8925	5075	8761	4935	163	140

注：亚洲差额部分为政策性进出口。
a) The part balance of Asian is policy imports and exports.

10-4　续表1 Continued

单位：万元　　(10000 yuan)

国家(地区)	Countries(Territories)	进出口总额 Total Value of Imports and Exports		出口总额 Total Exports		进口总额 Total Imports	
		2019	2020	2019	2020	2019	2020
非　洲	**Africa**	**197613**	**172591**	**85958**	**91607**	**111655**	**80984**
阿尔及利亚	Algeria	2018	2057	2018	2057		
安哥拉	Angola	63867	45661	643	323	63225	45338
贝　宁	Benin	49	258	49	258		
博茨瓦纳	Botswana	95	36	95	36		
布隆迪	Burundi	792	10	792	10		
喀麦隆	Cameroon	1099	1115	1079	1115	19	
乍　得	Chad	6607	53	6607	53		
刚　果	Congo	1591	15236	1591	15236		
吉布提	Djibouti	1241	5714	1241	3		5712
埃　及	Egypt	8520	1086	6675	1086	1845	
赤道几内亚	Eq. Guinea	1	7242	1	5466		1776
埃塞俄比亚	Ethiopia	782	24	782	24		
加　蓬	Gabon	590	4076	590	4076		
冈比亚	Gambian	5423	19	5423	19		
加　纳	Ghana	1397	956	1397	942		14
几内亚	Guinea	309	2257	309	2256		2
科特迪瓦	Cote Diver	289	443	289	443		
肯尼亚	Kenya	1018	327	807	158	211	169
利比里亚	Liberia	66	1643	66	1324		318
利比亚	Libya	427		427			
马达加斯加	Madagascar	186	383	186	383		
马拉维	Malawi		420		185		236
马　里	Mali		26		26		
毛里塔尼亚	Mauritania	1056		1056			
毛里求斯	Mauritius	264	469	264	469		
摩洛哥	Morocco	6895	479	6690	478	205	
莫桑比克	Mozambique	6419	4574	573	4304	5846	270
纳米比亚	Namibia	49	771	49	771		
尼日尔	Niger	295	60	295	60		
尼日利亚	Nigeria	3182	881	3182	881		
留尼汪	Reunion	61	3446	61	3441		5
卢旺达	Rwanda	1	144	1	144		
塞内加尔	Senegal	963	57	963	57		
塞拉利昂	Sierra Leone		712		607		105
索马里	Somalia	24	10	24	2		9
南　非	South Africa	51692	127	19141	127	32551	
苏　丹	Sudan	11392	33392	11392	16048		17344
坦桑尼亚	Tanzania	1249	2421	1017	2398	232	23
多　哥	Togo	214	2194	179	1967	35	227
突尼斯	Tunisia	6477	59	288	59	6189	
乌干达	Uganda	1381	9538	85	916	1296	8622
布基纳法索	Burkina Faso	168	766	168	81		685
刚果(金)	Congo	372	157	372	157		
赞比亚	Zambia	478	193	478	65		128
津巴布韦	Zimbabwe	216	133	216	133		
梅利利亚	Melilla	17	209	17	209		
莱索托	Lesotho						
南苏丹共和国	The Republic of South Sudan	8365	74	8365	74		

10-4 续表2 Continued

单位: 万元 (10000 yuan)

国家(地区)	Countries(Territories)	进出口总额 Total Value of Imports and Exports		出口总额 Total Exports		进口总额 Total Imports	
		2019	2020	2019	2020	2019	2020
欧 洲	**Europe**	**13953988**	**10933686**	**1621201**	**1441731**	**12332787**	**9491955**
比利时	Belgium	59769	58425	42359	42206	17411	16218
丹 麦	Denmark	39867	19638	31639	15341	8227	4296
英 国	United Kingdom	86808	78603	63077	50791	23731	27812
德 国	Germany	270778	247881	131196	88190	139582	159691
法 国	France	147576	153489	25107	21987	122470	131502
爱尔兰	Ireland	6176	10277	1286	2097	4890	8180
意大利	Italy	57238	69113	26134	19577	31105	49536
卢森堡	Luxemburg	18	39	2	6	16	33
荷 兰	Netherlands	79037	81060	61947	60149	17090	20911
希 腊	Greece	17009	14606	17009	14590		15
葡萄牙	Portugal	12080	10692	8913	5956	3167	4736
西班牙	Spain	117458	82328	79269	60109	38188	22218
阿尔巴尼亚	Albania	213	337	213	337		
奥地利	Austria	34554	12470	4242	1185	30312	11285
保加利亚	Bulgaria	3909	5384	1577	2265	2332	3119
芬 兰	Finland	19007	15047	7829	5829	11178	9218
匈牙利	Hungary	15501	15816	1946	2462	13555	13354
冰 岛	Iceland	96	333	96	105		229
马耳他	Malta	396	28	168	4	228	24
摩纳哥	Monaco		4				4
挪 威	Norway	12771	8968	8107	6294	4664	2675
波 兰	Poland	39801	32505	27554	23776	12248	8728
罗马尼亚	Romania	7203	6583	4195	3343	3009	3239
瑞 典	Sweden	117066	118179	31450	17363	85616	100815
瑞 士	Switzerland	11246	14976	1650	1630	9596	13346
爱沙尼亚	Estonia	709	1177	262	531	447	646
拉脱维亚	Latvia	3814	3942	855	530	2959	3413
立陶宛	Lithuania	5586	12432	5251	10814	335	1618
格鲁吉亚	Georgia	1035	1051	614	829	421	222
亚美尼亚	Armenia	440	22885	196	50	244	22836
阿塞拜疆	Azerbaijan	2406	596	2406	481		116
白俄罗斯	Byelorussia	3486	6790	1966	3675	1521	3115
摩尔多瓦	Moldova	480	301	292	210	188	91
俄罗斯联邦	Russia	12706774	9732584	999911	951979	11706863	8780605
乌克兰	Ukraine	27374	27155	16228	11165	11146	15989
斯洛文尼亚共和国	Republic of Slovenia	13178	16563	11367	7952	1810	8611
克罗地亚共和国	Republic of Croatia	1095	2287	1082	2157	13	129
捷克共和国	Republic of Czech	22933	38801	2908	2637	20025	36164
斯洛伐克共和国	Republic of Slovakia	6108	5926	525	702	5583	5223
北马其顿	Macedonia	196	80	9	9	187	71
波斯尼亚--黑塞哥维那	Bosnia and Herzegovina	216	73	56	53	161	20
塞尔维亚	Serbia	2471	2213	199	311	2272	1902

10-4　续表3　Continued

单位：万元 (10000 yuan)

国家(地区)	Countries(Territories)	进出口总额 Total Value of Imports and Exports		出口总额 Total Exports		进口总额 Total Imports	
		2019	2020	2019	2020	2019	2020
拉丁美洲	**Latin America**	**744931**	**634946**	**114461**	**127843**	**630470**	**507104**
安提瓜和巴布达	Antigua and Barbuda	14		14			
阿根廷	Argentina	16104	18996	3372	5849	12732	13148
阿鲁巴岛	Aruba Island	1		1			
巴哈马	Bahamas	3	4	3	4		
巴巴多斯	Barbados	220	53	220	53		
伯利兹	Belize	49		49			
多民族玻利维亚国	Bolivia	167	140	167	140		
巴　西	Brazil	526753	365069	26176	26664	500576	338405
智　利	Chile	62710	110381	11256	15494	51454	94887
哥伦比亚	Colombia	10078	10845	5373	10296	4705	549
哥斯达黎加	Costa Rica	1192	1717	1192	1717		
古　巴	Cuba	10	149	10	148		1
库腊索岛	Curacao	9	12	9	12		
多米尼加共和国	Dominican Republic	1670	2552	1452	2552	219	
厄瓜多尔	Ecuador	2551	4800	2248	4459	303	341
法属圭亚那	French Guiana						
危地马拉	Guatemala	1966	2410	1966	2410		
圭亚那	Guyana	12	73	12	73		
海　地	Haiti	537	61	537	61		
洪都拉斯	Honduras	1648	638	1648	634		4
牙买加	Jamaica	835	334	835	334		
墨西哥	Mexico	43506	31420	39642	28079	3863	3342
尼加拉瓜	Nicaragua	456	369	456	367		3
巴拿马	Panama	1098	2155	1098	2155		
巴拉圭	Paraguay	1701	1863	1701	1863		
秘　鲁	Peru	38608	46041	10796	16218	27813	29824
波多黎各	Puerto Rico	458	359	457	359	1	
萨尔瓦多	El Salvador	1363	669	1363	665		4
苏里南	Surinam	43	85	43	85		
特立尼达和多巴哥	Trinidad and Tobago	507	480	507	480		
乌拉圭	Uruguay	30426	31889	1622	5292	28804	26597
委内瑞拉	Venezuela	206	1355	206	1355		
北美洲	**North America**	**475189**	**669973**	**226353**	**283940**	**248836**	**386034**
加拿大	Canada	79064	106543	46021	63760	33043	42783
美　国	United States	396027	563359	180332	220180	215695	343180
大洋洲	**Oceania**	**554446**	**570987**	**64625**	**80249**	**489821**	**490738**
澳大利亚	Australia	288713	306825	60698	74765	228014	232060
斐　济	Fiji	113	75	113	75		
新喀里多尼亚	New Caledonia	69	91	69	91		
瓦努阿图	Vanuatu	1		1			
新西兰	New Zealand	265237	263779	3430	5101	261807	258678
巴布亚新几内亚	Papua New Guinea	257	97	257	97		
所罗门群岛	Solomon Islands	4	12	4	12		
汤　加	Tonga	26	60	26	60		
基里巴斯	Kiribati	8		8			

10-5 海关主要商品出口数量和金额(2020年)
Main Export Goods in Volume and Value(Customs Statistics)(2020)

品 名	Item	数 量 Volume	金额(万元) Value (10000 yuan)
肉及杂碎(吨)	Meat and Offal (ton)	2496	20420
水海产品(吨)	Aquatic Products(ton)	206	954
稻谷和大米(万吨)	Paddy and Rice(10000 tons)	2	12054
蔬菜(万吨)	Vegetables(10000 tons)	17	105239
鲜、干水果及坚果(万吨)	Fruits and Nuts(10000 tons)	2	24692
罐头 (吨)	canned food (ton)	1943	11756
酒类及饮料	alcohol and drink		6164
果蔬汁 (吨)	fruit juice and vegetable juice (ton)	40	169
啤酒(万升)	Beer(10000 liters)	940	4783
烟草及其制品 (吨)	tobacco and its products (ton)	5907	9687
制盐 (吨)	salt manufacturing (ton)	180	13
钨品 (吨)	Tungsten product (ton)	3	99
成品油 (吨)	refined oil (ton)	3609	1130
汽油 (吨)	petrol (ton)	2449	623
柴油 (吨)	diesel (ton)	997	149
氧化铝 (吨)	Aluminium oxide (ton)	116	120
稀土及其制品 (吨)	rare earth and its products (ton)	7	28
医药材及药品 (吨)	materials and medicines (ton)	80	32
中药材 (吨)	Chinese herbal medicine (ton)	979	24920
中式成药 (吨)	Chinese medicine (ton)	227	1615
抗菌素(制剂除外) (吨)	antibiotic (ton)	109	1497
医用敷料 (吨)	medical dressing (ton)	179	14951
肥料 (吨)	fertilizer (ton)	28	151
尿素 (吨)	urea (ton)	79242	14679
硫酸铵 (吨)	ammonia sulfate (ton)	56282	10279
磷酸氢二铵 (吨)	Ammonium phosphate (ton)	441	42
磷酸二氢铵 (吨)	Ammonium dihydrogen phosphate (ton)	19	13
合成有机染料 (吨)	Synthetic organic dye (ton)	20000	3492
美容化妆品及洗护用品 (吨)	Beauty cosmetics and toiletries (ton)	66	169
烟花、爆竹 (吨)	Fireworks, firecrackers (ton)	435	1097
水泥及水泥熟料(吨)	Cement and Cement Clinker(ton)	8601	580
花岗岩石材及制品(吨)	Granite Material and Products(ton)	11944	5147
玻璃制品(吨)	Glass Products(ton)		12971
钢材(吨)	Rolled Steel(ton)	160634	84148
未锻轧的铜及铜材(吨)	Unwrought Copper and Copper(ton)	70	442
未锻轧的铝及铝材(吨)	Unwrought Aluminum and Aluminous Material(ton)	6146	11462
橡胶轮胎 (吨)	rubber tire (ton)	3848	6585
皮革、毛皮及其制品	Leather, fur and its products		18814
箱包及类似容器 (吨)	Bags and similar containers (ton)	2714	25547
木及其制品 (吨)	Wood and its products (ton)	76453	108363
家用或装饰用木制品 (吨)	Household or decorative wood products (ton)	11844	16669
胶合板及类似多层板(立方米)	Plywood and Similar Products(cu.m)	24490	22952
植物材料编结品 (吨)	Plant material braid (ton)	740	1065
纸浆、纸及其制品 (吨)	Pulp, paper and its products (ton)	4391	58209

10-5 续表 Continued

品名	Item	数量 Volume	金额(万元) Value (10000 yuan)
纺织原料（吨）	Textile material (ton)	62	292
纺织纱线、织物及其制品	Textile yarns, fabrics and products		293486
服装及衣着附件	Clothing and clothing accessories		114673
鞋靴(万双)	Shoes and boots(10000 pairs)	23528	110734
帽类（万个）	CAPS (10000 units)	1947	1883
陶瓷产品（吨）	Ceramic Product (ton)	12090	12621
家具及其零件	Furniture and its parts		93805
玩具	Toys		36576
体育用品及设备	Sporting goods and equipment		8623
笔及其零件	Pens and its parts		4265
机械基础件	Mechanical Foundation		18435
轴承（吨）	Bearing (ton)	7396	5559
通用机械设备	General purpose mechanical equipment		57326
泵（万台）	PUMPS (10000 sets)	120	24401
阀门及类似装置（万套）	Valves and similar devices (10000 sets)	108	10609
机床（万台）	Machine tool (10000 sets)	1	7472
自动数据处理设备及其零部件	Automatic data processing equipment and its parts		8041
自动数据处理设备（万台）	Automatic data processing equipment (10000 sets)	4	4364
电工器材	Electrical equipment		147092
变压器（万个）	Transformers (10000 units)	80	18693
原电池（万个）	Primary Battery (10000 units)	3939	244
蓄电池（万个）	Storage Battery (10000 units)	812	17971
锂离子蓄电池(万个)	Lithium ion battery (10000 units)	485	9518
电气控制装置	Electrical Control Unit		25955
电线及电缆（吨）	Wires and cables (ton)	3516	54836
手机	Cell phone	37	228180
家用电器	Household appliances	133	67524
音视频设备及其零件	Audio and video equipment and parts thereof		7528
电子元件	Electronic Component		12880
摩托车（万辆）	Motorbikes (10000 units)	1	767
自行车（万辆）	Bicycle (10000 units)	10	3695
摩托车及自行车的零配件	Spare parts for motorcycles and bicycles		6800
汽车(包含底盘)（万辆）	Car (including Chassis) (10000 units)	1	192867
汽车零配件	Auto Parts		66587
婴孩车及其零件(吨)	Baby carriages and their parts (ton)	862	3894
计量检测分析自控仪器及器具	Automatic measuring, testing and analyzing instruments and apparatus		28539
医疗仪器及器械	medical instruments and apparatus		2301
手表(万只)	watch (10000 units)	7	93
灯具、照明装置及其零件	lamps lighting devices and its parts		25918
塑料制品	plastic products		100297
农产品	Farm Produce		544551
机电产品	Mechanical and Electrical Products		1572578
高新技术产品	High and New-tech Products		527010

10-6 海关主要商品进口数量和金额(2020年)
Main Import Goods in Volume and Value(Customs Statistics)(2020)

品　名	Item	数量 Volume	金额(万元) Value (10000 yuan)
牛肉（吨)	beef (ton)	34232	117926
猪肉（吨)	pork(ton)	220	484
冻鱼 （吨)	frozen fish(ton)	1672	1910
奶粉（吨)	powdered milk(ton)	18246	38857
鲜、干水果及坚果（吨)	fresh dried and nuts(ton)	2640	5826
粮食（吨)	foodstuff(ton)	2189070	542656
小麦（吨)	wheat(ton)	47025	4352
玉米（吨)	corn(ton)	63743	6211
稻谷及大米（吨)	rice(ton)	8550	4894
大豆（吨)	soybean(ton)	2067451	526619
豆油（吨)	soybean oil(ton)	83633	48107
锯材(万立方米)	sawn timber(10000 cu.m)		
啤酒（万升)	beer(10000 liters)	1785	7,708
葡萄酒（万升)	wine(10000 liters)	89	2,063
制盐(吨)	salt making(ton)	2212	567
铁矿砂及其精矿（吨)	iron ore and its concentrate(ton)	7147849	465888
煤及褐煤（吨)	coal and lignite(ton)	5066208	225500
原油 （吨)	crude oil(ton)	29811689	6992130
成品油 （吨)	product oil(ton)	21559	6884
天然气（吨)	natural gas(ton)	2965140	440013
中药材（吨)	traditional Chinese medicine(ton)	263	660
肥料（吨)	fertilizer(ton)	1032675	161700
初级形状的塑料(吨)	plastic in primary shape(ton)	4313	3760
塑料制品（吨)	plastic products(ton)		8475
天然及合成橡胶(包括胶乳)(吨)	natural and synthetic rubber(including latex)(ton)	25588	23680
原木（万立方米)	log(10000 cu.m)	491	429127
锯材 （万立方米)	sawn timber(10000 cu.m)	332	433017
纸浆、纸及其制品(吨)	pulp paper and its products(ton)	308765	110852
纺织纱线、织物及其制品	textile yarn ,fabric and its products		23324
服装及衣着附件	clothing and accessories		7910
玻璃纤维及其制品（吨)	glass fiber and its products(ton)	3	218

10-6　续表 Continued

品　名	Item	数量 Volume	金额(万元) Value (10000 yuan)
钢材（吨）	rolled steel(ton)	5232	16521
未锻轧铜及铜材（吨）	unwrought rolled steel and steel(ton)	923	4482
未锻轧铝及铝材（吨）	unwrought aluminum and aluminum(ton)	3121	3812
食品加工机械（台）	food processing machinery(set)	52	2170
印刷、装订机械及其零件	printing ,bookbinding machinery and parts		1887
压缩机（台）	compressor(set)	27956	2211
阀门及类似装置（万套）	valves and similar devices(10000 sets)	35	19272
通用机械设备	general mechanical equipment		33396
自动数据处理设备及其零部件	automatic data processing equipment and its components		1000
存储部件(万台)	memory component(10000 sets)		94
自动数据处理设备的零件、附件(吨)	parts and accessories of automatic data processing equipment(ton)	2	116
电工器材	electrician equipment		34490
变压器（万个）	electrician(10000 units)	9	1944
蓄电池（万个）	storage battery(10000 units)	3	8704
电线及电缆（吨）	wire and cable(ton)	37	2177
电容器（吨）	capacitor(ton)	12	321
印刷电路（块）	printed circuit(unit)	3	94
二极管及类似半导体器件（万个）	Diode and Similar Semiconductor Devices(10000 units)	3	2861
集成电路（万个）	Integrated Circuit(10000 units)	1	3802
汽车(包含底盘)（辆）	vehicles (including chassis)(car)	2	10
汽车零配件	Parts of Motor Vehicles		261005
航空器零部件（吨）	Parts of Aircraft(ton)		9824
液晶显示板（万个）	liquid crystal display panel(10000 units)	19	690
计量检测分析自控仪器及器具	Detection and Analysis of the Measurement Apparatus with		50449
医疗仪器及器械	Medical Instruments and Equipment		14897
手表(万只)	watch(10000 units)	5	280666
计算机与通信技术	computer and communication technology		37766
电子技术	electronic technique		15994
航空航天技术	aerospace engineering		87034
文化产品	cultural artifact		3308
农产品	Farm Produce		1193273
机电产品	Mechanical and Electrical Products		732514
高新技术产品	High and New-tech Products		221091

10-7 分地区进出口总额
Total Value of Import and Export by Region

单位：万元 (10000 yuan)

地区	Region	进出口总额 Total Value of Imports and Exports		出口总额 Total Exports		进口总额 Total Imports		进出口差额 Balance	
		2019	2020	2019	2020	2019	2020	2019	2020
全省	**Total**	**18659107**	**15370091**	**3493875**	**3608596**	**15165232**	**11761496**	**-11671357**	**-8152900**
哈尔滨	Haerbin	2482572	2558890	1165489	1368934	1317083	1189957	-151594	178977
齐齐哈尔	Qiqihar	426193	519924	299057	299552	127136	220372	171921	79180
鸡西	Jixi	220410	253766	188889	235340	31521	18426	157368	216914
鹤岗	Hegang	187603	227425	6538	4745	181065	222681	-174527	-217936
双鸭山	Shuangyashan	139645	123879	84960	50802	54685	73077	30276	-22275
大庆	Daqing	10371871	7508807	415918	418079	9955953	7090728	-9540035	-6672649
伊春	Yichun	37392	63160	27357	21307	10035	41853	17322	-20546
佳木斯	Jiamusi	547682	634123	212776	213376	334905	420748	-122129	-207372
七台河	Qitaihe	8787	6878	1596	1726	7191	5152	-5594	-3426
牡丹江	Mudanjiang	3412350	2610315	821461	821588	2590889	1788728	-1769429	-967140
黑河	Heihe	386505	506883	136662	95929	249843	410953	-113181	-315024
绥化	Suihua	416565	352230	115837	75868	300728	276362	-184892	-200494
大兴安岭	Daxinganling	20844	3810	16684	1351	4160	2459	12525	-1108

10-8 分地区外商直接投资情况
Foreign Direct Investment Actually Utilized by Region

地区	Region	项目(个) Number of Projects(unit)			合同外资(万美元) Contract Value (USD 10000)			实际使用额(万美元) Used Value (USD 10000)		
		2018	2019	2020	2018	2019	2020	2018	2019	2020
全省	**Total**	**126**	**158**	**113**	**817915**	**202683**	**241646**	**587026**	**54324**	**54434**
哈尔滨	Harbin	76	84	57	433335	90719	151353	365310	33953	34149
齐齐哈尔	Qiqihar	6	9	6	97508	71454	5462	53679	11139	12315
鸡西	Jixi	1	4	2	16558	2210	52	16520	50	55
鹤岗	Hegang		2	3	101	5527	1133	101	145	78
双鸭山	Shuangyashan	3	2	2	2857	256	475	3347		213
大庆	Daqing	8	11	7	66156	8849	52440	39551	7225	5299
伊春	Yichun	1	1	3	922	649	4395	587		53
佳木斯	Jiamusi	2	9	13	3676	510	2649	3592	98	452
七台河	Qitaihe	1	1		882	6		511		
牡丹江	Mudanjiang	18	24	14	147179	20210	14096	60589	636	203
黑河	Heihe	8	5	5	14609	34	2455	13537	302	99
绥化	Suihua	2	5	1	34021	2229	7136	29591	759	1507
大兴安岭	Daxinganling		1		111	30		111	18	11

10-9　利用外资概况
Utilization of Foreign Capital

单位：个、万美元　　　　(unit, USD 10000)

年份 Year	总计 Total			对外借款 Foreign Loans		
	项目 Number of Projects	合同金额 Contracted Value	实际使用额 Used Value	项目 Number of Projects	合同金额 Contracted Value	实际使用额 Used Value
1984	21	2505	8317	3	1288	8000
1985	53	9169	1747	8	4951	249
1986	52	4389	4987	5	2641	2409
1987	46	11291	4558	5	3332	2597
1988	97	15949	9860	11	5328	3553
1989	90	9952	15347	4	861	11050
1990	89	4100	11777	2	788	7102
1991	256	16517	6462	6	3484	4148
1992	928	56177	10516	5	1655	99
1993	1729	123291	29969	13	22317	7007
1994	726	106265	49054	13	47281	14241
1995	868	161269	74994	18	54693	23458
1996	545	77627	78725	12	5988	22034
1997	407	88757	103537	27	30052	30052
1998	278	96398	87009	28	34370	34370
1999	331	122651	111309	18	29414	29414
2000	281	108557	110359	21	27274	27274
2001	269	118800	115114	27	29000	29000
2002	199	141404	123656		29100	29100
2003	258	165283	128772	28	25800	25800
2004	286	197366	144546	6	20907	20907
2005	272	215776	152203	6	18252	7512
2006	251	261030	174901	11	39800	4100
2007	242	295757	216908	2	22800	8400
2008	170	402686	265642	10	66700	10900
2009	169	331852	250900	11	76700	14700
2010	149	307439	275851	2	20329	9700
2011	131	352006	345694			20890
2012	98	390017	399140			9144
2013	86	514829	464231	1	15000	2901
2014	102	614462	515551	4	28135	6760
2015	91	583934	554509	11	15096	9634
2016	117	772249	589647	1	2664	7814
2017	105	975847	585717	2	6806	2074
2018	127	848915	594792	1	31000	7766
2019	158	202683	54324			
2020	113	241646	54434			

10-10 按行业分外商直接投资情况(2020年)
Foreign Direct Investment by Sector(2020)

单位：万美元 (USD 10000)

行业	Sector	项目数(个) Number of Projects (unit)	外商直接投资额 Direct Foreign Investment	#合资经营 Joint Ventures Enterprises	#合作经营 Cooperative Operation Enterprises	#外资企业 Foreign Investment Enterprises	#外资股份制 Share-holding
总计	**Total**	**113**	**54434**	**21711**		**29505**	
农、林、牧、渔业	Agriculture, Forestry, Animal Husbandry and Fishery	5	223	41		182	
采矿业	Mining	1	3218				
制造业	Manufacturing	17	18796	5788		13008	
电力、燃气及水的生产和供应业	Production and Supply of Electricity, Heat, Gas and Waterr	5	10746	3868		6878	
建筑业	Construction	1					
批发和零售业	Wholesale and Retail Trades	26	364	6		358	
交通运输、仓储和邮政业	Transport, Storage and Post		480	50		430	
住宿和餐饮业	Hotels and Catering Services	2					
信息传输、软件和信息技术服务业	Information Transmission, Software and Information Technology	6	1085			1085	
金融业	Financial Intermediation	2	73			73	
房地产业	Real Estate	2	8655	8450		205	
租赁和商务服务业	Leasing and Business Services	18	2859	229		2630	
科学研究和技术服务业	Scientific Research and Technical Services	23	1780	665		1115	
水利、环境和公共设施管理业	Management of Water Conservancy, Environment and Public Facilities		2614	2614			
居民服务、修理和其他服务业	Service to Households, Repair and Other Services	2	595			595	
卫生和社会工作	Health and Social Service	2					
文化、体育和娱乐业	Culture, sports and entertainment	1	2946			2946	

10-11　按国别(地区)分外商直接投资额(2020年)
Overseas Direct Investment by Country (Territory)(2020)

单位：个、万美元

国　别(地区)	Country (Territory)	外商直接投资 Direct Foreign Investment		#合资经营 Joint Ventures Enterprises		#外资企业 Foreign Investment Enterprises	
		项　目 Number of Projects	投资额 Investment	项　目 Number of Projects	投资额 Investment	项　目 Number of Projects	投资额 Investment
总　计	**Total**	**113**	**54434**	**42**	**21711**	**71**	**29505**
亚　洲	**Asia**	**78**	**26033**	**31**	**16168**	**47**	**7224**
中国香港	Hong Kong, China	37	25691	15	16090	22	6960
中国澳门	Macao, China						
中国台湾	Taiwan, China	15	60	7	39	8	21
菲律宾	Philippines						
马来西亚	Malaysia	1		1			
新加坡	Singapore	3	124	2	4	1	120
蒙　古	Mongolia	1				1	
日　本	Japan	3	29	2	18	1	11
韩　国	Korea	14	129	4	17	10	112
非　洲	**Africa**	**1**				**1**	
塞舌尔	Seychelles						
安哥拉	Angola						
欧　洲	**Europe**	**19**	**5629**	**8**	**5524**	**11**	**105**
英　国	United Kingdom	2		2			
德　国	Germany	1	20		5	1	15
法　国	France						
意大利	Italy	1	85			1	85
比利时	Belgium		2493		2493		
丹　麦	Denmark						
卢森堡	Luxembourg						
荷　兰	Holland						
瑞　典	Sweden						
瑞　士	Switzerland	1	3015	1	3015		
俄罗斯	Russia	14	16	5	11	9	5
拉丁美洲	**Latin America**	**5**	**3263**		**11**	**5**	**2675**
开曼群岛	Cayman Islands	2	577			2	
维尔京群岛	Virgin Is.	3	1256		11	3	1245
北美洲	**North America**	**6**	**8**	**2**	**8**	**4**	
加拿大	Canada	3	8	1	8	2	
美　国	United States	3		1		2	
大洋洲	**Oceania**	**2**	**451**	**1**		**1**	**451**
澳大利亚	Australia	2		1		1	
新西兰	New Zealand						
萨摩亚	Samoa		451				451
投资性公司投资	**Investment Company**	**2**	**19050**			**2**	**19050**

10-12 外商投资企业户数和投资额(2020年)
Number of Enterprise and Investment of Foreign-Funded Enterprises(2020)

单位：户、万美元 (unit,USD 10000)

项 目	Item	户数 Number of Enterprise	合同外资 Total Investment	注册资本 Registered Capital	#外方 Foreign
全 省	**Total**	**6008**		**23431887**	**8179056**
按企业类别分组	**Grouped by Status**				
中外合资	Equity Joint Venture	350		2604492	269645
中外合作(法人)	Contractual Joint Venture	34		74592	11526
外资企业	Foreign Companies	661		13220496	6565778
外商投资股份有限公司	Foreign Investment Co., Ltd.	13		721274	41047
其他外商投资企业	Other Foreign-invested Enterprises	2		25	2
外商投资企业分支机构	Branches of Foreign-invested Enterprises	1505		492	
按行业分组	**Grouped by Sector**				
农林牧渔业	Agriculture, Forestry, Animal Husbandry and Fishery	81		2457419	386300
采矿业	Mining	9		39778	10140
制造业	Manufacturing	641		3385874	588552
电力、燃气及水的生产和供应业	Production and Supply of Electricity, Heat, Gas and Water	104		1759132	202211
建筑业	Construction	47		18239	8769
批发和零售业	Wholesale and Retail Trades	1118		1080257	287999
交通运输、仓储和邮政业	Transport, Storage and Post	56		94083	21132
住宿和餐饮业	Hotels and Catering Services				
信息传输、计算机服务和软件业	Information Transmission, Software and	470		129577	20242
	Information Technology	1670		1151430	544373
金融业	Financial Intermediation	169		569510	16029
房地产业	Real Estate	82		560367	90546
租赁和商务服务业	Leasing and Business Services	1207		10737412	5705728
科学研究和技术服务业	Scientific Research and Technical Services	230		1120953	246772
水利、环境和公共设施管理业	Management of Water Conservancy, Environment and Public Facilities	16		127592	17852
居民服务、修理和其他服务业	Service to Households, Repair and Other Services	45		40018	4601
教 育	Education	3		100	12
卫生和社会工作	Health and Social Service	10		71449	10345
文化、体育和娱乐业	Culture, Sports and Entertainment	44		88699	17453
其 他	Others	6			

主要统计指标解释

货物进出口总额　指实际进出我国国境的货物总金额。包括对外贸易实际进出口货物，来料加工装配进出口货物，国家间、联合国及国际组织无偿援助物资和赠送品，华侨、港澳台同胞和外籍华人捐赠品，租赁期满归承租人所有的租赁货物，进料加工进出口货物，边境地方贸易及边境地区小额贸易进出口货物，中外合资企业、中外合作经营企业、外商独资经营企业进出口货物和公用物品，到、离岸价格在规定限额以上的进出口货样和广告品(无商业价值、无使用价值和免费提供出口的除外)，从保税仓库提取在中国境内销售的进口货物，以及其他进出口货物。该指标可以观察一个国家在对外贸易方面的总规模。我国规定出口货物按离岸价格统计，进口货物按到岸价格统计。

商品收发货人所在地进、出口额　指按进出口企业注册登记地进行分组汇总的进、出口额。

商品目的地进口额和商品货源地出口额　目的地进口额指进口货物的消费、使用或最终抵运地的实际进口额;货源地出口额指出口货物的产地或原始发货地的实际出口额。

服务进出口　指常住单位与非常住单位之间相互提供的服务。包括运输，旅行，建筑，保险服务，金融服务，电信、计算机和信息服务，知识产权使用费，个人、文化和娱乐服务，维护和维修服务，加工服务，其他商业服务，政府服务。

外商直接投资　是指外国投资者在我国境内通过设立外商投资企业、合伙企业、与中方投资者共同进行石油资源的合作勘探开发以及设立外国公司分支机构等方式进行投资。外国投资者可以用现金、实物、无形资产、股权等投资，还可以用从外商投资企业获得的利润进行再投资。

外商其他投资　指除对外借款和外商直接投资以外的各种利用外资的形式。包括企业在境内外股票市场公开发行的以外币计价的股票发行价总额，国际租赁进口设备的应付款，补偿贸易中外商提供的进口设备、技术、物料的价款，加工装配贸易中外商提供的进口设备、物料的价款。

对外直接投资　是境内投资者以控制国（境）外企业的经营管理权为核心的经济活动，体现在一经济体通过投资于另一经济体而实现其持久利益的目标。

对外承包工程　根据《对外承包工程管理条例》，对外承包工程是指中国的企业或者其他单位承包境外建设工程项目的活动。

对外劳务合作　指组织劳务人员赴其他国家或地区为国外的企业或机构工作的经营性活动。

Explanatory Notes on Main Statistical Indicators

Total Import and Export of Goods refer to the real value of commodities imported and exported across the border of China. They include the actual imports and exports through foreign trade, imported and exported goods under the processing and assembling trades and materials, supplies and gifts as aid given gratis between governments and by the United Nations and other international organizations, and contributions donated by overseas Chinese, compatriots in Hong Kong and Macao and Chinese with foreign citizenship, leasing commodities owned by tenant at the expiration of leasing period, the imported and exported commodities processed with imported materials, commodities trading in border areas, the imported and exported commodities and articles for public use of the Sino-foreign joint ventures, cooperative enterprises and ventures with sole foreign investment. Also included is import or export of samples and advertising goods for which CIF or FOB value are beyond the permitted ceiling (excluding goods of no trading or use value and free commodities for export), imported goods sold in China from bonded warehouses and other imported or exported goods. The indicator of the total imports and exports at customs can be used to observe the total size of external trade in a country. In accordance with the stipulation of the Chinese government, imports are calculated at CIF, while exports are calculated at FOB.

Import or Export by Location of Importers/Exporters The location of importers or exporters refers to the place inside China's customs territory where the importers or exporters are registered..

Import Value of Commodities by Place of Destination and Export Value of Commodities by Place of Origin in China The former indicator refers to the value of import commodities of the places of their consumption, utilization or the places of their final destination. The latter indicator refers to the value of export commodities of the places of their origin or the places of the commodities dispatched.

Import and Export of Services refers to services provided between resident and non-resident units, including transportation, travel, construction, insurance, finance, telecommunications, computer and informations, professional and management consultancy, intellectual property fee, individual, culture and recreation, maintenance and repair, and other services, but excluding government services.

Foreign Direct Investment refers to foreign investment in China through the establishment of foreign invested enterprises, cooperative exploration and development of petroleum resources with domestic investors and the establishment of branch organizations of foreign enterprises. Foreign investment can be made in forms of cash, physical investment, intangible assets and equity, in addition with reinvestment of the foreign enterprises with the profits gained from the investment.

Other Foreign Investment refers to all forms of utilization of foreign capitals other than foreign borrowings and foreign direct investment. It includes the total value of stock shares in foreign currencies issued by enterprises at domestic or foreign stock exchanges, rent payable for the imported equipment through international leasing arrangement, cost of imported equipment, technology and materials provided by foreign counterparts in compensation trade and processing and assembly trade.

Out Ward Direct Investment refers to investment made by domestic enterprises and organizations (referred to as domestic investors) in foreign countries and Hong Kong SAR, Macao SAR and Taiwan province in forms of cash, physical investment and intangible assets, and the economic activities centring on operation and management of those enterprises are under the control of domestic investors. The content of overseas direct investment mainly reflects one economic entity by investing in another economic entity to achieve its goal of lasting interest.

Overseas Contracted Projects refer to activities of contracting overseas construction projects by Chinese enterprises or any other units, which are stipulated in the *Regulations on Administration of Foreign Contracted Project.*

Overseas Labour Services refer to operational activities of organizing labour force to go abroad providing services to foreign enterprises or agencies.

第十一篇　农　业

CHAPTER 11　AGRICULTURE

资料整理：于春艳　赵秋梅　雷　丽　苗立辉
李凤艳　于海鹏　刘忠梁　刘丽娜

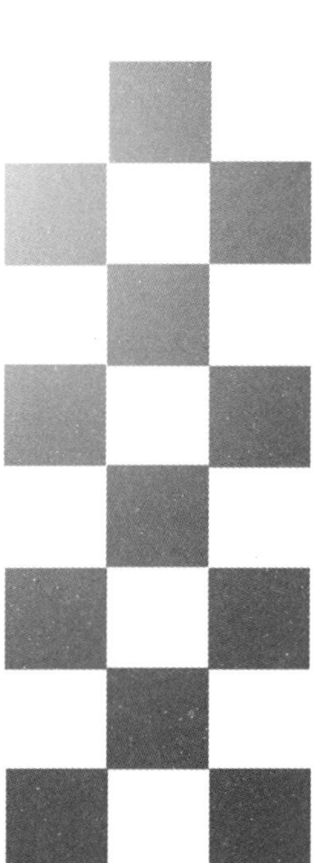

11-1 农业生产条件
Condition for Agricultural Production

项　目	Item	2016	2017	2018	2019	2020
农村基层单位(个)	Basic Unit in Rural(unit)					
乡镇数	Township and Towns	886	885	888	902	902
#镇数	#Towns	521	532	541	557	555
村民委员会	Villagers Committee	8967	8967	8967	9044	9045
化肥施用量(万吨)	Consumption of Chemical Fertilizers (10000 tons)	252.8	251.2	245.6	223.3	224.2
氮　肥	Nitrogenous Fertilizer	87.1	85.4	83.6	73.0	72.0
磷　肥	Phosphate Fertilizer	50.7	52.6	49.5	44.1	45.0
钾　肥	Potash Fertilizer	36.4	35.6	34.7	30.6	30.9
复合肥	Compound Fertilizer	78.6	77.6	77.9	75.6	76.4
农村用电量(亿千瓦时)	Electricity Consumed in Rural Areas (100 million kwh)	77.5	79.8	82.8	85.6	89.7
乡村办水电站(个)	Hydropower Station in Rural Areas (unit)	14	13	12	18	15
装机容量(万千瓦)	Capacity of Power Generating Sets (10000 kw)	2.2	2.2	1.9	2.2	2.5
发电量(万千瓦时)	Generating Capacity (10000 kwh)	5932	5589	6813	6530	7512
农用塑料薄膜使用量(万吨)	Consumption of Agricultural Films (10000 tons)	8.3	7.9	7.7	7.2	7.1
#地膜使用量	#Consumption of Ground Films	3.3	3.1	2.9	2.5	2.4
地膜覆盖面积(千公顷)	Ground Film Covered Areas (1000 hectares)	306.7	284.7	263.2	268.2	233.0
农用柴油使用量(万吨)	Consumption of Agricultural Diesel Oil (10000 tons)	145.5	146.8	148.4	137.4	138.5
农药使用量(万吨)	Consumption of Pesticide (10000 tons)	8.3	8.3	7.5	6.4	6.1
有效灌溉面积(万公顷)	Effective Irrigated Area(10000 hectares)	595.3	603.1	612.0	617.8	617.2
666.7公顷(万亩)以上灌区(处)	Number of Irrigated region 666.7 hectares and over(unit)	386	387	387	387	389
666.7公顷以上灌区	Irrigated Area of Irrigated Region					
有效灌溉面积(万公顷)	Region 666.7 hectares and over(10000 hectares)	123.4	123.7	148.3	153.4	153.4
水库(座)	Number of Reservoirs (unit)	1130	1070	1031	973	898
大型水库(1亿立方米以上)	Large (above 100 million cu.m)	28	28	28	28	29
中型水库(1千万-1亿立方米)	Medium-sized (10 million-100 million cu.m)	97	102	101	98	101
小型水库(10万-1千万立方米)	Small (100000-10 million cu.m)	1005	940	902	847	768
水库库容量(亿立方米)	Capacity of Reservoirs (100 million cu.m)	267.6	268.6	268.4	267.7	288.3
大型水库	Large	221.0	217.7	217.7	217.7	237.6
中型水库	Medium-sized	31.2	35.3	35.2	34.6	34.8
小型水库	Small	16.8	15.6	15.6	15.4	15.1
机电井数(万眼)	Number of Electrical and Mechanical Well(10000 unit)	26.9	27.2	27.8	28.0	29.9
易涝面积(万公顷)	Area Liable to Flooding or Water Logging (10000 hectares)	446.6	446.6	450.8	450.8	450.8
除涝面积(万公顷)	Area with Flood Prevention Measures (10000 hectares)	420.7	339.7	340.0	341.1	341.1
占易涝面积比重(%)	Proportion to Flooding or Water Logging(%)	76.0	76.1	75.4	75.7	75.7
水土流失面积(万公顷)	Area of Soil Erosion(10000 hectares)	1085.0	1085.0	755.6	755.6	755.6
治理水土流失面积(万公顷)	Area of Soil Erosion under Control(10000 hectares)	421.3	447.7	489.5	489.5	574.7
占流失面积比重(%)	Proportion to Area of Soil Erosion (%)	38.8	41.3	64.8	65.8	76.1
堤防长度(公里)	Total Length of Dikes(km)	14514	14733	15208	15321	15439
堤防保护面积(万公顷)	Area of Land Protected by Dikes (10000 hectares)	383.9	329.5	346.0	349.9	337.7

11-2 乡村户数和从业人员
Number of Rural Households and Employed Persons

单位：万人、人 (10000 persons, person)

年份 Year 地区 Region		乡村户数(万户、户) Number of Rural Households (10000 households, household)	乡村从业人员 Rural Employees	男 Male	女 Female
2005		493.5	950.1	545.1	405.1
2006		498.3	944.3	541.3	403.0
2007		493.9	949.4	543.1	406.3
2008		504.9	966.3	554.0	412.4
2009		509.5	978.2	557.7	420.5
2010		509.1	934.1	532.5	401.6
2011		512.5	904.5	512.5	392.0
2012		514.1	879.0	491.9	387.1
2013		517.7	847.3	468.0	379.3
2014		520.5	812.2	443.3	368.9
2015		524.5	749.0	402.9	347.0
2016		521.3	716.2	386.0	330.2
2017		523.5	673.0	363.1	309.9
2018		530.8	635.7	334.2	301.5
2019		545.1	591.5	321.2	270.3
2020		545.5	550.0	308.6	241.4
哈尔滨	Harbin	1402026	1297698	679837	617861
齐齐哈尔	Qiqihar	1000225	1005662	527590	478072
鸡西	Jixi	205928	433411	227299	206112
鹤岗	Hegang	68159	421990	218095	203895
双鸭山	Shuangyashan	152186	192302	102573	89729
大庆	Daqing	393691	66890	34983	31907
伊春	Yichun	59161	138316	74041	64275
佳木斯	Jiamusi	396523	101429	52852	48577
七台河	Qitaihe	116757	415369	225841	189528
牡丹江	Mudanjiang	313858	55931	29005	26926
黑河	Heihe	214903	170149	88074	82075
绥化	Suihua	1113687	1186139	642694	543445
大兴安岭	Daxinganling	17677	14714	7868	6846

11-3 农、林、牧、渔业总产值和指数
Gross Output Value of Farming,Forestry,Animal Husbandry and Fishery and Related Indices

年份 Year 地区 Region	绝对数(亿元、万元) Gross Output Value of Farming, Forestry, Animal Husbandry and Fishery(100 million yuan, 10000 yuan)					指数(上年=100) Indices (preceding year=100)				
	总产值 Total	#农业 Farming	#林业 Forestry	#牧业 Animal Husbandry	#渔业 Fishery	总产值 Total	#农业 Farming	#林业 Forestry	#牧业 Animal Husbandry	#渔业 Fishery
1978	60.9	51.0	2.6	7.2	0.1	120.2	126.3	81.3	99.0	90.0
1980	85.6	69.6	3.5	12.2	0.3	108.6	110.5	113.6	94.8	119.0
1985	114.3	84.6	7.0	21.5	1.2	92.7	91.1	89.0	110.4	137.3
1990	245.4	183.7	7.6	49.3	4.7	125.1	127.6	101.2	121.1	106.5
1991	244.3	175.0	8.2	55.9	5.2	99.5	93.6	100.7	122.0	110.9
1992	278.0	204.3	10.3	57.1	6.3	105.6	108.6	107.8	95.2	108.8
1993	318.0	235.4	10.2	64.5	7.9	102.2	100.9	98.0	106.5	103.9
1994	509.6	381.5	12.4	106.0	9.7	112.5	109.7	113.8	121.7	115.2
1995	623.6	462.2	14.7	134.3	12.4	106.3	100.7	118.9	125.0	124.1
1996	740.8	558.7	16.8	151.5	13.8	110.6	111.0	110.0	109.3	115.8
1997	772.3	571.1	17.1	168.7	15.4	107.1	107.9	101.9	105.3	111.6
1998	736.3	517.6	17.7	184.5	16.5	100.1	96.1	97.8	109.9	115.7
1999	660.5	459.9	18.3	165.9	16.4	103.0	102.6	107.0	103.0	106.3
2000	625.1	414.4	18.3	175.7	16.8	99.3	95.3	100.0	108.2	103.2
2001	711.0	450.6	15.7	224.6	20.1	106.5	106.5	97.9	109.9	105.0
2002	776.7	487.5	16.2	252.1	20.9	108.1	107.5	102.2	110.5	104.0
2003	903.3	502.9	59.1	294.2	23.1	103.0	96.5	102.5	115.4	106.0
2004	1136.6	620.2	65.8	400.7	25.0	119.3	122.7	111.4	117.7	103.5
2005	1294.4	718.6	67.3	461.2	27.4	110.2	109.0	100.6	115.8	105.6
2006	1391.1	817.5	68.0	448.7	21.1	106.4	106.5	101.0	106.8	108.8
2007	1591.7	873.4	76.7	577.3	19.3	105.7	103.3	104.7	108.3	115.9
2008	2004.1	1051.7	84.5	792.1	21.7	110.5	112.7	106.6	108.0	107.0
2009	2136.8	1136.5	78.0	836.7	28.8	106.3	105.1	99.3	108.6	119.1
2010	2422.2	1320.1	84.9	916.5	34.9	106.5	108.9	108.7	102.7	108.8
2011	3103.0	1778.5	95.1	1214.5	40.7	106.7	110.0	103.4	102.2	112.3
2012	3842.0	2339.8	112.7	1308.6	53.5	105.8	107.5	105.3	103.2	107.8
2013	4560.2	2954.7	146.9	1334.8	60.1	104.8	107.5	105.6	99.2	115.0
2014	4865.8	3193.6	154.6	1338.3	72.3	105.6	107.7	98.9	101.5	111.1
2015	5030.1	3156.9	156.6	1515.2	83.6	106.1	107.3	104.8	103.1	111.4
2016	5202.9	3189.7	163.7	1627.1	92.0	105.5	105.4	108.7	104.7	112.0
2017	5586.6	3471.3	175.2	1701.7	98.0	104.6	104.1	105.7	105.3	107.8
2018	5624.3	3635.0	186.4	1542.4	105.7	103.5	104.5	105.8	100.6	107.4
2019	5930.0	3774.5	193.9	1671.8	123.1	102.5	102.5	105.1	101.7	104.1
2020	6438.1	4044.1	192.4	1913.0	115.6	102.6	101.4	104.7	105.2	103.9
哈尔滨 Harbin	11686479	7455409	331199	3200168	232009	102.0	102.6	105.1	100.1	101.7
齐齐哈尔 Qiqihar	7527777	3935414	102353	3283901	131501	104.7	102.1	102.4	108.6	99.3
鸡西 Jixi	3982630	3092734	107425	614108	106088	102.5	103.7	106.7	94.3	115.0
鹤岗 Hegang	2105500	1335020	25813	549338	31881	102.8	102.4	121.6	103.7	105.4
双鸭山 Shuangyashan	3751901	2926960	87858	600827	39047	102.0	102.3	94.8	104.2	86.8
大庆 Daqing	5023565	2148005	73393	2515466	234050	104.0	107.8	101.6	100.2	110.8
伊春 Yichun	2022127	1175249	421888	367226	40942	102.0	102.8	126.6	78.6	276.6
佳木斯 Jiamusi	7011178	5220111	153563	1356585	169827	102.4	102.3	110.0	99.2	121.8
七台河 Qitaihe	727146	416125	39090	203773	11508	102.3	103.1	101.5	102.8	109.2
牡丹江 Mudanjiang	3604715	2600085	41088	781649	31572	104.9	106.0	103.6	103.1	115.1
黑河 Heihe	5247133	3871763	358649	663597	48397	104.6	104.8	104.1	105.0	96.3
绥化 Suihua	10584713	5867041	86582	4257078	276593	102.6	104.7	114.7	99.1	102.7
大兴安岭 Daxinganling	1099040	405616	454249	146216	2504	103.3	102.8	104.4	101.0	105.9

注：1.2003年起执行新的国民经济行业分类标准，农林牧渔业新增加了农林牧渔服务业，林业中新增加了林木采伐(下同)。
2.2007-2017年数据是与第三次农业普查衔接后数据。

a) Since 2003, the new category standard of national economy industry is implemented, the relative service industry is newly added to farming, forestry, animal husbandry and fishery, forest-cutting is newly added to forestry .

b) Data from 2007 to 2007 on national accounts have been adjusted according to the results of the third national agricultural census.

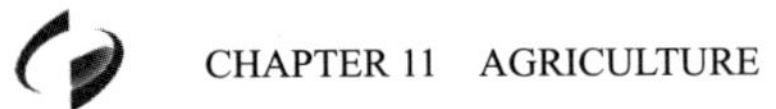

11-4 主要农业机械拥有量(年底数)
Major Agricultural Machinery at Year-end

年 份 Year / 地 区 Region		农业机械总动力(万千瓦) Total Power of Agriculture Machinery (10000 kw)	拖拉机及配套机械							
			小型(22.1千瓦及以下)		中型(22.1-73.5千瓦)		大型及以上(73.5千瓦及以上)		拖拉机配套农具	其中：58.8千瓦及以上拖拉机配套
			万台、台 10000 units, unit	万千瓦、千瓦 10000 kw, kw	万台、台 10000 units, unit	万千瓦、千瓦 10000 kw, kw	万台、台 10000 units, unit	万千瓦、千瓦 10000 kw, kw	万部、部 10000 sets, sets	万部、部 10000 sets, sets
2019		5273.5	102.4	1433.4	44.4	1624.9	4.1	499.9	220.0	32.3
2020		6775.1	98.0	1382.6	56.1	2178.0	7.7	985.8	281.7	67.9
哈尔滨	Harbin	1186.0	189651	2119081	125371	4344186	11420	1506761	463644	135329
齐齐哈尔	Qiqihar	918.3	245653	3579253	45476	1808890	11164	1527128	642130	49796
鸡西	Jixi	313.8	44092	658734	26361	1003089	2303	285977	146897	9425
鹤岗	Hegang	141.9	9715	164329	13520	540121	2206	264374	53779	13635
双鸭山	Shuangyashan	272.5	33153	545335	25454	982102	2184	266270	98139	7174
大庆	Daqing	397.0	115731	1658339	17528	665266	3487	572728	155415	31444
伊春	Yichun	97.2	5829	86657	14515	551684	1018	130852	22182	3047
佳木斯	Jiamusi	626.4	81850	1331687	46824	2067817	5701	749266	194212	18684
七台河	Qitaihe	96.5	10572	153612	12154	481865	1005	114785	23454	4250
牡丹江	Mudanjiang	340.1	49887	673117	60314	1958689	1668	205824	154201	27362
黑河	Heihe	375.1	62266	976039	21167	841630	7380	982896	171635	49992
绥化	Suihua	828.7	119060	1685043	67040	2561344	9631	1261913	291555	48377
大兴安岭	Daxinganling	54.5	3944	58576	6590	255142	963	103675	18631	3327

注：本表数据来源于黑龙江省农业农村厅。
a) The data in this table comes from the Department of agriculture and rural affairs of Heilongjiang Province.

11-4 续表 Continued

年 份 Year / 地 区 Region		农用水泵 Pumps	节水灌溉机械 Irrigation Equipment	联合收割机 Combine Harvester		机动脱粒机 Motorized Threshing Machines	
		万台、台 10000 units, unit	台(套) unit	万台、台 10000 units, unit	万千瓦、千瓦 10000 kw, kw	万台、台 10000 units, unit	万千瓦、千瓦 10000 kw, kw
2019		38.1	38023	19.8	600.9	14.8	36.0
2020		48.3	58480	16.9	1241.4	14.8	39.9
哈尔滨	Harbin	80867	13955	25654	1642152	42002	60691
齐齐哈尔	Qiqihar	114334	11450	17170	1256843	28661	
鸡西	Jixi	17828	563	10674	716785	7184	22524
鹤岗	Hegang	9007	482	4420	313018	602	1765
双鸭山	Shuangyashan	7387	56	4805	419900	2662	7529
大庆	Daqing	37953	3565	4934	429657	15735	22506
伊春	Yichun	3918	408	1187	124229	57	3972
佳木斯	Jiamusi	28070	267	18152	1345627	6052	88782
七台河	Qitaihe	2088	65	2381	180178	1982	43879
牡丹江	Mudanjiang	17309	3091	4319	285852	12662	33561
黑河	Heihe	2997	528	4117	501900	9037	
绥化	Suihua	55042	3422	16990	1361711	20498	94973
大兴安岭	Daxinganling	450	73	714	62784	120	1587

11-5 分地区农用化肥施用量和农村用电量

Consumption of Chemical Fertilizers and Electricity Consumption in Rural Areas by Region

年份 Year 地区 Region	化肥施用量（实物量，吨）Consump-tion of Chemical Fertilizers (ton)	化肥施用折纯量(吨) Consumption of Chemical Fertilizers (Convert into 100%, ton)					农村用电量（万千瓦时）Electricity Consumed in Rural Areas (10000 kwh)
		合计 Total	氮肥 Nitrog-enous Fertilizer	磷肥 Phosphate Fertilizer	钾肥 Potash Fertilizer	复合肥 Compound Fertilizer	
2010	5138394	2148852	773541	474006	307803	593502	557278
2011	5419483	2284366	819024	490730	340986	633626	701381
2012	5601697	2402818	859790	510504	357068	675456	643269
2013	5789762	2449560	867799	508478	369810	703473	669533
2014	5901989	2519295	889463	524068	378520	727244	695625
2015	5930227	2553071	884584	521106	372702	774679	725812
2016	5879446	2527469	870974	507033	363665	785797	774675
2017	5861176	2511953	854433	525849	356168	775503	797667
2018	5745010	2456410	835561	494820	346814	779216	828042
2019	5293241	2232662	729697	440738	305787	756441	856368
2020	5295118	2242160	719366	450313	308585	763897	897225
哈尔滨 Harbin	993033	423930	137997	43891	51659	190383	224865
齐齐哈尔 Qiqihar	855350	302153	101684	54200	37641	108628	104877
鸡西 Jixi	384080	173417	54147	44178	24861	50230	56164
鹤岗 Hegang	95678	44098	13465	10312	7751	12570	5953
双鸭山 Shuangyashan	393009	185975	62652	36089	28872	58362	51829
大庆 Daqing	314963	121445	44296	17081	10664	49405	51887
伊春 Yichun	70765	24300	5482	5502	4498	8818	9151
佳木斯 Jiamusi	624187	291285	93640	66804	56719	74122	114477
七台河 Qitaihe	82415	35862	15473	8123	6996	5271	16574
牡丹江 Mudanjiang	204872	92113	29832	12980	12900	36401	54464
黑河 Heihe	440151	219843	62530	66466	34485	56362	34042
绥化 Suihua	821801	320363	95824	82622	30447	111471	170928
大兴安岭 Daxinganling	14813	7376	2345	2065	1092	1874	2014

11-6 分地区有效灌溉面积、水库和除涝面积
Effective Irrigated Area, Reservoirs and Area with Flood Prevention Measures by Region

年份 地区	Year Region	有效灌溉面积(千公顷) Effective Irrigated Area (1000 hectares)	水库数(座) Number of Reservoirs (unit)	水库库容量(万立方米) Capacity of Reservoirs (10000 cu.m)	除涝面积(万公顷) Area with Flood Prevention Measures (10000 hectares)
2010		3875.2	913	1787011	333.5
2011		4332.7	922	1786435	335.0
2012		4776.5	1148	2778967	336.6
2013		5342.1	1144	2713743	337.8
2014		5305.2	1144	2713743	338.2
2015		5530.9	1144	2713743	338.5
2016		5953.4	1130	2675982	420.7
2017		6031.0	1070	2686144	339.7
2018		6119.6	1031	2683999	340.0
2019		6177.6	973	2676697	341.1
2020		6171.6	898	2883178	341.1
哈尔滨	Harbin	787.7	252	432200	332.9
齐齐哈尔	Qiqihar	955.5	105	985033	337.0
鸡西	Jixi	510.7	80	99291	35.8
鹤岗	Hegang	136.5	15	15823	89.7
双鸭山	Shuangyashan	102.3	12	76657	149.2
大庆	Daqing	552.6	12	86930	141.3
伊春	Yichun	57.0	16	20382	26.7
佳木斯	Jiamusi	611.0	32	28885	259.8
七台河	Qitaihe	23.2	22	46035	19.5
牡丹江	Mudanjiang	116.2	53	652656	51.0
黑河	Heihe	92.3	80	249906	92.3
绥化	Suihua	586.3	101	103427	416.3
大兴安岭	Daxinganling	9.0	7	16196	11.2
农场垦局	ARB	1566.3	93	69416	1448.5
省监狱管理局	Provincial Bureau of Prisons	27.6			
省森工总局	Longjiang Forestry Group	37.5	18	343	

11-7 主要农作物播种面积
Sown Areas of Major Farm Crops

单位：万公顷、公顷 (10000 hectares, hectare)

年 份 Year 地 区 Region	粮食作物播种面积 Total Sown Areas of Grain crops	谷物 Cereal	#水稻 Rice	#小麦 Wheat	#玉米 Corn	#谷子 Millet	#高粱 Jowar
1980	731.8		21.0	210.5	188.4	76.9	27.1
1981	728.2		22.4	219.0	157.7	76.9	29.5
1982	708.9		23.9	190.4	136.3	72.3	29.0
1983	723.5		24.6	209.6	164.2	74.8	31.4
1984	735.5		27.8	198.0	192.0	63.3	29.3
1985	721.6		39.0	203.8	157.7	49.3	14.5
1986	571.5		50.7	196.9	168.9	41.0	17.5
1987	741.2		58.1	158.7	197.6	30.8	17.3
1988	688.6		55.3	123.9	182.8	24.5	17.2
1989	726.2		60.4	168.2	190.4	21.3	17.5
1990	742.0		67.4	178.1	216.9	17.5	15.9
1991	742.7	507.0	74.7	173.7	223.0	14.0	13.6
1992	734.8	491.3	77.8	161.5	216.6	13.2	14.1
1993	755.8	425.1	73.6	133.7	177.7	12.6	16.6
1994	750.1	433.1	74.8	119.5	196.4	10.8	16.2
1995	750.0	467.6	83.5	111.6	241.1	8.8	13.4
1996	779.6	534.0	110.9	123.7	266.6	7.3	17.1
1997	799.5	529.9	139.7	107.4	254.5	6.7	13.5
1998	808.3	526.8	156.3	95.9	248.6	7.0	11.7
1999	809.9	549.1	161.5	95.3	265.2	7.1	12.4
2000	785.2	427.9	160.6	59.0	180.1	8.2	11.6
2001	795.7	434.9	157.7	38.3	211.0	7.0	11.0
2002	783.3	439.4	157.1	24.5	223.7	7.4	11.6
2003	786.3	381.4	129.5	21.4	203.5	5.6	9.2
2004	821.6	423.3	167.5	24.7	214.2	4.1	6.3
2005	988.9	503.3	185.0	25.9	273.0	4.2	7.9
2006	1052.6	577.2	199.2	24.4	330.5	3.5	7.3
2007	1118.0	667.6	228.8	23.3	405.5	1.0	2.5
2008	1147.4	683.5	262.9	23.8	384.9	2.4	3.4
2009	1212.2	742.1	269.5	29.2	436.2	2.0	3.4
2010	1244.5	823.7	313.9	27.8	475.6	1.6	4.1
2011	1283.1	896.5	343.7	29.6	518.0	1.2	3.3
2012	1321.2	998.1	363.1	20.8	610.1	0.7	2.9
2013	1357.6	1059.6	386.1	13.2	657.1	0.6	2.5
2014	1396.8	1086.4	396.8	14.4	670.8	0.8	3.5
2015	1428.3	1138.4	391.8	7.0	736.1	0.7	2.6
2016	1420.2	1063.5	392.5	7.9	652.8	2.4	4.5
2017	1415.4	1000.6	394.9	10.2	586.3	1.8	5.4
2018	1421.5	1031.2	378.3	10.9	631.8	2.1	5.8
2019	1433.8	980.4	381.3	5.6	587.5	1.1	4.4
2020	1443.8	943.8	387.2	4.9	548.1	0.9	2.4
哈尔滨 Harbin	1974673.0	1689945.5	591766.6	522.1	1096234.0	566.3	389.6
齐齐哈尔 Qiqihar	2469113.9	1523359.6	445085.6	279.4	1072375.0	391.4	4273.8
鸡西 Jixi	913671.5	768068.3	490869.4	43.3	276620.1	94.0	366.6
鹤岗 Hegang	531407.6	406980.9	301166.9	5.2	105217.1	11.7	520.2
双鸭山 Shuangyashan	959847.3	676557.6	405836.5	62.9	270124.0	18.9	506.2
大庆 Daqing	706256.5	601822.6	111747.7	3527.9	475624.9	1995.8	8423.9
伊春 Yichun	272326.7	102449.8	57718.7	124.9	44578.1	9.9	18.3
佳木斯 Jiamusi	1848227.2	1384620.0	1041428.3	144.1	342171.6	126.2	306.6
七台河 Qitaihe	205916.8	160415.9	24994.0	8.3	135370.8	9.5	
牡丹江 Mudanjiang	641419.3	373875.5	50055.4	897.0	321082.1	1160.7	660.9
黑河 Heihe	1828997.7	356676.2	16566.8	39634.7	291949.4	35.3	7556.0
绥化 Suihua	1829702.6	1305550.5	331790.7	820.0	966990.8	4333.2	745.6
大兴安岭 Daxinganling	171689.9	4361.4		2671.3	1689.1		

注：1.2007-2017年数据是与第三次农业普查衔接后数据。
2.表中的粮食作物播种面积为抽样调查结果，由于抽样框不同，全省粮食作物不等于分市县。

a) Data from 2007 to 2017 on national accounts have been adjusted according to the results of the third national agricultural census.
b) The sown area of grain crops in the table is the result of sampling survey. Due to the different sampling frame, the grain crops of the whole province are not equal to the cities and counties .

11-7 续表1 Continued

单位：万公顷、公顷 (10000 hectares, hectare)

年份 Year 地区 Region	豆类 Soybean	#大豆 Soja	薯类 Tuber	油料 Oil-bearing Crops	#油菜籽 Rapeseeds	#葵花籽 Helianthus	#白瓜籽 Pumpkin Seeds	甜菜 Beetroots
1980	173.6	163.0	23.7	24.4	0.4	19.2		24.3
1981	190.4	180.0	21.9	31.5	0.2	26.7		23.4
1982	224.0	213.6	22.6	26.5	0.7	21.7		24.4
1983	181.1	169.3	26.1	22.5	0.8	19.0		33.7
1984	182.1	179.5	23.5	22.4	0.9	20.7		30.5
1985	226.0	216.7	22.2	39.2	2.0	33.8		29.2
1986	220.7	219.7	20.9	18.3	3.0	13.8		30.6
1987	240.9	240.0	21.4	16.9	5.4	10.6		26.3
1988	244.9	242.9	24.7	16.5	8.1	7.4		42.7
1989	229.1	226.4	23.3	13.4	5.8	6.2		31.4
1990	216.2	207.9	21.8	14.2	6.6	6.5		35.8
1991	215.4	209.4	20.3	13.7	6.5	6.5		41.6
1992	221.2	216.0	22.3	18.3	9.8	7.4		33.2
1993	307.2	297.9	23.5	15.5	6.6	7.3		28.4
1994	294.8	279.6	22.2	17.4	5.5	7.4		34.4
1995	258.9	251.3	23.5	14.7	4.5	6.8		32.8
1996	221.9	216.1	23.7	12.8	3.1	7.6		29.1
1997	245.4	239.4	24.2	14.2	2.1	8.8		25.1
1998	254.7	246.0	26.8	20.9	3.4	11.2		23.1
1999	229.2	215.3	31.6	29.3	7.2	13.9		12.4
2000	317.8	286.8	39.5	36.3	8.0	18.3		14.6
2001	319.6	287.4	41.2	30.2	1.3	18.0		18.2
2002	300.6	263.1	43.3	37.4	0.4	23.4	10.7	19.9
2003	366.1	324.2	38.8	46.3	0.2	25.7	15.1	11.9
2004	367.4	340.1	30.9	41.1	0.3	17.1	13.0	7.6
2005	452.4	421.5	33.2	41.0	0.2	20.7	16.0	8.0
2006	454.8	424.6	20.3	33.9	0.1	20.3	10.0	5.8
2007	434.7	397.9	15.8	36.8	0.1	17.5	10.0	9.0
2008	441.8	414.8	22.1	21.9	0.0	10.7	6.9	9.0
2009	441.9	416.5	28.1	20.3	0.2	8.7	7.9	6.4
2010	394.9	372.7	26.0	16.7	0.1	5.7	8.6	7.8
2011	359.7	340.2	26.9	14.9	0.1	4.0	8.4	8.2
2012	297.9	286.0	25.2	11.7	0.04	3.0	6.1	7.3
2013	275.5	263.7	22.5	9.8	0.01	2.0	5.1	3.9
2014	291.5	279.3	18.9	8.7	0.002	1.7	5.2	1.0
2015	276.3	266.1	13.5	9.5		6.7	6.7	0.2
2016	341.2	322.3	15.5	12.4	0.005	1.3	7.6	0.3
2017	398.2	373.5	16.6	7.6	0.03	0.9	5.6	0.9
2018	374.2	356.8	16.0	5.2	0.2	0.5	2.6	1.2
2019	441.9	427.9	11.5	5.2	0.2	0.2	2.6	0.9
2020	493.0	483.2	7.0	4.2	0.02	0.4	1.7	0.3
哈尔滨 Harbin	278272.1	270799.8	6455.5	1366.6		7.6	34.3	113.7
齐齐哈尔 Qiqihar	926100.7	886675.3	19653.7	3550.2	83.9	2071.4	295.9	2554.7
鸡西 Jixi	144958.7	142218.4	644.5	663.7	0.7	8.0	249.1	
鹤岗 Hegang	124351.1	122729.4	75.6	7.5		1.0		
双鸭山 Shuangyashan	283009.0	282287.4	280.7	1160.3	18.7	23.4	776.7	
大庆 Daqing	103871.6	85618.4	562.3	17953.4	9.0	665.0		87.1
伊春 Yichun	169668.2	166299.0	208.7	105.5			58.5	
佳木斯 Jiamusi	463204.5	461958.2	402.7	84.2			77.8	
七台河 Qitaihe	45438.8	44895.1	62.1	271.7			271.7	
牡丹江 Mudanjiang	253678.3	249873.3	13865.5	15019.1		254.1	14715.2	
黑河 Heihe	1461897.7	1448040.4	10423.8	1241.3	20.0	466.2	719.7	
绥化 Suihua	507728.8	503714.0	16423.2	375.8	51.5	70.0	126.0	329.2
大兴安岭 Daxinganling	166799.6	165486.1	528.9	19.0	19.0			

注：表中的粮食作物播种面积为抽样调查结果，由于抽样框不同，全省粮食作物不等于分市县。

a) The sown area of grain crops in the table is the result of sampling survey. Due to the different sampling frames, the grain crops in the whole province are not equal to those in different cities and counties.

11-7 续表2 Continued

单位：万公顷、公顷 (10000 hectares, hectare)

年份 Year 地区 Region		麻类 Fiber Crops	#亚麻 Flax	药材 Herb	烟叶 Tobacco	#烤烟 Flue-cured	蔬菜、食用菌 Vegetables Mushroom	瓜果类 Melon	饲料作物 Feed Crops
1980		13.7	8.9		1.0		33.0	6.6	
1981		11.4	8.0			1.7	29.5	7.8	
1982		7.8	5.3			4.0	31.0	5.8	
1983		6.2	5.3		3.2	2.8	29.6	6.0	
1984		7.1	6.5		3.4	3.1	27.3	5.9	
1985		7.8	7.4		5.0	4.3	24.9	7.7	
1986		8.2	7.9		5.0	4.2	25.1	7.7	
1987		12.3	12.1		5.9	5.1	22.8	7.6	
1988		14.1	13.9		8.3	7.6	24.8	7.1	
1989		8.9	8.8		13.8	13.0	24.5	7.6	
1990		8.2	8.1		12.5	11.6	23.0	3.4	
1991		9.8	9.7		13.2	12.3	21.8	3.1	
1992		7.1	7.0		9.7	9.2	23.4	3.8	
1993		6.5	6.4		8.4	7.8	26.3	5.0	
1994		8.3	8.2		7.1	6.6	26.3	5.0	
1995		10.1	10.0		6.8	6.5	29.3	5.0	
1996		8.5	8.4		10.2	9.8	29.4	5.0	
1997		5.5	5.4		10.8	10.3	29.9	6.0	
1998		3.6	3.5		5.9	5.4	35.4	7.8	
1999		5.0	4.9		6.4	6.1	44.6	8.2	
2000		9.5	8.8		4.9	4.5	44.6	12.6	
2001		12.9	12.4		4.6	4.1	42.7	13.0	
2002		10.3	10.1	2.4	4.5	4.0	43.2	14.1	14.9
2003		11.3	11.1	3.3	3.7	3.3	40.0	13.4	29.7
2004		9.8	8.9	3.5	3.2	2.8	29.2	9.5	29.9
2005		8.5	8.2	4.8	4.2	4.0	33.3	11.0	22.6
2006		5.6	4.8	2.6	1.9	1.7	31.3	12.2	23.4
2007		5.1	4.1	5.5	3.2	2.8	29.1	7.4	18.9
2008		4.1	3.6	5.2	3.3	3.3	28.8	6.9	19.4
2009		1.2	1.1	3.1	3.7	3.2	18.8	6.9	10.3
2010		0.5	0.5	3.7	3.7	3.2	18.4	10.6	8.4
2011		0.3	0.3	5.1	3.5	3.2	22.3	10.1	7.8
2012		0.2	0.2	4.7	3.8	3.4	25.0	5.8	6.5
2013		0.1	0.1	3.9	3.6	3.2	26.6	6.4	5.6
2014		0.3	0.1	3.0	3.3	3.1	26.9	5.7	4.3
2015		0.3	0.1	2.1	2.5	2.3	24.5	4.5	3.1
2016		1.2	0.1	2.9	2.0	1.8	17.7	5.9	8.2
2017		1.9	0.1	3.3	1.5	1.5	20.5	5.5	5.1
2018		1.7	0.1	4.2	1.2	1.2	16.2	4.0	4.0
2019		2.1	0.2	7.1	1.0	1.0	14.7	4.2	2.9
2020		1.9	0.2	11.8	1.1	1.0	15.2	4.0	3.2
哈尔滨	Harbin	389.0	40.0	18291.2	1798.3	1798.3	30810.4	8462.9	2859.7
齐齐哈尔	Qiqihar	3994.9	194.4	13239.7	1.1		15212.9	3816.2	9446.8
鸡西	Jixi	9.1		5752.7	211.0	107.9	3923.5	520.4	3246.4
鹤岗	Hegang	44.0	10.0	576.9	138.5	138.5	765.3	69.1	506.5
双鸭山	Shuangyashan	1039.2		5249.2	366.8	250.6	2076.1	1830.2	296.8
大庆	Daqing	431.5	1.9	12938.1	774.3	729.0	24386.0	7965.7	5351.1
伊春	Yichun			7461.6			1532.9	82.2	40.8
佳木斯	Jiamusi			13543.9	1076.8	1076.8	4714.4	3099.6	1060.1
七台河	Qitaihe	109.6		10497.1	534.4	534.4	4129.0	520.2	
牡丹江	Mudanjiang	1893.1	943.9	12368.2	4440.9	4216.3	17966.7	4358.0	2056.4
黑河	Heihe	8387.9	380.4	6205.6			4455.7	416.2	5162.2
绥化	Suihua	2419.2	0.7	9627.9	1314.2	1108.8	40907.0	8582.3	2089.7
大兴安岭	Daxinganling	547.8	400	1968.5			1498.3	71.8	110.9

11-8 主要农产品产量
Yield of Major Farm Products

单位：万吨、吨 (10000 tons, ton)

年份 Year 地区 Region		粮食 Grain	谷物 Cereal	#水稻 Rice	#小麦 Wheat	#玉米 Corn	#谷子 Millet	#高粱 Jowar
1980		1462.4	1085.9	79.6	394.6	520.0	103.6	63.1
1981		1250.0	969.7	55.7	314.1	455.0	99.7	64.9
1982		1150.0	819.2	70.9	268.2	352.6	87.6	54.2
1983		1549.0	1228.8	91.5	451.0	463.5	125.7	76.9
1984		1757.5	1402.0	124.0	382.5	642.0	115.5	100.5
1985		1405.0	1035.6	162.9	376.8	386.8	63.2	34.0
1986		1776.3	1169.5	220.8	355.9	632.0	60.1	55.1
1987		1737.6	1373.3	225.7	299.8	646.1	40.2	48.0
1988		1768.0	1282.1	243.5	250.4	700.6	35.5	55.2
1989		1668.9	1292.2	231.7	367.3	615.2	22.7	43.8
1990		2312.5	1901.0	314.4	474.8	1008.3	31.3	53.3
1991		2164.3	1789.6	316.2	381.1	1007.5	23.7	45.8
1992		2366.3	1936.6	376.6	424.8	1042.8	24.3	51.4
1993		2390.8	1799.5	388.3	340.0	956.6	27.2	73.3
1994		2578.7	1971.3	410.4	275.3	1146.4	24.3	86.4
1995		2592.5	2062.8	469.9	293.4	1219.1	20.9	47.9
1996		3046.5	2512.4	636.0	329.5	1445.0	21.5	65.5
1997		3104.5	2434.9	860.9	328.4	1165.9	14.4	48.3
1998		3008.5	2483.4	925.8	285.2	1199.7	9.0	51.7
1999		3074.6	2524.8	944.3	284.2	1228.4	13.6	39.6
2000		2545.5	1974.1	1042.2	95.8	790.8	8.7	26.0
2001		2651.7	1989.1	1016.3	93.8	819.5	10.3	28.5
2002		2941.2	2195.5	921.0	89.4	1070.5	16.2	52.3
2003		2512.3	1792.0	842.8	39.7	830.9	12.9	39.8
2004		3135.0	2302.5	1120.0	83.0	1050.0	8.6	24.7
2005		3600.0	2714.0	1172.5	97.0	1379.5	7.4	25.6
2006		3780.0	2986.7	1360.0	93.0	1453.5	7.3	24.5
2007		3881.0	3346.7	1655.1	68.7	1590.1	1.7	7.5
2008		4627.3	3908.4	1851.4	89.2	1915.5	3.9	18.6
2009		4788.9	4060.4	1899.6	115.8	2012.6	4.1	20.4
2010		5632.9	4918.7	2277.5	92.0	2513.7	5.6	26.2
2011		6212.6	5491.1	2438.4	103.0	2927.6	4.2	15.0
2012		6598.6	5970.4	2600.2	69.4	3283.8	2.5	13.2
2013		7055.1	6498.6	2710.8	38.5	3734.8	2.1	12.0
2014		7403.8	6797.7	2797.2	46.1	3929.1	2.9	21.8
2015		7615.8	7037.9	2720.9	21.5	4280.2	2.9	12.0
2016		7416.1	6754.8	2763.6	28.6	3912.8	9.6	27.6
2017		7410.3	6609.7	2819.3	38.1	3703.1	7.3	33.9
2018		7506.8	6747.6	2685.5	36.2	3982.2	7.5	28.9
2019		7503.0	6653.0	2663.5	20.4	3939.8	3.9	23.8
2020		7540.8	6576.9	2896.2	18.7	3646.6	2.7	11.5
哈尔滨	Harbin	12228065.8	11682258.6	3829897.0	3089.5	7841857.4	2372.3	2395.6
齐齐哈尔	Qiqihar	11820388.3	10087109.1	2960811.9	1245.2	7097595.3	1199.4	24676.7
鸡西	Jixi	5795729.6	5502110.5	3657096.8	130.7	1842666.5	359.2	1567.8
鹤岗	Hegang	3172448.6	2936800.2	2173054.3	15.5	761842.0	49.0	1659.8
双鸭山	Shuangyashan	5675090.5	5073060.7	3110163.8	78.0	1959563.9	53.6	3159.5
大庆	Daqing	4534182.9	4347665.0	803145.7	12422.8	3472288.0	5421.5	53285.4
伊春	Yichun	885723.0	615123.4	346864.2	526.1	267599.4	33.7	100.0
佳木斯	Jiamusi	11039460.1	10099207.2	7706166.1	502.2	2389258.7	520.2	1471.7
七台河	Qitaihe	1023297.1	932973.8	151011.8	22.0	781805.8	9.3	
牡丹江	Mudanjiang	2968355.5	2438834.6	324644.9	3141.5	2101989.4	5302.8	3666.0
黑河	Heihe	5175389.0	2271851.7	108117.3	169372.4	1957877.9	95.0	32661.1
绥化	Suihua	11081416.7	9989148.4	2558870.2	3819.8	7402901.4	15669.8	4566.5
大兴安岭	Daxinganling	275129.8	18137.4		9075.0	9058.8		

注：1.2007-2017年数据是与第三次农业普查衔接后数据。
2.表中的粮食作物产量为抽样调查结果，由于抽样框不同，全省粮食作物不等于分市县。

a) Data from 2007 to 2017 on national accounts have been adjusted according to the results of the third national agricultural census.

b) The yield of grain crops in the table is the result of sampling survey. Due to the different sampling frame, the grain crops of the whole province are not equal to the cities and counties .

11-8 续表1 Continued

单位：万吨、吨 (10000 tons, ton)

年份 Year 地区 Region	豆类 Soybean	#大豆 Mung Bean	薯类 Tuber	油料 Oil-bearing Crops	#油菜籽 Rapeseeds	#葵花籽 Helianthus	#白瓜籽 Pumpkin Seeds
1980	325.5	220.5	51.0	23.9		22.6	
1981	235.4	188.3	44.9	37.4		40.0	
1982	330.8	245.5	43.3	34.4		41.3	
1983	258.7	238.5	61.5	32.2		28.9	
1984	293.0	290.5	62.5	26.0		24.6	
1985	325.6	313.7	43.8	28.4		25.2	
1986	306.0	378.0	47.5	19.0		16.4	
1987	397.1	383.5	67.2	12.6		6.5	
1988	285.7	384.4	71.0	13.0		7.0	
1989	303.3	291.8	73.4	13.1		6.5	
1990	337.4	325.8	74.1	17.2	7.0	8.1	
1991	317.4	309.8	57.3	15.2	7.0	6.6	
1992	354.0	349.1	75.7	21.9	9.9	10.3	
1993	505.3	491.5	86.0	16.1	4.3	9.5	
1994	532.8	513.6	74.6	15.6	4.0	9.4	
1995	448.2	438.8	81.5	20.1	5.3	9.0	
1996	435.6	413.5	98.5	16.8	3.3	10.5	
1997	588.7	576.2	80.9	18.2	2.9	11.6	
1998	458.6	444.6	66.5	16.9	3.2	7.6	
1999	474.1	446.6	75.7	39.3	7.7	22.6	
2000	489.6	450.1	81.8	43.8	6.8	26.0	
2001	537.5	496.2	125.1	36.3	1.5	20.8	
2002	610.7	556.3	135.0	52.8	0.5	36.8	10.9
2003	616.1	560.8	104.1	44.7	0.3	21.0	15.2
2004	727.5	675.0	105.0	46.0	0.4	24.2	15.1
2005	800.7	748.0	85.3	60.6	0.3	33.2	20.0
2006	689.3	652.5	104.0	63.1	0.1	32.1	23.6
2007	483.7	452.7	50.6	50.1	0.1	24.4	18.3
2008	665.3	625.5	53.5	28.5	0.1	12.8	9.5
2009	640.5	612.1	87.9	28.2	0.3	11.8	9.8
2010	631.3	615.4	82.9	27.5	0.2	10.5	11.2
2011	634.5	598.5	86.9	23.3	0.1	6.9	10.5
2012	539.9	521.5	88.3	22.5	0.1	6.0	9.2
2013	470.0	454.2	86.5	19.0	0.1	4.3	7.4
2014	530.0	514.0	76.1	17.1	0.1	3.6	8.2
2015	508.1	498.8	69.8	18.3		10.5	10.5
2016	586.3	562.8	75.1	20.7	0.1	3.1	12.6
2017	719.6	689.4	81.0	14.3	0.1	2.0	8.8
2018	678.5	657.8	80.7	11.2	0.2	1.5	4.1
2019	797.0	780.8	53.0	11.5	0.2	0.5	4.0
2020	932.0	920.3	31.9	12.3	0.03	0.7	2.7
哈尔滨 Harbin	518098.9	505065.3	27708.3	3745.8		9.9	62.0
齐齐哈尔 Qiqihar	1622606.0	1557445.8	110673.1	7350.6	73.8	4006.6	347.4
鸡西 Jixi	291386.8	287483.1	2232.3	800.4	2.0	17.0	224.6
鹤岗 Hegang	235142.5	232212.9	505.9	9.9		3.0	
双鸭山 Shuangyashan	600276.3	599012.2	1753.6	1005.2	3.8	30.0	665.1
大庆 Daqing	184221.1	160953.2	2296.8	83008.0	17.0	2253.0	
伊春 Yichun	269869.8	265271.4	729.7	95.8			85.8
佳木斯 Jiamusi	938437.6	936136.6	1815.3	130.4			118.4
七台河 Qitaihe	90110.5	89016.2	212.8	385.0			385.0
牡丹江 Mudanjiang	454977.4	448043.0	74543.5	23970.1		436.9	23357.7
黑河 Heihe	2864839.5	2839583.8	38697.8	1974.9	41.6	549.4	1344.3
绥化 Suihua	1006378.4	998383.8	85890.0	890.4	125.9	175.5	194.0
大兴安岭 Daxinganling	255138.4	253827.5	1854.0	44.6	44.6		

注：表中的粮食作物产量为抽样调查结果，由于抽样框不同，全省粮食作物不等于分市县。

a) The yield of grain crops in the table is the result of sampling survey. Due to the different sampling frames, the grain crops in the whole province are not equal to those in different cities and counties.

11-8 续表2 Continued

单位：万吨、吨 (10000 tons, ton)

年份 地区	Year Region	麻类 Fiber Crops	#亚麻 Flax	甜菜 Beetroots	烟叶 Tobacco	#烤烟 Flue-cured Tobacco	蔬菜、食用菌 Vegetables Mushroom	瓜果类 Melon
1980		19.0	17.5	287.6	2.8	2.2	523.6	
1981		19.2	18.3	312.7	4.4	3.4		
1982		6.5	5.9	274.3	8.0	6.9		
1983		13.5	13.1	515.2	5.7	4.4		
1984		19.0	18.6	422.8	7.1	6.1		
1985		15.0	14.8	315.2	8.9	7.0	485.1	
1986		20.7	20.4	389.8	10.5	8.1	585.0	
1987		31.2	31.1	330.4	10.4	8.8	463.9	
1988		35.4	35.5	555.1	14.0	12.4	526.5	
1989		22.4	22.3	397.5	23.1	12.4	526.1	
1990		22.4	22.3	632.0	21.9	19.3	563.7	76.5
1991		26.8	26.7	620.3	18.5	16.8	484.0	46.5
1992		19.6	19.5	539.8	13.6	12.6	578.1	72.4
1993		17.2	17.0	298.7	13.1	11.6	672.3	94.9
1994		21.7	21.7	322.7	10.0	8.9	679.6	104.0
1995		32.2	32.0	500.8	11.2	10.1	883.6	126.6
1996		23.7	23.6	491.9	18.1	16.9	916.7	129.1
1997		13.3	13.1	447.7	17.5	16.3	990.0	158.7
1998		9.1	9.0	310.2	9.4	8.3	998.5	160.0
1999		14.8	14.6	203.6	11.2	10.3	1187.3	221.9
2000		18.7	18.0	254.8	9.6	8.1	1325.6	319.4
2001		29.8	28.1	329.8	8.4	7.3	1250.2	335.9
2002		36.2	35.7	437.6	7.4	6.3	1324.7	353.2
2003		28.3	26.7	71.4	4.6	4.5	1198.3	316.5
2004		39.3	31.0	96.0	5.6	5.6	1061.6	273.1
2005		36.1	34.5	155.0	7.4	7.4	1153.5	306.4
2006		29.4	20.5	205.0	5.6	5.6	1135.6	366.6
2007		18.0	15.4	237.2	6.9	6.9	1058.5	218.3
2008		16.5	15.0	260.0	7.8	7.8	1057.9	233.0
2009		4.5	4.4	110.0	8.3	7.3	701.1	225.6
2010		2.2	2.2	175.0	9.6	8.5	723.8	321.5
2011		1.2	1.2	275.0	8.5	7.8	789.9	308.2
2012		1.0	0.9	273.1	9.7	8.8	866.4	211.8
2013		0.9	0.6	123.2	8.9	8.1	946.1	225.3
2014		2.5	0.7	41.1	8.4	7.8	885.6	201.1
2015		2.0	0.6	7.3	6.9	6.2	807.4	161.6
2016		6.8	0.4	11.4	5.3	4.9	687.3	191.7
2017		11.8	0.6	37.4	4.7	4.6	798.6	185.8
2018		10.5	0.4	53.0	3.4	3.3	634.4	141.3
2019		12.4	0.9	41.6	2.6	2.5	655.4	131.8
2020		11.6	1.0	14.1	2.9	2.7	674.3	132.6
哈尔滨	Harbin	3302.8	23.3	4036.0	5475.0	5475.0	1167344.7	209156.4
齐齐哈尔	Qiqihar	19449.4	255.6	132194.8	1.6		883045.6	140281.1
鸡西	Jixi	2.0			621.4	317.0	167161.6	12313.3
鹤岗	Hegang	100.0			305.0	305.0	37031.4	1900.4
双鸭山	Shuangyashan	284.0			938.7	661.7	83141.8	51435.6
大庆	Daqing	4812.4	5.8	3467.0	1660.0	1660.0	1015209.2	295669.2
伊春	Yichun						112388.6	3469.6
佳木斯	Jiamusi				2528.4	2528.4	141947.3	103907.2
七台河	Qitaihe	37.2			1561.0	1561.0	183541.1	22545.3
牡丹江	Mudanjiang	15049.6	8357.0		11908.6	11351.6	1212527.7	183731.3
黑河	Heihe	53038.3	1388.4				152794.7	12225.5
绥化	Suihua	19802.9	6.6	1051.3	3723.5	3245.8	1524841.3	288074.2
大兴安岭	Daxinganling	485	440				62264.4	1686.1

11-9 主要农产品单位面积产量
Yield of Major Farm Products Per Hectare

单位：千克/公顷 (kg/hectare)

年份 Year 地区 Region	粮食 Grain	水稻 Rice	小麦 Wheat	玉米 Corn	大豆 Soybean	薯类 Tuber	亚麻 Flax	甜菜 Beetroots	烤烟 Flue-cured Tobacco
1980	1998	3803	1868	2768	1350	2160	1980	11813	2678
1981	1717	2498	1440	2453	1058	2048	2273	13343	2003
1982	1622	2970	1418	2183	1148	1913		11228	1755
1983	2141	3713	2138	2835	1418	2363	2475	15278	1598
1984	2390	4478	1935	2533	1620	2655	1148	13860	2025
1985	1947	4185	1845	2610	1463	1980	2003	10800	1598
1986	3108	4343	1823	3758	1733	2273	2565	12713	1913
1987	2344	3893	1890	3780	1598	3128	2588	12578	1733
1988	2568	4410	2025	3848	1643	2880	2543	13028	1643
1989	2298	3825	2183	3218	1283	3150	2543	12668	1643
1990	3117	4658	2678	4658	1575	3398	2745	17663	1665
1991	2914	4230	2183	4523	1485	2835	2768	14918	1373
1992	3220	4838	2631	4815	1616	3690	2790	16268	1373
1993	3163	5279	2543	5384	1650	3646	2676	10512	1500
1994	3438	5485	2304	5836	1837	3679	2634	9390	1354
1995	3457	5626	2628	5056	1746	3468	3205	15246	1567
1996	3908	5739	2665	5421	1914	4155	3557	16922	1735
1997	3883	6163	3075	4581	2408	3345	2447	17808	1583
1998	3722	5909	2967	4823	1808	2479	2558	13450	1550
1999	3796	5851	2982	4632	2074	2396	3013	16421	1696
2000	3242	6489	1623	4390	1569	2071	2039	17482	1810
2001	3333	6444	2450	3884	1726	3039	2262	18112	1769
2002	3755	5861	3643	4785	2115	3116	3516	21999	1585
2003	3195	6510	1854	4083	1730	2685	2416	6011	1379
2004	3816	6687	3360	4902	1985	3398	3478	12710	2019
2005	3640	6338	3744	5053	1775	2567	4190	19264	1850
2006	3714	6511	3750	4908	1657	3128	4852	18457	2201
2007	3471	7234	2952	3921	1138	3205	3734	26359	2429
2008	4033	7042	3748	4976	1508	2416	4120	28761	2388
2009	3951	7048	3969	4614	1470	3127	3915	17222	2265
2010	4526	7254	3303	5285	1651	3194	4139	22476	2622
2011	4842	7094	3485	5652	1759	3232	4507	33526	2440
2012	4994	7162	3333	5383	1823	3496	5807	37439	2623
2013	5197	7021	2923	5684	1722	3841	6725	31932	2511
2014	5300	7049	3199	5858	1840	4035	5118	40099	2541
2015	5332	6944	3065	5815	1874	5168	4029	35541	2678
2016	5222	7040	3639	5994	1746	4847	2861	34933	2666
2017	5235	7140	3742	6316	1846	4888	4776	39958	3127
2018	5281	7099	3307	6303	1844	5038	4349	43996	2831
2019	5233	6986	3643	6706	1824	4595	5275	46773	2610
2020	5223	7480	3839	6654	1905	4585	5315	45628	2721
哈尔滨 Harbin	6192	6472	5918	7153	1865	4292	583	35497	3045
齐齐哈尔 Qiqihar	4787	6652	4456	6619	1757	5631	1314	51746	
鸡西 Jixi	6343	7450	3020	6661	2021	3464			2938
鹤岗 Hegang	5970	7215	2981	7241	1892	6691			2202
双鸭山 Shuangyashan	5912	7664	1240	7254	2122	6247			2640
大庆 Daqing	6420	7187	3521	7300	1880	4085	3005	39805	2277
伊春 Yichun	3252	6010	4212	6003	1595	3497			
佳木斯 Jiamusi	5973	7400	3485	6983	2026	4508			2348
七台河 Qitaihe	4969	6042	2640	5775	1983	3424			2921
牡丹江 Mudanjiang	4628	6486	3502	6547	1793	5376	8854		2692
黑河 Heihe	2830	6526	4273	6706	1961	3712	3650		
绥化 Suihua	6056	7712	4658	7656	1982	5230	9041	3193	2927
大兴安岭 Daxinganling	1602		3397	5363	1534	3505	1100		

注：表中的粮食作物单位面积产量为抽样调查结果。

a) The grain yield per hectare in the table is the result of sampling survey.

11-10 水果生产情况
Yield of Fruits

年份 地区	Year Region	果园面积(公顷) Area of Orchards (hectare)				水果产量(吨) Yield of Fruits (ton)			
		总计 Total	#苹果 Apples	#梨 Pears	#葡萄 Grapes	总计 Total	#苹果 Apples	#梨 Pears	#葡萄 Grapes
2005		39488	15488	5345	1708	461974	177432	48422	20720
2006		37593	13334	4919	1632	471209	159759	49124	22728
2007		40900	13170	5130	1780	517659	150534	46524	21847
2008		40960	11950	5250	2730	593539	138330	47078	45062
2009		35340	12000	4230	2480	493241	140670	41164	42206
2010		36150	11420	4840	2990	466371	117019	37648	56732
2011		34980	10850	4560	2970	542336	113984	40224	62120
2012		35330	11640	3980	3960	567404	150661	37259	83443
2013		34242	11648	3458	3869	491133	140649	28238	81441
2014		34710	12198	3819	4867	576390	148900	33830	118016
2015		33928	12378	3858	4608	518563	176181	34490	100042
2016		32281	9146	2708	5411	530187	147118	36923	97721
2017		27196	8646	2656	3991	510800	144496	36587	72848
2018		20416	8667	2543	3812	294717	137532	42912	87180
2019		29706	9096	2613	2809	331745	137571	64217	54160
2020		41142	9669	2328	2819	374478	143620	50304	55904
哈尔滨	Harbin	1705	268	88	236	13008	2240	822	3089
齐齐哈尔	Qiqihar	1630	60	54	291	32169	380	2053	6121
鸡西	Jixi	939	483	171	161	15374	6957	2001	3377
鹤岗	Hegang	328	13	33	49	990	190	50	610
双鸭山	Shuangyashan	798	232	147	118	8906	2995	1873	1188
大庆	Daqing	2172	211		1252	56256	4000		30244
伊春	Yichun	899			13	4607			160
佳木斯	Jiamusi	3579	36	27	79	8708	1515	775	1749
七台河	Qitaihe	1491		6	27	827		172	147
牡丹江	Mudanjiang	24060	8363	1801	412	229207	125344	42559	6845
黑河	Heihe	3100	3			1912			
绥化	Suihua	190			181	2497			2375
大兴安岭	Daxinganling	251				17			

11-11 蔬菜、食用菌生产情况
Yield of Vegetable and Mushroom

年份 Year / 地区 Region		播种面积(公顷) Sown Area (hectare)				产量(吨) Yield (ton)			
		总计 Total	#白菜 Chinese Cabbage	#黄瓜 Cucumber	#萝卜 Radish	总计 Total	#白菜 Chinese Cabbage	#黄瓜 Cucumber	#萝卜 Radish
2005		333390	111305	23399	9078	11535465	4961917	777779	501397
2006		331094	113435	21731	14886	11327103	4888475	695098	487233
2007		291130	90210	20490	14041	10584756	3961792	698375	487481
2008		287700	86730	20330	14490	10578998	4094636	714842	492696
2009		187580	57040	15250	10590	7011518	2583124	589175	353666
2010		184480	60562	14407	9531	7238271	2911454	566848	357713
2011		223130	76560	17405	13742	7899314	3113831	618806	496705
2012		249850	68919	19281	13946	8664146	3006789	666798	495756
2013		265670	75352	20449	14077	9461458	3199246	783589	488111
2014		268850	73824	21086	11277	9856073	3311552	867131	424008
2015		245250	61468	15573	6420	9574374	3346748	683727	207829
2016		177083	52294	14410	8228	6872710	2480675	570552	352625
2017		205341	58946	15867	9828	7985902	2676598	650386	414174
2018		161516	45142	11548	5784	6343982	2041657	484944	218449
2019		147051	36614	12096	5365	6554007	1738876	554790	229379
2020		152378	34334	12937	6464	6743239	1764930	577063	233072
哈尔滨	Harbin	30810	6316	3480	1236	1167345	304366	143831	50613
齐齐哈尔	Qiqihar	15213	3787	1168	425	883046	297153	63061	19608
鸡西	Jixi	3924	658	413	120	167162	36839	23973	5356
鹤岗	Hegang	765	89	125	16	37031	5686	8733	997
双鸭山	Shuangyashan	2076	311	293	147	83142	12374	11136	6641
大庆	Daqing	24386	4760	1790	565	1015209	330313	70530	22803
伊春	Yichun	1533	375	120	68	112389	19908	7074	2744
佳木斯	Jiamusi	4714	671	749	303	141947	23374	17129	7855
七台河	Qitaihe	4129	2466	179	216	183541	96372	19169	4266
牡丹江	Mudanjiang	17967	1936	1822	810	1212528	90858	114903	32836
黑河	Heihe	4456	2279	250	160	152795	96173	9965	4501
绥化	Suihua	40907	10111	2477	2260	1524841	422552	85699	71231
大兴安岭	Daxinganling	1498	576	72	139	62264	28961	1861	3621

11-12 畜牧业生产情况
Number of Livestock

单位：万头 (10000 heads)

年 份 Year	大牲畜数 量 Large Animals	黄牛及肉牛 Cattle and Beef Cattle	奶 牛 Milk Cow	马 Horses	驴 Donkeys	骡 Mules
1978	286.9	105.1	6.2	164.5	4.8	6.3
1980	257.8	95.6	7.8	143.6	4.6	6.2
1985	305.5	149.9	25.8	117.9	6.4	5.5
1986	314.0	156.7	31.9	113.3	6.5	5.6
1987	314.6	155.9	40.3	106.5	6.4	5.5
1988	318.1	157.7	47.0	101.3	6.6	5.5
1989	324.1	165.0	49.2	98.0	6.2	5.7
1990	348.2	182.8	54.0	99.2	6.3	5.9
1991	358.7	192.4	57.9	95.7	6.4	6.3
1992	365.3	200.6	61.1	90.1	7.0	6.5
1993	376.4	221.2	55.1	86.7	7.2	6.3
1994	420.2	265.9	56.4	83.4	8.2	6.5
1995	485.7	326.6	61.7	81.9	8.9	6.8
1996	540.6	376.7	65.8	81.2	9.8	7.1
1997	545.3	383.1	67.2	78.7	9.3	6.9
1998	549.5	388.1	68.5	77.8	8.9	6.3
1999	549.0	389.6	68.6	76.6	8.3	5.9
2000	547.7	391.5	69.8	72.8	7.9	5.6
2001	558.3	400.4	77.8	66.6	8.1	5.3
2002	598.3	432.3	93.3	60.0	7.6	5.1
2003	690.3	506.8	117.6	53.0	7.7	5.1
2004	773.0	573.9	141.0	45.5	7.7	4.8
2005	840.2	622.3	164.3	41.2	7.6	4.8
2006	548.4	378.6	126.2	32.2	7.5	3.9
2007	563.5	394.1	131.8	28.5	6.0	3.0
2008	560.2	392.3	131.4	28.2	5.8	2.5
2009	575.1	361.9	178.8	26.8	5.2	2.4
2010	578.2	363.2	180.6	27.6	4.5	2.4
2011	564.9	367.0	164.0	26.7	4.6	2.6
2012	567.1	367.9	166.6	25.9	4.2	2.5
2013	542.3	358.8	153.0	24.6	4.0	2.0
2014	550.0	368.8	152.4	23.6	3.8	1.4
2015	557.3	387.7	144.7	19.9	3.7	1.2
2016	540.7	389.7	128.1	18.2	3.5	1.2
2017	509.3	365.2	124.1	15.5	3.3	1.1
2018	476.2	351.5	105.0	13.4	5.2	1.0
2019	492.6	367.3	107.6	12.1	4.8	0.6
2020	529.8	403.9	111.9	9.3	4.3	0.4

注：2006-2017年数据是与第三次农业普查衔接后数据。

a) Data from 2006 to 2017 on national accounts have been adjusted according to the results of the third national agricultural census.

11-12 续表 Continued

年份 Year	肉猪出栏数量(万头) Slaughtered Fattened Hogs (10000 heads)	猪年末数量(万头) Hogs (10000 heads, head)	羊年末数量(万只) Sheep and Goats (10000 heads)	山羊 Goats	绵羊 Sheep	家禽(万只) Poultry (10000 heads)
1978	403.7	835.0	218.7	11.7	207.0	1899.7
1980	446.0	716.7	303.0	32.6	270.4	2238.7
1985	383.5	592.9	229.6	30.8	198.8	5947.5
1986	392.4	564.8	210.4	25.1	185.3	5081.9
1987	371.6	438.4	218.5	23.5	195.0	5507.4
1988	334.8	486.8	236.7	24.5	212.2	6531.4
1989	350.5	548.7	264.3	28.1	236.2	7027.2
1990	458.6	654.9	283.3	34.2	249.1	7791.1
1991	511.7	683.7	291.0	35.8	255.2	9398.4
1992	524.4	678.6	281.7	35.6	246.1	10280.4
1993	509.4	665.0	279.8	45.0	234.8	11284.4
1994	573.8	719.0	326.0	61.3	264.7	13302.5
1995	672.4	855.9	389.2	94.7	294.5	16530.6
1996	882.4	900.7	431.6	124.0	307.6	18297.3
1997	936.5	932.2	440.5	122.1	318.4	18580.7
1998	1063.1	958.1	462.8	121.5	341.3	12028.6
1999	1123.2	1014.4	481.1	120.2	360.9	12878.2
2000	1206.6	1085.4	507.4	123.8	383.6	13144.5
2001	1300.2	1123.0	567.8	147.3	420.4	13739.4
2002	1395.4	1163.0	749.1	228.7	520.4	14783.4
2003	1599.6	1326.4	1029.5	403.0	626.5	15987.7
2004	1905.4	1532.1	1153.6	448.2	705.4	16691.5
2005	2238.0	1670.4	1180.3	408.9	771.4	16680.8
2006	1330.8	1209.8	777.6	270.5	507.1	11926.5
2007	1244.6	1228.7	821.8	287.7	534.1	12560.4
2008	1369.5	1310.4	850.2	352.0	498.2	12975.0
2009	1555.8	1395.4	899.3	338.9	560.4	13270.1
2010	1663.1	1412.8	895.4	332.4	563.0	13601.5
2011	1714.5	1433.7	918.5	338.3	580.1	14403.2
2012	1867.4	1461.7	901.6	324.2	577.4	15544.7
2013	1945.4	1448.9	821.2	248.1	573.1	15161.6
2014	2070.8	1466.4	861.0	229.2	631.7	15074.4
2015	2027.6	1429.9	900.6	197.3	703.3	15884.3
2016	2026.3	1401.6	869.6	187.1	682.5	16634.8
2017	2090.5	1433.9	835.2	175.9	659.3	16901.0
2018	1964.4	1353.2	772.7	166.0	606.7	16124.7
2019	1701.5	1173.2	767.2	154.1	613.1	16488.0
2020	1790.0	1371.2	811.2	116.6	694.6	18097.4

11-13 畜产品产量
Output of Livestock Products

单位：万吨 (10000 tons)

年 份 Year	肉类产量 Yield of Meat	#猪牛羊肉产量 Yield of Pork, Beef and Mutton	猪 肉 Pork	牛 肉 Beef	羊 肉 Mutton	#禽 肉 Meat of Poultry	奶 类 Milk	#牛 奶 Cow Milk
1978		31.9						
1980		37.1	34.8	1.6	0.7		13.9	12.4
1985	34.9	31.5	29.7	1.0	0.8	3.4	45.5	43.0
1986	36.4	33.1	31.1	1.5	0.5	3.3	56.3	53.8
1987	36.3	32.1	29.1	2.4	0.6	4.2	68.1	66.3
1988	37.9	32.0	28.6	2.7	0.7	5.9	83.1	81.8
1989	40.9	33.2	29.5	2.9	0.7	7.4	88.2	87.1
1990	55.9	46.0	39.5	5.2	1.3	9.7	102.7	101.7
1991	62.7	50.9	43.4	6.1	1.4	11.3	114.2	112.6
1992	66.3	53.2	44.4	7.3	1.5	12.4	122.5	120.4
1993	65.4	52.4	42.6	8.4	1.4	12.3	113.3	111.6
1994	77.7	61.7	47.5	12.4	1.8	14.9	113.1	110.8
1995	90.3	70.3	53.4	15.0	1.9	18.8	121.2	121.2
1996	116.0	93.2	68.9	21.9	2.5	21.4	136.2	133.3
1997	125.9	100.1	74.1	23.5	2.6	25.9	143.0	140.5
1998	142.7	112.2	83.5	25.7	3.0	29.0	144.5	142.1
1999	150.9	119.5	89.0	27.3	3.2	30.0	145.0	142.8
2000	159.9	125.9	95.4	27.1	3.5	32.4	156.5	154.3
2001	171.2	134.4	101.4	29.0	3.9	34.5	192.4	189.0
2002	190.0	147.9	110.9	32.3	4.7	40.0	239.8	235.8
2003	217.2	167.5	125.0	35.8	6.7	47.7	304.0	300.5
2004	260.5	203.4	149.5	44.9	9.0	54.7	378.1	374.5
2005	306.3	242.5	177.1	54.1	11.3	61.4	444.2	440.2
2006	168.1	140.2	99.5	31.0	9.7	25.2	427.7	423.5
2007	165.9	136.6	93.0	33.2	10.4	27.0	441.7	438.3
2008	171.5	141.5	98.4	32.6	10.5	28.0	442.8	438.3
2009	191.2	159.7	111.3	36.8	11.6	29.8	461.9	455.9
2010	203.1	170.1	118.9	39.0	12.2	31.3	482.7	476.4
2011	207.9	173.6	122.5	39.3	11.8	32.5	475.6	468.3
2012	225.2	187.6	135.8	39.7	12.1	35.8	487.9	482.8
2013	232.4	194.0	142.4	39.7	11.9	36.5	451.1	446.8
2014	243.7	206.2	153.7	40.6	11.9	35.9	483.5	479.9
2015	243.6	204.6	150.6	41.6	12.4	37.6	495.8	491.9
2016	248.1	207.2	151.7	42.5	12.9	39.6	473.4	470.7
2017	260.3	216.1	159.3	43.9	12.9	42.8	468.4	465.2
2018	246.9	204.9	149.9	42.6	12.5	41.3	458.5	455.9
2019	237.1	193.4	135.2	45.5	12.7	42.3	467.2	465.2
2020	253.2	205.6	143.9	48.3	13.4	46.4	501.0	500.2

注：1.2006-2017年数据是与第三次农业普查衔接后数据。
2.2018年畜产品数据包含农垦系统数据，(下同)。
a) Data from 2006 to 2017 on national accounts have been adjusted according to the results of the third national agricultural census.
b) In 2018, the data of animal husbandry in different cities include the data of farming system, (the same below).

11-13 续表 Continued

单位：吨 (ton)

年 份 Year	绵羊毛 Sheep Wool	#细羊毛 Fine Wool	#半细羊毛 Semi-Fine Wool	山羊毛 粗 毛 Goat Wool	羊 绒 Cashmere	禽 蛋 (万吨) Poultry Eggs (10000 ton)	蜂 蜜 Honey
1978							4770
1980	9635	4409	5043	102	4		5290
1985	7564	3476	3992	57	5	20.5	5458
1986	6542	2830	3593	30	11	18.6	3932
1987	7086	3019	4002	26	19	20.5	4933
1988	7474	3295	4067	68	15	23.8	4529
1989	8503	3390	4942	125	11	24.3	4012
1990	9614	3672	5852	93	4	30.9	3052
1991	9737	3980	5757	75	4	36.8	2640
1992	9330	3503	5827	92	2	37.8	2600
1993	8329	3192	5137	112	1	36.8	2899
1994	8817	3399	5418	99	2	40.8	2801
1995	9751	3114	6637	96	6	48.6	3038
1996	11847	4004	7843	115	12	62.4	2964
1997	13014	3820	9194	91	18	67.5	2934
1998	12921	3956	8965	91	19	71.2	2678
1999	12793	3548	9245	108	17	74.9	2956
2000	13550	4365	9185	62	22	75.3	3765
2001	14540	4423	10117	182	58	80.3	7331
2002	17505	4576	12212	251	181	84.6	7781
2003	20606	6107	13154	713	393	90.3	7016
2004	24391	6297	16817	712	691	98.3	11884
2005	25734	5296	17769	874	793	102.7	11286
2006	25007	4254	15629	827	850	88.5	12716
2007	24929	4290	15837	624	856	92.3	10881
2008	23443	6111	17332	657	687	95.5	12242
2009	25309	4611	20698	382	770	104.9	15168
2010	28952	5532	21180	763	701	109.5	20370
2011	28952	5532	21180	763	701	110.7	20370
2012	31755	5453	23404	772	707	114.7	19691
2013	32129	5281	23790	1595	494	110.0	18023
2014	28375	5434	22941	1487	332	106.2	19004
2015	28959	4404	24294	1663	329	109.1	19995
2016	27417	3561	24294	1786	269	117.2	20574
2017	29741	3803	24294	1534	263	113.8	19236
2018	27196	3924	20879	1202	190	109	18816
2019	23610	3790	19820	1226	135	114	16883
2020	21275	3882	17393	827	60	117	13327

11-14 水产品产量
Output of Aquatic Products

单位：吨 (ton)

年份 Year 地区 Region	总产量 Total	#鱼类 Fish	#虾蟹类 Shrimps	#贝类 Shell-fish	#淡水捕捞 Fresh Water Fishing	#人工养殖 Artificially Cultured	#鱼类 Fish
1980	20172	20122	31	19	11219	8953	8953
1985	66389	65527	759	103	28184	38205	38205
1990	147869	146916	892	52	47940	99929	99929
1995	252900	251536	1253	108	52212	200688	200676
1996	290209	287973	2164	67	51896	238313	238281
1997	323450	321708	1419	71	48572	274878	274588
1998	357033	351773	5221	37	73111	283922	281916
1999	364998	362808	2151	37	52245	312753	312418
2000	382153	380586	1522	43	57637	324516	324230
2001	401892	399823	2019	47	37010	364882	364586
2002	417786	416256	1121	48	52197	365589	365031
2003	418915	415578	3229	99	47810	371105	368678
2004	430066	425003	4637	397	53568	376498	372885
2005	445970	438486	5936	451	50762	395208	389532
2006	330852	324237	5308	390	38802	292050	286638
2007	342505	335676	5525	372	38736	303769	298143
2008	355800	350628	4784	367	41795	314005	309927
2009	380700	375354	4943	377	43149	337551	333096
2010	399700	394052	5323	284	46885	352815	347952
2011	356720	353781	2927	512	54203	314998	314998
2012	452840	447524	4914	356	51946	400894	396431
2013	488615	483859	4346	358	51560	437055	432997
2014	513534	508805	4359	319	54138	459396	455313
2015	542368	537152	4808	357	57169	485199	480595
2016	572955	566398	6124	377	54551	518404	512395
2017	587302	579819	6978	424	51640	535662	528723
2018	624320	615619	8122	495	47100	577220	569687
2019	648300	637562	9951	735	40000	608300	598386
2020	674141	656751	14988	543	42414	631727	614985
哈尔滨 Harbin	125299	124179	994	43	3566	121733	120701
齐齐哈尔 Qiqihar	71364	68524	2788		11824	59540	56705
鸡西 Jixi	43644	43068	490		2521	41123	40547
鹤岗 Hegang	11916	11869	41		640	11276	11234
双鸭山 Shuangyashan	14830	14705	125		685	14145	14020
大庆 Daqing	111135	103822	6813	500	13783	97352	90589
伊春 Yichun	7225	5765			376	6849	5389
佳木斯 Jiamusi	66234	64699	1535		4328	61906	60371
七台河 Qitaihe	6531	6511	15			6531	6511
牡丹江 Mudanjiang	17945	17810	13		689	17256	17121
黑河 Heihe	16123	15824	284		411	15712	15413
绥化 Suihua	180076	178156	1890		3297	176779	174859
大兴安岭 Daxinganling	1819	1819			294	1525	1525

注：1.2006-2017年数据是与第三次农业普查衔接后数据。
2.本表数据来源于黑龙江省农业农村厅。

a) Data from 2006 to 2017 on national accounts have been adjusted according to the results of the third national agricultural census.
b) The data in this table comes from the Department of agriculture and rural affairs of Heilongjiang Province.

11-15 特种作物生产情况
Production of Special Products

指 标	Item	播种面积(公顷) Sown Area(hectare)				产量(吨) Yield(ton)			
		2017	2018	2019	2020	2017	2018	2019	2020
药 材	Herb	32887	41533	70731	117721				
#人 参	#Panax	3051	3105	9419	9773	11440	5329	18370	19874
甘 草	Liquorice	118	703	640	374	190	6697	1278	613
枸 杞	Meddler	573	73	116	107	2085	176	173	152
龙胆草	Gentian	161	56	66		2705	236	48	
月苋草	Evening Primrose	1181	4938	3141	3188	2696	14479	6037	3823
白瓜籽	Pumpkin seeds	56301	26012	26302	17325	90358	40356	39554	26784
万寿菊	Marigold	4413	3039	2323	3843	76389	51641	24927	74638
甜叶菊	Stevia Rebaudiana	6218	666	180		26285	2310	703	
甜葫芦	Sweet Calabash	1675	482	174		4563	1484	399	
花 卉	Flower	2217	454	355	883				

注：从2020年开始不再统计龙胆草、甜叶菊、甜葫芦的播种面积和产量。
a) From 2020, the sowing area and yield of felwort, stevia and sweet gourd will not be counted.

11-15 续表 Continued

指 标	Item	产 量 Yield				
		2016	2017	2018	2019	2020
食用菌(吨)	Edible Mushroom (ton)	346454	463713	523038	548372	613277
黑木耳(干品)	Jew's-ear (dry)	175777	194462	312803	268434	307526
香菇(干品)	Lentinus Edodes (dry)	9667	9514	60710	71198	72044
蘑菇类(鲜品)	Others(fresh)	159286	258271	79044	159885	201019
鲜切花(万枝)	Fresh Flower and Ikebana (10000 branch)	352	606	3705	2633	881
盆栽观赏植物(包括盆景)(万盆)	Potted Ornamental (include bonsai)(10000 basin)	922	1059	1039	165	75

11-16 特色养殖生产情况
Production of Characteristic Breeding

指 标	Item	年末存栏 Stock at Year-end			指 标	Item	出栏数量和产量 Output		
		2018	2019	2020			2018	2019	2020
熊(只)	Beer (head)	3671	3986	3999	熊胆汁(千克)	Beer Bile (kg)	35974	44770	47268
鹿(只)	Deer (head)	35976	26595	26728	鹿茸(千克)	Deer horn(kg)	33241	20899	23333
鸵鸟(只)	Ostrich (head)	2913	2472	3317	出栏山鸡(只)	Wild Chicken (head)	136640	137507	42813
山鸡(只)	Wild Chicken (head)	113567	101532	19928	出栏笨鸡(万只)	Domestic Chicken (10000 heads)	1773	1642	912
貉子(只)	Racoon Dog (head)	612378	773617	1115319					
鹧鸪(只)	Francolin (head)	17296	18549	17628	出栏肉犬(只)	Slaughtered Dog(head)	247008	199199	164789
狐(只)	Fox (head)	422231	458592	487129	林蛙(千克)	Rana Japonoca (kg)	666941	198297	597811
笨鸡(万只)	Domestic Chicken (10000 heads)	1674	1601	1018	蚕茧(吨)	Pod (ton)	4550	3745	3384

11-17 绿色食品种植业和山特产品情况(2020年)
Basic Statistics on Green Food and Special Mountain-Products(2020)

单位：万公顷、万吨 (10000 hectares, 10000 tons)

指 标	Item	绿色食品 Green Food 面积	绿色食品 Green Food 产量	有机食品 Organic Food 面积	有机食品 Organic Food 产量
种植业合计	**Total Crops**	**504.64**	**2482.7**	**47.25**	**179.9**
水 稻	Rice	206.24	1207.54	16.78	75.10
小 麦	Wheat	8.05	14.30	0.91	2.58
玉 米	Corn	128.22	722.69	9.59	60.99
谷 子	Millet	3.05	11.01	2.33	5.10
大 豆	Soja	133.40	200.54	14.87	31.52
绿 豆	Mung bean	1.99	2.56	0.03	0.07
马铃薯	Potatoes	9.91	40.18	0.06	1.80
蔬 菜	Vegetables	1.76	52.02	0.27	2.03
其 他	Others	12.03	231.89	2.41	0.67
山特产品合计	**Total Special Mountain-Product**	**6.13**	**32.25**	**9.57**	**4.57**
山野菜	Potherb	3.03	13.43	2.03	0.13
食用菌	Edible Mushroom	3.10	18.82	2.78	0.47
其 他	Others			4.76	3.97

注：1.有机食品指由中绿华夏有机食品认证中心认证的产品数据。
2.本表数据来源于黑龙江省农业农村厅。

a) Organic food data was provided by the Green China Organic Food Certification Center.
b) The data in this table comes from the Department of agriculture and rural affairs of Heilongjiang Province.

11-18 绿色食品养殖业情况
Breed Aquatics of Green Food

指 标	Item	2016	2017	2018	2019	2020
牵动农户(户)	Number of Affected Households (household)	30956	26511	26108	17650	15385
生猪存栏(头)	Hogs in Stock (head)	62399	52299	220700	144700	89161
生猪出栏(头)	Slaughtered Fattened Hogs (head)	77956	51289	164320	105800	81498
猪肉产量(吨)	Output of Pork (ton)	5651	3212	10342	6854	5166
肉牛存栏(头)	Oxus in Stock (head)					
肉牛出栏(头)	Slaughtered Fattened Oxus (head)					
牛肉产量(吨)	Output of Beef (ton)					
奶牛存栏(头)	Milk Cow in Stock (head)	1700				
牛奶产量(吨)	Output of Cow Milk (ton)	1090				
鹅存栏(只)	Goose in Stock (head)	815000	175000	165000	665000	110000
鹅出栏(只)	Slaughtered Fattened Goose (head)	1360000	686000	410000	620000	90000

注：本表数据来源于黑龙江省农业农村厅。

a) The data in this table comes from the Department of agriculture and rural affairs of Heilongjiang Province.

11-19 绿色食品加工企业情况
Basic Statistics on Green Food Processing

指 标	Item	2016	2017	2018	2019	2020
企业个数(个)	Number of Enterprises (unit)	890	970	1005	1040	1103
职工人数(万人)	Number of Staff and Workers (10000 persons)	24.5	24.9	23.6	22.8	22.5
#技术人员	# Technicians	2.7	2.8	2.6	2.6	2.6
#中级职称以上	# The Secondary Title and Above	1.1	1.1	1.0	1.1	1.1
资产总额(亿元)	Total Assets (100 million yuan)	552.5	698.5	679.3	598.7	718.1
流动资产(亿元)	Circulating Funds (100 million yuan)	239.9	273.7	257.4	217.6	280.2
固定资产净值(亿元)	Net Value of Fixed Assets(100 million yuan)	312.6	330.0	351.9	297.6	355.4
投资额度(亿元)	Investment Amount (100 million yuan)	255.2	306.6	286.7	227.7	278.1
国家预算内投资	State Budgetary Appropriation	22.9	21.6	23.1	21.6	3.8
国内贷款	Domestic Loans	56.5	65.7	63.4	54.3	65.6
利用外资	Foreign Investment	1.8	2.6	3.1	1.3	3.4
自筹资金	Fundraising	160.7	207.0	173.0	140.4	198.7
其他投资	Others	13.3	9.7	24.1	10.0	6.6
产品产量(万吨)	Yield of Products (10000 tons)	1510.0	1740.0	1790.0	1670.0	1699.0
产值(亿元)	Output Value (100 million yuan)	1480.0	1615.0	1650.0	1585.0	1598.0
利税(亿元)	Profit and Revenue (100 million yuan)	97.1	98.5	98.9	89.8	90.2
订单数量(万吨)	Amount of Orders (10000 tons)	930.6	950.3	965.0	915.0	922.0
#省 内	# Inside the Province	194.7	201.2	211.7	201.1	203.5
省 外	Outside the Province	695.7	705.4	713.2	675.1	679.2
国 外	at Abroad	40.2	43.7	40.1	38.8	39.3

11-20 林业生产情况
Basic Statistics on Forestry

指 标	Item	2018	2019	2020
营造林面积(公顷)	**Total Area of Afforestation (hectare)**	**121705**	**120858**	**135479**
人工造林面积	Manual Planting	51353	41634	43051
飞播造林面积	Airplane Planting			
当年新封山(沙)育林面积	New Closing Hillsides for Afforestation	30763	26241	20268
退化林修复面积	Restoration of Degraded Forest	39184	50263	72160
人工更新面积	Artificial Regeneration	406	2720	
森林抚育面积(公顷)	**Working Area of Forest (hectare)**	**886978**	**816717**	**866114**
年末实有封山(沙)育林面积(公顷)	**Closing Hillsides for Afforestation at Year-end (hectare)**	**720140**	**272568**	**14864**
四旁(零星)植树(株)	**Oddly Tree Planting (root)**	**4720681**	**724100**	
商品材采伐(立方米)	**Forest Cutting (cu.m)**	**690865**	**458200**	**720900**

注：本表数据来源于黑龙江省林业和草原局、中国龙江森林工业集团有限公司、黑龙江伊春森工集团有限责任公司、大兴安岭林业集团公司。

a) The data in this table are from Heilongjiang Forestry and grassland Bureau, China Longjiang Forest Industry Group Co., Ltd., Heilongjiang Yichun Forest Industry Group Co., Ltd. and Daxinganling Forestry Group Co., Ltd.

主要统计指标解释

农林牧渔业总产值 指以货币表现的农、林、牧、渔业全部产品和对农林牧渔业生产活动进行的各种支持性服务活动的价值总量，它反映一定时期内农林牧渔业生产总规模和总成果。1957 年以前的农林牧渔业总产值中包括了厩肥和农民自给性手工业(如农民自制衣服、鞋、袜，自己从事粮食初步加工等)。1958 年及以后，林业中增加了村及村以下竹木采伐产值；牧业中取消了厩肥产值；副业中取消了农民自给性手工业产值，增加了村及村以下办的工业产值；渔业中增加了海洋捕捞水产品产值。1980 年及以后，在副业中增加了农民家庭兼营工业商品部分的产值。从 1984 年起村及村以下工业产值划归工业。从 1993 年起取消副业，将野生动物的捕猎划入牧业，野生植物采集和农民家庭兼营商品性工业划归农业。从 2003 年起，执行新的国民经济行业分类标准，农林牧渔业总产值中包括了农林牧渔服务业产值，2018 年以后农林牧渔服务业产值改称农林牧渔专业及辅助性活动产值。林业中增加了森林采运业产值。农业中取消了家庭兼营商品性工业产值，将野生林产品的采集划归林业。第一、二、三次农业普查以后，根据农业普查结果，对农业、畜牧业、渔业年报数据和农业、畜牧业、渔业产值进行了修订。2010 年执行《统计用产品分类目录》， 对 2009 年的农业、林业产值做了相应调整。

农林牧渔业总产值的计算方法通常是按农、林、牧、渔业产品及其副产品的产量分别乘以各自单位产品价格求得；少数生产周期较长，当年没有产品或产品产量不易统计的，则采用间接方法匡算其产值；然后将四业产品产值及农林牧渔服务业产值相加即为农林牧渔业总产值。

粮食产量 指日历年度内生产的全部粮食数量。按收获季节包括夏收粮食、早稻和秋收粮食，按作物品种包括谷物、薯类和豆类。其产量计算方法：谷物按脱粒后的原粮计算，豆类按去豆荚后的干豆计算；薯类(包括甘薯和马铃薯，不包括芋头和木薯)1964 年以前按每 4 公斤鲜薯折 1 公斤粮食计算，从 1964 年开始改为按 5 公斤鲜薯折 1 公斤粮食计算；城市郊区作为蔬菜的薯类(如马铃薯等)按鲜品计算，并且不作粮食统计。1989 年以前全国粮食产量数据主要靠全面报表取得，1989 年开始使用抽样调查数据。

棉花产量 指全社会的产量。包括春播棉和夏播棉。产量按皮棉计算。不包括木棉。

油料产量 指全部油料作物的生产量。包括花生、油菜籽、芝麻、向日葵籽、胡麻籽（亚麻籽）和其他油料。不包括大豆、木本油料和野生油料。花生以带壳干花生计算。

水产品产量 指渔业（捕捞和养殖）生产活动的最终有效成果，包括全部海水和淡水鱼类、甲壳类（虾、蟹）、贝类、头足类、藻类和其他类渔业产品的最终产量。水产品产量是通过各级水产和统计部门逐级上报取得数据。1995 年及以前，贝类中牡蛎按鲜肉计算；蚶、蛤、蛙按 5 斤鲜品折 1 斤计算。1996 年以后则统一按鲜品计算。

猪、牛、羊、禽肉产量 指当年出栏并已屠宰、除去头蹄下水后带骨肉(即胴体重)的重量。包括全社会范围内的产量。1996 年以前为全面统计并逐级上报数据。1996 年第一次农业普查以后，根据普查结果，对畜牧业主要年报数据进行了修正。1999 年以后，国家统计局在部分地区开展了猪、牛、羊、禽等主要畜禽品种的抽样调查，并用抽样数据作为国家定案数据使用。未开展抽样调查的地区和品种，仍使用各级统计部门逐级上报数据。2008 年，建立了主要畜禽监测调查制度，猪、牛、羊、禽等主要畜禽数据均以抽样调查数为法定数据。

期初(末)畜禽存栏头(只)数 指报告期初(末)农村各种合作经济组织和国有农场、农民个人、机关、团体、学校、工矿企业、部队等单位以及城镇居民饲养的大牲畜、猪、羊、家禽等畜禽的数量。数据上报方式及数据调整情况同猪、牛、羊肉产量。

农作物播种面积 指日历年度内收获农作物在全部土地（耕地或非耕地）上的播种或移植面积。凡是本年内收获的农作物，无论是本年还是上年播种，都算为播种面积，但不包括本年播种，下年收获的农作物面积。

耕地灌溉面积 指具有一定的水源，地块比较平整，灌溉工程或设备已经配套，在一般年景下能够进行正常灌溉的耕地面积。在一般情况下，有效灌溉面积应等于灌溉工程或设备已经配套，能够进行正常灌溉的水田和水浇地面积之和。它是反映我国农田水利建设的重要指标。

农用化肥施用量 指本年内实际用于农业生产的化肥数量，包括氮肥、磷肥、钾肥和复合肥。化肥施用量要求按折纯量计算数量。折纯量是指把氮肥、磷肥、钾肥分别按含氮、含五氧化二磷、含氧化钾的百分之百成分进行折算后的数量。复合肥按其所含主要成分折算。公式为：

折纯量=实物量 × 某种化肥有效成分含量的百分比

农业机械总动力 指全部农业机械动力的额定功率之和。农业机械是指用于种植业、畜牧业、渔业、农产品初加工、农用运输和农田基本建设等活动的机械及设备。农机总动力按使用能源不同分为以下四部分：

柴油发动机动力：指全部柴油发动机额定功率之和；

汽油发动机动力：指全部汽油发动机额定功率之和；

电动机动力：指全部电动机（含潜水电泵的电动机）额定功率之和；

其他机械动力：指采用柴油、汽油、电力之外的其他能源，如水力、风力、煤炭、太阳能等动力机械功率之和。

本指标的统计数据来源于农机部门。

乡村户数 指长期(一年以上)居住在乡镇(不包括城关

镇)行政管理区域内的住户，还包括居住在城关镇所辖行政村范围内的农村住户。户口不在本地而在本地居住一年及以上的住户也包括在本地农村住户内；有本地户口，但举家外出谋生一年以上的住户，无论是否保留承包耕地都不包括在本地农村住户范围内。不包括乡村地区内的国有经济的机关、团体、学校、企业、事业单位的集体户。

乡村人口 指乡村地区常住居民户数中的常住人口数，即全年经常在家或在家居住6个月以上，而且经济和生活与本户连成一体的人口。外出从业人员在外居住时间虽然在6个月以上，但收入主要带回家中，经济与本户连为一体，仍视为家庭常住人口；在家居住，生活和本户连成一体的国家职工、退休人员也为家庭常住人口。但是现役军人、中专及以上(走读生除外)的在校学生、以及常年在外(不包括探亲、看病等)且已有稳定的职业与居住场所的外出从业人员，不应当作家庭常住人口。

乡村从业人员 指乡村人口中16周岁以上实际参加生产经营活动并取得实物或货币收入的人员，即包括劳动年龄内经常参加劳动的人员，也包括超过劳动年龄但经常参加劳动的人员，但不包括户口在家的在外学生、现役军人和丧失劳动能力的人，也不包括待业人员和家务劳动者。从业人员按从事主业时间最长（时间相同按收入）分为农林牧渔业从业人员、工业从业人员、建筑业从业人员、交通运输业、仓储及邮电通讯业从业人员、批零贸易及餐饮业从业人员、其他非农行业从业人员。

Explanatory Notes on Main Statistical Indicators

Gross Output Value of Agriculture, Forestry, Animal Husbandry and Fishery refers to the total value of products of agriculture, forestry, animal husbandry and fishery, and total value of services in support of agriculture, forestry, animal husbandry and fishery activities. It reflects the total scale and results of agricultural production during a given period. Prior to 1957, China's gross agricultural output value included barnyard manure and handicraft products for self-consumption (clothes, shoes, stockings, and initial grain processing undertaken by peasants). Since 1958, cutting and felling of bamboo and trees by villages and other cooperative organizations under villages have been included in forestry; value of barnyard manure has been excluded from animal husbandry; self consumed handicrafts have not been included from sideline occupations, while the output value of industries run by villages and cooperative organizations under village has been included in sideline occupations; and the output value of fish catches by motor fishing boats has been added to fishery. Since 1980, the value of handicraft products made for sale by individuals in households has been added to sideline occupations. Since 1984, industries run by villages and under villages have been included in the sector of industry. Since 1993, the subdivision of sideline occupations has been cancelled, and the hunting of wild animals has been classified into animal husbandry, and the gathering of wild plants and commodity industry run by rural household have been included in farming. A new industrial classification of economic activities was introduced in 2003. Under the new classification, value of services to agriculture, forestry, animal husbandry and fishery is included in the gross output value of agriculture. In 2018, the output value of agriculture, forestry, animal husbandry and fishery services was renamed the output value of professional and auxiliary activities in support of agriculture, forestry, animal husbandry and fishery, value of wood felling and transport is included in forestry, value of industrial output by rural households is not included in agriculture. According to the result of the first, second, third Agriculture Census, efforts were made to adjust the annual reports of animal husbandry and fishery output and the output value of agriculture, animal husbandry and fishery output to make the figures from the annual reports consistent with the census data. "The Classification of Products for Statistical Purposes" implemented in 2010 made relevant revision on the output value of agriculture and forestry in 2009.

Gross output value of agriculture is obtained by multiplying the output of each product or by-product by its price, resulting in the output value of each single item. For a small number of products, annual output of which is not available or difficult to get due to the long production (growing) process involved, the output value is estimated through an indirect approach. The sum of output values of all products of agriculture, forestry, animal husbandry and fishery and services in support to those industries is then equal to the gross output value of agriculture.

Grain Output refers to the total output of grains produced by agricultural producers within a calendar year. It includes summer grain, early rice and autumn grain if classified by harvest seasons; it covers cereal, tubers and beans if classified by type of crops. Output of cereal should be limited to husked grain only. Output of beans refers to dry beans without pods. The output of tubers (sweet potatoes and potatoes, not including taros and cassava) are converted into that of grain at the ratio 4:1, i.e. 4 kilograms of fresh tubers were equivalent to 1 kilogram of grain up to 1964. Since 1964 the ratio for conversion has been 5:1, and Starting from 2014, the ratio for conversion has been 1:1. Tubers supplied as vegetables (such as potatoes) in cities and suburbs are calculated as fresh vegetables and their output is not included in the output of grain. Data on grain production before 1989 were obtained through the Comprehensive Statistical Reporting System. Since 1989, data from sample surveys are used.

Cotton Output refers to cotton production in the whole country including cotton planted in spring and in autumn. Output is measured as the weight of ginned cotton. Ceiba is not included.

Output of Oil-bearing Crops refers to the total production of oil-bearing crops of various kinds, including peanuts (dry, in shell), rapeseeds, sesame, sunflower seeds, flax seeds, and other oil-bearing crops. Soybeans, oil-bearing woody plants, and wild oil-bearing crops are not included.

Output of Aquatic Products refers to final output actually yielded from fishing production (fishery and breeding), including all output of marine and freshwater fish, crustaceans (shrimps, crabs), shellfish, cephalopod, seaweed and other fishery products. Data on output of aquatic products are reported by aquatic product and statistical agencies level by level. Before 1995, among the shellfish, oyster was counted as fresh meat; 5 kilograms of ark shell, clams and frogs are equivalent to 1 kilogram of fresh aquatic products; they have all been counted as fresh aquatic products since 1996.

Output of Pork, Beef, Mutton and Poultry refers to the meat of slaughtered hogs, cattle, sheep and goats with head, feet, and offal taken away. Data refers to the production of the whole country. Before 1996, it was a comprehensive reporting from the lower level to the upper one. The First Agricultural Census of China in 1996 revealed some discrepancy between the production of animal products from the annual reports and that from the census. Efforts were made to adjust the output value of animal husbandry to make the figures from the annual reports consistent with the census data. Since 1999, the NBS conducted sample surveys for the major animal husbandry products, such as hogs, cattle, sheep and goats and fowls, and the data from sample surveys are used as national finalized data. Those products, which are not covered by the sample survey, are still reported by statistical agencies level by level. In 2007, the data on animal husbandry from 2000 to 2006 were revised according to the results of the Second Agriculture Census of China. In 2008, A Monitoring and Survey Program was set up on main livestock, the data on the main livestock such as hog, cattle, sheep and poultry became the official data based on the sampling survey.

Number of Livestock or Poultry in Stock at Beginning (or End) of Period refers to the total number of large animals, pigs, sheep, fowls, etc. raised by rural cooperative organizations, State farms, rural individuals, government agencies, schools, industrial and mining enterprises, army, and urban residents at the beginning (or end) of the reference period. Data reporting system and data adjustment are the same as that in the output of pork, beef and mutton.

Sown Area of Crops refers to area of all land (cultivated or non-cultivated area) sown or transplanted with crops that are harvested within the calendar year by agricultural producers. All crops harvested within the year are counted as sown area, regardless of being sown in this year or the previous year. Crops sown this year but will be harvested in the coming year are excluded.

Irrigated Area of Cultivated Land refers to area of land that are effectively irrigated, i.e. relatively level land, where there are water sources or complete sets of irrigation facilities to lift and move adequate water for irrigation purpose under normal conditions. Under normal situations, irrigated area is the sum of watered fields and irrigated fields where irrigation systems or equipment have been installed for regular irrigation purpose. It is an important indicator to reflect the farmland water conservancy construction in China.

Consumption of Chemical Fertilizers in Agriculture refers to the quantity of chemical fertilizers applied in agriculture in the year, including nitrogenous fertilizer, phosphate fertilizer, potash fertilizer, and compound fertilizer. The consumption of chemical fertilizers is calculated in terms of volume of effective components by means of converting the gross weight of the respective fertilizers into weight containing effective component (e.g. nitrogen content in nitrogenous fertilizer, phosphorous pentoxide contents in phosphate fertilizer, and potassium oxide contents in potash fertilizer). Compound fertilizer is converted in regard to its major components. The formula is:

Volume of effective component = physical quantity× effective component of certain chemical fertilizer (%)

Total Power of Agricultural Machinery refers to the total rated capacity of all agricultural machinery. Agricultural machinery refers to the machineries and equipments which are used for activities of planting, animal husbandry, fishery, primary processing of agricultural products, agricultural transport and infrastructure construction of farmland. Total power of agricultural machinery is grouped into four parts according to the energy used:

Diesel engine power refers to the total rated capacity of all diesel engines.

Gasoline engine power refers to the total rated capacity of all gasoline engines.

Motor power refers to the total rated capacity of all motors (include submersible pump motors).

Other mechanical powers refer to the total mechanical capacity of the sources of energy besides diesel, gasoline and motor power, such as hydro power, wind power, coal and solar energy.

Data are mainly from agricultural machinery agencies.

Number of Households in Villages refers to households resident on a long term basis (i.e. 1 year or more) in administrative districts in townships (not including urban townships), including rural households resident in areas under the jurisdiction of urban townships. Households whose household registration is not in the locality yet resident for one year or more are included among the rural households. Households having local household registration yet the whole household having left for somewhere else for work for one year or more, whether still retaining contracted farmland, are not included among the local rural households. Also not included are collective households associated with institutions of the State economy, organizations, schools and enterprises.

Number of Residents of Villages refers to the number of usual residents in usual resident households in rural areas. These are persons who are regularly at home or are at home for 6 months or more and economically and socially integrated with the household. For persons who are away from home for employment for more than 6 months yet the main income is brought back home and thus economically integrated with the household, the person is still considered as a usual resident of the household. National employee and retired personnel who reside at home and whose living is integrated with the household are also considered as usual residents. However, serving military personnel, students at secondary technical level or above (unless commuting between school and home), employed persons who are regularly elsewhere the year round (except visiting relatives or receiving medical attention) and having a stable job and residence should not be considered as usual resident of the household.

Rural Persons Engaged refer to persons in the rural labour force aged over 16 years who are engaged in actual production and management activities and receive payment in kind or wages, including those covered within the labour force age bracket and regularly participating in production activities, and those who are out of the labour force age bracket yet also participating in production activities regularly. Students studying in other places with their permanent residence registered in local areas, servicemen and persons incapable of working are not included. Also not included are those who are waiting for jobs and those engaged in housework. Persons employed are classified as persons engaged in agriculture, forestry, animal husbandry or fishery activities; persons engaged in industrial activities; persons engaged in construction activities; persons engaged in transport, storage and telecommunications activities; persons engaged in wholesale and retail trade and catering activities; and persons engaged in other non-agriculture activities. In case the person is engaged in more than one type of work, classification is according to the industry in which he works most of the time (where time is the same income would be the criterion).

第十二篇　工　业

CHAPTER 12　INDUSTRY

资料整理: 张小璇　吴晨晨

12-1 工业企业单位数
Number of Industry Enterprises

单位：个 (unit)

类别	Category	2016	2017	2018	2019	2020
总计	**Total**	**3946**	**3731**	**3251**	**3531**	**3830**
#亏损企业	#Loss-making Enterprises	705	1001	876	807	957
#国有控股企业	#State-holding Enterprises	447	482	466	492	512
按登记注册类型分	**Grouped by Status of Registration**					
内资企业	Domestic Funded	3758	3549	3096	3377	3684
国有企业	State-owned Enterprises	120	119	109	89	47
#中央企业	#Central Industry	15	14	20	24	12
集体企业	Collective-owned Enterprises	29	28	34	28	27
股份合作企业	Cooperative Enterprises	11	6	6	6	2
联营企业	Joint Ownership Enterprises	1				
有限责任公司	Limited Liability Corporations	1612	1532	1283	1334	1128
股份有限公司	Share Holding Enterprises	214	191	169	166	107
私营企业	Private Enterprises	1759	1660	1488	1746	2301
私营独资企业	Private-funded Enterprises	42	32	23	27	35
私营合伙企业	Private Partnership	3	2	2	3	4
私营有限责任公司	Private Limited Liability Corporations	1604	1532	1383	1642	2168
私营股份有限公司	Private Share-holding Enterprises	110	94	80	74	94
其他企业	Other Enterprises	12	13	7	8	9
港、澳、台商投资企业	Enterprises with Funds from Hong Kong, Macao and Taiwan	61	65	49	43	47
外商投资企业	Foreign Funded Enterprises	127	117	106	111	99
按轻重工业分	**Grouped by Light and Heavy Industry**					
轻工业	Light Industry	1952	1793	1564	1664	1786
重工业	Heavy Industry	1994	1938	1687	1867	2044
按企业规模分	**Grouped by Size of Enterprises**					
大型	Large Enterprises	87	79	81	79	76
中型	Medium-sized Enterprises	465	389	339	348	344
小型	Small Enterprises	3050	2601	2194	2286	2380
微型	Micro type	344	662	637	818	1030
按行业分	**Grouped by Sector**					
采矿业	Mining	175	206	198	211	237
#煤炭开采和洗选业	#Mining and Washing of Coal	95	137	135	144	156
石油和天然气开采业	Extraction of Petroleum and Natural Gas	1	2	2	3	2
制造业	Manufacturing	3401	3107	2624	2838	3080
电力、热力、燃气及水生产和供应业	Production and Supply of Electricity, heat, Gas and Water	370	418	429	482	513

12-2 工业企业主要经济指标(2020年)

单位：个、万元

类 别	Category	单位数 Number of Enterprises	#亏损企业 Loss-making Enterprises
总 计	**Total**	**3830**	**957**
#亏损企业	#Loss-making Enterprises	957	957
#国有控股企业	#State-holding Enterprises	512	171
按登记注册类型分	**Grouped by Status of Registration**		
内资企业	Domestic Funded	3684	916
国有企业	State-owned Enterprises	101	38
#中央企业	#Central Industry	28	6
集体企业	Collective-owned Enterprises	27	5
股份合作企业	Cooperative Enterprises	9	2
联营企业	Joint Ownership Enterprises	2	
有限责任公司	Limited Liability Corporations	1128	329
国有独资公司	Sole State-funded Corporations	95	33
其他有限责任公司	Other Limited Liability Corporations	1033	296
股份有限公司	Share Holding Enterprises	107	37
私营企业	Private Enterprises	2301	504
私营独资企业	Private-funded Enterprises	35	10
私营合伙企业	Private Partnership	4	1
私营有限责任公司	Private Limited Liability Corporations	2168	466
私营股份有限公司	Private Share-holding Enterprises	94	27
其他企业	Other Enterprises	9	1
港、澳、台商投资企业	Enterprises with Funds from Hong Kong, Macao and Taiwan	47	15
外商投资企业	Foreign Funded Enterprises	99	26
按经济组织类型分	**Grouped by Medium-sized Enterprises**		
独资企业	Proprietorship	235	75
国有企业	State-owned Enterprises	101	38
集体企业	Collective-owned Enterprises	27	5
私营独资企业	Private-funded Enterprises	35	10
港澳台商独资经营企业	Proprietorship from Hong Kong, Macao and Taiwan	24	7
外资企业	Foreign Funded Enterprises	48	15
合作、合伙企业	Cooperative Enterprises and Partnership	28	5
股份合作企业	Cooperative Enterprises	9	2
国有联营企业	State Joint Ownership Enterprises		
集体联营企业	Collective Joint Ownership Enterprises	1	
国有与集体联营企业	State and Collective Joint Ownership Enterprises		
其他联营企业	Other Joint Ownership Enterprises	1	
私营合伙企业	Private Partnership	4	1
港澳台资合作经营企业	Cooperative Enterprises with Funds from Hong Kong, Macao and Taiwan	1	1
中外合作经营企业	Sino-foreign Cooperative Enterprises	2	
其他企业(内资)	Other Enterprises (Domestic Funded)	9	1
股份有限公司	Share Holding Enterprises	204	66
股份有限公司(内资)	Share Holding Enterprises (Domestic Funded)	107	37
私营股份有限公司	Private Share Holding Enterprises	94	27
港澳台商投资股份有限公司	Share Holding Enterprises with Funds from Hong Kong, Macao and Taiwan		
外商投资股份有限公司	Foreign Funded Share Holding Enterprises	3	2
有限责任公司	Limited Liability Corporations	3363	811
国有独资公司	Sole State-funded Corporations	95	33
私营有限责任公司	Private Limited Liability Corporations	2168	466
港澳台合资经营企业	Joint Venture Enterprises of Hong Kong, Macao and Taiwan	21	7
中外合资经营企业	Sino-foreign Cooperative joint venture Enterprises	46	9
其他有限责任公司	Other Limited Liability Corporations	1033	296

Major Indicators of Industrial Enterprises (2020)

(unit, 10000 yun)

工业总产值 Total Industrial Output Value	资产总计 Total Assets	流动资产合计 Total Current Assets	应收帐款 Accounts Receivable	产成品 Finished Goods	固定资产原价 Original Value of Fixed Assets	固定资产净额 Net Fixed Assets	负债合计 Total Liabilities	营业收入 Business Revenue
90812616	**172207514**	**77050097**	**15264879**	**4664898**	**140147640**	**57424848**	**103749488**	**98930368**
25669407	80494969	28294311	3554458	1408635	87939925	31081005	51103342	26337408
43093794	5304292	39326859	5962133	1514291	110774384	40636082	61894447	47116125
82205409	157323227	68681077	13167052	4217985	131629503	53345680	94883697	86909407
4492889	7987531	4205017	1144603	146468	7032950	3274631	7220319	5021179
3025805	4970052	2989442	906041	119813	3949146	1812136	5202798	2947727
458479	677971	600295	294533	21598	274859	54034	442662	427861
33085	37603	23373	9418	1812	20408	8887	21747	37386
28779	27579	9089	2313	830	28028	18490	20152.2	26946.4
41666679	104870232	41950573	6764836	1825332	101483682	39080871	61542141	46238899
5304655	13739375	5544913	897629	183803	10892111	5550697	10264708	7078355
36362025	91130857	36405660	5867208	1641529	90591571	33530174	51277433	39160544
12090931	14722517	5649801	1087819	564460	10523782	3917190	7450963	11911608
23405195	28946954	16213588	3851548	1656589	12237711	6970696	18152506	23209306
196565	276129	125488	31778	6190	145408	92577	265304	210442
44971	19808	8354	2119	825	8085	2828	17085	45465
20627116	24956412	14150745	3483746	1501519	11118371	6375082	15973556	20765645
2536543	3694605	1929002	333905	148055	965847	500208	1896560	2187755
29371	52841	29342	11982	896	28083	20882	33209	36222
2732114	6036755	3702994	907175	146075	2444530	1239313	3500771	4108907
5875093	8847532	4666026	1190652	300838	6073606	2839855	5365020	7912055
9517583	16333321	9668204	2756888	431408	10412274	4998445	12152324	11816731
4492889	7987531	4205017	1144603	146468	7032950	3274631	7220319	5021179
458479	677971	600295	294533	21598	274859	54034	442662	427861
196565	276129	125488	31778	6190	145408	92577	265304	210442
1930171	4469976	3103479	847810	86761	901830	529061	2286998	3273740
2439479	2921713	1633926	438164	170391	2057227	1048142	1937041	2883509
184515	249369	118228	34483	5128	198889	102502	155041	192848
33085	37603	23373	9418	1812	20408	8887	21747	37386
26733	24260	5770	1964		25888	18490	20022	26733
2046	3319	3319	349	830	2140		130	213
44971	19808	8354	2119	825	8085	2828	17085	45465
3330	17453	3153	1714	263	33248	13594	11523	1616
40170	81952	35416	4887		74899	35462	43050	40288
29371	52841	29342	11982	896	28083	20882	33209	36222
14706455	19351520	8053844	1447968	712892	11537147	4434315	10018633	14181814
12090931	14722517	5649801	1087819	564460	10523782	3917190	7450963	11911608
2536543	3694605	1929002	333905	148055	965847	500208	1896560	2187755
78981	934399	475041	26244	377	47517	16917	671110	82452
66404063	136273304	59209821	11025540	3515471	117999330	47889586	81423490	72738975
5304655	13739375	5544913	897629	183803	10892111	5550697	10264708	7078355
20627116	24956412	14150745	3483746	1501519	11118371	6375082	15973556	20765645
793805	1537193	586860	55601	58550	1503314	694299	1193974	828625
3316463	4909468	2521643	721357	130070	3893963	1739334	2713819	4905806
36362025	91130857	36405660	5867208	1641529	90591571	33530174	51277433	39160544

12-2 续表1

单位：个、万元

类别	Category	单位数 Number of Enterprises
按轻重工业分	**Grouped by Light and Heavy Industry**	
轻工业	Light Industry	1786
重工业	Heavy Industry	2044
按行业分	**Grouped by Industry**	
采矿业	Mining and Quarrying	237
煤炭开采和洗选业	Mining and Washing of Coal	156
石油和天然气开采业	Extraction of Petroleum and Natural Gas	2
黑色金属矿采选业	Mining and Processing of Ferrous Metal Ores	9
有色金属矿采选业	Mining and Processing of Non-ferrous Metal Ores	13
非金属矿采选业	Mining and Processing of Non-metal Ores	35
开采专业及辅助性活动	Professional and Support Activities for Mining	22
其他采矿业	Mining of Other Ores	
制造业	Manufacturing	3080
农副食品加工业	Processing of Food from Agricultural Products	1109
食品制造业	Manufacture of Foods	140
酒、饮料和精制茶制造业	Manufacture of Liquor, Beverages and Refined Tea	75
烟草制品业	Manufacture of Tobacco	2
纺织业	Manufacture of Textile	40
纺织服装、服饰业	Manufacture of Textile, Wearing Apparel and Accessories	7
皮革、毛皮、羽毛及其制品和制鞋业	Manufacture of Leather, Fur, Feather and Related Products and Footwear	65
木材加工和木、竹、藤、棕、草制品业	Processing of Timber, Manufacture of Wood, Bamboo, Rattan, Palm and Straw Products	125
家具制造业	Manufacture of Furniture	27
造纸和纸制品业	Manufacture of Paper and Paper Products	37
印刷和记录媒介复制业	Manufacture of Printing and Record Medium Reproduction	24
文教、工美、体育和娱乐用品制造业	Manufacture of Articles for Culture, Education, Arts and Crafts, Sport and Entertainment Activities	12
石油、煤炭及其他燃料加工业	Processing of Petroleum, Coal and Other Fuels	51
化学原料和化学制品制造业	Manufacture of Raw Chemical Materials and Chemical Products	207
医药制造业	Manufacture of Medicines	119
化学纤维制造业	Manufacture of Chemical Fibers	3
橡胶和塑料制品业	Manufacture of Rubber and Plastics	78
非金属矿物制品业	Manufacture of Non-metallic Mineral Products	310
黑色金属冶炼及压延加工业	Smelting and Pressing of Ferrous Metals	16
有色金属冶炼及压延加工业	Smelting and Pressing of Non-ferrous Metals	13
金属制品业	Manufacture of Metal Products	105
通用设备制造业	Manufacture of General Purpose Machinery	122
专用设备制造业	Manufacture of Special Purpose Machinery	177
汽车制造业	Manufacture of Automotive	36
铁路、船舶、航空航天和其他运输设备制造业	Manufacture of Railroad, Marine, Aerospace and Other Transportation Equipment	39
电气机械及器材制造业	Manufacture of Electrical Machinery and Equipment	66
计算机、通信和其他电子设备制造业	Manufacture of Computers, Communication and Other Electronic Equipment	14
仪器仪表制造业	Manufacture of Measuring Instruments and Machinery	32
其他制造业	Other Manufacture	5
废弃资源综合利用业	Comprehensive Utilization of Waste Resources Industry	17
金属制品、机械和设备修理业	Repair Service of Metal Products, Machinery and Equipment	7
电力、热力、燃气及水生产和供应业	Production and Supply of Electricity, heat, Gas and Water	513
电力、热力生产和供应业	Production and Supply of Electric Power and Heat Power	435
燃气生产和供应业	Production and Supply of Gas	42
水的生产和供应业	Production and Supply of Water	36

Continued

(unit, 10000 yuan)

#亏损企业 Loss-making Enterprises	工业总产值 Total Industrial Output Value	资产总计 Total Assets	流动资产合计 Total Current Assets	应收帐款 Accounts Receivable	产成品 Finished Goods	固定资产原价 Original Value of Fixed Assets	固定资产净额 Net Fixed Assets	负债合计 Total Liabilities	营业收入 Business Revenue
376	28128619	31743202	19564567	4125898	2179070	13508469	7639341	18189219	29730947
581	62683997	140464312	57485530	11138981	2485828	126639171	49785507	85560270	69199421
82	14585950	52136717	19209786	2096282	663826	65269077	19268140	27097315	15784131
57	3862650	9014219	3229916	706928	225332	7605606	3422102	7343611	4203170
2	7147822	36806079	12694378	282306	309504	53969376	14147347	14443913	8038484
2	66863	458632	103401	10730	14259	252706	158934	328637	145005
5	863765	1738355	339282	36678	13943	810819	568377	773677	857476
13	237167	463586	255177	79810	19868	117195	69402	193227	234579
3	2407683	3655846	2587633	979831	80920	2513375	901978	4014251	2305417
711	63154097	83969705	49032817	10833167	3957754	38708199	19435995	51521210	69492370
192	15575975	13336015	8524887	1219979	1288290	4897038	3117139	8745110	16818798
35	5161889	6924943	4291489	1515217	215404	3338764	1796276	4005324	6019857
28	1454370	2305947	1185801	119047	127447	1418478	833780	1168163	1503687
	1178288	996625	619523	53329	34308	616471	270376	172737	1139325
25	274728	457310	299415	53476	84425	185712	98179	295634	222996
3	57721	95476	69826	48563	5684	29163	19835	62959	49050
5	548123	185210	123799	71455	22015	19196	9933	113022	477456
42	615923	594599	433982	100413	61899	146459	78589	393669	529385
10	226215	345824	218815	59117	54196	158904	78846	230013	188965
14	421131	639529	320150	114524	44968	516778	220844	333523	415568
10	109390	169638	105495.3	19979.4	6832.9	110713.2	41006.9	91378.4	116366.8
1	32633	68778	37521	5200	10096	23338	14269	45048	25767
19	10971339	9629652	3439167	387035	281064	8898769	3223852	6724101	11110685
64	3805561	5499384	3004827	463780	330207	2672967	1238737	3751032	3763151
26	2108650	4576190	2783719	547405	162800	1601764	829428	1988745	1819454
1	36652	30282	12816	2646	1219	16582	8724	14398	31923
11	489716	548469	336925	129830	48517	368389	147757	381131	481501
97	3083259	6738360	3665328	1221994	199481	2911327	1537398	4546263	3406700
4	3372778	4113437	1607933	195117	62936	1906764	1264843	2613485	4092576
3	1119735	1117493	429472	28572	19031	789944	546546	800604	1148601
13	730097	957659	587390	250118	46299	409069	252520	557075	761227
21	2356653	5969501	4645381	1096988	219361	1595816	667522	3855830	2331810
36	3366191	7370938	4861673	1200569	209029	2579318	1556962	4374994	5156765
9	2192457	3626644	2391627	577018	89760	1335236	564426	2328066	3960284
3	826118	1635910	986535	328340	28221	613088	280056	694955	852243
13	1792336	3912064	2789324	597158	186196	1029228	458641	2078157	1754711
4	218545	790059	352412	142395	52390	181716	89052	390243	171841
9	345595	733048	560380	141405	42976	149832	69526	396167	346183
2	30789	46229	31400	5383	6679	11160	6113	24343	25005
8	562473	260490	199255	94199	11532	59669	44530	152292	675389
3	88768	294005	116551	42919	4494	116547	70289	192748	95102
164	13072570	36101092	8807494	2335429	43318	36170364	18720714	25130964	13653867
133	12229712	32120302	7454263	2163610	26790	34211395	17467643	22555222	12806698
14	530676	978270	358591	80566	15401	662009	348724	540347	546092
17	312182	3002520	994641	91252	1127	1296960	904347	2035395	301077

12-2 续表2

单位：万元

类 别	Category
总 计	**Total**
#亏损企业	#Loss-making Enterprises
#国有控股企业	#State-holding Enterprises
按登记注册类型分	**Grouped by Status of Registration**
内资企业	Domestic Funded Enterprises
国有企业	State-owned Industry
#中央企业	#Central Industry
集体企业	Collective-owned Enterprises
股份合作企业	Share Holding Enterprises
联营企业	Joint Ownership Enterprises
有限责任公司	Limited Liability Corporations
国有独资公司	Sole State-funded Corporations
其他有限责任公司	Other Limited Liability Corporations
股份有限公司	Share Holding Enterprises
私营企业	Private Enterprises
私营独资企业	Private Proprietorship
私营合伙企业	Private Partnership
私营有限责任公司	Private Limited Liability Enterprises
私营股份有限公司	Private Share Holding Enterprises
其他企业	Other Enterprises
港、澳、台商投资企业	Enterprises with Funds from Hong Kong, Macao and Taiwan
外商投资企业	Foreign Funded Enterprises
按经济组织类型分	**Grouped by Type of Economic Organizations**
独资企业	Proprietorship
国有企业	State-owned Industry
集体企业	Collective-owned Enterprises
私营独资企业	Private Proprietorship
港澳台商独资经营企业	Proprietorship from Hong Kong, Macao and Taiwan
外资企业	Foreign Funded Enterprises
合作、合伙企业	Cooperative Enterprises and Partnership
股份合作企业	Cooperative Enterprises
国有联营企业	State Joint Ownership Enterprises
集体联营企业	Collective Joint Ownership Enterprises
国有与集体联营企业	State and Collective Joint Ownership Enterprises
其他联营企业	Other Joint Ownership Enterprises
私营合伙企业	Private Partnership
港澳台资合作经营企业	Cooperative Enterprises with Funds from Hong Kong, Macao and Taiwan
中外合作经营企业	Sino-foreign Cooperative Enterprises
其他企业(内资)	Other Enterprises (Domestic Funded)
股份有限公司	Share Holding Enterprises
股份有限公司(内资)	Share Holding Enterprises (Domestic Funded)
私营股份有限公司	Private Share Holding Enterprises
港澳台商投资股份有限公司	Share Holding Enterprises with Funds from Hong Kong, Macao and Taiwan
外商投资股份有限公司	Foreign Funded Share Holding Enterprises
有限责任公司	Limited Liability Corporations
国有独资公司	Sole State-funded Corporations
私营有限责任公司	Private Limited Liability Corporations
港澳台合资经营企业	Joint venture Enterprises of Hong Kong, Macao and Taiwan
中外合资经营企业	Sino-foreign Cooperative joint venture Enterprises
其他有限责任公司	Other Limited Liability Corporations

Continued

(10000 yuan)

营业成本 Business Cost	销售费用 Selling Expenses	管理费用 Management Expenses	财务费用 Financial Expenses	利息费用 Expenditure for Interests	利润总额 Total Profits	亏损企业亏损总额 Total Losses Made by Enterprises-in-red
84433418	**2836991**	**4331689**	**1541547**	**1622336**	**3113963**	**2763463**
25117442	516545	1765508	767827	904690	-2763463	2763463
40379222	701584	2652782	955342	1138586	-617160	2100245
74835017	2075541	3960544	1420735	1497769	1199126	2612704
4791203	37268	85480	53308	46453	38185	128246
2800765	27158	23904	27340	25883	6071	99450
378545	4964	34139	1636	514	8323	9878
31459	669	3608	233	146	975	1168
19054	28	1870	1	4	4737	
40446120	999732	2621575	995454	1143976	-340457	2070453
6185570	58484	535575	210336	208111	66748	210740
34260550	941248	2086000	785117	935866	-407205	1859713
8709504	330120	489776	112095	107159	595258	112157
20426265	702269	723496	257707	199307	890031	290525
164959	5986	17549	702	245	17145	7994
43380	44	1258	69	31	460	291
18391223	621096	623861	224782	165359	727613	254530
1826703	75143	80828	32155	33673	144815	27711
32868	491	600	303	211	2074	277
3011385	401423	83349	38818	55707	918570	45397
6587016	360027	287796	81993	68860	996267	105362
9949113	526132	294285	76960	92432	101642	1213601
4791203	37268	85480	31048	53308	46453	38185
378545	4964	34139		1636	514	8323
164959	5986	17549	3	702	245	17145
2346253	343807	50368	37726	12478	28803	845723
2268154	134107	106749	8184	24309	25628	304225
158658	1605	10335		874	442	19606
31459	669	3608		233	146	975
18898		1846		-2		4735
156	28	24		4	4	2
43380	44	1258		69	31	460
1900		114		116		-252
25666	271	2542		24	51	11607
32868	491	600		303	211	2074
10597388	407650	578224	123148	158512	155159	742736
8709504	330120	489776	93662	112095	107159	595258
1826703	75143	80828	28166	32155	33673	144815
61181	2387	7620	1321	14263	14328	2663
63728259	1901604	3448845	997267	1289729	1365093	1138021
6185570	58484	535575	52389	210336	208111	66748
18391223	621096	623861	209549	224782	165359	727613
658902	57515	32523	3576	26096	26904	73093
4232015	223261	170886	12206	43397	28853	677773
34260550	941248	2086000	719549	785117	935866	-407205

12-2 续表3

单位：万元

类 别	Category
按轻重工业分	**Grouped by Light and Heavy Industry**
轻工业	Light Industry
重工业	Heavy Industry
按行业分	**Grouped by Industry**
采矿业	Mining and Quarrying
煤炭开采和洗选业	Mining and Washing of Coal
石油和天然气开采业	Extraction of Petroleum and Natural Gas
黑色金属矿采选业	Mining and Processing of Ferrous Metal Ores
有色金属矿采选业	Mining and Processing of Non-ferrous Metal Ores
非金属矿采选业	Mining and Processing of Non-metal Ores
开采专业及辅助性活动	Professional and Support Activities For Mining
其他采矿业	Mining of Other Ores
制造业	Manufacturing
农副食品加工业	Processing of Food from Agricultural Products
食品制造业	Manufacture of Foods
酒、饮料和精制茶制造业	Manufacture of Liquor, Beverages and Refined Tea
烟草制品业	Manufacture of Tobacco
纺织业	Manufacture of Textile
纺织服装、服饰业	Manufacture of Textile, Wearing Apparel and Accessories
皮革、毛皮、羽毛及其制品和制鞋业	Manufacture of Leather, Fur, Feather and Related Products and Footwear
木材加工和木、竹、藤、棕、草制品业	Processing of Timber, Manufacture of Wood, Bamboo, Rattan, Palm and Straw Products
家具制造业	Manufacture of Furniture
造纸和纸制品业	Manufacture of Paper and Paper Products
印刷和记录媒介复制业	Printing and Reproduction of Recording Media
文教、工美、体育和娱乐用品制造业	Manufacture of Articles for Culture, Education, Arts and Crafts, Sport and Entertainment Activities
石油、煤炭及其他燃料加工业	Processing of Petroleum, Coal and Other Fuels
化学原料和化学制品制造业	Manufacture of Raw Chemical Materials and Chemical Products
医药制造业	Manufacture of Medicines
化学纤维制造业	Manufacture of Chemical Fibers
橡胶和塑料制品业	Manufacture of Rubber and Plastics Products
非金属矿物制品业	Manufacture of Non-metallic Mineral Products
黑色金属冶炼及压延加工业	Smelting and Pressing of Ferrous Metals
有色金属冶炼及压延加工业	Smelting and Pressing of Non-ferrous Metals
金属制品业	Manufacture of Metal Products
通用设备制造业	Manufacture of General Purpose Machinery
专用设备制造业	Manufacture of Special Purpose Machinery
汽车制造业	Manufacture of Automobiles
铁路、船舶、航空航天和其他运输设备制造业	Manufacture of Railway, Ship, Aerospace and Other Transport Equipments
电气机械及器材制造业	Manufacture of Electrical Machinery and Apparatus
计算机、通信和其他电子设备制造业	Manufacture of Computers, Communication and Other Electronic Equipment
仪器仪表制造业	Manufacture of Measuring Instruments and Machinery
其他制造业	Other Manufacture
废弃资源综合利用业	Utilization of Waste Resources
金属制品、机械和设备修理业	Repair Industry of Metal Products, Machinery and Equipment
电力、热力、燃气及水生产和供应业	Production and Supply of Electric Power, heat, Gas and Water
电力、热力生产和供应业	Production and Supply of Electric Power and Heat Power
燃气生产和供应业	Production and Supply of Gas
水的生产和供应业	Production and Supply of Water

Continued

(10000 yuan)

营业成本 Business Cost	销售费用 Selling Expenses	管理费用 Management Expenses	财务费用 Financial Expenses	利息费用 Expenditure for Interests	利润总额 Total Profits	亏损企业亏损总额 Total Losses Made by Enterprises--in-red
24285740	1815060	894329	253813	246939	2158004	386915
60147678	1021930	3437360	1287733	1375397	955959	2376548
13395207	162614	1422239	330295	524240	-531988	1207425
3342053	44684	489386	56326	56538	157682	149293
7085921	93232	818464	241949	443119	-957534	957534
128433	1491	10250	752	68	508	3354.2
434169	1810	41475	25103	20554	301674	2523
149356	18788	16643	2523	1952	39106	5575
2255275	2610	46020	3643	2010	-73424	89146
57995654	2578750	2459635	680273	628154	3755875	794049
15404598	523056	276597	171827	137047	423026	160285
4258442	689655	160416	8267	34106	1185126	72410
1149819	108137	71171	17929	12740	81895	17514
386594	16135	85312	-2830	375	118784	
210532	3025	14304	2359	2445	9290	11890
44937	45	3139	13	0	1027	838
446207	1451	1923	51	13	16744	1939
484876	15272	13321	2643	1772	10683	9440
165712	7357	14299	2639	2011	-1793	5617
344733	17884	19546	9335	7112	13227	9751
103657	2057	7725	1522	1004	-2461	5548
22183	821	2117	114.5	63.7	2248.5	3.1
8603511	169049	322876	77016	79893	237643	43066
3380910	90197	165490	55203	50319	40998	101302
880322	416491	182355	23522	32613	288568	63516
12055	235	3965	29	27	20842	163
431037	11737	18935	3038	1735	13075	2791
3000553	100993	156916	58477.8	39946.1	131465.2	81907.6
3655836	91900	50171	57818	48607	92093	853
1062715	11348	27661	22070	21101	11361	2290
680466	9849	30620	5343	4116	36126	5562
1924045	64876	143383	17186	23266	119445	25935
4472403	74882	241340	89764	79256	161703	53236
3519515	22057	196233	4134	9017	580578	54304
651792	12246	86790	7254	6133	63143	3336
1524047	81164	91135	20662	23629	67418	32591
128389	9839	14310	13003	811	12807	4694
274567	16980	32930	7326	5326	433	19020
17212	1995	3251	183	237	1272	1140
677382	7230	7239	2326	1523	13711	2327
76607	787	14166	2051	1911	5400	781
13042557	95627	449815	530978	469942	-109924	761989
12353432	23797	383957	478391	408213	-131708	715686
443945	49941	28310	2150	4364	29116	9774
245181	21889	37548	50437	57366	-7332	36529

12-3 大中型工业企业主要经济指标(2020年)

单位：个、万元

类别	Category	单位数 Number of Enterprises	#亏损企业 Loss-making Enterprises
总计	**Total**	**420**	**125**
#亏损企业	#Loss-making Enterprises	125	125
#国有及国有控股企业	#State-owned and State-holding Enterprises	184	73
#大型	#Large-sized Enterprises	76	19
按登记注册类型分	**Grouped by Status of Registration**		
内资企业	Domestic Funded	**372**	**112**
国有企业	State-owned Enterprises	39	17
#中央企业	#Central Industry	10	3
集体企业	Collective-owned Enterprises	12	3
股份合作企业	Cooperative Enterprises	1	
联营企业	Joint Ownership Enterprises	1	
有限责任公司	Limited Liability Corporations	195	69
国有独资公司	Sole State-funded Corporations	42	17
其他有限责任公司	Other Limited Liability Corporations	153	52
股份有限公司	Share Holding Enterprises	35	6
私营企业	Private Enterprises	89	17
私营独资企业	Private-funded Enterprises	4	3
私营合伙企业	Private Partnership		
私营有限责任公司	Private Limited Liability Corporations	78	14
私营股份有限公司	Private Share-holding Enterprises	7	
其他企业	Other Enterprises		
港、澳、台商投资企业	Enterprises with Funds from Hong Kong, Macao and Taiwan	18	5
外商投资企业	Foreign Funded Enterprises	30	8
按经济组织类型分	**Grouped by Type of Economic Organizations**		
独资企业	Proprietorship	**80**	**28**
国有企业	State-owned Enterprises	39	17
集体企业	Collective-owned Enterprises	12	3
私营独资企业	Private-funded Enterprises	4	3
港澳台商独资经营企业	Proprietorship from Hong Kong, Macao and Taiwan	8	2
外资企业	Foreign Funded Enterprises	17	3
合作、合伙企业	Cooperative Enterprises and Partnership	3	
股份合作企业	Cooperative Enterprises	1	
国有联营企业	State Joint Ownership Enterprises		
集体联营企业	Collective Joint Ownership Enterprises	1	
国有与集体联营企业	State and Collective Joint Ownership Enterprises		
其他联营企业	Other Joint Ownership Enterprises		
私营合伙企业	Private Partnership		
港澳台资合作经营企业	Cooperative Enterprises with Funds from Hong Kong, Macao and Taiwan		
中外合作经营企业	Sino-foreign Cooperative Enterprises	1	
其他企业(内资)	Other Enterprises (Domestic Funded)		
股份有限公司	Share Holding Enterprises	44	7
股份有限公司(内资)	Share Holding Enterprises (Domestic Funded)	35	6
私营股份有限公司	Private Share Holding Enterprises	7	
港澳台商投资股份有限公司	Share Holding Enterprises with Funds from Hong Kong, Macao and Taiwan		
外商投资股份有限公司	Foreign Funded Share Holding Enterprises	2	1
有限责任公司	Limited Liability Corporations	293	90
国有独资公司	Sole State-funded Corporations	42	17
私营有限责任公司	Private Limited Liability Corporations	78	14
港澳台合资经营企业	joint venture Enterprises of Hong Kong, Macao and Taiwan	10	3
中外合资经营企业	Sino-foreign Cooperative joint venture Enterprises	10	4
其他有限责任公司	Other Limited Liability Corporations	153	52

Major Indicators of Large and Medium-Sized Industrial Enterprises(2020)

(unit, 10000 yuan)

工业总产值 Total Industrial Output Value	资产总计 Total Assets	流动资产合计 Total Current Assets	应收帐款 Accounts Receivable	产成品 Finished Goods	固定资产原价 Original Value of Fixed Assets	固定资产净额 Net Fixed Assets	负债合计 Total Liabilities	营业收入 Business Revenue
61697638	**125793567**	**52923508**	**8535803**	**2337657**	**117274638**	**44375621**	**72966073**	**68376899**
20489910	66656387	21845706	2134266	822866	81533032	27438282	40346818	20915541
38673785	4632393	35070783	4561041	1242109	102212777	35725844	52973266	41980355
40654517	87454342	35074155	4638306	1256781	94257820	31588866	48099120	46188921
54669590	**113540158**	**45733664**	**6813603**	**2031478**	**110797362**	**41327458**	**65717356**	**58087335**
3648199	6197872	3626620	972886	85224	5296946	2291266	5890385	4166545
2564583	4125528	2743025	802837	82795	3027238	1289179	4583510	2476256
377120	522548	461272	245638	18941	225157	43608	357028	347735
7832	7253	2653	500	914	4652	2711	6965	8877
26733	24260	5770	1964		25888	18490	20022	26733
32408328	84473049	32573477	4111819	1139566	90608517	32643048	47096608	35943196
4674213	12100224	5107848	729413	162076	9323949	4590905	9015005	6474558
27734115	72372825	27465629	3382406	977490	81284567	28052143	38081603	29468639
11110082	12140546	4277539	722511	392351	9914975	3611306	5798025	10709221
7091297	10174631	4786333	758285	394483	4721227	2717029	6548323	6885028
58245	100828	27594	5483	2078	65656	40910	123951	69339
5433774	8188872	3814299	691890	327967	4343898	2507275	5492206	5587250
1599278	1884931	944440	60913	64438	311673	168844	932167	1228439
2135267	5166480	3338330	795487	82707	1928054	955663	3015677	3504176
4892780	7086928	3851514	926713	223472	4549222	2092501	4233040	6785388
7497886	**12616287**	**8134803**	**2280742**	**290637**	**7430232**	**3340692**	**9466869**	**9639819**
3648199	6197872	3626620	972886	85224	5296946	2291266	5890385	4166545
377120	522548	461272	245638	18941	225157	43608	357028	347735
58245	100828	27594	5483	2078	65656	40910	123951	69339
1579238	3842930	2863930	752906	60908	553732	318570	1917510	2900104
1835084	1952109	1155386	303829	123487	1288741	646338	1177995	2156096
71855	100907	38302	5880	914	94781	52856	69350	72900
7832	7253	2653	500	914	4652	2711	6965	8877
26733	24260	5770	1964		25888	18490	20022	26733
37290	69395	29878	3416		64241	31655	42362	37290
12786943	14955297	5692472	807023	457098	10274074	3797058	7400594	12017963
11110082	12140546	4277539	722511	392351	9914975	3611306	5798025	10709221
1599278	1884931	944440	60913	64438	311673	168844	932167	1228439
77583	929820	470493	23599	309	47425	16908	670403	80303
41340954	98121076	39057931	5442158	1589009	99475552	37185016	56029260	46646217
4674213	12100224	5107848	729413	162076	9323949	4590905	9015005	6474558
5433774	8188872	3814299	691890	327967	4343898	2507275	5492206	5587250
556029	1323550	474399	42581	21800	1374322	637093	1098167	604072
2942823	4135605	2195756	595868	99677	3148815	1397600	2342280	4511699
27734115	72372825	27465629	3382406	977490	81284567	28052143	38081603	29468639

12-3 续表1

单位：个、万元

类 别	Category	单位数 Number of Enterprises	#亏损企业 Loss-making Enterprises
按轻重工业分	**Grouped by Light and Heavy Industry**		
轻工业	Light Industry	125	28
重工业	Heavy Industry	295	97
按行业分	**Grouped by Industry**		
采矿业	Mining and Quarrying	55	17
煤炭开采和洗选业	Mining and Washing of Coal	38	12
石油和天然气开采业	Extraction of Petroleum and Natural Gas	2	2
黑色金属矿采选业	Mining and Processing of Ferrous Metals Ores	2	1
有色金属矿采选业	Mining and Processing of Non-ferrous Metal Ores	5	
非金属矿采选业	Mining and Processing of Nonmetal Ores	2	
开采专业及辅助性活动	Professional and Support Activities For Mining	6	2
其他采矿业	Mining of Other Ores		
制造业	Manufacturing	251	56
农副食品加工业	Processing of Food from Agricultural Products	31	5
食品制造业	Manufacture of Foods	27	6
酒、饮料和精制茶制造业	Manufacture of Wine, soft drinks and refined tea	13	3
烟草制品业	Manufacture of Tobacco	2	
纺织业	Manufacture of Textile	6	3
纺织服装、服饰业	Manufacture of Textile and Apparel	1	1
皮革、毛皮、羽毛及其制品和制鞋业	Manufacture of Leather, Furs, Feather and Related Products and Footwear		
木材加工和木、竹、藤、棕、草制品业	Processing of Timber,Manufacture of Wood,Bamboo,Rattan,Palm and Straw Products	2	
家具制造业	Manufacture of Furniture	6	2
造纸和纸制品业	Manufacture of Paper and Paper Products	3	1
印刷和记录媒介复制业	Manufacture of Printing and Record Medium Reproduction	2	
文教、工美、体育和娱乐用品制造业	Manufacture of Articles for Culture,Education and Sports Activities	1	
石油、煤炭及其他燃料加工业	Processing of Petoleum,Coal and Other Fuels		
化学原料和化学制品制造业	Manufacture of Raw Chemical Materials and Chemical Products	24	8
医药制造业	Manufacture of Medicines	21	7
化学纤维制造业	Manufacture of Chemical Fibers	24	6
橡胶和塑料制品业	Manufacture of Rubber and Plastics	3	
非金属矿物制品业	Manufacture of Non-metallic Mineral Products	16	4
黑色金属冶炼及压延加工业	Smelting and Pressing of Ferrous Metals	4	
有色金属冶炼及压延加工业	Smelting and Pressing of Non-ferrous Metals	2	
金属制品业	Manufacture of Metal Products	6	
通用设备制造业	Manufacture of General Purpose Machinery	14	3
专用设备制造业	Manufacture of Special Purpose Machinery	14	2
汽车制造业	Manufacture of Automotive	6	1
铁路、船舶、航空航天和其他运输设备制造业	Manufacture of Railroad, Marine, Aerospace and Other Transportation Equipment	8	1
电气机械及器材制造业	Manufacture of Electrical Machinery and Equipment	9	1
计算机、通信和其他电子设备制造业	Manufacture of Computers,Communication and Other Electronic Equipment	2	1
仪器仪表制造业	Manufacture of Measuring Instruments	3	1
其他制造业	Other Manufacturing		
废弃资源综合利用业	Comprehensive Utilization of Waste Resources Industry		
金属制品、机械和设备修理业	Metal Products, Machinery and Equipment Repair Industry	1	
电力、热力、燃气及水生产和供应业	Production and Supply of Electric Power,heat,Gas and Water	114	52
电力、热力生产和供应业	Production and Supply of Electric Power and Heat Power	96	41
燃气生产和供应业	Production and Supply of Gas	4	2
水的生产和供应业	Production and Supply of Water	14	9

Continued

(unit, 10000 yuan)

工业总产值 Total Industrial Output Value	资产总计 Total Assets	流动资产合计 Total Current Assets	应收帐款 Accounts Receivable	产成品 Finished Goods	固定资产原价 Original Value of Fixed Assets	固定资产净额 Net Fixed Assets	负债合计 Total Liabilities	营业收入 Business Revenue
12943287	16873799	10101184	2211693	810934	7733903	4395580	9349670	13534475
48754351	108919768	42822324	6324110	1526723	109540735	39980041	63616403	54842424
12899775	49183793	17640931	1750342	505639	64125679	18597350	25199616	14018152
2710662	7604350	2300576	497464	94028	7091822	3132963	6279717	2940641
7147822	36806079	12694378	282306	309504	53969376	14147347	14443913	8038484
41074	199278	21455	820	9342	179957	124273	126817	123508
644482	1105755	173650	22503	5998	460706	327801	432374	655454
65581	67064	49935	32897	5848	16658	7863	8044	68856
2290155	3401267	2400938	914353	80920	2407159	857102	3908751	2191209
39567287	54321611	30525114	5908322	1825534	28255949	13810076	32582038	44435154
4682564	4382203	2544436	302081	339751	1949684	1349240	3315523	4851060
4143082	5624409	3532253	1232994	129311	2596200	1440258	3171072	4763154
915376	1205991	598529	68949	64668	808826	479677	642892	984301
1178288	996625	619523	53329	34308	616471	270376	172737	1139325
82067	150030	103237	14498	34651	68304	36383	107435	72194
9389	13030	9600	4005	1932	4957	2982	2918	8131
81548	126503	90280	22802	3548	29502	13662	62016	92671
102869	196922	105134	15695	41970	119265	57755	118402	107337
242220	368056	168849	44823	28721	384045	153235	126914	238650
18688	37292	21384	5945	688	30609	6367	8601	19176
2413	16322	11068	697	3076	7140	3935	15084	2217
10848591	9012753	3275399	348936	271945	8829604	3188756	6109961	10735942
2159303	2554839	1373715	186118	96109	1900517	844399	1745645	2050146
1168101	2943598	1819576	310287	68016	890023	461167	1156585	954908
134609	121704	63015	28984	7426	182349	50202	119304	134362
1178507	2936099	1482421	327193	45640	1150274	581129	1801211	1522582
3117626	3580597	1311893	166134	52228	1686102	1250230	2259297	3831169
1026667	982514	389106	14201	14097	735361	512944	714116	1055007
156106	287255	151231	51360	22795	127672	75389	150727	133404
1767491	4715598	3739470	809954	162752	1160950	465808	3165631	1728872
2439507	5865009	3748588	733726	121923	2129915	1341457	3475169	4310519
2057033	3259515	2195889	521292	77945	1209267	512126	1581102	3703706
551923	1030505	569129	175383	21883	476745	201755	419381	588954
1223144	2967503	2181971	377325	123095	843101	359002	1631890	1174748
99778	474984	111028	36126	35538	138719	68482	251041	49225
135263	348984	260486	39804	21519	107747	44516	183186	136821
45134	122772	47905	15684		72600	38848	74197	46577
9230576	22288163	4757463	877139	6484	24893010	11968195	15184419	9923592
8758073	19463739	3731811	841444	3129	23408218	11037757	13367670	9456351
266188	446259	129658	17117	3206	356165	139411	195164	285652
206316	2378165	895994	18579	148	1128628	791027	1621585	181590

12-3 续表2

单位：万元

类 别	Category
总 计	**Total**
#亏损企业	#Loss-making Enterprises
#国有控股企业	#State-holding Enterprises
#大 型	#Large-sized Enterprises
按登记注册类型分	**Grouped by Status of Registration**
内资企业	Domestic Funded
国有企业	State-owned Enterprises
#中央企业	#Central Industry
集体企业	Collective-owned Enterprises
股份合作企业	Cooperative Enterprises
联营企业	Joint Ownership Enterprises
有限责任公司	Limited Liability Corporations
国有独资公司	Sole State-funded Corporations
其他有限责任公司	Other Limited Liability Corporations
股份有限公司	Share Holding Enterprises
私营企业	Private Enterprises
私营独资企业	Private-funded Enterprises
私营合伙企业	Private Partnership
私营有限责任公司	Private Limited Liability Corporations
私营股份有限公司	Private Share-holding Enterprises
其他企业	Other Enterprises
港、澳、台商投资企业	Enterprises with Funds from Hong Kong, Macao and Taiwan
外商投资企业	Foreign Funded Enterprises
按经济组织类型分	**Grouped by Type of Economic Organizations**
独资企业	Proprietorship
国有企业	State-owned Enterprises
集体企业	Collective-owned Enterprises
私营独资企业	Private-funded Enterprises
港澳台商独资经营企业	Proprietorship from Hong Kong, Macao and Taiwan
外资企业	Foreign Funded Enterprises
合作、合伙企业	Cooperative Enterprises and Partnership
股份合作企业	Cooperative Enterprises
国有联营企业	State Joint Ownership Enterprises
集体联营企业	Collective Joint Ownership Enterprises
国有与集体联营企业	State and Collective Joint Ownership Enterprises
其他联营企业	Other Joint Ownership Enterprises
私营合伙企业	Private Partnership
港澳台资合作经营企业	Cooperative Enterprises with Funds from Hong Kong, Macao and Taiwan
中外合作经营企业	Sino-foreign Cooperative Enterprises
其他企业(内资)	Other Enterprises (Domestic Funded)
股份有限公司	Share Holding Enterprises
股份有限公司(内资)	Share Holding Enterprises (Domestic Funded)
私营股份有限公司	Private Share Holding Enterprises
港澳台商投资股份有限公司	Share Holding Enterprises with Funds from Hong Kong, Macao and Taiwan
外商投资股份有限公司	Foreign Funded Share Holding Enterprises
有限责任公司	Limited Liability Corporations
国有独资公司	Sole State-funded Corporations
私营有限责任公司	Private Limited Liability Corporations
港澳台合资经营企业	joint venture Enterprises of Hong Kong, Macao and Taiwan
中外合资经营企业	Sino-foreign Cooperative joint venture Enterprises
其他有限责任公司	Other Limited Liability Corporations

Continued

(10000 yuan)

营业成本 Business Cost	销售费用 Selling Expenses	管理费用 Management Expenses	财务费用 Financial Expenses	利息费用 Expenditure for Interests	利润总额 Total Profits	亏损企业亏损总额 Total Losses Made by Enterprises--in-red
57556553	**2021817**	**3294619**	**1033099**	**1214571**	**1979329**	**2162384**
19880595	**368425**	**1443066**	**599224**	**771023**	**-2162384**	**2162384**
35933578	612434	2476544	745049	956684	-868621	1918135
39453750	789207	2429113	635654	836717	4250	1698938
49394101	1323469	2982538	946688	1123195	161364	2060719
4050492	**12312**	**63484**	**18715**	**19892**	**-5216**	**88492**
2427550	5207	16578	4682	6145	-31832	78845
311778	4053	26400	1594	514	3526	7730
6380		218	119	119	1776	
18898		1846	-2		4735	
31507656	761651	2240378	749706	936305	-821499	1817596
5649708	55153	518912	173158	176473	42545	185779
25857948	706499	1721466	576549	759832	-864043	1631817
7674370	291536	435452	70576	72728	583417	60890
5824528	253917	214760	105980	93637	394627	86011
40868	3746	14540	65	0	7784	7012
4729758	220892	174664	90421	70231.2	288799	78999
1053902	29279	25556	15495	23406	98044	
2519131	375116	65773	28331	44544	864434	40678
5643321	323232	246309	58080	46831	953531	60987
8094428	455653	220989	35320	52006	1125094	111090
4050492	**12312**	**63484**	**18715**	**19892**	**-5216**	**88492**
311778	4053	26400	1594	514	3526	7730
40868	3746	14540	65	0	7784	7012
2051991	327723	38777	5210	20666	804618	2493
1639299	107820	77789	9737	10934.2	314383	5365
49769	271	4074	162	170	16938	
6380		218	119	119	1776	
18898		1846	-2		4735	
24491	271	2010	45	51	10428	
8787451	323130	468466	100301	110462	684359	63096
7674370	291536	435452	70576	72728	583417	60890
1053902	29279	25556	15495	23406	98044	
59179	2315	7458	14230	14328	2897	2206
40624905	1242762	2601090	897317	1051933	152939	1988198
5649708	55153	518912	173158	176473	42545	185779
4729758	220892	174664	90421	70231	288799	78999
467140	47393	26996	23122	23878	59815	38186
3920352	212826	159052	34068	21518	625824	53416
25857948	706499	1721466	576549	759832	-864043	1631817

12-3 续表3

单位：万元

类别	Category	营业成本 Business Cost
按轻重工业分	**Grouped by Light and Heavy Industry**	
轻工业	Light Industry	9864256
重工业	Heavy Industry	47692297
按行业分	**Grouped by Industry**	
采矿业	Mining and Quarrying	11950553
煤炭开采和洗选业	Mining and Washing of Coal	2209249
石油和天然气开采业	Extraction of Petroleum and Natural Gas	7085921
黑色金属矿采选业	Mining and Processing of Ferrous Metals Ores	114775
有色金属矿采选业	Mining and Processing of Non-ferrous Metal Ores	334635
非金属矿采选业	Mining and Processing of Nonmetal Ores	44346
开采专业及辅助性活动	Professional and Support Activities For Mining	2161628
其他采矿业	Mining of Other Ores	
制造业	Manufacturing	35716793
农副食品加工业	Processing of Food from Agricultural Products	4295527
食品制造业	Manufacture of Foods	3277574
酒、饮料和精制茶制造业	Manufacture of Wine, soft drinks and refined tea	765532
烟草制品业	Manufacture of Tobacco	386594
纺织业	Manufacture of Textile	70930
纺织服装、服饰业	Manufacture of Textile and Apparel	7400
皮革、毛皮、羽毛及其制品和制鞋业	Manufacture of Leather, Furs, Feather and Related Products and Footwear	
木材加工和木、竹、藤、棕、草制品业	Processing of Timber,Manufacture of Wood,Bamboo,Rattan, Palm and Straw Products	61765
家具制造业	Manufacture of Furniture	91336
造纸和纸制品业	Manufacture of Paper and Paper Products	183841
印刷和记录媒介复制业	Manufacture of Printing and Record Medium Reproduction	15666
文教、工美、体育和娱乐用品制造业	Manufacture of Articles for Culture, Education and Sports Activities	1938
石油、煤炭及其他燃料加工业	Processing of Petroleum, Coal and Other Fuels	
化学原料和化学制品制造业	Manufacture of Raw Chemical Materials and Chemical Products	8242606
医药制造业	Manufacture of Medicines	1842190
化学纤维制造业	Manufacture of Chemical Fibers	358889
橡胶和塑料制品业	Manufacture of Rubber and Plastics	
非金属矿物制品业	Manufacture of Non-metallic Mineral Products	120482
黑色金属冶炼及压延加工业	Smelting and Pressing of Ferrous Metals	1332183
有色金属冶炼及压延加工业	Smelting and Pressing of Non-ferrous Metals	3411898
金属制品业	Manufacture of Metal Products	978456
通用设备制造业	Manufacture of General Purpose Machinery	115606
专用设备制造业	Manufacture of Special Purpose Machinery	1426911
汽车制造业	Manufacture of Automotive	3767368
铁路、船舶、航空航天和其他运输设备制造业	Manufacture of Railroad, Marine, Aerospace and Other Transportation Equipment	3283413
电气机械及器材制造业	Manufacture of Electrical Machinery and Equipment	463151
计算机、通信和其他电子设备制造业	Manufacture of Computers,Communication and Other Electronic Equipment	1020211
仪器仪表制造业	Manufacture of Measuring Instruments	48144
其他制造业	Other Manufacturing	108978
废弃资源综合利用业	Comprehensive Utilization of Waste Resources Industry	
金属制品、机械和设备修理业	Metal Products, Machinery and Equipment Repair Industry	38206
电力、热力、燃气及水生产和供应业	Production and Supply of Electric Power,heat,Gas and Water	9889206
电力、热力生产和供应业	Production and Supply of Electric Power and Heat Power	9488229
燃气生产和供应业	Production and Supply of Gas	224961
水的生产和供应业	Production and Supply of Water	176016

Continued

(10000 yuan)

销售费用 Selling Expenses	管理费用 Management Expenses	财务费用 Financial Expenses	利息费用 Expenditure for Interests	利润总额 Total Profits	亏损企业亏损总额 Total Losses Made by Enterprises--in-red
1290735	498847	113863	133811	1544786	181928
731082	2795773	919237	1080759	434543	1980456
120539	1335945	302548	503987	-622139	1164574
19067	447875	46830	51241	128152	119343
93232	818464	241949	443119	-957534	957534
431	7255	791	68	-2471	3215
1365	22104	10564	8003	272870	
4264	2289	267		14778	
2180	37958	2147	1554	-77935	84483
1837584	1643176	452173	440476	2988954	366482
243110	95386	78441	60562	131224	57840
644931	112136	-2421	21848	1018063	46963
96299	38238	5701	6413	51988	1059
16135	85312	-2830	375	118784	
1447	2941	1212	673	4389	3150
7.5	810.2	16		-53	53
7467	3540	616	536	14843	
4844	10851	1876	1752	-2075	4408
14791	10932	3562	1758	13590	2514
210	1807	-6	51	1687	
184	209	0		993	
164414	315498	60502	63980	252354	25732
50328	92273	37386	32677	10116	46637
252487	115527	12848	25611	215391	36981
6323	3462	567	98	4035	
27634	60454	41178	27870	122242	19824
88965	44363	54607	47664	88079	
9670	24170	20296	19410	11955	
895	9057	1029	597	11981	
53020	104155	13376	19856	90147	19861
51535	178067	82674	72715	169215	7042
19657	184141	2802	7963	578546	49266
9293	56157	7093	5542	31894	3171
65277	67514	15395	18433	49613	28962
428	5056	11943	86	296	2001
7951	11595	3521	3399	-1781	11021
285	9526	789	610.0	1439	
63694	315499	278379	270108	-387486	631328
6007	271472	244836	222205	-371915	591936
37909	14695	-1799	1066	17930	4159
19778	29332	35342	46837	-33501	35233

12-4 国有控股工业企业主要经济指标(2020年)

单位：个、万元

类 别	Category	单位数 Number of Enterprises	#亏损企业 Loss-making Enterprises
总 计	**Total**	**512**	**171**
#亏损企业	#Loss-making Enterprises	171	171
#大中型企业	#Large and Medium-sized Enterprises	184	73
按轻重工业分	**Grouped by Light and Heavy Industry**		
轻工业	Light Industry	79	28
重工业	Heavy Industry	433	143
按行业分	**Grouped by Sector**		
采矿业	Mining and Quarrying	24	9
煤炭开采和洗选业	Mining and Washing of Coal	13	5
石油和天然气开采业	Extraction of Petroleum and Natural Gas	2	2
黑色金属矿采选业	Mining and Processing of Ferrous Metals Ores		
有色金属矿采选业	Mining and Processing of Non-ferrous Metal Ores	1	
非金属矿采选业	Mining and Processing of Nonmetal Ores	6	1
开采专业及辅助性活动	Professional and Support Activities For Mining	2	1
其他采矿业	Mining of Other Ores		
制造业	Manufacturing	226	78
农副食品加工业	Processing of Food from Agricultural Products	39	15
食品制造业	Manufacture of Foods	13	2
酒、饮料和精制茶制造业	Manufacture of Wine, soft drinks and refined tea	6	3
烟草制品业	Manufacture of Tobacco	1	
纺织业	Manufacture of Textile	1	1
纺织服装、服饰业	Manufacture of Textile and Apparel	1	1
皮革、毛皮、羽毛及其制品和制鞋业	Manufacture of Leather, Furs, Feather and Related Products and Footwear		
木材加工和木、竹、藤、棕、草制品业	Processing of Timber, Manufacture of Wood, Bamboo, Rattan, Palm and Straw Products	3	1
家具制造业	Manufacture of Furniture		
造纸和纸制品业	Manufacture of Paper and Paper Products	2	1
印刷和记录媒介复制业	Manufacture of Printing and Record Medium Reproduction	5	2
文教、工美、体育和娱乐用品制造业	Manufacture of Articles for Culture, Education and Sports Activities	1	
石油、煤炭及其他燃料加工业	Processing of Petroleum, Coal and Other Fuels	7	2
化学原料和化学制品制造业	Manufacture of Raw Chemical Materials and Chemical Products	21	11
医药制造业	Manufacture of Medicines	6	1
化学纤维制造业	Manufacture of Chemical Fibers		
橡胶和塑料制品业	Manufacture of Rubber and Plastics	1	
非金属矿物制品业	Manufacture of Non-metallic Mineral Products	35	19
黑色金属冶炼及压延加工业	Smelting and Pressing of Ferrous Metals	1	
有色金属冶炼及压延加工业	Smelting and Pressing of Non-ferrous Metals	1	
金属制品业	Manufacture of Metal Products	8	2
通用设备制造业	Manufacture of General Purpose Machinery	19	5
专用设备制造业	Manufacture of Special Purpose Machinery	15	3
汽车制造业	Manufacture of Automotive	9	4
铁路、船舶、航空航天和其他运输设备制造业	Manufacture of Railroad, Marine, Aerospace and Other Transportation Equipment	14	2
电气机械及器材制造业	Manufacture of Electrical Machinery and Equipment	8	
计算机、通信和其他电子设备制造业	Manufacture of Computers, Communication and Other Electronic Equipment	1	
仪器仪表制造业	Manufacture of Measuring Instruments	4	2
其他制造业	Other Manufacturing	1	1
废弃资源综合利用业	Comprehensive Utilization of Waste Resources Industry	2	
金属制品、机械和设备修理业	Metal Products, Machinery and Equipment Repair Industry	1	
电力、热力、燃气及水生产和供应业	Production and Supply of Electric Power, heat, Gas and Water	262	84
电力、热力生产和供应业	Production and Supply of Electric Power and Heat Power	232	68
燃气生产和供应业	Production and Supply of Gas	6	3
水的生产和供应业	Production and Supply of Water	24	13

Major Indicators of State-Holding Industrial Enterprises (2020)

(unit, 10000 yuan)

工业总产值 Total Industrial Output Value	资产总计 Total Assets	流动资产合计 Total Current Assets	应收帐款 Accounts Receivable	产成品 Finished Goods	固定资产原价 Original Value of Fixed Assets	固定资产净额 Net Fixed Assets	负债合计 Total Liabilities	营业收入 Business Revenue
43093794	**104261839**	**39326859**	**5962133**	**1503620**	**110774384**	**40636082**	**61894447**	**47116125**
18321830	63231423	19765592	1717902	606540	79378542	26331628	37788926	19506902
38673785	92219034	35070783	4561041	1151634	102212777	35725844	52973266	41980355
4046524	5747278	3338350	382859	364821	3163018	1511746	3403683	4529488
39047271	98514561	35988509	5579274	1138799	107611366	39124337	58490764	42586636
11811643	46998420	16836391	1516928	458592	63032006	17983703	24042748	12826087
2331080	6764571	1909673	440894	66260	6599576	2840278	5647642	2557607
7147822	36806079	12694378	282306	309504	53969376	14147347	14443913	8038484
119784	315903	17696	220	1011	220562	152725	205395	104945
64355	179987	90722	11405	897	6029	3084	38300	66030
2148602	2931880	2123923	782103	80920	2236463	840269	3707499	2059020
21041718	30137223	16792382	2863152	1033051	18872223	7993896	19489549	23457976
1897363	2787326	1618438	105834	239778	1207737	855466	2372426	2436195
571331	776148	390114	97355	24181	673857	104117	366986	595424
51372	166807	69573	7463	21630	117914	70615	112263	57459
1066470	922136	554688	46269	16003	586853	261966	152055	1039564
2532	41092	20660	-5089	858	564	447	22679	4615
638	3629	3192	534		1228	437	2095	695
16669	54573	31564	10525	8074	30954	18309	22850	15498
188997	312676	148810	32737	30929	329132	120462	86618	187417
24861	63955	42354	7280	2058	51734	11244	13830	29005
2580	24253	7712	1189	2083	5476	2635	16364	1493
8483203	5739494	1445511	103866	114529	7491173	2400760	3771712	8325905
1291372	1563105	863829	97439	121562	1352475	559607	1098337	1194124
212171	542015	421050	73458	10890	124700	58227	169596	153064
8668	18770	12232	6436	1806	13157	5750	12122	7929
587747	1732254	662946	220513	44722	1215509	680621	1302165	591869
24593	28700	24664	4360	3848	3729	1676	13098	32131
356040	549088	158273	8220	9774	515184	315652	389868	366690
178633	374510	184320	68989	19639	209123	144672	190043	184677
1424951	4019459	3234318	716522	43090	969310	396387	2835476	1461591
2186356	5370603	3396549	604250	124182	1937412	1268018	3203419	4055177
544783	1186851	736678	101051	59319	733171	167210	1318375	682282
617941	1141882	649837	198468	9290	479568	216281	502378	628521
1004803	2229472	1776044	262953	94485	635182	246103	1255477	951456
6530	18308	14839		2837	1480	1452	7719	18201
58891	213773	166507	25496	23767	89838	30864	113372	61667
5473	18785	16927	3428	2461	880	181	7377	5863
181616	114789	92849	47924	1259	22282	15891	56652	322888
45134	122772	47905	15684		72600	38848	74197	46577
10240433	27126196	5698086	1582053	11977	28870154	14658483	18362150	10832062
9759899	24067431	4650480	1512585	11065	27391796	13725766	16395284	10343064
231177	422413	122442	17521	292	317792	124211	172695	250910
249358	2636351	925164	51947	620	1160567	808506	1794171	238088

12-4 续表

单位：万元

类 别	Category
总 计	**Total**
#亏损企业	#Loss-making Enterprises
#大中型企业	#Large and Medium-sized Enterprises
按轻重工业分	**Grouped by Light and Heavy Industry**
轻工业	Light Industry
重工业	Heavy Industry
按行业分	**Grouped by Sector**
采矿业	Mining and Quarrying
煤炭开采和洗选业	Mining and Washing of Coal
石油和天然气开采业	Extraction of Petroleum and Natural Gas
黑色金属矿采选业	Mining and Processing of Ferrous Metals Ores
有色金属矿采选业	Mining and Processing of Non-ferrous Metal Ores
非金属矿采选业	Mining and Processing of Nonmetal Ores
开采专业及辅助性活动	Professional and Support Activities For Mining
其他采矿业	Mining of Other Ores
制造业	Manufacturing
农副食品加工业	Processing of Food from Agricultural Products
食品制造业	Manufacture of Foods
酒、饮料和精制茶制造业	Manufacture of Wine, soft drinks and refined tea
烟草制品业	Manufacture of Tobacco
纺织业	Manufacture of Textile
纺织服装、服饰业	Manufacture of Textile and Apparel
皮革、毛皮、羽毛及其制品和制鞋业	Manufacture of Leather, Furs, Feather and Related Products and Footwear
木材加工和木、竹、藤、棕、草制品业	Processing of Timber, Manufacture of Wood, Bamboo, Rattan, Palm and Straw Products
家具制造业	Manufacture of Furniture
造纸和纸制品业	Manufacture of Paper and Paper Products
印刷和记录媒介复制业	Manufacture of Printing and Record Medium Reproduction
文教、工美、体育和娱乐用品制造业	Manufacture of Articles for Culture, Education and Sports Activities
石油、煤炭及其他燃料加工业	Processing of Petroleum, Coal and Other Fuels
化学原料和化学制品制造业	Manufacture of Raw Chemical Materials and Chemical Products
医药制造业	Manufacture of Medicines
化学纤维制造业	Manufacture of Chemical Fibers
橡胶和塑料制品业	Manufacture of Rubber and Plastics
非金属矿物制品业	Manufacture of Non-metallic Mineral Products
黑色金属冶炼及压延加工业	Smelting and Pressing of Ferrous Metals
有色金属冶炼及压延加工业	Smelting and Pressing of Non-ferrous Metals
金属制品业	Manufacture of Metal Products
通用设备制造业	Manufacture of General Purpose Machinery
专用设备制造业	Manufacture of Special Purpose Machinery
汽车制造业	Manufacture of Automotive
铁路、船舶、航空航天和其他运输设备制造业	Manufacture of Railroad, Marine, Aerospace and Other Transportation Equipment
电气机械及器材制造业	Manufacture of Electrical Machinery and Equipment
计算机、通信和其他电子设备制造业	Manufacture of Computers, Communication and Other Electronic Equipment
仪器仪表制造业	Manufacture of Measuring Instruments
其他制造业	Other Manufacturing
废弃资源综合利用业	Comprehensive Utilization of Waste Resources Industry
金属制品、机械和设备修理业	Metal Products, Machinery and Equipment Repair Industry
电力、热力、燃气及水生产和供应业	Production and Supply of Electric Power, heat, Gas and Water
电力、热力生产和供应业	Production and Supply of Electric Power and Heat Power
燃气生产和供应业	Production and Supply of Gas
水的生产和供应业	Production and Supply of Water

Continued

(10000 yuan)

营业成本 Business Cost	销售费用 Selling Expenses	管理费用 Management Expenses	财务费用 Financial Expenses	利息费用 Expenditure for Interests	利润总额 Total Profits	亏损企业亏损总额 Total Losses Made by Enterprises--in-red
40379222	**701584**	**2652782**	**955342**	**1138586**	**-617160**	**2100245**
18632273	192785	1362510	594663	783940	-2100245	2100245
35933578	612434	2476544	745049	956684	-868621	1918135
3277874	253556	204297	74643	58293	159780	105538
37101347	448028	2448486	880699	1080293	-776940	1994707
11193267	109505	1240242	289836	497378	-937834	1140820
1965413	12115	397708	40432	46790	65981	105392
7085921	93232	818464	241949	443119	-957534	957534
60313	124	4537	6572	6539	4713	
30626	2203	3795	738	568	21637	73
2050994	1833	15738	146	362	-72632	77821
18580060	528303	1091065	273140	267697	579201	269346
2152501	156156	47563	65409	47229	10811	83185
491923	55226	18507	3894	6131	23663	7432
43050	2546	7510	4606	1328	-3116	9456
329715	12319	81214	-3146		87325	
4892		342		1	-852	852
417		1194	-1		-683	683
13356	381	3375	60	56	61	147
136654	12825	9323	1960	1594	15234	79
24945	210	4087	-39	51	321	1459
787	33	546	-4		336	
6097349	46191	283928	43020	48784	178594	15926
1064464	26770	54367	25929	27457	6901	19598
71141	13736	30871	1203	1314	28456	247
6287	82	802	387	385	202	
501979	20377	57499	11886	11325	-5368	40716
25607	1190	897	23	27	2875	
319236	5793	17982	13847	12853	5290	
168812	1557	6445	1175	1304	4052	3930
1244883	38147	89873	13321	20672	34739	12712
3572173	44597	167861	81306	72908	132154	4886
608876	17175	75577	-2614	1749	-43051	50480
504674	9322	61400	6216	5175	31444	3218
760581	55187	47849	455	3907	70591	
16881	319	683	-21		791	
49019	6385	9056	2372	1703	-11146	13941
5467	128	519	152	212	-396	396
326188	1368	2272	956	924	8534	
38206	285	9526	789	610	1439	
10605895	63776	321475	392365	373511	-258527	690080
10202303	9253	274859	352637	322720	-256532	649101
197684	34872	12945	-2335	590	15757	4972
205908	19650	33671	42063	50201	-17752	36006

12-5 集体工业企业主要经济指标(2020年)

单位：个、万元

类　别	Category	单位数 Number of Enterprises	#亏损企业 Loss-making Enterprises
总　计	**Total**	**27**	**5**
#亏损企业	#Loss-making Enterprises	5	5
#大中型企业	#Large and Medium-sized Enterprises	12	3
按轻重工业分	**Grouped by Light and Heavy Industry**		
轻工业	Light Industry	4	1
重工业	Heavy Industry	23	4
按行业分	**Grouped by Sector**		
采矿业	Mining	12	2
煤炭开采和洗选业	Mining and Washing of Coal	7	1
石油和天然气开采业	Extraction of Petroleum and Natural Gas		
黑色金属矿采选业	Mining and Processing of Ferrous Metal Ores		
有色金属矿采选业	Mining and Processing of Non-ferrous Metal Ores		
非金属矿采选业	Mining and Processing of Non-metal Ores		
开采专业及辅助性活动	Professional and Support Activities for Mining	5	1
其他采矿业	Mining of Other Ores		
制造业	Manufacturing	15	3
农副食品加工业	Processing of Food from Agricultural Products	1	
食品制造业	Manufacture of Foods		
酒、饮料和精制茶制造业	Manufacture of Liquor, Beverages and Refined Tea		
烟草制品业	Manufacture of Tobacco		
纺织业	Manufacture of Textile		
纺织服装、服饰业	Manufacture of Textile, Wearing Apparel and Accessories		
皮革、毛皮、羽毛及其制品和制鞋业	Manufacture of Leather, Fur, Feather and Related Products and Footwear		
木材加工和木、竹、藤、棕、草制品业	Processing of Timber, Manufacture of Wood, Bamboo, Rattan, Palm and Straw Products		
家具制造业	Manufacture of Furniture		
造纸和纸制品业	Manufacture of Paper and Paper Products	2	
印刷和记录媒介复制业	Manufacture of Printing and Record Medium Reproduction		
文教、工美、体育和娱乐用品制造业	Manufacture of Articles for Culture, Education, Arts and Crafts, Sport and Entertainment Activities		
石油、煤炭及其他燃料加工业	Processing of Petroleum, Coal and Other Fuels		
化学原料和化学制品制造业	Manufacture of Raw Chemical Materials and Chemical Products	4	1
医药制造业	Manufacture of Medicines	1	1
化学纤维制造业	Manufacture of Chemical Fibers		
橡胶和塑料制品业	Manufacture of Rubber and Plastics	1	
非金属矿物制品业	Manufacture of Non-metallic Mineral Products	2	
黑色金属冶炼及压延加工业	Smelting and Pressing of Ferrous Metals		
有色金属冶炼及压延加工业	Smelting and Pressing of Non-ferrous Metals		
金属制品业	Manufacture of Metal Products	1	
通用设备制造业	Manufacture of General Purpose Machinery		
专用设备制造业	Manufacture of Special Purpose Machinery	3	1
汽车制造业	Manufacture of Automotive		
铁路、船舶、航空航天和其他运输设备制造业	Manufacture of Railroad, Marine, Aerospace and Other Transportation Equipment		
电气机械及器材制造业	Manufacture of Electrical Machinery and Equipment		
计算机、通信和其他电子设备制造业	Manufacture of Computers, Communication and Other Electronic Equipment		
仪器仪表制造业	Manufacture of Measuring Instruments and Machinery		
其他制造业	Other Manufacture		
废弃资源综合利用业	Comprehensive Utilization of Waste Resources Industry		
金属制品、机械和设备修理业	Repair Service of Metal Products, Machinery and Equipment		
电力、热力、燃气及水生产和供应业	Production and Supply of Electricity, heat, Gas and Water		
电力、热力生产和供应业	Production and Supply of Electric Power and Heat Power		
燃气生产和供应业	Production and Supply of Gas		
水的生产和供应业	Production and Supply of Water		

Major Indicators of Collective-Owned Industrial Enterprises(2020)

(unit, 10000 yuan)

工业总产值 Total Industrial Output Value	资产总计 Total Assets	流动资产合计 Total Current Assets	应收帐款 Accounts Receivable	产成品 Finished Goods	固定资产原价 Original Value of Fixed Assets	固定资产净额 Net Fixed Assets	负债合计 Total Liabilities	营业收入 Business Revenue
458479	**677971**	**600295**	**294533**	**21598**	**274859**	**54034**	**442662**	**427861**
92900	218895	202705	99523	8355	116603	13541	113966	62322
377120	522548	461272	245638	18941	225157	43608	357028	347735
10599	72834	66554	25108	709	20974	1144	12323	15785
447881	605137	533741	269425	20890	253885	52890	430339	412075
163198	360994	312311	135667	9674	181328	32826	226070	147164
45232	38852	26287	3998	9674	14827	10326	29954	39343
117966	322142	286024	131669		166502	22500	196116	107821
295282	316977	287983	158866	11925	93531	21208	216592	280697
4396	65995	60935	22588	641	16844		8358	4372
4184	5601	4763	2529	1	3396	761	1948	9302
248103	214228	194201	114011	9993	63634	17872	167212	234455
2018	1239	856	-9	67	734	383	2016	2111
2526	3930	3771	2373	509	1162	133	2948	1909
11811	5406	5141	3241	487	784	254	2933	11811
3080	2698	1590		98	2749	1008	290	4459
19163	17881	16727	14133	130	4227	796	30886	12279

12-6 按行业分私营工业企业主要指标(2020年)

单位：个、万元

行业	Sector	企业单位数 Number of Enterprises
总　计	**Total**	**2301**
采矿业	Mining and Quarrying	147
煤炭开采和洗选业	Mining and Washing of Coal	94
石油和天然气开采业	Extraction of Petroleum and Natural Gas	
黑色金属矿采选业	Mining and Processing of Ferrous Metal Ores	8
有色金属矿采选业	Mining and Processing of Non-ferrous Metal Ores	6
非金属矿采选业	Mining and Processing of Non-metal Ores	27
开采专业及辅助性活动	Professional and Support Activities For Mining	12
其他采矿业	Mining of Other Ores	
制造业	Manufacturing	2016
农副食品加工业	Processing of Food from Agricultural Products	792
食品制造业	Manufacture of Foods	77
酒、饮料和精制茶制造业	Manufacture of Liquor, Beverages and Refined Tea	38
烟草制品业	Manufacture of Tobacco	1
纺织业	Manufacture of Textile	26
纺织服装、服饰业	Manufacture of Textile, Wearing Apparel and Accessories	3
皮革、毛皮、羽毛及其制品和制鞋业	Manufacture of Leather, Fur, Feather and Related Products and Footwear	52
木材加工和木、竹、藤、棕、草制品业	Processing of Timber, Manufacture of Wood, Bamboo, Rattan, Palm and Straw Products	108
家具制造业	Manufacture of Furniture	21
造纸和纸制品业	Manufacture of Paper and Paper Products	25
印刷和记录媒介复制业	Manufacture of Printing and Record Medium Reproduction	15
文教、工美、体育和娱乐用品制造业	Manufacture of Articles for Culture, Education, Arts and Crafts, Sport and Entertainment Activities	5
石油、煤炭及其他燃料加工业	Processing of Petroleum, Coal and Other Fuels	35
化学原料和化学制品制造业	Manufacture of Raw Chemical Materials and Chemical Products	113
医药制造业	Manufacture of Medicines	65
化学纤维制造业	Manufacture of Chemical Fibers	3
橡胶和塑料制品业	Manufacture of Rubber and Plastics	52
非金属矿物制品业	Manufacture of Non-metallic Mineral Products	195
黑色金属冶炼及压延加工业	Smelting and Pressing of Ferrous Metals	9
有色金属冶炼及压延加工业	Smelting and Pressing of Non-ferrous Metals	9
金属制品业	Manufacture of Metal Products	67
通用设备制造业	Manufacture of General Purpose Machinery	71
专用设备制造业	Manufacture of Special Purpose Machinery	128
汽车制造业	Manufacture of Automotive	15
铁路、船舶、航空航天和其他运输设备制造业	Manufacture of Railroad, Marine, Aerospace and Other Transportation Equipment	18
电气机械及器材制造业	Manufacture of Electrical Machinery and Equipment	42
计算机、通信和其他电子设备制造业	Manufacture of Computers, Communication and Other Electronic Equipment	6
仪器仪表制造业	Manufacture of Measuring Instruments and Machinery	11
其他制造业	Other Manufacture	1
废弃资源综合利用业	Comprehensive Utilization of Waste Resources Industry	10
金属制品、机械和设备修理业	Repair Service of Metal Products, Machinery and Equipment	3
电力、热力、燃气及水生产和供应业	Production and Supply of Electricity, heat, Gas and Water	138
电力、热力生产和供应业	Production and Supply of Electric Power and Heat Power	116
燃气生产和供应业	Production and Supply of Gas	18
水的生产和供应业	Production and Supply of Water	4

Main Indicators of Private Enterprises by Industrial Sector (2020)

(unit, 10000 yuan)

工业总产值 Total Industrial Output Value	资产总计 Total Assets	流动资产合计 Total Current Assets	应收帐款 Accounts Receivable	产成品 Finished Goods	固定资产原价 Original Value of Fixed Assets	固定资产净额 Net Fixed Assets	负债合计 Total Liabilities	营业收入 Business Revenue	营业成本 Business Cost	利润总额 Total Profits	亏损企业亏损总额 Total Losses Made by Enterprises-in-red
23405195	**28946954**	**16213588**	**3851548**	**1656589**	**12237711**	**6970696**	**18152506**	**23209306**	**20426265**	**890031**	**290525**
1200764	2394349	1191942	317766	127144	1024118	544298	1585529	1380273	1097664	102825	42568
770111	1248948	742901	170855	90718	527683	272878	973612	881912	730602	53448	31742
60687	433661	94711	10730	14228	229559	143373	318939	137481	124143	-634	3354
84008	124943	67902	16130	3464	83045	43824	48530	84949	37105	30739	1970
163940	270738	154039	67104	18734	106930	64610	151441	156452	109914	15322	5502
122018	316060	132389	52948	0	76901	19613	93007	119479	95900	3949	
20862722.1	22776508	13496062	3242203.6	1517341.4	8570245.5	4991951.5	13848408	20491035	18159927	712325	229365.2
8398889	5736838	3848163	571025	591359	1720821	1129141	3289500	8457435	7904828	208825	43056
1364756	1526232	633779	163215	106113	945328	682214	1071128	1153131	981276	43494	38022
477331	856356	542468	24942	37302	303386	191630	384691	461569	348817	42762	3509
111818	74489	64835	7060	18305	29618	8410	20682	99761	56879	31459	
127889	196513	141514	43372	31256	79116	40088	128934	114364	110523	6286	3678
15334	13436	9032	1780	1365	2241	146	9416	7904	7386	72	101
451874	143310	98248	54557	18630	8657	4318	87208	411339	382088	17366	95
458828	365218	272587	57696	41872	72853	39839	267476	384102	373445	-3589	8377
171848	247152	176114	52402	43481	99094	39284	172198	136056	119606	760	2443
179070	267732	131502	60676	11411	157380	86442	211111	168556	156777	-5991	9308
72950	74171	39768	9628	3762	40740	24492	51177	74392	68020	-2507	3700
12201	26260	16902	2042	4170	12224	7517	18672	10380	8962	1624	3
1787612	2797009	1271945	109755	107900	1028926	547357	1935745	1899066	1684476	59180	12202
1383089	1668905	925844	149600	101006	625570	370755	1104169	1344605	1209042	20475	54208
639137	1176994	650009	165538	84096	529400	290358	533038	571199	312642	78867	12117
36652	30282	12816	2646	1219	16582	8724	14398	31923	12055	20842	163
274120	288552	167498	59680	22718	144504	83005	176488	268559	243136	7197	1789
1048030	1907612	1234529	582208	78964	688596	327642	1474293	1069363	951918	19894	14132
1157152	1644113	601214	88119	34108	889260	541087	961799	1351871	1168268	28042	1
55801	125826	33090	12388	3137	50589	32028	83719	58361	52677	-1609	2145
327560	328919	237678	91788	11444	98917	54885	203017	346937	317604	14325	843
358562	631708	441940	156996	44065	306055	126200	314671	349891	275697	26156	2745
803574	1262964	952363	421533	51207	393004	182281	663848	709572	580989	34497	10906
90508	204100	154986	29137	8081	44275	23714	150671	86318	66530	4353	221
147183	364264	260790	87511	17770	97275	45713	108687	146489	88293	26318	
291607	304249	226520	113769	14010	89553	43289	140387	286210	245091	7215	2573
47582	137963	91823	36768	3766	27028	11630	41014	43118	25138	9179	1180
181300	258745	168158	58414	8647	45492	32466	162718	185177	150484	10356	54
11332	5008	4137		2852	466	341	5556	6397	4230	-744	744
364614	90265	67466	20144	9361	19708	14677	52756	242418	241997	5592	991
14521	21325	18345	7817	3966	3588	2278	9240	14573	11055	1629	59
1341708.7	3776097	1525584.3	291578.1	12103.6	2643348.2	1434446.1	2718569	1337998	1168673.6	74881.6	18591.8
1148680	3327593	1365873	248543	8709	2376218	1242643	2413038	1153333	1017970	61362	18162
171634	334405	146902	34922	3096	183929	123727	222194	163262	139399	8526	424
21395	114099	12809	8114	299	83201	68076	83337	21403	11305	4994	6

12-7 按行业分“三资”工业企业主要指标(2020年)

单位：个、万元

行　　　业	Sector	企业单位数 Number of Enterprises
总　计	**Total**	**146**
采矿业	Mining and Quarrying	2
煤炭开采和洗选业	Mining and Washing of Coal	
石油和天然气开采业	Extraction of Petroleum and Natural Gas	
黑色金属矿采选业	Mining and Processing of Ferrous Metal Ores	
有色金属矿采选业	Mining and Processing of Non-ferrous Metal Ores	1
非金属矿采选业	Mining and Processing of Non-metal Ores	
开采专业及辅助性活动	Professional and Support Activities For Mining	1
其他采矿业	Mining of Other Ores	
制造业	Manufacturing	111
农副食品加工业	Processing of Food from Agricultural Products	30
食品制造业	Manufacture of Foods	14
酒、饮料和精制茶制造业	Manufacture of Liquor, Beverages and Refined Tea	15
烟草制品业	Manufacture of Tobacco	
纺织业	Manufacture of Textile	2
纺织服装、服饰业	Manufacture of Textile, Wearing Apparel and Accessories	
皮革、毛皮、羽毛及其制品和制鞋业	Manufacture of Leather, Fur, Feather and Related Products and Footwear	1
木材加工和木、竹、藤、棕、草制品业	Processing of Timber, Manufacture of Wood, Bamboo, Rattan, Palm and Straw Products	4
家具制造业	Manufacture of Furniture	
造纸和纸制品业	Manufacture of Paper and Paper Products	1
印刷和记录媒介复制业	Manufacture of Printing and Record Medium Reproduction	
文教、工美、体育和娱乐用品制造业	Manufacture of Articles for Culture, Education, Arts and Crafts, Sport and Entertainment Activities	1
石油、煤炭及其他燃料加工业	Processing of Petroleum, Coal and Other Fuels	1
化学原料和化学制品制造业	Manufacture of Raw Chemical Materials and Chemical Products	7
医药制造业	Manufacture of Medicines	5
化学纤维制造业	Manufacture of Chemical Fibers	
橡胶和塑料制品业	Manufacture of Rubber and Plastics	1
非金属矿物制品业	Manufacture of Non-metallic Mineral Products	8
黑色金属冶炼及压延加工业	Smelting and Pressing of Ferrous Metals	
有色金属冶炼及压延加工业	Smelting and Pressing of Non-ferrous Metals	
金属制品业	Manufacture of Metal Products	5
通用设备制造业	Manufacture of General Purpose Machinery	1
专用设备制造业	Manufacture of Special Purpose Machinery	5
汽车制造业	Manufacture of Automotive	4
铁路、船舶、航空航天和其他运输设备制造业	Manufacture of Railroad, Marine, Aerospace and Other Transportation Equipment	2
电气机械及器材制造业	Manufacture of Electrical Machinery and Equipment	2
计算机、通信和其他电子设备制造业	Manufacture of Computers, Communication and Other Electronic Equipment	
仪器仪表制造业	Manufacture of Measuring Instruments and Machinery	1
其他制造业	Other Manufacture	
废弃资源综合利用业	Comprehensive Utilization of Waste Resources Industry	
金属制品、机械和设备修理业	Repair Service of Metal Products, Machinery and Equipment	1
电力、热力、燃气及水生产和供应业	Production and Supply of Electricity, heat, Gas and Water	33
电力、热力生产和供应业	Production and Supply of Electric Power and Heat Power	26
燃气生产和供应业	Production and Supply of Gas	4
水的生产和供应业	Production and Supply of Water	3

Main Indicators of Industrial Enterprises with Hongkong, Macao, Taiwan and Foreign Funds by Industrial Sector(2020)

(unit, 10000 yuan)

工业总产值 Total Industrial Output Value	资产总计 Total Assets	流动资产合计 Total Current Assets	应收帐款 Accounts Receivable	产成品 Finished Goods	固定资产原价 Original Value of Fixed Assets	固定资产净额 Net Fixed Assets	负债合计 Total Liabilities	营业收入 Business Revenue	营业成本 Business Cost	利润总额 Total Profits	亏损企业亏损总额 Total Losses Made by Enterprises-in-red
8607207	**14884287**	**8369020**	**2097827**	**446913**	**8518137**	**4079167**	**8865791**	**12020962**	**9598401**	**1914837**	**150759**
99769	192987	50300	5643	5290	88613	74351	17331	99634	24303	75712	
90619	182126	44096		5290	83943	70852	11993	90485	18256	74322	
9150	10861	6203	5643		4670	3499	5337	9150	6047	1391	
7401957	11410189	7497168	1912774	429414	4360997	2162928	6279862	10768007	8606176	1795167	95538
1706680	1601863	965751	149285	179777	836633	453760	988191	1985336	1751968	95243	10179
1833104	2896546	2313268	915957	30506	677405	352117	1365646	2740743	1518984	956163	5142
514786	768320	275603	50037	26497	739137	413809	354422	586349	401120	39586	304
24486	40460	35756	7588	17599	17367	3642	32021	19219	19907	-2672	2672
2024	1409	596	93	7	2535	813	17	2015	1968	-154	154
14940	24866	18134	2892	5558	11210	4714	20262	10414	9629	-687	846
19833	16178	8248	2546	223	14849	6236	12388	20121	16703	2628	
2047	1845	1424	480	268	1163	421	550	2047	1672	122	
5295	217813	167675	2456	6309	50930	25453	393301	21229	31270	-5993	5993
344219	362119	214028	16334	28212	319400	125299	173024	431007	403460	2447	2881
45993	94842	68567	9660	5858	42593	23722	82273	38614	20995	1930	117
113525	103792	51615	25009	5451	174551	45365	106674	115675	102765	3740	
715659	1551727	911983	124655	15740	243907	126438	990371	1035076	935576	109186	1575
65726	65491	42090	21207	2456	30629	18124	32001	67813	57352	5421	743
10002	31821	29353	10654	1271	7954	2161	14088	41883	38850	1263	
161040	231972	170541	20937	13194	133109	36819	96892	190096	143487	-4260	28613
1683913	2503216	1693378	428977	37522	854319	433125	1114394	3326429	2966425	621656	473
40255	98560	62673	10370	3642	77338	33603	53421	41458	33997	-2879	3171
67981	700184	448103	105898	46902	122098	56032	340924	62685	127542	-23858	28962
30231	24601	15166	5699	1895	2520	762	61390	25720	20153	-3565	3565
220	72567	3215	2041	528	1353	514	47615	4078	2353	-150	150
1105482	3281111	821553	179409	12209	4068527	1841888	2568599	1153321	967922	43958	55221
861114	2371141	446608	161062	3738	3753340	1711453	1916795	884627	780454	21953	53015
199442	303437	106055	7440	8471	282251	113637	151903	218482	155826	23028	
44926	606533	268891	10907		32936	16798	499901	50212	31641	-1023	2206

12-8 工业企业主要经济效益指标(2020年)

单位：%

类　别	Category
总　计	**Total**
按轻重工业分	**Grouped by Light and Heavy Industry**
轻工业	Light Industry
重工业	Heavy Industry
按行业分	**Grouped by Sector**
采矿业	Mining and Quarrying
煤炭开采和洗选业	Mining and Washing of Coal
石油和天然气开采业	Extraction of Petroleum and Natural Gas
黑色金属矿采选业	Mining and Processing of Ferrous Metal Ores
有色金属矿采选业	Mining and Processing of Non-ferrous Metal Ores
非金属矿采选业	Mining and Processing of Non-metal Ores
开采专业及辅助性活动	Professional and Support Activities for Mining
其他采矿业	Mining of Other Ores
制造业	Manufacturing
农副食品加工业	Processing of Food from Agricultural Products
食品制造业	Manufacture of Foods
酒、饮料和精制茶制造业	Manufacture of Liquor, Beverages and Refined Tea
烟草制品业	Manufacture of Tobacco
纺织业	Manufacture of Textile
纺织服装、服饰业	Manufacture of Textile, Wearing Apparel and Accessories
皮革、毛皮、羽毛及其制品和制鞋业	Manufacture of Leather, Fur, Feather and Related Products and Footwear
木材加工和木、竹、藤、棕、草制品业	Processing of Timber, Manufacture of Wood, Bamboo, Rattan, Palm and Straw Products
家具制造业	Manufacture of Furniture
造纸和纸制品业	Manufacture of Paper and Paper Products
印刷和记录媒介复制业	Manufacture of Printing and Record Medium Reproduction
文教、工美、体育和娱乐用品制造业	Manufacture of Articles for Culture, Education, Arts and Crafts, Sport and Entertainment Activities
石油、煤炭及其他燃料加工业	Processing of Petroleum, Coal and Other Fuels
化学原料和化学制品制造业	Manufacture of Raw Chemical Materials and Chemical Products
医药制造业	Manufacture of Medicines
化学纤维制造业	Manufacture of Chemical Fibers
橡胶和塑料制品业	Manufacture of Rubber and Plastics
非金属矿物制品业	Manufacture of Non-metallic Mineral Products
黑色金属冶炼及压延加工业	Smelting and Pressing of Ferrous Metals
有色金属冶炼及压延加工业	Smelting and Pressing of Non-ferrous Metals
金属制品业	Manufacture of Metal Products
通用设备制造业	Manufacture of General Purpose Machinery
专用设备制造业	Manufacture of Special Purpose Machinery
汽车制造业	Manufacture of Automotive
铁路、船舶、航空航天和其他运输设备制造业	Manufacture of Railroad, Marine, Aerospace and Other Transportation Equipment
电气机械及器材制造业	Manufacture of Electrical Machinery and Equipment
计算机、通信和其他电子设备制造业	Manufacture of Computers, Communication and Other Electronic Equipment
仪器仪表制造业	Manufacture of Measuring Instruments and Machinery
其他制造业	Other Manufacture
废弃资源综合利用业	Comprehensive Utilization of Waste Resources Industry
金属制品、机械和设备修理业	Repair Service of Metal Products, Machinery and Equipment
电力、热力、燃气及水生产和供应业	Production and Supply of Electricity, heat, Gas and Water
电力、热力生产和供应业	Production and Supply of Electric Power and Heat Power
燃气生产和供应业	Production and Supply of Gas
水的生产和供应业	Production and Supply of Water

Major Indicators on Economic Benefit of Industrial Enterprises (2020)

(%)

营业收入 利润率 Profit Margin of Business Revenue	资 产 负债率 Assets- Liability Ratio	总资产 贡献率 Ratio of Total Assets to Industrial Output Value	成本费用 利 润 率 Ratio of Profits to Industrial Cost
3.2	**60.3**	**5.8**	**3.3**
7.3	57.3	10.9	7.9
1.4	60.9	4.7	1.4
-3.4	52.0	2.3	-3.4
3.8	81.5	6.6	4.0
-11.9	39.2	0.5	-11.1
0.4	71.7	1.3	0.4
35.2	44.5	23.7	59.5
16.7	41.7	12.3	20.7
-3.2	109.8	-0.8	-3.1
5.4	61.4	9.7	5.8
2.5	65.6	4.2	2.6
19.7	57.8	20.2	22.9
5.5	50.7	9.6	6.1
10.4	17.3	71.5	24.2
4.2	64.7	2.9	4.0
2.1	65.9	0.7	2.1
3.5	61.0	11.3	3.7
2.0	66.2	2.8	2.1
-1.0	66.5	1.8	-0.9
3.2	52.2	5.2	3.3
-2.1	53.9	0.7	-2.1
8.7	65.5	4.4	8.8
2.1	69.8	23.8	2.6
1.1	68.2	2.9	1.1
15.9	43.5	9.3	18.2
65.3	47.6	70.2	125.7
2.7	69.5	4.8	2.8
3.9	67.5	4.1	3.9
2.3	63.5	4.5	2.3
1.0	71.6	4.1	1.0
4.8	58.2	5.5	4.9
5.1	64.6	3.8	5.4
3.1	59.4	4.9	3.3
14.7	64.2	18.7	15.4
7.4	42.5	6.2	7.9
3.8	53.1	3.7	3.8
7.5	49.4	2.4	7.1
0.1	54.0	2.1	0.1
5.1	52.7	4.2	5.5
2.0	58.5	35.9	2.0
5.7	65.6	2.8	5.7
-0.8	69.6	1.9	-0.8
-1.0	70.2	1.8	-1.0
5.3	55.2	4.55	5.5
-2.4	67.8	2.2	-2.1

12-9 大中型工业企业主要经济效益指标(2020年)

单位：%

类 别	Category
总 计	**Total**
按轻重工业分	**Grouped by Light and Heavy Industry**
轻工业	Light Industry
重工业	Heavy Industry
按行业分	**Grouped by Sector**
采矿业	Mining
煤炭开采和洗选业	Mining and Washing of Coal
石油和天然气开采业	Extraction of Petroleum and Natural Gas
黑色金属矿采选业	Mining and Processing of Ferrous Metal Ores
有色金属矿采选业	Mining and Processing of Non-ferrous Metal Ores
非金属矿采选业	Mining and Processing of Non-metal Ores
开采专业及辅助性活动	Professional and Support Activities for Mining
其他采矿业	Mining of Other Ores
制造业	Manufacturing
农副食品加工业	Processing of Food from Agricultural Products
食品制造业	Manufacture of Foods
酒、饮料和精制茶制造业	Manufacture of Liquor, Beverages and Refined Tea
烟草制品业	Manufacture of Tobacco
纺织业	Manufacture of Textile
纺织服装、服饰业	Manufacture of Textile, Wearing Apparel and Accessories
皮革、毛皮、羽毛及其制品和制鞋业	Manufacture of Leather, Fur, Feather and Related Products and Footwear
木材加工和木、竹、藤、棕、草制品业	Processing of Timber, Manufacture of Wood, Bamboo, Rattan, Palm and Straw Products
家具制造业	Manufacture of Furniture
造纸和纸制品业	Manufacture of Paper and Paper Products
印刷和记录媒介复制业	Manufacture of Printing and Record Medium Reproduction
文教、工美、体育和娱乐用品制造业	Manufacture of Articles for Culture, Education, Arts and Crafts, Sport and Entertainment Activities
石油、煤炭及其他燃料加工业	Processing of Petroleum, Coal and Other Fuels
化学原料和化学制品制造业	Manufacture of Raw Chemical Materials and Chemical Products
医药制造业	Manufacture of Medicines
化学纤维制造业	Manufacture of Chemical Fibers
橡胶和塑料制品业	Manufacture of Rubber and Plastics
非金属矿物制品业	Manufacture of Non-metallic Mineral Products
黑色金属冶炼及压延加工业	Smelting and Pressing of Ferrous Metals
有色金属冶炼及压延加工业	Smelting and Pressing of Non-ferrous Metals
金属制品业	Manufacture of Metal Products
通用设备制造业	Manufacture of General Purpose Machinery
专用设备制造业	Manufacture of Special Purpose Machinery
汽车制造业	Manufacture of Automotive
铁路、船舶、航空航天和其他运输设备制造业	Manufacture of Railroad, Marine, Aerospace and Other Transportation Equipment
电气机械及器材制造业	Manufacture of Electrical Machinery and Equipment
计算机、通信和其他电子设备制造业	Manufacture of Computers, Communication and Other Electronic Equipment
仪器仪表制造业	Manufacture of Measuring Instruments and Machinery
其他制造业	Other Manufacture
废弃资源综合利用业	Comprehensive Utilization of Waste Resources Industry
金属制品、机械和设备修理业	Repair Service of Metal Products, Machinery and Equipment
电力、热力、燃气及水生产和供应业	Production and Supply of Electricity, heat, Gas and Water
电力、热力生产和供应业	Production and Supply of Electric Power and Heat Power
燃气生产和供应业	Production and Supply of Gas
水的生产和供应业	Production and Supply of Water

Major Indicators on Economic Benefit of Large and Medium-Sized Industrial Enterprises(2020)

(%)

营业收入利润率 Profit Margin of Business Revenue	资 产 负债率 Assets-Liability Ratio	总资产贡献率 Ratio of Total Assets to Industrial Output Value	成本费用利 润 率 Ratio of Profits to Industrial Cost
2.9	**58.0**	**6.3**	**3.1**
11.4	55.4	15.3	13.0
0.8	58.4	4.9	0.8
-4.4	51.2	2.0	-4.4
4.4	82.6	6.4	4.7
-11.9	39.2	0.5	-11.1
-2.0	63.6	0.8	-2.0
41.6	39.1	30.9	73.9
21.5	12.0	29.2	28.3
-3.6	114.9	-1.2	-3.5
6.7	60.0	12.5	7.4
2.7	75.7	4.7	2.8
21.4	56.4	21.0	25.0
5.3	53.3	9.8	5.7
10.4	17.3	71.5	24.2
6.1	71.6	3.6	5.7
-0.7	22.4	0.0	-0.7
16.0	49.0	12.7	19.6
-1.9	60.1	2.6	-1.9
5.7	34.5	6.6	6.1
8.8	23.1	6.1	9.6
44.8	92.4	7.3	42.6
2.4	67.8	25.4	2.9
0.5	68.3	3.7	0.5
22.6	39.3	10.4	27.3
3.0	98.0	7.9	3.1
8.0	61.4	6.4	8.3
2.3	63.1	4.9	2.4
1.1	72.7	4.4	1.2
9.0	52.5	5.3	9.2
5.2	67.1	3.7	5.4
3.9	59.3	5.8	4.1
15.6	48.5	20.6	16.5
5.4	40.7	5.9	5.7
4.2	55.0	3.7	4.0
0.6	52.9	0.2	0.4
-1.3	52.5	1.6	-1.2
3.1	60.4	4.3	2.9
-3.9	68.1	0.6	-3.7
-3.9	68.7	0.5	-3.7
6.3	43.7	6.1	6.5
-18.5	68.2	1.0	-12.8

12-10 国有控股工业企业主要经济效益指标(2020年)

单位：%

类　别	Category
总　计	**Total**
按轻重工业分	**Grouped by Light and Heavy Industry**
轻工业	Light Industry
重工业	Heavy Industry
按行业分	**Grouped by Sector**
采矿业	Mining and Quarrying
煤炭开采和洗选业	Mining and Washing of Coal
石油和天然气开采业	Extraction of Petroleum and Natural Gas
黑色金属矿采选业	Mining and Processing of Ferrous Metal Ores
有色金属矿采选业	Mining and Processing of Non-ferrous Metal Ores
非金属矿采选业	Mining and Processing of Non-metal Ores
开采专业及辅助性活动	Professional and Support Activities for Mining
其他采矿业	Mining of Other Ores
制造业	Manufacturing
农副食品加工业	Processing of Food from Agricultural Products
食品制造业	Manufacture of Foods
酒、饮料和精制茶制造业	Manufacture of Liquor, Beverages and Refined Tea
烟草制品业	Manufacture of Tobacco
纺织业	Manufacture of Textile
纺织服装、服饰业	Manufacture of Textile, Wearing Apparel and Accessories
皮革、毛皮、羽毛及其制品和制鞋业	Manufacture of Leather, Fur, Feather and Related Products and Footwear
木材加工和木、竹、藤、棕、草制品业	Processing of Timber, Manufacture of Wood, Bamboo, Rattan, Palm and Straw Products
家具制造业	Manufacture of Furniture
造纸和纸制品业	Manufacture of Paper and Paper Products
印刷和记录媒介复制业	Manufacture of Printing and Record Medium Reproduction
文教、工美、体育和娱乐用品制造业	Manufacture of Articles for Culture, Education, Arts and Crafts, Sport and Entertainment Activities
石油、煤炭及其他燃料加工业	Processing of Petroleum, Coal and Other Fuels
化学原料和化学制品制造业	Manufacture of Raw Chemical Materials and Chemical Products
医药制造业	Manufacture of Medicines
化学纤维制造业	Manufacture of Chemical Fibers
橡胶和塑料制品业	Manufacture of Rubber and Plastics
非金属矿物制品业	Manufacture of Non-metallic Mineral Products
黑色金属冶炼及压延加工业	Smelting and Pressing of Ferrous Metals
有色金属冶炼及压延加工业	Smelting and Pressing of Non-ferrous Metals
金属制品业	Manufacture of Metal Products
通用设备制造业	Manufacture of General Purpose Machinery
专用设备制造业	Manufacture of Special Purpose Machinery
汽车制造业	Manufacture of Automotive
铁路、船舶、航空航天和其他运输设备制造业	Manufacture of Railroad, Marine, Aerospace and Other Transportation Equipment
电气机械及器材制造业	Manufacture of Electrical Machinery and Equipment
计算机、通信和其他电子设备制造业	Manufacture of Computers, Communication and Other Electronic Equipment
仪器仪表制造业	Manufacture of Measuring Instruments and Machinery
其他制造业	Other Manufacture
废弃资源综合利用业	Comprehensive Utilization of Waste Resources Industry
金属制品、机械和设备修理业	Repair Service of Metal Products, Machinery and Equipment
电力、热力、燃气及水生产和供应业	Production and Supply of Electricity, heat, Gas and Water
电力、热力生产和供应业	Production and Supply of Electric Power and Heat Power
燃气生产和供应业	Production and Supply of Gas
水的生产和供应业	Production and Supply of Water

Major Indicators on Economic Benefit of State-Holding Industrial Enterprises (2020)

(%)

营业收入 利润率 Profit Margin of Business Revenue	资 产 负债率 Assets- Liability Ratio	总资产 贡献率 Ratio of Total Assets to Industrial Output Value	成本费用 利 润 率 Ratio of Profits to Industrial Cost
-1.3	**59.4**	**4.6**	**-1.4**
3.5	**59.2**	**14.4**	**4.2**
-1.8	59.4	4.0	-1.9
-7.3	51.2	1.2	-7.1
2.6	83.5	5.5	2.7
-11.9	39.2	0.5	-11.1
4.5	65.0	10.3	6.3
32.8	21.3	16.6	56.3
-3.5	126.5	-1.4	-3.5
2.47	**64.67**	**12.67**	**2.79**
0.4	85.1	1.5	0.5
4.0	47.3	5.1	4.1
-5.4	67.3	2.5	-5.3
8.4	16.5	73.1	20.7
-18.5	55.2	-2.1	-16.3
-98.3	57.7	-16.5	-42.4
0.4	41.9	2.1	0.4
8.1	27.7	8.1	9.0
1.1	21.6	2.3	1.1
22.5	67.5	1.6	24.7
2.2	65.7	39.4	2.8
0.6	70.3	3.9	0.6
18.6	31.3	7.8	23.2
2.5	64.6	4.6	2.7
-0.9	75.2	1.9	-0.9
9.0	45.6	13.0	10.0
1.4	71.0	5.2	1.5
2.2	50.7	2.1	2.2
2.4	70.5	2.5	2.4
3.3	59.7	5.5	3.4
-6.3	111.1	-2.6	-6.0
5.0	44.0	5.0	5.2
7.4	56.3	5.1	7.6
4.35	42.2	5.0	4.4
-18.1	53.0	-3.1	-15.6
-6.8	39.3	-0.3	-6.3
2.6	49.4	47.2	2.6
3.1	60.4	4.3	2.9
-2.4	67.7	1.5	-2.3
-2.48	68.1	1.4	-2.4
6.3	40.9	5.6	6.5
-7.5	68.1	1.7	-5.9

12-11 集体工业企业主要经济效益指标(2020年)

单位：%

类 别	Category
总 计	**Total**
按轻重工业分	**Grouped by Light and Heavy Industry**
轻工业	Light Industry
重工业	Heavy Industry
按行业分	**Grouped by Sector**
采矿业	Mining and Quarrying
煤炭开采和洗选业	Mining and Washing of Coal
石油和天然气开采业	Extraction of Petroleum and Natural Gas
黑色金属矿采选业	Mining and Processing of Ferrous Metals Ores
有色金属矿采选业	Mining and Processing of Non-ferrous Metal Ores
非金属矿采选业	Mining and Processing of Nonmetal Ores
开采专业及辅助性活动	Professional and Support Activities For Mining
其他采矿业	Mining of Other Ores
制造业	Manufacturing
农副食品加工业	Processing of Food from Agricultural Products
食品制造业	Manufacture of Foods
酒、饮料和精制茶制造业	Manufacture of Wine, soft drinks and refined tea
烟草制品业	Manufacture of Tobacco
纺织业	Manufacture of Textile
纺织服装、服饰业	Manufacture of Textile and Apparel
皮革、毛皮、羽毛及其制品和制鞋业	Manufacture of Leather, Furs, Feather and Related Products and Footwear
木材加工和木、竹、藤、棕、草制品业	Processing of Timber, Manufacture of Wood, Bamboo, Rattan, Palm and Straw Products
家具制造业	Manufacture of Furniture
造纸和纸制品业	Manufacture of Paper and Paper Products
印刷和记录媒介复制业	Manufacture of Printing and Record Medium Reproduction
文教、工美、体育和娱乐用品制造业	Manufacture of Articles for Culture, Education and Sports Activities
石油、煤炭及其他燃料加工业	Processing of Petroleum, Coal and Other Fuels
化学原料和化学制品制造业	Manufacture of Raw Chemical Materials and Chemical Products
医药制造业	Manufacture of Medicines
化学纤维制造业	Manufacture of Chemical Fibers
橡胶和塑料制品业	Manufacture of Rubber and Plastics
非金属矿物制品业	Manufacture of Non-metallic Mineral Products
黑色金属冶炼及压延加工业	Smelting and Pressing of Ferrous Metals
有色金属冶炼及压延加工业	Smelting and Pressing of Non-ferrous Metals
金属制品业	Manufacture of Metal Products
通用设备制造业	Manufacture of General Purpose Machinery
专用设备制造业	Manufacture of Special Purpose Machinery
汽车制造业	Manufacture of Automotive
铁路、船舶、航空航天和其他运输设备制造业	Manufacture of Railroad, Marine, Aerospace and Other Transportation Equipment
电气机械及器材制造业	Manufacture of Electrical Machinery and Equipment
计算机、通信和其他电子设备制造业	Manufacture of Computers, Communication and Other Electronic Equipment
仪器仪表制造业	Manufacture of Measuring Instruments
其他制造业	Other Manufacturing
废弃资源综合利用业	Comprehensive Utilization of Waste Resources Industry
金属制品、机械和设备修理业	Metal Products, Machinery and Equipment Repair Industry
电力、热力、燃气及水生产和供应业	Production and Supply of Electric Power, heat, Gas and Water
电力、热力生产和供应业	Production and Supply of Electric Power and Heat Power
燃气生产和供应业	Production and Supply of Gas
水的生产和供应业	Production and Supply of Water

Major Indicators on Economic Benefit of Collective-Owned Industrial Enterprises(2020)

(%)

营业收入 利润率 Profit Margin of Business Revenue	资 产 负债率 Assets- Liability Ratio	总资产 贡献率 Ratio of Total Assets to Industrial Output Value	成本费用 利 润 率 Ratio of Profits to Industrial Cost
2.0	**65.3**	**3.6**	**2.0**
5.8	**16.9**	**2.1**	**6.3**
1.8	71.1	3.8	1.8
1.4	62.6	2.9	1.4
11.7	77.1	25.7	13.7
-2.4	60.9	0.2	-2.4
2.3	68.3	4.4	2.3
6.2	12.7	0.5	6.6
7.3	34.8	20.5	8.2
2.5	78.1	5.7	2.5
-1.5	162.7	5.37	-1.44
0.3	75.0	2.1	0.2
1.9	54.2	9.8	1.9
7.9	10.8	22.1	8.7
-8.5	172.7	-4.7	-7.7

12-12 按行业分私营工业企业主要经济效益指标（2020年）

单位：%

行　业	Sector
总　计	**Total**
采矿业	Mining and Quarrying
煤炭开采和洗选业	Mining and Washing of Coal
石油和天然气开采业	Extraction of Petroleum and Natural Gas
黑色金属矿采选业	Mining and Processing of Ferrous Metals Ores
有色金属矿采选业	Mining and Processing of Non-ferrous Metal Ores
非金属矿采选业	Mining and Processing of Nonmetal Ores
开采专业及辅助性活动	Professional and Support Activities For Mining
其他采矿业	Mining of Other Ores
制造业	Manufacturing
农副食品加工业	Processing of Food from Agricultural Products
食品制造业	Manufacture of Foods
酒、饮料和精制茶制造业	Manufacture of Wine, soft drinks and refined tea
烟草制品业	Manufacture of Tobacco
纺织业	Manufacture of Textile
纺织服装、服饰业	Manufacture of Textile and Apparel
皮革、毛皮、羽毛及其制品和制鞋业	Manufacture of Leather, Furs, Feather and Related Products and Footwear
木材加工和木、竹、藤、棕、草制品业	Processing of Timber, Manufacture of Wood, Bamboo, Rattan, Palm and Straw Products
家具制造业	Manufacture of Furniture
造纸和纸制品业	Manufacture of Paper and Paper Products
印刷和记录媒介复制业	Manufacture of Printing and Record Medium Reproduction
文教、工美、体育和娱乐用品制造业	Manufacture of Articles for Culture, Education and Sports Activities
石油、煤炭及其他燃料加工业	Processing of Petroleum, Coal and Other Fuels
化学原料和化学制品制造业	Manufacture of Raw Chemical Materials and Chemical Products
医药制造业	Manufacture of Medicines
化学纤维制造业	Manufacture of Chemical Fibers
橡胶和塑料制品业	Manufacture of Rubber and Plastics
非金属矿物制品业	Manufacture of Non-metallic Mineral Products
黑色金属冶炼及压延加工业	Smelting and Pressing of Ferrous Metals
有色金属冶炼及压延加工业	Smelting and Pressing of Non-ferrous Metals
金属制品业	Manufacture of Metal Products
通用设备制造业	Manufacture of General Purpose Machinery
专用设备制造业	Manufacture of Special Purpose Machinery
汽车制造业	Manufacture of Automotive
铁路、船舶、航空航天和其他运输设备制造业	Manufacture of Railroad, Marine, Aerospace and Other Transportation Equipment
电气机械及器材制造业	Manufacture of Electrical Machinery and Equipment
计算机、通信和其他电子设备制造业	Manufacture of Computers, Communication and Other Electronic Equipment
仪器仪表制造业	Manufacture of Measuring Instruments
其他制造业	Other Manufacturing
废弃资源综合利用业	Comprehensive Utilization of Waste Resources Industry
金属制品、机械和设备修理业	Metal Products, Machinery and Equipment Repair Industry
电力、热力、燃气及水生产和供应业	Production and Supply of Electric Power, heat, Gas and Water
电力、热力生产和供应业	Production and Supply of Electric Power and Heat Power
燃气生产和供应业	Production and Supply of Gas
水的生产和供应业	Production and Supply of Water

Main Indicators on Economic Benefit of Private Industrial Enterprises by Industrial Sector (2020)

(%)

营业收入利润率 Profit Margin of Business Revenue	资 产 负债率 Assets-Liability Ratio	总资产贡献率 Ratio of Total Assets to Industrial Output Value	成本费用利 润 率 Ratio of Profits to Industrial Cost
3.8	**62.7**	**5.3**	**4.0**
7.5	66.2	8.3	8.3
6.1	78.0	9.6	6.6
-0.5	73.6	1.0	-0.5
36.2	38.8	33.4	68.7
9.8	55.9	8.9	10.9
3.3	29.4	2.8	3.4
3.5	60.8	5.3	3.6
2.5	57.3	4.4	2.5
3.8	70.2	5.4	3.9
9.3	44.9	11.6	11.2
31.5	27.8	51.8	46.1
5.5	65.6	4.0	5.3
0.9	70.1	0.9	1.0
4.2	60.9	14.4	4.5
-0.9	73.2	0.0	-0.9
0.6	69.7	2.0	0.6
-3.6	78.9	0.9	-3.4
-3.4	69.0	-1.3	-3.4
15.7	71.1	7.9	16.0
3.1	69.2	3.6	3.2
1.5	66.2	3.4	1.5
13.8	45.3	10.0	15.7
65.3	47.6	70.2	125.7
2.7	61.2	4.4	2.7
1.9	77.3	3.4	1.9
2.1	58.5	5.0	2.1
-2.8	66.5	0.8	-2.7
4.1	61.7	6.3	4.2
7.5	49.8	6.5	8.1
4.9	52.6	4.7	5.1
5.0	73.8	6.4	5.3
18.0	29.8	9.6	21.5
2.5	46.1	5.3	2.6
21.3	29.7	8.1	28.3
5.6	62.9	6.7	5.8
-11.6	111.0	-13.8	-11.0
2.3	58.5	41.2	2.2
11.2	43.3	11.9	12.2
5.6	72.0	3.1	5.8
5.3	72.5	3.0	5.5
5.2	66.4	3.1	5.5
23.3	73.0	7.2	31.6

12-13 按行业分“三资”工业企业主要经济效益指标（2020年）

单位：%

行　业	Sector
总　计	**Total**
采矿业	Mining and Quarrying
煤炭开采和洗选业	Mining and Washing of Coal
石油和天然气开采业	Extraction of Petroleum and Natural Gas
黑色金属矿采选业	Mining and Processing of Ferrous Metals Ores
有色金属矿采选业	Mining and Processing of Non-ferrous Metal Ores
非金属矿采选业	Mining and Processing of Nonmetal Ores
开采专业及辅助性活动	Professional and Support Activities For Mining
其他采矿业	Mining of Other Ores
制造业	Manufacturing
农副食品加工业	Processing of Food from Agricultural Products
食品制造业	Manufacture of Foods
酒、饮料和精制茶制造业	Manufacture of Wine, soft drinks and refined tea
烟草制品业	Manufacture of Tobacco
纺织业	Manufacture of Textile
纺织服装、服饰业	Manufacture of Textile and Apparel
皮革、毛皮、羽毛及其制品和制鞋业	Manufacture of Leather, Furs, Feather and Related Products and Footwear
木材加工和木、竹、藤、棕、草制品业	Processing of Timber, Manufacture of Wood, Bamboo, Rattan, Palm and Straw Products
家具制造业	Manufacture of Furniture
造纸和纸制品业	Manufacture of Paper and Paper Products
印刷和记录媒介复制业	Manufacture of Printing and Record Medium Reproduction
文教、工美、体育和娱乐用品制造业	Manufacture of Articles for Culture, Education and Sports Activities
石油、煤炭及其他燃料加工业	Processing of Petroleum, Coal and Other Fuels
化学原料和化学制品制造业	Manufacture of Raw Chemical Materials and Chemical Products
医药制造业	Manufacture of Medicines
化学纤维制造业	Manufacture of Chemical Fibers
橡胶和塑料制品业	Manufacture of Rubber and Plastics
非金属矿物制品业	Manufacture of Non-metallic Mineral Products
黑色金属冶炼及压延加工业	Smelting and Pressing of Ferrous Metals
有色金属冶炼及压延加工业	Smelting and Pressing of Non-ferrous Metals
金属制品业	Manufacture of Metal Products
通用设备制造业	Manufacture of General Purpose Machinery
专用设备制造业	Manufacture of Special Purpose Machinery
汽车制造业	Manufacture of Automotive
铁路、船舶、航空航天和其他运输设备制造业	Manufacture of Railroad, Marine, Aerospace and Other Transportation Equipment
电气机械及器材制造业	Manufacture of Electrical Machinery and Equipment
计算机、通信和其他电子设备制造业	Manufacture of Computers, Communication and Other Electronic Equipment
仪器仪表制造业	Manufacture of Measuring Instruments
其他制造业	Other Manufacturing
废弃资源综合利用业	Comprehensive Utilization of Waste Resources Industry
金属制品、机械和设备修理业	Metal Products, Machinery and Equipment Repair Industry
电力、热力、燃气及水生产和供应业	Production and Supply of Electric Power, heat, Gas and Water
电力、热力生产和供应业	Production and Supply of Electric Power and Heat Power
燃气生产和供应业	Production and Supply of Gas
水的生产和供应业	Production and Supply of Water

Main Indicators on Economic Benefit of Industrial Enterprises with Hongkong, Macao,Taiwan and Foreign Funds by Industrial Sector(2020)

(%)

营业收入 利润率 Profit Margin of Business Revenue	资 产 负债率 Assets- Liability Ratio	总资产 贡献率 Ratio of Total Assets to Industrial Output Value	成本费用 利 润 率 Ratio of Profits to Industrial Cost
15.9	**59.6**	**15.7**	**17.5**
76.0	9.0	41.8	243.1
82.1	6.6	43.5	317.7
15.2	49.1	11.8	17.9
16.7	55.0	18.5	18.4
4.8	61.7	7.2	5.1
34.9	47.2	36.6	45.6
6.8	46.1	13.1	7.6
-13.9	79.1	-6.1	-12.2
-7.6	1.2	-7.7	-7.2
-6.6	81.5	-2.5	-6.4
13.1	76.6	19.6	14.5
6.0	29.8	7.7	6.4
-28.2	180.6	-2.3	-17.9
0.6	47.8	2.7	0.6
5.0	86.8	5.2	5.3
3.2	102.8	8.5	3.3
10.6	63.8	8.8	10.9
8.0	48.9	9.2	8.7
3.0	44.3	4.7	3.1
-2.2	41.8	-2.0	-2.6
18.7	44.5	27.9	20.1
-7.0	54.2	-0.6	-6.9
-38.1	48.7	-2.3	-15.8
-13.9	249.5	-14.2	-12.2
-3.7	65.6	-3.8	-3.1
3.8	78.3	4.5	3.9
2.5	80.8	4.5	2.5
10.5	50.1	9.4	11.2
-2.0	82.4	2.2	-2.0

12-14 分地区工业企业单位数(2020年)
Number of Industrial Enterprises by Region(2020)

单位：个 (unit)

地 区	Region	总 计 Total	#国有控股 State-holding	#集 体 Collective -owned	大 型 Large	中 型 Medium	小 型 Small	微 型 Micro type	轻工业 Light Industry	重工业 Heavy Industry
哈尔滨	Harbin	1196	162	4	28	105	798	265	598	598
齐齐哈尔	Qiqihar	351	51	1	8	36	215	92	179	172
鸡 西	Jixi	208	35	1	3	24	113	68	90	118
鹤 岗	Hegang	139	19	7	3	27	88	21	43	96
双鸭山	Shuangyashan	152	26		3	16	92	41	52	100
大 庆	Daqing	490	52	13	11	35	287	157	183	307
伊 春	Yichun	63	11		1	5	44	13	34	29
佳木斯	Jiamusi	319	46		1	19	176	123	197	122
七台河	Qitaihe	102	12		6	12	62	22	18	84
牡丹江	Mudanjiang	306	24	1	4	17	189	96	116	190
黑 河	Heihe	115	29		1	12	78	24	41	74
绥 化	Suihua	369	39		6	34	225	104	229	140
大兴安岭	Daxinganling	19	5			2	13	4	6	13

12-15 分地区工业企业主要经济指标(2020年)
Major Indicators of Industrial Enterprises by Region(2020)

单位：万元 (10000 yuan)

地 区	Region	工业总产值 Total Industrial Output Value	资产总计 Total Assets	流动资产合计 Total Current Assets	应收帐款 Accounts Receivable	产成品 Finished Goods	固定资产原价 Original Value of Fixed Assets	固定资产净额 Net Fixed Assets	负债合计 Total Liabilities
哈尔滨	Harbin	23179115	41190304	22884594	4639961	1509600	19843946	9909940	25598913
齐齐哈尔	Qiqihar	9710424	17663138	9753738	2505297	419929	8906555	5456834	10724062
鸡 西	Jixi	2875756	6639521	2941499	792560	277523	4361408	2345349	4476871
鹤 岗	Hegang	2659189	4201346	1765077	335038	170143	3793218	1565249	3326763
双鸭山	Shuangyashan	3799550	6764729	2562629	519672	165330	5241521	2759865	5051216
大 庆	Daqing	24304968	56674934	22674701	3705771	756104	69855500	20828859	28214935
伊 春	Yichun	1891730	2632843	1071840	238876	47066	1539195	912464	1760278
佳木斯	Jiamusi	4255442	6598892	3069902	621388	336288	3639697	2075655	4336322
七台河	Qitaihe	2512142	5466171	2147796	259308	203071	3927464	1602966	3893986
牡丹江	Mudanjiang	2610181	4359091	1987648	612854	204225	3669065	1635425	2676828
黑 河	Heihe	1716431	3565709	1224721	145918	65489	1972329	1094502	2347859
绥 化	Suihua	6987344	8977413	4206608	708513	487321	5111552	3257470	6317437
大兴安岭	Daxinganling	283973	744853	475084	91448	22808	288460	142576	555077

12-15 续表 Continued

单位：万元 (10000 yuan)

地 区	Region	营业收入 Business Revenue	营业成本 Business Cost	销售费用 Selling Expenses	管理费用 Management Expenses	财务费用 Financial Expenses	利息费用 Expenditure for Interests	利润总额 Total Profits	亏损企业亏损总额 Total Losses Made by Enterprises--in-red
哈尔滨	Harbin	23979488	19206193	1156517	1124797	372567	332436	982405	442130
齐齐哈尔	Qiqihar	13234688	10979303	538871	386261	183227	182740	1324180	144456
鸡 西	Jixi	3425123	2913343	93987	215404	66549	52689	194924	46779
鹤 岗	Hegang	2806799	2438384	62534	158539	60028	55436	70066	59682
双鸭山	Shuangyashan	4229843	3739063	91639	152687	89156	69219	22043	117110
大 庆	Daqing	26949111	23259244	257280	1463351	384670	569861	26877	1123979
伊 春	Yichun	2004117	1778461	17306	45070	41715	44082	42467	31062
佳木斯	Jiamusi	4232783	3668630	163347	125953	64900	64685	209883	56109
七台河	Qitaihe	2774434	2501197	65962	173322	52961	52625	-32903	111670
牡丹江	Mudanjiang	2466072	2092656	70332	100273	48529	42816	134060	66733
黑 河	Heihe	1760161	1280246	44604	84241	46228	35795	297239	35045
绥 化	Suihua	6684251	6009452	259182	163726	120199	107877	181897	136368
大兴安岭	Daxinganling	347419	272655	15429	9330	744	1582	48384	4784

12-16 分地区大中型工业企业主要经济指标(2020年)

Major Indicators of Large and Medium-Sized Industrial Enterprises by Region(2020)

单位：万元 (10000 yuan)

地区	Region	工业总产值 Total Industrial Output Value	资产总计 Total Assets	流动资产合计 Total Current Assets	应收帐款 Accounts Receivable	产成品 Finished Goods	固定资产原价 Original Value of Fixed Assets	固定资产净额 Net Fixed Assets	负债合计 Total Liabilities
哈尔滨	Harbin	13322395	26032429	14009041	2226648	634988	13528685	6529589	15853020
齐齐哈尔	Qiqihar	7400085	13615384	7712062	1782139	266608	6731648	4140814	7956184
鸡西	Jixi	1410242	4082144	1526044	474079	84013	3223434	1666597	2773873
鹤岗	Hegang	1812958	2642079	834828	160332	57055	3120983	1197198	2386136
双鸭山	Shuangyashan	2492738	5388195	1928593	320408	106782	4299601	2192214	4043597
大庆	Daqing	20401606	50614144	19757386	2534607	566672	66735936	18844084	23972671
伊春	Yichun	1407041	1366818	715405	125963	26910	495817	316945	947490
佳木斯	Jiamusi	1400753	2189828	1041359	164526	128929	1502457	874595	1484345
七台河	Qitaihe	1853409	4150803	1552353	130468	115583	3061017	1136606	3057119
牡丹江	Mudanjiang	1048624	2101512	826194	204618	80538	2403104	922567	1200622
黑河	Heihe	972130	1724908	424083	38142	22836	1021792	587133	930884
绥化	Suihua	4021355	4684436	1981229	243434	244599	3005535	2063926	3482324
大兴安岭	Daxinganling	127931	472317	330673	42166	2145	146899	65660	408869

12-16 续表 Continued

单位：万元 (10000 yuan)

地区	Region	营业收入 Business Revenue	营业成本 Business Cost	销售费用 Selling Expenses	管理费用 Management Expenses	财务费用 Financial Expenses	利息费用 Expenditure for Interests	利润总额 Total Profits	亏损企业亏损总额 Total Losses Made by Enterprises--in-red
哈尔滨	Harbin	13707531	10318711	809567	714243	247409	223535	634878	258375
齐齐哈尔	Qiqihar	10614569	8747132	485031	296049	137056	150219	1122844	87663
鸡西	Jixi	1663537	1322231	35407	173139	41176	35966	145911	22166
鹤岗	Hegang	1821531	1576202	41568	133261	42626	41723	11031	52542
双鸭山	Shuangyashan	2981714	2567645	75196	119055	63693	55441	34554	68945
大庆	Daqing	22965201	19697448	193279	1341631	298891	496886	-108409	1053908
伊春	Yichun	1562112	1422137	7813	25180	18241	21850	37177	7033
佳木斯	Jiamusi	1442949	1182546	95066	61284	25848	33766	82266	29793
七台河	Qitaihe	2001570	1777066	50748	135442	32067	36653	-5732	60341
牡丹江	Mudanjiang	1054403	834754	36225	48105	26303	25604	94476	33665
黑河	Heihe	1010643	666193	26565	38084	22094	20098	250563	3858
绥化	Suihua	3385479	3067964	164688	76909	67980	61845	23009	96537
大兴安岭	Daxinganling	129581	81934	665	3501	-360	492	44321	

12-17 分地区国有控股工业企业主要经济指标(2020年)
Major Indicators of State-Owned and State-Holding Industrial Enterprises by Region(2020)

单位：万元 (10000 yuan)

地 区	Region	工业总产值 Total Industrial Output Value	资产总计 Total Assets	流动资产合计 Total Current Assets	应收帐款 Accounts Receivable	产成品 Finished Goods	固定资产原价 Original Value of Fixed Assets	固定资产净额 Net Fixed Assets	负债合计 Total Liabilities
哈尔滨	Harbin	8929270	19745524	10337004	1639650	404471	10257414	5057408	12787748
齐齐哈尔	Qiqihar	3523058	8362386	4173651	808753	111992	5244153	3027837	5131166
鸡 西	Jixi	1217037	3558213	1102182	396907	101401	3357471	1766508	2534990
鹤 岗	Hegang	981815	2396465	620285	129566	28123	3053020	1084370	2191108
双鸭山	Shuangyashan	1003969	3114055	991004	97805	14368	3127586	1449801	2464252
大 庆	Daqing	18141133	48872711	17878061	1950742	531436	66848794	19036534	23887015
伊 春	Yichun	327677	1016179	212834	113036	3413	945691	532570	721661
佳木斯	Jiamusi	1216718	2746309	1058118	315169	118884	2243101	1285383	1877968
七台河	Qitaihe	787978	1837579	404094	91216	16966	2468971	908540	1479079
牡丹江	Mudanjiang	643322	1417137	415331	112397	35050	2062953	837639	855779
黑 河	Heihe	556483	980457	389239	36017	32565	957313	440851	744840
绥 化	Suihua	1586032	2964770	1092986	128027	96524	2044901	1294733	2318951
大兴安岭	Daxinganling	152930	521487	367810	54574	8427	165288	76215	430950

12-17 续表 Continued

单位：万元 (10000 yuan)

地 区	Region	营业收入 Business Revenue	营业成本 Business Cost	销售费用 Selling Expenses	管理费用 Management Expenses	财务费用 Financial Expenses	利息费用 Expenditure for Interests	利润总额 Total Profits	亏损企业亏损总额 Total Losses Made by Enterprises--in-red
哈尔滨	Harbin	9139148	6903763	248604	537953	178771	184515	218384	209651
齐齐哈尔	Qiqihar	5472270	4895291	61748	223714	134649	124470	104964	80167
鸡 西	Jixi	1577740	1280610	23256	160577	33196	27712	92716	19934
鹤 岗	Hegang	967276	838141	5872	109562	37536	35925	-28074	52461
双鸭山	Shuangyashan	952168	759453	3829	85015	33366	33047	-14288	91889
大 庆	Daqing	19306064	16442593	169841	1185346	335491	528861	-753554	1066146
伊 春	Yichun	301557	244318	1226	13917	25674	25269	-12552	26354
佳木斯	Jiamusi	1280425	1059607	68357	37900	38835	46463	100330	24974
七台河	Qitaihe	890172	810463	2678	96449	22270	21909	-41107	44184
牡丹江	Mudanjiang	606014	507175	16007	22980	29922	28441	23666	35994
黑 河	Heihe	568029	506001	26268	17133	19981	14950	13403	18440
绥 化	Suihua	1866203	1738099	73000	28225	56014	56028	17082	41802
大兴安岭	Daxinganling	152979	99119	898	5275	-438	503	49429	691

12-18 分地区集体工业企业主要经济指标(2020年)
Major Indicators of Collective-Owned Industrial Enterprises by Region(2020)

单位：万元 (10000 yuan)

地区	Region	工业总产值 Total Industrial Output Value	资产总计 Total Assets	流动资产合计 Total Current Assets	应收帐款 Accounts Receivable	产成品 Finished Goods	固定资产原价 Original Value of Fixed Assets	固定资产净额 Net Fixed Assets	负债合计 Total Liabilities
哈尔滨	Harbin	9283	9538	7209	2520	166	6879	2153	4255
齐齐哈尔	Qiqihar	4396	65995	60935	22588	641	16844		8358
鸡西	Jixi	3308	4597	4240	4045	20	767		3324
鹤岗	Hegang	45232	38852	26287	3998	9674	14827	10326	29954
双鸭山	Shuangyashan								
大庆	Daqing	392704	557076	499967	261091	10988	234230	41299	395850
伊春	Yichun								
佳木斯	Jiamusi								
七台河	Qitaihe								
牡丹江	Mudanjiang	3556	1913	1657	292	110	1313	257	921
黑河	Heihe								
绥化	Suihua								
大兴安岭	Daxinganling								

12-18 续表 Continued

单位：万元 (10000 yuan)

地区	Region	营业收入 Business Revenue	营业成本 Business Cost	销售费用 Selling Expenses	管理费用 Management Expenses	财务费用 Financial Expenses	利息费用 Expenditure for Interests	利润总额 Total Profits	亏损企业亏损总额 Total Losses Made by Enterprises-in-red
哈尔滨	Harbin	15872	12083	263	2162	8	1	999	31
齐齐哈尔	Qiqihar	4372	3996	34	37	35		271	
鸡西	Jixi	2761	2728		96	0		264	
鹤岗	Hegang	39343	31101		2077	296	298	4586	430
双鸭山	Shuangyashan								
大庆	Daqing	362366	327274	4668	28828	1298	216	1393	9417
伊春	Yichun								
佳木斯	Jiamusi								
七台河	Qitaihe								
牡丹江	Mudanjiang	3147	1363		939	-2		811	
黑河	Heihe								
绥化	Suihua								
大兴安岭	Daxinganling								

12-19 主要工业产品产量
Output of Major Industrial Products

品 名	Item	2016	2017	2018	2019	2020
原煤(万吨)	Crude Coal(10000 tons)	5623	5440.4	5791.6	5195.0	5206.3
原油(万吨)	Crude Oil(10000 tons)	3656.0	3420.3	3224.2	3110.0	3001.0
天然气(亿立方米)	Natural Gas(100 million cu.m)	38.0	40.5	43.5	45.7	46.8
大米(万吨)	Rice(10000 tons)	1462.7	1170.5	983.3	1091.2	1352.1
铁矿石原矿量(万吨)	Original Ironstone Reserves(10000 tons)	437.5	537.6	337.1	288.5	255.7
精制食用植物油(万吨)	Purifier Edible Vegetable Oil(10000 tons)	256.9	214.5	64.3	54.3	55.8
成品糖(万吨)	Finished Product Sugar(10000 tons)	0.4	5.7	7.2	12.6	20.4
乳制品(万吨)	Dairy Products(10000 tons)	196.1	158.6	155.3	164.2	164.9
#液体乳(万吨)	#Liquid Milk(10000 tons)	140.3	114.1	118.0	129.0	123.9
白酒(万千升)	Liquor(10000 kiloliter)	60.9	57.8	13.7	13.9	11.5
啤酒(万千升)	Beer(10000 kiloliter)	200.7	185.2	185.0	201.6	128.5
卷烟(亿支)	Cigarettes(100 million pieces)	404.5	364.3	379.5	382.5	384.7
亚麻布(万米)	Linen(10000 m)	6686.0	2334.0	2036.0	2183.0	2389.0
人造板(万立方米)	Man-made Board(10000 cu.m)	401.5	334.3	88.0	41.1	25.1
机制纸及纸板(万吨)	Machine-made Paper and Paperboards(10000 tons)	34.4	44.1	45.3	34.4	31.9
原油加工量(万吨)	Crude Oil Processed(10000 tons)	1631.0	1622.7	1507.7	1489.6	1643.3
汽油(万吨)	Gasoline(10000 tons)	501.9	519.2	512.4	521.7	533.5
柴油(万吨)	Diesel oil(10000 tons)	482.3	425.9	412.5	340.4	317.7
焦炭(万吨)	Coke(10000 tons)	674.5	761.3	875.8	1075.9	1062.7
硫酸(折100%，万吨)	Sulfuric Acid(convert into 100%, 10000 tons)	7.7	7.4	5.0	4.3	5.5
盐酸(万吨)	Muriatic Acid(10000 tons)	16.7	12.5	14.3	21.8	36.0
烧碱(万吨)	Caustic Soda(10000 tons)	18.0	20.5	21.3	22.5	22.7
合成氨(万吨)	Synthetic Ammonia(10000 tons)	48.5	49.0	39.5	50.6	48.6
农用化肥(折100%，万吨)	Chemical Fertilizer for Agricultural Use (convert into 100%,10000 tons)	63.4	51.8	38.4	46.6	49.7
化学农药原药(折有效成分100%，吨)	Chemical Pesticides(convert into100%,ton)	964	901	3623	4100	5023
乙烯(万吨)	Ethylene(10000 tons)	110.8	115.8	105.8	128.8	131.1
化学药品原药(吨)	Chemical Medicines(ton)	11184.7	9784.5	2961.0	2811.2	12955.2
中成药(万吨)	Proprietary Chinese Medicine(10000 tons)	2.5	2.2	3.7	3.5	3.6
化学纤维(万吨)	Chemical Fiber(10000 tons)	7.7	7.5	5.2	3.7	2.5
橡胶轮胎外胎(万条)	Tires(10000 units)	541.6	506.3	460.2	427.1	414.3
塑料制品(万吨)	Plastic Products(10000 tons)	37.7	32.9	20.4	15.1	21.9
水泥(万吨)	Cement(10000 tons)	3544.7	2634.5	2039.5	2148.0	2376.5
平板玻璃(万重量箱)	Plate Glass(10000 weight cases)	400.7	402.9	394.5	402.7	399.1
石墨及碳素制品(吨)	Graphite and Related Products(ton)	180448	286218	337199	401845	529528
生铁(万吨)	Pig Iron(10000 tons)	354.0	438.8	695.7	800.7	863.1
粗钢(万吨)	Crude Steel(10000 tons)	372.3	503.0	774.3	896.1	986.5
钢材(万吨)	Rolled Steel(10000 tons)	332.7	410.6	561.4	782.0	879.0
铝材(万吨)	Aluminous Material(10000 tons)	12.3	14.8	14.5	15.4	14.9
电站锅炉(蒸发量吨)	Power Plant Boiler(vaporing ton)	153249	86323	82484	62522	51409
电站用汽轮机(万千瓦)	Steam turbine for power station(10000 kw)	1551.4	983.2	1002.7	1001.9	1133.5
金属切削机床(台)	Metal-cutting Machine Tools(unit)	358.0	446.0	374.0	421.0	358.0
发电机组(发电设备,万千瓦)	Power Generating Equipment(10000 kw)	2394.4	1417.4	1435.3	1108.4	1806.8
矿山专用设备(吨)	Special Equipment for Mine(ton)	17517	9986	12586	22112	44317
冶炼设备(吨)	Smelting Equipment(ton)					
金属轧制设备(吨)	Metal-rolling Equipment(ton)	40116	107156	115610	118954	49039
大中型拖拉机(台)	Large and Medium Tractors(unit)	7929	1412	6483	7410	13322
小型拖拉机(台)	Small-sized Tractors(unit)	53	1278		8	332
铁路货车(辆)	Railway Passenger Engines(unit)	3803	9945	10322	13355	9186
汽车(辆)	Motor Vehicles(unit)	75761	122219	162914	188944	71691
改装汽车(辆)	Special Automobile(unit)	1720	372	240	371	268
发电量(亿千瓦时)	Electricity(100 million kwh)	897.9	912.5	1015.49	1057.2	1083.5
微型电子计算机(台)	Mini-computers(unit)	11068	5533			

12-20 分地区主要工业产品产量(2020年)
Output of Major Industrial Products by Region(2020)

地区	Region	原煤(万吨) Crude Coal (10000 tons)	原油(万吨) Crude Oil (10000 tons)	大米(万吨) Rice (10000 tons)	精制食用植物油(万吨) Purifier Edible Vegetable Oil (10000 tons)	成品糖(吨) Finished Product Sugar (ton)	乳制品(吨) Dairy Products (ton)
全省	**Total**	**5206.3**	**3001.0**	**1352.1**	**55.8**	**203584**	**1649062**
哈尔滨	Harbin			345.7	35.4		400549
齐齐哈尔	Qiqihar			72.9	3.8	203584	617430
鸡西	Jixi	1211.5		191.2	0.0		
鹤岗	Hegang	955.5		46.4			597
双鸭山	Shuangyashan	1225.8		77.6	2.7		
大庆	Daqing		3001.0	31.7			244858
伊春	Yichun			0.8			358
佳木斯	Jiamusi			351.7	2.0		19662
七台河	Qitaihe	741.5		0.6	0.0		
牡丹江	Mudanjiang	214.5		8.1	0.6		3870
黑河	Heihe	275.0			3.2		28630
绥化	Suihua			225.4	8.1		333110
大兴安岭	Daxinganling	582.6					

12-20 续表1 Continued

地区	Region	卷烟(万支) Cigarettes (10000 pieces)	白酒(千升) Liquor (1000 liter)	啤酒(千升) Beer (1000 liter)	亚麻布(万米) Linen (10000 m)	机制纸及纸板(吨) Machine-made Paper and Paperboards (ton)	汽油(万吨) Gasoline (10000 tons)
全省	**Total**	**3847000**	**114722**	**1285293**	**2389**	**318560**	**533.5**
哈尔滨	Harbin	3847000	91783	1052422	250	96908	138.2
齐齐哈尔	Qiqihar		11009		58		
鸡西	Jixi		346	30709			
鹤岗	Hegang		562	2256		2540	
双鸭山	Shuangyashan						
大庆	Daqing		3677	14697			395.3
伊春	Yichun		409				
佳木斯	Jiamusi			68165		16527	
七台河	Qitaihe						
牡丹江	Mudanjiang		3819	89747	120	183399	
黑河	Heihe			13554			
绥化	Suihua		3117	13743	1961	19186	
大兴安岭	Daxinganling						

12-20 续表2 Continued

地 区	Region	柴 油 (万吨) Diesel Oil (10000 tons)	农用化肥 (吨) Chemical Fertilizer for Agricultural Use (10000 tons)	化学农药原药 (吨) Chemical Pesticides (ton)	化学药品原药 (吨) Chemical Medicines (ton)	水 泥 (万吨) Cement (10000 tons)	平板玻璃 (万重量箱) Plate Glass (10000 weight cases)
全 省	**Total**	**317.7**	**496685**	**5023**	**12955**	**2376.5**	**399.1**
哈尔滨	Harbin	109.6		1509	10130	951.1	
齐齐哈尔	Qiqihar			372	158	288.7	
鸡 西	Jixi				4	99.5	
鹤 岗	Hegang		301478	749		85.2	
双鸭山	Shuangyashan					135.0	
大 庆	Daqing	208.1	137132			124.3	
伊 春	Yichun				173	54.1	
佳木斯	Jiamusi		25227	613	7	220.7	399.1
七台河	Qitaihe					25.8	
牡丹江	Mudanjiang				177	135.9	
黑 河	Heihe					85.8	
绥 化	Suihua		32847	1780	2306	164.2	
大兴安岭	Daxinganling					6.1	

12-20 续表3 Continued

地 区	Region	汽 车 (辆) Motor Vehicles (unit)	粗钢 (万吨) Crude Steel (10000 tons)	金属切削机床 (台) Metal-cutting Machine Tools (unit)	金属轧制设备 (吨) Metal-rolling Equipment (ton)	小型拖拉机 (台) Small-sized Tractors (unit)	发电量 (亿千瓦小时) Electricity (100 million kwh)
全 省	**Total**	**71691**	**987**	**358**	**49039**	**332**	**1083.5**
哈尔滨	Harbin		155		2880		216.6
齐齐哈尔	Qiqihar		215	358	46159		128.9
鸡 西	Jixi						62.0
鹤 岗	Hegang						67.8
双鸭山	Shuangyashan		207				71.3
大 庆	Daqing	71691					166.6
伊 春	Yichun		410				45.9
佳木斯	Jiamusi						72.2
七台河	Qitaihe						91.8
牡丹江	Mudanjiang						70.4
黑 河	Heihe						19.5
绥 化	Suihua					332	68.0
大兴安岭	Daxinganling						2.5

12-21 四大主导产业主要经济指标(2020年)

单位：万元

指 标	Item	工业总产值 Total Industrial Output Value
总 计	**Total**	**90812616**
装备工业	Equipment Industry	11916760
金属制品业	Manufacture of Metal Products	730097
金属制品、机械和设备修理业	Metal Products, Machinery and Equipment Repair Industry	88768
通用设备制造业	Manufacture of General Purpose Machinery	2356653
专用设备制造业	Manufacture of Special Purpose Machinery	3366191
汽车制造业	Manufacture of Automotive	2192457
铁路、船舶、航空航天和其他运输设备制造业	Manufacture of Railroad, Marine, Aerospace and Other Transportation Equipment	826118
电气机械及器材制造业	Manufacture of Electrical Machinery and Equipment	1792336
计算机、通信和其他电子设备制造业	Manufacture of Computers, Communication and Other Electronic Equipment	218545
仪器仪表制造业	Manufacture of Measuring Instrument	345595
石化工业	Petrochemical Industry	15303267
石油、煤炭及其他燃料加工业	Processing of Petroleum, Coal and Other Fuels	10971339
化学原料和化学制品制造业	Manufacture of Chemical Raw Material and Chemical Products	3805561
化学纤维制造业	Manufacture of Chemical Fiber	36652
橡胶和塑料制品业	Manufacture of Rubber and Plastics	489716
能源工业	Energy Industry	26178543
煤炭开采和洗选业	Mining and Washing of Coal	3862650
石油和天然气开采业	Extraction of Petroleum and Natural Gas	7147822
电力、热力生产和供应业	Production and Supply of Electric Power and Heat Power	12229712
燃气生产和供应业	Production and Distribution of Gas	530676
开采专业及辅助性活动	Professional and Support Activities for Mining	2407683
食品工业	Food Industry	22192233
农副食品加工业	Processing of Food from Agricultural Products	15575975
食品制造业	Manufacture of Foods	5161889
酒、饮料和精制茶制造业	Manufacture of Beverage	1454370

Main Economic Indicators of Four Leading Industry(2020)

(10000 yuan)

资产总计 Total Assets	流动资产合计 Total Current Assets	应收帐款 Accounts Receivable	产成品 Finished Goods	固定资产原价 Original Value of Fixed Assets	固定资产净额 Net Fixed Assets	负债合计 Total Liabilities
172207514	**77050097**	**15264879**	**4664898**	**140147640**	**57424848**	**103749488**
25289827	17291273	4376910	878726	8009851	4008994	14868234
957659	587390	250118	46299	409069	252520	557075
294005	116551	42919	4494	116547	70289	192748
5969501	4645381	1096988	219361	1595816	667522	3855830
7370938	4861673	1200569	209029	2579318	1556962	4374994
3626644	2391627	577018	89760	1335236	564426	2328066
1635910	986535	328340	28221	613088	280056	694955
3912064	2789324	597158	186196	1029228	458641	2078157
790059	352412	142395	52390	181716	89052	390243
733048	560380	141405	42976	149832	69526	396167
15707787	6793735	983291	661006	11956706	4619070	10870662
9629652	3439167	387035	281064	8898769	3223852	6724101
5499384	3004827	463780	330207	2672967	1238737	3751032
30282	12816	2646	1219	16582	8724	14398
548469	336925	129830	48517	368389	147757	381131
82574716	26324780	4213242	657947	98961761	36287794	48897344
9014219	3229916	706928	225332	7605606	3422102	7343611
36806079	12694378	282306	309504	53969376	14147347	14443913
32120302	7454263	2163610	26790	34211395	17467643	22555222
978270	358591	80566	15401	662009	348724	540347
3655846	2587633	979831	80920	2513375	901978	4014251
22566905	14002177	2854242	1631141	9654279	5747194	13918598
13336015	8524887	1219979	1288290	4897038	3117139	8745110
6924943	4291489	1515217	215404	3338764	1796276	4005324
2305947	1185801	119047	127447	1418478	833780	1168163

12-21 续表

单位：万元

指　标	Item	营业收入 Business Revenue
总　计	**Total**	**98930368**
装备工业	Equipment Industry	15430165
金属制品业	Manufacture of Metal Products	761227
金属制品、机械和设备修理业	Metal Products, Machinery and Equipment Repair Industry	95102
通用设备制造业	Manufacture of General Purpose Machinery	2331810
专用设备制造业	Manufacture of Special Purpose Machinery	5156765
汽车制造业	Manufacture of Automotive	3960284
铁路、船舶、航空航天和其他运输设备制造业	Manufacture of Railroad, Marine, Aerospace and Other Transportation Equipment	852243
电气机械及器材制造业	Manufacture of Electrical Machinery and Equipment	1754711
计算机、通信和其他电子设备制造业	Manufacture of Computers, Communication and Other Electronic Equipment	171841
仪器仪表制造业	Manufacture of Measuring Instrument	346183
石化工业	Petrochemical Industry	15387260
石油、煤炭及其他燃料加工业	Processing of Petroleum, Coal and Other Fuels	11110685
化学原料和化学制品制造业	Manufacture of Chemical Raw Material and Chemical Products	3763151
化学纤维制造业	Manufacture of Chemical Fiber	31923
橡胶和塑料制品业	Manufacture of Rubber and Plastics	481501
能源工业	Energy Industry	27899861
煤炭开采和洗选业	Mining and Washing of Coal	4203170
石油和天然气开采业	Extraction of Petroleum and Natural Gas	8038484
电力、热力生产和供应业	Production and Supply of Electric Power and Heat Power	12806698
燃气生产和供应业	Production and Distribution of Gas	546092
开采专业及辅助性活动	Professional and Support Activities for Mining	2305417
食品工业	Food Industry	24342341
农副食品加工业	Processing of Food from Agricultural Products	16818798
食品制造业	Manufacture of Foods	6019857
酒、饮料和精制茶制造业	Manufacture of Beverage	1503687

Continued

(10000 yuan)

营业成本 Business Cost	销售费用 Selling Expenses	管理费用 Management Expenses	财务费用 Financial Expenses	利息费用 Expenditure for Interests	利润总额 Total Profits	亏损企业亏损总额 Total Losses Made by Enterprises--in-red
84433418	**2836991**	**4331689**	**1541547**	**1622336**	**3113963**	**2763463**
13251831	292682	850907	166722	153466	1047053	199458
680466	9849	30620	5343	4116	36126	5562
76607	787	14166	2051	1911	5400	781
1924045	64876	143383	17186	23266	119445	25935
4472403	74882	241340	89764	79256	161703	53236
3519515	22057	196233	4134	9017	580578	54304
651792	12246	86790	7254	6133	63143	3336
1524047	81164	91135	20662	23629	67418	32591
128389	9839	14310	13003	811	12807	4694
274567	16980	32930	7326	5326	433	19020
12427514	271218	511265	135286	131974	312557	147322
8603511	169049	322876	77016	79893	237643	43066
3380910	90197	165490	55203	50319	40998	101302
12055	235	3965	29	27	20842	163
431037	11737	18935	3038	1735	13075	2791
25480625	214262	1766137	782459	914243	-975868	1921432
3342053	44684	489386	56326	56538	157682	149293
7085921	93232	818464	241949	443119	-957534	957534
12353432	23797	383957	478391	408213	-131708	715686
443945	49941	28310	2150	4364	29116	9774
2255275	2610	46020	3643	2010	-73424	89146
20812859	1320848	508184	198023	183893	1690047	250210
15404598	523056	276597	171827	137047	423026	160285
4258442	689655	160416	8267	34106	1185126	72410
1149819	108137	71171	17929	12740	81895	17514

主要统计指标解释

工业 指从事自然资源的开采，对采掘品和农产品进行加工和再加工的物质生产部门。具体包括：(1)对自然资源的开采，如采矿、晒盐等(但不包括禽兽捕猎和水产捕捞)；(2)对农副产品的加工、再加工，如粮油加工、食品加工、缫丝、纺织、制革等；(3)对采掘品的加工、再加工，如炼铁、炼钢、化工生产、石油加工、机器制造、木材加工等，以及电力、燃气及水的生产和供应等；(4)对工业品的修理、翻新，如机器设备的修理等。

工业统计调查单位为工业法人单位。

工业法人单位指从事工业生产经营活动的法人单位。工业法人单位应同时具备以下条件：①依法成立，有自己的名称、组织机构和场所，能够独立承担民事责任；②独立拥有（或授权）使用资产，承担负债，有权与其他单位签订合同；③具有包括资产负债表在内的账户，或者能够根据需要编制账户。

国有控股企业 即原来的国有及国有控股企业，根据企业实收资本中国有经济成分的出资人的实际投资情况，或国有经济成分的出资人对企业资产的实际控制、支配程度进行分类。以下情况为国有控股：(1) 在企业的全部实收资本中，国有经济成分的出资人拥有的实收资本（股本）所占企业全部实收资本（股本）的比例大于50%的国有绝对控股。(2) 在企业的全部实收资本中，国有经济成分的出资人拥有的实收资本（股本）所占比例虽未大于50%，但相对大于其他任何一方经济成分的出资人所占比例的国有相对控股；或者虽不大于其他经济成分，但根据协议规定拥有企业实际控制权的国有协议控股。(3) 投资双方各占50%，且未明确由谁绝对控股的企业，若其中一方为国有经济成分的，一律按国有控股处理。

本篇涉及的企业登记注册类型的解释详见综合篇。

资产总计 指企业过去的交易或者事项形成的、由企业拥有或者控制的、预期会给企业带来经济利益的资源。资产一般按流动性分为流动资产和非流动资产。其中流动资产可分为货币资金、交易性金融资产、应收票据、应收账款、预付款项、其他应收款、存货等；非流动资产可分为长期股权投资、固定资产、无形资产及其他非流动资产等。来源于会计“资产负债表”中“资产总计”项目的期末余额数。

流动资产合计 资产满足以下条件之一应归为流动资产：(1) 预计在一个正常营业周期中变现、出售或耗用，主要包括存货、应收账款等；(2) 主要为交易目的而持有；(3) 预计在资产负债表日起一年内（含一年）变现；(4) 自资产负债日起一年内，交换其他资产或清偿负债的能力不受限制的现金或现金等价物。包括货币资金、应收票据、应收账款、存货等项目。来源于会计“资产负债表”中“流动资产合计”项目的期末余额数。

负债合计 指企业过去的交易或者事项形成的，预期会导致经济利益流出企业的现时义务。负债一般按偿还期长短分为流动负债和非流动负债。来源于会计“资产负债表”中“负债合计”项目的期末余额数。

应收账款 指企业因销售商品、提供劳务等经营活动所形成的债权，包括应向客户收取的货款、增值税款和为客户代垫的运杂费等。来源于会计“资产负债表”中“应收账款”项目的期末余额数。

产成品 指企业已经完成全部生产过程并验收入库，可以按照合同规定的条件送交订货单位，或者可以作为商品对外销售的产品。如果会计“资产负债表”列示“产成品”或“库存商品”项目，则为其期末余额；或者，根据会计“产成品”或“库存商品”科目的借方余额，减去为“产成品”或“库存商品”计提的存货跌价准备等计算得出。

主营业务收入 指企业确认的销售商品、提供劳务等主营业务的收入。来源于会计“主营业务收入”科目的期末贷方余额（结转前）。

主营业务成本 指企业经营主要业务所发生的成本总额。来源于会计“主营业务成本”科目的期末借方余额（结转前）。

销售费用 指企业在销售商品和材料、提供劳务的过程中发生的各种费用，包括保险费、包装费、展览费和广告费、商品维修费、预计产品质量保证损失、运输费、装卸费等以及为销售本企业商品而专设的销售机构（含销售网点、售后服务网点等）的职工薪酬、业务费、折旧费等经营费用。

管理费用 指企业为组织和管理企业生产经营所发生的费用，包括企业在筹建期间内发生的开办费、董事会和行政管理部门在企业经营管理中发生的，或者应当由企业统一负担的公司经费等。来源于会计“利润表”中“管理费用”项目的本期金额数。

财务费用 指企业为筹集生产经营所需资金等而发生的筹资费用，包括企业生产经营期间发生的利息支出（减利息收入）、汇兑损失（减汇兑收益）以及相关的手续费等。来源于会计“利润表”中“财务费用”项目的本期金额数。

利润总额 指企业在一定会计期间的经营成果，是生产经营过程中各种收入扣除各种耗费后的盈余，反映企业在报告期内实现的盈亏总额。来源于会计“利润表”中“利润总额”项目的本期金额数。

总资产贡献率 反映企业全部资产的获利能力，是企业经营业绩和管理水平的集中体现，是评价和考核企业盈利能力的核心指标。计算公式为：

$$\text{总资产贡献率}=\frac{\text{利润总额}+\text{税金总额}+\text{利息支出}}{\text{平均资产总额}}\times 100\%$$

公式中：税金总额为主营业务税金及附加与应交增值税

之和；平均资产总额为期初期末资产之和的算术平均值。

资产负债率 该指标既反映企业经营风险的大小，也反映企业利用债权人提供的资金从事经营活动的能力。计算公式为:

$$资产负债率(\%)=\frac{负债总额}{资产总额}\times 100\%$$

资产与负债均为报告期期末数。

流动资产周转次数 指一定时期内流动资产完成的周转次数，反映投入工业企业流动资金的周转速度。计算公式为:

$$流动资产周转次数=\frac{主营业务收入}{全部流动资产平均余额}$$

公式中: 全部流动资产平均余额为期初和期末的流动资产之和的算术平均值。

成本费用利润率 反映企业投入的生产成本及费用的经济效益，同时也反映企业降低成本所取得的经济效益。计算公式为:

$$成本费用利润率(\%)=\frac{利润总额}{成本费用总额}\times 100\%$$

公式中: 成本费用总额为主营业务成本、销售费用、管理费用、财务费用之和。

Explanatory Notes on Main Statistical Indicators

Industry refers to the material production sector which is engaged in the extraction of natural resources and processing and reprocessing of minerals and agricultural products, including (1) extraction of natural resources, such as mining, salt production (but not including hunting and fishing); (2) processing and reprocessing of farm and sideline produces, such as grain and oil processing, food processing, silk reeling, spinning and weaving and leather making; (3) processing and reprocessing of mineral products, such as steel making, iron smelting, chemicals manufacturing, petroleum processing, machine building, timber processing, and production and supply of electricity, gas and water; (4) repairing and renovating of industrial products such as the machinery.

In industrial surveys, the units of enquiry are industrial corporate units.

Industrial corporate units refer to corporate units engaging in industrial production and operation activities, which meet the following requirements: (1) They are established legally, having their own names, organizations, location, and are able to take civil liability independently; (2) They possess (or are authorized to use) assets independently, assume liabilities and are entitled to sign contracts with other units; (3) They have accounts including the balance sheets or can compile the accounts according to the need.

State-holding Enterprises cover the original state-owned enterprises and state-holding enterprises. They are classified according to the actual investment made by the contributor of state-owned part in the paid-in capital of the enterprises, or the degree of control or dominance of the contributor on the assets of the enterprises. The following cases are regarded as state-holding: (1) Absolute state-holding in which the contributor of state-owned parts possess more than 50% of all the paid-in capital (stocks) of the enterprises; (2) Relative state-holding in which the contributor of state-owned parts possess no more than 50% of the paid-in capital (stocks) of the enterprises, but more than that of any other contributor; or Agreed state-holding in which the contributor of state-owned parts possess no more than other contributors but have actual control over the enterprises according to agreements; (3) In the case both contributor possess 50% and it is not clear which one is in absolute holding position, the enterprise is regarded as state-holding enterprise if one of the contributor has state-owned elements.

For explanation of types of registration covered in this chapter, please refer to General Survey.

Total Assets refer to all resources that are owned or controlled by enterprises through previous trades or transactions with expectation of making economic profits. Classified by the degree of liquidity, total assets include current assets and non-current assets. Current assets can be classified into monetary capital, trading financial assets, notes receivable, accounts receivable, advanced payments, other receivables and inventories. Non-current assets can be divided into long-term equity investment, fixed assets, intangible assets and other non-current assets. Data on this indicator can be obtained from the year-end figures of total assets in the Balance Sheet of accounting records.

Total Current Assets refer to the assets that meet one of the following requirements: (1) expected to be cashed, sold or used in a normal operation cycle, mainly including inventory and accounts receivable; (2) be owned for trading purpose mainly; (3) expected to be cashed in one year (including one year) from the day of the Balance Sheet; (4) unlimited cash or cash equivalents that can be exchanged with other assets or being capable of settling debts during one year since the day of the Balance Sheet. Included are monetary capital, notes receivable, accounts receivable and inventories. Data on this indicator can be obtained from the year-end figures of total current assets in the Balance Sheet of accounting records.

Total Liabilities refer to payable liabilities of enterprises that accumulated from previous trades or transactions with expectation of economic profits leaking out. In terms of payment, it can be divided into liquid liabilities and long-term liabilities. Data on this indicator can be obtained from the year-end figures of total liabilities in the Balance Sheet of accounting records.

Accounts Receivable refers to creditor's rights formed by business activities such as selling goods, providing labor, which include payment for goods that should be charged to the customer, value-added tax and advance freight for the clients. It comes from the ending balance of accounts receivable in balance sheet.

Finished Goods refers to the products that the enterprises have completed all of the production process and accepted and put in storage, and can be sent to the ordering units in accordance with the contract stipulations, or can be on sale. If "finished goods" or "goods in stock" are listed in the Balance Sheet, it is the ending balance; or, it is calculated according to the debit balance of the accounting "finished goods" or "goods in stock" account, minus the inventory falling price reserves for "finished products" or "goods in stock".

Revenue from Principal Business refers to the income confirmed of an enterprise from the principal business of selling products and providing labor services. Data on this indicator can be obtained from the year-end credit balance of “revenue from principal business” in the accounting record of enterprise (before carryover).

Cost of Principal Business refers to the total cost

occurred from the principal business of the enterprise. Data can be obtained from the year-end debit balance of "cost of principal business" in the accounting record of enterprise (before carryover).

Selling Expense refers to the cost during the sale of goods and materials, providing labour services, including insurance, packing, exhibition fees and advertising fees, merchandise maintenance costs, expected product quality guarantee loss, transportation fees, handling fees, and operating expenses for the sales of the company's products such as employee compensation, business expenses, depreciation costs for dedicated sales offices (including sales outlets, after-sales service outlets, etc.).

Administrative Expense refers to the expenses for the organization and management of enterprise operating, including the start-up costs during the construction of enterprises, funds occurred during enterprises operating by board of directors and executive management in the enterprise management, or burden by enterprises. It comes from year's cumulative amount of management cost in income statement.

Financial Expenses refers to cost of raising fund for enterprises to raise funds for production and operation, including interest payments (a reduction in interest income), exchange loss (less exchange gains) and related fees during the period of production. It comes from current amount of financial expenses in income statement.

Total Profits refers to the operation results in a certain accounting period, and it is the balance of various incomes minus various spendings in the course of operation, reflecting the total profits and losses of enterprises in reference period. Data are obtained from the amount of total profits in the profit statement of the accounting record of enterprise.

Ratio of Profits, Taxes and Interests to Average Assets reflects the profit-making capability of all assets, manifests the performance and management of the enterprise, and is a key indicator for evaluating the profit-making potential of the enterprise. It is calculated as follows:

$$\text{Ratio of Profits, Taxes and Interests to Average Assets} = \frac{\text{total profits} + \text{total taxes} + \text{interest payment}}{\text{average assets}} \times 100\%$$

In the above formula, total taxes is the sum of tax and extra charges on the principal business and value-added tax payable; and average assets is the arithmetic mean of the sum of beginning assets and ending assets.

Ratio of Debts to Assets reflects both the operation risk and the capability of the enterprise in making use of the capital from the creditors. It is calculated as follows:

$$\text{Ratio of Debts to Assets(\%)} = \frac{\text{total debts}}{\text{total assets}} \times 100\%$$

Both assets and debts are figures at the end of the reference period.

Turnover of Current Assets refers to the number of times of turnover of current assets in a given period of time, which reflects the speed of the turnover of current assets of industrial enterprises, and is calculated as follows:

$$\text{Turnover of Current Assets} = \frac{\text{revenue from principal business}}{\text{average balance of total current assets}}$$

In the above formula, average balance of total current assets refers to the arithmetic mean of the sum of current assets at the beginning and at the end of the reference period.

Ratio of Profits to Total Industrial Costs reflects the economic efficiency of input cost and cost reduction. It is calculated as follows:

$$\text{Ratio of Profits to Total Industrial Cost (\%)} = \frac{\text{total profits}}{\text{total costs}} \times 100\%$$

Total costs in the above formula are the sum of cost of principal business, marketing cost, management cost and financial cost.

第十三篇　建筑业

CHAPTER 13　CONSTRUCTION

资料整理：戚　萍　王璐璋

13-1 建筑业企业基本情况
Basic Conditions of Construction Enterprises

指　　标	Item	2016	2017	2018	2019	2020
施工企业单位数(个)	Number of Construction Enterprises (unit)	1566	1614	1671	1850	2237
年平均人数(万人)	Average Number of Employed Persons (10000 persons)	67.0	59.9	45.2	38.9	35.3
固定资产原价(亿元)	Original Value of Fixed Assets (100 million yuan)	289.9	286.4	284.0	267.7	258.8
固定资产净值(亿元)	Net Value of Fixed Assets (100 million yuan)	161.1	153.2	147.7	132.8	122.9
自有机械设备台数(万台)	Number of Machinery and Equipment Owned (10000 units)	12.3	12.0	10.6	10.1	12.2
自有机械设备净值(亿元)	Net Value of Machinery and Equipment Owned (100 million yuan)	75.6	75.5	79.7	52.0	44.7
自有机械设备总功率(万千瓦)	Total Power of Machinery and Equipment Owned (10000 kw)	324.1	293.2	253.7	232.8	197.5
总产值(亿元)	Gross Output Value of Construction(100 million yuan)	1716.6	1560.1	1194.3	1181.3	1206.4
#建筑工程	# Construction Projects	1368.9	1287.9	921.0	910.4	962.2
安装工程	Installation Projects	287.0	226.3	212.1	214.1	180.2
竣工产值(亿元)	Output Value of Buildings Completed (100 million yuan)	1076.4	802.1	669.4	662.0	470.0
产值竣工率(%)	Ratio of Output Value of Buildings Completed to Gross Output Value (%)	62.7	51.4	56.0	56.0	39.0
签订的合同金额(亿元)	Contracted Fund (100 million yuan)	2592.3	2615.8	2357.1	2539.8	2586.5
#本年新签合同金额	# New singed Contracted Fund at Current year	1682.8	1695.4	1404.8	1376.8	1501.2
房屋建筑施工面积(万平方米)	Floor Space of Buildings under Construction (10000 sq.m)	5014.1	4768.7	3765.4	3430.1	3285.3
房屋建筑竣工面积(万平方米)	Floor Space of Buildings Completed (10000 sq.m)	2746.9	2127.0	1789.3	1301.4	1645.6
房屋建筑面积竣工率(%)	Rate of Floor Space of Buildings Completed (%)	50.8	44.6	38.2	37.9	28.1
利润总额(亿元)	Total Profits(100 million yuan)	52.5	37.5	23.4	43.6	18.9
利税总额(亿元)	Total Tax (100 million yuan)	105.3	100.7	88.6	95.3	71.3
按总产值计算全员劳动生产率(元/人)	Overall Labor Productivity In Terms of Gross Output Value (yuan/person)	256076	260553	263940	303720	341327
技术装备率(元/人)	Value of Machines per Laborer (yuan/person)	11281	12614	17618	13360	12645
动力装备率(千瓦/人)	Power of Machines per Laborer (kw/person)	4.8	4.9	5.6	6.2	5.6
产值利润率(%)	Ratio of Profit to Gross Output Value (%)	3.1	2.4	1.9	3.7	1.6
产值利税率(%)	Ratio of Pre-tax Profit to Gross Output Value (%)	6.1	6.5	5.4	8.1	5.9

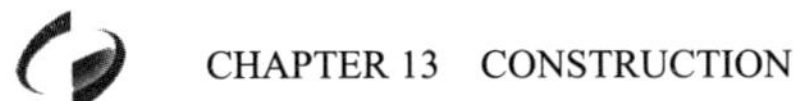

13-2 建筑业企业生产情况(2020年)

类 别	Category	企业单位数(个) Number of Enterprises (unit)	签定的合同额(万元) Value of Newly Signed Contracts (10000 yuan)
总 计	**Total**	**2237**	**25864724**
#国有及国有控股	#State-owned and State-holding Enterprises	184	14504417
按登记注册类型分组	**Grouped by Status of Registration**		
内资企业	Domestic Funded Enterprises	2234	25833310
国有企业	State-owned Enterprises	76	1551131
集体企业	Collective-owned Enterprises	43	260802
股份合作企业	Cooperative Enterprises	2	842
联营企业	Joint Ownership Enterprises	2	956
有限责任公司	Limited Liability Corporations	563	15777008
股份有限公司	Share Holding Enterprises	38	1862301
私营企业	Private Enterprises	1509	6379663
港、澳、台商投资企业	Enterprises with Funds from Hong Kong, Macao and Taiwan	1	2543
外商投资企业	Foreign Funded Enterprises	2	28871
按经济组织类型分组	**Grouped by Type of Economic Organizations**		
独资企业	Proprietorship	133	1825822
合作、合伙企业	Cooperative Enterprises and Partnership	5	2405
股份有限公司	Share Holding Enterprises	57	2386122
有限责任公司	Limited Liability Corporations	2042	21650376
按国民经济行业分组	**Grouped by Sector**		
房屋建筑业	Housing Building Construction	1048	9659823
住宅房屋建筑	Residential Building	952	9059570
体育场馆建筑	Stadium Building	4	79094
其他房屋建筑业	Other Housing Construction Industry	92	521160
土木工程建筑业	Civil Engineering Construction	580	12459917
铁路、道路、隧道和桥梁	Railway, Road, Tunnel and Bridge	356	7340105
铁路工程建筑	Railway Engineering	5	776933
公路工程建筑	Highway Engineering	77	4132107
市政道路工程建筑	Municipal Road Engineering	246	1900904
城市轨道交通工程建筑	Urban Rail Transit Engineering Construction	1	8231
其他道路、隧道和桥梁工程建筑	Other Road, Tunnel and Bridge Engineering Construction	27	521930
水利和内河港口工程建筑	Water Conservancy and Inland Port Engineering Construction	89	1542169
水源及供水设施工程建筑	Water Supply and Water Supply Facilities	65	1301070
河湖治理及防洪设施工程建筑	Governance of Lakes and Flood Control Facilities	21	224688
港口及航运设施工程建筑	Port and Shipping Facilities	3	16412
工矿工程	Mining Engineering	11	1822846
架线和管道工程建筑	Line Putting-up and Pipeline Engineering	58	362632

Production of Construction Enterprises(2020)

#本年新签定 This Year	总产值 (万元) Gross Output Value (10000 yuan)	建筑工程 Construction Projects	安装工程 Installation Projects	其他 Others	在总产值中(万元) in Gross Output Value (10000 yuan)	
					在外省完成的产值 Completed outside the Province	装修装饰产值 Building Decoration
15012442	**12063719**	**9622276**	**1801516**	**639927**	**2454815**	**313393**
7614532	5755473	4418917	1118056	218501	1634782	9969
14986919	12043259	9601815	1801516	639927	2454663	311182
963110	676066	489403	168533	18130	170193	17
185526	136981	84305	38647	14029	140	2092
842	682	330	215	137		412
956	536	193	74	270		
8220616	6499511	5050186	1130208	319118	1686721	58849
1157190	988646	843290	144881	475	247171	2914
4458073	3740229	3134109	318351	287768	350438	246897
2543	2211	2211				2211
22980	18249	18249			152	
1161447	826372	584970	209191	32212	170543	2222
2405	1825	523	895	407		412
1231121	1038313	867027	165057	6229	249426	12061
12617470	10197209	8169756	1426374	601079	2034846	298698
6018605	4787044	4498244	115179	173621	821925	67361
5566031	4507844	4254982	98104	154757	807454	59348
51442	40387	30776	2771	6840		395
401131	238814	212486	14303	12025	14471	7618
6547959	5415165	4124576	1109641	180948	1317433	19312
3601426	3086105	2912297	64008	109800	868658	8681
123695	311206	311206			162668	
2420640	1671964	1611385	17591	42988	536481	2358
822199	757138	650658	45650	60831	143614	6323
4131	1810	1810			1400	
230762	343986	337238	767	5981	24495	
830520	793589	756287	15406	21895	116726	
673213	666924	635582	15406	15936	113777	
150286	120817	115244		5574	2563	
7021	5847	5462		385	385	
1298962	923771	176975	730690	16105	157044	10
235395	208049	102890	96948	8211	54897	

13-2 续表1

类 别	Category	企业单位数(个) Number of Enterprises (unit)	签定的合同额(万元) Value of Newly Signed Contracts (10000 yuan)
架线及设备工程建筑	Wiring and Equipment Engineering	35	294024
管道工程建筑	Pipeline Engineering	23	68608
节能环保工程施工	Energy Conservation and Environmental Protection Engineering Construction	8	24815
节能工程施工	Energy Saving Engineering Construction	2	17100
环保工程施工	Environmental Protection Engineering Construction	6	7715
电力工程施工	Power Engineering Construction	23	1270746
火力发电工程施工	Thermal Power Engineering Construction	2	880826
水力发电工程施工	Construction of Hydropower Project	6	237968
风能发电工程施工	Construction of Wind Power Generation Project	3	10742
其他电力工程施工	Other Power Engineering Construction	10	140097
其他土木工程建筑	Other Civil Engineering	35	96605
建筑安装业	Construction Installation	301	2844689
电气安装	Electrical Installation	106	684533
管道和设备安装	Piping and Equipment Installation	51	146346
其他建筑安装业	Other	144	2013811
建筑装饰、装修和其他建筑业	Building Decoration, Decoration and Other Construction Industries	308	900294
建筑装饰和装修业	Building Decoration and Decoration Industry	248	766874
建筑物拆除和场地准备活动	Building Demolition and Site Preparation Activities	15	61123
提供施工设备服务	Provide Construction Equipment Service	4	859
其他未列明建筑业	Other Construction not Listed	41	71438
按隶属关系分组	**Grouped by Administration**		
#中 央	#Central	16	4053255
地 方	Local	365	10604116
其 他	Other	1856	11207353
按企业资质等级分组(新标)	**Grouped by Quality and Grade**		
施工总承包	Overall Contracted Construction	1633	23702734
特 级	Special Grade	4	5869549
一 级	First Grade	98	10551350
二 级	Second Grade	580	4851247
三 级	Third Grade	951	2430588
专业承包	Specialized Contraction	604	2161990
一 级	First Grade	81	808347
二 级	Second Grade	374	1105503
三 级	Third Grade	149	248140

Continued

#本年新签定 This Year	总产值 (万元) Gross Output Value (10000 yuan)	建筑工程 Construction Projects	安装工程 Installation Projects	其 他 Others	在总产值中(万元) in Gross Output Value (10000 yuan)	
					在外省完成的产值 Completed outside the Province	装修装饰产 值 Building Decoration
172004	155334	79182	74464	1689	52812	
63391	52715	23708	22484	6523	2085	
18739	16378	15527	359	492	958	
15600	13100	13049	51		100	
3139	3278	2478	308	492	858	
486915	314879	112812	198756	3311	111033	7021
268628	162645	6698	155947		74094	7021
122343	102269	98457	501	3311	29040	
9975	7990		7990		7899	
84897	41036	7657	33378			
76003	72395	47788	3474	21133	8117	3601
1760932	1287191	540277	540134	206780	180165	8573
219840	211062	58103	148094	4865	23861	1069
109726	93965	36647	39558	17760	7653	836
1431366	982164	445527	352482	184155	148652	6667
684947	574319	459178	36562	78579	135292	218147
576468	464856	369522	27557	67777	123926	214267
54920	53670	52999	307	364	1149	
709	769	59	710			
52850	55025	36599	7988	10437	10218	3880
1853023	1396543	612346	777915	6281	528892	
5980641	4709241	4186197	266546	256498	1155929	23561
7178779	5957936	4823732	757056	377148	769994	289833
13399197	10669557	8654275	1508108	507174	2039296	89298
2931908	1927839	1486032	441807		745595	
5217599	4414636	3410109	806121	198406	1092485	12451
3291059	2606058	2300258	131544	174257	148623	24213
1958631	1721024	1457876	128636	134511	52593	52634
1613246	1394162	968001	293408	132753	415519	224095
575098	572132	459777	79325	33030	350420	154107
819066	627193	404623	150994	71576	41475	67147
219081	194837	103601	63089	28147	23624	2841

13-2 续表2

类　别	Category	竣工产值（万元）Output Value of Buildings Completed (10000 yuan)
总　计	**Total**	**4699710**
#国有及国有控股	#State-owned and State-holding Enterprises	1562169
按登记注册类型分组	**Grouped by Status of Registration**	
内资企业	Domestic Funded Enterprises	4689653
国有企业	State-owned Enterprises	293943
集体企业	Collective-owned Enterprises	92797
股份合作企业	Cooperative Enterprises	270
联营企业	Joint Ownership Enterprises	416
有限责任公司	Limited Liability Corporations	2257998
股份有限公司	Share Holding Enterprises	220955
私营企业	Private Enterprises	1823273
港、澳、台商投资企业	Enterprises with Funds from Hong Kong, Macao and Taiwan	
外商投资企业	Foreign Funded Enterprises	10057
按经济组织类型分组	**Grouped by Type of Economic Organizations**	
独资企业	Proprietorship	398732
合作、合伙企业	Cooperative Enterprises and Partnership	687
股份有限公司	Share Holding Enterprises	249020
有限责任公司	Limited Liability Corporations	4051271
按国民经济行业分组	**Grouped by Sector**	
房屋建筑业	Housing Building Construction	2382792
住宅房屋建筑	Residential Building	2171278
体育场馆建筑	Stadium Building	68630
其他房屋建筑业	Other Housing Construction Industry	142884
土木工程建筑业	Civil Engineering Construction	1567620
铁路、道路、隧道和桥梁	Railway, Road, Tunnel and Bridge	623165
铁路工程建筑	Railway Engineering	19038
公路工程建筑	Highway Engineering	244737
市政道路工程建筑	Municipal Road Engineering	288441
城市轨道交通工程建筑	Urban Rail Transit Engineering Construction	1400
其他道路、隧道和桥梁工程建筑	Other Road, Tunnel and Bridge Engineering Construction	69548
水利和内河港口工程建筑	Water Conservancy and Inland Port Engineering Construction	289171
水源及供水设施工程建筑	Water Supply and Water Supply Facilities	266384
河湖治理及防洪设施工程建筑	Governance of Lakes and Flood Control Facilities	18725
港口及航运设施工程建筑	Port and Shipping Facilities	4063
工矿工程	Mining Engineering	401175
架线和管道工程建筑	Line Putting-up and Pipeline Engineering	127877

Continued

产值竣工率 (%) Ratio of Output Value of Buildings Completed to Gross Output Value (%)	房屋建筑施工面积 (万平方米) Floor Space of Buildings under Construction (10000 sq.m)	#本年新开工 Starting Working at Current Year	房屋建筑竣工面积 (万平方米) Floor Space of Buildings Completed (10000 sq.m)	#住宅 Residence	房屋建筑面积竣工率 (%) Rate of Floor Space of Buildings (%)
39.0	**3285.3**	**1645.6**	**923.4**	**691.4**	**28.1**
27.1	1363.9	562.5	284.5	223.3	20.9
38.9	3285.3	1645.6	923.4	691.4	28.1
43.5	26.1	17.7	17.6	2.8	67.3
67.7	26.9	19.4	8.1	5.1	30.1
39.6	0.1	0.1	0.1		100.0
77.6					
34.7	2170.5	993.6	514.8	392.7	23.7
22.3	23.9	15.3	20.7	18.1	86.3
48.7	1037.8	599.5	362.2	272.8	34.9
55.1					
48.3	56.6	37.9	29.3	10.6	51.7
37.6	0.1	0.1	0.1		100.0
24.0	31.2	22.6	27.8	24.4	89.1
39.7	3197.5	1585.0	866.3	656.4	27.1
49.8	2926.5	1413.9	844.0	659.2	28.8
48.2	2632.2	1275.6	768.5	598.9	29.2
169.9	30.9	12.1	30.1	30.1	97.6
59.8	263.4	126.2	45.4	30.2	17.2
28.9	131.6	79.0	32.8	18.4	24.9
20.2	118.3	66.5	24.0	13.8	20.3
6.1	48.8	15.0	0.3		0.6
14.6	6.2	4.5	2.3	2.0	36.6
38.1	25.0	17.2	15.7	7.0	63.0
77.3					
20.2	38.3	29.7	5.7	4.9	14.9
36.4	2.3	1.8	1.6	0.5	69.8
39.9	2.3	1.8	1.6	0.5	69.8
15.5					
69.5					
43.4	4.5	4.5	2.8		62.1
61.5					

13-2 续表3

类　别	Category	竣工产值（万元）Output Value of Buildings Completed (10000 yuan)
架线及设备工程建筑	Wiring and Equipment Engineering	94564
管道工程建筑	Pipeline Engineering	33313
节能环保工程施工	Energy Conservation and Environmental Protection Engineering Construction	15036
节能工程施工	Energy Saving Engineering Construction	12854
环保工程施工	Environmental Protection Engineering Construction	2181
电力工程施工	Power Engineering Construction	52553
火力发电工程施工	Thermal Power Engineering Construction	7021
水力发电工程施工	Construction of Hydropower Project	12732
风能发电工程施工	Construction of Wind Power Generation Project	1641
其他电力工程施工	Other Power Engineering Construction	30644
其他土木工程建筑	Other Civil Engineering	58643
建筑安装业	Construction Installation	515941
电气安装	Electrical Installation	124731
管道和设备安装	Piping and Equipment Installation	60302
其他建筑安装业	Other	330908
建筑装饰、装修和其他建筑业	Building Decoration, Decoration and Other Construction Industries	233356
建筑装饰和装修业	Building Decoration and Decoration Industry	189075
建筑物拆除和场地准备活动	Building Demolition and Site Preparation Activities	13153
提供施工设备服务	Provide Construction Equipment Service	170
其他未列明建筑业	Other Construction not Listed	30959
按隶属关系分组	**Grouped by Administration**	
#中　央	#Central	390956
地　方	Local	1405020
其　他	Other	2903734
按企业资质等级分组(新标)	**Grouped by Quality and Grade**	
施工总承包	Overall Contracted Construction	4169634
特　级	Special Grade	578967
一　级	First Grade	1185388
二　级	Second Grade	1406004
三　级	Third Grade	999275
专业承包	Specialized Contraction	530076
一　级	First Grade	104067
二　级	Second Grade	304912
三　级	Third Grade	121097

Continued

产值竣工率 (%) Ratio of Output Value of Buildings Completed to Gross Output Value (%)	房屋建筑施工面积 (万平方米) Floor Space of Buildings under Construction (10000 sq.m)	#本年新开工 Starting Working at Current Year	房屋建筑竣工面积 (万平方米) Floor Space of Buildings Completed (10000 sq.m)	#住宅 Residence	房屋建筑面积竣工率 (%) Rate of Floor Space of Buildings (%)
60.9					
63.2					
91.8					
98.1					
66.6					
16.7	2.0	2.0			
4.3					
12.4					
20.5					
74.7	2.0	2.0			
81.0	4.5	4.1	4.4	4.1	99.0
40.1	168.2	118.9	35.8	11.0	21.3
59.1	3.0	1.9	1.0		33.5
64.2	3.7	3.2	0.2	0.1	4.7
33.7	161.5	113.8	34.6	10.9	21.4
40.6	59.1	33.9	10.8	2.8	18.3
40.7	44.9	23.5	9.3	2.8	20.8
24.5	0.03	0.03			
22.1					
56.3	14.1	10.4	1.5		10.4
28.0	52.6	19.1	2.8		5.4
29.8	1472.7	621.8	343.7	276.0	23.3
48.7	1760.0	1004.7	576.9	415.5	32.8
39.1	3180.3	1568.4	886.5	672.7	27.9
30.0	695.6	297.4	133.9	112.5	19.3
26.9	1134.3	484.9	293.6	233.0	25.9
54.0	937.0	521.2	277.4	210.0	29.6
58.1	413.4	264.9	181.5	117.3	43.9
38.0	105.1	77.3	36.9	18.8	35.1
18.2	13.2	10.6	1.7		13.2
48.6	77.9	54.5	28.3	17.2	36.3
62.2	14.0	12.1	6.9	1.6	49.2

13-3 建筑业企业财务状况(2020年)

单位：万元

类　别	Category	资产合计 Total Assets	#流动资产 Circulating Funds	#在建工程 Progress under Construction
总　计	**Total**	**23082728**	**19669460**	**172485**
#国有及国有控股	#State-owned and State-holding Enterprises	11448112	9927762	44539
按登记注册类型分组	**Grouped by Status of Registration**			
内资企业	Domestic Funded Enterprises	23047401	19638041	172485
国有企业	State-owned Enterprises	1086356	922173	26466
集体企业	Collective-owned Enterprises	340255	277984	502
股份合作企业	Cooperative Enterprises	8728	7177	
联营企业	Joint Ownership Enterprises	1161	1044	
有限责任公司	Limited Liability Corporations	12527535	11096210	37143
股份有限公司	Share Holding Enterprises	2127802	1614367	555
私营企业	Private Enterprises	6950942	5714620	107820
港、澳、台商投资企业	Enterprises with Funds from Hong Kong, Macao and Taiwan	9486	8197	
外商投资企业	Foreign Funded Enterprises	25841	23223	
按经济组织类型分组	**Grouped by Type of Economic Organizations**			
独资企业	Proprietorship	1453001	1217827	26973
合作、合伙企业	Cooperative Enterprises and Partnership	14511	12688	
股份有限公司	Share Holding Enterprises	2874748	2182927	6302
有限责任公司	Limited Liability Corporations	18740469	16256018	139210
按国民经济行业分组	**Grouped by Sector**			
房屋建筑业	Housing Building Construction	8443697	7229360	69302
住宅房屋建筑	Residential Building	7723426	6595269	60217
体育场馆建筑	Stadium Building	95300	64774	6721
其他房屋建筑业	Other Housing Construction Industry	624970	569317	2365
土木工程建筑业	Civil Engineering Construction	11026003	9311946	90165
铁路、道路、隧道和桥梁	Railway, Road, Tunnel and Bridge	6172355	5049821	54679
铁路工程建筑	Railway Engineering	561701	518943	848
公路工程建筑	Highway Engineering	3264669	2485151	33118
市政道路工程建筑	Municipal Road Engineering	1671812	1455927	20427
城市轨道交通工程建筑	Urban Rail Transit Engineering Construction	9588	5919	
其他道路、隧道和桥梁工程建筑	Other Road, Tunnel and Bridge Engineering Construction	664586	583881	286
水利和内河港口工程建筑	Water Conservancy and Inland Port Engineering Construction	1207875	965774	4804
水源及供水设施工程建筑	Water Supply and Water Supply Facilities	1028150	818255	4215
河湖治理及防洪设施工程建筑	Governance of Lakes and Flood Control Facilities	139181	110393	588
港口及航运设施工程建筑	Port and Shipping Facilities	40544	37126	1
工矿工程	Mining Engineering	2389298	2226768	20845
架线和管道工程建筑	Line Putting-up and Pipeline Engineering	455997	352556	6578

Financial Status of Construction Enterprises(2020)

(10000 yuan)

#固定资产 Fixed Assets	#固定资产累计折旧 Accumulated Depreciation of Fixed Assets	负债合计 Total Liabilities	#流动负债 Circulating Liabilities	#非流动负债 Non-current Liabilities	所有者权益 Total Owners Rights and Interests	#实收资本 Actual Received Capital	#个人资本 Personal Capital
2588248	**1359672**	**16196673**	**15485603**	**604368**	**6886055**	**5277542**	**959491**
1001586	585505	9530419	9060175	468567	1917692	1847997	6684
2582820	1357576	16167480	15456410	604368	6879922	5271801	959491
191566	93957	854322	827577	26546	232035	306723	42
65514	32155	220950	220991	-41	119306	58355	1144
2173	872	6190	6190		2538	2000	2000
24	9	31	31		1130	873	804
1332932	775459	9738499	9271014	440659	2789037	2398631	235953
99134	44001	1794507	1705404	86319	333295	170832	16012
891218	411017	3551064	3423286	50885	3399878	2331887	701037
1348	443	7202	7202		2283	1660	
4080	1653	21991	21991		3850	4082	
261579	126467	1079907	1052927	26505	373094	383858	7856
2456	987	8139	8139		6372	5373	5304
183327	77075	2097714	2008607	86319	777034	296395	44452
2140887	1155144	13010913	12415931	491544	5729556	4591917	901879
831251	363873	5465388	5278252	121573	2978309	2279007	442641
744281	314847	5014176	4846232	106280	2709250	2075384	396002
8774	3444	45674	38394	7279	49626	41954	
78196	45582	405538	393626	8014	219433	161670	46639
1480728	867747	8663555	8216260	422029	2362449	2105550	295024
616085	336769	4595904	4231961	348642	1576451	1088557	161675
72539	39811	450925	445689	5235	110777	83358	
217410	90213	2555375	2292925	260161	709294	426383	42268
233275	149580	1090673	1019100	58623	581139	438519	88516
5223	2180	5930	5930		3658	3519	
87638	54985	493002	468316	24623	171584	136778	30892
132104	42615	722780	689156	29786	485095	365125	68501
99370	33330	620181	586565	29786	407970	300141	46764
27948	7297	72527	72518		66655	56384	21737
4786	1988	30073	30073		10471	8600	
521590	371898	2519177	2501499	16923	-129880	352532	2671
104473	52027	267178	266033	991	188820	128271	37400

13-3 续表1

单位：万元

类别	Category	资产合计 Total Assets	#流动资产 Circulating Funds	#在建工程 Progress under Construction
架线及设备工程建筑	Wiring and Equipment Engineering	296354	224372	5782
管道工程建筑	Pipeline Engineering	159643	128184	797
节能环保工程施工	Energy Conservation and Environmental Protection Engineering Construction	41627	31930	
节能工程施工	Energy Saving Engineering Construction	6950	6881	
环保工程施工	Environmental Protection Engineering Construction	34677	25050	
电力工程施工	Power Engineering Construction	624006	561618	246
火力发电工程施工	Thermal Power Engineering Construction	341220	325495	
水力发电工程施工	Construction of Hydropower Project	108236	105445	
风能发电工程施工	Construction of Wind Power Generation Project	27127	15079	
其他电力工程施工	Other Power Engineering Construction	146081	114749	246
其他土木工程建筑	Other Civil Engineering	134846	123479	3013
建筑安装业	Construction Installation	2157217	1934879	8544
电气安装	Electrical Installation	460213	355668	4566
管道和设备安装	Piping and Equipment Installation	227143	210182	442
其他建筑安装业	Other	1469861	1369028	3536
建筑装饰、装修和其他建筑业	Building Decoration, Decoration and Other Construction Industries	1455812	1193276	4474
建筑装饰和装修业	Building Decoration and Decoration Industry	827144	671110	1999
建筑物拆除和场地准备活动	Building Demolition and Site Preparation Activities	64291	59268	218
提供施工设备服务	Provide Construction Equipment Service	3436	3134	
其他未列明建筑业	Other Construction not Listed	560940	459765	2257
按隶属关系分组	**Grouped by Administration**			
#中　央	#Central	3277579	3047613	8158
地　方	Local	9004256	7559291	32319
其　他	Other	10800894	9062557	132008
按企业资质等级分组(新标)	**Grouped by Quality and Grade**			
施工总承包	Overall Contracted Construction	20129674	17175011	157072
特　级	Special Grade	5135624	4353867	8116
一　级	First Grade	7596786	6806332	30475
二　级	Second Grade	4999073	4003021	66005
三　级	Third Grade	2398191	2011791	52476
专业承包	Specialized Contraction	2953055	2494449	15413
一　级	First Grade	1038168	881382	2121
二　级	Second Grade	1088620	926407	12894
三　级	Third Grade	826267	686660	397

Continued

(10000 yuan)

#固定资产 Fixed Assets	#固定资产累计折旧 Accumulated Depreciation of Fixed Assets	负债合计 Total Liabilities	#流动负债 Circulating Liabilities	#非流动负债 Non-current Liabilities	所有者权益 Total Owners Rights and Interests	#实收资本 Actual Received Capital	#个人资本 Personal Capital
63486	31940	150833	150615	64	145521	94756	34038
40988	20087	116345	115418	927	43298	33516	3362
7826	4286	36506	36499	8	5120	20414	1253
74	5	1357	1357		5592	5198	
7751	4281	35149	35141	8	-472	15216	1253
87436	53173	432761	403196	24461	191245	127976	15375
33198	26261	292407	274118	18289	48813	47700	
6220	3772	70141	70141		38095	34079	3660
15904	6360	17208	7071	6171	9919	8461	5000
31539	16696	52254	51117		93826	37172	6415
11215	6980	89248	87916	1218	45597	22676	8150
170775	81287	1406406	1363654	38006	750811	517262	103843
65698	28879	312451	308186	3922	147762	111185	41355
28745	16148	134736	134368	159	92406	63900	18614
76332	36260	959219	921100	33925	510643	342177	43873
105495	46765	661324	627438	22760	794487	375724	117983
43297	18603	460394	427330	22798	366750	256230	106441
9780	6118	29832	29832		34459	23655	2586
345	97	1522	1522		1914	1553	550
52072	21946	169576	168754	-38	391364	94286	8406
583031	399919	3175200	3131409	43791	102378	512686	
545659	239580	6735467	6305013	416906	2268789	1639788	127833
1459558	720174	6286006	6049181	143670	4514888	3125069	831658
2285623	1213275	14665341	14004054	577349	5464333	4534651	728075
509543	345563	4642288	4448808	193480	493336	600909	
697232	409362	5768599	5594463	168182	1828187	1567426	113585
801193	349470	2841272	2604929	196912	2157800	1583680	401969
277655	108881	1413181	1355855	18775	985010	782637	212520
302625	146397	1531332	1481549	27019	1421723	742892	231416
47449	25714	652729	636317	16241	385438	220001	90833
151243	77052	561162	542557	3698	527458	342840	118044
103934	43631	317441	302676	7080	508826	180051	22540

13-3 续表2

单位：万元

类 别	Category	总收入 Total Income	主营业务收入 Revenue from Principal Business
总 计	**Total**	**13738828**	**13350757**
#国有及国有控股	#State-owned and State-holding Enterprises	5886885	5731281
按登记注册类型分组	**Grouped by Status of Registration**		
内资企业	Domestic Funded Enterprises	13717500	13330899
国有企业	State-owned Enterprises	723258	704170
集体企业	Collective-owned Enterprises	207164	185469
股份合作企业	Cooperative Enterprises	12424	12420
联营企业	Joint Ownership Enterprises	652	651
有限责任公司	Limited Liability Corporations	7035527	6821142
股份有限公司	Share Holding Enterprises	1038871	1027843
私营企业	Private Enterprises	4693875	4573731
港、澳、台商投资企业	Enterprises with Funds from Hong Kong, Macao and Taiwan	2119	2119
外商投资企业	Foreign Funded Enterprises	19209	17740
按经济组织类型分组	**Grouped by Type of Economic Organizations**		
独资企业	Proprietorship	952401	911244
合作、合伙企业	Cooperative Enterprises and Partnership	18805	18544
股份有限公司	Share Holding Enterprises	1157607	1111490
有限责任公司	Limited Liability Corporations	11610015	11309479
按国民经济行业分组	**Grouped by Sector**		
房屋建筑业	Housing Building Construction	5297231	5170441
住宅房屋建筑	Residential Building	4838513	4718290
体育场馆建筑	Stadium Building	75321	74736
其他房屋建筑业	Other Housing Construction Industry	383397	377416
土木工程建筑业	Civil Engineering Construction	6146810	5947872
铁路、道路、隧道和桥梁	Railway, Road, Tunnel and Bridge	3245583	3172490
铁路工程建筑	Railway Engineering	329583	322728
公路工程建筑	Highway Engineering	1596548	1582112
市政道路工程建筑	Municipal Road Engineering	951637	907121
城市轨道交通工程建筑	Urban Rail Transit Engineering Construction	3028	3028
其他道路、隧道和桥梁工程建筑	Other Road, Tunnel and Bridge Engineering Construction	364788	357501
水利和内河港口工程建筑	Water Conservancy and Inland Port Engineering Construction	869510	790513
水源及供水设施工程建筑	Water Supply and Water Supply Facilities	708684	630243
河湖治理及防洪设施工程建筑	Governance of Lakes and Flood Control Facilities	137161	136785
港口及航运设施工程建筑	Port and Shipping Facilities	23665	23485
工矿工程	Mining Engineering	1211699	1178350
架线和管道工程建筑	Line Putting-up and Pipeline Engineering	289918	278573

Continued

(10000 yuan)

#主营业务成本 Cost of Principal Business	#主营业务税金及附加 Taxes and Extra Charges of Principal Business	营业外收入 Other Revenue from Business	管理费用 Management Expenses	财务费用 Financial Expenses	营业利润 operating profit	利润总额 Total Profits	利税总额 Total Pre-tax Profits
12502178	**90708**	**53080**	**662719**	**85831**	**175023**	**188613**	**713426**
5457272	21505	43823	189922	50327	27848	48774	251913
12483839	90602	53080	661242	85549	174982	188572	712916
661764	3352	8715	33147	-219	3651	9953	42578
154263	10874	905	27255	23	5410	4629	23782
11753	32	4	508	3	125	129	274
598	24		5	-1	45	45	96
6446123	35852	39266	356551	54412	75104	91225	338728
941328	4691	109	26798	15684	20377	19689	50940
4262956	35760	3822	216723	15581	70190	62814	256235
2165			13		-59	-59	-59
16174	106	1	1464	282	101	100	569
836357	14724	9621	64272	135	9225	14745	67592
17405	73	262	768	68	250	261	653
1014736	5608	702	44296	20716	13998	13368	49437
10633680	70303	42496	553383	64912	151551	160238	595743
4839553	54029	3476	300024	22556	100131	92684	318568
4419275	52271	2950	279882	20911	91086	83661	297448
70293	368	32	3357	48	1104	1057	3598
349985	1390	495	16784	1597	7942	7966	17523
5620581	27000	44707	250529	47640	38318	55995	268442
2929141	14346	10290	107631	35973	51153	55887	159793
302009	824	4920	7826	2808	-1757	3175	8841
1455971	7941	4081	43224	18552	37650	40600	93891
838329	4073	1136	43519	10373	11997	9026	44401
2983	16		52		-22	-22	115
329851	1493	152	13010	4240	3287	3109	12545
800733	4613	2077	30960	4258	25391	26761	75952
651010	3862	1636	25340	3947	22288	23267	64866
128786	652	293	4411	-6	2263	2533	9014
20938	99	149	1209	317	840	961	2073
1174838	3115	29374	44108	2804	-51745	-41439	-7450
243410	1549	847	26290	153	10067	10106	21127

13-3 续表3

单位：万元

类别	Category	总收入 Total Income	主营业务收入 Revenue from Principal Business
架线及设备工程建筑	Wiring and Equipment Engineering	222214	213757
管道工程建筑	Pipeline Engineering	67703	64817
节能环保工程施工	Energy Conservation and Environmental Protection Engineering Construction	25207	25043
节能工程施工	Energy Saving Engineering Construction	12854	12854
环保工程施工	Environmental Protection Engineering Construction	12353	12188
电力工程施工	Power Engineering Construction	415488	413805
火力发电工程施工	Thermal Power Engineering Construction	164070	163430
水力发电工程施工	Construction of Hydropower Project	115007	114902
风能发电工程施工	Construction of Wind Power Generation Project	22597	22596
其他电力工程施工	Other Power Engineering Construction	111202	110576
其他土木工程建筑	Other Civil Engineering	89406	89098
建筑安装业	Construction Installation	1488135	1474214
电气安装	Electrical Installation	267196	262847
管道和设备安装	Piping and Equipment Installation	137369	135046
其他建筑安装业	Other	1083571	1076321
建筑装饰、装修和其他建筑业	Building Decoration, Decoration and Other Construction Industries	806652	758230
建筑装饰和装修业	Building Decoration and Decoration Industry	652640	636821
建筑物拆除和场地准备活动	Building Demolition and Site Preparation Activities	52484	52398
提供施工设备服务	Provide Construction Equipment Service	4208	4206
其他未列明建筑业	Other Construction not Listed	97320	64805
按隶属关系分组	**Grouped by Administration**		
#中 央	#Central	1814613	1773138
地 方	Local	4940036	4881745
其 他	Other	6984179	6695875
按企业资质等级分组(新标)	**Grouped by Quality and Grade**		
施工总承包	Overall Contracted Construction	11936813	11632077
特 级	Special Grade	2264933	2227813
一 级	First Grade	4361442	4238438
二 级	Second Grade	3318768	3244861
三 级	Third Grade	1991670	1920965
专业承包	Specialized Contraction	1802015	1718680
一 级	First Grade	617153	604787
二 级	Second Grade	890545	854300
三 级	Third Grade	294318	259593

Continued

(10000 yuan)

#主营业务成本 Cost of Principal Business	#主营业务税金及附加 Taxes and Extra Charges of Principal Business	营业外收入 Other Revenue from Business	管理费用 Management Expenses	财务费用 Financial Expenses	营业利润 operating profit	利润总额 Total Profits	利税总额 Total Pre-tax Profits
190901	987	545	18771	140	9029	8826	17111
52509	562	301	7519	13	1038	1280	4016
23030	103	94	2273	294	-680	-587	84
12476	44		41	185	107	107	507
10554	59	94	2232	109	-787	-694	-423
366229	2777	2007	35616	4027	2406	3587	12907
147272	500	1365	8553	3853	136	1241	2703
109221	552	79	4053	-7	1024	1082	2910
21285	86	1	461	225	539	520	1456
86287	1638	562	22459	-111	572	608	5702
83200	497	19	3651	131	1726	1681	6030
1338323	6188	4518	67624	12773	26445	30557	88024
240065	1330	2582	21092	5241	-7637	-3995	4582
123018	574	321	7965	-125	3467	3517	6627
975240	4284	1615	38567	7657	30614	31034	76816
703720	3492	379	44543	2862	10130	9377	38391
594011	2608	257	25946	2778	14745	14492	39049
48846	266	79	1926	92	1219	1263	3569
4088	38	1	163	43	50	51	116
56775	580	42	16508	-52	-5885	-6429	-4342
1729766	4371	32702	61314	9060	-50749	-35193	3459
4498914	23441	9730	274864	46811	104074	109100	296242
6273497	62896	10648	326541	29959	121697	114706	413726
10966143	81583	50131	537972	76448	130466	144697	609874
2140518	6411	25369	50250	27632	-21217	-12535	36217
4049597	22351	14883	139629	38444	36747	45891	234730
2976003	33692	7713	256852	7364	79417	81936	221472
1800025	19129	2165	91241	3008	35519	29405	117454
1536035	9125	2950	124747	9383	44557	43916	103553
537300	2887	946	28621	7704	28315	28497	51972
766798	4612	1172	66118	1538	16278	16171	44312
231936	1625	832	30008	141	-36	-752	7268

13-4 分地区建筑业企业基本情况

年份 Year 地区 Region	企业单位数（个）Number of Enterprises (unit)	年末从业人员（人）Number of Persons Employed (person)	自有机械设备数量（台）Number of Machinery and Equipment Owned (unit)	自有机械设备功率（万千瓦）Total Power of Machinery and Equipment Owned (10000 kw)
2005	1948	430971	165903	341.9
2006	1781	432016	157684	334.1
2007	1733	471335	157949	366.3
2008	1971	479114	161174	372.3
2009	1919	674884	159810	358.9
2010	1945	561857	143340	327.8
2011	2020	490761	156112	364.4
2012	2038	490884	134579	312.5
2013	2008	440100	134516	283.5
2014	1825	363016	153448	330.0
2015	1599	466601	123778	306.6
2016	1566	373570	123106	324.1
2017	1614	357783	120339	293.2
2018	1761	299354	106176	253.7
2019	1850	270596	100692	232.8
2020	2237	232214	122333	197.5
哈尔滨 Harbin	941	115615	55160	59.9
齐齐哈尔 Qiqihar	151	11857	3526	4.4
鸡西 Jixi	96	7464	3295	8.0
鹤岗 Hegang	65	6426	2964	5.3
双鸭山 Shuangyashan	114	6935	1289	3.0
大庆 Daqing	200	34182	31932	70.9
伊春 Yichun	73	2628	663	2.2
佳木斯 Jiamusi	105	13649	1683	4.4
七台河 Qitaihe	48	3148	624	2.7
牡丹江 Mudanjiang	143	8947	1956	5.9
黑河 Heihe	87	5976	1950	3.4
绥化 Suihua	176	12910	3095	13.9
大兴安岭 Daxinganling	38	2477	14196	13.5

Basic Conditions of Construction Enterprises by Region

自有机械设备净值（万元） Net Value of Machinery and Equipment Owned (10000 yuan)	劳动生产率（元/人,按总产值计算） Overall Labor Productivity (yuan/person)	产值竣工率（%） Ratio of Output Value of Buildings Completed to Gross Output Value (%)	房屋建筑面积竣工率(%) Rate of Floor Space of Buildings Completed (%)	技术装备率（元/人） Value of Machinery per Laborer (yuan/person)	动力装备率（千瓦/人） Power of Machinery per Laborer (kw/person)
679666	91345	78.1	50.4	10837	5.5
711059	109543	70.7	49.1	11130	5.2
748550	139136	58.2	54.7	11891	5.8
798106	127267	60.8	44.1	9797	4.6
762805	146124	57.1	68.4	8303	3.9
749900	183395	50.2	50.5	7771	3.4
783975	220377	56.4	49.8	8514	4.0
804716	272229	51.6	50.7	9228	3.6
770020	242528	51.0	53.7	7555	2.8
853835	251080	48.2	55.2	9968	3.9
764419	228445	60.2	52.8	10425	4.2
756200	256076	62.7	50.8	11281	4.8
755259	260553	51.4	44.6	12614	4.9
797198	263940	56.0	38.2	17618	5.6
519653	303720	56.0	37.9	19204	8.6
446909	353436	39.0	28.1	12645	5.6
137610	197209	28.6	19.0	6978	3.0
15568	16470	70.6	59.4	9453	2.7
18362	9191	39.3	34.4	19979	8.7
9752	7237	64.1	30.7	13475	7.3
12438	9033	57.5	54.1	13770	3.3
133472	38861	52.7	52.1	34346	18.2
5581	3843	77.1	73.2	14521	5.7
12717	17538	50.9	32.4	7251	2.5
20945	4051	58.0	96.7	51704	6.7
12097	14633	45.4	41.2	8267.1	4.0
10532	9049	90.0	36.3	11639	3.8
43267	20910	62.0	65.4	20692	6.7
14566	5411	34.7	22.4	26919	24.9

13-4 续表

年 份 Year 地 区 Region		资产合计(万元) Total Assets (10000 yuan)	负债合计(万元) Total Liabilities (10000 yuan)	所有者权益(万元) owner's equity (10000 yuan)	实收资本 Paid-up capital	总收入(万元) Total Income (10000 yuan)	利润总额(万元) Total Profits (10000 yuan)
2005		7038066	4261973	2776123	2585760	5664967	52342
2006		8203440	5278702	2924738	2700632	6840358	76641
2007		9142571	6054731	3087840	2699169	8508795	98029
2008		10397027	6964890	3432138	3132750	10913499	457660
2009		10829222	7133558	3695664	3232330	13078488	558203
2010		11951907	8195121	3756786	3289940	16082766	564931
2011		14595943	10040174	4555769	3587785	19446063	589187
2012		16398329	11079601	5293964	4010791	21053609	617830
2013		18019776	12563726	5456050	4061503	18358995	670536
2014		17958140	12499104	5459037	4745830	17365202	508883
2015		17275931	11736030	5539901	4022879	14578309	466005
2016		19565969	13538096	6027872	4269043	15301588	525244
2017		20177153	13908371	6268782	4815968	14663018	375135
2018		20615459	14397763	6217700	4988869	13308813	233972
2019		22012614	15081393	6931220	5333273	13934098	435594
2020		23082728	16196673	6886055	5277542	13738828	188613
哈尔滨	Harbin	13956285	9729960	4226325	2848776	8168352	160790
齐齐哈尔	Qiqihar	841309	484059	357250	303354	583393	3758
鸡西	Jixi	350571	231633	118938	116893	250783	6036
鹤岗	Hegang	385868	222027	163841	98234	292270	6205
双鸭山	Shuangyashan	330854	168582	162272	142244	260697	3975
大庆	Daqing	3330699	3022673	308026	655442	1764229	-41665
伊春	Yichun	353477	232589	120889	73566	158030	4697
佳木斯	Jiamusi	767326	506675	260652	211561	563662	9878
七台河	Qitaihe	261695	152632	109063	84432	132048	506
牡丹江	Mudanjiang	1134949	641013	493937	325985	618089	15665
黑河	Heihe	289563	158825	130738	103895	241033	4770
绥化	Suihua	849306	525172	324134	228973	557211	9278
大兴安岭	Daxinganling	230826	120833	109993	84187	149032	4722

Continued

利税总额 (万元) Total Pre-tax Profits (10000 yuan)	产值利润率 (%) Profit Rate Value (%)	产值利税率 (%) Gross Output Value (%)	资本利润率 (%) profit ratio of capital (%)	资本利税率 (%) Profits to Assets (%)	人均利润 (元/人) per capita profit (yuan/person)	人均利税 (元/人) Per capita taxes (yuan/person)	资产负债率 (%) Assets-Liability Ratio (%)
245187	0.9	4.3	2.0	10.5	835	3909	60.6
305123	1.1	4.4	2.0	8.9	1200	4776	64.3
343990	1.1	3.9	3.6	7.8	1557	5464	66.2
1520636	2.5	14.7	14.6	2.1	5618	18667	67.0
1332707	4.2	9.9	17.3	2.4	6076	14507	65.9
1781420	3.2	10.1	17.2	1.8	5854	18461	68.6
1321917	2.9	6.5	16.4	2.7	6399	14357	68.8
1338823	2.6	5.6	15.4	3.0	7085	15353	67.6
1321228	2.7	5.3	16.5	3.1	6579	12963	69.7
1139144	2.4	5.3	10.7	24.0	5941	13298	69.6
1011231	2.8	6.0	11.6	25.1	6355	13791	67.9
1053488	3.1	6.1	12.3	24.7	7835	15716	69.2
1006681	2.4	6.5	7.8	20.9	6265	16813	68.9
886137	1.9	5.4	4.7	13.1	5707	15908	69.8
953157	3.7	8.1	8.2	17.9	11199	24505	68.5
713426	1.6	5.9	3.6	13.5	5337	20185	70.2
434230	2.1	5.8	5.6	15.2	8153	22019	69.7
26341	0.8	5.9	1.2	8.7	2282	15993	57.5
20245	2.8	9.5	5.2	17.3	6567	22027	66.1
15816	2.9	7.4	6.3	16.1	8573	21854	57.5
18641	1.8	8.3	2.8	13.1	4400	20636	51.0
23660	-3.2	1.8	-6.4	3.6	-10722	6088	90.8
12276	4.2	11.1	6.4	16.7	12221	31944	65.8
37299	1.7	6.6	4.7	17.6	5632	21268	66.0
6454	0.5	6.1	0.6	7.6	1249	15931	58.3
47136	2.9	8.6	4.8	14.5	10705	32212	56.5
23889	2.6	13.1	4.6	23.0	5272	26400	54.9
31268	2.0	6.7	4.1	13.7	4437	14954	61.8
16172	2.9	9.8	5.6	19.2	8727	29887	52.3

主要统计指标解释

建筑业统计单位　指从事房屋、构筑物建造和设备安装活动的法人企业。建筑业法人企业应具有建筑业资质并能够独立核算，同时还应具备以下条件：①依法成立，有自己的名称、组织机构和场所，能够承担民事责任；②独立拥有和使用资产，承担负债，有权与其他单位签订合同；③独立核算盈亏，能够编制资产负债表。

建筑业总产值　是以货币形式表现的建筑业企业在一定时期内生产的建筑业产品和提供服务的总和。建筑业总产值包括：

⑴建筑工程产值：指列入建筑工程预算内的各种工程价值。

⑵安装工程产值：指设备安装工程价值，不包括被安装设备本身的价值。

⑶其他产值：建筑业总产值中除建筑工程、安装工程以外的产值。包括房屋构筑物修理产值、非标准设备制造产值、总包企业向分包企业收取的管理费以及不能明确划分的施工活动所完成的产值。

a.房屋构筑物修理产值：指房屋和构筑物修理所完成的产值，但不包括被修理房屋、构筑物本身价值和生产设备的修理价值。

b.非标准设备制造产值：指加工制造没有定型的非标准生产设备的加工费和原材料价值(如化工厂、炼油厂用的各种罐、槽，矿井生产统一使用的各种漏斗、三角槽、阀门等)以及附属加工厂为本企业承建工程制作的非标准设备的价值。

建筑业增加值　指建筑业企业在报告期内以货币形式表现的建筑业生产经营活动的最终成果。

从 2004 年第一次全国经济普查开始，建筑业现价增加值按生产法和分配法(收入法)两种方法计算，以收入法的计算结果为准，即从收入的角度出发，根据生产要素在生产过程中应得的收入份额计算。具体计算方法：经济普查年度建筑业增加值按照《经济普查年度 GDP 核算方案》计算，非经济普查年度建筑业增加值按照《非经济普查年度 GDP 核算方案》计算。

房屋施工面积　指报告期内施工的全部房屋建筑面积，包括本期新开工的房屋建筑面积、上期跨入本期继续施工的房屋建筑面积、上期停缓建在本期恢复施工的房屋建筑面积、本期竣工的房屋建筑面积及本期施工后又停缓建的房屋建筑面积。

房屋竣工面积　指报告期内房屋建筑按照设计要求已全部完工，达到住人和使用条件，经验收鉴定合格或达到竣工验收标准，可正式移交使用的各栋房屋建筑面积的总和。

Explanatory Notes on Main Statistical Indicators

Statistical Unit in the Construction Industry refers to a corporate enterprise engaged in the construction of buildings and structures and in the installation of equipment. A corporate construction enterprise should have qualification certificates with independent accounting system, and should meet the following 3 requirements: a) being set up in line with relevant legal basis, having its full name, organization and location, and capable of taking civil liabilities; b) independently possessing and using its assets and assuming its liabilities, and entitled to sign contracts with other institutions; and c) making independent accounts of its profits and losses, and capable of compiling its own balance sheet.

Gross Output Value of Construction refers to total of construction products and services, expressed in money terms, produced or rendered by construction and installation enterprises during a given period of time. It includes:

(1) Output value of construction projects: the value of projects covered by the project budgets;

(2) Output value of installation projects: the value of the installation of equipment, (excluding the value of the equipment to be installed);

(3) Other output values: the output value of construction industry apart from that of construction projects and installation projects. It includes: output value of repair of buildings and structures; output value of non-standard equipment manufacturing; overhead expenses received by contracted enterprises from the sub-contracted enterprises and the completed output value of construction activities for which there is no clear definition.

a. Output value of repair of buildings and structures: the value created through the repairs of buildings or structures. It does not include the value of buildings or structures being repaired and the value of the repair of production equipment;

b. Output value of manufactured non-standard equipment: the value of non-standard production equipment, including raw materials and manufacturing cost, made for the construction project (i.e., chemical plant; kettles or tanks used by refineries; various fillers, triangle tanks, valves used by mines). It also includes the output value of equipment manufactured by subsidiary workshops.

Value-added of Construction refers to the final result of the activities of production and operation of enterprises of the construction industry in monetary terms during the reference period.

Starting from the 2004 economic census, value-added of construction is calculated by both production approach and income approach, with the figures from the income approach as the final figures. Under the income approach, calculation starts from the perspective of income and is based on the share of income derived from the production process by the relevant factors of production. Specifically, value-added of construction for the Census years is calculated in accordance with the Programme of Compilation of GDP and National Accounts for the Year of Economic Census, and value-added of construction for other years is calculated in accordance with the Programme of Compilation of GDP and National Accounts for the Non Economic Census Years.

Floor Space of Buildings under Construction refers to floor space of buildings under construction in the reference period, including the space of buildings for which construction has newly started; buildings for which construction has started earlier and is continuing during the reference period; and buildings for which construction has been suspended earlier but has restarted during the reference period; buildings completed during the reference period; and buildings under construction but construction has subsequently been during the reference period.

Floor Space of Buildings Completed refers to the total floor space of each building that has been completed in the reference period in accordance with the requirements of the design, up to the standard for being resided in and put into use, or has been checked and accepted by departments concerned as qualified ones or up to the standard of buildings completed and can be handed over for putting into use.

第十四篇　住房和房地产

CHAPTER 14　HOUSING AND REAL ESTATE

资料整理：付　爽

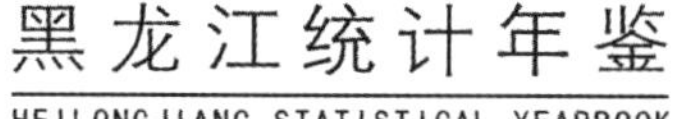

14-1　房地产开发企业主要指标
Main Indicators of Enterprises for Real Estate Development

指　　标	Item	2016	2017	2018	2019	2020
企业个数(个)	**Number of Enterprises (unit)**	**1956**	**1968**	**1853**	**1836**	**1515**
内　资	Domestic Funded	1931	1941	1828	1815	1496
#国　有	#State-owned Enterprises	31	27	27	21	13
集　体	Collective-owned Enterprises	1	1	1		
港、澳、台投资	Enterprises with Funds from Hong Kong, Macao and Taiwan	15	18	14	12	11
外商投资	Foreign Funded	10	9	11	9	8
从业人员期末人数(万人)	**Final Number of Employed Persons (10000 persons)**	**3.80**	**3.77**	**3.25**	**3.01**	**2.71**
内资企业	Domestic Funded	3.75	3.68	3.16	2.96	2.66
#国　有	#State-owned Enterprises	0.07	0.07	0.06	0.03	0.01
集　体	Collective-owned Enterprises	0.02	0.02	0.02		
港、澳、台投资企业	Enterprises with Funds from Hong Kong, Macao and Taiwan	0.04	0.08	0.08	0.03	0.04
外商投资企业	Foreign Funded	0.01	0.01	0.02	0.02	0.01
本年土地购置面积(万平方米)	**Land Space Purchased This Year(10000 sq.m)**	**161.2**	**246.2**	**246.1**	**311.9**	**418.7**
本年完成投资(亿元)	**Investment Completed This Year(100 million yuan)**	**864.8**	**815.6**	**944.4**	**958.0**	**982.9**
#住　宅	#Residential Buildings	598.0	554.7	647.8	687.8	702.1
资金来源小计(亿元)	**Sources of Funds(100 million yuan)**	**1061.6**	**1199.1**	**1286.9**	**1242.3**	**1194.8**
#国内贷款	# Domestic Loans	90.5	103.8	124.6	91.4	61.2
自筹资金	Self-raising Fund	552.2	585.4	551.9	591.2	643.3
其他资金	Others	418.0	510.0	58.6	43.1	45.7
房屋建筑面积(万平方米)	**Floor Space of Buildings(10000 sq.m)**					
施工面积	Floor Space under Construction	10865.7	10328.5	10588.2	11441.2	11261.9
#住　宅	#Residential Buildings	7746.0	7432.1	7684.0	8216.4	8132.6
#本年新开工	#Floor Space Started This Year	2006.3	2219.7	2494.7	2446.1	2222.0
竣工面积	Floor Space Completed	2375.6	1651.2	1203.5	1204.1	1438.0
商品房销售面积(万平方米)	**Floor Space of Commercialized Buildings Sold (10000 sq.m)**	**2117.3**	**2255.8**	**1913.3**	**1684.5**	**1494.4**
#住　宅	#Residential Buildings	1797.0	1868.1	1665.6	1461.1	1349.9
实收资本合计(亿元)	**Total Capital Held(100 million yuan)**	**1047.3**	**1025.0**	**1056.8**	**1046.0**	**942.6**
资产负债率(%)	**Ratio of Liabilities to Assets(%)**	**67.6**	**70.7**	**70.2**	**69.9**	**71.8**
主营业务收入(亿元)	**Revenue from Principle Business(100 million yuan)**	**1217.4**	**958.8**	**1075.2**	**994.0**	**840.9**

14-2 房地产开发企业个数
Number of Enterprises for Real Estate Development

单位：个 (unit)

年 份 地 区	Year Region	合 计 Total	国 有 State-owned Enterprises	集 体 Collective-owned Enterprises	股 份 有限公司 Share-holding Corporations Ltd.	港澳台商 投 资 Enterprises with Funds from Hong Kong, Macao and Taiwan	外商投资 Foreign Funded Enterprises	其 他 Others
1995		295	183	24	44	30	9	5
2000		439	170	32	71	25	9	132
2001		483	152	32	79	23	8	189
2002		606	142	24	111	23	18	288
2003		776	144	21	131	25	17	438
2004		1009	118	15	137	23	12	704
2005		1050	124	7	170	21	17	711
2006		1214	127	6	144	24	18	895
2007		1320	117	7	137	25	18	1016
2008		1589	102	11	145	23	19	1289
2009		1576	101	7	133	25	17	1293
2010		1890	97	9	164	23	19	1578
2011		2157	88	6	165	25	19	1854
2012		2134	78	4	144	23	17	1868
2013		2118	49	1	137	24	13	1894
2014		2154	47	1	124	24	11	1947
2015		2041	39	1	116	19	10	1856
2016		1956	31	1	115	15	10	1784
2017		1968	27	1	100	18	9	1813
2018		1853	27	1	90	14	11	1710
2019		1836	21		88	12	9	1706
2020		1515	13		33	11	8	1450
哈尔滨	Harbin	526	6		7	9	3	501
齐齐哈尔	Qiqihar	155	1		3			151
鸡 西	Jixi	99	3		2		1	93
鹤 岗	Hegang	41	1		1			39
双鸭山	Shuangyashan	42			1			41
大 庆	Daqing	119	1		3		2	113
伊 春	Yichun	31			1			30
佳木斯	Jiamusi	79			1		1	77
七台河	Qitaihe	34			1	1		32
牡丹江	Mudanjiang	168			7	1	1	159
黑 河	Heihe	72			1			71
绥 化	Suihua	136	1		5			130
大兴安岭	Daxinganling	13						13

14-3　房地产开发企业从业人员数
Number of Employed Persons in Enterprises for Real Estate Development

单位：人　　(person)

年份 Year 地区 Region	合计 Total	国有 State-owned Enterprises	集体 Collective-owned Enterprises	股份有限公司 Share-holding Corporations Ltd.	港澳台商投资 Enterprises with Funds from Hong Kong, Macao and Taiwan	外商投资 Foreign Funded Enterprises	其他 Others
1995	15473	11541	724	1005	785	320	1098
2000	23058	10756	858	5055	504	229	5656
2001	23792	9752	997	3624	521	198	8700
2002	25486	4710	623	5085	568	457	14043
2003	27465	4029	679	4302	307	385	17763
2004	33076	4199	403	5489	379	472	22134
2005	30169	4253	90	4278	318	611	20619
2006	29933	3554	151	3323	389	597	21919
2007	33353	3258	153	3097	414	562	25869
2008	35664	3195	211	3098	313	533	28314
2009	33929	2932	354	3402	366	388	26487
2010	40308	3420	398	3223	359	463	32445
2011	47678	4588	137	4633	490	434	37396
2012	46396	2639	325	2840	466	308	39818
2013	45004	1278	5	3043	566	257	39855
2014	44332	1077	5	2613	666	192	39779
2015	40786	869	5	2659	471	152	36630
2016	38015	726	153	2615	424	133	33964
2017	37748	680	240	1934	795	118	33981
2018	32507	596	240	1548	752	191	29180
2019	30134	338		1553	344	161	27738
2020	27149	146		678	406	130	25789
哈尔滨 Harbin	11903	69		194	375	44	11221
齐齐哈尔 Qiqihar	2509	2		79			2428
鸡西 Jixi	749	26		14			709
鹤岗 Hegang	370	39		4			327
双鸭山 Shuangyashan	496			11			485
大庆 Daqing	3483	5		68		63	3347
伊春 Yichun	394			10			384
佳木斯 Jiamusi	1323			15		2	1306
七台河 Qitaihe	454			123	16		315
牡丹江 Mudanjiang	2148			75	15	21	2037
黑河 Heihe	877			2			875
绥化 Suihua	2370	5		83			2282
大兴安岭 Daxinganling	73						73

14-4 房地产开发企业的土地开发、购置及投资规模
Land Development, Purchase and Investment Scale of Enterprises for Real Estate Development

单位：平方米、万元 (sq.m, 10000 yuan)

年份 地区	Year Region	本年购置土地面积 Land Space Purchased This Year	实际需要的总投资 Total Investment Actually Needed	开始建设累计完成投资 Accumulative Investment Actually Completed Since Starting of Construction	全部建成尚需投资 Further Investment Required for the Completion of Construction
1995		2064	1366222	754008	612214
2000		2564674	2202002	1575893	626109
2001		2177103	2861880	2024592	837288
2002		3892116	3543170	2102119	1441051
2003		4943627	3903147	2447840	1455307
2004		5691027	5892072	3350300	2541772
2005		6925485	6823703	4089993	2733710
2006		6197941	8014573	5415257	2599316
2007		7043255	9580358	6590127	2990231
2008		8709744	11266041	7434679	3831362
2009		8333122	15162888	10451311	4711577
2010		11743040	23411233	14348207	9063026
2011		18606548	40598254	21536691	19061563
2012		9299142	51698029	31809107	19888922
2013		6556746	57810218	39909895	17900323
2014		4165769	64563657	45766253	18797404
2015		2703960	60605240	42875259	17729981
2016		1612034	59834332	41176141	18658191
2017		2462255	62747604	43135345	19612259
2018		2460593	64158417	44622504	19535913
2019		3119241	68388675	46923354	21465321
2020		4187027	75278914	47954730	27324184
哈尔滨	Harbin	2392791	49042501	30890259	18152242
齐齐哈尔	Qiqihar	494317	5131263	3465912	1665351
鸡西	Jixi	65907	1675414	1240888	434526
鹤岗	Hegang	18471	240658	128786	111872
双鸭山	Shuangyashan	36169	655711	420634	235077
大庆	Daqing	67247	4144988	2739749	1405239
伊春	Yichun		707127	359232	347895
佳木斯	Jiamusi	200620	1875566	1335775	539791
七台河	Qitaihe		720237	496279	223958
牡丹江	Mudanjiang	89911	6512485	4290166	2222319
黑河	Heihe	99775	819396	596801	222595
绥化	Suihua	721819	3662786	1915215	1747571
大兴安岭	Daxinganling		90782	75034	15748

14-5 房地产开发完成投资额

Actually Completed Investment of Enterprises for Real Estate

单位：万元 (10000 yuan)

年份 地区	Year Region	本年完成投资额 Investment Completed This Year	按构成分 By Use of Funds 建筑安装工程 Construction and Installation	设备、工器具购置 Purchase of Equipment and Instrument	其他费用 Others	土地购置 Land Purchase
1995		473651	417508	8318	47825	30988
2000		1040979	782764	14412	243803	83939
2001		1470839	1173669	25869	271301	109197
2002		1457937	1021700	23967	412270	238993
2003		1632806	1140727		461438	265734
2004		2140702	1589430	66980	484292	302887
2005		2676332	2106481	47981	521870	324360
2006		3213152	2607672	32091	573389	220157
2007		3823651	2838824	56278	928549	466463
2008		4398563	3041451	57241	1299871	896126
2009		5639170	4272536	63859	1302775	743112
2010		8431198	6752877	88864	1589457	906816
2011		12275672	10060375	106728	2108569	1530448
2012		15358438	12635375	124052	2599011	1509508
2013		16048330	13418518	214380	2415432	1253332
2014		13240875	11013966	249453	1977456	1671406
2015		9921453	8569430	114075	1237948	994961
2016		8648391	7548991	98393	1001007	832675
2017		8155957	6925813	101660	1128484	875052
2018		9444049	7272759	99717	2071573	1595565
2019		9580066	6262318	101851	3215897	2779848
2020		9829165	7264508	80121	2484536	2176047
哈尔滨	Harbin	6220494	4172741	47604	2000149	1766570
齐齐哈尔	Qiqihar	485995	370885	1630	113480	110413
鸡西	Jixi	136428	117433	978	18017	16183
鹤岗	Hegang	24718	20216	20	4482	3500
双鸭山	Shuangyashan	85262	82114	1027	2121	1065
大庆	Daqing	497256	408056	3247	85953	74682
伊春	Yichun	54852	53340	1260	252	252
佳木斯	Jiamusi	476013	394562	688	80763	70466
七台河	Qitaihe	26833	23164		3669	2315
牡丹江	Mudanjiang	584834	537904	15679	31251	15318
黑河	Heihe	151896	138033	4421	9442	5691
绥化	Suihua	1082317	944135	3567	134615	109282
大兴安岭	Daxinganling	2267	1925		342	310

14-6 房地产开发建设按工程用途分的投资和新增固定资产 Actually Completed Investment of Enterprises for Real Estate by Use and Newly Increased Fixed Assets

单位：万元 (10000 yuan)

年份 地区	Year Region	按工程用途分的投资额 by Use of Projects 住宅 Residential Buildings	办公楼 Office Buildings	商品营业用房 House for Business Use	其他 Others	新增固定资产 Newly Increased Fixed Assets
1999		532679	49827	145167	91880	679863
2000		712644	35691	162186	130458	961671
2001		1016457	42330	254384	157668	1274384
2002		771661	76021	276203	334052	904095
2003		886210	63710	351126	331760	1067546
2004		1397332	80734	451728	262031	1351368
2005		1748422	82290	461665	383955	1572296
2006		2476493	59546	472631	204482	1907823
2007		2796442	64450	505361	457398	2426086
2008		3065870	35325	566332	731036	2052819
2009		4425157	91569	699868	422576	3657239
2010		6575367	109197	1053409	693225	5517655
2011		9478981	166726	1446218	1183747	6769528
2012		11225245	269161	2183563	1680469	8246658
2013		11247187	311156	2763097	1726890	8353877
2014		9460270	252529	2368761	1159315	9527092
2015		6811541	253191	2102305	754416	11476701
2016		5979597	243593	1714812	710389	7075620
2017		5546977	273815	1562982	772183	4994852
2018		6477699	311563	1607454	1047333	3476045
2019		6878253	131429	1474395	1095989	3433410
2020		7020859	175747	1544899	1087660	4038610
哈尔滨	Harbin	4468481	166564	898638	686811	1679920
齐齐哈尔	Qiqihar	373870	1992	56702	53431	380174
鸡西	Jixi	108376	841	19842	7369	66100
鹤岗	Hegang	16370		3392	4956	6823
双鸭山	Shuangyashan	55964	3173	24433	1692	69962
大庆	Daqing	336882	248	138896	21230	427886
伊春	Yichun	45196	1	3783	5872	93984
佳木斯	Jiamusi	380760	1174	71820	22259	326136
七台河	Qitaihe	20662		2068	4103	2343
牡丹江	Mudanjiang	441210	309	92754	50561	615274
黑河	Heihe	125433	507	10498	15458	123071
绥化	Suihua	645987	886	222073	213371	240425
大兴安岭	Daxinganling	1668	52		547	6512

14-7 房地产开发企业的资金来源
Capital Source of Enterprises for Real Estate Development

单位：万元 (10000 yuan)

年份 Year 地区 Region	本年资金来源合计 Total Funds the Year	上年末结余资金 A Balance at End of Previous Year	本年资金来源小计 Sources of Funds	国家预算内资金 State Budget	国内贷款 Domestic Loans	利用外资 Foreign Investment	自筹资金 Self-raising Fund	其他资金 Others
1999	752630	39319	713311	4021	147930	3010	276685	281665
2000	957753	38734	919019	1000	182528	10543	362915	362033
2001	1385794	60016	1325778		159546	420	566232	599580
2002	1415734	97988	1317746	4570	236117	6233	618710	452116
2003	1721670	113689	1607981	350	260166	4050	870635	472780
2004	2246559	151780	2094779	2300	183776	54912	1092193	761598
2005	2844133	163416	2680717		178057	35300	1362272	1105088
2006	3585481	148891	3436590		331881	39073	1859085	1206551
2007	4288367	220609	4067758		261860	18718	2436261	1350919
2008	5009858	385031	4624827		294758	13771	3145679	1170619
2009	7271208	480773	6790435		737899	25877	3605959	2420700
2010	11430442	926816	10503626		488956	15000	6513529	3486141
2011	17685735	1675059	16010676		619884	33500	10870814	4486478
2012	19633386	2522968	17110418		876365	165	11040675	5193213
2013	20920924	2584488	18336436		1301852		11026235	6008349
2014	16956270	2872261	14084009		978225	27000	9099429	3979355
2015	14903067	2693467	12209600		1264556	13228	7306680	3625136
2016	13307892	2691520	10616372		905389	9000	5521943	4180040
2017	14513375	2522141	11991234		1037696		5853731	5099807
2018	16311611	3442813	12868798		1246260		5518653	586263
2019	15220174	2796698	12423476		914073	14694	5912122	430783
2020	15472105	3524567	11947538		612110	7184	6433242	457105
哈尔滨 Harbin	10838675	2526631	8312044		475593		3617301	355094
齐齐哈尔 Qiqihar	692701	136419	556282		64238		338352	36852
鸡西 Jixi	149777	17630	132147		2905		89171	5844
鹤岗 Hegang	39379	19356	20023				10243	1360
双鸭山 Shuangyashan	249105	157711	91394		2100		44673	18080
大庆 Daqing	730758	305306	425452		53568		299533	12106
伊春 Yichun	73175	3060	70115				54249	
佳木斯 Jiamusi	482948	15506	467442			5184	462258	
七台河 Qitaihe	79916	26038	53878				41572	810
牡丹江 Mudanjiang	814880	280722	534158		6100		258457	16645
黑河 Heihe	225074	20268	204806		240	2000	151372	8728
绥化 Suihua	1093450	15920	1077530		7366		1064071	1586
大兴安岭 Daxinganling	2267		2267				1990	

14-8 房地产开发建设房屋施工面积
Floor Space of Buildings under Construction of Real Estate Development

单位：平方米 (sq.m)

年份 地区	Year Region	施工房屋建筑面积 Floor Space of Buildings Under Construction	#新开工 Started This Year	住宅 Residential Buildings	办公楼 Office Buildings	商业营业用房 House for Business Use	其他 Others
1999		11187155	7273868	8268285	630728	2065737	222405
2000		14513563	8473110	10995283	535182	2640151	342947
2001		17685892	9172691	13612689	611730	3164906	296567
2002		15895856	8685336	11647486	812504	2924268	511598
2003		19000320	11104078	13111334	792962	4154636	941388
2004		22550629	11931656	15830527	800083	5014827	905192
2005		26304651	14851141	19226052	934958	4894991	1248650
2006		31064526	17477365	24271325	711888	4622027	1459286
2007		33017345	18340732	26363154	437141	4780785	1436265
2008		36111387	22410734	29066535	401381	4528881	2114590
2009		45213490	29955500	36926884	586070	5078374	2622162
2010		75328812	50214326	61074452	752647	8622671	4879042
2011		121229416	72742236	96628625	1220343	13710366	9670082
2012		134849706	50743456	104719594	1776618	15699880	12653614
2013		135673668	40304430	102413971	1993260	18778597	12487840
2014		142180884	32813806	104241125	2505387	20862869	14571503
2015		124103540	21817937	87849756	2491408	21131449	12630927
2016		108657453	20063137	77460456	2367085	17129958	11699954
2017		103284678	22197164	74321067	2383871	15690998	10888742
2018		105882476	24947375	76839540	2309375	16081582	10651979
2019		114411959	24461091	82163622	2143277	17290111	12814949
2020		112619052	22219679	81326415	2153288	15970634	13168715
哈尔滨	Harbin	54902888	12651054	36579539	1744864	9206000	7372485
齐齐哈尔	Qiqihar	10952536	1693536	8928833	65475	1021424	936804
鸡西	Jixi	6126107	200136	5057435	27420	532824	508428
鹤岗	Hegang	415041	61614	336658	177	43040	35166
双鸭山	Shuangyashan	1414018	229397	1028891	27263	268142	89722
大庆	Daqing	6534401	825811	5363012	50609	692305	428475
伊春	Yichun	1177372	251297	904942	5389	172012	95029
佳木斯	Jiamusi	4473445	1125629	3477343	118990	558159	318953
七台河	Qitaihe	1122320	38373	666303		377514	78503
牡丹江	Mudanjiang	15387163	909473	11244407	77155	1850613	2214988
黑河	Heihe	3116536	902500	2625900	28608	210251	251777
绥化	Suihua	6842342	3318090	5034343	6980	980109	820910
大兴安岭	Daxinganling	154883	12769	78809	358	58241	17475

14-9 房地产开发建设房屋竣工面积和造价
Floor Space of Buildings Completed and Their Cost in Real Estate Development

年份 地区	Year Region	竣工房屋建筑面积（平方米） Floor Space of Buildings Completed (sq.m)	住宅 Residential Buildings	办公楼 Office Buildings	商业营业用房 House for Business Use	其他 Others	竣工房屋造价（元/平方米） Cost of Buildings Completed (yuan/sq.m)	住宅 Residential Buildings
1999		5474196	4288778	195416	889600	100402	897	820
2000		8278630	6293041	365015	1428150	192424	905	819
2001		10138189	8283706	218061	1472774	163648	944	914
2002		8035908	6398979	229070	1209003	198856	929	873
2003		8834762	6590471	257897	1573139	413255	984	906
2004		11132574	8323312	231200	2222841	355221	1051	956
2005		13050250	10394472	272514	1847289	535975	1089	1044
2006		13981158	11535031	305411	1619101	521615	1230	1184
2007		15956174	12448764	272726	2540478	694206	1404	1034
2008		14047031	11600798	126015	1773934	546284	1195	1122
2009		18882802	15754595	181325	1942761	1004121	1548	1495
2010		26458267	21989911	242769	3032968	1192619	1718	1677
2011		32313443	25979788	219545	4344276	1769834	1661	1650
2012		32457265	26462053	285203	3402487	2307522	1977	1942
2013		29327010	23444092	320683	3398376	2163859	2190	2160
2014		30009026	22957015	534876	3607919	2909216	2433	2287
2015		29242070	21268196	262082	5327396	2384396	2309	2256
2016		23756095	17570854	408494	3454339	2322408	2525	2426
2017		16511720	12059412	389934	2569967	1492407	2400	2252
2018		12034634	9205271	508615	1468124	852624	2391	2357
2019		12040810	9409277	171499	1288128	1171906	2446	2276
2020		14379809	11159413	230066	1603784	1386546	2327	2263
哈尔滨	Harbin	4692345	3404801	197922	574786	514836	2630	2546
齐齐哈尔	Qiqihar	1217995	982900		104853	130242	2498	2445
鸡西	Jixi	371906	293539	143	30206	48018	1494	1487
鹤岗	Hegang	37419	29887	177	2343	5012	1823	1837
双鸭山	Shuangyashan	250998	200658	11560	38780		2168	2155
大庆	Daqing	1787812	1495326		212094	80392	2299	2197
伊春	Yichun	283766	224338	165	40797	18466	2668	2734
佳木斯	Jiamusi	1218867	977546	16088	155773	69460	1986	1992
七台河	Qitaihe	17404	17404				1346	1346
牡丹江	Mudanjiang	2385629	1787902	2866	243894	350967	2548	2531
黑河	Heihe	710701	588728	1145	32073	88755	1701	1707
绥化	Suihua	1377366	1132257		166401	78708	1634	1596
大兴安岭	Daxinganling	27601	24127		1784	1690	2359	2382

14-10 按用途分商品房屋销售面积
Floor Space of Commercialized Buildings Sold by Use

单位：平方米 (sq.m)

年份 地区	Year Region	商品房屋销售面积 Floor Space of Commercialized Buildings Sold	住宅 Residential Buildings	办公楼 Office Buildings	商业营业用房 Houses for Business Use	其他 Others
1999		3513834	2946888	94633	430949	41364
2000		4998452	4244271	106813	585997	61371
2001		5946410	4906264	182549	763290	94307
2002		6924691	5743325	131366	968783	81217
2003		8146447	6731129	146593	1154425	114300
2004		9846508	7900508	127929	1562776	255295
2005		12428124	10482603	290082	1382206	273233
2006		14827148	12985068	204711	1411379	225990
2007		17092455	15185671	114405	1436368	356011
2008		14865665	12866198	89502	1593543	316422
2009		20169765	17512157	194221	1922128	541259
2010		27209459	23856799	83786	2347388	921486
2011		33977745	29191147	79085	3603816	1103697
2012		38068231	32262165	242575	4108684	1454807
2013		33399501	29442296	248432	2562090	1146683
2014		24757412	21314633	153360	2395608	893811
2015		19966142	17106037	181983	1982818	695304
2016		21172915	17970213	263493	2219650	719559
2017		22558104	18681422	455829	2527381	893472
2018		19132548	16655768	148835	1823878	504067
2019		16844978	14611244	106093	1617400	510241
2020		14943595	13498616	63225	1025987	355767
哈尔滨	Harbin	7685029	6793245	63005	641153	187626
齐齐哈尔	Qiqihar	1233702	1144668		66353	22681
鸡西	Jixi	427880	401116		19095	7669
鹤岗	Hegang	38229	34973		536	2720
双鸭山	Shuangyashan	233439	213458		14173	5808
大庆	Daqing	882707	791058		78807	12842
伊春	Yichun	212363	199302		7034	6027
佳木斯	Jiamusi	784171	744022		34276	5873
七台河	Qitaihe	120426	106891		13011	524
牡丹江	Mudanjiang	1400687	1284129		82898	33660
黑河	Heihe	712404	634235	220	18381	59568
绥化	Suihua	1193459	1133032		49756	10671
大兴安岭	Daxinganling	19099	18487		514	98

14-11 按用途分商品房屋销售额
Total Sale of Commercialized Buildings by Use

单位：万元 (10000 yuan)

年份 地区	Year Region	商品房屋销售额 Total Sale of Commercialized Buildings	住宅 Residential Buildings	办公楼 Office Buildings	商业营业用房 Houses for Business Use	其他 Others
2004		1873625	1315782	36577	450912	70354
2005		2608815	1963185	119489	452856	73285
2006		3255377	2642682	70609	473964	68122
2007		4224086	3575076	29895	511022	108093
2008		4209652	3399086	25092	689934	95540
2009		6536890	5370482	80446	875396	210566
2010		10119482	8330469	35809	1367963	385241
2011		13573379	10819917	38358	2238139	476965
2012		15482979	12019303	138229	2645351	680096
2013		15823382	13059034	176126	1968866	619356
2014		12085441	9626924	119604	1919667	419246
2015		10271369	8242147	134932	1529970	364320
2016		11210446	9036646	213931	1550636	409233
2017		14597226	11344722	521644	2203937	526923
2018		13203133	11122816	174461	1588735	317121
2019		12681789	10699658	134429	1524867	322835
2020		10641984	9461493	75300	872472	232719
哈尔滨	Harbin	7275602	6426746	75240	627556	146060
齐齐哈尔	Qiqihar	679416	620497		47766	11153
鸡西	Jixi	172706	157956		11592	3158
鹤岗	Hegang	14114	11662		167	2285
双鸭山	Shuangyashan	63631	56712		4995	1924
大庆	Daqing	451338	387894		57452	5992
伊春	Yichun	83904	76867		3178	3859
佳木斯	Jiamusi	371441	346396		21744	3301
七台河	Qitaihe	47879	40661		6649	569
牡丹江	Mudanjiang	684239	612236		55521	16482
黑河	Heihe	273617	231358	60	9727	32472
绥化	Suihua	518450	487046		25995	5409
大兴安岭	Daxinganling	5647	5462		130	55

14-12 按不同分组分房地产开发企业投资完成情况(2020年)

单位：万元

项 目	Item	计划总投资 Total Investment Planed	累计完成投资 Accumulated Investment Completed	本年完成投资 Investment Completed This Year
总 计	**Total**	**75278914**	**47954730**	**9829165**
按登记注册类型分组	**By Status of Registration**			
内资企业	Domestic Funded	73249004	46521064	9397265
#国有企业	#State-owned Enterprises	214364	233390	4859
集体企业	Collective-owned Enterprises			
股份合作企业	Cooperative Enterprises	154000	68204	51881
国有联营企业	State Joint Ownership Enterprises			
国有独资公司	State Sole funded Corporations	2458525	1559377	489342
其他有限责任公司	Other Limited Liability Corporations	48072517	30078637	5912370
股份有限公司	Share-holding Corporations Limited	2567393	1834373	367836
私营独资企业	Private-funded Enterprises	129617	30615	30615
私营合伙企业	Private Partnership Enterprises			
私营有限责任公司	Private Limited Liability Corporations	18947055	12121246	2471457
私营股份有限公司	Private Share-holding Corporations Limited	705533	595222	68905
其他企业	Other Enterprises			
港澳台商投资企业	Enterprises with Funds from Hong Kong, Macao and Taiwan	1739895	1193794	379112
与港澳台商合资经营企业	Joint-ventures Enterprises	285818	155450	83693
与港澳台商合资合作经营企业	Cooperative Enterprises			
港澳台商独资经营企业	Enterprises with Sole Investment	1454077	1038344	295419
港澳台商投资股份有限公司	Share-holding Corporations Ltd.			
外商投资企业	Foreign Funded Enterprises	290015	239872	52788
中外合资经营企业	Joint-venture Enterprises	234515	188157	51004
中外合作经营企业	Cooperation Enterprises			
外资企业	Enterprises with Sole Funds	55500	51715	1784
外商投资股份有限公司	Share-holding Corporations Ltd.			
按控股情况分组	**By Share-holding**			
国有控股	State-owned Enterprises	13545893	8782318	2056846
集体控股	Collective-owned Enterprises	927185	764264	77787
私人控股	Private Share-holding	41381706	25245631	5301910
港澳台商控股	Enterprise with Funds from Hong Kong, Macao and Taiwan	1739895	1193794	379112
外商控股	Foreign Funded Enterprises	335500	427080	1784
其 他	Others	17348735	11541643	2011726
按资质等级分组	**By Qualification Grade**			
一 级	First Grade	1524383	1162447	115595
二 级	Second Grade	11402257	7926696	928828
三 级	Third Grade	25736214	20238181	2558582
四 级	Fourth Grade	941114	720336	162825
暂 定	Interim	26953523	13316802	4716874
其 他	Others	8721423	4590268	1346461
按隶属关系分组	**By Jurisdiction of Management**			
中 央	Central	2961543	1835916	341903
地 方	Region	13584426	8418521	2066357
其 他	Others	58732945	37700293	7420905

Investment Actually Completed by Enterprises for Real Estate Development by Different Grouping(2020)

(10000 yuan)

住　宅 Residential Buildings	办公楼 Office Buildings	商业营业用　房 Houses for Business Use	其　他 Others	本年新增固定资产 Newly Increased Fixed Assets This Year	本年资金来源小计 Sources of Funds
7020859	**175747**	**1544899**	**1087660**	**4038610**	**11947538**
6688601	175747	1468326	1064591	3897224	11512355
3910		673	276	40612	3291
14515		3536	33830	31394	39794
382605	17582	53066	36089	93466	442808
4096634	131313	921171	763252	1869988	7643254
312697	314	30483	24342	103613	428068
23204		2691	4720	7000	29065
1800167	25686	448551	197053	1644513	2862306
54869	852	8155	5029	106638	63769
295397		62742	20973	79469	372956
60406		6874	16413	22048	79150
234991		55868	4560	57421	293806
36861		13831	2096	61917	62227
35261		13801	1942	29450	60856
1600		30	154	32467	1371
1506127	102070	176422	272227	672052	2574826
56742	2020	8483	10542	65274	93252
3734729	57507	996796	512878	2865919	6298850
295397		62742	20973	79469	372956
1600		30	154	32467	2529
1426264	14150	300426	270886	323429	2605125
113838		1017	740		161905
731157	6084	101058	90529	926680	1144057
1820947	57192	513446	166997	1991839	2942751
125851	577	24024	12373	135719	164435
3294383	89063	704273	629155	682109	6133578
934683	22831	201081	187866	302263	1400812
268231	359	34357	38956	18	434439
1490527	33744	325086	217000	560508	2543160
5262101	141644	1185456	831704	3478084	8969939

14-13 按不同分组分房地产开发企业商品房销售情况(2020年)

项 目	Item	商品房销售面积(平方米) Floor Space of Commercialized Buildings Sold (sq.m)	住 宅 Residential Buildings
总 计	**Total**	**14943595**	**13498616**
按登记注册类型分组	**By Status of Registration**		
内资企业	Domestic Funded	14527923	13177026
#国有企业	#State-owned Enterprises	1747	1363
集体企业	Collective-owned Enterprises		
股份合作企业	Cooperative Enterprises	53153	53153
国有联营企业	State Joint Ownership Enterprises		
国有独资公司	State Sole funded Corporations	329573	295018
其他有限责任公司	Other Limited Liability Corporations	8257303	7506060
股份有限公司	Share-holding Corporations Limited	871716	785572
私营独资企业	Private-funded Enterprises	58958	52200
私营合伙企业	Private Partnership Enterprises		
私营有限责任公司	Private Limited Liability Corporations	4628169	4193516
私营股份有限公司	Private Share-holding Corporations Limited	327304	290144
其他企业	Other Enterprises		
港澳台商投资企业	Enterprises with Funds from Hong Kong, Macao and Taiwan	358858	274114
与港澳台商合资经营企业	Joint-ventures Enterprises	83083	82764
与港澳台商合资合作经营企业	Cooperative Enterprises	5525	
港澳台商独资经营企业	Enterprises with Sole Investment	270250	191350
港澳台商投资股份有限公司	Share-holding Corporations Ltd.		
外商投资企业	Foreign Funded Enterprises	56814	47476
中外合资经营企业	Joint-venture Enterprises	47457	38818
中外合作经营企业	Cooperation Enterprises		
外资企业	Enterprises with Sole Funds	9357	8658
外商投资股份有限公司	Share-holding Corporations Ltd.		
按控股情况分组	**By Share-holding**		
国有控股	State-owned Enterprises	1690994	1525563
集体控股	Collective-owned Enterprises	260167	239063
私人控股	Private Share-holding	10228378	9335480
港澳台商控股	Enterprise with Funds from Hong Kong, Macao and Taiwan	358858	274114
外商控股	Foreign Funded Enterprises	16091	9931
其 他	Others	2389107	2114465
按资质等级分组	**By Qualification Grade**		
一 级	First Grade	79192	63576
二 级	Second Grade	2053593	1846158
三 级	Third Grade	4753777	4217274
四 级	Fourth Grade	494638	441200
暂 定	Interim	5578450	5145916
其 他	Others	1983945	1784492
按隶属关系分组	**By Jurisdiction of Management**		
中 央	Central	351036	285492
地 方	Region	2364917	2172621
其 他	Others	12227642	11040503

Sale of Commercialized Buildings by Enterprises for Real Estate Development by Different Grouping(2020)

办公楼 Office Buildings	商业营业用房 Houses for Business Use	其他 Others	商品房销售额(万元) Total Sale of Commercialized Buildings Sold (10000 yuan)	住宅 Residential Buildings	办公楼 Office Buildings	商业营业用房 Houses for Business Use	其他 Others
63225	**1025987**	**355767**	**10641984**	**9461493**	**75300**	**872472**	**232719**
63225	941302	346370	10307458	9189400	75300	814154	228604
	260	124	2527	1863		585	79
			47506	47506			
	23475	11080	214438	184079		23513	6846
48365	534223	168655	6689065	6031387	56184	485537	115957
	47715	38429	484763	428754		35867	20142
		6758	20656	18272			2384
14860	314238	105555	2718109	2367981	19116	253020	77992
	21391	15769	130394	109558		15632	5204
	77351	7393	291523	237577		51250	2696
	319		71463	71060		403	
	5525		4671			4671	
	71507	7393	215389	166517		46176	2696
	7334	2004	43003	34516		7068	1419
	7334	1305	39349	31190		7068	1091
		699	3654	3326			328
22776	97920	44735	1665589	1488613	25040	121856	30080
	18945	2159	135497	118325		16036	1136
27316	627478	238104	6432227	5756691	35360	481822	158354
	77351	7393	291523	237577		51250	2696
	5242	918	8729	3731		4495	503
13133	199051	62458	2108419	1856556	14900	197013	39950
	15616		81732	65063		16669	
9988	161712	35735	1447808	1277620	13936	129403	26849
36450	359789	140264	3209738	2776427	42510	302688	88113
	32884	20554	171454	143273		18863	9318
14977	298056	119501	4372285	4011604	14983	255140	90558
1810	157930	39713	1358967	1187506	3871	149709	17881
22663	17382	25499	427066	356629	24929	26611	18897
9768	98033	84495	1708045	1554979	13876	79427	59763
30794	910572	245773	8506873	7549885	36495	766434	154059

14-14 按不同分组分房地产开发企业主要财务指标(2020年)

单位：万元

项 目	Item	资产总计 Total Assets	流动资产合计 Total Working Capitals	固定资产原价 Original Value of Fixed Assets	累计折旧 Accumulated depreciation
总 计	**Total**	**98555107**	**76360691**	**3208949**	**610788**
按登记注册类型分组	**By Status of Registration**				
内资企业	Domestic Funded	95052381	73453159	3189842	603783
#国有企业	#State-owned Enterprises	315946	308971	1607	545
集体企业	Collective-owned Enterprises				
股份合作企业	Cooperative Enterprises	106178	26691	136	39
国有联营企业	State Joint Ownership Enterprises	54883	53407		
国有独资公司	State Sole funded Corporations	8252395	6084884	191793	24707
其他有限责任公司	Other Limited Liability Corporations	62186358	45773116	2151118	330831
股份有限公司	Share-holding Corporations Limited	2183436	1743769	40469	14966
私营独资企业	Private-funded Enterprises	126599	95194	8401	1658
私营合伙企业	Private Partnership Enterprises				
私营有限责任公司	Private Limited Liability Corporations	21712864	19285370	791663	228609
私营股份有限公司	Private Share-holding Corporations Limited	113722	81757	4655	2428
其他企业	Other Enterprises				
港澳台商投资企业	Enterprises with Funds from Hong Kong, Macao and Taiwan	2241233	1718420	12762	4400
与港澳台商合资经营企业	Joint-ventures Enterprises	364056	334460	11776	3627
与港澳台商合资合作经营企业	Cooperative Enterprises				
港澳台商独资经营企业	Enterprises with Sole Investment	1877178	1383960	986	772
港澳台商投资股份有限公司	Share-holding Corporations Ltd.				
外商投资企业	Foreign Funded Enterprises	1261493	1189112	6345	2606
中外合资经营企业	Joint-venture Enterprises	1108491	1099119	1188	1104
中外合作经营企业	Cooperation Enterprises				
外资企业	Enterprises with Sole Funds	153002	89993	5156	1502
外商投资股份有限公司	Share-holding Corporations Ltd.				
按控股情况分组	**By Share-holding**				
国有控股	State-owned Enterprises	42098224	26594615	1235314	145678
集体控股	Collective-owned Enterprises	2184812	1554441	80701	19376
私人控股	Private Share-holding	35949806	32335818	1058602	274530
港澳台商控股	Enterprise with Funds from Hong Kong, Macao and Taiwan	2197082	1684625	12626	4279
外商控股	Foreign Funded Enterprises	1046278	980184	5929	2235
其 他	Others	15078905	13211008	815777	164691
按资质等级分组	**By Qualification Grade**				
一 级	First Grade	2458352	2117686	178432	40999
二 级	Second Grade	22144339	18848902	586186	205484
三 级	Third Grade	41562294	28775286	1453783	247070
四 级	Fourth Grade	951762	729384	39159	7091
暂 定	Interim	18312844	14543453	484896	82984
其 他	Others	13125515	11345980	466493	27161
按隶属关系分组	**By Jurisdiction of Management**				
中 央	Central	2316058	2125135	18663	11021
地 方	Region	37748640	23829810	824762	113596
其 他	Others	58490409	50405747	2365524	486171

Main Financial Indicators by Enterprises of Real Estate Development by Different Grouping(2020)

(10000 yuan)

负债合计 Total Liabilities	实收资本 Paid in Capital	主营业务收入 Revenue from Principal Business	土地转让收入 Land Transferred Revenue	商品房屋销售收入 Sales Revenue of Commercial Houses	房屋出租收入 Revenue from Houses Leasing	其他收入 Other Revenue	主营业务成本 Cost of Principal Business	主营业务税金及附加 Taxes and Other Charges on Principal Business	主营业务利润 Profits of Principal Business	利润总额 Total Profits
70730040	**9426332**	**8409111**	**70588**	**8115044**	**59573**	**162015**	**6138497**	**614318**	**597271**	**613864**
67529926	9120458	7987105	70588	7698046	55207	161395	5881926	560978	517762	534052
310285	12463	3516		1204	14	2298	2890	196	-1648	-1606
90393	17146							161	-2002	-1986
47908	10000	8953		8069	884		3741	1094	-3646	-3566
4953285	646218	195275	2118	175911	741	16506	141378	46611	-2362	-590
41555325	5632356	4879323	1876	4713704	37154	126523	3385412	348335	456383	461514
2202762	328377	150659		150330	163	166	132946	10290	-45782	-45047
67088	17510	8328		7086		1242	9722	180	-7135	-6970
18230446	2438484	2708935	66594	2610570	16251	13971	2176262	153078	124843	133215
72434	17904	32118		31174		689	29577	1033	-889	-912
1990487	180959	148984		148901		84	118754	11419	-6132	-6014
241950	106895	56239		56155		84	46487	6455	-1251	-1114
1748537	74064	92746		92746			72266	4964	-4881	-4900
1209627	124915	273021		268097	4366	537	137817	41921	85641	85826
1092806	76692	224415		223872	6	537	105432	41099	75175	75356
116821	48223	48606		44225	4360		32385	822	10467	10470
21985385	3359572	1885441	2118	1741839	20745	120739	1331891	219677	231903	271145
2139336	224671	127628	1298	120139	164	6027	88250	9456	-19306	-19431
30254099	3965506	4429537	67173	4316016	26261	18218	3414786	231721	312166	317401
1977524	154459	146230		146147		84	116711	11259	-6074	-5916
1077874	89915	49143		44225	4360	537	32658	840	8761	8800
13295823	1632209	1771132		1746678	8042	16411	1154200	141367	69821	41866
2500983	309819	145277	2118	137726	523	4910	100499	7610	17229	12137
16491405	2221761	2259250	14892	2230668	5986	7705	1625319	136171	288628	294109
27659909	3669704	3794586	28744	3676515	30096	58432	2740835	277916	299676	294940
771763	117318	132323		130845	955	502	118635	6811	-3650	-3375
14345903	1780733	1493039	6792	1375183	22013	89052	1078583	149719	-7551	-13100
8960076	1326997	584637	18043	564108		1416	474625	36091	2938	29154
2071038	221474	411067	2118	404755	30	4165	218320	78962	95117	88058
19837390	3002552	1355038		1244662	16143	94168	1077238	77523	76901	107183
48821612	6202306	6643006	68471	6465628	43400	63683	4842938	457832	425253	418623

14-15 按不同分组分房地产开发企业土地购置及建设房屋面积(2020年)

单位：平方米

项 目	Item	企业数（个）Number of Enterprises (unit)	本年购置土地面积 Land Space Pending Development
总 计	**Total**	**1515**	**4187027**
按登记注册类型分组	**By Status of Registration**		
内资企业	Domestic Funded	1496	4187027
#国有企业	State-owned Enterprises	13	
集体企业	Collective-owned Enterprises		
股份合作企业	Cooperative Enterprises	2	
国有联营企业	State Joint Ownership Enterprises	1	
国有独资公司	State Sole funded Corporations	34	
其他有限责任公司	Other Limited Liability Corporations	493	3198301
股份有限公司	Share-holding Corporations Limited	33	160622
私营独资企业	Private-funded Enterprises	8	10613
私营合伙企业	Private Partnership Enterprises		
私营有限责任公司	Private Limited Liability Corporations	904	770567
私营股份有限公司	Private Share-holding Corporations Limited	8	46924
其他企业	Other Enterprises		
港澳台商投资企业	Enterprises with Funds from Hong Kong, Macao and Taiwan	11	
与港澳台商合资经营企业	Joint-ventures Enterprises	5	
与港澳台商合资合作经营企业	Cooperative Enterprises		
港澳台商独资经营企业	Enterprises with Sole Investment	6	
港澳台商投资股份有限公司	Share-holding Corporations Ltd.		
外商投资企业	Foreign Funded Enterprises	8	
中外合资经营企业	Joint-venture Enterprises	4	
中外合作经营企业	Cooperation Enterprises		
外资企业	Enterprises with Sole Funds	4	
外商投资股份有限公司	Share-holding Corporations Ltd.		
按控股情况分组	**By Share-holding**		
国有控股	State-owned Enterprises	139	566421
集体控股	Collective-owned Enterprises	23	
私人控股	Private Share-holding	1186	2085542
港澳台商控股	Enterprise with Funds from Hong Kong, Macao and Taiwan	9	
外商控股	Foreign Funded Enterprises	6	
其 他	Others	152	1535064
按资质等级分组	**By Qualification Grade**		
一 级	First Grade	12	
二 级	Second Grade	189	153547
三 级	Third Grade	705	429279
四 级	Fourth Grade	120	92659
暂 定	Interim	360	3092620
其 他	Others	129	418922
按隶属关系分组	**By Jurisdiction of Management**		
中 央	Central	18	61475
地 方	Region	205	558079
其 他	Others	1292	3567473

Land Purchase and Floor Space o Buildings Developed by Enterprises for Real Estate Development by Different Grouping(2020)

(sq.m)

施工房屋 面　积 Floor Space of Buildings under Construction		竣工房屋 面　积 Floor Space of Buildings Completed	竣工房屋 价值(万元) Value of Buildings Completed (10000 yuan)	从业人员 期末人数(人) Final Number of Employed Persons (person)
	本年新开 工面积 Floor Space Started This Year			
112619052	**22219679**	**14379809**	**3346355**	**27149**
108456390	21548384	13863367	3204976	26613
768675		118797	40562	146
162390	90960	71430	16130	20
				19
3724715	983313	314091	67840	2105
63793183	12450090	6275567	1502595	11402
4931852	801147	511822	103571	678
304086	304086	66478	7000	113
33141003	6752916	6009693	1362262	11688
1630486	165872	495489	105016	442
3522050	671295	294674	79462	406
402100	281666	120434	22048	92
3119950	389629	174240	57414	314
640612		221768	61917	130
372900		61826	29450	54
267712		159942	32467	76
18940299	3481827	1547483	490151	5343
2007658	73056	252012	62052	465
69383590	13531233	11158061	2455539	16981
3522050	671295	294674	79462	397
267712		159942	32467	89
18497743	4462268	967637	226684	3874
1734865	35242			951
17360336	2015010	3102316	767985	5351
42917847	5143939	7146477	1704819	11323
3244369	502344	627030	120783	968
32964609	11681224	2234400	478054	6127
14397026	2841920	1269586	274714	2429
2747839	548001			1320
21867470	4044468	2427222	444913	5099
88003743	17627210	11952587	2901442	20730

14-16 分地区房地产开发企业主要经济指标
Main Indicators of Real Estate Development by Region

单位：万元 (10000 yuan)

年份 地区	Year Region	资产总计 Total Assets	负债合计 Total Liabilities	所有者权益合计 Owners' Equity	主营业务收入 Revenue from Principal Business	主营业务成本 Cost of Principal Business	利润总额 Total Profits
2005		7638744	5708433	1930311	1935485	1653916	31628
2006		9346277	6663943	2682334	2519647	2013278	320243
2007		11532354	8641649	2890705	3224432	2563256	259949
2008		14624206	9494495	5129711	3439803	2739794	258924
2009		18613889	12677221	5936668	5149500	4093066	453941
2010		25874201	18398317	7475884	6755674	5322608	649961
2011		43470000	31489751	11980249	8419015	6287589	890654
2012		71072452	43317095	27755357	9863946	7787222	610619
2013		84893771	52968613	31925157	9953489	7603988	623345
2014		101241094	61424461	39816633	8919262	6929111	257089
2015		85246840	59150715	26096125	8163520	6173682	420611
2016		90336865	61038885	29297981	12174158	9406995	857077
2017		97664033	69019301	28644731	9588283	7280251	346938
2018		99377014	69790559	29586455	10751505	7880188	1815188
2019		101360615	70886640	30473975	9939891	7518549	901792
2020		98555107	70730040	27825067	8409111	6138497	613864
哈尔滨	Harbin	61685350	44419630	17265720	5766147	3921039	544129
齐齐哈尔	Qiqihar	9696642	6083190	3613452	495125	397152	18610
鸡西	Jixi	1498340	1278174	220166	89840	73162	-6220
鹤岗	Hegang	748356	566468	181888	44704	43019	-4396
双鸭山	Shuangyashan	759941	713217	46724	61315	54196	-4525
大庆	Daqing	11810879	7944582	3866296	357277	310980	-9522
伊春	Yichun	312565	225264	87300	69224	69255	-7971
佳木斯	Jiamusi	1481937	1226592	255345	424973	358717	15360
七台河	Qitaihe	555882	456971	98911	55190	47908	-4746
牡丹江	Mudanjiang	5442589	4660974	781616	511937	422250	21758
黑河	Heihe	1845127	917654	927473	220236	167160	28652
绥化	Suihua	2672254	2213532	458721	308545	270174	22680
大兴安岭	Daxinganling	45246	23791	21455	4598	3486	55

主要统计指标解释

本年土地购置面积　指房地产开发企业本年通过各种方式获得土地使用权的土地面积。

土地购置费　指房地产开发企业通过各种方式取得土地使用权而支付的费用。土地购置费按本年实际发生额计入投资。土地购置费为分期付款的，分期计入房地产开发投资。

计划总投资　指房地产开发企业在建的建设工程按照总体设计（或按设计概算或预算）规定的内容全部建成计划需要的总投资。

自开始建设累计完成投资　指房地产开发企业在建的房屋建设工程或正在开发的土地开发工程从开始建设到本年末止累计完成的全部投资。

房地产开发投资　指房地产开发企业本年完成的全部用于房屋建设工程、土地开发工程的投资额以及公益性建筑和土地购置费等的投资。

本年实际到位资金　指房地产开发企业本年实际到位，可用于房地产开发的各种货币资金及来源渠道。具体细分为国内贷款、利用外资、自筹资金和其他资金。

房屋施工面积　指房地产开发企业本年施工的全部房屋建筑面积。包括本年新开工的房屋建筑面积、上年跨入本年继续施工的房屋建筑面积、上年停缓建在本年恢复施工的房屋建筑面积、本年竣工的房屋建筑面积以及本年施工后又停缓建的房屋建筑面积。多层建筑应填各层建筑面积之和。

房屋新开工面积　指房地产开发企业本年新开工建设的房屋建筑面积，以单位工程为核算对象。不包括在上年开工跨入本年继续施工的房屋建筑面积和上年停缓建而在本年恢复施工的房屋建筑面积。房屋的开工应以房屋正式开始破土刨槽（地基处理或打永久桩）的日期为准。房屋新开工面积指整栋房屋的全部建筑面积，不能分割计算。

房屋竣工面积　指房地产开发企业本年按照设计要求已全部完工，达到住人和使用条件，经验收鉴定合格或达到竣工验收标准，可正式移交使用的各栋房屋建筑面积的总和。

商品房销售面积　指房地产开发企业本年出售商品房屋的合同总面积(即双方签署的正式买卖合同中所确定的建筑面积)。

商品房销售额　指房地产开发企业本年出售商品房屋的合同总价款(即双方签署的正式买卖合同中所确定的合同总价)。该指标与商品房销售面积同口径。

Explanatory Notes on Main Statistical Indicators

Land Space Purchased in the Year refers to the area of land with its use rights already obtained in the year by real estate development companies.

Value of Land Purchased refers to the payment made by real estate development companies for land use rights. The actual payment incurred in the year is included in the investment. The payment by installment when occurring is included in the investment.

Total Investment Planned refers to the total amount required for the completion of the activities according to the planned design or budget for the project under construction by real estate development companies.

Accumulative Investment Actually Completed Since Starting of Construction refers to all the investment accomplished by real estate development companies in the construction of building or the development of land from the beginning to the end of the year.

Investment in Real Estate Development refers to the investment made by real estate development companies in the construction of housing, development of land, nonprofit buildings and value of land purchased.

Total Actual Funds in Place This Year refers to the total amount available for real estate development regardless of kinds of currencies or sources of the funds which are further classified as domestic loans, foreign investment, self-raising funds and others.

Floor Space of Buildings under Construction refers to the total space area of the buildings under construction in the year by real estate development companies. It includes buildings started in the year, continued from the previous year, suspended in earlier years but restarted in the year, completed in the year, and started in the year but suspended in the year as well. The floor space of a multi-storied building should be the sum of floor space of all the stories.

Floor Space of Buildings Started This Year refers to the total floor space area of the buildings started in the year by real estate development companies. It excludes the buildings started in previous years and continued in the year, and the buildings suspended in previous years but restarted in the year. The start of a construction is defined by the date of ground breaking or pile driving. The floor space of the building includes that of the entire building.

Floor Space of Buildings Completed refers to the total floor space area of the buildings completed in the year by real estate development companies, which meet the requirements as designed, reach the criteria set for people to live in or use, have passed the acceptance checks, and are ready for delivery or use.

Area of Commercialized Housing Sold refers to total contracted area of commercialized housing (i.e. area of floor space as designated in the formal contracts signed by both sides) sold by real estate development companies during the reference time. It constitutes floor space of completed housing and floor space of future housing.

Value of Commercialized Housing Sold refers to the total contracted value (i.e. value of sales/purchase for selling/purchase of commercialized housing as designated in the contract signed by both sides) received from the sales of the buildings by real estate development companies during the reference time. This indicator has the same coverage as the area of commercialized housing sold, which constitutes floor space of completed housing and floor space of housing yet to be completed.

第十五篇　国内贸易和旅游业

CHAPTER 15　DOMESTIC TRADE AND TOURISM

资料整理：孙　冰

15-1　国内贸易和旅游基本情况
Basic Conditions of Domestic Trade and Tourism

单位：亿元　　(100 million yuan)

指　　标	Item	2016	2017	2018	2019	2020
社会消费品零售总额	**Total Retail Sales of Consumer Goods**	**4794.1**	**5077.4**	**5275.0**	**5603.9**	**5092.3**
按地区分	By Region					
城　镇	City	4193.0	4441.2	4588.7	4869.5	4473.5
#城　区	#County	3499.6	3711.5	3894.3	4131.8	3269.1
乡　村	Under County Level	601.1	636.2	686.2	734.4	618.8
按行业分	By Sector					
批发零售贸易业	Wholesale and Retail Trade	4224.4	4473.0	4652.4	4944.1	4591.5
住宿和餐饮业	Hotels and Catering Services	569.7	604.4	622.5	659.8	500.8
限上批发零售业企业情况	**Indicators of Enterprise above Designated Size in Wholesale and Retail Trade**					
企业数(个)	Number of Enterprises(unit)	2002	1747	1681	1944	2214
从业人数(万人)	Employee (10000 persons)	14.1	13.1	12.5	13.0	13.6
商品销售总额	Total Sales	4893.8	4671.3	5025.1	5532.3	6639.6
限上住宿餐饮业企业情况	**Indicators of Enterprise above Designated Size in Hotels and Catering Services**					
企业数(个)	Number of Enterprises(unit)	369	313	271	284	267
从业人数(万人)	Employee (10000 persons)	2.6	2.3	2.1	2.0	1.7
营业额	Business Revenue	48.6	43.0	34.7	33.8	23.3
限上连锁店情况	**Indicators of Branch Chain Store above Designated Size**					
连锁门店数(个)	Number of Branch Chain Store(unit)	1978	1949	1590	1732	1715
营业面积(万平方米)	Business Areas (10000 sq.m)	97.5	64.3	51.4	45.2	42.5
从业人员(人)	Number of Person Employed (person)	20055	20850	16694	15952	13035
销售总额	Total Sales	227.4	249.9	222.9	228.6	189.9
旅　游	**Tourism**					
国际旅游人数(万人)	Number of International Tourists(10000 person)	95.7	103.9	109.2	110.7	16.5
外国人	Foreigners	90.9	98.5	104.1	99.3	13.8
港、澳、台合计	Tourists from Hong Kong, Macao and Taiwan	4.8	5.4	5.0	11.4	2.6
香港同胞	Chinese Compatriots from Hong Kong	1.0	1.4	1.4	5.9	1.7
澳门同胞	Chinese Compatriots from Macao	0.1	0.1	0.1	0.8	0.5
台湾同胞	Chinese Compatriots from Taiwan Province	3.8	3.9	3.5	4.6	0.4
旅游外汇收入总额(亿美元)	Total of Foreign Exchange Earnings(USD 100 million)	4.6	4.8	5.4	6.3	15.9
国内旅游人数(亿人次)	Number of Domestic Tourists (100 million person-times)	1.4	1.6	1.8	2.2	1.4
国内旅游收入(亿元)	Receipts of Domestic Tourism (100 million yuan)	1573	1877	2208	2604	1629

15-2 社会消费品零售总额(1978-2009年)
Total Retail Sale of Consumer Goods (1978-2009)

单位：亿元 (100 million yuan)

年份 Year	社会消费品零售总额 Total Retail Sale of Consumer Goods	按地区分 By Region			按行业分 By Sector				
		市 City	县 County	县以下 Under County Level	批发和零售业 Wholesale and Retail Trade	住宿和餐饮业 Hotels and Catering Services	制造业 Manufacturing	农业生产者 Farm Producers	其他 Others
1978	61.8	23.3	23.8	14.7	53.2	2.4	2.9		3.3
1980	81.0	37.1	23.9	20.0	68.6	3.7	4.4		4.3
1985	156.7	86.2	46.7	23.8	119.8	9.0	11.3		16.6
1990	341.0	199.5	74.6	66.9	271.4	17.9	19.6	19.1	13.0
1991	352.2	231.7	82.9	37.6	276.2	19.1	21.7		35.2
1992	403.0	269.9	84.3	48.8	313.9	20.8	24.0		44.3
1993	448.9	315.8	81.5	51.7	354.7	23.6	24.2	30.5	15.8
1994	526.6	370.6	92.3	63.7	401.3	34.0	29.3	45.6	16.3
1995	636.6	444.5	108.2	83.9	488.9	39.0	27.7	57.3	23.7
1996	712.5	504.8	113.0	94.6	547.4	49.5	34.3	66.5	14.9
1997	783.3	554.6	124.2	104.5	608.3	56.4	33.7	72.0	12.9
1998	825.7	591.1	120.0	114.6	638.2	67.1	32.1	75.8	12.4
1999	863.1	616.5	127.8	118.7	661.2	73.8	35.3	77.4	15.5
2000	907.8	651.6	133.3	123.1	704.3	81.7	32.9	73.2	15.8
2001	971.9	703.2	139.0	129.5	753.2	94.0	37.3	69.2	18.4
2002	1045.4	760.0	147.8	137.6	815.8	107.5	34.8	68.4	18.9
2003	1065.0	788.8	144.4	131.8	922.2	117.8			24.9
2004	1182.1	881.0	156.4	144.6	1019.4	135.3			27.3
2005	1315.8	989.1	169.2	157.5	1134.8	152.6			28.3
2006	1470.5	1122.3	175.0	173.1	1265.1	177.5			27.9
2007	1689.7	1304.6	197.9	187.2	1455.8	206.1			27.7
2008	2026.2	1571.4	232.1	222.6	1745.7	250.8			29.6
2009	2298.5	1783.8	260.9	253.9	1977.7	290.1			30.7

注：1.2000及以后商品购进、销售和库存总额为限额以上企业统计口径。
2.2003年起社会消费品零售总额不再包括“制造业”企业的科、室对居民及社会集团的零售额和“农业生产者”对非农业居民的零售额。
3.2005年及以前社会消费品零售总额不包括住宿业统计，所以住宿和餐饮业数据中不含住宿业(下同)。
4.1993年之后数据根据第四次全国经济普查结果进行修订。

a) The total purchases, sales and inventory only include enterprises above designated size from 2000.
b) The total retail sales of consumer goods do not include the retail sales of residents and social groups sold by unit of manufacturing and the retail sales sold by farmers to non-agricultural residents.
c) The total retail sales of consumer goods before 2005 do not include the statistics of hotel, so the number of hotel and food services do not include hotel(the same as next table).
d) Total Retail Sales of Consumer Goods from 2005 to 2008 are adjusted according to the Second National Economic Census in 2008,the other sub-data unadjusted(the same as next table).

15-3 社会消费品零售总额
Total Retail Sale of Consumer Goods

单位：亿元 (100 million yuan)

年份 Year	社会消费品零售总额 Total Retail Sale of Consumer Goods	按地区分 By Region			按行业分 By Sector	
		城镇 City	#城区 County	乡村 Under County Level	批发和零售业 Wholesale and Retail Trade	住宿和餐饮业 Hotels and Catering Services
2010	2663.8	2364.8	1890.3	298.9	2336.3	327.5
2011	3056.1	2714.3	2175.9	341.8	2677.9	378.3
2012	3449.7	3025.3	2415.5	424.4	3016.4	433.3
2013	3835.0	3362.4	2700.3	472.7	3379.2	455.9
2014	4201.3	3682.4	2959.1	518.9	3716.8	484.6
2015	4471.0	3912.5	3256.0	558.4	3943.9	527.1
2016	4794.1	4193.0	3499.6	601.1	4224.4	569.7
2017	5077.4	4441.2	3711.5	636.2	4473.0	604.4
2018	5275.0	4588.7	3894.3	686.2	4652.4	622.5
2019	5603.9	4869.5	4131.8	734.4	4944.1	659.8
2020	5092.3	4473.5	3269.1	618.8	4591.5	500.8

15-4 限额以上批发零售业企业商品销售情况(2020年)

单位：万元

类 别	Category	企业数（个）Number of Enterprises (unit)
总 计	**Total**	**2214**
批发业	**Wholesale Trade**	**917**
按登记注册类型分组	**Grouped by Status of Registration**	
内资企业	Domestic Funded Enterprises	912
国有企业	State-owned Enterprises	45
集体企业	Collective-owned Enterprises	2
股份合作企业	Cooperative Enterprises	
联营企业	Joint Ownership Enterprises	1
有限责任公司	Limited Liability Corporations	246
国有独资企业	Sole State-funded Corporations	15
其他有限责任公司	Others Limited Liability Corporations	231
股份有限公司	Share-holding Corporations Ltd.	29
私营企业	Private Enterprises	584
私营独资企业	Private-funded Enterprises	14
私营合伙企业	Private Partnership Enterprises	1
私营有限责任公司	Private Limited Liability Corporations	563
私营股份有限公司	Private Share-holding Corporations Ltd.	6
其他企业	Other Enterprises	5
港、澳、台商投资企业	Enterprises with Funds from Hong Kong, Macao and Taiwan	2
外商投资企业	Foreign Funded Enterprises	3
按国民经济行业分组	**Grouped by Sector**	
农、林、牧产品批发	Wholesale of Agriculture, Forestry and Livestock Products	211
食品、饮料及烟草制品批发	Wholesale of Foods, Beverages and Tobaccos	103
#米、面制品及食用油批发	#Wholesale of Rice, Flour and Edible Oil	28
烟草制品批发	Wholesale of Tobaccos	19
纺织、服装及家庭用品批发	Wholesale of Textile, Wearing Apparel and Household Articles	27
#服装批发	#Wholesale of Garments	9
文化、体育用品及器材批发	Wholesale of Culture, Sports Appliances and Equipment	20
医药及医疗器材批发业	Wholesale of Medicines and Medical Appliances	155
矿产品、建材及化工产品批发	Wholesale of Mineral Products, Building Materials and Chemical Products	251
#煤炭及制品批发	#Wholesale of Coal and Related Products	36
石油及制品批发	Wholesale of Petroleum and Related Products	31
金属及金属矿批发	Wholesale of Metal Materials	39
建材批发	Wholesale of Building Materials	61
化肥批发	Wholesale of Chemical Fertilizer	33
机械设备五金产品及电子产品批发	Wholesale of Machinery, Hardware and Electronics	125
#汽车及零配件批发	#Wholesale of Automobiles and Their Accessories	43
摩托车及零配件批发	Wholesale of Motorcycles and Their Accessories	
五金产品批发	Wholesale of Hardware Products	5
计算机、软件及辅助设备批发	Wholesale of Computer, Software and Assistant Appliances	6
贸易经纪与代理	Trade Broker and Agency	13
其他批发业	Other Wholesale not Classified Elsewhere	12

Sales Statistics of Enterprise above Designated Size in Wholesale and Retail Trade (2020)

(10000 yuan)

商　品 购进额 Total Purchases	从业人数 (人) Employment (person)	商品销售总额 Total Sales		
		合　计 Total	批　发 Wholesale Trade	零　售 Retail Trade
57233261	**135678**	**66395740**	**45140378**	**21255361**
44915942	**50679**	**51786266**	**43809625**	**7976641**
44011999	47594	47460985	42713674	4747311
6236650	9036	7368876	7154344	214532
29388	309	29584	29584	
10811	19	14900	14900	
20326321	16805	21807597	21497370	310227
796121	662	746715	745356	1359
19530200	16143	21060882	20752014	308868
1936090	8001	2592058	1498857	1093201
15415029	13352	15587629	12458707	3128922
106732	294	125961	122937	3024
40641	4	42096	42096	
15155902	12834	15300254	12175901	3124354
111754	220	119318	117774	1544
57711	72	60342	59912	430
829944	2962	1034454	1033999	454
73999	123	3290827	61952	3228875
14772902	6662	14925511	11950234	2975277
6016549	13692	6991417	6891875	99542
2387582	2019	2117399	2072358	45040
2120462	6242	3030595	3028081	2514
487156	1907	628949	559949	69000
91249	1288	119214	99567	19648
229171	1119	234224	175301	58923
3975418	10953	3889801	3730954	158848
17319374	12122	19789524	18421309	1368215
2130841	603	2291425	2257827	33598
3161496	8270	4003378	2757268	1246110
1178568	197	1212225	1204764	7461
1609991	1058	1764180	1688793	75386
1349423	1052	1720995	1719005	1990
1916219	3796	5089048	1848903	3240144
353933	608	3531847	324656	3207191
110800	31	115133	115133	
23770	95	25970	23985	1986
93565	155	109068	107273	1795
105587	273	128725	123829	4896

15-4 续表

单位：万元

类 别	Category	企业数（个） Number of Enterprises (unit)
零售业	**Retail Trade**	**1297**
按登记注册类型分组	**Grouped by Status of Registration**	
内资企业	Domestic Funded Enterprises	1262
国有企业	State-owned Enterprises	29
集体企业	Collective-owned Enterprises	13
股份合作企业	Cooperative Enterprises	18
联营企业	Joint Ownership Enterprises	2
有限责任公司	Limited Liability Corporations	309
国有独资企业	Sole State-funded Corporations	11
其他有限责任公司	Others Limited Liability Corporations	298
股份有限公司	Share-holding Corporations Ltd.	26
私营企业	Private Enterprises	862
私营独资企业	Private-funded Enterprises	59
私营合伙企业	Private Partnership Enterprises	10
私营有限责任公司	Private Limited Liability Corporations	780
私营股份有限公司	Private Share-holding Corporations Ltd.	13
其他企业	Other Enterprises	3
港、澳、台商投资企业	Enterprises with Funds from Hong Kong, Macao and Taiwan	25
外商投资企业	Foreign Funded Enterprises	10
按国民经济行业分组	**Grouped by Sector**	
综合零售	Integrated Retail	176
#百货零售	#Retail of General Merchandise	110
超级市场零售	Retail of Supermarkets	60
食品、饮料及烟草制品专门零售	Special Retail of Food, Beverages and Tobaccos	102
纺织、服装及日用品专门零售	Special Retail of Textiles, Garments and Daily Consumer Articles	55
#服装零售	#Retail of Garments	44
文化、体育用品及器材专门零售	Special Retail of Culture, Sports Appliances and Equipment	78
#体育用品及器材零售	#Retail of Sports Appliances and Equipment	5
图书、报刊零售	Retail of Books, Newspapers and Magazines	61
医药及医疗器材专门零售	Special Retail of Medicines and Medical Appliances	125
#药品零售	#Retail of Medicines	118
汽车、摩托车、零配件和燃料及其他动力销售	Retail of Motor Vehicles, Motorcycles, Parts, and Fuel and Other Powers	576
#汽车零售	#Retail of Motor Vehicles	378
机动车燃料零售	Retail of Fuel of Motor Vehicles	181
家用电器及电子产品专门零售	Special Retail of Household Electric Appliances and Electronic Products	92
#家用视听设备零售	Retail of Household Electric Appliances	3
计算机、软件及辅助设备零售	Retail of Computer, Software and Assistant Appliances	16
通信设备零售	Retail of Communication Equipments	26
五金、家具及室内装修材料专门零售	Special Retail of Hardware, Furniture and Interior Decoration Materials	32
货摊、无店铺及其他零售业	Stalls, Non-shop and Other Retails	61
#邮购及电视、电话零售	#Mail Order, Television and Telephone Selling	

Continued

(10000 yuan)

商品购进额 Total Purchases	从业人数（人） Employment (person)	商品销售总额 Total Sales		
		合计 Total	批发 Wholesale Trade	零售 Retail Trade
12317319	**84999**	**14609474**	**1330753**	**13278721**
11395279	78889	13554422	1322080	12232342
198356	3649	263153	11188	251965
88851	739	92412	19138	73274
38627	548	36964	5471	31493
4625	25	4903		4903
4576393	27220	5456339	526661	4929678
94008	279	94559	857	93702
4482385	26941	5361781	525804	4835977
1292170	6551	1800617	384899	1415718
5021441	39392	5719688	373724	5345965
68018	809	78648	2005	76643
19120	144	23261	743	22517
4787347	37625	5446245	332195	5114050
146955	814	171535	38781	132754
174818	765	180346	999	179347
550660	4638	605151		605151
371380	1472	449901	8673	441228
2473828	31524	3997397	47261	3950137
1491093	19315	2929867	30101	2899766
963341	11938	1044149	17160	1026990
492730	3024	540545	138544	402001
329899	5312	392213	8893	383320
287606	4640	339940	8893	331046
190874	2679	205666	45473	160193
1445	186	16509		16509
113896	1953	118701	12706	105995
702057	14791	874128	56464	817665
686166	14572	855293	51860	803432
6594453	21549	6978586	766690	6211895
4512406	14054	4679113	184077	4495036
1866192	6926	2068683	528388	1540295
922058	4182	973863	187015	786848
6561	231	9045		9045
32160	352	37099	11499	25599
335027	1252	363065	66820	296245
68340	1136	85208	11865	73343
543080	802	561868	68549	493319

15-5 限额以上批发和零售业商品分类销售额(2020年)
Total Sales of Enterprise above Designated Size in Wholesale and Retail Trade by Category of Commodities(2020)

单位：万元 (10000 yuan)

项目	Item	销售合计 Total	批发 Wholesale Trade	零售 Retail Trade
合计	**Total**	**55488052**	**41027626**	**14460426**
粮油、食品类	Grain and Oil,Food	8724286	6863551	1860735
#粮油类	#Grain and Oil	5536542	5043409	493133
肉禽蛋类	Meat, Poultry and Eggs	444171	130027	314144
水产品类	Aquatic Products	101936	11596	90340
蔬菜类	Vegetables	305121	94509	210612
干鲜果品类	Dry and Fresh Fruits	304354	78460	225894
饮料类	Beverages	469640	225016	244624
烟酒类	Tobacco and Liquor	3246698	3099490	147209
服装、鞋帽、针纺织品类	Clothing, Shoes, Hats and Textiles	1950255	166944	1783311
#服装类	Clothing	1466467	90719	1375748
鞋帽类	Shoes and Hats	315378	48155	267223
针纺织品类	Knitwear and Textiles	92687	7347	85340
化妆品类	Cosmetics	206837	8982	197855
金银珠宝类	Gold, Silver and Jewelry	377907	62332	315576
日用品类	Articles for Daily Use	503934	34735	469200
#可穿戴智能设备	Wearable Smart Devices	6243	27	6216
五金、电料类	Hardware and Electrical Materials	128798	98080	30718
体育、娱乐用品类	Sports and Recreation Articles	35112	20	35093
书报、杂志类	Newspapers and Magazines	212529	95393	117136
电子出版物及音像制品类	E-journal and Video Products	3887		3887
家用电器及音像器材类	Household Appliances and Video Appliances	925711	191256	734455
中西药品类	Traditional Chinese and Western Medicines	4228932	3430919	798013
文化办公用品类	Cultural and Official Goods	224835	71054	153781
家具类	Furniture	92867	39247	53621
通信器材类	Communication Appliances	810999	256532	554466
煤炭及制品类	Coal and Related Product	2371484	2345567	25917
木材及制品类	Wood and Wooden Product	1417141	1415080	2061
石油及制品类	Petroleum Related Product	14030274	11898794	2131480
化工材料及制品类	Chemical Materials and Products	2063972	1925958	138013
#化肥类	#Fertilizer	1604602	1596227	8375
金属材料类	Metal Materials	1395929	1393866	2062
建筑及装潢材料类	Building and Decoration Materials	150399	118243	32156
机电产品及设备类	Mechanical and Electrical Products	408824	389174	19650
汽车类	Automobiles	7586686	3382041	4204644
种子饲料类	Seed and Feedstuff	1925221	1925221	
棉麻类	Cotton and Hemp	1236	1042	194
其他类	Others	1993662	1589091	404571

15-6 各地区限额以上批零贸易业商品销售情况(2020年)
Sales Statistics of Enterprise above Designated Size in Wholesale and Retail Trade by Region(2020)

地区	Region	企业数(个) Number of Enterprises (unit)	产业活动单位数(个) Number of Establishments (unit)	从业人数(人) Employment (person)
全省	**Total**	**2214**	**5682**	**135678**
哈尔滨	Harbin	874	2051	59250
齐齐哈尔	Qiqihar	236	532	13103
鸡西	Jixi	110	410	6642
鹤岗	Hegang	48	298	4732
双鸭山	Shuangyashan	47	132	2549
大庆	Daqing	282	531	12972
伊春	Yichun	28	412	1300
佳木斯	Jiamusi	132	334	9992
七台河	Qitaihe	35	44	1577
牡丹江	Mudanjiang	223	250	8755
黑河	Heihe	93	190	4017
绥化	Suihua	94	464	10255
大兴安岭	Daxinganling	12	34	534

15-6 续表 Continued

地区	Region	商品销售总额(万元) Total Sales (10000 yuan)		
		合计 Total	批发 Wholesale Trade	零售 Retail Trade
全省	**Total**	**66395740**	**45140378**	**21255361**
哈尔滨	Harbin	25263663	17554506	7709157
齐齐哈尔	Qiqihar	5458810	4523803	935006
鸡西	Jixi	1473100	958007	515093
鹤岗	Hegang	446506	219287	227219
双鸭山	Shuangyashan	412973	230405	182568
大庆	Daqing	16040223	10747379	5292844
伊春	Yichun	327360	242423	84937
佳木斯	Jiamusi	2368452	1243019	1125432
七台河	Qitaihe	402578	191740	210838
牡丹江	Mudanjiang	11433798	7607392	3826405
黑河	Heihe	1091251	790999	300252
绥化	Suihua	1568777	778399	790378
大兴安岭	Daxinganling	108249	53018	55231

15-7 限额以上住宿和餐饮业企业经营状况(2020年)
Sales Statistics of Enterprices of Accomodation and Catering Services Above Designated Size(2020)

项目	Item	企业数(个) Number of Enterprises (unit)	从业人数(人) Employment (person)	营业额(万元) Business Revenue (10000 yuan)	#客房收入 Guest Room Revenue	#餐费收入 Food Revenue
总计	**Total**	**267**	**16853**	**232637**	**94117**	**113412**
住宿业	**Accommodation**	**181**	**12105**	**149780**	**87517**	**39599**
按登记注册类型分组	**Grouped by Status of Registration**					
内资企业	Domestic Funded Enterprises	174	10532	127347	77062	30319
国有企业	State-owned Enterprises	27	2430	23544	11559	7597
集体企业	Collective-owned Enterprises	2	109	956	499	134
股份合作企业	Cooperative Enterprises					
联营企业	Joint Ownership Enterprises					
有限责任公司	Limited Liability Corporations	53	3775	40226	23639	8977
国有独资企业	Sole State-funded Corporations	4	698	4540	2606	788
其他有限责任公司	Others Limited Liability Corporations	49	3077	35687	21033	8189
股份有限公司	Share-holding Corporations Ltd.	4	650	8654	2112	2356
私营企业	Private Enterprises	87	3561	53598	38884	11254
私营独资企业	Private-funded Enterprises	2	34	424	365	59
私营合伙企业	Private Partnership Enterprises					
私营有限责任公司	Private Limited Liability Corporations	85	3527	53174	38519	11196
私营股份有限公司	Private Share-holding Corporations Ltd.					
其他企业	Other Enterprises	1	7	369	369	
港、澳、台商投资企业	Enterprises with Funds from Hong Kong, Macao and Taiwan	5	998	11443	5152	4899
合资经营企业	Joint-venture Enterprises	1	51	999	611	319
合作经营企业	Cooperative Enterprises					
独资企业	Enterprises with Sole Investment	3	896	10256	4432	4506
投资股份有限公司	Share-holding Corporations Ltd. with Investment	1	51	188	109	74
其他港澳台投资企业	Other Enterprises					
外商投资企业	Foreign Funded Enterprises	2	575	10990	5303	4381
中外合资经营企业	Joint-venture Enterprises					
中外合作经营企业	Cooperative Enterprises					
外资企业	Enterprises with Sole Foreign Investment	2	575	10990	5303	4381
外商投资股份有限公司	Share-holding Corporations Ltd. with Foreign Investment					
其他外商投资企业	Other Foreign Investment Enterprise					
按住宿行业小类分组	**Grouped by Small Kind of Points**					
旅游饭店	Tourist Hotel	100	8937	101772	53601	28639
一般旅馆	General Hotel	72	2787	43387	31182	10093
其他住宿业	Other Accommodation	9	381	4620	2734	867
按星级分组	**Grouped by Star**					
五星	Five-star Hotel	10	1738	23255	10832	9487
四星	Four-star Hotel	41	4571	44366	23152	13308
三星	Three-star Hotel	30	1136	13370	9113	2536
二星	Two-star Hotel	2	48	553	549	
一星	One-star Hotel	2	24	413	327	
其他	Others	96	4588	67822	43543	14267

15-7　续表　Continued

项　目	Item	企业数（个）Number of Enterprises (unit)	从业人数（人）Employment (person)	营业额（万元）Business Revenue (10000 yuan)	#客房收入 Guest Room Revenue	#餐费收入 Food Revenue
餐饮业	**Restaurants**	**86**	**4748**	**82857**	**6600**	**73813**
按登记注册类型分组	**Grouped by Status of Registration**					
内资企业	Domestic Funded Enterprises	82	4260	67603	6600	58558
国有企业	State-owned Enterprises	5	227	2517	597	1913
集体企业	Collective-owned Enterprises					
股份合作企业	Cooperative Enterprises					
联营企业	Joint Ownership Enterprises					
有限责任公司	Limited Liability Corporations	12	757	13373	3449	8968
国有独资企业	Sole State-funded Corporations	1	51	351	150	201
其他有限责任公司	Others Limited Liability Corporations	11	706	13023	3299	8767
股份有限公司	Share-holding Corporations Ltd.					
私营企业	Private Enterprises	64	3263	51523	2553	47489
私营独资企业	Private-funded Enterprises	4	79	449	44	394
私营合伙企业	Private Partnership Enterprises					
私营有限责任公司	Private Limited Liability Corporations	59	3165	50965	2509	46987
私营股份有限公司	Private Share-holding Corporations Ltd.	1	19	109		107
其他企业	Other Enterprises	1	13	189		189
港、澳、台商投资企业	Enterprises with Funds from Hong Kong, Macao and Taiwan	2	330	11297		11297
合资经营企业	Joint-venture Enterprises	1	270	3422		3422
合作经营企业	Cooperative Enterprises					
独资企业	Enterprises with Sole Investment	1	60	7875		7875
投资股份有限公司	Share-holding Corporations Ltd. with Investment					
其他港澳台投资企业	Other Enterprises					
外商投资企业	Foreign Funded Enterprises	2	158	3958		3958
中外合资经营企业	Joint-venture Enterprises					
中外合作经营企业	Cooperative Enterprises					
外资企业	Enterprises with Sole Foreign Investment	2	158	3958		3958
外商投资股份有限公司	Share-holding Corporations Ltd. with Foreign Investment					
其他外商投资企业	Other Foreign Investment Enterprise					
按国民经济行业分组	**Grouped by Sector**					
正餐服务业	Dinner Service	75	2884	46049	6600	37105
快餐服务业	Snack Service	6	1624	33692		33692
饮料及冷饮服务业	Beverage and Cold Drink Service	1	83	1161		1062
餐饮配送及外卖送餐服务	Catering Distribution and Delivery Service	3	137	1636		1636
其他餐饮业	Other Restaurants	1	20	318		318

15-8 各地区限额以上住宿和餐饮业经营状况(2020年)
Sales Statistics of Accommodation and Restaurants Above Designated Size by Region(2020)

地 区	Region	住宿业 Accommodation				
		企业数(个) Number of Enterprises (unit)	从业人数(人) Employment (person)	营业额(万元) Business Revenue (10000 yuan)	#客房收入 Guest Room Revenue	#餐费收入 Food Revenue
全 省	**Total**	**181**	**12105**	**149780**	**87517**	**39599**
哈尔滨	Harbin	80	6534	90795	50149	22166
齐齐哈尔	Qiqihar	12	511	8059	5379	2345
鸡 西	Jixi	6	100	879	695	10
鹤 岗	Hegang	7	435	3251	2180	1043
双鸭山	Shuangyashan	5	136	1390	757	615
大 庆	Daqing	15	1119	9302	5958	2118
伊 春	Yichun	12	568	8396	4844	2961
佳木斯	Jiamusi	4	87	2514	1860	640
七台河	Qitaihe	4	161	1726	1007	607
牡丹江	Mudanjiang	16	951	11866	7883	3153
黑 河	Heihe	8	530	4510	2666	1348
绥 化	Suihua	5	334	2799	1643	1008
大兴安岭	Daxinganling	7	639	4294	2497	1587

15-8 续表 Continued

地 区	Region	餐饮业 Restaurants				
		企业数(个) Number of Enterprises (unit)	从业人数(人) Employment (person)	营业额(万元) Business Revenue (10000 yuan)	#客房收入 Guest Room Revenue	#餐费收入 Food Revenue
全 省	**Total**	**86**	**4748**	**82857**	**6600**	**73813**
哈尔滨	Harbin	32	2831	57052	1457	54543
齐齐哈尔	Qiqihar	4	127	1798	229.8	1386
鸡 西	Jixi	4	176	2572	958	1185
鹤 岗	Hegang	2	86	819	156	662
双鸭山	Shuangyashan	1	47	260	200	47
大 庆	Daqing	10	292	4513	875	3402
伊 春	Yichun	1	51	351	150	201
佳木斯	Jiamusi	12	458	5644	562	4846
七台河	Qitaihe					
牡丹江	Mudanjiang	12	433	6364	1523	4719
黑 河	Heihe	2	27	421	141	280
绥 化	Suihua	6	220	3066	348	2544
大兴安岭	Daxinganling					

15-9　限额以上批发零售贸易业商品销售数量(2020年)
Total Sales Number of Enterprise above Designated Size in Wholesale and Retail Trade by Commodities(2020)

品　名	Item	购进量 Total Purchases Volume	销售量 Total Sales Volume
大米(稻米)(吨)	Rice (rice) (ton)	7039278	6782497
面粉(小麦面)(吨)	Flour (wheat flour) (ton)	8024	8015
小麦(吨)	Wheat (ton)	23284	19502
玉米(吨)	Corn(ton)	5177011	4226822
大豆(吨)	Soybean(ton)	306077	333540
薯类(吨)	Tubers(ton)	2208	1970
食用植物油(吨)	Edible Vegetable Oil(ton)	220387	207725
猪肉(吨)	Pork(ton)	7258	7418
牛肉(吨)	Beef(ton)	10856	9891
羊肉(吨)	Lamb(ton)	3363	3695
禽肉(吨)	Meat of Poultry(ton)	10546	10514
鲜蛋(吨)	Fresh Eggs(ton)	5774	5692
彩色电视机(台)	Color TV(unit)	217652	234043
家用电冰箱(台)	Household Refrigerator(unit)	209202	214227
房间空调器(台)	Household Air Conditioner(unit)	98105	108135
电脑(微型计算机)(台)	Computer (microcomputer)(unit)	45441	44279
钢材(吨)	Steel Products(ton)	1505061	1963638
铝(吨)	Aluminum(ton)	7182	7033
水泥(吨)	Cement(ton)	249655	278214
化学肥料(吨)	Chemical Fertilizers(ton)	5173129	5187430
化学农药(吨)	Chemical Pesticide(ton)	14932	14708
汽车(辆)	Motor Vehicles(unit)	1063089	957718
#轿车	#Car	306462	213602

15-10 限额以上批发零售贸易企业财务状况(2020年)

单位：万元

项目	Item	企业数(个) Numbers of Enterprises (unit)	流动资产小计 Circulating Funds
总计	**Total**	**2214**	**30024490**
批发企业	**Wholesale Trade**	**917**	**24614940**
按登记注册类型分组	**Grouped by Status of Registration**		
内资企业	Domestic Funded Enterprises	912	23615989
国有企业	State-owned Enterprises	45	1845259
集体企业	Collective-owned Enterprises	2	10180
股份合作企业	Cooperative Enterprises		
联营企业	Joint Ownership Enterprises	1	9945
有限责任公司	Limited Liability Corporations	246	15470218
国有独资企业	Sole State-funded Corporations	15	2536201
其他有限责任公司	Others Limited Liability Corporations	231	12934017
股份有限公司	Share-holding Corporations Ltd.	29	846313
私营企业	Private Enterprises	584	5400621
其他企业	Other Enterprises	5	33453
港、澳、台商投资企业	Enterprises with Funds from Hong Kong, Macao and Taiwan	2	639671
外商投资企业	Foreign Funded Enterprises	3	359281
按国民经济行业分组	**Grouped by Sector**		
农、林、牧产品批发	Wholesale of Agriculture, Forestry and Livestock Products	211	7290444
食品、饮料及烟草制品批发	Wholesale of Foods, Beverages and Tobaccos	103	5329904
#米、面制品及食用油批发	#Wholesale of Rice, Flour and Edible Oil	28	3038302
烟草制品批发	Wholesale of Tobaccos	19	1322560
纺织、服装及家庭用品批发	Wholesale of Textile, Wearing Apparel and Household Articles	27	255214
#服装批发	#Wholesale of Garments	9	50691
文化、体育用品及器材批发	Wholesale of Culture, Sports Appliances and Equipment	20	128322
医药及医疗器材批发	Wholesale of Medicines and Medical Appliances	155	2618196
矿产品、建材及化工产品批发	Wholesale of Mineral Products, Building Materials and Chemical Products	251	7872560
#煤炭及制品批发	#Wholesale of Coal and Related Products	36	541670
石油及制品批发	Wholesale of Petroleum and Related Products	31	282864
金属及金属矿批发	Wholesale of Metal Materials	39	1130405
建材批发	Wholesale of Building Materials	61	2010561
化肥批发	Wholesale of Chemical Fertilizer	33	2675640
机械设备五金交电及电子产品批发	Wholesale of Machinery, Hardware and Electronics	125	1017504
#汽车摩托车及零配件批发	#Wholesale of Automobiles, Motorcycles and Their Accessories	43	486846
五金产品批发	Wholesale of Hardware Products	5	8585
计算机软件及辅助设备批发	Wholesale of Computer, Software and Assistant Appliances	6	11318
贸易经纪与代理	Trade Broker and Agency	13	55933
其他批发业	Other Wholesale not Classified Elsewhere	12	46862

注：本表中数据按照批发零售住宿餐饮业财务报表填报，企业个数是指有财务活动的企业个数。
a) Data in this table according to wholesale and retail hotels and catering provided financial statements, enterprise number refers to the number of enterprise financial activities.

Financial Indicators of Enterprise above Designated Size in Wholesale and Retail Trade(2020)

(10000 yuan)

资产合计 Total Assets	负债合计 Total Liabilities	实收资本 Paid-in Capital	固定资产原价 Original Value of Fixed Assets	累计折旧 Total Depreciation	营业收入 Revenue in Business	营业成本 Cost in Business	税金及附加 Tax and Extra Changes in Business
36467832	**30303479**	**17477800**	**4572534**	**1759947**	**53994802**	**50302343**	**455713**
28313845	**23702027**	**2619581**	**2232913**	**841171**	**41632733**	**39324988**	**403933**
27314798	22644845	2617471	2231442	840863	37793779	35669640	400910
2237862	1101457	148281	436557	238902	6788052	5985175	359144
12832	6189	4832	4512	2060	29659	25184	20
15377	8510	3280	3006	619	15841	9381	1
17894469	15384748	1867447	999165	291396	20559970	20021002	24240
2615037	2633933	57679	105224	43610	718596	872828	984
15279433	12750815	1809768	893941	247786	19841374	19148174	23256
1360271	1131177	109577	528274	213828	2368627	2160968	6905
5758165	4980910	479704	257877	93986	7962130	7400849	10563
35822	31853	4350	2052	73	69499	67080	38
639699	705773	2000			915066	735836	1767
359348	351409	110	1471	308	2923888	2919512	1256
8633678	7117634	922242	701537	221231	8110239	7976632	11349
6023371	4707338	483015	471678	200869	6319661	5234242	360752
3382172	3079878	307851	83654	18385	1973762	1940111	2381
1476219	556859	30287	257678	150873	2697312	1908010	355592
311583	256707	45315	11162	5427	575100	457413	1720
53263	50974	2544	4851	3092	105664	93237	148
297209	138093	140302	71570	11998	226203	205469	339
2818561	2277450	325511	101132	35488	3498612	3033220	9063
9023219	8187612	609335	815302	339302	18086979	17717183	17350
582613	408286	123012	29003	9792	2074787	2013420	4116
790514	734808	46701	604113	272821	3807369	3689246	6577
1175564	1016733	149741	16075	9619	1151032	1130629	1490
2237916	2061775	101732	83345	18555	1632169	1559100	2834
2913466	2704906	96583	72625	22955	1610979	1570164	1352
1090102	919296	86575	50015	22033	4589956	4489720	3110
497976	456379	18420	4914	2818	3155601	3140855	1544
8816	7885	445	553	387	101888	101069	12
11459	5351	3803	346	206	24588	22382	29
60597	56126	4307	5170	2039	108634	103725	56
55526	41771	2980	5347	2783	117350	107384	194

15-10 续表1

单位：万元

项　目	Item	企业数(个) Numbers of Enterprises (unit)
零售企业	**Retail Trade**	**1297**
按登记注册类型分组	**Grouped by Status of Registration**	
内资企业	Domestic Funded Enterprises	1262
国有企业	State-owned Enterprises	29
集体企业	Collective-owned Enterprises	13
股份合作企业	Cooperative Enterprises	18
联营企业	Joint Ownership Enterprises	2
有限责任公司	Limited Liability Corporations	309
国有独资企业	Sole State-funded Corporations	11
其他有限责任公司	Others Limited Liability Corporations	298
股份有限公司	Share-holding Corporations Ltd.	26
私营企业	Private Enterprises	862
其他企业	Other Enterprises	3
港、澳、台商投资企业	Enterprises with Funds from Hong Kong, Macao and Taiwan	25
外商投资企业	Foreign Funded Enterprises	10
按国民经济行业分组	**Grouped by Sector**	
综合零售	Integrated Retail	176
#百货零售	#Retail of General Merchandise	110
超级市场零售	Retail of Supermarkets	60
食品、饮料及烟草制品专门零售	Special Retail of Food, Beverages and Tobaccos	102
纺织、服装及日用品专门零售	Special Retail of Textiles, Garments and Daily Consumer Articles	55
#服装零售	#Retail of Garments	44
文化、体育用品及器材专门零售	Special Retail of Culture, Sports Appliances and Equipment	78
#体育用品及器材零售	#Retail of Sports Appliances and Equipment	5
图书、报刊零售	Retail of Books, Newspapers and Magazines	61
医药及医疗器材专门零售	Special Retail of Medicines and Medical Appliances	125
#药品零售	#Retail of Medicines	118
汽车、摩托车、零配件和燃料及其他动力销售	Retail of Motor Vehicles, Motorcycles, Parts, and Fuel and Other Powers	576
#汽车零售	#Retail of Motor Vehicles	378
机动车燃料零售	Retail of Fuel of Motor Vehicles	181
家用电器及电子产品专门零售	Special Retail of Household Electric Appliances and Electronic Products	92
#家用视听设备零售	#Retail of Home Audio-visual Equipment	3
计算机、软件及辅助设备零售	Retail of Computer, Software and Assistant Appliances	16
通信设备零售	Retail of Communication Equipments	26
五金、家具及室内装修材料专门零售	Special Retail of Hardware, Furniture and Interior Decoration Materials	32
货摊、无店铺及其他零售业	Stalls, Non-shop and Other Retails	61
#邮购及电视、电话零售	#Mail Order,Television and Telephone Selling	

Continued

(10000 yuan)

流动资产小计 Circulating Funds	资产合计 Total Assets	负债合计 Total Liabilities	实收资本 Paid-in Capital	固定资产原价 Original Value of Fixed Assets	累计折旧 Total Depreciation	营业收入 Revenue in Business	营业成本 Cost in Business	税金及附加 Tax and Extra Changes in Business
5409550	**8153987**	**6601453**	**14858219**	**2339621**	**918776**	**12362069**	**10977355**	**51780**
4986998	7361324	6001288	14715832	1958266	747938	11333571	10113880	46543
99347	138213	99740	15192	45247	15621	275759	221000	7288
15783	24692	22939	1421	9081	4012	90198	85674	1917
18071	37799	27769	2517	17722	5568	35370	28342	154
503	783	35	307	514	316	4340	4154	3
2283574	3631838	2905080	11482338	868361	277409	4536804	4034775	17296
10927	47011	8870	8703	21509	4421	84593	77341	166
2272647	3584827	2896210	11473635	846853	272988	4452212	3957435	17130
433033	787701	786031	108467	389241	185942	1274559	1164362	5913
2099858	2689371	2125931	3095089	611906	251102	4938611	4433684	13690
36830	50927	33764	10500	16194	7968	177931	141889	282
356453	546656	489133	86633	247497	125797	584784	489341	3397
66099	246007	111032	55754	133857	45040	443715	374134	1840
1457679	2677800	2372772	10333205	1064865	457388	2624708	2122701	19916
1142537	2223195	1977130	10263079	912267	381507	1572310	1245387	17176
302790	441154	385297	67820	149940	73905	1030834	859965	2445
564430	689909	490243	66932	96055	27684	528799	452998	1217
192716	374550	294482	61586	132445	26840	327728	255580	2837
174013	331625	243749	48126	112264	18139	292863	229955	2683
278767	392529	236675	79016	102710	20708	199567	160518	6531
81814	96715	59553	9504	5941	2078	15621	10147	122
83782	176757	84150	59242	92100	16629	120743	95379	6038
376134	422109	318330	649115	56116	27004	790582	639423	2533
368987	414772	313741	647865	55554	26511	774395	625062	2493
1998991	2861372	2330247	3535085	712133	302618	6451167	6047981	15187
1695580	2125244	1903417	3428622	427205	177927	4366034	4121918	9306
256991	680884	379014	96192	272167	119200	1877744	1734277	4607
398109	469232	356172	65306	75425	35465	853349	782798	1853
7399	13385	10749	1235	7019	704	8219	7000	23
25643	27141	12858	11511	1836	1489	32462	28969	111
46525	48281	33476	15058	3464	2205	329639	314729	237
67077	163567	129861	49615	72524	12450	74440	55779	913
75648	102920	72672	18359	27349	8621	511730	459577	793

15-10 续表2

单位：万元

项目	Item	其他业务利润 Other Business Profit	销售费用 Sales Expenses
总计	**Total**	**250960**	**2000940**
批发企业	**Wholesale Trade**	**119437**	**1193678**
按登记注册类型分组	**Grouped by Status of Registration**		
内资企业	Domestic Funded Enterprises	119437	945056
国有企业	State-owned Enterprises	2900	134647
集体企业	Collective-owned Enterprises		890
股份合作企业	Cooperative Enterprises		
联营企业	Joint Ownership Enterprises	941	474
有限责任公司	Limited Liability Corporations	84714	401249
国有独资企业	Sole State-funded Corporations	76	20605
其他有限责任公司	Others Limited Liability Corporations	84638	380643
股份有限公司	Share-holding Corporations Ltd.	1648	149957
私营企业	Private Enterprises	29233	255848
其他企业	Other Enterprises	1	1993
港、澳、台商投资企业	Enterprises with Funds from Hong Kong, Macao and Taiwan		248622
外商投资企业	Foreign Funded Enterprises		
按国民经济行业分组	**Grouped by Sector**		
农、林、牧产品批发	Wholesale of Agriculture, Forestry and Livestock Products	71751	155113
食品、饮料及烟草制品批发	Wholesale of Foods, Beverages and Tobaccos	13241	418034
#米、面制品及食用油批发	#Wholesale of Rice, Flour and Edible Oil	6438	29174
烟草制品批发	Wholesale of Tobaccos	609	83242
纺织、服装及家庭用品批发	Wholesale of Textile, Wearing Apparel and Household Articles	78	47956
#服装批发	#Wholesale of Garments	28	11002
文化、体育用品及器材批发	Wholesale of Culture, Sports Appliances and Equipment	1381	9075
医药及医疗器材批发业	Wholesale of Medicines and Medical Appliances	4601	250044
矿产品、建材及化工产品批发	Wholesale of Mineral Products, Building Materials and Chemical Products	25856	266070
#煤炭及制品批发	#Wholesale of Coal and Related Products	136	14548
石油及制品批发	Wholesale of Petroleum and Related Products	1964	159637
金属及金属矿批发	Wholesale of Metal Materials	2	8084
建材批发	Wholesale of Building Materials	21145	26366
化肥批发	Wholesale of Chemical Fertilizer	418	32309
机械设备五金交电及电子产品批发	Wholesale of Machinery, Hardware and Electronics	2414	40333
#汽车摩托车及零配件批发	#Wholesale of Automobiles, Motorcycles and Their Accessories	1302	4090
五金产品批发	Wholesale of Hardware Products		406
计算机软件及辅助设备批发	Wholesale of Computer, Software and Assistant Appliances		949
贸易经纪与代理	Trade Broker and Agency	6	3364
其他批发业	Other Wholesale not Classified Elsewhere	109	3689

Continued

(10000 yuan)

管理费用 Management Expenses	财务费用 Financial Expenses	营业利润 Business Profits	利润总额 Total Profits	应交所得税 Payable Income Tax	应付工资 Total Wage Payable	本年应交增值税 Value-added Tax Payable
857880	**255886**	**439459**	**488300**	**184007**	**924959**	**492053**
462068	**131593**	**432505**	**476622**	**151038**	**527785**	**264751**
459869	133615	500880	541440	149707	496118	243229
157380	-23635	177510	182570	64801	199310	113796
1078	607	1368	1366	0.7	921	-2
970	-9	2669	2716		405	4
159855	116080	158962	191411	40474	149065	45298
8495	280	1638	4920	2796	8591	199
151360	115800	157324	186490	37678	140474	45099
20418	9950	27042	17202	7071	80888	34679
118889	30923	133976	146827	37539	65066	49221
1279	-300.6	-648	-651	-178	463	232
706	-2103.8	-69762	-66398	933	31034	21349
1493	81.2	1387	1580	397.4	632	173
68432	53115	65475	85549	14743	49477	-11375
173288	-27158	227971	237132	69368	228419	136220
16617	2736	47066	49649	1038	14887	3346
142029	-28409	230125	230810	63319	169337	111190
18400	586	45395	45254	16429	10288	15222
5242	187	-4147	-4251	15	5084	642
9782	624	2623	2519	74	6767	182
84850	30951	79521	80712	20346	96025	49537
68282	65844	-5411	7063	25874	112843	62288
13953	5162	21689	28034	5415	8535	12972
11496	2900	-55190	-68549	763	78337	27321
3217	6344	1425	9794	2452	1231	1328
7538	7476	33299	39408	10006	4106	6533
15545	44652	-23881	-20050	1314	8956	6711
35692	8254	12104	12029	3689	21697	9235
6670	463	2218	2099	949	2611	795
207	-3	198	199	8.7	105	80
396	162	636	638	34	499	181
1416	203.7	-183	552	31	813	1964
1925	-827	5009	5813	483	1455	1476

15-10 续表3

单位：万元

项 目	Item	其他业务利润 Other Business Profit
零售企业	**Retail Trade**	**131523**
按登记注册类型分组	**Grouped by Status of Registration**	
内资企业	Domestic Funded Enterprises	110449
国有企业	State-owned Enterprises	386
集体企业	Collective-owned Enterprises	
股份合作企业	Cooperative Enterprises	7
联营企业	Joint Ownership Enterprises	
有限责任公司	Limited Liability Corporations	49829
国有独资企业	Sole State-funded Corporations	10
其他有限责任公司	Others Limited Liability Corporations	49819
股份有限公司	Share-holding Corporations Ltd.	20029
私营企业	Private Enterprises	40199
其他企业	Other Enterprises	
港、澳、台商投资企业	Enterprises with Funds from Hong Kong, Macao and Taiwan	12758
外商投资企业	Foreign Funded Enterprises	8316
按国民经济行业分组	**Grouped by Sector**	
综合零售	Integrated Retail	85483
#百货零售	#Retail of General Merchandise	62208
超级市场零售	Retail of Supermarkets	21687
食品、饮料及烟草制品专门零售	Special Retail of Food, Beverages and Tobaccos	938
纺织、服装及日用品专门零售	Special Retail of Textiles, Garments and Daily Consumer Articles	10669
#服装零售	#Retail of Garments	10441
文化、体育用品及器材专门零售	Special Retail of Culture, Sports Appliances and Equipment	1117
#体育用品及器材零售	#Retail of Sports Appliances and Equipment	
图书、报刊零售	Retail of Books, Newspapers and Magazines	866
医药及医疗器材专门零售	Special Retail of Medicines and Medical Appliances	2169
#药品零售	#Retail of Medicines	1888
汽车、摩托车、零配件和燃料及其他动力销售	Retail of Motor Vehicles, Motorcycles, Parts, and Fuel and Other Powers	28030
#汽车零售	#Retail of Motor Vehicles	23963
机动车燃料零售	Retail of Fuel of Motor Vehicles	3497
家用电器及电子产品专门零售	Special Retail of Household Electric Appliances and Electronic Products	3079
#家用视听设备零售	#Retail of Household Electric Appliances	183
计算机、软件及辅助设备零售	Retail of Computer, Software and Assistant Appliances	
通信设备零售	Retail of Communication Equipments	388
五金、家具及室内装修材料专门零售	Special Retail of Hardware, Furniture and Interior Decoration Materials	31
货摊、无店铺及其他零售业	Stalls, Non-shop and Other Retails	8
#邮购及电视、电话零售	#Mail Order,Television and Telephone Selling	

Continued

(10000 yuan)

销售费用 Sales Expenses	管理费用 Management Expenses	财务费用 Financial Expenses	营业利润 Business Profits	利润总额 Total Profits	应交所得税 Payable Income Tax	应付工资 Total Wage Payable	本年应交增值税 Value-added Tax Payable
807261	**395812**	**124293**	**6954**	**11678**	**32970**	**397174**	**227302**
691498	364227	115536	1811	5649	32220	367882	206351
36951	15297	843	-657	-597	1096	26334	5201
1834	1053	1	2814	2904	18	1886	790
3648	2611	-8	735	1079	32	2784	146
78	113	8	-15	-28	1	101	30
294364	144274	61079	-17320	-1724	10765	143002	125473
5871	1575	393	9353	9401	4	1627	28
288492	142699	60686	-26673	-11125	10761	141375	125445
72939	15236	12422	-6595	-20628	8396	48623	15800
251304	182565	40945	20793	22042	11264	142872	57458
30380	3077	246	2056	2601	647.6	2281	1453
75340	19917	6055	-7789	-7208	665	18538	17072
40424	11669	2702	12932	13237	85	10753	3879
272992	143224	47664	6830	-2612	14925	120138	108009
114843	128405	43667	8947	-1860	13742	75636	91939
155439	13612	3932	-1889	-529	1178	43499	15681
45785	18407	10593	-56	10154	1649	10259	10022
38962	18173	2944	9450	9327	3246	21688	4321
32629	15241	672	11675	11607	3009	18453	3448
23197	13871	2632	-2731	-2337	-764	15244	-1213
5859	1045	537	-1715	-1720	-76.5	817	262
11761	9298	1130	3007	3806	-141	10978	216
96764	43466	2201	5692	6032	4191	69578	16333
96182	43068	2130	4988	6058	4153	68986	16108
236863	115333	50511	-3951	-1609	8125	135466	78638
127296	96231	44435	-30097	-24386	3778	73063	36642
103691	15727	3619	23181	19913	3399	58784	19904
44010	25200	3655	-2490	-2328	1292	16623	6735
1017	53	109	-26	12	6	405	6
1113	1588	78	321	186	-10	1091	506
8336	5164	1207	100	127	230	4067	1387
6511	12123	3633	-7186	-7083	62	5197	1395
42177	6016	459	1395	2133	245	2979	3062

15-11 限额以上住宿业财务指标(2020年)

单位：万元

项 目	Item	企业数 (个) Numbers of Enterprises (unit)	流动资产 小 计 Circulating Funds
总 计	**Total**	**181**	**257039**
按登记注册类型分组	**Grouped by Status of Registration**		
内资企业	Domestic Funded Enterprises	174	216636
国有企业	State-owned Enterprises	27	26213
集体企业	Collective-owned Enterprises	2	667
股份合作企业	Cooperative Enterprises		
联营企业	Joint Ownership Enterprises		
有限责任公司	Limited Liability Corporations	53	73215
国有独资企业	Sole State-funded Corporations	4	4987
其他有限责任公司	Others Limited Liability Corporations	49	68228
股份有限公司	Share-holding Corporations Ltd.	4	16522
私营企业	Private Enterprises	87	98902
私营独资企业	Private-funded Enterprises	2	1206
私营合伙企业	Private Partnership Enterprises		
私营有限责任公司	Private Limited Liability Corporations	85	97696
私营股份有限公司	Private Share-holding Corporations Ltd.		
其他企业	Other Enterprises	1	1117
港、澳、台商投资企业	Enterprises with Funds from Hong Kong, Macao and Taiwan	5	17555
合资经营企业	Joint-venture Enterprises	1	396
合作经营企业	Cooperative Enterprises		
独资企业	Enterprises with Sole Investment	3	11522
投资股份有限公司	Share-holding Corporations Ltd. with Investment	1	5638
其他港澳台投资企业	Other Enterprises		
外商投资企业	Foreign Funded Enterprises	2	22848
中外合资经营企业	Joint-venture Enterprises		
中外合作经营企业	Cooperative Enterprises		
外资企业	Enterprises with Sole Foreign Investment	2	22848
外商投资股份有限公司	Share-holding Corporations Ltd. with Foreign Investment		
其他外商投资企业	Other Foreign Investment Enterprise		
按国民经济行业分组	**Grouped by Sector**		
旅游饭店	Restaurant for Tourism	100	188574
一般旅馆	Ordinary Hotels	72	65348
其他住宿业	Others	9	3117

注：本表中数据按照批发零售住宿餐饮业财务报表填报，企业个数是指有财务活动的企业个数。

a) Data in this table according to wholesale and retail hotels and catering provided financial statements, enterprise number refers to the number of enterprise financial activities.

Financial Indicators of Enterprise above Designated Size in Hotels Services(2020)

(10000 yuan)

资产合计 Total Assets	负债合计 Total Liabilities	实收资本 Paid-in Capital	固定资产原价 Original Value of Fixed Assets	累计折旧 Total Depreciation	营业收入 Revenue in Business	营业成本 Cost in Business	税金及附加 Tax and Extra Changes in Business
1089334	**749850**	**613973**	**980758**	**403939**	**150027**	**59481**	**2482**
879937	601238	435087	699373	269636	128219	53298	2272
279531	131471	161900	315127	89955	21302	12737	639
2266	796	1966	2984	2233	943	142	6
261459	181706	174730	206510	99376	42333	16362	981
23628	17812	6900	27973	11985	5940	1961	19
237831	163894	167830	178537	87391	36393	14401	961
59664	52287	11783	41344	21719	10161	3803	360
275815	233638	84709	133408	56354	53112	20254	286
1215	384		206	197	431	229	0.3
274600	233254	84709	133202	56158	52681	20025	285
1202	1340				368		0.1
159935	137573	161659	228350	102496	11470	3294	202
2833	52442	9814	58671	56234	943	120	21
140429	78058	146333	158593	40171	9984	2973	152
16674	7074	5512	11086	6091	543	201	29
49462	11039	17227	53035	31807	10339	2889	8
49462	11039	17227	53035	31807	10339	2889	8
892818	574989	562568	844552	357707	103827	37472	1776
181754	169795	42658	121868	42845	41665	18999	685
14762	5066	8747	14338	3387	4534	3011	21

15-11 续表

单位：万元

项　目	Item	其他业务利　润 Other Business Profit	销售费用 Business Expenses
总　计	**Total**	**1355**	**58554**
按登记注册类型分组	**Grouped by Status of Registration**		
内资企业	Domestic Funded Enterprises	1228	50649
国有企业	State-owned Enterprises	95	11188
集体企业	Collective-owned Enterprises	0.2	530
股份合作企业	Cooperative Enterprises		
联营企业	Joint Ownership Enterprises		
有限责任公司	Limited Liability Corporations	941	16318
国有独资企业	Sole State-funded Corporations	539	1325
其他有限责任公司	Others Limited Liability Corporations	402	14994
股份有限公司	Share-holding Corporations Ltd.		2851
私营企业	Private Enterprises	192	19762
私营独资企业	Private-funded Enterprises		216
私营合伙企业	Private Partnership Enterprises		
私营有限责任公司	Private Limited Liability Corporations	192	19547
私营股份有限公司	Private Share-holding Corporations Ltd.		
其他企业	Other Enterprises		
港、澳、台商投资企业	Enterprises with Funds from Hong Kong, Macao and Taiwan	127	4982
合资经营企业	Joint-venture Enterprises		750
合作经营企业	Cooperative Enterprises		
独资企业	Enterprises with Sole Investment		3980
投资股份有限公司	Share-holding Corporations Ltd. with Investment	127	253
其他港澳台投资企业	Other Enterprises		
外商投资企业	Foreign Funded Enterprises		2923
中外合资经营企业	Joint-venture Enterprises		
中外合作经营企业	Cooperative Enterprises		
外资企业	Enterprises with Sole Foreign Investment		2923
外商投资股份有限公司	Share-holding Corporations Ltd. with Foreign Investment		
其他外商投资企业	Other Foreign Investment Enterprise		
按国民经济行业分组	**Grouped by Sector**		
旅游饭店	Restaurant for Tourism	1006	46794
一般旅馆	Ordinary Hotels	347	10779
其他住宿业	Others	2	981

Continued

(10000 yuan)

管理费用 Management Expenses	财务费用 Financial Expenses	营业利润 Business Profits	利润总额 Total Profits	应交所得税 Payable Income Tax	应付工资 Total Wage Payable	本年应交增值税 Value-added Tax Payable
85764	**8480**	**-60550**	**-50981**	**147**	**42086**	**1883**
68254	6763	-48767	-39666	55	37888	1699
19988	1894	-23053	-19315	4	10978	401
351	-1	-84	-70		454	16
22234	1550	-11948	-10579	12	13562	708
4204	2	-1453	-1413		1766	38
18030	1548	-10495	-9166	12	11797	670
4536	369	-1754	-1688	2	3169	394
20776	2951	-11926	-8014	37	9700	180
4	15	-34	-34		100	4
20772	2936	-11893	-7979	37	9599	176
370	0.1	-2	-1		25	-0.1
11961	2895	-11930	-11490		2074	42
592		-539	-292			23
11088	2895	-11103	-10910		1885	19
282	0.5	-288	-288		189	
5549	-1178	147	174	92	2124	142
5549	-1178	147	174	92	2124	142
65729	6947	-50601	-43811	86	31743	1521
18425	1529	-8859	-7035	54	8798	325
1611	4	-1091	-135	7	1545	37

15-12 限额以上餐饮业财务指标(2020年)

单位：万元

项目	Item	企业数(个) Numbers of Enterprises (unit)	流动资产小计 Circulating Funds
总计	**Total**	**86**	**89148**
按登记注册类型分组	**Grouped by Status of Registration**		
内资企业	Domestic Funded Enterprises	82	70681
国有企业	State-owned Enterprises	5	1036
集体企业	Collective-owned Enterprises		
股份合作企业	Cooperative Enterprises		
联营企业	Joint Ownership Enterprises		
有限责任公司	Limited Liability Corporations	12	37415
国有独资企业	Sole State-funded Corporations	1	461
其他有限责任公司	Others Limited Liability Corporations	11	36954
股份有限公司	Share-holding Corporations Ltd.		
私营企业	Private Enterprises	64	32210
私营独资企业	Private-funded Enterprises	4	7586
私营合伙企业	Private Partnership Enterprises		
私营有限责任公司	Private Limited Liability Corporations	59	24411
私营股份有限公司	Private Share-holding Corporations Ltd.	1	213
其他企业	Other Enterprises	1	21
港、澳、台商投资企业	Enterprises with Funds from Hong Kong, Macao and Taiwan	2	12291
合资经营企业	Joint-venture Enterprises	1	10809
合作经营企业	Cooperative Enterprises		
独资企业	Enterprises with Sole Investment	1	1482
投资股份有限公司	Share-holding Corporations Ltd. with Investment		
其他港澳台投资企业	Other Enterprises		
外商投资企业	Foreign Funded Enterprises	2	6175
中外合资经营企业	Joint-venture Enterprises		
中外合作经营企业	Cooperative Enterprises		
外资企业	Enterprises with Sole Foreign Investment	2	6175
外商投资股份有限公司	Share-holding Corporations Ltd. with Foreign Investment		
其他外商投资企业	Other Foreign Investment Enterprise		
按国民经济行业分组	**Grouped by Sector**		
正餐服务	Dinner Service	75	81376
快餐服务	Snack Service	6	5899
饮料及冷饮服务	Beverage and Cold Drink Service	1	348
餐饮配送及外卖送餐服务	Catering Distribution and Delivery Service	3	1418
其他餐饮业	Others	1	107

Financial Indicators of Enterprise above Designated Size in Catering Services(2020)

(10000 yuan)

资产合计 Total Assets	负债合计 Total Liabilities	实收资本 Paid-in Capital	固定资产原价 Original Value of Fixed Assets	累计折旧 Total Depreciation	营业收入 Revenue in Business	营业成本 Cost in Business	税金及附加 Tax and Extra Changes in Business
160190	**128536**	**27157**	**74952**	**26407**	**77927**	**39433**	**273**
135344	115253	20719	70850	23337	63241	32802	268
2905	442	946	2958	1228	2517	1852	3
39340	46318	2555	5640	4185	11211	6474	83
472	205	200	67	57	351	96	4
38868	46113	2355	5573	4128	10861	6378	78
92849	68420	17068	62207	17920	49324	24393	183
8113	5784	2100	50	68	449	231	8
84523	62635	14928	62156	17852	48767	24112	175
213	1	40	0.2	0.1	107	51	0.1
250	74	150	45	4	189	83	
18504	8903	6038	3463	2599	10728	4205	5
15914	6769	5838	1818	1536	3419	1541	0.3
2590	2134	200	1644	1063	7309	2664	5
6343	4380	400	638	471	3957	2426	
6343	4380	400	638	471	3957	2426	
132092	104538	26065	57569	19619	43181	25787	254
22517	20472	412	13850	6346	31702	10695	5
472	1366		1	0.2	1093	1609	0.3
4830	1880	680	3512	424	1636	1191	13.2
280	280		19	18	314	151	0.3

15-12 续表

单位：万元

项 目	Item	其他业务利润 Other Business Profit	销售费用 Business Expenses
总 计	**Total**	**28**	**31785**
按登记注册类型分组	**Grouped by Status of Registration**		
内资企业	Domestic Funded Enterprises	39	23040
国有企业	State-owned Enterprises		447
集体企业	Collective-owned Enterprises		
股份合作企业	Cooperative Enterprises		
联营企业	Joint Ownership Enterprises		
有限责任公司	Limited Liability Corporations	1	2766
国有独资企业	Sole State-funded Corporations		269
其他有限责任公司	Others Limited Liability Corporations	1	2497
股份有限公司	Share-holding Corporations Ltd.		
私营企业	Private Enterprises	38	19750
私营独资企业	Private-funded Enterprises	5	202
私营合伙企业	Private Partnership Enterprises		
私营有限责任公司	Private Limited Liability Corporations	33	19531
私营股份有限公司	Private Share-holding Corporations Ltd.		17
其他企业	Other Enterprises		77
港、澳、台商投资企业	Enterprises with Funds from Hong Kong, Macao and Taiwan	-11	7184
合资经营企业	Joint-venture Enterprises	-16	2308
合作经营企业	Cooperative Enterprises		
独资企业	Sole-proprietorship Enterprises	5	4876
投资股份有限公司	Share-holding Corporations Ltd.		
其他港澳台投资企业	Other Enterprises with Investment from Hong Kong, Macao and Taiwan		
外商投资企业	Foreign Funded Enterprises		1561
中外合资经营企业	Joint-venture Enterprises		
中外合作经营企业	Cooperative Enterprises		
外资企业	Enterprises with Sole Foreign Investment		1561
外商投资股份有限公司	Share-holding Corporations Ltd. with Foreign Investment		
其他外商投资企业	Other Foreign Investment Enterprise		
按国民经济行业分组	**Grouped by Sector**		
正餐服务	Dinner Service	23	12337
快餐服务	Snack Service	5	19301
饮料及冷饮服务	Beverage and Cold Drink Service		2
餐饮配送及外卖送餐服务	Food and Beverage Delivery Services		32
其他餐饮业	Others		114

Continued

(10000 yuan)

管理费用 Management Expenses	财务费用 Financial Expenses	营业利润 Business Profits	利润总额 Total Profits	应交所得税 Payable Income Tax	应付工资 Total Wage Payable	本年应交增值税 Value-added Tax Payable
16104	**3150**	**-12119**	**-9857**	**65**	**13156**	**397**
14828	2766	-10360	-8385	74	11867	327
667	4	-527	-205	0.1	847	5
4055	1816	-3905	-3398	5	1402	164
	-1	-18	3	0.1	151	
4055	1817	-3887	-3401	5	1251	164
10083	946	-5933	-4788	68	9577	158
63	10	-52	-46	2	178	5.9
10008	935	-5908	-4770	65	9350	151
12	1	27	28	1	49	1
23.5		5.5	5.5	0.3	41	
486	346	-1514	-1396		808	69
250	349	-1044	-925		281	0.3
237	-3.1	-470	-471		527	69
790	38	-245	-75	-9	481	
790	38	-245	-75	-9	481	
10653	2656	-7825	-5946	65	6769	328
4842	490	-3569	-3179		5745	69
216	0.2	-735	-749		218	
388	4	-32	-29	1	352	
5		43	46		72	

15-13 限额以上批发和零售连锁经营情况(2020年)
Conditions of Chain Wholesale and Retail Enterprises Above Designated Size(2020)

指 标	Item	合 计 Total	直营店 Manufacturer Outlet Store	加盟店 Leagued Store
门店总数(个)	Number of Stores (unit)	1715	1512	203
年末从业人员数(人)	Employed Persons at Year-end(person)	13035	12547	488
年末零售营业面积(平方米)	Operating Area of Retail Enterprises at Year-end (sq.m)	424671	411419	13252
连锁门店商品购进额(万元)	Total Purchases Value(10000 yuan)	1464641	1461679	2961
#统一配送商品购进额	#Centralized Purchase and Dilivery	1303773	1302207	1566
连锁门店商品销售额(万元)	Total Sales of Commodities(10000 yuan)	1898787	1887205	11582
#零售额	# Retail Sales	1367237	1355798	11439

15-14 限额以上住宿和餐饮业连锁经营情况(2020年)
Conditions of Chain Hotels and Catering Enterprises Above Designated Size(2020)

指 标	Item	合 计 Total	直营店 Manufacturer Outlet Store	加盟店 Leagued Store
门店总数(个)	Number of Stores (unit)	163	151	12
年末从业人员数(人)	Employed Persons at Year-end (person)	2617	2517	100
年末餐饮营业面积(平方米)	Operating Area of Catering Enterprises at Year-end (sq.m)	38532	37842	690
客房数(间)	Number of Rooms (room)	2963	1865	1098
床位数(个)	Number of Beds (bed)	4343	2708	1635
餐位数(位)	Number of Dining-seats (unit)	11501	11253	248
连锁门店商品购进(采购)额(万元)	Total Purchases Value(10000 yuan)	15640	15576	64
#统一配送商品购进(采购)额	#Centralized Purchase and Dilivery	12941	12877	64
连锁门店营业额(万元)	Business Revenue(10000 yuan)	39212	38743	469
#餐费收入	#From Meals	37536	37532	5
商品销售额	Sales	6	3	3

15-15 亿元以上商品交易市场基本情况(2020年)
Basic Statistics on Commodity Exchange Markets of Transaction Value over 100 Million Yuan(2020)

类 别	Category	摊位数 (个) Number of Booths (unit)	成交额 (亿元) Turnover (100 million yuan)
总 计	**Total**	**26679**	**629.44**
粮油、食品类	Grain, Edible Oil, Food	7972	394.50
#粮油类	#Grain, Edible Oil	194	5.98
肉禽蛋类	Meat, Poultry and Eggs	643	48.39
水产品类	Aquatic Products	515	42.12
蔬菜类	Vegetables	2895	155.48
干鲜果品类	Dried and Fresh Melons and Fruits	2421	131.15
饮料类	Beverages	53	0.79
烟酒类	Tobacco and Liquor	152	10.43
服装、鞋帽、针纺织品类	Garments, Footwears, Hats, Knitwear and Textiles	8095	35.14
服装类	Clothing	4475	20.20
鞋帽类	Shoes and Hats	1834	4.32
针纺织品类	Knitwear and Textiles	1786	10.62
化妆品类	Cosmetics	140	0.68
金银珠宝类	Gold, Silver and Fewelry	36	1.15
日用品类	Articles for Daily Use	239	0.68
#可穿戴智能设备	Wearable Smart Devices	8	0.01
五金、电料类	Hardware and Electrical Materials	65	0.33
体育、娱乐用品类	Sports & Recreation Articles	73	0.60
#照相器材类	#Photography Equipment	1	0.03
书报杂志类	Newspapers and Magazines	2	0.01
电子出版物及音像制品类	E-journals and Video Products	10	0.02
家用电器和音像器材类	Household Appliances and Video Appliances	28	0.23
中西药品类	Traditional Chinese and Western Medicines	1	0.02
#西药类	#Western Medicines	1	0.01
中草药及中成药类	Traditional Chinese Medicines		
文化办公用品类	Cultural and Official Appliances	2212	38.53
#计算机及其配套产品	#Computers and Related Products	2177	38.34
家具类	Furniture	471	4.50
通信器材类	Communication Appliances	30	0.41
#智能手机	# Smartphones	7	0.28
煤炭及制品类	Coal and Related Products		
木材及制品类	Wood and Wooden Products		
石油及制品类	Petroleum and Related Products		
化工材料及制品类	Chemical Materials and Related Products		
#化肥类	# Fertilizers		
金属材料类	Metals Materials	526	10.35
建筑及装潢材料类	Building and Decoration Materials	4505	62.25
机电产品及设备类	Mechanical & Electrical Products		
#农机类	#Agricultural Machineries		
汽车类	Automobiles	27	0.31
种子饲料类	Seeds and Feedstuff	1	
棉麻类	Cotton and Hemp	2	
其他类	Others	2039	68.51

15-16 旅游发展情况
Development of Tourism

指　标	Item	2016	2017	2018	2019	2020
国际旅游人数总计(人次)	International Tourists(person-time)	957038	1038765	1091568	1106864	164870
外国人	Foreigners	908707	984643	1041315	992870	138412
港、澳、台合计	Tourists form Hong Kong, Macao and Taiwan	48331	54122	50253	113995	26458
香港同胞	Chinese Compatriots from Hong Kong	9961	13907	13839	59333	17404
澳门同胞	Chinese Compatriots from Macao	555	1248	1338	8402	4572
台湾同胞	Chinese Compatriots from Taiwan Provin	37815	38967	35076	46260	4482
国际旅游外汇收入总额(万美元)	Foreign Exchange Earnings from International Tourism (USD 10000)	45805	47958	53706	63181	15.88
国内旅游人数(万人次)	Number of Domestic Visitors (10000 person-time	14380	16304	18100	21555	14256
国内旅游收入(亿元)	Earnings from Domestic Tourism (100 million yu	1573	1877	2208	2640	1629

注：2014年国内旅游人数及收入按照“住宿+景点”口径统计，与以前年份不可比。
a) Number of domestic tourism and earnings from domestic tourism in accordance with the "accommodation +spots" caliber statistics.

15-17　按国别分外国入境游客
Number of Oversea Visitor Arrivals by Country/Region

单位：人次　　(person-time)

国　家	Countries	2012	2013	2014	2015	2016	2017	2018	2019	2020
总　计	**Total**	**1947335**	**1450170**	**1322891**	**786811**	**908707**	**984643**	**1041315**	**992870**	**138412**
#日　本	#Japan	47969	23879	21536	23314	22918	28427	26792	86347	8664
菲律宾	Philippines	1475	2877	983	257	451	731	1076	11863	2684
新加坡	Singapore	9516	12880	7839	2139	3090	6531	11452	40701	5338
泰　国	Thailand	2052	2625	2594	777	1517	2679	3124	32558	5552
印度尼西亚	Indonesia	1272	1581	1590	1237	1280	2096	3288	12890	3374
马来西亚	Malaysia	5987	3739	4871	2380	3960	6149	11375	33889	4098
韩　国	Republic of Korea	194201	185742	178980	122871	111199	82424	92093	79323	8312
蒙　古	Mongolia	657	550	304	148	197	250	632	154	22
印　度	India	2517	1787	1593	549	751	931	1101	5855	464
美　国	United States	43369	33010	33083	5498	5514	6454	7308	57264	9578
加拿大	Canada	9638	16713	10209	1400	1638	1789	2230	4553	810
英　国	United Kingdom	9178	8780	7896	1211	1414	1669	1894	24686	5304
法　国	France	13639	14076	12291	1103	1597	1811	1677	9306	2588
德　国	Germany	6719	5987	5116	1577	2054	2258	2264	13234	1880
意大利	Italy	8973	10347	9354	838	1139	1116	985	2760	540
瑞　士	Switzerland	1315	812	787	300	296	277	248	1207	228
瑞　典	Sweden	549	246	502	211	238	274	311	9096	1678
荷　兰	Netherlands	81	10	19	311	526	516	542	13130	2330
俄罗斯	Russia	1527864	972879	919053	609696	741779	824367	854447	474556	61488
西班牙	Spain	6321	12884	11288	470	502	521	497	2505	388
澳大利亚	Australia	8524	9039	8637	1682	2120	2738	2974	15313	3504
新西兰	New Zealand	1525	1008	1031	310	367	460	552	5067	1130

主要统计指标解释

批发业 指向其他批发或零售单位（含个体经营者）及其他企事业单位、机关团体等批量销售生活用品、生产资料的活动，以及从事进出口贸易和贸易经纪与代理的活动，包括拥有货物所有权，并以本单位(公司)的名义进行交易活动，也包括不拥有货物的所有权，收取佣金的商品代理、商品代售活动；还包括各类商品批发市场中固定摊位的批发活动，以及以销售为目的的收购活动。

零售业 指百货商店、超级市场、专门零售商店、品牌专卖店、售货摊等主要面向最终消费者（如居民等）的销售活动，以互联网、邮政、电话、售货机等方式的销售活动，还包括在同一地点，后面加工生产，前面销售的店铺（如面包房）；谷物、种子、饲料、牲畜、矿产品、生产用原料、化工原料、农用化工产品、机械设备（乘用车、计算机及通信设备除外）等生产资料的销售不作为零售活动；多数零售商对其销售的货物拥有所有权，但有些则是充当委托人的代理人，进行委托销售或以收取佣金的方式进行销售。

批发和零售业商品购进、销售、库存额 指各种登记注册类型的批发和零售业企业(单位)以本企业(单位)为总体的，从国内、国外市场购进的商品总量，销售和出口的商品总量，库存的商品总量等情况。该指标可以反映商品流转过程中商品的购进、销售、库存之间的比例关系和存在的问题。

商品购进额 指从本企业以外的单位和个人购进（包括从国外直接进口）作为转卖或加工后转卖的商品金额（含增值税）。商品购进包括：（1）从工农业生产者、批发和零售业企业、住宿和餐饮业企业、出版社或报社的出版发行部门和其他服务业企业购进的商品；（2）从机关团体、事业单位购进的商品；（3）从海关、市场管理部门购进的缉私和没收的商品；（4）从居民收购的废旧商品等。不包括：（1）企业为本单位自身经营用，不是作为转卖而购进的商品，如材料物资、包装物、低值易耗品、办公用品等；（2）未通过买卖行为而收入的商品，如接受其他部门移交的商品、借入的商品、收入代其他单位保管的商品、其他单位赠送的样品、加工回收的成品等；（3）经本单位介绍，由买卖双方直接结算，本单位只收取手续费的业务；（4）销售退回和买方拒付货款的商品；（5）商品溢余；（6）期货交易商品。

商品销售额 指对本单位以外的单位和个人出售的商品金额（包括售给本单位消费用的商品，含增值税）。商品销售包括：（1）售给个人和社会集团消费用的商品；（2）售给农业、工业、建筑业、服务业等国民经济各行业用于生产、经营用的商品，包括售予批发和零售业作为转卖或加工后转卖的商品；（3）对国（境）外直接出口的商品。不包括：（1）未通过买卖行为付出的商品，如因机构变动移交给其他企业单位的商品、借出的商品、归还受其他单位委托代保管的商品、付出的加工原料和赠送给其他单位的样品等；（2）促销返券所销售的、不计入营业收入的商品；（3）经本单位介绍，由买卖双方直接结算，本单位只收取手续费的业务；（4）未发生所有权转移的商品预付卡销售，如加油卡；（5）汽车维修、电话卡销售等服务性经济活动；（6）购货退回的商品；（7）商品损耗和损失；（8）出售本单位自用的废旧物资；（9）期货交易商品；（10）自来水供应企业、电力企业、天然气供应企业提供的水、电、气。

期末商品库存额 对于批发和零售业法人单位和个体经营户，是指报告期末取得所有权的全部商品金额（含增值税）；对于批发和零售业产业活动单位，是指报告期末实际在库且归属法人具有所有权的全部商品金额（含增值税）。库存商品包括：（1）存放在本单位(如门市部、批发站、采购站、经营处)的仓库、货场、货柜和货架中的商品；（2）挑选、整理、包装中的商品；（3）已记入购进而尚未运到本单位的商品，即发货单或银行承兑凭证已到而货未到的商品；（4）寄放他处的商品，如因购货方拒绝付款而暂时存在购货方的商品；（5）委托其他单位代销(未作销售或调出)尚未售出的商品；（6）代其他单位购进尚未交付的商品。不包括：（1）所有权不属于本单位的商品，如商品已作销售但买方尚未取走的商品，代替他人保管、运输、加工的商品，代其他单位销售（未做购进或调入）而未售出的商品；（2）委托外单位加工的商品（包括本单位所属加工厂和其他生产单位加工生产尚未收回成品的商品）；（3）外贸企业代理其他单位从国外进口，尚未付给订货单位的商品；（4）代国家储备部门保管的商品。

连锁总店（总部） 指负责连锁企业资源（商号、商誉、经营模式、服务标准、管理模式等等）的开发、配置、控制或使用等功能的企业核心管理机构。连锁经营是指经营同类商品或服务，使用统一商号的若干店铺，在同一总店（总部）的管理下，采取统一采购或特许经营等方式，实现规模效益的组织形式，包括直营连锁、特许连锁和自愿连锁三种形式。其中，直营连锁是指连锁店铺由连锁公司全资或控股开设，在总部的直接控制下，开展统一经营的连锁经营形式；特许连锁是指拥有注册商标、企业标志、专利、专有技术等经营资源的企业（特许人），以合同形式将其拥有的经营资源许可其他经营者（被特许人）使用，被特许人按合同约定在统一的经营模式下开展经营，并向特许人支付特许经营费用的连锁经营形式；自愿连锁是指若干个店铺或企业自愿组合起来，在不改变各自资产所有权关系的情况下，以同一个品牌形象面对消费者，以共同进货为纽带开展的连锁经营形式。

亿元以上商品交易市场 指年成交额在亿元及以上的商品交易市场。商品交易市场是指经有关部门和组织批准设立，有固定场所、设施，有经营管理部门和监管人员，若干市场经营者入内，常年或实际开业三个月以上，集中、公开、

独立地进行生活消费品、生产资料等现货商品交易以及提供相关服务的交易场所，包括各类消费品市场、生产资料市场等。

社会消费品零售总额　指企业（单位、个体户）通过交易直接售给个人、社会集团非生产、非经营用的实物商品金额，以及提供餐饮服务所取得的收入金额。个人包括城乡居民和入境人员，社会集团包括机关、社会团体、部队、学校、企事业单位、居委会或村委会等。

住宿业　指为旅行者提供短期留宿场所的活动，有些单位只提供住宿，也有些单位提供住宿、饮食、商务、娱乐一体的服务，不包括主要按月或按年长期出租房屋住所的活动。

餐饮业　指通过即时制作加工、商业销售和服务性劳动等，向消费者提供食品和消费场所及设施的服务。

营业额　指住宿和餐饮业单位在经营活动中，因提供服务或销售商品等取得的全部收入（含增值税），收入主要来源于提供客房、餐费服务、商品销售和其他服务，如商务服务。不包括多产业法人企业附营的其他行业产业活动单位的餐费收入、商品销售收入等各项收入。其中，客房收入指住宿和餐饮业单位在经营活动中因提供住宿服务取得的收入（含增值税）。不包括多产业法人企业附营的其他行业产业活动单位的客房收入。餐费收入指本单位为顾客提供就餐服务取得的收入（含增值税）。包括：经烹饪、调制加工后出售的各种食品，如主食、炒菜、凉拌菜等的收入。不包括多产业法人企业附营的其他行业产业活动单位的餐费收入。

入境游客　指报告期内来中国（大陆）观光、度假、探亲访友、就医疗养、购物、参加会议或从事经济、文化、体育、宗教活动的外国人、港澳台同胞等游客（即入境旅游人数）。统计时，入境游客按每入境一次统计 1 人次。入境旅游人数包括入境过夜游客和入境一日游游客。

出境人数（出境游客）　指中国（大陆）居民因公或因私出境前往其他国家、中国香港特别行政区、澳门特别行政区和台湾省观光、度假、探亲访友、就医疗养、购物、参加会议或从事经济、文化、体育、宗教活动的人数（即出境游客）。统计时，出境游客按每出境一次统计 1 人次。

国内游客　指报告期内在中国（大陆）观光游览、度假、探亲访友、就医疗养、购物、参加会议或从事经济、文化、体育、宗教活动的中国（大陆）居民人数，其出游的目的不是通过所从事的活动谋取报酬。统计时，国内游客按每出游一次统计 1 人次。

国际旅游收入　指入境游客在中国（大陆）境内旅行、游览过程中用于交通、参观游览、住宿、餐饮、购物、娱乐等全部花费。

国内旅游收入（旅游总花费）　指国内游客在国内旅行、游览过程中用于交通、参观游览、住宿、餐饮、购物、娱乐等全部花费。

星级饭店　指设备、设施、服务符合《旅游饭店星级的划分与评定》（GB/T14308-2010）标准，经过有关旅游管理权威部门评定（验收）后授予“星级”称号的饭店。

Explanatory Notes on Main Statistical Indicators

Wholesale Trade refers to the activities of selling wholesale commodities for daily use and capital goods to enterprises of wholesale and retail trades (including self-employed individuals) and other enterprises, institutions and government organs and organizations, and the activities of engaging in import and export and acting as a trade agent. The wholesaler may have the ownership of the commodities for wholesale and trade in the name of its own (a company), and the wholesaler can act as commission agent or commodity broker without the ownership of commodities. Also included are the wholesale activities at the fixed stalls in wholesale market and the acquisition for sales purpose.

Retail Trade refers to the activities of department store, supermarket, franchised store, brand store, retail stall and on-the-spot-making-selling store selling commodities to the final consumers (residents) by any means including internet, post, telephone, sales machine. It also includes shops with sales and production located in the same places (such as bakeries). Retail trade excludes the activities of sales of capital goods such as grain, seed, feed, livestock, mineral products, raw material for production, industrial chemicals, chemical products for agricultural use, machine and equipment (excluding vehicles, computers and communication equipment). Most retailers have the ownership of commodities to sell, but some are acting as agents or brokers to make transactions for a commission.

Purchase, Sales and Stock of Commodities by Wholesale and Retail Trades refer to the total volume of commodities purchased, total volume of sales and exports, and the stock of commodities by wholesale and retail enterprises (establishments) of different status of registration from domestic and overseas markets. This indicator reflects the relationship among purchase, sales and stock of commodities in the circulation of goods and reveals the existing problems.

Total Purchases of Commodities refer to the total value of purchases of commodities by enterprises (establishments) from other establishments or individuals (including direct import from abroad) for the purpose of re-selling, either with or without further processing of the commodities purchased. The commodities include: (1) commodities purchased from agricultural and industrial producer, wholesaler, retailer, publishing house and other service business; (2) commodities purchased from institutions and government departments; (3) confiscated goods purchased from the customs authorities or market management agencies; (4) second-hand goods and wastes purchased from residents; The commodities exclude (1) commodities purchased by enterprises (establishments) for use in their own business operation, commodities obtained without buying or selling procedures such as materials, consumable goods of low value, office appliance, etc. (2) received goods without trading, such as goods handed over from others, borrowed goods, preserved goods for others, donated goods from others, processed and retrieved goods, etc. (3) goods of direct settlement between buyer and seller with handling fees introduced by others, (4) goods returned or refused to pay by the buyer, (5) excessive goods, (6) futures trading commodities.

Total Sales of Commodities refer to value of commodities sold by the establishments to other establishments and individuals (including goods sold for self consumption, including VAT). The commodities include: (1) commodities sold to individuals and social groups for their consumption; (2) commodities sold to establishments in all industries for their production and operation, including agriculture, industry, construction, and catering services, including commodities sold to wholesale and retail establishments for re-selling, with or without further processing; and (3) commodities for direct export to abroad. Excluded are (1) extended commodities without trading, such as goods handed over to other enterprises and institutions because of the change of organizations, lent goods, return of goods kept for others, extended processing materials and samples donated to others, (2) goods sold by coupon rebates that are not included in business income, (3) goods of direct settlement between buyer and seller with handling fees introduced by others, (4) prepaid cards for goods without transfer of ownership, such as gas cards, (5) Service-oriented economic activities such as automobile maintenance and telephone card sales, (6) goods returned after purchase, (7) damaged and spoiled goods, (8) waste and used goods of self-use, (9) futures trading commodities, (10) water, electricity and gas supplied by water supply enterprises, electric power enterprises and natural gas supply enterprises.

Total Stock of Commodities For the legal entities and self-employed individuals engaged in wholesale and retail trade, it refers to total value (including VAT) of commodities possessed at the end of the reference period; and for wholesale and retail establishments, it refers to the value (including VAT) of all commodities actually in stock and owned by their legal persons at the end of reference period. The commodities in stock includes: (1) commodities located in storage, garages, counters, and shelves of operating places of wholesale and retail trades (such as sale stores, wholesale centers, procurement stations and operating offices); (2) commodities in the process of being selected, sorted, and packed; (3) commodities not arrived but recorded as purchase in the account, i.e. commodities not arrived but payment receipts for the commodities from the sellers or the banks arrived; (4) commodities deposited in other places rather than places mentioned above, for instance: commodities in the hold of purchasers temporarily due to the refusal of payment; (5) commodities entrusted to other units to sell but not sold yet; (6) commodities purchased for other units but not delivered yet. Commodities not included as stock are those not owned by the enterprises (units), commodities on commission for processing, imported commodities of agency of foreign trade enterprise but not yet delivered to ordering units and finally those put in stock on behalf of the state reserves units.

Chain Head Stores (headquarter) refer to the core leading stores responsible for development, allocation, administration and utilization of resources (name of stores, brand of stores, operation model, service standard, management way, etc.) of chain stores. Chain stores refers to the stores engaged in providing homogeneous commodities or services, with the central leadership of head store (headquarters) and guided by common policies, conduct centralized purchase and distributed selling of commodities, in order to gain better efficiency through standardized operation. The chain stores include regular chain stores, franchise chain stores and voluntary chain stores.

Regular Chain store refers to chain stores that are invested or controlled by the headquarters. They operate under direct and unified management from the headquarters.

Franchise chain store refers to the chain stores (franchisees) which are franchised with operation resources such as trade marks, names, patent and operation know-how by the franchisors in form of contract and pay the operation fees to the franchisors.

Voluntary chain store refers to the stores operate jointly on the voluntary bases while maintaining their status of independent legal entities with full ownership of their assets. They sell goods of same brand from same channel of resource to the consumers.

Large Commodity Markets with Transaction Value over 100 Million Yuan refers to the commodity markets with an annual transaction at and above 100 million. The commodity market refers to the markets approved and managed by related departments, where there are fixed sites, facilities, managers and administration offices, where there are a certain number of traders to operate for three month and above or all the year, where the commodities including the articles for daily consumption and capital goods and services are traded in a centralized, independent and open way. Such market includes markets of daily goods and market of capital goods, etc.

Total Retail Sales of Consumer Goods refer to the amount obtained by enterprises (units, self-employed individuals) through direct sales of non-production and non-business physical commodity to individuals, social institutions, and revenue from providing catering services. Individuals include rural and urban households, population from abroad, social institutions include government agencies, social organizations, military units, schools, institutions, neighborhood (village) committees.

Hotel Services refer to the accommodation services provided to visitors. Some units may provide only accommodation while others provide a combination of accommodation, meals, business services and/or recreational facilities. It excludes activities related to the provision of long-term primary residences in facilities such as apartments typically leased on a monthly or annual basis.

Catering Services refer to the activities of providing foods, serving locations and facilities to customers through instant processing, commercial sales and service-type labor.

Business Revenue refers to total revenue (including VAT) of hotels and catering services received from providing services or selling commodities through business activities, income comes mainly from providing hotels, catering services, selling of commodities and other services, such as commodity services. It does not include revenue such as meal fees, selling of commodities of other industrial units affiliated with multi industrial legal entities. Income from hotels refers to income (including VAT) of hotels and catering services by providing lodging services through business activities. Income from catering services refers to income (including VAT) from providing catering services, including selling of cooked or prepared foods, such as staple food, cooked dishes, or cold dishes. It does not include meal fees of other industrial units affiliated with multi industrial legal entities.

Overseas Visitor Arrivals refer to the number of tourists of foreigners, Chinese compatriots from Hong Kong, Macao and Taiwan who come to China (mainland) within the reference period for sight-seeing, vacation, visiting relatives, medical treatment, shopping, attending conference, or to engage in economic, cultural, sports and religious activities (namely the number of overseas visitor arrivals). In compiling statistics, each arrival is counted as one person-time. The number of overseas visitor arrivals includes inbound overnight tourists and one-day tourists.

Number of Chinese Residents Going Abroad (Chinese Outbound Visitors) refers to the number of Chinese (mainland) residents going to other countries, Hong Kong Special Administrative region, Macao Special Administrative region and Taiwan for on official or private purposes, for sight-seeing, vacation, visiting relatives, medical treatment, shopping, attending conference, or to engage in economic, cultural, sports and religious activities (namely the Chinese outbound visitors). In compiling statistics, each time of leaving is counted as one person-time.

Number of Domestic Tourists refers to the number of Chinese (mainland) residents who travel within China (mainland) for sight-seeing, vacation, visiting relatives, medical treatment, shopping, attending conference, or to engage in economic, cultural, sports and religious activities. In compiling statistics, each time of travelling is counted as one person-time.

Foreign Exchange Earnings from International Tourism refer to the total expenditure of foreigners, overseas Chinese, Chinese compatriots from Hong Kong, Macao and Taiwan during their stay in the mainland of China on transportation, sighting, accommodation, food, shopping and entertainment.

Income from Domestic Tourism refer to expenditure of domestic tourists on transportation, sighting, accommodation, food, shopping and entertainment while they travel.

Star-rated Hotels refer to hotels rated with stars as evaluated (accepted) by the relevant tourism authorities according to GB/T14308-2010 standard with reference to their infrastructure, facilities and service levels.

第十六篇　运输和邮电

CHAPTER 16 TRANSPORT, POSTAL AND TELECOMMUNICATION SERVICES

资料整理：李莹莹

16-1　交通运输业基本情况
Basic Conditions of Transport

指　　标	Item	2016	2017	2018	2019	2020
运输线路长度(公里)	**Length of Transport Routes (km)**					
铁路营业里程	Railways in Operation	6120	6122	6782	6668	6781
#地方铁路	#Local Railways	748	751	751	637	538
铁路正线延展里程	Extension Length of the Trunk Lines	8568	8587	9934	9732	9897
公路线路里程	Length of Highways	164502	165989	167116	168710	168119
内河通航里程	Length of Navigable Inland Waterways	5495	5495	5495	5495	5495
定期航班航线里程	Length of Civil Aviation Routes	630482	756650	800021	879421	905986
管道输油(气)里程	Petroleum and Gas Pipelines	902	850	851	851	851
客运量(万人)	**Total Passenger Traffic (10000 persons)**	**41280**	**36881**	**34013**	**32260**	**13942**
铁　路	Railways	10480	10412	10522	11223	4590
公　路	Highways	28550	23917	20739	18212	7608
水　运	Waterways	355	341	307	317	99
民　航	Civil Aviation	1895	2211	2445	2509	1645
旅客周转量(亿人公里)	**Total Passenger-Kilometers (100 million passenger-km)**	**805.6**	**845.6**	**867.7**	**874.9**	**480.4**
铁　路	Railways	270.6	274.6	279.3	289.4	123.3
公　路	Highways	200.1	177.1	154.1	139.3	54.2
水　运	Waterways	0.4	0.4	0.4	0.4	0.1
民　航	Civil Aviation	334.5	393.5	433.9	445.8	302.8
货运量(万吨)	**Total Freight Traffic (10000 tons)**	**58819**	**61407**	**62532**	**58043**	**56031**
铁　路	Railways	9542	11161	11357	12073	12603
公　路	Highways	42897	44127	42943	37624	35521
水　运	Waterways	1130	1110	890	780	538
民　航	Civil Aviation	13.0	12.6	13.0	14.1	11.6
管　道	Petroleum and Gas Pipelines	5237	4996	7329	7552	7357
货物周转量(亿吨公里)	**Total Freight Ton-kilometers (100 million ton-km)**	**1729.6**	**1850.8**	**1920.3**	**1951.5**	**1918.2**
铁　路	Railways	620.5	737.2	784.6	814.4	839.6
公　路	Highways	904.8	913.5	810.7	795.1	694.0
水　运	Waterways	7.3	7.1	6.1	5.6	51.1
民　航	Civil Aviation	2.7	2.6	2.7	2.9	2.6
管　道	Petroleum and Gas Pipelines	194.3	190.5	316.2	333.5	330.9
民用汽车拥有量(万辆)	**Number of Civil Motor Vehicles (10000 units)**	**396.2**	**436.8**	**478.6**	**516.9**	**555.8**
#载客汽车	#Number of Buses and Cars	330.1	371.6	409.9	444.8	478.1
载货汽车	Number of Trucks	61.4	61.1	64.7	68.4	74.1
#普通载货汽车	#Ordinary Trucks	34.2	34.0	35.9	37.7	39.2
#私人汽车	#Number of Private-owned Motor Vehicles	346.0	387.3	426.8	464.3	502.2
民用运输船舶拥有量(艘)	**Number of Civil Transport Vessels (unit)**	**1543**	**1506**	**1438**	**1403**	**1356**
机动船	Motor Vessels	1208	1191	1148	1119	1075
驳　船	Barges	335	315	290	284	281
私人运输船舶拥有量(艘)	**Number of Private-owned Transport Vessels (unit)**	**1004**	**970**	**947**	**927**	**903**
机动船	Motor Vessels	846	820	801	784	763
驳　船	Barges	158	150	146	143	140

注：1.按国家统计局反馈年报，对2014-2018年管道数据进行了修订，与历史数据不可比(下同)。
2.2019交通部开展全国道路货物运输量专项调查,对2019年货运量及货物周转量重新修订(下同)。

a) According to the annual report fed back by the National Bureau of statistics, the pipeline data in 2014-2018 has been revised, which is incomparable with the historical data (the same below).

b) In 2019, the Ministry of Communications conducted a special survey on the National Road Cargo Transport Volume, and revised the volume of cargo transport and cargo turnover (the same as below)

16-2 运输线路长度
Length of Transportation Routes

单位：公里 (km)

年份 Year	铁路营业里程 Length of Railways in Operation	#地方铁路 Local Railways	铁路正线延展里程 Extension Length of the Trunk Lines	公路线路里程 Length of Highways	内河通航里程 Length of Navigable Inland Waterways	定期航班航线里程 Length of Civil Aviation Routes	管道输油(气)里程 Petroleum and Gas Pipelines
1952	3669		4099	8919	3871		
1957	3740		4153	16892	4095		
1965	3750		4644	26256	5912		20.9
1975	4595		5506	40117	6810		148.2
1978	4594		5538	44797	6595	1261	182.2
1979	4796		5693	42191	5137	1261	182.2
1980	4796		5707	44590	5137	1261	240.2
1981	4819		5771	44749	4776	1261	240.2
1982	4818		5701	44965	4776	6693	240.2
1983	4861		5825	45295	4776	6693	240.2
1984	4917		6026	45396	4776	6705	240.2
1985	4681		6096	45487	4776	6705	302.2
1986	4956		6096	45659	4776	6705	302.2
1987	5020		6096	46090	4776	6705	302.2
1988	5121		6506	46617	4696	14274	302.2
1989	5124	187	6363	47045	4696	14274	302.2
1990	5316	428	6363	47203	4696	14274	422.5
1991	5316	428	6396	47188	4696	14274	474.2
1992	5307	428	6419	47882	4696	14274	737.4
1993	5262	428	6398	48023	4696	14274	746.6
1994	5262	428	6447	48356	5057	14274	746.6
1995	5262	428	6474	48819	5057	14274	749.4
1996	5295	428	6481	48986	5057	72000	749.4
1997	5336	428	6974	49631	5057	69000	802.4
1998	5336	428	7046	49766	5057	90000	802.4
1999	5464	490	7047	49928	5057	114000	985.4
2000	5465	491	7130	50284	5057	112000	985.4
2001	5464	490	7125	62979	5057	123416	985.4
2002	5464	490	7123	63046	5057	117406	985.4
2003	5373	490	7088	65123	5528	108716	985.4
2004	5432	650	7095	66821	5528	127486	985.4
2005	5499	718	7260	67077	5528	116624	985.4
2006	5503	723	7250	139335	5528	138845	985.4
2007	5563	723	7340	140909	5528	208119	985.4
2008	5563	723	7422	150846	5528	159587	985.4
2009	5644	724	7501	151470	5528	182243	6143.1
2010	5673	752	7535	151945	5495	203249	6938.0
2011	5832	751	7652	155592	5495	236674	7313.2
2012	6022	751	7881	159063	5495	267537	7674.6
2013	5906	748	7873	160206	5495	432115	8413.0
2014	5906	748	7055	162464	5495	504510	893.0
2015	6120	748	8510	163233	5495	524565	895.0
2016	6120	748	8568	164502	5495	630482	902.0
2017	6122	751	8587	165989	5495	756650	850.0
2018	6782	751	9934	167116	5495	800021	851.0
2019	6668	637	9732	168710	5495	879421	851.3
2020	6781	538	9897	168119	5495	905986	851.0

注：1.2009年起，输油(气)管道里程包括液化气、天然气、人工煤气和输油管道里程。
2.根据国家统计局《运输邮电软件业统计年报》，对2014年以后管道数据进行了修正。

a) Since 2009, Length of Petroleum and Gas Pipelines included length of liquefied gas, natural gas, artificial gas and oil pipeline mileage.

b) According to the annual statistical report of transportation, post and Telecommunications Software Industry issued by the National Bureau of statistics, the pipeline data since 2014 has been revised.

16-3　公路里程
Length of Highways

单位：公里 (km)

年　份 Year	总　计 Total	等级公路 Expressway and Class I to IV Highway	高　速 Expressway	一　级 First Class	二　级 Second Class	三　级 Third Class	四　级 Fourth Class	等外公路 Highway Below Class IV
1979	42191	39966		14	490	8027	31435	2225
1980	44590	42567		18	597	8494	33458	2023
1981	44749	42762		18	623	8606	33515	1987
1982	44965	42989		18	623	8746	33602	1976
1983	45295	43361		18	652	9384	33307	1934
1984	45396	43558		18	697	9859	32984	1838
1985	45487	43649		18	716	9776	33139	1838
1986	45659	43821		32	758	9964	33067	1838
1987	46090	44343		162	780	10361	33040	1747
1988	46617	44715		160	573	12485	31497	1902
1989	47045	45186		189	806	13276	30915	1859
1990	47203	45495		191	891	14158	30255	1708
1991	47188	45568		192	939	14880	29557	1620
1992	47880	46264		213	1124	15662	29265	1616
1993	48023	46527		213	1302	16953	28059	1496
1994	48356	46919		214	1466	17979	27260	1437
1995	48819	47626	36	230	1977	18574	26809	1193
1996	48986	47787	36	271	2503	18547	26430	1199
1997	49631	48956	147	345	3135	22811	22518	675
1998	49766	49098	176	356	3616	22572	22378	668
1999	49928	49263	176	356	4113	22630	21988	665
2000	50284	49623	285	387	4643	22757	21551	661
2001	62979	57762	414	548	5638	33320	17842	5217
2002	63046	57882	413	707	5821	33132	17809	5164
2003	65123	59599	413	925	6623	33083	18555	5524
2004	66821	61303	722	1040	7034	33169	19339	5518
2005	67077	61691	958	1118	7140	32806	19669	5386
2006	139335	83546	958	1325	7279	33611	40373	55789
2007	140909	93850	1044	1453	7443	33027	50883	47059
2008	150846	104102	1044	1534	7743	32621	61160	46744
2009	151470	114511	1219	1576	8599	32186	70931	36960
2010	151945	118918	1358	1451	9063	32128	74918	33028
2011	155592	124132	3708	1289	8849	32298	77989	31460
2012	159063	129260	4084	1521	9623	32182	81850	29803
2013	160206	131778	4084	1593	9853	33108	83140	28429
2014	162464	135033	4084	1771	10598	34030	84550	27431
2015	163233	136325	4346	1930	11308	33833	84908	26908
2016	164502	138512	4350	2393	11552	34321	85896	25990
2017	165989	140698	4512	2657	11797	34252	87480	25291
2018	167116	142959	4512	2729	11931	34345	89443	24156
2019	168710	144966	4512	3038	12361	34028	91027	23744
2020	168119	144868	4512	3140	12583	33237	91397	23250

注：2006年全省农村公路普查核实后，公路线路里程统计口径调整，增加了“农村公路里程”(下同)。
a) After the general survey of countryside road in April 2006,the item of length of highways add “length of countryside road”. (the same as following tables).

16-4 分地区运输线路长度(2020年)

Length of Transport Routes at Year-End by Region (2020)

单位：公里 (km)

地区	Region	公路里程 Total Length of Highways	等级公路 Expressway and Class I to IV Highways	#高速 Express way	#一级 First Class	#二级 Second Class	等外公路 Highways Below Class IV
全省	**Total**	**168118.7**	**144868.3**	**4511.8**	**3139.7**	**12582.7**	**23250.4**
哈尔滨	Harbin	25108.5	23105.5	877.2	383.3	1410.7	2003.0
齐齐哈尔	Qiqihar	24661.5	22437.0	600.4	319.8	1461.8	2224.4
鸡西	Jixi	9242.7	7594.6	361.7	127.2	644.8	1648.1
鹤岗	Hegang	6126.3	4426.7	10.3	218.6	301.1	1699.5
双鸭山	Shuangyashan	9093.0	6210.3	163.7	202.0	816.3	2882.7
大庆	Daqing	9053.1	7540.1	249.6	300.1	686.8	1513.0
伊春	Yichun	7327.8	7010.5	132.8	182.0	939.8	317.3
佳木斯	Jiamusi	15902.4	11209.8	605.4	203.7	1158.9	4692.6
七台河	Qitaihe	2624.0	2166.9	98.7	64.5	228.1	457.1
牡丹江	Mudanjiang	12487.2	11582.1	447.9	371.4	1103.7	905.1
黑河	Heihe	15880.6	12751.8	526.4	118.5	1205.2	3128.9
绥化	Suihua	23257.8	21507.2	437.6	371.5	1162.0	1750.5
大兴安岭	Daxinganling	7353.9	7325.7		277.1	1463.3	28.2

16-5 运输线路质量

Quality of Transport Routes

指标	Item	2016	2017	2018	2019	2020
铁路营业里程(公里)	**Length of Railways in Operation (km)**	**5372**	**5371**	**6031**	**6031**	**6031**
#复线里程(公里)	#Double-Tracking Length (km)	2165	2163	2826	2826	2823
复线里程比重(%)	Proportion (%)	40.3	40.3	46.9	46.9	46.8
#自动闭塞里程(公里)	#Automatic Blocking Length (km)	2617	2696	3360	3360	3360
自动闭塞里程比重(%)	Proportion (%)	48.7	50.2	55.7	55.7	55.7
公路线路里程(公里)	**Length of Highways (km)**	**164502**	**165989**	**167116**	**168710**	**168119**
#有路面里程(公里)	#Paved Highways (km)	139658	141809	144024	146000	145852
有路面里程比重(%)	Proportion (%)	84.9	85.4	86.2	86.5	86.8
内河航道里程(公里)	**Length of Navigable Inland Waterways (km)**	**5562**	**5562**	**5562**	**5562**	**5562**
#水深一米以上(公里)	#Upwards of one meter (km)	3347	3347	3347	3347	3347
水深一米以上比重(%)	Proportion (%)	60.1	60.1	60.1	60.1	60.1

注：铁路里程为中国铁路哈尔滨局集团有限公司在黑龙江省境内数据。

a) Length of Railways in Operation is data of China Railway Harbin Group Co., Ltd. in churchyard of Heilongjiang Province.

16-6　客运量
Passenger Traffic

单位：万人　(10000 persons)

年份 Year	合计 Total	铁路 Railways	公路 Highways	水运 Waterways	民航 Civil Aviation
1978	13368	7707	5560	99	2
1979	14172	8329	5756	84	3
1980	14947	8963	5896	84	4
1981	15997	9806	6076	111	4
1982	17503	10566	6843	89	5
1983	18826	11281	7411	130	4
1984	20605	12111	8362	126	6
1985	20347	11625	8562	142	18
1986	21132	11413	9566	124	29
1987	26262	11697	14404	130	31
1988	26128	12689	13268	133	38
1989	25164	11999	13021	103	41
1990	22822	9855	12840	81	46
1991	23823	9938	13754	66	65
1992	23786	10573	13058	58	97
1993	22852	11658	11026	51	117
1994	23211	12231	10819	34	127
1995	23586	11881	11506	37	162
1996	38731	9515	29000	41	175
1997	45824	9604	36008	45	167
1998	47766	10136	37439	24	167
1999	48572	9821	38562	41	149
2000	49975	9897	39864	45	169
2001	51031	9658	41111	80	182
2002	51151	9312	41490	137	212
2003	48073	8319	39347	176	231
2004	51561	8860	42170	233	298
2005	55758	8359	46809	240	350
2006	60593	8924	51023	253	393
2007	64956	9631	54592	257	476
2008	42109	10012	31379	176	542
2009	44094	10133	32947	285	729
2010	47746	10602	36001	292	851
2011	51404	10745	39424	312	923
2012	53497	10524	41551	329	1093
2013	46812	10107	35102	357	1246
2014	48313	10096	36379	366	1472
2015	44551	9865	32632	372	1682
2016	41280	10480	28550	355	1895
2017	36881	10412	23917	341	2211
2018	34013	10522	20739	307	2445
2019	32260	11223	18212	317	2509
2020	13942	4590	7608	99	1645

注：1.2008年，交通运输部组织开展了全国公路水路运输量专项调查。统计口径发生较大变化，公路、水运数据不宜进行历史对比(下同)。
2.根据交通部2013年专项调查，对2013年公路、水路客(货)运量进行了修订(下同)。
3.从1985至今,民航数据统计口径为旅客吞吐量,即进出港人数。

a) In 2008, the Department of Transportation organized special investigation on national highway and waterway traffic. Changes in statistical large-caliber, highways, waterways historical data should not be compared (the same below).

b) According to Ministry of Transportation special investigation in 2013,the 2013 highway and waterway passenger(cargo) traffic has been revised (the same below).

c) From 1985 to now, the statistical caliber of civil aviation data is passenger throughput, that is, the number of inbound and outbound passengers.

16-7 旅客周转量
Passenger-Kilometers

单位：亿人公里 (100 million passenger-km)

年 份 Year	合 计 Total	铁 路 Railways	公 路 Highways	水 运 Waterways	民 航 Civil Aviation
1978	90.7	72.2	17.5	0.70	0.3
1979	97.5	78.7	17.9	0.61	0.2
1980	102.7	83.5	18.4	0.60	0.2
1981	110.7	90.8	18.9	0.85	0.1
1982	119.7	97.2	21.8	0.59	0.2
1983	130.8	106.1	23.8	0.85	0.1
1984	146.4	118.2	27.2	0.79	0.2
1985	162.6	132.0	29.5	0.90	0.2
1986	176.5	140.1	35.4	0.72	0.2
1987	209.2	151.8	56.3	0.69	0.4
1988	227.9	174.0	52.9	0.65	0.4
1989	215.5	162.4	52.1	0.52	0.5
1990	183.6	131.6	50.3	0.40	1.3
1991	195.5	138.5	54.7	0.40	1.9
1992	212.1	155.7	50.9	0.30	5.2
1993	225.6	169.3	43.0	0.30	13.0
1994	225.3	171.8	42.9	0.20	10.4
1995	228.8	169.2	47.8	0.20	11.6
1996	280.3	141.9	126.8	0.20	11.4
1997	336.7	151.9	173.0	0.20	11.6
1998	356.7	157.8	186.4	0.03	12.5
1999	377.9	160.1	206.7	0.10	11.0
2000	390.7	162.8	214.5	0.10	13.3
2001	396.3	163.3	219.1	0.10	13.8
2002	402.4	165.3	221.8	0.10	15.2
2003	391.8	151.2	203.4	0.30	36.9
2004	447.0	173.3	225.8	0.30	47.6
2005	485.6	177.6	254.3	0.30	53.4
2006	538.9	194.9	280.6	0.30	63.1
2007	607.1	213.9	313.9	0.30	79.0
2008	530.7	227.3	213.6	0.29	89.5
2009	582.3	239.1	226.9	0.30	116.0
2010	635.0	259.5	243.2	0.30	132.0
2011	685.9	267.3	273.9	0.40	144.3
2012	741.6	262.4	296.8	0.37	182.0
2013	685.8	256.8	216.1	0.40	212.5
2014	743.8	261.5	231.2	0.40	250.7
2015	768.9	257.6	229.6	0.41	281.4
2016	805.6	270.6	200.1	0.39	334.5
2017	845.5	274.6	177.1	0.38	393.5
2018	867.7	279.3	154.1	0.36	433.9
2019	874.9	289.4	139.3	0.35	445.8
2020	480.4	123.3	54.2	0.12	302.8

16-8　货运量
Freight Traffic

单位：万吨

年　份 Year	合　计 Total	铁　路 Railways	公　路 Highways	水　运 Waterways	民　航 Civil Aviation	管　道 Pipelines
1978	20659	8592	7888	314	0.1	3865
1979	20882	9101	7562	296	0.1	3923
1980	20600	9387	6897	287	0.1	4029
1981	20025	9321	6329	288	0.1	4087
1982	20096	9952	5720	314	0.1	4110
1983	19780	10436	4825	358	0.1	4161
1984	19185	10731	3752	383	0.2	4319
1985	23000	11341	6735	415	0.5	4508
1986	29927	11627	13386	442	0.6	4471
1987	33255	11722	16552	509	0.8	4471
1988	35900	11709	19180	539	1.0	4471
1989	37268	12389	20009	524	1.1	4345
1990	40062	12920	22239	516	1.3	4386
1991	38149	13108	20164	505	1.2	4371
1992	38393	13069	20416	556	1.6	4350
1993	37430	12947	19518	628	1.7	4335
1994	37222	13248	18857	699	2.2	4416
1995	37741	13607	19281	626	2.5	4224
1996	55570	13659	37000	650	3.0	4258
1997	59252	14290	40023	753	3.0	4183
1998	55219	12378	38291	402	2.8	4145
1999	56651	12961	38685	825	2.7	4177
2000	57332	13077	39685	788	3.2	3779
2001	47934	13371	30135	698	2.4	3728
2002	58116	13369	40317	708	2.9	3719
2003	57638	14267	39031	1052	3.2	3285
2004	60134	15143	40712	1156	3.6	3119
2005	64776	16123	44376	1301	4.2	2972
2006	69090	16069	48389	1389	4.6	3238
2007	73414	16891	51996	1250	5.4	3272
2008	57089	17795	35424	757	6.0	3107
2009	57232	16744	36486	978	6.8	3017
2010	62205	17717	40582	1015	7.6	2883
2011	66749	17678	44420	1118	8.2	3525
2012	68871	16591	47465	1175	9.2	3631
2013	64777	14561	45288	1245	9.9	3673
2014	65529	11777	47173	1262	11.3	5306
2015	59758	9033	44200	1245	12.2	5268
2016	58819	9542	42897	1130	13.0	5237
2017	61407	11161	44127	1110	12.6	4996
2018	62532	11357	42943	890	13.0	7329
2019	58043	12073	37624	780	14.1	7552
2020	56031	12603	35521	538	11.6	7357

注：2014年管道货运统计口径调整，与往年不可比。
a) Pipelines freight statistical standards of 2014 were adjusted, not comparable with previous years.

16-9 货物周转量
Freight Ton-Kilometers

单位：亿吨公里 (100 million ton-km)

年份 Year	合计 Total	铁路 Railways	公路 Highways	水运 Waterways	民航 Civil Aviation	管道 Pipelines
1978	441.1	376.9	11.1	7.8		45.3
1979	462.0	398.4	10.1	7.5		46.0
1980	486.3	419.2	12.2	7.6		47.3
1981	504.4	420.7	27.5	8.3		47.9
1982	524.3	455.2	12.4	8.5		48.2
1983	564.2	494.4	10.3	10.7		48.8
1984	581.4	509.4	9.7	11.6		50.7
1985	633.9	559.9	18.2	13.9		41.9
1986	697.7	598.1	34.3	13.8		51.5
1987	739.8	629.1	44.1	15.1		51.5
1988	758.3	639.4	51.1	15.8		52.0
1989	810.8	689.6	54.9	16.0		50.3
1990	832.5	706.5	59.6	16.4		50.0
1991	836.5	713.0	57.7	16.2		49.6
1992	842.2	717.0	59.8	16.1		49.3
1993	846.0	724.9	55.9	16.1		49.1
1994	856.6	731.3	57.0	18.5		49.8
1995	867.9	748.3	55.9	16.1		47.6
1996	950.6	754.3	129.0	19.5	0.1	47.7
1997	1005.5	801.3	136.0	21.4	0.1	46.7
1998	890.1	698.6	140.4	5.1	0.2	45.8
1999	954.5	732.5	156.7	20.5	0.3	44.5
2000	961.3	736.7	161.9	19.5	0.4	42.8
2001	982.3	761.6	161.2	15.2	0.3	44.0
2002	995.2	766.7	167.5	16.2	0.9	43.9
2003	1035.5	808.9	163.1	19.4	1.0	43.1
2004	1139.6	874.5	203.8	18.9	1.1	41.3
2005	1201.6	919.7	227.6	20.0	0.8	33.5
2006	1248.1	937.3	252.1	21.2	1.0	36.5
2007	1320.5	978.9	289.9	13.6	1.1	37.0
2008	1727.1	1029.3	653.2	8.5	1.2	34.9
2009	1680.0	980.7	657.1	6.8	1.3	34.0
2010	1875.9	1056.7	762.4	7.0	1.4	48.4
2011	2009.9	1117.4	843.5	7.4	1.6	40.0
2012	2045.3	1065.7	929.0	7.6	1.8	41.3
2013	1973.6	949.2	972.9	7.9	2.0	41.6
2014	1998.7	794.7	1008.5	7.9	2.2	185.4
2015	1739.8	608.0	929.3	8.1	2.3	192.1
2016	1729.5	620.5	904.8	7.3	2.7	194.3
2017	1850.8	737.2	913.5	7.1	2.6	190.5
2018	1920.2	784.6	810.7	6.1	2.7	316.2
2019	1951.5	814.4	795.1	5.6	2.9	333.5
2020	1918.2	839.6	694.0	51.1	2.6	330.9

16-10 铁路按货物种类分的货运量和货物周转量
Railway Freight Traffic and Freight Ton-Kilometers by Category of Cargo

类别	Category	货运量(万吨) Freight Traffic (10000 tons)		货物周转量(百万吨公里) Freight Ton-km (million ton-km)		平均运距(公里) Average Transport Distance (km)	
		2019	2020	2019	2020	2019	2020
总 计	**Total**	**21965**	**22564**	**113093**	**115010**	**515**	**510**
煤	Coal	10267	9418	67563	62631	658	665
焦 炭	Coke	755	721	4937	4584	654	636
石 油	Petroleum	1088	1159	3541	3153	326	272
钢 铁	Steel and Iron	781	974	3039	3560	389	366
金属矿石	Metal Ores	1189	1459	6370	8413	536	577
非金属矿石	Nonmetal Ores	305	338	610	693	200	205
矿建材料	Mineral Building Materials	1280	1750	3212	5378	251	307
水 泥	Cement	112	77	268	178	239	230
木 材	Timber	1278	962	2285	1244	179	129
化肥和农药	Chemical Fertilizers and Pesticides	420	624	2507	3679	597	590
粮 食	Grain	1974	1856	8413	8329	426	449
其 他	Others	2516	3226	10348	13168	411	408

注：本表为中国铁路哈尔滨局集团有限公司数据。
a) Figures in this table are the data of China Railway Harbin Group Co., Ltd..

16-11 信息传输基本情况
Basic Conditions of Information Transfer

指标	Item	2016	2017	2018	2019	2020
电信业务总量(亿元)	Business Volume of Telecommunications Service(100 million yuan)	320.3	597.3	1129.5	1732.1	2092.8
固定电话用户(万户)	Number of Fixed Telephone Subscribers at Year-end (10000 subscribers)	497.4	430.3	354.4	339.9	298.8
城市电话用户(万户)	Urban Fixed Telephones Subscribers(10000 subscribers)	430.7	376.9	312.5		
农村电话用户(万户)	Rural Fixed Telephones Subscribers	66.8	53.4	41.9		
移动电话用户(万户)	Number of Mobile Telephones Subscribers(10000 subscribers)	3445.6	3657.1	3833.6	3929.0	3844.4
#3G移动电话用户	#3G Mobile Phone Subscribers	483.9	399.8	385.5	77.2	71.0
#4G移动电话用户	#4G Mobile Phone Subscribers	1691.8	2299.8	2615.8	2977.5	3101.4
移动电话通话时长(亿分钟)	Time of Mobile Telephones Conversation(100 million minutes)	1438.3	1314	1189	1086.6	996.4
物联网终端用户(万户)	Number of The Internet of Things (10000 subscribers)	118.13	319.3	832.1	1011.7	744.6
(固定)互联网宽带接入用户(万户)	(Fixed) Broad Band Subscribers Port of Internet(10000 subscribers)	575.1	664.6	810.7	848.3	886.3
长途光缆线路长度(公里)	Length of Long-distance Optical Cable Lines(km)	50222	53800	56574	50184	51829

16-12 铁路运输技术经济主要指标
Principle Economic and Technical Indicators of Railway Transport

指 标	Item	2016	2017	2018	2019	2020
货运机车日产量(万吨公里)	Average Daily Ton-kilometers of Freight Locomotives (10000 ton-km)	155.9	159.3	165.2	167.3	171.5
内燃机车	Diesel Locomotives	151.9	153.4	121.3	104.5	108.8
电力机车	Electric Locomotives	193.7	187.3	249.0	246.4	248.4
货运机车平均牵引总重(吨)	Average Total Tonnage of Freight Locomotives (ton)	3083	3072	3120	3148.0	3154.0
内燃机车	Diesel Locomotives	3044	3006	2899	2821.0	2776.0
电力机车	Electric Locomotives	3418	3371	3362	3359.0	3405.0
货运机车日车公里(公里)	Daily Distance per Freight Locomotive (km)	566	575	592	596.0	611.0
客运机车日车公里(公里)	Daily Distance per Passenger Locomotive (km)	827	858	860	854.0	845.0
内燃机车每万吨公里耗油(公斤)	Oil Consumption of Diesel Locomotives (kg/10000 ton-km)	26.0	25.4	28.2	30.4	29.0
电力机车每万吨公里耗电(千瓦小时)	Electricity Consumption of Electric Locomotives (kwh/10000 ton-km)	129.5	114.4	103.0	106.0	100.1
货物列车出发正点率(%)	Punctuality Rate of Freight Trains at Departure(%)	99.5	99.4	99.4	99.4	99.2
货物列车运行正点率(%)	Punctuality Rate of Freight Trains in Running(%)	99.4	99.2	99.2	99.3	99.1
旅客列车出发正点率(%)	Punctuality Rate of Passenger Trains at Departure(%)	100.0	100.0	100.0	100.0	100.0
旅客列车运行正点率(%)	Punctuality Rate of Passenger Trains in Running(%)	99.9	99.9	99.9	99.9	99.9
货物列车技术速度(公里/小时)	Technical Speed of Freight Trains(km/hour)	51.7	52.9	56.1	57.5	58.1
货物列车运行速度(公里/小时)	Running Speed of Freight Trains(km/hour)	40.7	41.7	44.8	45.0	46.5
货运密度(万吨/公里)	Density of Freight Transport(10000 tons/km)	1245	1472	1591	1617.6	1645.1
旅客列车技术速度(公里/小时)	Technical Speed of Passenger Trains(km/hour)	73.4	76.9	78.1	79.0	78.8
旅客列车运行速度(公里/小时)	Running Speed of Passenger Trains(km/hour)	65.4	68.9	70.1	70.9	71.0
客运密度(万人/公里)	Density of Passenger Transport(10000 passengers/km)	410.5	409.9	379.6	391.8	166.4
每万吨货运量拥有货车数(辆)	Number of Freight Cars per 10000 Tons(coach)	947.4	1027.9	1035.9	1060.0	1086.7
每百万货物吨公里拥有货车数(辆)	Number of Freight Cars per million Ton-km(unit)	180.6	185.6	180.7	186.0	188.6
货车周转时间(天)	Turning Around Time of Freight Cars(day)	2.6	3.1	3.1	3.3	3.3
一次货物作业时间(小时)	Handling Time of Freight(hour)	18.6	19.8	20.0	23.0	23.0
每车中转停留时间(小时)	Transfer Waiting Time per Car(hour)	5.3	5.9	6.1	7.3	7.6
货车净载重(准轨)(吨)	Static Load of Freight Cars(Standard Gauge)(ton)	59.8	59.5	60.4	60.9	59.7

注：本表为中国铁路哈尔滨局集团有限公司数据。
a) Figures in this table are the data of China Railway Harbin Group Co., Ltd..

16-13　主要交通运输工具拥有量
Number of Major Means of Transportation

指　　标	Item	2016	2017	2018	2019	2020
铁路机车(台)	**Railway Locomotives (unit)**	**1089**	**1194**	**1135**	**1070**	**1062**
#内燃机车	# Diesel Locomotives	1018	985	888	803	790
电力机车	Electric Locomotives	71	209	247	267	272
铁路客车(辆)	**Railway Passenger Coaches (coach)**	**5135**	**5040**	**5023**	**5112**	**5105**
#软卧车	# Soft Berth Coaches	435	579	439	472	489
硬卧车	Hard Berth Coaches	1979	1470	1925	1921	1399
软座车	Soft Seat Coaches	576	435	647	729	727
硬座车	Hard Seat Coaches	1491	1972	1439	1411	1911
载货汽车(辆)	**Trucks (coach)**	**613708**	**610734**	**647419**	**683939**	**740699**
普通载货汽车	Ordinary Trucks	341747	340329	358500	376726	392064
专用载货汽车	Special Trucks	271961	270405	288919	307213	348635
#集装箱	# Containers	8	3	3	2	2
#私　人	# Private-owned	436281	436944	462735	493191	534916
特种汽车(辆)	**Special Motor Vehicles (unit)**	**22901**	**21437**	**20951**	**21418**	**22156**
载客汽车(辆)	**Passenger Vehicles (coach)**	**3301301**	**3715728**	**4098669**	**4447690**	**4781458**
#私　人	# Private-owned	2999521	3415401	3787443	4134149	4473517
民用轮驳船(艘)	**Civil Transport Vessels (unit)**	**335**	**315**	**290**	**284**	**281**
民用飞机(架)	**Civil Aircrafts (unit)**	**220**	**258**	**268**	**277**	**290**

16-14　民用车辆拥有量(2020年)
Number of Civil Motor Vehicles Owned(2020)

单位：辆　　(coach)

指　　标	Item	总计 Total	#个人 Individual	营运 Working	非营运 non-Working	校车 School bus	#特种 Special
合　计	**Total**	**7617916**	**5371655**	**774217**	**5214835**	**5354**	**22156**
汽　车	**Automobile**	**5558148**	**5022084**	**637021**	**4910502**	**5354**	**21498**
载客汽车	Passenger Vehicles	4781458	4473517	146257	4624576	5354	18266
大　型	Large-sized	48659	4700	33542	11300	3817	515
中　型	Medium-sized	20233	7516	2457	16240	1536	1133
小　型	Small-sized	4686241	4436013	110232	4570737	1	16594
微　型	Mini-sized	26325	25288	26	26299		24
#轿　车	# Car	3089467	2939806	107053	2977379		8705
载货汽车	Trucks	740699	534916	478941	261758		2079
重　型	Heavy-sized	224892	105939	218534	6358		244
中　型	Medium-sized	39949	28933	35468	4481		247
轻　型	Light-sized	475659	399879	224842	250817		1588
微　型	Mini-sized	199	165	97	102		
#普通载货	#Accommodation Trucks	392064	331369	189822	202242		1890
其他汽车	Others	35991	13651	11823	24168		1153
摩托车	**Motorcycle**	**319593**	**316284**	**17792**	**301801**		**627**
普　通	Ordinary	313655	310388	17772	295883		627
轻　便	Light	5938	5896	20	5918		
拖拉机	**Tractor**	**1618239**					
大中型	Large and Medium-sized	638671					
小　型	Small-sized	979568					
挂　车	**Trailer**	**120001**	**32477**	**118898**	**1103**		**9**
其他类型车	**Others**	**1935**	**810**	**506**	**1429**		**22**

16-15 邮电业务量

年份 Year 地区 Region		邮电业务总量(亿元) Business Volume of Postal and Telecommunication Services (100 million yuan)	邮政业务总量 Business Volume of Postal Services	电信业务总量 Business Volume of Telecommunication Services	函件(万件) Number of Letters (10000 pcs)	包裹(万件) Package (10000 pcs)	快递业务(万件) Pieces of Express Mail Services (10000 pcs)	报刊期发数(万份) Issue of Newspapers and Magazines (10000 copies)
2009		697.8	40.20	657.60	8667.7	232.1	2052.9	377.0
2010		823.4	47.00	776.40	9305.1	237.6	2308.2	367.7
2011		307.7	30.10	277.60	7772.0	253.4	3066.0	446.3
2012		329.2	32.40	296.80	7057.5	234.4	3623.5	607.0
2013		377.0	39.20	337.80	8681.0	240.5	5393.9	323.8
2014		430.5	44.60	385.90	6842.1	117.5	7014.6	312.3
2015		511.5	52.20	459.30	4609.1	87.3	12636.8	297.3
2016		389.0	68.70	320.30	3659.2	64.6	21769.8	255.2
2017		676.7	79.40	597.30	3725.8	54.1	23185.6	240.0
2018		1223.2	93.74	1129.50	2980.4	52.3	30177.2	237.0
2019		1846.8	114.68	1732.10	1978.8	31.5	35088.9	244.7
2020		2236.1	143.34	2092.80	1377.9	19.5	45522.3	233.0
哈尔滨	Harbin	900.1	75.56	824.50	1193.8	9.7	31827.8	65.2
齐齐哈尔	Qiqihar	229.1	9.99	219.10	32.6	1.9	1842.5	20.4
鸡西	Jixi	85.4	4.89	80.50	13.7	0.1	817.9	11.6
鹤岗	Hegang	58.8	2.96	55.80	4.4	0.1	489.3	8.1
双鸭山	Shuangyashan	69.4	3.54	65.90	10.8	0.1	583.5	9.2
大庆	Daqing	232.3	8.74	223.60	30.2	0.9	1612.7	35.9
伊春	Yichun	50.7	2.38	48.30	8.3	0.9	443.5	6.7
佳木斯	Jiamusi	146.7	6.82	139.90	7.4	0.4	1372.0	16.1
七台河	Qitaihe	43.1	1.36	41.70	2.6	0.1	311.5	4.4
牡丹江	Mudanjiang	141.5	12.59	128.90	26.8	2.1	3171.3	19.8
黑河	Heihe	81.7	3.93	77.80	10.2	0.6	1011.1	14.5
绥化	Suihua	176.5	9.38	167.10	30.4	1.8	1815.7	16.5
大兴安岭	Daxinganling	20.8	1.21	19.60	6.8	0.9	223.6	4.7

Business Volume of Postal and Telecommunication Services

汇票(万笔) Postal Order (10000 times)	集邮业务(万枚) Stamps for Collection (10000 pieces)	邮路总长度(单程)(万公里) Length of Postal Routes (10000 km)	#农村投递线路长度 Rural Delivery Routes	邮政各类经营网点数(处) Number of Offices (unit)	#设在农村 # in Rural	移动电话用户(万户) Number of Mobile Telephone Subscribers at Year-end (10000 subscribers)	#3G移动电话用户 3G Mobile Phone Subscribers	#4G移动电话用户 4G Mobile Phone Subscribers	固定电话用户(万户) Number of Fixed Telephone Subscribers at Year-end (10000 subscribers)	(固定)互联网宽带接入用户(万户) ADSL (Fixed) Broad Band Subscribers Port of Internet (10000 subscribers)
502.9	3637.0			1513	979	1865.9	19.2		870.2	277.2
534.1	3477.5			1552	925	2243.0	90.4		813.5	326.6
487.5	4090.0			1963	976	2566.0	268.8		793.5	386.7
411.6	3838.3			1963	976	2663.9	471.7		776.1	435.8
307.1	4105.9			1978	962	3020.4	837.4		747.8	459.6
186.9	5389.8			1626	1041	3457.8	1094.4	165.1	640.5	492.5
130.5	6306.2	5.9		4348	1521	3329.8	705.6	845.7	596.0	519.5
84.8	5777.4	15.3		4714	1769	3445.6	483.9	1691.8	497.4	575.0
41.9	5162.0	17.8	11.9	5752	2307	3657.1	399.8	2299.8	430.3	664.6
20.0	4939.9	16.2	11.9	6155	2532	3833.6	385.5	2615.8	354.4	810.7
10.1	4041.4	16.8	11.5	6638	2540	3929.0	77.2	2977.5	339.9	848.3
7.7	3460.2	18.9	10.7	8383	2672	3844.4	71.0	3101.4	298.8	886.3
3.4	1026.2	14.6	2.7	3186	707	1242.1	18.5	1085.5	121.9	270.9
0.6	208.3	0.8	2.0	718	299	409.6	7.6	333.7	24.7	103.8
0.3	227.2	0.2	0.7	461	202	182.2	3.6	135.5	12.6	45.5
0.3	205.9	0.1	0.4	244	51	122.6	3.8	87.6	5.6	26.2
0.4	85.0	0.2	0.3	269	89	151.9	3.3	113.9	10.6	36.6
0.7	479.6	0.5	0.5	619	192	353.9	7.4	307.2	19.5	75.4
0.2	63.5	0.1	0.1	262	56	115.2	2.0	98.2	8.2	31.7
0.5	264.3	0.8	0.4	550	216	273.4	6.0	199.5	16.4	69.6
0.2	28.0	0.1	0.2	202	76	101.6	1.9	85.8	3.6	20.6
0.4	342.1	0.3	0.8	568	131	256.2	5.8	204.1	20.9	72.3
0.3	87.4	0.5	0.7	356	202	177.6	3.0	151.1	15.1	38.4
0.5	390.9	0.4	1.8	806	414	401.3	7.6	255.2	35.2	80.8
0.1	51.8	0.3	0.0	142	37	56.8	0.6	43.9	4.4	14.7

16-16 民用运输船舶拥有量
Number of Transport Vessels Owned

指 标	Item	总计 Total			#私人 Private		
		2018	2019	2020	2018	2019	2020
合 计	**Total**	**1438**	**1403**	**1356**	**947**	**927**	**903**
机动船(艘)	**Motor Vessels (unit)**	**1148**	**1119**	**1075**	**801**	**784**	**763**
载客量(客位)	Passenger Capacity (seat)	22953	23990	24238	9368	9138	8890
净载重量(吨位)	Dead Weight Tonnage (ton)	177766	98546	67255	15295	14767	14277
总功率(千瓦)	Total Power (kw)	166184	136502	123945	52832	51600	49577
客船(艘)	Passenger Vessels (unit)	605	615	621	425	420	412
载客量(客位)	Passenger Capacity (seat)	21392	22429	22677	7807	7577	7329
净载重量(吨位)	Dead Weight Tonnage (ton)	4872	5395	5444	2959	2881	2635
功率(千瓦)	Power (kw)	56211	57758	58249	19593	19166	18957
客货船(艘)	Passenger- Cargo Vessels (unit)	60	60	60	60	60	60
载客量(客位)	Passenger Capacity (seat)	1561	1561	1561	1561	1561	1561
净载重量(吨位)	Dead Weight Tonnage (ton)	2715	2715	2715	2715	2715	2715
功率(千瓦)	Power (kw)	6475	6475	6475	6475	6475	6475
货船(艘)	Cargo Vessels (unit)	339	305	262	228	218	211
净载重量(吨位)	Dead Weight Tonnage (ton)	170179	90436	59096	9621	9171	8927
功率(千瓦)	Power (kw)	66288	38939	27337	10000	9635	9021
拖船(艘)	Towboat (unit)	144	139	132	88	86	80
功率(千瓦)	Power (kw)	37210	33330	31884	16764	16324	15124
驳船(艘)	**Barges (unit)**	**290**	**284**	**281**	**146**	**143**	**140**
净载重量(吨位)	Dead Weight Tonnage (ton)	183265	180565	179165	33448	32248	30848

16-17 民用航空航线和飞机数量
Number of Civil Aviation Routes and Civil Aircrafts

指 标	Item	2016	2017	2018	2019	2020
定期航班航线条数(条)	**Number of Civil Aviation Routes (unit)**	**257**	**304**	**340**	**369**	**372**
国际航线	International Routes	35	27	23	27	23
国内航线	Domestic Routes	218	272	315	341	348
#地区航线	Regional Routes	4	5	2	1	1
民用航空航线里程(公里)	**Length of Civil Aviation Routes (km)**	**630482**	**756650**	**800021**	**879421**	**905986**
国际航线	International Routes	93278	74304	55690	72972	75790
国内航线	Domestic Routes	526653	668449	738658	804125	827872
#地区航线	Regional Routes	10551	13897	5673	2324	2324
民用飞机数量(架)	**Number of Civil Aircrafts (unit)**	**220**	**258**	**268**	**277**	**290**
运输飞机	Aerotransport	48	60	71	76	81
通用飞机	General Aircraft	172	198	197	201	209
通用飞行时间(小时)	**Flying Time of General Aviation (hour)**	**28144**	**29838**	**33202**	**35805**	**39803**
农林业航空作业	Flight for Agriculture and Forestry	8412	11120	11166	13030	12784
航空护林作业	Forest Protection Service	2333	2843	2469	2404	4062
其他作业	Others	17399	15875	19567	20371	22957

主要统计指标解释

铁路营业里程 又称营业长度，指投入客货运输营业或临时营业的线路长度。

电气化里程 指具备了电力机车牵引条件，并已交付运营的线路里程。

公路里程 指报告期末公路的实际长度。统计范围：包括城间、城乡间、乡（村）间能行驶汽车的公共道路，公路通过城镇街道的里程，公路桥梁长度、隧道长度、渡口宽度。不包括城市街道里程，断头路里程，农（林）业生产用道路里程，工（矿）企业等内部道路里程。统计原则：按已竣工验收或交付使用的实际里程计算；两条或多条公路共同经由同一路段的重复里程，只计算一次。

内河航道里程 指在一定时期内，能通航运输船舶及排筏的天然河流、湖泊水库、运河及通航渠道的长度。包括全年季节性通航累计三个月以上的航道，不包括仅供零散流放竹、木排的河道。两省以河为界的航道里程，双方均按一半计算，以免重复。

定期航班航线里程 指定期航班营运里程的总长度，以万公里为计算单位。航线里程的统计分为按重复距离计算和按不重复距离计算两种形式。“按重复距离计算”是指不同航线的相同航段距离可以重复累加；“按不重复距离计算”则不同航线相同航段只统计一次。

管道输油(气)里程 指油、气、成品油等各类介质实际输送距离，是反映运输管线长度的指标，也是计算周转量的依据。对于有复线和备用线的地段，原则上按单线计算管输里程。双线同时输送又不能分开计量的情况下，管输里程为双线长度之和除以2。

货(客)运量 指在一定时期内，各种运输工具实际运送的货物重量(旅客数量)。货运按吨计算，客运按人计算。货物不论运输距离长短、货物类别，均按实际重量统计。旅客不论行程远近或票价多少，均按一人一次客运量统计；半价票、儿童票也按一人统计。

货(客)运密度 指在一定时期内某种运输方式在营运线路的某一区段平均每公里线路通过的货物(旅客)运输周转量。计算公式为：

$$货(客)运密度=\frac{货物(旅客)周转量}{营业线路长度}$$

该指标可以反映交通运输线路上的货物(旅客)运输量运输繁忙程度，是平衡运输线路运输能力和通过能力，规划线路建设及改造、配备技术设备，研究运输网布局的重要依据。

货物(旅客)周转量 指在一定时期内，由各种运输工具运送的货物(旅客)数量与其相应运输距离的乘积之总和。该指标可以反映运输业生产的总成果，也是编制和检查运输生产计划，计算运输效率、劳动生产率以及核算运输单位成本的主要基础资料。计算货物周转量通常按发出站与到达站之间的最短距离，也就是计费距离计算。计算公式为：

$$货物（旅客）周转量=\Sigma（货物（旅客）运输量\times 运输距离）$$

铁路货车平均静载重 指货物在装车时的静止装载重量。计算公式为：

$$货车平均静载重(吨)=货物发送吨数/装车数$$

铁路货运机车日产量 指在一定时期内，平均每台货运机车在一昼夜内所完成的总重吨公里数，包括载运货物的重量和车辆本身的自重。该指标从时间和牵引能力两方面反映了机车运用效率。计算公式为：

$$货运机车平均日产量=\frac{货运总重吨公里数}{货运机车台日数}$$

港口货物吞吐量 指经由水路进、出港区范围，并经过装卸的货物数量。按货物流向分为进港吞吐量和出港吞吐量，按货物的贸易性质分为内贸和外贸吞吐量。货物类别根据现行的交通行业《运输货物分类和代码》标准分类。

民用运输船舶拥有量 指报告期末在水路运输管理部门注册登记的从事水上客、货运输活动的我国企业或私人拥有的营业性运输船舶（含我国企业或私人拥有的悬挂外国旗的船舶）数量。不包括非运输船舶及农业、渔业生产船舶。

民用汽车拥有量 指报告期末，在公安交通管理部门按照《机动车注册登记工作规范》，已注册登记领有民用车辆牌照的全部汽车数量。汽车拥有量统计的主要分类：根据汽车结构分为载客汽车、载货汽车及其他汽车；根据汽车所有者不同分为个人(私人)汽车、单位汽车；根据汽车的使用性质分为营运汽车、非营运汽车；根据汽车大小规格不同，载客汽车分为大型、中型、小型和微型，载货汽车分为重型、中型、轻型和微型。

邮政、电信业务总量 指以货币形式表示的邮政、电信通信企业为社会提供各类邮政、电信通信服务的总数量。计算方法为各类业务的实物量分别乘以相应的不变单价，求出各类业务的货币量加总求得。没有不变单价的业务按其业务收入直接相加。

移动电话用户 指在电信运营企业营业网点办理开户登记手续，通过移动电话交换机进入移动电话网，占用移动电话号码的各类电话用户。包括各类签约用户、智能网预付费用户、无线上网卡用户。

互联网上网人数 指过去半年内使用过互联网的6周岁及以上中国居民人数。

固定电话用户 指在电信企业营业网点办理开户登记手续并已接入固定电话网上的全部电话用户。包括普通电话用户、无线市话用户、公用电话用户、窄带综合业务数字网（N—ISDN）用户、智能网专用接入终端用户等。

城市电话用户 指按行政区划属于中央直辖市、省辖市、地级市、县级市的市区、市郊区及县城区范围内的电话用户数。包括分布在农村地区但以县团级以上建制的独立工矿区、林区、驻军的电话用户。

农村电话用户 指按行政区划属于城市范围以外的乡（镇）、村电话用户。

住宅电话用户 指私人付费或安装在居民住宅并按照私人或住宅电话用户登记注册和收费的各类电话用户。

互联网宽带接入端口 指用于接入互联网用户的各类实际安装运行的接入端口的数量，包括 xDSL 用户接入端口、LAN 接入端口、其他类型接入端口等，不包括窄带拨号接入端口。

Explanatory Notes on Main Statistical Indicators

Length of Railways in Operation refers to the total length of the trunk line for passenger and freight transportation in full operation or temporary operation.

Length of Electrified Trunk Line refers to the length of the trunk line capable for the running of electrified locomotives and having been put into operation.

Length of Highways refers to the actual length of highways at the end of reference period. It covers public roads running vehicles among cities, city and rural areas, township (villages), highways passing through streets at small cities and towns, length of bridges and tunnels, width of ferry piers. It does not include the length of streets in cities, dead end highways, the length of streets built for agricultural (forest) production and inside factories (mines). It can only be calculated with the actual mileage having been completed, checked and accepted or put into operation. If two or more highways go the same section of the way, the length of the section is only calculated for once.

Length of Navigable Inland Waterways refers to the length of natural rivers, lakes, reservoirs and canals that are open to navigation for ships and rafts during a given period. It includes the channels with annual seasonal navigation for more than three months other than the waterways only for scattered bamboo and wooden rafts. If two provinces share one river as the border, the length of waterways will be half divided for each province to avoid duplication.

Length of Routes with Scheduled Flights refers to the total length of all routes for scheduled flights, which is calculated using million kilometres as the unit. There are usually two ways to calculate the route length: duplicated calculation and non-duplicated calculation. Duplicated calculation means that the same segment of different routes can be added duplicately, while the non-duplicated calculation allows the same segment of different routes be counted once only.

Length of Oil (Gas) Pipelines refers to the actual transport distance of oil, gas and oil products, an indicator reflecting the length of transportation routes and a reference to calculate the freight-kilometers. For those sections with double pipelines and alternate pipeline, the length will be calculated according to the length of single pipeline in principle. If the double pipelines perform the transportation at the same time and unable to be counted separately, the length of pipelines will be the length of double pipelines divided by 2.

Freight (Passenger) Traffic refers to the weight of freight (number of passenger) transported with various means within a specific period of time. Freight transport is calculated in tons and passenger traffic is calculated in terms of number of persons. Freight transport is calculated in terms of the actual weight of the goods and takes no account of the type of freight and distance of travel. Passenger traffic is calculated by the principle that one person can be counted only once in one trip and takes no account of the travelling distance and ticket price. The passengers who travel with a half price ticket or a child's ticket is also calculated as one person.

Freight (Passenger) Traffic Density refers to the freight (passenger) traffic volume carried by a particular means of transportation during a given period through one kilometer of a specific section of transportation route. The formula is as follows:

$$\begin{matrix}\text{Freight (Passenger)}\\ \text{traffic density}\end{matrix} = \frac{\begin{matrix}\text{freight ton-kilometers}\\ \text{(passenger-kilometers)}\end{matrix}}{\begin{matrix}\text{length of route}\\ \text{in operation}\end{matrix}}$$

Freight (passenger) traffic density reflects how busy freight (passenger) traffic is on transportation routes. It provides an important basis for balancing transport capability and throughput capability, planning construction and upgrading of transport routes, installing technical facilities and studying the distribution of transport networks.

Freight Ton-kilometers (Passenger-kilometers) refers to the sum of the product of the volume of transported cargo (passengers) multiplied by the transport distance. It is an important indicator to reflect the achievement of the transportation industry. This is an important indicator to show the total results of the transport industry; to prepare and examine the transport plan; and to serve as the main basic data for calculating the efficiency, labour productivity and unit cost of transport. Normally, the shortest distance between the departure station and the destination station (i.e., the payable distance) is the basis in calculating the freight ton-kilometers. The formula is as follows:

$$\begin{matrix}\text{Freight ton - kilometres}\\ \text{(passenger - kilometres)}\end{matrix} = \sum \begin{matrix}\text{freight}\\ \text{(passenger)traffic}\end{matrix} \times \begin{matrix}\text{distance of}\\ \text{transportation}\end{matrix}$$

Average Static Load of Freight Cars refers to the average cargo weight when loaded onto each freight car under the static condition. For its calculation, the following formula is applied:

$$\begin{matrix}\text{Average static}\\ \text{load of freight cars}\end{matrix}\text{(tons)} = \frac{\text{Tonnage of goods dispatched}}{\text{Number of freight cars loaded}}$$

Average Daily Haul of Freight Locomotives refers to the average total ton-kilometres accomplished by each freight transport locomotive over one day and night during a given period of time. It includes both the weight of the goods carried and the dead weight of the train itself. It is a comprehensive indicator reflecting the locomotive efficiency in terms of both time and the pulling force.

$$\text{Average daily haul of freight transport locomotive (ton - kilometre)} = \frac{\text{Total ton - kilometres of freight}}{\text{Daily number of freight transport locomotive}}$$

Volume of Freight Handled in Coastal Ports above Designated Size refers to the volume of cargo passing in and out of the harbor area of the major coastal ports and having been loaded and unloaded. The volume of freight handled may be classified by direction of cargo flow as in-port freight and out-port freight, or by nature of cargo as freight for domestic trade and freight for foreign trade. It can also be classified by type of freight based on the existing standard classification for transportation industry "Classification and Coding for Freight".

Possession of Civil Transport Vessels refers to the total number at the end of reference period of operating transport vessels owned by Chinese enterprises or privately that are registered in the water transportation management institutions and permitted to perform cargo transport activities (including vessels with foreign flags but owned by Chinese enterprises or citizens). Non-transport vessels and vessels used for agriculture and fishery are not included.

Possession of Civil Motor Vehicles refer to the total numbers of vehicles that are registered and received vehicles license tags according to the Work Standard for Motor Vehicles Registration formulated by the Transport Management Office under the department of public security at the end of the reference period. They are divided into categories. According to the structure of motor vehicles, they are divided into passenger vehicles, trucks and others; according to ownership into private vehicles and vehicles for the unit's use; according to kind of usage into working vehicles and non-working vehicles; and according to size of vehicles into large passenger vehicles, medium-sized passenger vehicles, small passenger vehicles and mini passenger vehicles, heavy trucks, light-heavy trucks, light trucks and mini-trucks.

Business Volume of Post and Telecommunications refers to the total amount of postal and telecommunication services, expressed in value terms, provided by the post and telecommunications departments for society. Business volume of post and telecommunications is the sum of each service in kind multiplying with its correspondent unit price (constant price). Business without constant price add their business revenue directly.

Mobile Telephone Subscribers refer to persons who have gone through registration procedures in the operation points of enterprises engaged in telecommunications and are hence connected with the mobile telephone communication network through the mobile telephone switchboards and occupy mobile phone numbers. Included are various types of subscriber, prepaid users for intelligent network and wireless network card users.

Internet Users refer to the number of Chinese citizens aged 6 and over who use the Internet in the past six months.

Local Telephone Subscribers refer to all subscribers who have gone through registration procedures in the operation points of enterprises engaged in telecommunications and are hence connected to the local telecommunications service provider through fixed line network. Included are general subscribers, wireless local telephone subscribers, public telephones subscribers, N-ISDN subscribers and intelligent network terminal subscribers.

Urban Telephone Subscribers refer to the number of telephone subscribers, located at the municipalities directly under the Central Government, cities under the jurisdiction of province, cities at prefecture level, downtown and suburb of city at county level town and county towns according to the administrative division, including subscribers in rural mineral area, forest area, military area that are at or above county level.

Rural Telephone Subscribers refer to telephone subscribers, located at the towns and villages outside the coverage of urban areas according to the administrative division.

Household Telephone Subscribers refer to all kinds of subscribers with telephone sets paid privately or installed in the dwelling units of residents, and registered as private subscribers or residence subscribers for payment.

Broadband Connection Terminals refer to the connection terminals to internet users actually installed and put into operation, including connection terminals for XDSL, connection terminals for LAN, and other types of connection terminals. N-ISDN connection terminals are not included.

第十七篇　教育与科技

CHAPTER 17　EDUCATION, SCIENCE AND TECHNOLOGY

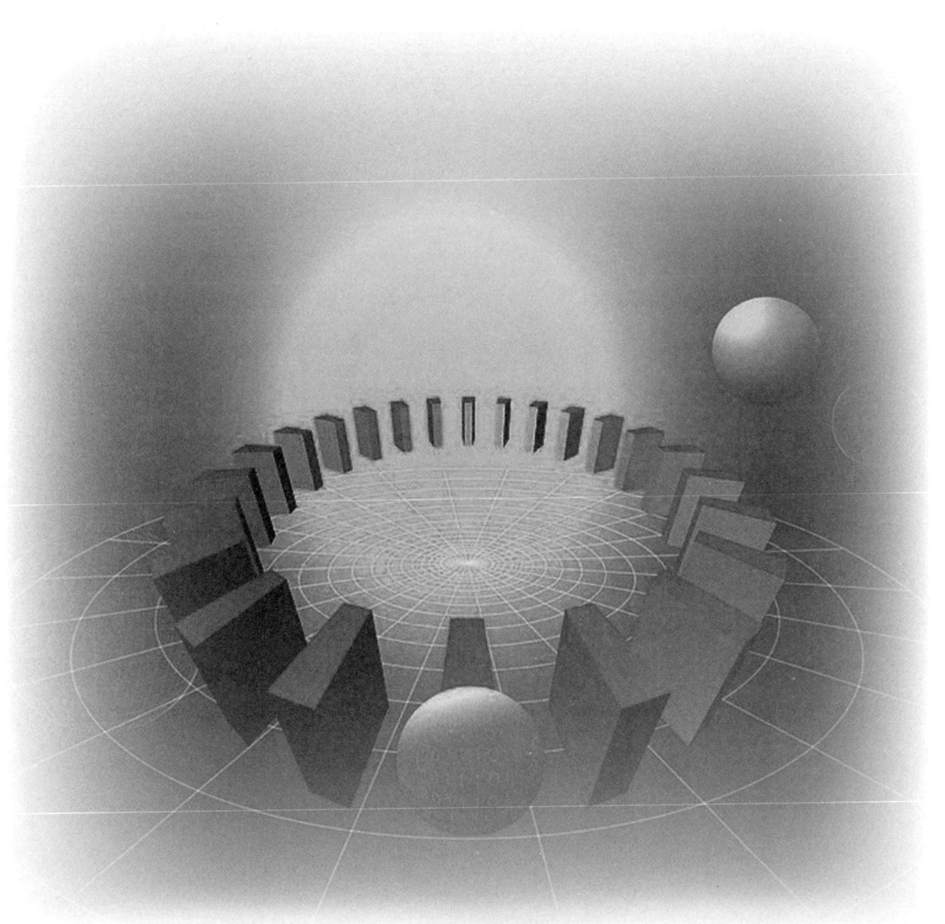

资料整理: 安　静　尹　波

17-1 教育事业基本情况
Basic Statistics on Education

指 标	Item	2016	2017	2018	2019	2020
学校数(所)	**Number of Schools (unit)**					
普通高等学校	Regular Institutions of Higher Education	82	81	81	81	80
成人高等学校	Adult Institutions of Higher Education	21	21	20	16	16
中等专业学校	Specialized Secondary Schools	77	82	80	76	74
成人中等专业学校	Adult Specialized Secondary Schools	41	40	36	32	27
普通中学	Regular Secondary Schools	1823	1800	1784	1788	1784
#高 中	#Senior Secondary Schools	372	371	366	368	370
职业中学	Vocational Secondary Schools	119	115	113	111	109
技工学校	Technical Schools	127	127	129	129	131
小 学	Primary Schools	1979	1537	1469	1431	1407
专任教师数(万人)	**Number of Full-time Teachers (10000 persons)**					
普通高等学校	Regular Institutions of Higher Education	4.7	4.6	4.6	4.7	4.9
成人高等学校	Adult Institutions of Higher Education	0.1	0.1	0.1	0.1	0.1
中等专业学校	Specialized Secondary Schools	0.5	0.5	0.5	0.4	0.4
成人中等专业学校	Adult Specialized Secondary Schools	0.2	0.2	0.1	0.1	0.1
普通中学	Regular Secondary Schools	15.1	13.2	13.2	13.0	13.0
#高 中	#Senior Secondary Schools	5.0	4.2	4.3	4.3	4.3
职业中学	Vocational Secondary Schools	0.7	0.7	0.7	0.7	0.7
技工学校	Technical Schools	0.8	0.7	0.7	0.7	0.7
小 学	Primary Schools	10.1	11.4	11.1	10.7	10.4
招生数(万人)	**New Student Enrollment (10000 persons)**					
普通高等学校	Regular Institutions of Higher Education	20.6	20.3	20.6	24.8	24.4
成人高等学校	Adult Institutions of Higher Education	0.5	0.5	0.9	3.9	4.5
中等专业学校	Specialized Secondary Schools	3.6	3.3	2.6	2.7	2.7
成人中等专业学校	Secondary Schools for Adults	1.2	1.1	1.1	0.9	1.0
普通中学	Regular Secondary Schools	46.1	46.5	44.6	44.0	42.6
#高 中	#Senior Secondary Schools	18.6	18.9	17.3	19.0	19.5
职业中学	Vocational Secondary Schools	2.3	2.0	1.5	2.0	2.3
技工学校	Vestibule Schools	2.3	2.4	2.0	2.0	4.7
小 学	Primary Schools	24.6	22.1	22.2	21.5	20.1
在校学生数(万人)	**Student Enrollment (10000 persons)**					
普通高等学校	Regular Institutions of Higher Education	73.6	73.4	73.2	77.8	82.6
成人高等学校	Adult Institutions of Higher Education	1.4	1.1	1.3	9.2	9.2
中等专业学校	Specialized Secondary Schools	10.6	10.1	9.1	8.3	7.8
成人中等专业学校	Adult Specialized Secondary Schools	4.3	4.1	3.6	3.2	2.8
普通中学	Regular Secondary Schools	145.4	146.0	145.2	146.6	142.2
#高 中	#Senior Secondary Schools	55.0	55.6	54.8	55.2	55.7
职业中学	Vocational Secondary Schools	6.6	6.2	5.3	5.3	5.8
技工学校	Technical Schools	5.6	5.6	5.5	5.5	7.6
小 学	Primary Schools	143.9	137.7	131.9	127.9	124.4
毕业生数(万人)	**Graduates (10000 persons)**					
普通高等学校	Regular Institutions of Higher Education	20.0	19.7	20.1	19.5	19.3
成人高等学校	Adult Institutions of Higher Education	1.0	0.7	0.5	4.0	4.3
中等专业学校	Specialized Secondary Schools	3.5	3.6	3.3	3.2	3.0
成人中等专业学校	Adult Specialized Secondary Schools	1.7	1.7	1.8	1.1	1.3
普通中学	Regular Secondary Schools	46.7	45.8	42.5	45.6	46.6
#高 中	#Senior Secondary Schools	19.1	18.2	18.1	18.6	18.8
职业中学	Vocational Secondary Schools	2.2	2.1	1.8	1.9	1.7
技工学校	Technical Schools	2.8	2.1	1.8	1.8	2.1
小 学	Primary Schools	27.8	27.9	27.6	25.2	23.5
每一教师负担学生(人)	**Student-teacher Ratio (person)**					
普通高等学校	Regular Institutions of Higher Education	15.7	15.9	15.9	16.5	16.9
中等学校	Secondary Schools	10.0	11.3	11.2	9.9	10.9
小 学	Primary Schools	14.2	12.0	11.9	14.6	12.0

17-2 各级各类学校数

单位：所

年 份 Year	普通高等学校 Regular Institutions of Higher Education	中等学校 Secondary Schools	中等专业学校 Specialized Secondary Schools	中等技术学校 Technical Secondary Schools	中等师范学校 Teacher Secondary Schools	职业中学 Vocational Secondary Schools
1978	24	4140	75	55	20	
1980	28	3522	93	68	25	89
1985	40	3403	99	71	28	400
1990	42	3338	107	77	30	413
1995	38	3190	111	81	30	398
1996	38	3199	113	83	30	361
1997	37	3202	114	84	30	336
1998	38	3123	114	84	30	297
1999	39	3080	112	83	29	269
2000	36	3023	109	83	26	240
2001	41	3034	96	74	22	163
2002	48	3003	75	58	17	182
2003	55	2937	51	40	11	167
2004	59	2907	44	35	9	166
2005	62	2799	56	47	9	156
2006	65	2758	63	55	8	179
2007	68	2677	66	60	6	197
2008	70	2617	66	62	4	196
2009	78	2504	70	66	4	186
2010	79	2426	72	68	4	180
2011	78	2328	75	71	4	161
2012	79	2270	73	69	4	154
2013	80	2183	73	70	3	145
2014	80	2154	74	71	3	134
2015	81	2139	72	70	2	127
2016	82	2019	77	75	2	119
2017	81	1997	82	80	2	115
2018	81	1977	80	78	2	113
2019	81	1975	76	74	2	111
2020	80	1967	74	72	2	109

Number of Schools by Level and Type

(unit)

普通中学 Regular Secondary Schools	高中 Senior Secondary Schools	初中 Junior Secondary Schools	小学 Primary Schools	幼儿园 Kindergartens	盲聋哑学校 Blind, Deaf, Deaf-mute Schools
4065	2119	1946	26425	1654	62
3340	1480	1860	25879	2594	58
2904	828	2076	18157	3216	61
2818	600	2218	17092	1826	64
2681	475	2206	16163	3918	68
2725	470	2255	15902	3993	67
2752	474	2278	15377	4168	67
2712	461	2251	15193	4506	66
2699	467	2232	14754	4830	70
2674	463	2211	13995	4503	65
2775	462	2313	12636	2089	72
2746	447	2299	11990	2100	71
2719	481	2238	11400	2181	71
2697	479	2218	10791	3179	73
2587	475	2112	9995	4156	72
2516	475	2041	9288	4287	71
2414	463	1951	8738	4135	71
2355	445	1910	8142	4466	71
2248	430	1818	7202	4092	72
2174	416	1758	6490	3942	74
2092	411	1681	5620	4504	73
2043	398	1645	4834	4796	74
1965	379	1586	3261	5571	74
1946	378	1568	3115	5853	74
1940	377	1563	2802	5770	73
1823	372	1451	1979	5720	73
1800	371	1429	1537	5888	73
1784	366	1418	1469	5852	72
1788	368	1420	1431	5881	72
1784	370	1414	1407	5763	72

17-3 各级各类学校教职工数

单位：人

年 份 Year	普 通 高等学校 Regular Institutions of Higher Education	中等学校 Secondary Schools	中等专业学校 Specialized Secondary Schools	中等技术学校 Technical Secondary Schools	中等师范学校 Teacher Secondary Schools
1978	23867	188718	12062	9445	2617
1980	29070	192575	13057	10013	3044
1985	36949	194053	15991	13067	2924
1990	42418	214098	17483	13843	3640
1995	43324	208562	18075	14087	3988
1996	43204	208805	18387	14486	3901
1997	41212	209992	18282	14321	3961
1998	40564	211976	18013	14117	3896
1999	42608	213841	17440	13686	3754
2000	43120	210698	16443	12971	3472
2001	46163	210046	13433	10352	3081
2002	52140	207103	10221	7890	2331
2003	60609	203403	6592	4970	1622
2004	64831	201713	6055	4602	1453
2005	65640	193714	6648	5322	1326
2006	68252	193053	6969	5714	1255
2007	72316	192299	7519	6609	910
2008	74480	192253	7519	7002	517
2009	75062	192092	7880	7378	502
2010	75741	189957	7418	6810	608
2011	76205	204497	7462	6873	589
2012	77510	207351	7302	6935	367
2013	77234	201949	7263	6906	357
2014	77000	200828	7541	7361	180
2015	76086	197551	7551	7385	166
2016	74901	195656	7559	7403	156
2017	73918	195595	7956	7813	143
2018	73542	194615	7407	7269	138
2019	74233	192099	6439	6311	128
2020	75226	190008	6544	6424	120

Number of Teachers and Staff by Level and Type

(person)

普通中学 Regular Secondary Schools	职业中学 Vocational Secondary Schools	小　学 Primary Schools	幼儿园 Kindergartens	盲聋哑学　校 Blind, Deaf, Deaf-mute Schools
176656		217179	13176	1064
176247	3271	219967	23478	1197
163216	14846	239660	32172	1562
176687	19928	250064	40631	2164
173311	17176	247894	42219	2779
174556	15862	246032	40868	2577
176878	14832	246444	39793	2524
180066	13897	242001	37391	2598
183112	13289	236864	34884	2550
182246	12009	221859	32840	2466
185718	10895	209888	19975	2598
186394	10488	207924	19586	2628
186384	10427	204820	20298	2546
185184	10474	201911	24145	2484
176524	10542	188256	25668	2290
174745	11339	184214	27872	2295
172633	12147	181778	27812	2281
172718	12016	179467	29623	2295
172299	11913	176830	28883	2285
171212	11327	172707	29803	2312
185966	11069	152915	39417	2308
188935	11114	145978	44708	2312
184377	10309	136461	51578	2253
183497	9790	130444	55788	2281
180505	9495	123574	59559	2222
178757	9340	116470	62919	2260
178931	8708	111146	66660	2261
178631	8577	106572	68658	2248
177408	8252	101932	72013	2330
175406	8058	98420	72756	2425

17-4 各级各类学校教师数

单位：人

年份 Year	普通高等学校 Regular Institutions of Higher Education	中等学校 Secondary Schools	中等专业学校 Specialized Secondary Schools	中等技术学校 Technical Secondary Schools	中等师范学校 Teacher Secondary Schools	职业中学 Vocational Secondary Schools
1978	8380	142761	4193	3094	1099	
1980	10365	144291	4946	3477	1469	2589
1985	13448	135366	5953	4610	1343	9306
1990	15915	149499	7253	5435	1818	12198
1995	16542	148057	7757	5726	2031	11028
1996	16403	149560	7917	5904	2013	10316
1997	15736	152402	7999	5938	2061	9883
1998	15505	156257	7958	5918	2040	9331
1999	15804	159855	7787	5762	2025	9032
2000	16169	160153	7358	5464	1894	8396
2001	18042	161133	6193	4389	1804	7617
2002	23179	161352	4925	3505	1420	7373
2003	28525	160108	3302	2267	1035	7177
2004	32119	159719	3039	2089	950	7208
2005	35105	153952	3247	2348	899	7517
2006	36866	154299	3647	2741	906	8124
2007	39792	154769	4017	3338	679	8830
2008	41727	156018	4069	3723	346	8932
2009	43057	156205	4353	4011	342	9020
2010	44198	155048	4198	3773	425	8694
2011	44821	168152	4349	3972	377	8371
2012	45448	170671	4211	3964	247	8441
2013	46215	167746	4279	4036	243	8005
2014	46870	167073	4523	4406	117	7626
2015	46806	165186	4587	4479	108	7630
2016	46829	162945	4678	4577	101	7497
2017	46278	144294	5068	4974	94	7102
2018	46027	143413	4736	4641	95	7013
2019	47245	141887	4106	4017	89	6814
2020	48858	140758	4193	4110	83	6607

Number of Teachers by Level and Type

(person)

普通中学 Regular Secondary Schools	高　中 Senior Secondary Schools	初　中 Junior Secondary Schools	小　学 Primary Schools	幼儿园 Kindergartens	盲聋哑学　校 Blind, Deaf, Deaf-mute Schools
138568	28151	110417	187061	9306	642
136756	27606	109150	193787	13317	694
120107	23099	97008	207256	21255	974
130048	22785	107263	215735	24429	1367
129272	21536	107736	214944	28890	1936
131327	21722	109605	213124	27659	1741
134520	22294	112226	214807	27717	1724
138968	22845	116123	210954	26273	1869
143036	23582	119454	206807	25962	1793
144399	24172	120227	193113	24221	1751
147323	25502	121821	182929	11733	1899
149054	26695	122359	180900	11145	1931
149629	29728	119901	178122	11779	1926
149472	32648	116824	175274	13956	1910
143188	34093	109095	163204	14534	1782
142528	35788	106740	160511	15955	1799
141922	37373	104549	158918	16313	1801
143017	39386	103631	157436	17233	1843
142832	40113	102719	155025	16768	1868
142156	40726	101430	151344	17559	1873
155432	49559	105873	134479	22696	1872
158019	50245	107774	128792	25427	1879
155462	49378	106084	120214	28747	1850
154924	50029	104895	114606	30865	1899
152969	49667	103302	109061	32328	1877
150770	49673	101097	101401	34177	1926
132124	42452	89672	114487	35541	1925
131664	42686	88978	110544	35128	1920
130967	42909	88058	107089	35914	1997
129958	43065	86893	103715	35711	2128

17-5 各级各类学校在校学生数

单位：人

年份 Year	普通高等学校 Regular Institutions of Higher Education	中等学校 Secondary Schools	中等专业学校 Specialized Secondary Schools	#中等技术学校 Technical Secondary Schools	#中等师范学校 Teacher Secondary Schools	职业中学 Vocational Secondary Schools
1978	33248	2622047	36051	19339	16712	
1980	43627	2509164	41177	23483	17694	47822
1985	65940	2218705	59686	34629	25057	141245
1990	79908	2003199	66235	45337	20898	135486
1995	113523	2012719	100003	71239	28764	121520
1996	116379	2114982	111502	81527	29975	117839
1997	115767	2213940	118429	89123	29306	114606
1998	125140	2395561	123854	95414	28440	120185
1999	157063	2601909	128485	103235	25250	116937
2000	200386	2707986	115489	94596	20893	105060
2001	271435	2717522	116315	99280	17035	80619
2002	334627	2767789	121718	106897	14821	84884
2003	392246	2674379	111540	43778	6263	88916
2004	465703	2613122	107997	41862	5134	94725
2005	540867	2480041	97559	44002	5847	103092
2006	584112	2378916	94547	55101	5088	116684
2007	634902	2313072	105562	72217	2856	137601
2008	678139	2263200	115559	91325	1791	143016
2009	708935	2219578	115624	96818	1612	156894
2010	719117	2159652	119002	94312	1751	132873
2011	711198	2088030	119458	95753	3699	123127
2012	704538	2046550	120694	88286	4340	109139
2013	717856	1734842	119341	84363	4331	93773
2014	730614	1673320	117012	84031	4416	73231
2015	735151	1635788	111562	81633	3199	70264
2016	735857	1626379	106308	79579	2317	66344
2017	734166	1623499	101317	85010	1448	61703
2018	732082	1605049	91254	68544	1626	53316
2019	778160	1601809	82886	64271	2038	53301
2020	825601	1557484	77547	62041	1803	58057

Number of Students Enrollment by Level and Type

(person)

普通中学 Regular Secondary Schools	高 中 Senior Secondary Schools	初 中 Junior Secondary Schools	小 学 Primary Schools	幼儿园 Kindergartens	盲聋哑学 校 Blind, Deaf, Deaf-mute Schools
2585996	493965	2092031	4958068	139791	4277
2420165	455716	1964449	5002632	298740	4515
2017774	335914	1681860	4677937	496132	5416
1801478	267169	1534309	3977121	577053	5522
1791196	252376	1538820	3729337	651655	5607
1885641	260071	1625570	3713483	645365	4845
1980905	270276	1710629	3705059	589276	4595
2151522	292464	1859058	3448558	555898	4793
2356487	309567	2046920	3101578	510631	4548
2487437	328765	2158672	2830578	470317	4311
2520588	362410	2158178	2587506	369821	7518
2561187	413251	2147936	2437336	371120	7002
2473923	486096	1987827	2401918	345116	6404
2410400	546793	1863607	2315394	422998	6475
2279390	583567	1695823	2204055	377242	6679
2167685	607896	1559789	2103073	414227	6591
2069909	607254	1462655	2040767	426913	6358
2004625	611287	1393338	1982828	437284	8332
1947060	608221	1338839	1903733	424717	9706
1907777	616885	1290892	1879609	491647	8326
1845445	622251	1223194	1874996	561714	6731
1816717	612579	1204138	1867729	578793	6933
1521728	589379	932349	1540035	540777	6482
1483077	566805	916272	1486016	535854	6693
1453962	554173	899789	1477992	532286	6903
1453727	549844	903883	1439381	528090	7845
1460479	556496	903983	1376526	559283	9268
1452404	548421	932812	1318982	522076	9981
1465622	551656	913966	1278727	509864	11167

17-6 各级各类学校招生数

单位：人

年份 Year	普通高等学校 Regular Institutions of Higher Education	中等学校 Secondary Schools	中等专业学校 Specialized Secondary Schools	#中等技术学校 Technical Secondary Schools	#中等师范学校 Teacher Secondary Schools
1978	13192	988741	19051	9907	9144
1980	11440	964834	19383	10304	9079
1985	24701	774608	24699	14729	9970
1990	24289	697999	19069	14176	4893
1995	35270	764356	35879	26806	9073
1996	36448	736548	39720	30156	9564
1997	36288	739193	41747	31605	10142
1998	39881	913767	44557	34779	9778
1999	62480	934441	46585	40237	6348
2000	76450	847161	35473	29187	6286
2001	98162	810737	31566	26573	4993
2002	115702	789643	40743	36057	4686
2003	125402	686475	36258	15540	2085
2004	149924	725222	33267	13253	1248
2005	172054	710305	31954	16629	1529
2006	180386	714447	35078	24506	1883
2007	195766	693270	40903	33282	999
2008	216022	690791	42038	35868	571
2009	210372	705121	42954	36594	418
2010	195365	650019	40329	32271	781
2011	199414	625026	42931	32830	1595
2012	203066	622583	42296	29130	2170
2013	202707	540110	40612	28258	1366
2014	203081	506653	39026	28905	1260
2015	205725	490720	35936	27604	605
2016	205903	520287	35575	26741	452
2017	202636	518848	33442	27177	417
2018	205726	511558	26152	20309	815
2019	247656	486859	26693	22039	843
2020	244012	476080	27160	22546	175

Number of New Students Enrollment by Level and Type

(person)

普通中学 Regular Secondary Schools	高　中 Senior Secondary Schools	初　中 Junior Secondary Schools	职业中学 Vocational Secondary Schools	小　学 Primary Schools	盲聋哑学　校 Blind, Deaf, Deaf-mute Schools
969690	244752	724938		1189813	730
901537	216203	685334	43914	1078553	792
676789	116124	560665	73120	736004	1059
619527	95016	524511	59403	636998	820
678617	93860	584757	49860	639529	831
652427	90282	562145	44401	633284	672
655077	98005	557072	42369	599270	703
816060	113234	702826	53150	510911	796
852360	110095	742265	35496	464113	580
780271	118418	661853	31417	442988	618
751164	141132	610032	28007	414318	884
716662	159228	557434	32238	406494	1024
618877	187643	431234	31340	405337	830
661363	203315	458048	30592	383832	760
641065	205541	435524	37286	240241	778
630939	208852	422087	48430	333206	800
595430	198023	397407	56937	340170	783
598813	209254	389559	49940	336919	1126
597601	207927	389674	64566	312389	1511
570688	207452	363236	39002	341438	1233
542744	207742	335002	39351	333945	664
547433	202090	345343	32854	328950	700
472887	193979	278908	26611	274454	731
444859	181627	263232	22768	227120	1154
431869	180950	250919	22915	249113	977
461494	186283	275211	23218	246422	1531
465032	189010	276022	20374	221026	2071
445889	173135	272754	14795	221795	1450
440359	190255	250104	19807	214565	1736
425971	194509	231462	22949	200964	1539

17-7 各级各类学校毕业生数

单位：人

年 份 Year	普 通 高等学校 Regular Institutions of Higher	中等学校 Secondary Schools	中等专业 学 校 Specialized Secondary	#中 等 技术学校 Technical Secondary	#中 等 师范学校 Teacher Secondary
1980	7828	704698	19911	11708	8203
1985	11772	583165	17347	10620	6727
1990	22972	584486	15986	10607	5379
1995	30622	576053	23369	16177	7192
1996	33439	569253	28852	19881	8971
1997	30589	594398	33861	22956	10905
1998	30055	669351	37397	26665	10732
1999	30218	655719	39353	29862	9491
2000	31737	661074	38157	27606	10551
2001	37359	710566	30327	23054	7273
2002	46401	684420	32431	27214	5217
2003	69050	729371	45279	18758	2636
2004	84964	751291	34596	12241	2150
2005	100791	792618	32449	12201	752
2006	129465	778185	24699	13062	
2007	148883	721246	19317	9399	
2008	169988	708092	20032	12344	56
2009	174380	716578	34407	26216	61
2010	180982	678382	30569	24070	13
2011	196075	679656	35264	31111	581
2012	203792	682859	37357	30082	392
2013	184085	656062	37314	30449	491
2014	185376	541426	37011	27722	971
2015	193980	521228	36425	28274	1822
2016	199598	524250	35370	26988	1334
2017	197183	514793	36222	29453	1260
2018	200701	511412	32841	24378	591
2019	194809	506130	31682	21153	412
2020	192631	514118	30424	22984	370

Number of Graduates by Level and Type

(person)

普通中学 Regular Secondary Schools	高中 Senior Secondary Schools	初中 Junior Secondary Schools	职业中学 Vocational Secondary Schools	小学 Primary Schools	盲聋哑学校 Blind, Deaf, Deaf-mute Schools
684422	169152	515270	365	760548	441
527026	102731	424295	38792	654517	432
522845	89285	433560	45655	635770	554
507909	73306	434603	44775	638456	585
497697	74005	423692	42704	606170	569
515521	79682	435839	45016	591032	476
586482	86053	500429	45472	749160	549
575538	82932	492606	40828	785711	508
578390	91419	486971	44527	698124	632
630624	102784	527840	49615	638339	950
621709	105634	516075	30280	570422	670
658977	115778	543199	25115	438218	536
688863	139441	549422	27832	462923	566
726516	161301	565215	33653	443962	669
718229	181583	536646	35257	427035	724
669849	193767	476082	32080	398638	639
650950	203680	447270	37110	390554	879
642951	206616	436335	39220	389841	1629
600743	195518	405225	47070	363943	931
602472	204287	398185	41920	336006	642
600231	206310	393921	45271	346553	576
579347	206088	373259	39401	330069	799
468483	198990	269493	35932	267124	653
460988	193938	267050	23815	254050	655
466614	190714	275900	22266	278092	708
457565	181619	275946	21006	278965	806
425328	180948	244380	17929	276053	927
455768	185865	269903	18680	252008	921
466457	188363	278094	17237	235017	1327

17-8 普通高等学校本专科分学科学生数(2020年)
Number of Students Enrollment in Institutions of Higher Education by Field of Study(2020)

单位：人 (person)

学 科	Subject	本科毕业生数 Graduates of Regular College Course	本科招生数 New Student Enrollment of Regular College Course	本科在校生数 Student Enrollment of Regular College Course
总 计	**Total**	**127638**	**148041**	**560129**
#女 性	#Female	67771	77284	292815
哲 学	Philosophy	112	111	439
经济学	Economics	6444	7334	27525
法 学	Law	2875	3275	12301
教育学	Education	4853	5581	20121
文 学	Literature	11597	14403	52411
历史学	History	467	572	2101
理 学	Science	7812	9072	35002
工 学	Engineering	49697	58547	218915
农 学	Agriculture	2976	3696	13182
医 学	Medicine	9061	11501	49766
管理学	Manage	21953	22203	85415
艺术学	Art	9791	11746	42951

17-8 续表 Continued

单位：人 (person)

学 科	Subject	专科毕业生数 Graduates of Regular Specialized Subject	专科招生数 New Student Enrollment of Regular Specialized Subject	专科在校生数 Student Enrollment of Regular Specialized Subject
总 计	**Total**	**64993**	**95971**	**265472**
#女 性	#Female	30605	40923	109761
农林牧渔大类	Agriculture, Forestry, Animal Husbandry & Fishery Categories	2600	4389	15963
资源环境与安全大类	Resource Environment and Security Categories	841	1795	4550
能源动力与材料大类	Energy Dynamics and Materials Categories	717	1217	3117
土木建筑大类	Civil Construction Categories	5213	7595	21634
水利大类	Hydraulic Engineering Categories	86	252	549
装备制造大类	Equipment Manufacturing Categories	5405	7358	21475
生物与化工大类	Biology and Chemistry Categories	227	183	404
轻工纺织大类	Light and Textile Industry Categories	599	254	1145
食品药品与粮食大类	Food, Medicine and Food Categories	2574	3531	9223
交通运输大类	Major Transportation Sectors Categories	8540	11242	30288
电子信息大类	Electronic Information Categories	6834	12308	33183
医药卫生大类	Medical and Health Categories	9012	14078	35232
财经商贸大类	Finance and Trade Categories	8875	10415	33140
旅游大类	Tourism Categories	2096	2522	7621
文化艺术大类	Cultural and Artistic Categories	1887	3322	8852
新闻传播大类	News Communication Categories	339	707	1783
教育与体育大类	Education and Sports Categories	7391	12342	30413
公安与司法大类	Public Security and Judicial Categories	1540	1755	4888
公共管理与服务大类	Public Administration and Services	217	706	2012

17-9 普通高等学校分科专任教师数(2020年)

Number of Full-Time Teachers by Field of Study in Regular Higher Education Institutions(2020)

单位：人 (person)

学 科	Subject	合 计 Total	教 授 Professors	副教授 A/Prof.	讲 师 Lecturers	助 教 Assistants	教 员 Instructors
总 计	**Total**	**48858**	**8305**	**16941**	**18121**	**3502**	**1989**
#女 性	#Female	27219	3719	9201	10903	2169	1227
哲 学	Philosophy	1010	150	270	396	140	54
经济学	Economics	1874	285	693	640	163	93
法 学	Law	2280	284	677	879	247	193
教育学	Education	3615	439	1196	1434	359	187
文 学	Literature	6299	600	2066	2917	415	301
历史学	History	273	54	108	81	21	9
理 学	Science	4456	900	1724	1474	223	135
工 学	Engineering	15781	3231	5847	5354	850	499
农 学	Agriculture	1634	471	561	497	76	29
医 学	Medicine	4019	946	1325	1427	250	71
管理学	Manage	3994	572	1379	1422	425	196
艺术学	Art	3623	373	1095	1600	333	222

17-10 分学科研究生数(2020年)

Number of Postgraduates by Subject(2020)

单位：人 (person)

学 科	Subject	毕业生数 Graduates		招生数 New Student Enrollment		在校生数 Student Enrollment	
		博士 doctor	硕士 master	博士 doctor	硕士 master	博士 doctor	硕士 master
总 计	**Total**	**21215**	**1884**	**31801**	**4142**	**72397**	**17036**
#女 性	#Female	11094	770	16293	1603	37928	6610
哲 学	Philosophy	110	24	111	22	351	120
经济学	Economics	398	9	501	22	1099	111
法 学	Law	1120	40	1578	74	3500	314
教育学	Education	960	10	2077	26	3963	56
文 学	Literature	825	37	1113	58	2413	220
历史学	History	96		121	3	297	7
理 学	Science	1519	164	2068	271	5079	1077
工 学	Engineering	9284	1057	12966	2620	28364	11269
农 学	Agriculture	1214	141	2392	215	5252	975
医 学	Medicine	2795	299	4199	617	10540	1840
军事学	Military						
管理学	Manage	2400	91	3828	184	9672	949
艺术学	Art	494	12	847	30	1867	98
学术型学位	Academic Degree	11059	1872	14031	3540	34573	15657
专业学位	Professional Degree	10156	12	17770	602	37824	1379

17-11 平均每万人口在校学生数和大中小学学生构成
Number of Students Enrollment Per 10000 Population and Composition of Students Enrolled

年 份 Year	大中小学校在校学生占全省人口(%) Students as Percentage of Total Population (%)	平均每万人口学生数(人) Number of Students per 10000 Population (person)			大中小学学生构成(%) Student Structure of Different Level (%)		
		大学生 University and College Students	中学生 Secondary School Students	小学生 Primary School Students	大学生 University and College Students	中学生 Secondary School Students	小学生 Primary School Students
1978	24.3	10.6	837.8	1584.2	0.4	34.4	65.1
1980	23.6	13.6	783.2	1561.5	0.6	33.2	66.2
1985	20.7	19.6	660.9	1393.5	0.9	31.9	67.2
1990	17.1	22.6	565.4	1122.5	1.3	33.1	65.6
1995	15.8	30.7	543.8	1007.7	1.9	34.4	63.7
1996	15.9	31.2	567.3	996.1	2.0	35.6	62.5
1997	16.1	30.9	590.2	987.8	1.9	36.7	61.4
1998	15.8	33.2	634.9	914.0	2.1	40.1	57.8
1999	15.5	41.4	686.2	817.9	2.7	44.4	52.9
2000	15.1	52.6	711.3	743.5	3.5	47.2	49.3
2001	14.6	71.2	713.1	679.0	4.9	48.7	46.4
2002	14.5	87.8	725.9	639.2	6.0	50.0	44.0
2003	14.3	102.8	698.0	629.8	7.2	48.9	43.9
2004	14.7	157.8	704.2	606.8	10.7	47.9	41.3
2005	14.4	192.3	673.0	577.0	13.3	46.7	40.0
2006	14.2	213.3	655.0	550.0	15.0	46.2	38.8
2007	14.0	220.7	641.9	533.7	15.8	46.0	38.2
2008	14.0	242.7	636.1	518.5	17.4	45.5	37.1
2009	13.9	253.0	637.7	497.6	18.2	45.9	35.9
2010	13.8	257.1	629.8	491.0	18.7	45.7	35.6
2011	13.6	255.4	616.6	489.1	18.8	45.3	35.9
2012	13.5	258.3	609.3	487.1	19.1	45.0	36.0
2013	11.7	266.3	506.0	401.6	22.7	43.1	34.2
2014	11.3	270.4	475.4	387.6	23.9	41.9	34.2
2015	11.1	267.6	456.9	386.7	24.1	41.1	34.8
2016	10.9	259.1	453.5	378.2	23.7	41.6	34.7
2017	10.7	256.5	453.4	362.8	23.9	42.3	33.8
2018	10.6	258.6	454.2	348.9	24.4	42.8	32.9
2019	10.4	253.0	450.2	340.9	26.8	39.1	34.1
2020	12.3	316.1	521.9	390.7	25.7	42.5	31.8

注:从2002起，大学生、中学生在校生中分别新增了网络生和成人生，与以前年份不可比。

a) Since 2002, network students and adult students have been added to college students and middle school students respectively, which is incomparable with the previous years.

17-12 研究生数
Number of Postgraduates

单位：人 (person)

年份 Year	在校学生数 Student Enrollment	招生数 New Student Enrollment	毕业生数 Graduates	每十万人拥有研究生数 Number of Postgraduates per 100000 Population		
				在校学生数 Student Enrollment	招生数 New Student Enrollment	毕业生数 Graduates
1978	350	350		1.1	1.1	
1980	437	115	202	1.4	0.4	0.6
1985	3572	1926	588	10.7	5.8	1.8
1990	4011	1285	1572	11.4	3.6	4.5
1995	5643	1914	1344	15.3	5.2	3.6
1996	6269	2249	1606	16.8	6.0	4.3
1997	6662	2326	1667	17.8	6.2	4.4
1998	7195	2345	1774	19.1	6.2	4.7
1999	8465	3116	1903	22.4	8.2	5.0
2000	10647	4494	2293	28.0	11.8	6.0
2001	13861	5741	2455	36.4	15.1	6.4
2002	17586	7091	2999	46.1	18.6	7.9
2003	23630	9906	3862	62.0	26.0	10.1
2004	30268	12023	5345	79.3	31.5	14.0
2005	37075	13653	6608	97.1	35.8	17.3
2006	42683	14863	9064	111.7	38.9	23.7
2007	46109	15125	11679	120.6	39.6	30.5
2008	48890	15533	12903	127.8	40.6	33.7
2009	51915	17580	14667	135.7	46.0	38.3
2010	54467	18369	15468	142.3	48.0	40.4
2011	57829	19432	15247	150.8	50.7	39.8
2012	60819	20286	16824	158.6	52.9	43.9
2013	62249	20824	18439	162.3	54.3	48.1
2014	61174	20471	20685	159.6	53.4	54.0
2015	62044	21172	19151	162.3	55.4	50.1
2016	63620	21889	19510	167.2	57.5	51.3
2017	68078	25076	19328	179.4	66.1	50.9
2018	72952	26626	19461	192.9	70.4	51.5
2019	78679	28272	20749	210.6	74.6	56.0
2020	89433	35943	23099	280.8	112.9	72.5

17-13 中等专业学校分科学生数(2020年)

Number of Students in Specialized Secondary Schools by Field of Study (2020)

单位：人 (person)

学 科	Subject	毕业生数 Graduates	招生数 New Student Enrollment	在校学生数 Student Enrollment
总 计	**Total**	**60499**	**59782**	**163552**
农林牧渔类	Agriculture, Forestry, Animal Husbandry & Fishery	10966	8477	26199
资源环境类	Resource and Environment		421	1534
能源与新能源类	Energy and New Energy	40	74	172
土木水利类	Civil Engineering class	1371	1166	2968
加工制造类	Machining and Manufacture	2963	1553	4421
石油化工类	Petroleum Chemical			10
轻纺食品类	Textile Food	409	367	1014
交通运输类	Traffic and Transport	9048	6164	19507
信息技术类	Information Technology	9498	13479	34020
医药卫生类	Medicine and Sanitation	11919	12547	32620
休闲保健类	Leisure-care	700	378	1147
财经商贸类	Financial Business	4221	6217	14221
旅游服务类	Tourism Services	2232	2355	7400
文化艺术类	Culture and Art	2231	2292	6693
体育与健身	Sports and Fitness	621	979	2410
教育类	Educational	3286	2260	6955
司法服务类	Judicial Service	807	714	1379
公共管理与服务类	Public management and service	187	314	839
其他	Others		25	43

17-14 中等职业学校专任教师数(2020年)

Number of Full-Time Teachers in Secondary Vocational Schools(2020)

单位：人 (person)

项 目	Item	合 计 Total	正高级 Senior	副高级 Sub Senior	中级 Middle	初级 Junior	未定职级 No rank
总 计	**Total**	**12346**	**85**	**4252**	**4465**	**2355**	**1189**
#女 性	#Female	7411	55	2631	2514	1404	807
文化基础课	Culture Basic Course	5119	14	1839	1853	956	457
专业课	Professional Course	6866	71	2336	2478	1303	678
农林牧渔类	Agriculture, Forestry, Animal Husbandry & Fishery	977	12	373	404	150	38
资源环境类	Resource and Environment	15		4	6	5	
能源与新能源类	Energy and New Energy	22		10	7	4	1
土木水利类	Civil Engineering class	128	2	29	39	40	18
加工制造类	Machining and Manufacture	357	4	139	132	64	18
石油化工类	Petroleum Chemical	13		4	3	4	2
轻纺食品类	Textile Food	47		22	17	6	2
交通运输类	Traffic and Transport	719	7	148	220	185	159
信息技术类	Information Technology	1071	8	343	434	186	100
医药卫生类	Medicine and Sanitation	835	19	267	226	155	168
休闲保健类	Leisure-care	45		12	26	6	1
财经商贸类	Financial Business	576	9	246	196	77	48
旅游服务类	Tourism Services	346	1	112	125	73	35
文化艺术类	Culture and art	592	1	184	219	142	46
体育与健身类	Sports and Fitness	238	3	95	99	31	10
教育类	Educational	472	1	185	174	94	18
司法服务类	Judicial Service	16	1	12	1	2	
公共管理与服务类	Public management and service	81	1	23	33	21	3
其他	Others	316	2	128	117	58	11
实习指导课	Practice and Direction Course	361		77	134	96	54

17-15 各级各类学校女学生数和女教师数
Number of Female Students and Teachers by Level and Type

项 目	Item	2016	2017	2018	2019	2020
女学生数(万人)	**Number of Female Students (10000 persons)**	**187.2**	**183.7**	**180.9**	**178.7**	**176.5**
普通高等学校	Institutions of Higher Education	37.8	37.5	37.3	38.4	40.3
中等专业学校	Specialized Secondary Schools	5.4	5.2	4.7	4.3	4.0
普通中学	Regular Secondary Schools	72.4	72.7	73.7	72.5	70.0
职业中学	Vocational Secondary Schools	2.6	2.2	1.9	1.9	2.1
小 学	Primary Schools	69.1	66.2	63.4	61.6	60.1
女学生占学生总数(%)	**Percentage of Female Students to Total Students (%)**	**49.3**	**49.2**	**50.1**	**48.8**	**48.6**
普通高等学校	Institutions of Higher Education	51.4	51.0	50.9	49.3	48.8
中等专业学校	Specialized Secondary Schools	50.9	51.1	51.4	52.3	52.1
普通中学	Regular Secondary Schools	49.8	49.7	49.7	49.5	49.3
职业中学	Vocational Secondary Schools	38.7	36.4	35.3	34.7	35.4
小 学	Primary Schools	48.0	48.1	48.1	48.2	48.3
女教师数(万人)	**Number of Female Teachers (10000 persons)**	**20.0**	**19.9**	**19.7**	**19.5**	**19.3**
普通高等学校	Institutions of Higher Education	2.5	2.5	2.5	2.6	2.6
中等专业学校	Specialized Secondary Schools	0.3	0.3	0.3	0.3	0.3
普通中学	Regular Secondary Schools	9.8	8.6	8.6	8.6	8.6
职业中学	Vocational Secondary Schools	0.4	0.4	0.4	0.4	0.4
小 学	Primary Schools	6.9	8.0	7.8	7.6	7.5
女教师占教师总数(%)	**Percentage of Female Teachers to Total Teachers (%)**	**64.1**	**65.1**	**65.7**	**66.0**	**66.6**
普通高等学校	Institutions of Higher Education	54.1	54.7	55.2	55.6	56.5
中等专业学校	Specialized Secondary Schools	59.7	60.0	61.0	62.6	64.2
普通中学	Regular Secondary Schools	64.8	64.9	65.3	65.7	65.9
职业中学	Vocational Secondary Schools	59.3	60.0	61.1	61.4	61.7
小 学	Primary Schools	68.3	70.2	71.0	71.4	72.3

17-16　各级学校教师负担学生数
Student-Teacher Ratio by Level

单位：人　　　　(person)

年　份 Year	普通高等学校 Institutions of Higher Education		中等学校 Secondary Schools		小　学 Primary Schools	
	教师数 Number of Teachers	平均每个教师负担学生 Student-teacher Ratio	教师数 Number of Teachers	平均每个教师负担学生 Student-teacher Ratio	教师数 Number of Teachers	平均每个教师负担学生 Student-teacher Ratio
1978	8380	4.0	142761	18.4	187061	26.5
1980	10365	4.2	144291	17.4	193787	25.8
1985	13448	4.9	135366	16.4	207256	22.6
1990	15915	5.0	149499	13.4	215735	18.4
1991	15823	5.0	149950	13.3	216342	17.9
1992	15641	5.4	149918	13.2	216377	17.5
1993	15604	6.2	147621	12.7	213823	17.5
1994	16097	6.8	147699	12.8	215222	17.5
1995	16542	6.9	148057	13.6	214944	17.4
1996	16403	7.1	149560	14.1	213124	17.4
1997	15736	7.4	152402	14.5	214807	17.2
1998	15505	8.1	156257	15.3	210954	16.3
1999	15804	9.9	159855	16.3	206807	15.0
2000	16169	12.4	160153	16.9	193113	14.7
2001	18042	15.0	161133	16.9	182929	14.1
2002	23179	14.6	160153	17.2	180900	13.5
2003	28525	13.5	160108	16.6	178122	13.5
2004	32119	14.6	159719	16.4	175274	13.2
2005	35105	15.4	153952	16.1	163204	13.5
2006	36866	16.7	154299	15.1	160511	13.1
2007	39792	16.0	154769	14.9	158918	12.8
2008	41727	16.3	156018	14.5	157436	12.6
2009	43057	16.5	156205	14.2	155025	12.3
2010	44198	16.3	155048	13.9	151344	12.4
2011	44821	15.9	168152	12.4	134479	13.9
2012	45448	15.5	170671	12.0	128792	14.5
2013	46215	15.5	167746	10.3	120214	12.8
2014	46870	15.6	167073	10.0	114606	13.0
2015	46806	15.7	165186	9.9	109061	13.6
2016	46829	15.7	162945	10.0	101401	14.2
2017	46278	15.9	144294	11.3	114487	12.0
2018	46027	15.9	143413	11.2	110544	11.9
2019	47245	16.5	141887	11.3	107089	11.9
2020	48858	16.9	142082	11.2	103715	12.0

17-17 中小学升学及学龄儿童入学情况
Statistics of Junior Secondary Schools and Primary Schools Entering Higher Level Schools, Statistics of School-Age Children Enrolled

单位：万人、% (10000 persons,%)

年份 Year	初中毕业生数 Graduates of Junior Secondary Schools	高级中等学校招生数 Students Entering Senior Secondary Schools	小学毕业生数 Graduates of Primary Schools	初级中等学校招生数 Students Entering Junior Secondary Schools	小学升学率 Percentage of Graduates of Primary Schools Entering Junior Secondary Schools	学龄儿童数 School-age Children	已入学学龄儿童数 School-age Children Enrolled in Schools	学龄儿童入学率 Percentage of School-age Children Enrolled
1978	46.9	24.5	77.4	72.5	93.7	406.7	386.9	95.1
1980	51.5	26.0	76.1	68.5	90.1	417.9	395.1	94.5
1985	42.5	21.7	65.5	56.2	85.8	341.5	333.8	97.7
1990	43.5	20.0	63.6	52.7	82.8	313.1	310.0	99.0
1995	43.5	19.3	63.8	59.4	93.1	347.9	343.9	98.9
1996	42.4	18.4	60.6	57.3	94.6	346.9	345.8	99.7
1997	43.6	20.5	59.1	55.7	94.2	355.9	351.2	98.8
1998	50.0	20.8	74.9	70.3	94.0	334.0	327.7	98.1
1999	49.3	20.3	78.6	74.2	94.4	296.6	292.0	98.4
2000	48.7	18.9	69.8	66.2	95.9	275.1	271.7	98.8
2001	52.8	20.6	63.8	61.0	96.1	248.4	240.6	96.9
2002	52.3	26.3	57.0	56.1	98.4	232.0	226.5	97.6
2003	55.1	28.3	43.8	43.3	98.9	247.2	225.1	91.1
2004	55.6	28.5	46.3	45.9	99.2	232.1	217.8	93.8
2005	57.3	32.6	44.4	43.6	98.2	211.2	207.9	98.4
2006	54.2	36.2	42.7	42.2	98.9	201.2	198.9	98.9
2007	47.7	36.7	40.0	39.8	99.5	196.3	193.7	98.7
2008	44.8	39.2	39.1	39.0	99.7	189.7	188.5	99.4
2009	43.7	41.9	39.0	39.0	99.9	183.1	182.2	99.5
2010	40.5	40.6	36.4	36.4	99.9	181.6	180.0	99.1
2011	39.9	41.8	33.6	33.5	99.8	182.1	181.7	99.8
2012	39.4	39.7	34.7	34.6	99.7	181.7	181.3	99.8
2013	37.3	32.2	33.0	27.9	84.6	145.6	145.5	99.9
2014	27.0	29.0	26.7	26.3	98.5	141.1	141.0	99.9
2015	26.7	28.0	25.4	25.1	98.8	139.6	139.6	99.9
2016	27.6	28.1	27.8	27.5	99.0	136.0	136.0	99.9
2017	27.6	27.8	27.9	27.6	98.9	130.8	130.8	99.9
2018	24.4	24.5	27.6	27.3	98.8	125.2	125.1	99.9
2019	27.0	26.6	25.2	25.0	99.2	120.4	120.3	100.0
2020	27.8	30.2	23.5	23.1	98.5	116.6	116.5	100.0

注：2002起年高级中等学校招生数中新增了成人中专招生数，使相关数据明显增大。
a) From 2002,the data of senior secondary schools include the data of specialized secondary schools for adults.

17-18　各类技工学校基本情况(2020年)
Statistics on Various Technical Schools(2020)

单位：人　　　　(person)

指　标	Item	合　计 Total	地方人社部门办 Local Human Resources and Social Security Bureau	地方国有经济单位办 Launched by Local State-owned Economic Institution	行业办 Launched by Sector	企业办 Launched by Enterprise	其　他 Others
学校数(所)	Number of Schools (unit)	130	56	24	13	11	50
在校学生数	Number of Students	96771	52855	9727	3919	5808	34189
#女　性	#Female	39871	20594	3453	1663	1790	15824
招生数	New Student Enrollment	56455	28137	5431	1748	3683	22887
毕业生数	Graduates	18750	9067	2467	885	1582	7216
在职教职工数	Teachers and Staff	9081	6056	1154	498	656	1871
#文化技术理论课教师	#Classroom Teachers	4912	3400	675	246	429	837
生产实习课指导教师	Practical Training Teachers	1393.0	786.0	208.0	122.0	86.0	399

17-19　各级各类成人学校在校学生数
Student Enrollment in Adult Schools by Level and Type

单位：万人　　　　(10000 persons)

学校类别	Category	2016	2017	2018	2019	2020
成人高等学校	**Adult Education Schools**	**1.39**	**1.10**	**1.73**	**2.36**	**2.46**
广播电视大学	Radio and TV Universities	0.27	0.23	0.35	0.50	0.59
职工高等学校	Schools of Higher Education for Staff and Workers	0.24	0.13	0.12	0.13	0.10
管理干部学院	College for Management Cadres	0.35	0.29	0.51	0.66	0.60
教育学院	Pedagogical Colleges	0.54	0.44	0.74	1.07	1.18
成人中等学校	**Secondary Schools for Adults**	**47.94**	**36.03**	**20.40**	**15.59**	**14.48**
中等专业学校	Specialized Secondary Schools for Adults	4.31	4.08	3.58	3.15	2.79
成人中学	Secondary Schools for Adults	0.78	0.39	0.32	0.04	0.04
成人技术培训学校	Technical Training Schools for Adults	42.85	31.57	16.49	12.40	11.64

17-20 技工学校数、学生数和教职工数
Number of Technical Schools, Students, Staff and Teachers

单位：所、人 (unit, person)

年份 Year	学校数 Schools	在校学生数 Student Enrollment	毕业生数 Graduates	招生数 New Student Enrollment	教职工数 Staff and Teachers	#教师数 Teachers
1978	128	25200	4523	19969	4887	1855
1980	217	50731	19969	25529	8941	3670
1985	202	50257	18949	25048	12902	5192
1990	220	95665	32103	33409	18271	7745
1995	220	85809	49100	29608	16179	8002
1996	195	64105	30884	20261	15245	7993
1997	192	62580	30898	22788	14990	7578
1998	168	44107	27155	13903	12595	6667
1999	170	35795	21884	10969	11962	7040
2000	172	28979	13126	9886	9375	5392
2001	166	24939	13379	9769	10429	7966
2002	150	28008	11567	13458	8892	5903
2003	147	31789	11135	17104	9454	7099
2004	135	41411	12318	21591	10833	7620
2005	128	60407	16429	28264	9417	6064
2006	124	68658	17167	32860	9256	6170
2007	121	88076	21775	46796	10457	7465
2008	130	91059	21063	40428	10261	7474
2009	130	101307	25158	44570	11101	8417
2010	133	142109	39697	82949	12316	7982
2011	133	194501	31131	100878	11539	8211
2012	134	225762	55013	94975	12338	8695
2013	134	144221	91463	44647	11671	7987
2014	133	95985	71838	30150	10789	7965
2015	131	63300	48680	22771	11274	8054
2016	127	56295	27561	23205	10893	8083
2017	127	55893	21235	24360	10999	7335
2018	129	55494	18402	20379	10307	7110
2019	131	76424	20503	47342	10166	7130
2020	130	96771	18750	56455	9081	6752

17-21　分地区普通高等学校基本情况(2020年)

Basic Statistics on Regular Institutions of Higher Education by Region(2020)

单位：所、人　　(unit, person)

地　区	Region	学校数 Schools	教职工数 Staff and Teachers	#专任教师 Full-time Teachers	#教授 Professors	#副教授 A/Prof.	招生数 New Enrollment	在校生数 Total Enrollment	毕业生数 Graduates	授予学位数 Degrees Conferred
全　省	**Total**	**80**	**73296**	**48858**	**8305**	**16941**	**244012**	**825601**	**192631**	**127007**
哈尔滨	Harbin	50	50493	33549	6065	12210	157082	547240	131376	89868
齐齐哈尔	Qiqihar	6	5273	3842	486	1236	20514	68051	15656	9059
鸡　西	Jixi	1	690	502	66	91	2889	9699	2160	1208
鹤　岗	Hegang	1	354	220	22	116	1497	3693	664	
双鸭山	Shuangyashan	1	297	144	10	29	3656	6927	802	
大　庆	Daqing	5	5327	3472	601	1247	17927	57199	13567	10080
伊　春	Yichun	1	319	180	9	53	2422	4143	660	
佳木斯	Jiamusi	4	3870	2526	334	670	10803	40251	7651	5336
七台河	Qitaihe	7	167	142	26	54	1213	4024	592	
牡丹江	Mudanjiang	1	4588	2942	534	904	18289	58351	12878	5927
黑　河	Heihe	1	833	590	85	134	3200	11141	2535	2534
绥　化	Suihua	1	813	536	53	135	3320	12162	2997	2995
大兴安岭	Daxinganling	1	272	213	14	62	1200	2720	1093	

17-22　分地区中等专业学校基本情况(2020年)

Basic Statistics on Secondary Vocational Schools by Region(2020)

单位：人　　(person)

地　区	Region	学校数(所) Schools (unit)	教职工数 Staff and Teachers	#专任教师 Full-time Teachers	#副高级以上 Deputy High above	招生数 New Enrollment	#初中毕业 Graduate from Senior Secondary Schools	在校生数 Total Enrollment	毕业生数 Graduates
全　省	**Total**	**210**	**16798**	**12346**	**4337**	**59782**	**45266**	**163552**	**60499**
哈尔滨	Harbin	55	5855	4416	1412	21587	17447	57924	22011
齐齐哈尔	Qiqihar	26	1817	1341	403	13626	7273	34901	13023
鸡　西	Jixi	9	611	460	146	1377	1094	3596	1369
鹤　岗	Hegang	7	826	495	219	1422	735	4833	2150
双鸭山	Shuangyashan	9	425	318	162	852	629	2582	1033
大　庆	Daqing	14	1100	786	297	2320	2005	5345	1224
伊　春	Yichun	9	717	325	100	762	613	3286	1455
佳木斯	Jiamusi	18	1458	1110	348	6028	4941	15870	6438
七台河	Qitaihe	2	65	34	14	824	763	1936	623
牡丹江	Mudanjiang	17	1220	1003	327	4427	3842	13079	4358
黑　河	Heihe	18	1092	832	460	2226	1853	6913	2772
绥　化	Suihua	20	1323	1041	383	4095	4021	12200	3573
大兴安岭	Daxinganling	6	289	185	66	236	50	1087	470

17-23 分地区普通中学学校数(2020年)
Number of Regular Secondary Schools by Region(2020)

单位：所 (unit)

地区	Region	合计 Total	#高中 Senior Secondary Schools	城区 Urban Areas	#高中 Senior Secondary Schools	镇区 Counties and Towns	#高中 Senior Secondary Schools	乡村 Rural Areas	#高中 Senior Secondary Schools
全省	**Total**	**1784**	**370**	**605**	**202**	**797**	**157**	**382**	**11**
哈尔滨	Harbin	450	103	197	66	150	35	103	2
齐齐哈尔	Qiqihar	247	41	57	22	112	19	78	
鸡西	Jixi	96	21	39	15	42	6	15	
鹤岗	Hegang	50	13	23	5	26	8	1	
双鸭山	Shuangyashan	78	16	18	5	47	11	13	
大庆	Daqing	148	30	70	18	48	12	30	
伊春	Yichun	53	18	23	8	29	9	1	1
佳木斯	Jiamusi	127	27	39	13	64	10	24	4
七台河	Qitaihe	48	8	19	4	18	4	11	
牡丹江	Mudanjiang	114	33	44	18	56	14	14	1
黑河	Heihe	88	22	26	11	47	9	15	2
绥化	Suihua	250	31	45	16	131	14	74	1
大兴安岭	Daxinganling	35	7	5	1	27	6	3	

17-24 分地区普通中学在校学生数(2020年)
Number of Students of Regular Secondary Schools by Region(2020)

单位：人 (person)

地区	Region	合计 Total	#高中 Senior Secondary Schools	城区 Urban Areas	#高中 Senior Secondary Schools	镇区 Counties and Towns	#高中 Senior Secondary Schools	乡村 Rural Areas	#高中 Senior Secondary Schools
全省	**Total**	**1421880**	**556509**	**740134**	**311100**	**586093**	**234538**	**95653**	**10871**
哈尔滨	Harbin	403054	149021	267893	103382	114674	44064	20487	1575
齐齐哈尔	Qiqihar	175374	69004	59988	29481	98545	39523	16841	
鸡西	Jixi	67753	26411	43083	19470	20956	6941	3714	
鹤岗	Hegang	34851	16142	17423	8193	17326	7949	102	
双鸭山	Shuangyashan	54502	25978	14359	7521	38276	18457	1867	
大庆	Daqing	155655	59267	84093	31163	60658	28104	10904	
伊春	Yichun	27199	13495	18722	10510	8292	2898	185	87
佳木斯	Jiamusi	97129	41778	47410	21472	40181	14453	9538	5853
七台河	Qitaihe	38144	13856	22161	7636	12943	6220	3040	
牡丹江	Mudanjiang	91222	39406	48156	19367	37493	19407	5573	632
黑河	Heihe	56799	25240	32777	15182	20168	7334	3854	2724
绥化	Suihua	208916	71274	82725	37022	106764	34252	19427	
大兴安岭	Daxinganling	11282	5637	1344	701	9817	4936	121	

17-25 分地区普通中学招生数(2020年)
Number of New Enrollment Students of Regular Secondary Schools by Region(2020)

单位：人 (person)

地区	Region	合计 Total	#高中 Senior Secondary Schools	城区 Urban Areas	#高中 Senior Secondary Schools	镇区 Counties and Towns	#高中 Senior Secondary Schools	乡村 Rural Areas	#高中 Senior Secondary Schools
全省	**Total**	**425971**	**194509**	**225110**	**108939**	**175620**	**81613**	**25241**	**3957**
哈尔滨	Harbin	124403	52752	82790	36152	35773	16018	5840	582
齐齐哈尔	Qiqihar	56928	24515	20218	10616	31526	13899	5184	
鸡西	Jixi	19526	9304	12721	6758	6102	2546	703	
鹤岗	Hegang	9809	5340	4804	2654	4980	2686	25	
双鸭山	Shuangyashan	16286	8652	4354	2541	11513	6111	419	
大庆	Daqing	44548	21190	24291	11287	17820	9903	2437	
伊春	Yichun	7925	4407	5661	3531	2221	876	43	
佳木斯	Jiamusi	30371	14872	14590	7483	12542	5178	3239	2211
七台河	Qitaihe	10884	4987	6083	2863	4145	2124	656	
牡丹江	Mudanjiang	27515	13408	14896	6730	11212	6429	1407	249
黑河	Heihe	16760	8493	9900	5122	5705	2456	1155	915
绥化	Suihua	57562	24663	24403	12977	29054	11686	4105	
大兴安岭	Daxinganling	3454	1926	399	225	3027	1701	28	

17-26 分地区普通中学毕业生数(2020年)
Number of Graduates of Regular Secondary Schools by Region(2020)

单位：人 (person)

地区	Region	合计 Total	#高中 Senior Secondary Schools	城区 Urban Areas	#高中 Senior Secondary Schools	镇区 Counties and Towns	#高中 Senior Secondary Schools	乡村 Rural Areas	#高中 Senior Secondary Schools
全省	**Total**	**466457**	**188363**	**231037**	**106831**	**200256**	**77821**	**35164**	**3711**
哈尔滨	Harbin	124040	49085	76905	34139	39384	14428	7751	518
齐齐哈尔	Qiqihar	63118	22274	20334	9571	35892	12703	6892	
鸡西	Jixi	21405	9525	13388	7072	6818	2453	1199	
鹤岗	Hegang	12652	6015	6685	3339	5922	2676	45	
双鸭山	Shuangyashan	19561	9013	5357	2789	13224	6224	980	
大庆	Daqing	45509	19382	24961	11368	17335	8014	3213	
伊春	Yichun	11194	5715	7179	3989	3830	1583	185	143
佳木斯	Jiamusi	34640	14042	16841	7438	14533	4839	3266	1765
七台河	Qitaihe	11588	4764	6193	2581	4385	2183	1010	
牡丹江	Mudanjiang	32857	14278	16621	6955	13947	6989	2289	334
黑河	Heihe	21500	8799	12023	5275	7846	2573	1631	951
绥化	Suihua	63928	23234	24005	12039	33277	11195	6646	
大兴安岭	Daxinganling	4465	2237	545	276	3863	1961	57	

17-27 分地区普通中学教职工数(2020年)
Number of Teachers and Staff of Regular Secondary Schools by Region(2020)

单位：人 (person)

地区	Region	合计 Total	按城乡分 By Urban and Rural Areas			按主管部门分 By Department		
			城区 Urban Areas	镇区 Counties and Towns	乡村 Rural Areas	教育部门办 Run by Educational Department	其他部门办 Schools Run by Other Department	民办 Run by Private and Other Social Sources
全省	**Total**	**175406**	**80818**	**72368**	**22220**	**161765**	**3798**	**9843**
哈尔滨	Harbin	45309	27733	12337	5239	38213	620	6476
齐齐哈尔	Qiqihar	22289	6636	11049	4604	21735	55	499
鸡西	Jixi	9097	4780	3487	830	7951	882	264
鹤岗	Hegang	5942	3157	2708	77	4412	1302	228
双鸭山	Shuangyashan	7402	2446	4376	580	7241		161
大庆	Daqing	17445	10409	5270	1766	16691	125	629
伊春	Yichun	4791	2613	2100	78	4791		
佳木斯	Jiamusi	12354	4788	5931	1635	11479		875
七台河	Qitaihe	3919	1869	1418	632	3781	112	26
牡丹江	Mudanjiang	10628	5051	4570	1007	10023	451	154
黑河	Heihe	8618	3423	4317	878	8543	75	
绥化	Suihua	25076	7518	12767	4791	24369	176	531
大兴安岭	Daxinganling	2536	395	2038	103	2536		

17-28 分地区普通中学教师数(2020年)
Number of Teachers of Regular Secondary Schools by Region(2020)

单位：人 (person)

地区	Region	合计 Total	#高中 Senior Secondary Schools	按城乡分 By Urban and Rural Areas			按主管部门分 By Department		
				城区 Urban Areas	镇区 Counties and Towns	乡村 Rural Areas	教育部门办 Run by Educational Department	其他部门办 Schools Run by Other Department	民办 Run by Private and Other Social Sources
全省	**Total**	**148704**	**50474**	**69842**	**61071**	**17791**	**138495**	**2903**	**7306**
哈尔滨	Harbin	38740	15416	24522	10251	3967	33370	481	4889
齐齐哈尔	Qiqihar	19066	5260	5652	9770	3644	18687	34	345
鸡西	Jixi	7931	2704	4210	2990	731	7020	687	224
鹤岗	Hegang	4507	1539	2428	2029	50	3410	981	116
双鸭山	Shuangyashan	5762	1976	1915	3437	410	5642		120
大庆	Daqing	14965	5390	8590	4778	1597	14395	101	469
伊春	Yichun	3916	1391	2179	1677	85	3916		
佳木斯	Jiamusi	10268	3692	4238	4778	884	9682		586
七台河	Qitaihe	3563	1116	1681	1310	3823	3456	89	18
牡丹江	Mudanjiang	9382	3626	4450	4048	572	8900	351	131
黑河	Heihe	7123	2400	2953	3454	1252	7071	52	
绥化	Suihua	21577	5441	6750	11004	60	21042	127	408
大兴安岭	Daxinganling	1904	523	274	1545	716	1904		

17-29　分地区小学学校数和在校学生数(2020年)
Statistics on Primary Schools and Students Enrollment by Region(2020)

单位：所、人　　(unit, person)

地　区	Region	学校数 Number of Schools	按城乡分 By Urban and Rural Areas			在校学生数 Student Enrollment	按城乡分 By Urban and Rural Areas		
			城　区 Urban Areas	镇　区 Counties and Towns	乡　村 Rural Areas		城　区 Urban Areas	镇　区 Counties and Towns	乡　村 Rural Areas
全　省	**Total**	**1407**	**547**	**591**	**269**	**1244214**	**652227**	**479367**	**112620**
哈尔滨	Harbin	356	176	127	53	394105	254622	110100	29383
齐齐哈尔	Qiqihar	175	56	77	42	168824	54999	86370	27455
鸡　西	Jixi	61	29	21	11	47811	28198	16414	3199
鹤　岗	Hegang	36	20	13	3	30217	17526	12073	618
双鸭山	Shuangyashan	67	19	38	10	46615	12880	31289	2446
大　庆	Daqing	156	61	45	50	109250	61507	35248	12495
伊　春	Yichun	48	21	23	4	25045	15121	9545	379
佳木斯	Jiamusi	114	43	46	25	95173	49631	39507	6035
七台河	Qitaihe	32	14	13	5	27923	15937	9228	2758
牡丹江	Mudanjiang	114	48	49	17	96643	57289	30763	8591
黑　河	Heihe	65	25	31	9	53040	31500	20026	1514
绥　化	Suihua	167	35	92	40	139545	51872	70133	17540
大兴安岭	Daxinganling	16		16		10023	1145	8671	207

17-30　分地区小学招生数和毕业生数(2020年)
Number of New Students Enrollment and Graduates of Primary Schools by Region(2020)

单位：人　　(person)

地　区	Region	招生数 Number of New Students Enrollment	按城乡分 By Urban and Rural Areas			毕业生数 Number of Graduates	按城乡分 By Urban and Rural Areas		
			城　区 Urban Areas	镇　区 Counties and Towns	乡　村 Rural Areas		城　区 Urban Areas	镇　区 Counties and Towns	乡　村 Rural Areas
全　省	**Total**	**200964**	**120235**	**66668**	**14061**	**235017**	**112122**	**94925**	**27970**
哈尔滨	Harbin	68474	49891	14724	3859	72109	44671	20624	6814
齐齐哈尔	Qiqihar	22583	9171	10398	3014	32621	9213	17118	6290
鸡　西	Jixi	8940	5894	2607	439	10229	5857	3487	885
鹤　岗	Hegang	4676	2748	1847	81	4221	2154	1964	103
双鸭山	Shuangyashan	7053	2118	4721	214	7707	1821	5324	562
大　庆	Daqing	19909	12662	5545	1702	23405	12240	7361	3804
伊　春	Yichun	3968	2548	1370	50	3598	2046	1495	57
佳木斯	Jiamusi	13849	7951	5314	584	15635	6934	7341	1360
七台河	Qitaihe	4487	2908	1277	302	5999	3275	1871	853
牡丹江	Mudanjiang	14762	9604	3883	1275	14348	7782	5120	1446
黑　河	Heihe	7814	4881	2786	147	8221	4647	3262	312
绥　化	Suihua	22802	9651	10796	2355	35376	11310	18616	5450
大兴安岭	Daxinganling	1647	208	1400	39	1548	172	1342	34

17-31 分地区小学教职工数(2020年)
Number of Teachers and Staff of Primary Schools by Region(2020)

单位：人 (person)

地区	Region	合计 Total	按城乡分 By Urban and Rural Areas			按主管部门分 By Department		
			城区 Urban Areas	镇区 Counties and Towns	乡村 Rural Areas	教育部门办 Run by Educational Department	其他部门办 Schools Run by Other Department	民办 Run by Private and Other Social Sources
全省	**Total**	**98420**	**41389**	**40764**	**16267**	**97340**	**688**	**392**
哈尔滨	Harbin	26976	13701	9616	3659	26348	278	350
齐齐哈尔	Qiqihar	10683	3433	5067	2183	10683		
鸡西	Jixi	4061	2300	1244	517	3982	79	
鹤岗	Hegang	2694	1400	1024	270	2596	98	
双鸭山	Shuangyashan	4147	1209	2283	655	4147		
大庆	Daqing	8578	3449	2961	2168	8578		
伊春	Yichun	3847	1640	2053	154	3847		
佳木斯	Jiamusi	7474	3484	2894	1096	7471		3
七台河	Qitaihe	1994	1026	652	316	1936	58	
牡丹江	Mudanjiang	8091	3626	2970	1495	7877	175	39
黑河	Heihe	5123	2425	1912	786	5123		
绥化	Suihua	13554	3696	6947	2911	13554		
大兴安岭	Daxinganling	1198		1141	57	1198		

17-32 分地区小学专任教师数(2020年)
Number of Full-Time Teachers of Primary Schools by Region (2020)

单位：人 (person)

地区	Region	合计 Total	按城乡分 By Urban and Rural Areas			按主管部门分 By Department		
			城区 Urban Areas	镇区 Counties and Towns	乡村 Rural Areas	教育部门办 Run by Educational Department	其他部门办 Schools Run by Other Department	民办 Run by Private and Other Social Sources
全省	**Total**	**84969**	**37527**	**34526**	**12916**	**84154**	**540**	**275**
哈尔滨	Harbin	23556	12497	8242	2817	23093	220	243
齐齐哈尔	Qiqihar	9130	3067	4477	1586	9130		
鸡西	Jixi	3607	2137	1040	430	3544	63	
鹤岗	Hegang	2164	1225	769	170	2075	89	
双鸭山	Shuangyashan	3372	963	1899	510	3372		
大庆	Daqing	7589	2925	2745	1919	7589		
伊春	Yichun	2997	1348	1561	88	2997		
佳木斯	Jiamusi	6234	3354	2141	739	6234		
七台河	Qitaihe	1869	961	601	307	1829	40	
牡丹江	Mudanjiang	7315	3383	2583	1349	7155	128	32
黑河	Heihe	4368	2249	1521	598	4368		
绥化	Suihua	11859	3418	6085	2356	11859		
大兴安岭	Daxinganling	909		862	47	909		

17-33 分地区幼儿园基本情况(2020年)
Basic Statistics on Kindergartens by Region (2020)

单位：个、人 (unit, person)

地 区	Region	园 数 Number of Kindergartens	班 数 Number of Classes	幼儿数 Student Enrollment	教职工数 Staff and Teachers	#专任教师 Full-time Teachers
全 省	**Total**	**5763**	**24558**	**480119**	**72756**	**35711**
哈尔滨	Harbin	1387	6958	149007	21596	10269
齐齐哈尔	Qiqihar	971	3359	64603	8545	4088
鸡 西	Jixi	333	1280	22112	3748	1772
鹤 岗	Hegang	135	601	11843	1584	723
双鸭山	Shuangyashan	189	850	16767	2473	1269
大 庆	Daqing	583	2515	50488	9021	4303
伊 春	Yichun	108	515	10014	1748	919
佳木斯	Jiamusi	417	1866	34495	5563	2793
七台河	Qitaihe	170	611	12019	1762	920
牡丹江	Mudanjiang	457	1824	32365	5610	2910
黑 河	Heihe	308	1145	21832	3494	1696
绥 化	Suihua	632	2766	49741	6527	3464
大兴安岭	Daxinganling	73	268	4833	1085	585

17-34 各级各类成人学校基本情况(2020年)
Basic Statistics on Adult Schools by Level and Type(2020)

单位：所、人 (unit, person)

学校类别	Category	学校数 Schools	毕业生数 Graduates	招生数 New Student Enrollment	在校生数 Student Enrollment	教职工数 Staff and Teachers	#专任教师 Full-time Teachers
总 计	**Total**	**1816**	**229858**	**22159**	**169374**	**21521**	**14079**
成人高等学校	Adult Education Schools	16	11413	12486	24594	1972	1204
广播电视大学	Radio and TV Universities	2	2355	3093	5867	317	153
职工高等学校	Schools of Higher Education for Staff and Workers	9	557	227	960	524	345
管理干部学院	College for Management Cadres	3	3456	2947	5981	607	366
教育学院	Pedagogical Colleges	2	5045	6219	11786	524	340
成人中等学校	Secondary Schools for Adults	1800	218445	9673	144780	19549	12875
中等专业学校	Specialized Secondary Schools for Adults	27	12838	9673	27948	1773	1324
成人中学	Secondary Schools for Adults	3	313		442	100	74
职工中学	Secondary Schools for Staff and Workers	1	290	93	421	421	92
农民中学	Secondary Schools for Peasants	2	23	11	21	21	8
成人技术培训学校	Technical Training Schools for Adults	1770	205294		116390	17676	11477
职工技术培训学校(机构)	Worker's Technical Training School	129	12059		17789	2776	1868
农村成人文化技术培训学校(机构)	Rural Culture & Technology Training School(Institution)	531	31665		27765	1066	670
其他培训机构(含社会培训机构)	Other Training School	1110	161570		70840	13834	8939

17-35 科技活动基本情况
Basic Statistics on Scientific and Technological Activities

指 标	Item	2017	2018	2019	2020
单位基本情况	**Basic Statistics on Unit**				
单位数(个)	Number of Unit (unit)	4983	4534	5597	5671
有R&D活动单位数(个)	Number of Unit With R & D Activities (unit)	702	607	605	756
研究与试验发展(R&D)投入情况	**Statistics on R&D Input**				
R&D人员全时当量(人年)	Full-time Equivalent of R&D Personnel(man-year)	47406	37155	44394	44205
#基础研究	#Basic Research	11188	12350	14797	12279
应用研究	Applied Research	7427	8150	10888	13843
试验发展	Experimental Development	28792	16655	18709	18082
R&D经费内部支出(万元)	Expenditure on R&D(10000 yuan)	1465898	1349873	1465528	1731605
#基础研究	#Basic Research	228371	243869	256620	230334
应用研究	Applied Research	275710	401990	335764	550597
试验发展	Experimental Development	961817	704015	873144	950675
#政府资金	# Government Appropriation Funds	542391	534590	523802	724879
企业资金	Self-raised Funds by Enterprises	876889	774650	837739	964483
R&D经费内部支出相当于地区生产总值比例(%)	Proportion of R & D Expenditure to GDP (%)	1.19	1.05	1.08	1.26
科技产出及成果情况	**Statistics on S&T Outputs and Results**				
发表科技论文(篇)	Scientific Papers Issued (piece)	45873	47478	51826	48626
出版科技著作(种)	Publication on Science and Technology (kind)	1355	1231	1060	963
科技成果登记数(项)	Number of Major Achievements (item)	1489	1582	1624	
国家技术发明奖(项)	State Technological Invention Award (item)	5	12	6	6
国家科学技术进步奖(项)	National Science and Technology Progress Award (item)	13	15	15	8
专利申请受理数(件)	Number of Patent Applications Accepted(piece)	11685	11063	14633	14269
#发明专利	#Inventions	6572	6967	9183	8418
专利申请授权数(件)	Number of Patent Applications Granted(piece)	6735	5977	6130	6876
#发明专利	#Inventions	3328	2983	3169	3344
技术市场情况	**Basic Statistics on Technical Market**				
成交技术合同(件)	Number of Technical Contracts Completed (piece)	2836	3405	3799	5127
技术市场成交额(亿元)	Transaction Value in Technical Market(100 million yuan)	151	170	236	268

17-36　科学研究与开发机构基本情况
Basic Statistics on Research and Development Institutions

指　　标	Item	2016	2017	2018	2019	2020
机构基本情况	**Basic Statistics on Institutions**					
机构数(个)	Number of R&D Institutions(unit)	226	226	226	226	226
#中央属	# Subordinated to Central Level	16	16	16	16	16
地方属	Subordinated to Local Level	210	210	210	210	210
研究与试验发展(R&D)投入情况	**Statistics on R&D Input**					
R&D人员(人)	R&D Personnel (person)	7429	7359	7219	7175	7106
R&D人员全时当量(人年)	Full-time Equivalent of R&D Personnel(man-year)	6324	5573	6180	5788	6122
#基础研究	#Basic Research					
应用研究	Applied Research					
试验发展	Experimental Development					
R&D经费内部支出(万元)	Expenditure on R&D(10000 yuan)	142700	180265	158671	153026	197015
#基础研究	#Basic Research	24312	43017	39607	25783	29888
应用研究	Applied Research	34786	50447	37755	35882	42259
试验发展	Experimental Development	69118	64202	63362	91361	124868
#政府资金	# Government Appropriation Funds	94445	125400	113195	88555	131356
企业资金	Self-raised Funds by Enterprises	8287	15572	3612	4624	8890
R&D项目(课题)情况	**Statistics on R&D Topics**					
R&D项目(课题)数 (项)	Projects of R&D (item)	2127	2386	1947	1756	1594
R&D项目(课题)人员全时当量(人年)	Participants (man-years)	5150	6152	2244	4567	2863
R&D项目(课题)经费内部支出(万元)	Intramural Expenditure (10000 yuan)	73034	107266	91791	53938	73844
科技产出及成果情况	**Statistics on S&T Outputs and Results**					
发表科技论文(篇)	Scientific Papers Issued (piece)	3687	3477	3065	2950	2911
#国外发表	#Published in Foreign Periodicals	736	667	583	508	508
出版科技著作(种)	Publication on Science and Technology (kind)	71	86	56	55	70
专利申请受理数(件)	Number of Patent Applications Accepted(piece)	789	851	774	618	854
#发明专利	#Inventions	357	361	324	307	356
专利申请授权数(件)	Number of Patent Applications Granted(piece)	557	620	627	495	580
#发明专利	#Inventions	170	172	176	151	157

17-37 高等学校科技活动情况

Basic Statistics on Higher Education for Scientific and Technological Activities

指 标	Item	2016	2017	2018	2019	2020
高等学校基本情况	**Basic Statistics on Higher Education**					
学校数(个)	Number of Schools (unit)	135	136	132	130	133
#理工农医	#Science, Agricultural, Medicine	56	56	54	53	55
#人文社科	#Humanities and Social Sciences	79	80	78	77	78
R&D机构(个)	R&D Institutions (a)	329	358	306	424	450
研究与试验发展(R&D)投入情况	**Statistics on R&D Input**					
R&D人员全时当量(人年)	Full-time Equivalent of R&D Personnel(man-year)	14211	7932	15254	20744	21290
#基础研究	#Basic Research	8653	4104	10499	12556	10601
应用研究	Applied Research	5247	2681	4421	7400	10304
试验发展	Experimental Development	311	1148	334	788	385
R&D经费内部支出(万元)	Expenditure on R&D(10000 yuan)	449414	184447	501664	512229	559542
#基础研究	#Basic Research	125165	56431	195601	212206	170919
应用研究	Applied Research	317902	82435	296105	245873	376996
试验发展	Experimental Development	6348	45581	9959	54151	11626
#政府资金	#Government Appropriation Funds	244137	112598	310329	289049	357048
企业资金	Self-raised Funds by Enterprises	195097	40298	184738	166998	194516
R&D项目(课题)情况	**Statistics on R&D Topics**					
R&D项目(课题)数 (项)	Projects of R&D (item)	17308	14122	18902	22584	23579
R&D项目(课题)人员全时当量(人年)	Participants (man-year)	14210	7943	15255	20744	21291
R&D项目(课题)经费内部支出(万元)	Intramural Expenditure (10000 yuan)	409465	146834	413788	351452	494478
科技产出及成果情况	**Statistics on S&T Outputs and Results**					
发表科技论文(篇)	Scientific Papers Issued (piece)	36133	40839	41236	45220	42506
#国外发表	#Published in Foreign Periodicals	14502	9759	12749	19804	17624
出版科技著作(种)	Publication on Science and Technology (kind)	1142	1938	1083	912	890
专利申请受理数(件)	Number of Patent Applications Accepted(piece)	7679	8083	7185	9081	6619
#发明专利	#Inventions	3878	3388	5250	6596	5096
专利申请授权数(件)	Number of Patent Applications Granted(piece)	5924	6407	5278	5572	6209
#发明专利	#Inventions	2714	1827	2791	3013	3189

17-38 三项专利授权情况

Three Types of Patent Applications Examined and Granted

单位：件 (item)

指 标	Item	2016	2017	2018	2019	2020
授权专利数	**Number of Patent Applications Certified**	**18046**	**18221**	**19435**	**19989**	**28475**
发 明	Inventions	4345	4947	4309	4144	4598
实用新型	Utility Models	11707	11395	13066	13308	20211
外观设计	Designs	1994	1879	2060	2537	3666
在授权专利中	**In Patent Applications Certified**					
个 人	Individual	4922	5334	6598	7241	11365
大专院校	Universities and Colleges	6772	7125	6320	6406	7246
科研单位	Research Institutions	591	873	859	830	997
企 业	Enterprises	5640	4766	5444	5294	8647
机关团体	Government Agencies and Organizations	121	123	214	218	220

17-39　科学技术协会机构和人员数

Number of Institutions and Employed Persons of Associations for Science and Technology

单位：个、人　　　　(unit, person)

项　目	Item	2016	2017	2018	2019	2020
机构数	**Number of Associations or Learned Societies**					
科协合计	Total Number of Associations for Science and Technology	140	140	140	133	133
省　级	Provincial Level	1	1	1	1	1
市地级	City Level	13	13	13	13	13
县　级	County Level	126	126	126	119	119
学会合计	Total Number of Learned Societies	155	114	114	114	83
省　级	Provincial Level	155	114	114	114	83
地市级	City Level					
人员数	**Personnel**					
科协合计	Total Number of Associations for Science and Technology	931	1030	1083	854	753
#科学家和工程师	#Scientists and Engineers					
省　级	Provincial Level	247	344	364	237	220
市地级	City Level	263	297	288	264	212
县　级	County Level	421	389	431	353	321
学会理事	Members of Boards of Directors	6514	4125	6269	1759	4454
#高级职称	#Members with Senior Titles					
省　级	Provincial Level	6514	4125	6269	1759	4454
市地级	City Level					

17-40　科协系统科技活动情况

Basic Statistics on Scientific and Technological Activities of Associations for Science and Technology

项　目	Item	2016	2017	2018	2019	2020
学术活动	**Academic Activities**					
国内学术会议次数(次)	Domestic Academic Meeting (times)	839	171	177	53	54
参加人数(人次)	Number of Participants (person-times)	77767	22322	19936	8603	11067
交流学术论文(篇)	Number of Papers Presented (piece)	12601	3974	3406	678	662
科技培训	**Training Program**					
一般培训班培训人数(万人次)	Number of Persons Trained in Training Classes (10000 person-times)	203	190	40	18	18
科普活动	**Activities for Popular Science**					
科普讲座次数(次)	Number of Lectures(times)	13416	1697	1581	1521	1664
听讲人数(万人次)	Number of Participants (10000 person-times)	515	525	359	200	1191
科普展览次数(次)	Number of Exhibitions(times)	2651	123	458	1856	920
参观人数(万人次)	Number of Participants (10000 person-times)	159	182	136	562	168
青少年科技竞赛次数(次)	Number of Teenagers Participating in Science and Technology Competitions(times)	308	133	115	125	95
科技出版	**Publications**					
科技报纸(种)	Number of Newspapers (kind)	4	3	5	2	1
发行量(万份)	Number of Issue (10000 shares)	71	1	1	0	0
科技期刊(种)	Number of Academic Journals (kind)	45	9	15	23	33
发行量(万册)	Number of Issue (10000 copies)	157	19	21	14	19
论文集(种)	Number of Copies Distributed (kind)					
发行量(万册)	Number of Issue (10000 copies)					

17-41　公有经济企业单位专业技术人员数(年底数)

Number of Scientific and Technical Personnel in State-Owned and Collective-Owned Enterprises at Year-End

单位：人　　(person)

类别	Category	合计 Total		#高级职称 Members with Senior Titles		#中级职称 Members with Secondary Titles	
		2019	2020	2019	2020	2019	2020
总　计	**Total**	**139012**	**133056**	**20596**	**20019**	**42428**	**35777**
工程技术人员	Engineering	62999	59224	11032	10649	18851	17663
农业技术人员	Agriculture	17948	18815	1394	1628	3738	3470
科学研究人员	Scientific Research	206	253	64	100	83	95
卫生技术人员	Health Care	8790	6946	1242	1050	3106	2144
教学人员	Teaching	5809	1771	828	158	2781	444
其　它	Economy	43260	46047	6036	6434	13869	11961

17-42　事业单位专业技术人员数(2020年)

Number of Scientific and Technical Personnel in Institutions(2020)

单位：人　　(person)

类别	Category	学历 Academic				
		研究生 Graduate	大学本科 Undergraduate	大学专科 College	中专 Secondary	高中及以下 High school and below
总　计	**Total**	**47099**	**332622**	**131344**	**31254**	**1866**
工程技术人员	Engineering	2759	26180	17198	3260	323
农业技术人员	Agriculture	779	9478	7058	1328	66
科学技术人员	Scientific Research	3092	3229	885	354	8
卫生技术人员	Health Care	11187	60657	26016	13560	242
教学人员	Teaching	26504	202621	64953	7186	195
其　它	Economy	2778	30457	15234	5566	1032

17-43　地方国有企事业单位五大类专业技术人员数
Number of Scientific and Technical Personnel in Local State-Owned Enterprises and Institutions

单位：人　　(person)

年　份 Year	合　计 Total	工　程 技术人员 Engineering	农　业 技术人员 Agriculture	卫　生 技术人员 Health Care	科　学 研究人员 Scientific Research	教　学 人　员 Teaching
1990	394936	173781	31010	112878	4873	72394
1995	660685	176636	28672	119136	4885	331356
1996	674304	173885	29181	123875	4889	342474
1997	687448	174120	29795	126429	5107	351997
1998	704590	176209	31968	127156	5808	363449
1999	733932	183370	30466	133307	5398	381391
2000	737890	182346	31134	135295	5252	383863
2001	737459	175644	29905	132167	5069	394674
2002	716539	158157	29564	130269	5047	393502
2003	716404	155432	30731	132671	5694	391876
2004	640340	127635	28149	123452	3251	357853
2005	652998	118318	28008	132515	6244	367913
2006	659834	115626	28653	130183	7043	378329
2007	678115	116311	32285	137244	7448	384827
2008	683084	111820	34084	140072	6955	390153
2009	688324	116152	35310	141749	5898	389215
2010	676844	114200	36220	137487	5027	383910
2011	692097	117109	36121	154820	6638	377409
2012	637316	99522	38198	132778	6911	359907
2013	656165	109558	40763	136690	8084	361070
2014	646741	104540	39481	134734	7498	360489
2015	640181	110047	40564	133675	8311	347584
2016	621962	113086	41555	123197	7045	337079
2017	657760	110986	42838	122852	8377	334680
2018	574852	106699	38480	116020	6692	306961
2019	582328	106369	37484	117615	7346	313514
2020	677241	108944	37524	118608	7821	303230

主要统计指标解释

普通高等学校 指通过国家普通高等教育招生考试，招收高中毕业生为主要培养对象，实施高等学历教育的全日制大学、独立设置的学院、独立学院和高等专科学校、高等职业学校及其他机构。

大学、独立设置的学院主要实施本科及本科层次以上的教育。独立学院主要实施本科层次的教育。高等专科学校、高等职业学校实施专科层次的教育。其他机构是指承担国家普通招生计划任务不计校数的机构，包括普通高等学校分校、大专班等。

成人高等学校 指通过国家成人高等教育招生考试，招收具有高中毕业或同等学力的人员为主要培养对象，利用函授、业余、脱产等多种形式，对其实施高等学历教育的学校。包括：职工高等学校、农民高等学校、管理干部学院、教育学院、独立函授学院、广播电视大学、其他成人高教机构等。其他成人高教机构是指承担国家成人招生计划任务不计校数的机构。

小学学龄儿童净入学率 指调查范围内已入小学学习的学龄儿童占校内外学龄儿童总数的比重。计算公式为:

$$\text{小学学龄儿童净入学率}=\frac{\text{已入学的小学学龄儿童数}}{\text{校内外小学学龄儿童总数}}\times 100\%$$

研究与试验发展(R&D) 指为增加知识存量（也包括有关人类、文化和社会的知识）以及设计已有知识的新应用而进行的创造性、系统性工作，包括基础研究、应用研究和试验发展三种类型。国际上通常采用R&D活动的规模和强度指标反映一国的科技实力和核心竞争力。

基础研究 指一种不预设任何特定应用或使用目的的实验性或理论性工作，其主要目的是为获得（已发生）现象和可观察事实的基本原理、规律和新知识。其成果通常表现为提出一般原理、理论或规律，并以论文、著作、研究报告等形式为主。

应用研究 指为获取新知识，达到某一特定的实际目的或目标而开展的初始性研究。应用研究是为了确定基础研究成果的可能用途，或确定实现特定和预定目标的新方法。其研究成果以论文、著作、研究报告、原理性模型或发明专利等形式为主。

试验发展 指利用从科学研究、实际经验中获取的知识和研究过程中产生的其他知识，开发新的产品、工艺或改进现有产品、工艺而进行的系统性研究。其研究成果以专利、专有技术，以及具有新颖性的产品原型、原始样机及装置等形式为主。

R&D人员 指报告期R&D活动单位中从事基础研究、应用研究和试验发展活动的人员。包括直接参加上述三类R&D活动的人员，以及与上述三类R&D活动相关的管理人员和直接服务人员，即直接为R&D活动提供资料文献、材料供应、设备维护等服务的人员。不包括为R&D活动提供间接服务的人员，如餐饮服务、安保人员等。

R&D人员全时当量 指报告期R&D人员按实际从事R&D活动时间计算的工作量，以“人年”为计量单位。为国际上比较科技人力投入而制定的可比指标。

R&D经费支出 指报告期调查单位内部为实施R&D活动而实际发生的全部经费，按支出性质分为日常性支出和资产性支出。不包括调查单位委托其他单位或与其他单位合作开展R&D活动而转拨给其他单位的全部经费。

R&D经费支出中政府资金 指R&D经费支出中来自各级政府财政的各类资金，包括财政科学技术支出和财政其他功能支出的资金用于R&D活动的实际支出。

R&D经费支出中企业资金 指R&D经费支出中来自企业的各类资金。对企业而言，企业资金指企业自有资金、接受其他企业委托开展R&D活动而获得的资金，以及从金融机构贷款获得的开展R&D活动的资金；对科研院所、高校等事业单位而言，企业资金是指因接受从企业委托开展R&D活动而获得的各类资金。

R&D项目（课题）数 R&D项目（课题）是进行R&D活动的基本组织形式，通常由R&D活动执行单位依据项目立项书或合同书等形式明确项目任务、目标、人员和经费等。

R&D项目（课题）人员全时当量 指实际参加研发项目（课题）活动人员折合的全时当量。

R&D项目（课题）经费支出 指调查单位内部在报告年度进行研发项目（课题）研究和试制等的实际支出。包括劳务费、其他日常支出、固定资产购建费、外协加工费等，不包括委托或与外单位合作进行项目（课题）研究而拨付给对方使用的经费。

新产品销售收入 指报告期企业销售新产品实现的销售收入。新产品是指采用新技术原理、新设计构思研制、生产的全新产品，或在结构、材质、工艺等某一方面比原有产品有明显改进，从而显著提高了产品性能或扩大了使用功能的产品。既包括经政府有关部门认定并在有效期内的新产品，也包括企业自行研制开发，未经政府有关部门认定，从投产之日起一年之内的新产品。

专利 是专利权的简称，是对发明人的发明创造经审查合格后，由专利局依据专利法授予发明人和设计人对该项发明创造享有的专有权。包括发明、实用新型和外观设计。反映拥有自主知识产权的科技和设计成果情况。

发明（专利） 指对产品、方法或者其改进所提出的新的技术方案。是国际通行的反映拥有自主知识产权技术的核心指标。

实用新型（专利） 指对产品的形状、构造或者其结合所提出的适于实用的新的技术方案。反映具有一定技术含量的技术成果情况。

外观设计（专利）　指对产品的形状、图案、色彩或者其结合所作出的富有美感并适于工业上应用的新设计。反映拥有自主知识产权的外观设计成果情况。

科技活动　指在自然科学、农业科学、医药科学、工程与技术科学、人文与社会科学领域(简称科学技术领域)中，与科技知识的产生、发展、传播和应用密切相关的有组织的活动。可分为研究与试验发展(R&D)、研究与试验发展成果应用及相关的科技服务三类活动。该定义是联合国教科文组织考虑成员国特别是发展中国家开展科技统计工作的需要，而对科技活动所作的统计界定。

科技活动人员　指直接从事科技活动以及专门从事科技活动管理和为科技活动提供直接服务，累计的实际工作时间占全年制度工作时间 10%及以上的人员。(1)直接从事科技活动的人员包括：在独立核算的科学研究与技术开发机构、高等学校、各类企业及其他事业单位内设的研究室、实验室、技术开发中心及中试车间(基地)等机构中从事科技活动的研究人员、工程技术人员、技术工人及其他人员；虽不在上述机构工作，但编入科技活动项目(课题)组的人员；科技信息与文献机构中的专业技术人员；从事论文设计的研究生等。(2)专门从事科技活动管理和为科技活动提供直接服务的人员，包括：独立核算的科学研究与技术开发机构、科技信息与文献机构、高等学校、各类企业及其他事业单位主管科技工作的负责人，专门从事科技活动的计划、行政、人事、财务、物资供应、设备维护、图书资料管理等工作的各类人员，但不包括保卫、医疗保健人员、司机、食堂人员、茶炉工、水暖工、清洁工等为科技活动提供间接服务的人员。该指标用来反映投入科技活动人力的规模。

科学家与工程师　指科技活动人员中具有高、中级技术职称(职务)的人员和不具有高、中级技术职称(职务)的大学本科及以上学历人员。该指标用来反映投入科技活动人力的素质。

专业技术人员　指从事专业技术工作和专业技术管理工作的人员，即企事业单位中已经聘任专业技术职务从事专业技术工作和专业技术管理工作的人员，以及未聘任专业技术职务，现在专业技术岗位上工作的人员。包括工程技术人员，农业技术人员，科学研究人员，卫生技术人员，教学人员，经济人员，会计人员，统计人员，翻译人员，图书资料、档案、文博人员，新闻出版人员，律师、公证人员，广播电视播音人员，工艺美术人员，体育人员，艺术人员及企业政治思想工作人员，共十七个专业技术职务类别。用来反映科技人力资源情况。

Explanatory Notes on Main Statistical Indicators

Regular Institutions of Higher Education refer to educational establishments recruiting graduates from senior secondary schools as the main target through National Matriculation TEST. They include full-time universities, independently established colleges, colleges, and institutions of higher professional education, institutions of higher vocational education and others.

Universities and independently established colleges primarily provide undergraduate and above courses; colleges mainly impart undergraduate courses, institutions of higher professional education and institutions of higher vocational education primarily provide professional trainings; and others refer to educational establishments, which are responsible for enrolling higher education students under the State Plan but not enumerated in the total number of schools, including: branch schools of universities and colleges and junior colleges.

Institutions of Higher Education for Adults refer to educational establishments, enrolling personnel with senior secondary school or equivalent education through National Matriculation TEST for Adult, and providing higher education courses in forms of correspondence, spare time, or full time for adults. Institutions of higher learning for adults include schools of higher education for staff and workers, schools of higher education for peasants, colleges for management cadres, pedagogical colleges, independent correspondence colleges, radio and television universities and other educational establishments. Other educational establishments refer undertakings to enrol adult students but not enumerated in the number of schools under the State Plan.

Net Enrolment Ratio of Primary Schools refers to the proportion of school age children enrolled at schools to the total number of school age children both in and outside schools (including retarded children, but excluding blind, deaf and mute children). The formula is:

$$\text{Net Enrolment Ratio of Primary Schools} = \frac{\text{Total Primary School - age Children at Schools}}{\text{Total Primary School - age Children Whether or Not Attending School}} \times 100\%$$

Research and Experimental Development (R&D) refers to creative and systematic work undertaken in order to increase the stock of knowledge (including knowledge of humankind, culture and society) and to devise new applications of available knowledge. R&D includes 3 categories of activities: basic research, applied research and experimental development. The scale and intensity of R&D are widely used internationally to reflect the strength of S&T and the core competitiveness of a country in the world.

Basic Research refers to experimental or theoretical work undertaken primarily to acquire new knowledge of the underlying foundations of phenomena and observable facts, without any particular application or use in view. Basic research usually formulates hypotheses, theories or laws , and its results are mainly released or disseminated in the form of scientific papers or monographs or research reports.

Applied Research refers to original investigation undertaken in order to acquire new knowledge. It is directed primarily towards a specific, practical aim or objective. Purpose of the applied research is to identify the possible uses of results from basic research, or to explore new (fundamental) methods or new approaches. Results of applied research are expressed in the form of scientific papers, monographs, fundamental models or invention patents.

Experimental Development refers to systematic work, drawing on knowledge gained from research and practical experience and producing additional knowledge, which is directed to producing new products or processes or to improving existing products or processes. Results of experimental development activities are embodied in patents, exclusive technology, and monotype of new products or equipment.

R&D Personnel refer to persons of R&D activities units engaged in basic research, applied research, and experimental development at the reference period, including persons of directly participating in the three activities above, as well as management and direct service staff related to R&D activities, such as literature provision, material supply, equipment maintenance staff, it excludes persons providing indirect support and ancillary services, such as canteen and security staff.

Full-time Equivalent of R&D Personnel refers to the ratio of working hours actually spent on R&D during a specific reference period (usually a calendar year) divided by the total number of hours conventionally worked in the same period by an individual or by a group. The measurement unit of the ratio is "man-years". This is an internationally comparable indicator of S&T manpower input.

Expenditure on R&D refers to the real expenditure of surveyed units on their own R&D activities in reporting period. It is divided into current expenditures and gross fixed capital expenditures for R&D according to the nature of expenditure. It doesn't include the fees transferred to cooperated or entrusted agencies on R&D activities.

Expenditure on R&D from Government Funds refers to the expenditure of funds on R&D activities from government agencies at different levels, including appropriate funds on science and technology from financial departments, and the real expenditure of other fiscal functional funds on R&D activities from government agencies.

Expenditure on R&D from Enterprises funds refers to the expenditure of all kinds of funds on R&D activities from enterprises. In terms of enterprises, it refers to the expenditure of self-raised funds of enterprises, funds from other enterprises through entrustment, loans from financial institutions on R&D activities. In terms of public institutions, such as institution of scientific research and universities, it refers to the expenditure of funds from enterprises through entrustment.

Number of R&D Projects (subjects) R&D Projects (subjects) are the basic forms of R&D activities, The project task, target, personnel and expenditure are usually defined by R&D activity execution unit according to project approval specification or contract document.

Full-time Equivalent of R&D Personnel refers to the full-time equivalent of persons actually engaged in R&D projects (subjects).

Expenditure of Funds on R&D Projects (subjects) refers to the real expenditure of internal funds of the surveyed units on research and test of R&D projects (subjects) at the reference year, including service fee, other daily expenditure, cost for fixed assets, cost of external process; excluding expenditure of funds transferred to other cooperated or entrusted units of the projects.

Sales Income of New Products refers to the sales income of new products of the enterprises at the reference period. New products refer to products developed and produced with new technologies and designs or improved in structure, material, process or other aspects so that their performance are improved or their functions expanded. New products include those affirmed by government authorities in their validity period and also those developed by enterprises without the affirmation of government authorities within one year after they are put into production.

Patent is an abbreviation for the patent right and refers to the exclusive right of ownership by the inventors or designers for the creation or inventions, given from the patent offices after due process of assessment and approval in accordance with the Patent Law. Patents are granted for inventions, utility models and designs. This indicator reflects the achievements of S&T and design with independent intellectual property.

Patented Inventions refer to new technical proposals to the products or methods or their modifications. This is universal core indicator reflecting the technologies with independent intellectual property.

Patented Utility Models refer to the practical and new technical proposals on the shape and structure of the product or the combination of both. This indicator reflects the condition of technological results with certain technical content.

Designs refer to the aesthetics and industrially applicable new designs for the shape, pattern and colour of the product, or their combinations. This indicator reflects the appearance design achievements with independent intellectual property.

Scientific and Technological Activities (S&T Activities) refer to organized activities which are closely related with the creation, development, dissemination and application of the scientific and technical knowledge in the fields of natural sciences, agricultural science, medical science, engineering and technological science, humanities and social sciences (referred to as scientific and technological fields). S&T activities can be classified into 3 categories: research and development (R&D) activities, application of R&D results, and related S&T services. This statistical definition is made by UNICHIEF for scientific and technological activities to meet the need of carrying out statistical work in this field for its member countries particularly the developing countries.

Personnel Engaged in S&T Activities refer to personnel directly engaged in S&T activities, in the management of S&T activities, and in providing direct service to S&T activities, with over 10% of the total working hours in a year spent on S&T activities. (1) Personnel directly engaged in S&T activities include researchers, engineers, technicians and other related personnel engaged in S&T activities in independent-accounting R&D institutions, institutions of higher learning, and in research institutes, laboratories, technology development centers and central experiment workshops under enterprises and institutions. Also included are people working in S&T research project teams, professional and technical personnel working in S&T information archiving institutes, and graduate students working on the design of their thesis. (2) Personnel engaged in the management of S&T activities and in providing direct service to S&T activities include senior management people responsible for S&T activities in independent-accounting R&D institutions, S&T information archiving institutes, institutions of higher learning and in enterprises and institutions where S&T activities are undertaken. Also included are people responsible for the planning, administration, personnel management, financial management, logistics supply, equipment maintenance, information and library management that are related with S&T activities. People providing indirect services are excluded, such as security, medical service, drivers, plumbers, cleaners and those providing catering and related service. This indicator reflects the size of personnel engaged in S&T activities.

Scientists and Engineers refer to persons engaged in S&T activities either having obtained titles of senior and middle level professional positions, or those without such positions but have completed university or higher education. This indicator reflects the quality of personnel engaged in S&T activities.

Professional and Technical Personnel refer to persons engaged in professional and technical work or in the management of professional and technical activities, i.e., people with professional or technical positions who are engaged in professional and technical work or in the management of professional and technical activities, and people without professional or technical positions but are working on professional or technical posts. They include professionals and technicians working in 17 categories of technical occupations including engineering, agriculture, scientific researches, medical service, teaching, economic research and application, accounting, statistics, translation, libraries, archives, cultural and museum service, journalism and publication, lawyers, notarization service, radio and television broadcasting, handicraft and fine arts, sports, performing art, and political workers in enterprises. This indicator reflects the condition of human resources in S&T.

第十八篇　文化、体育、卫生和社会服务

CHAPTER 18 CULTURE, SPORTS, PUBLIC HEALTH AND SOCIAL SERVICES

资料整理：安　静　陈　虹　周柏岩

18-1 文化事业机构数、从业人员数

Number and Personnel in Cultural Undertakings Institutions

项目 Item 年份 Year	总计 Total	艺术业 Art Institutions	图书馆业 Public Libraries	群众文化 Mass Culture	艺术教育业 Culture and Education	文物业 Cultural Relic	#博物馆 Museums	其他文化业 Other Culture Units
机构数(个) Number of Institutions(unit)								
2001	1361	153	97	946	9	127	41	29
2002	1458	157	97	1037	9	132	46	26
2003	1491	153	97	1081	9	131	45	20
2004	1419	146	96	1018	9	133	46	17
2005	1408	141	96	1015	8	132	46	16
2006	1401	142	96	1000	8	138	47	17
2007	1521	138	98	1033	8	146	53	98
2008	1630	142	101	1141	8	149	56	89
2009	1804	139	100	1227	7	173	71	158
2010	2338	138	107	1654	7	179	76	253
2011	2372	140	107	1652	6	205	103	262
2012	2373	136	106	1641	6	207	104	277
2013	2376	70	107	1640	6	250	156	303
2014	2381	73	107	1640	6	251	158	304
2015	2397	89	107	1641	6	250	158	304
2016	2457	105	108	1665	6	268	176	305
2017	2444	122	109	1635	6	275	183	297
2018	2466	146	109	1635	6	282	191	288
2019	2255	151	110	1430	6	277	193	281
2020	2289	146	103	1387	4	388	191	261
从业人员数(人) Number of Personnel(person)								
2001	11423	5683	1565	2621	365	858	494	331
2002	12768	6200	1751	3070	378	948	570	421
2003	12700	6196	1706	3068	347	989	578	394
2004	12304	6147	1664	2767	360	1099	698	267
2005	12574	6129	1669	2947	342	1119	706	368
2006	12704	6067	1803	2978	362	1100	726	394
2007	14297	5997	1800	2538	354	1312	894	2296
2008	14022	5829	1819	2754	359	1408	967	1853
2009	14517	5602	1806	3387	339	1652	1206	1731
2010	16245	5571	1846	4324	330	1703	1245	2471
2011	17416	5506	1772	4530	324	2078	1636	3206
2012	18056	5308	1796	4633	323	2244	1788	3752
2013	18213	3660	1817	5110	469	2719	2369	4438
2014	18657	3935	1697	5299	535	2790	2387	4401
2015	18335	3782	1693	5193	298	2993	2618	4376
2016	19464	4293	1664	5468	644	3232	2867	4163
2017	19284	4290	1688	5683	605	3212	2893	3806
2018	19756	5139	1659	5685	607	3008	2691	3658
2019	18965	4932	1594	4972	598	2934	2668	3935
2020	19396	5570	1535	5175	293	2999	2743	3824

注：本表中不包括文化市场经营机构数、旅行社和星级饭店。
a) Cultural market operators, Travel Agency and Star Hotel are not included.

18-2 艺术表演团体基本情况(2020年)

项目	Item	机构数（个）Number of Institutions (unit)	从业人员（人）Number of Engaged Persons (person)
总计	**Total**	**82**	**4050**
按照登记注册类型分类	**By Status of Registration**		
国有	State-owned	40	3070
其他	Others	42	980
按隶属关系分	**By Jurisdiction of Management**		
省级	Run by Provinces	6	1047
地市级	Run by Prefectures (Cities)	18	1588
县区级	Run by Counties (Cities) and Others	58	1415
按管理部门分	**By Management Authority**		
文化和旅游部门	Cultural and Tourism Departments	41	3126
其他部门	Other Departments	41	924
按剧种分	**By Type of Art**		
话剧、儿童剧、滑稽剧类	Drama, Children's Play and Comedy Troupes	5	210
#儿童剧团	Children's Play	1	25
歌舞、音乐类	Song and Dance, Musicals	23	1441
京剧、昆曲类	Peking Opera and Kunqu Opera	1	197
#京剧	Peking Opera	1	197
地方戏曲类	Local Opera	15	563
杂技、魔术、马戏类	Acrobatics, Magic and Circus	3	324
曲艺类	Folk Arts	5	125
综合性艺术表演团体	Comprehensive Art Performance	30	1190

Basic Statistics on Art Performance Troupes(2020)

#专业技术人员 Professional Technical Staff	本团原创首演剧目(个) Premiere Repertoire By Its Troupe Produced(unit)	演出场次(万场次) Number of Performances (10 000 shows)	#国内演出 Domestic Performances	国内演出观众人次(万人次) Number of Domestic Audience (10 000 person-times)
2700	**30**	**0.50**	**0.50**	**143.2**
2424	28	0.30	0.30	107.9
276	2	0.19	0.19	35.3
854	6	0.09	0.09	17.9
1198	13	0.10	0.10	26.9
648	11	0.30	0.30	98.4
2451	30	0.31	0.31	111.8
249		0.18	0.18	31.5
173	2	0.05	0.05	4.9
24		0.01	0.01	1.9
828	13	0.12	0.12	34.4
166	1	0.01	0.01	2.8
166	1	0.01	0.01	2.8
456	4	0.16	0.16	48.8
221	2	0.03	0.03	9.6
58	2	0.03	0.03	8.3
798	6	0.10	0.10	34.4

18-2 续表

项 目	Item	收入合计(万元) Total Revenue (10 000 yuan)	#财政拨款 Fiscal Appropriation	#演出收入 Performance Income
总 计	**Total**	**50355.3**	**46012.9**	**2405.6**
按照登记注册类型分类	**By Status of Registration**			
国 有	State-owned	48606.3	45778.6	1432.3
其 他	Others	1749.0	234.3	973.3
按隶属关系分	**By Jurisdiction of Management**			
省 级	Run by Provinces	15107.0	14190.4	459.4
地市级	Run by Prefectures (Cities)	28119.5	25847.5	1013.7
县区级	Run by Counties (Cities) and Others	7128.8	5975.0	932.5
按管理部门分	**By Management Authority**			
文化和旅游部门	Cultural and Tourism Departments	49197.1	45939.4	1473.1
其他部门	Other Departments	1158.2	73.5	932.5
按剧种分	**By Type of Art**			
话剧、儿童剧、滑稽剧类	Drama, Children's Play and Comedy Troupes	3542.2	3242.0	156.9
#儿童剧团	Children's Play	732.2	674.6	53.3
歌舞、音乐类	Song and Dance, Musicals	16145.4	14078.1	900.8
京剧、昆曲类	Peking Opera and Kunqu Opera	4078.3	4051.6	19.7
#京剧	Peking Opera	4078.3	4051.6	19.7
地方戏曲类	Local Opera	8623.1	8449.8	101.9
杂技、魔术、马戏类	Acrobatics, Magic and Circus	3607.7	3286.9	308.1
曲艺类	Folk Arts	3254.9	2551.0	254.7
综合性艺术表演团体	Comprehensive Art Performance	11103.7	10353.5	663.5

Continued

支出合计(万元) Total Expenditure (10 000 yuan)	#人员支出 Personnel Expenses	资产总计(万元) Total Assets (10 000 yuan)	#固定资产净值 Net Value of Fixed Assets	实际使用房屋建筑面积(万平方米) Floor Space of Buildings Actually Used (10 000 sq.m)	#排练练功用房 Buildings for Rehearsing
52942.1	**38442.4**	**48273.1**	**41859.1**	**23.0**	**4.2**
49382.4	36467.9	41204.2	40623.1	20.2	3.9
3559.7	1974.5	7068.9	1236.0	2.8	0.3
17692.8	12765.8	25037.8	24280.9	3.8	1.5
26508.0	19296.3	14635.3	15181.7	13.7	2.2
8741.3	6380.3	8600.0	2396.5	5.6	0.5
50120.5	36867.6	42873.5	41859.1	20.5	4.2
2821.6	1574.8	5399.6		2.5	
3533.1	2035.2	3955.7	5491.8	3.6	0.1
635.8	327.0	1056.9	982.6	0.9	0.02
18217.2	10948.6	21192.6	20191.4	8.4	1.3
4078.3	3631.6	2495.2	772.5	0.9	0.4
4078.3	3631.6	2495.2	772.5	0.9	0.4
8628.6	7589.5	4361.5	3211.6	3.0	0.8
4050.2	2687.3	5143.7	4060.3	1.1	0.2
3324.7	2683.2	2124.5	1415.5	0.6	0.3
11110.0	8867.0	8999.9	6716.0	5.4	1.0

18-3 艺术表演场馆基本情况(2020年)

项 目	Item	机构数（个） Number of Institutions (unit)	从业人员（人） Number of Engaged Persons (person)
总 计	**Total**	**64**	**1520**
#附属剧场	#Affiliated Theatre	18	111
儿童剧场	Children's Theatre	1	1
按登记注册类型分	**By Status of Registration**		
国 有	State-owned	25	175
其 他	Others	39	1345
按隶属关系分	**By Jurisdiction of Management**		
省 级	Run by Provinces	2	23
地市级	Run by Prefectures (Cities)	12	117
县区级	Run by Counties (Cities) and Others	50	1380
按管理部门分	**By Management Authority**		
文化和旅游部门	Cultural and Tourism Departments	26	198
其他部门	Other Departments	38	1322
按机构类型分	**By Type of Troupes**		
剧 场	Theaters	26	324
影剧院	Music Halls and Cinemas	8	60
书场、曲艺场	Storytelling, Recitation and Ballad Places	1	11
杂技、马戏场	Acrobatics and Circus Places	2	5
音乐厅	Concert Halls	3	295
综合性	General Performance Theaters	7	625
其 他	Others	17	200

Basic Statistics on Art Performance Places by Region(2020)

#专业技术人员 Professional Technical Staff	座席数(个) Seating Capacity (unit)	演(映)出场次合计(万场次) Number of Performances (10 000 shows)	#艺术演出 Art Performances	观众人次合计(万人次) Number of Audience (10 000 person-times)	#艺术演出观众人次 Art Performances
583	**28896**	**0.24**	**0.20**	**36.5**	**23.8**
19	8471	0.04	0.04	1.2	1.2
30	15669	0.03	0.02	8.0	7.0
553	13227	0.21	0.18	28.5	16.8
5	520				
6	8663	0.02	0.02	6.0	5.8
572	19713	0.22	0.19	30.5	18.0
35	15669	0.03	0.02	8.0	7.0
548	13227	0.21	0.18	28.5	16.8
136	12122	0.13	0.11	11.8	10.3
17	3922	0.02	0.01	5.1	0.08
1	200			0.01	0.01
	1350			0.44	0.44
286	1750			4.4	
133	6147	0.04	0.04	7.7	7.0
10	3405	0.05	0.04	7.1	6.1

18-3 续表

项 目	Item	收入合计（万元） Total Revenue (10 000 yuan)	#财政拨款 Government Subsidy	#演出收入 Performance Income
总 计	**Total**	**14062**	**4385**	**1917**
#附属剧场	#Affiliated Theatre	1407	1	52
儿童剧场	Children's Theatre			
按登记注册类型分	**By Status of Registration**			
国 有	State-owned	3348	518	629
其 他	Others	10714	3867	1288
按隶属关系分	**By Jurisdiction of Management**			
省 级	Run by Provinces	70		
地市级	Run by Prefectures (Cities)	2914	106	629
县区级	Run by Counties (Cities) and Others	11079	4279	1288
按管理部门分	**By Management Authority**			
文化和旅游部门	Cultural and Tourism Departments	3418	518	629
其他部门	Other Departments	10644	3867	1288
按机构类型分	**By Type of Troupes**			
剧 场	Theaters	4628	1746	880
影剧院	Music Halls and Cinemas	176	144	5
书场、曲艺场	Storytelling, Recitation and Ballad Places	50		50
杂技、马戏场	Acrobatics and Circus Places	32		9
音乐厅	Concert Halls	2598	2379	174
综合性	General Performance Theaters	3231	38	714
其 他	Others	3346	78	86

Continued

支出合计(万元) Total Expenditure (10 000 yuan)	#人员支出 Personnel Expenses	资产总计(万元) Total Assets (10 000 yuan)	#固定资产净值 Net Value of Fixed Assets	实际使用房屋建筑面积(万平方米) Floor Space of Buildings Actually Used (10 000 sq.m)	#演(映)业务用房 Buildings for Performances
16150	**5002**	**66033**	**6102**	**35.2**	**10.7**
646	155	655	162	3.6	2.4
		162	162	0.3	
3059	519	7205	5887	12.8	9.0
13091	4483	58828	215	22.3	1.7
483	169	1283	215	0.01	
2625	209	1679	286	11.2	8.0
13043	4624	63071	5601	24.0	2.7
3542	688	8488	6102	12.8	9.0
12609	4314	57545		22.3	1.7
4245	1294	4219	1398	12.6	3.0
177	117	4636	4599	1.4	0.6
40	30	100		0.05	0.03
42	23	89		0.2	0.2
4748	2156	13314		0.3	0.2
3103	299	41609	21	10.4	6.2
3795	1082	2067	84	10.2	0.5

18-4 群众文化机构基本情况（2020年）

指 标	Item	总 计 Total	文化馆 Cultural Centers
机构数（个）	Institutions (unit)	1387	142
从业人员（人）	Number of Employed Persons (person)	5175	2129
#专业技术人才	Professional Technical Staff	2370	1731
组织文艺活动（次）	Art Performances and Story-telling Sessions (time)	13785	5419
参加文艺活动人次（万人次）	Person-times Attending Art and Cultural Activities (10000 person-times)	402	263
举办训练班（次）	Number of Training Courses(time)	9070	6178
参加培训人次（万人次）	Attending Training (10000 person-times)	62	46
举办展览个数（个）	Number of Exhibitions (unit)	1431	568
参观展览人次（万人次）	Visiting Exhibitions(10000 person-times)	69	51
组织公益性讲座次数（次）	Number of Theoretical Lectures (time)	565	565
参加公益性讲座人次（万人次）	Attending Theoretical Lectures (10 000 person-times)	6	6
拥有计算机台数（台）	Computer Owned (unit)	7876	1711
本年收入合计（万元）	Revenue this Year (10000 yuan)	45285	31016
#财政拨款预算收入	Financial Aid	45056	30826
上级补助收入	Subsidy	29	29
事业收入	Income From Undertakings	0.7	0.7
其他收入	Others	199	160
本年支出合计（万元）	Expenditure this Year (10000 yuan)	44723	30806
资产总计(万元)	Total Assets(10000 yuan)	94988	47495
固定资产净值	Net Value of Fixed Assets	83112	38326
实际使用房屋建筑面积（万平方米）	Floor Space of Buildings Actually Used (10000 sq.m)	95	30
#业务用房面积	Buildings for Mass Cultural Activities	61	20
馆办文艺团体（个）	Art Performance Troupes Run by Centers (unit)	311	311
馆办文艺团体演出场次（场）	Number of Art Performances Run by Centers (time)	2305	2305
馆办老年大学（个）	Aging College Run by Centers (unit)	21	21
群众业余文艺团体(个)	Part-time Art Troupes (unit)	8239	2519

Basic Statistics on Cultural Institutions (2020)

省级 Provin- cial Level	地市级 Prefec- ture Level	县市级 County (City) Level	#县文化馆 County Cultural Center	文化站 Cultural Stations	#乡 镇 文化站 Township Cultural Stations
1	16	125	44	1245	896
31	374	1724	931	3046	1936
28	337	1366	758	639	553
8	585	4826	2203	8366	5756
0.3	32	230	97	139	101
760	1846	3572	1180	2892	2133
0.9	13	32	7	16	13
10	135	423	193	863	610
5	13	33	18	18	13
	92	473	261		
	1.6	5	2.6		
62	380	1269	487	6165	4127
849	7580	22587	10874	14269	9493
849	7514	22463	10872	14230	9457
		29			
	0.7				
	66	95	2	39	36
849	7810	22147	10678	13916	9288
308	7700	39487	24863	47493	35719
201	5762	32364	22601	44785	34296
0.2	6	24	10	65	34
0.1	4	16	7	41	27
3	67	241	92		
5	303	1997	897		
		21	11		
30	458	2031	831	5720	4289

18-5 文物业基本情况(2020年)

项 目	Item	总计 Total	按单位类型分 By Unit Type #文物科研机构 Scientific and Research Agencies	文物保护管理机构 Agencies of Cultural Relics Preservation	博物馆 Museums
机构数(个)	Number of Institutions(unit)	388	3	55	191
从业人员(人)	Number of Employed Persons(person)	2999	59	197	2743
#专业技术人员	Professional Technical Staff	1295	43	123	1129
藏品数(件/套)	Number of Collections(piece/set)	1022374	5517	13923	1002934
#一级品	#Grade One	2709	11	25	2673
基本陈列(个)	Basic Displays(unit)	447		12	435
临时展览(个)	Temporary Exhibition (unit)	338		14	324
参观人次(万人次)	Spectators(10000 person-times)	2687		11	2675
#未成年人	#Juveniles	184		4	180
门票销售总额(万元)	Sales of Admission Tickets(10000 yuan)	22		12	10
收入合计(万元)	Total Income (10000 yuan)	50953	1506	6459	42988
#财政拨款预算收入	Government Subsidy	45075	1354	4582	39138
支出合计(万元)	Total Expenditure (10000 yuan)	47685	1621	4044	42020
资产总计(万元)	Total Assets (10000 yuan)	229704	2197	2811	224697
#固定资产原值(万元)	Original Value of Fixed Assets (10000 yuan)	182883	153	2389	180340
实际使用房屋建筑面积(万平方米)	Floor Space of Buildings Actually Used(10000 sq.m)	69	0.6	1.7	67
#展览用房	#Buildings for Exhibitions	45	0.3	0.8	44
文物库房	Storeroom	5.4			5.3

Basic Statistics on Cultural Relics (2020)

按隶属关系分 By Jurisdiction of Management			按部门分 By Management Authority	
省级 Provincial Level	地市 Prefecture Level	县区 County (City) Level	文物部门 Cultural Departments	其他部门 Other Departments
12	70	306	297	91
479	1064	1456	2031	968
225	418	652	931	364
366674	327050	328650	636280	386094
2268	249	192	2562	147
34	105	308	276	171
24	145	169	276	62
72	2293	322	2455	232
24	82	78	118	66
		22	15	7.4
12360	17094	21499	42009	8944
12158	14996	17921	39625	5450
12545	16611	18529	39130	8555
33424	57486	138795	119537	110167
21720	46196	114967	95584	87299
6.7	24	38	36	33
4.2	13	28	24	21
0.7	1.6	3.1	2.8	2.6

18-6 博物馆基本情况(2020年)

项目	Item	总计 Total	#免费开放 Free of Charge
机构数(个)	Number of Institutions(unit)	191	185
从业人员(人)	Number of Employed Persons(person)	2743	2686
#专业技术人员	Professional Technical Staff	1129	1096
藏品数(件/套)	Number of Collections(piece/set)	1002934	1000980
#文物藏品	Cultural relics collection	314179	313834
#一级品	#Grade One	2673	2663
基本陈列(个)	Basic Displays(unit)	435	432
临时展览(个)	Temporary Exhibition (unit)	324	320
参观人次(万人次)	Spectators(10000 person-times)	2675	2662
#未成年人	#Juveniles	180	177
门票销售总额(万元)	Sales of Admission Tickets(10000 yuan)	10.4	0.4
收入合计(万元)	Total Income (10000 yuan)	42988	42194
#财政拨款预算收入	Budgetary Income from Financial Appropriation	39138	38734
支出合计(万元)	Total Expenditure (10000 yuan)	42020	41133
资产总计(万元)	Total Assets (10000 yuan)	224697	222820
#固定资产净值(万元)	Net Value of Fixed Assets	180340	178510
实际使用房屋建筑面积(万平方米)	Floor Space of Buildings Actually Used(10000 sq.m)	66.9	64.3
#展览用房	#Buildings for Exhibitions	43.7	41.8
文物库房	Storeroom	5.3	5.1
文化创意产品情况	Status of Cultural and Creative Products		
产品种类(个)	Product Category(unit)	557	554
产品销售收入(万元)	Revenue from Product Sales(10000 yuan)	28.8	28.2

Basic Statistics on Museums (2020)

按机构类型分 By Organization Type					按隶属关系分 By Jurisdiction of Management		
综合性 Comprehen -siveness	历史类 History	艺术类 Art	自然科技类 Science and Technology	其他 Others	省级 Provin-cial Level	地市 Prefec-ture Level	县区 County (City) Level
70	77	12	11	21	10	48	133
1107	1290	63	158	125	432	1018	1293
539	436	33	64	57	194	389	546
566752	261167	18397	58954	97664	361674	324286	316974
236152	74341	500	16	3170	72676	150769	90734
2290	383				2257	238	178
206	144	22	23	40	34	105	296
208	84	10	8	14	24	145	155
217	2362	14	18	65	72	2293	311
57	97	2	7	17	24	82	74
	10.4						10.4
20258	18483	371	2366	1509	11034	16352	15602
20053	15727	63	2248	1048	10977	14260	13901
20247	18328	355	2026	1064	11101	15896	15023
83253	101726	11974	6571	21172	31263	57150	136284
71035	76495	7667	5520	19624	21603	45935	112803
29.7	26.1	1.7	3.0	6.4	6.2	24.1	36.7
19.3	16.9	1.2	2.0	4.5	4.0	13.0	26.8
2.1	1.7	0.3	0.4	0.9	0.7	1.6	3.0
	135	12	4	175	219	140	198
	0.9				26.7	1.5	0.6

18-6 续表

项 目	Item	按系统分类 By Management Authority		
		文物单位管理的国有博物馆 Cultural Departments	其他行业性国有博物馆 Other Departments	非国有 Civilian -run
机构数(个)	Number of Institutions(unit)	100	36	55
从业人员(人)	Number of Employed Persons(person)	1775	633	335
#专业技术人员	Professional Technical Staff	765	214	150
藏品数(件/套)	Number of Collections(piece/set)	616840	136141	249953
#文物藏品	Cultural relics collection	265085	30395	18699
#一级品	#Grade One	2526	127	20
基本陈列(个)	Basic Displays(unit)	264	77	94
临时展览(个)	Temporary Exhibition (unit)	262	31	31
参观人次(万人次)	Spectators(10000 person-times)	2443	137	95
#未成年人	#Juveniles	114	44	22
门票销售总额(万元)	Sales of Admission Tickets(10000 yuan)	3.0		7.4
收入合计(万元)	Total Income (10000 yuan)	34044	7738	1205
#财政拨款预算收入	Budgetary Income from Financial Appropriation	33689	5353	97
支出合计(万元)	Total Expenditure (10000 yuan)	33465	7334	1221
资产总计(万元)	Total Assets (10000 yuan)	114529	65517	44651
#固定资产净值(万元)	Net Value of Fixed Assets	93042	49343	37956
实际使用房屋建筑	Floor Space of Buildings	33.9	20.3	12.8
面积(万平方米)	Actually Used(10000 sq.m)			
#展览用房	#Buildings for Exhibitions	22.9	12.0	8.9
文物库房	Storeroom	2.7	0.6	2.1
文化创意产品情况	Status of Cultural and Creative Products			
产品种类(个)	Product Category(unit)	336	201	20
产品销售收入(万元)	Revenue from Product Sales(10000 yuan)	28.2		0.6

Continued

按评估定级情况分类 By Evaluation Rating			
国家一级 National Level I	国家二级 National Level II	国家三级 National Level III	未定级馆 no level
6	15	24	146
657	518	437	1131
260	157	227	485
391572	104490	146070	360802
142848	45752	59063	66516
2338	143	108	84
26	45	98	266
48	77	81	118
2131	155	132	257
51	30	31	68
	7.0		3.4
15246	7868	6044	13830
13691	7270	5947	12231
15336	8149	5356	13179
23929	38218	32026	130524
15563	32140	27980	104658
9.1	10.5	14.4	32.9
5.5	6.9	9.1	22.4
0.9	0.8	0.5	3.2
220	114	9	214
26.7	2.1		

18-7 分地区公共文化设施情况(2020年)
Statistics on Public Cultural Facilities by Region(2020)

单位：个 (unit)

地 区	Region	机构数 总 计 Number of Institutions	公共图书馆 Public Libraries	文化馆 Cultural Center	文化站 Cultural Station	博物馆 Museums	美术馆 Art Museum
合 计	**Total**	**1692**	**103**	**142**	**1245**	**191**	**11**
哈尔滨	Harbin	375	18	20	287	49	1
齐齐哈尔	Qiqihar	212	13	17	161	19	2
鸡 西	Jixi	90	4	12	67	6	1
鹤 岗	Hegang	70	3	9	52	5	1
双鸭山	Shuangyashan	87	5	9	66	7	
大 庆	Daqing	104	6	6	80	11	1
伊 春	Yichun	73	11	11	43	8	
佳木斯	Jiamusi	102	7	11	74	10	
七台河	Qitaihe	25	2	5	17	1	
牡丹江	Mudanjiang	121	8	15	77	20	1
黑 河	Heihe	109	6	7	75	21	
绥 化	Suihua	248	12	11	205	18	2
大兴安岭	Daxinganling	63	7	8	41	6	1

18-7 续表 Continued

单位：人 (person)

地 区	Region	从业人员数 总 计 Number of Engaged Persons	公共图书馆 Public Libraries	文化馆 Cultural Center	文化站 Cultural Station	博物馆 Museums	美术馆 Art Museum
合 计	**Total**	**9532**	**1535**	**2129**	**3046**	**2743**	**79**
哈尔滨	Harbin	1758	227	427	562	538	4
齐齐哈尔	Qiqihar	1214	163	240	610	192	9
鸡 西	Jixi	418	56	153	108	98	3
鹤 岗	Hegang	2596	35	94	86	76	5
双鸭山	Shuangyashan	299	62	81	88	68	
大 庆	Daqing	895	149	125	195	415	11
伊 春	Yichun	451	126	113	108	104	
佳木斯	Jiamusi	443	115	123	135	70	
七台河	Qitaihe	171	38	67	39	27	
牡丹江	Mudanjiang	688	118	171	136	263	
黑 河	Heihe	711	67	149	205	290	
绥 化	Suihua	1208	164	272	646	113	13
大兴安岭	Daxinganling	317	44	83	128	57	5

18-8　档案机构情况
Basic Statistics on Archive

项　　目	Item	2018	2019	2020
机构数(个)	**Number of Institutions**			
行政管理部门	Administrative Department	139	135	138
档案馆	Archives	179	167	166
#综合档案馆	Comprehensive Archives	142	142	139
从业人员(人)	**Employees (person)**	**2031**	**1888**	**4750**
#专　职	Full-time Personnel	1130	1370	3150
馆藏情况	**Collection Situation of Archives**			
案　卷(万卷)	Files(10000 volumes)	1179.1	1044.3	1082.8
以件为保管单位档案(万件)	Files of the Storage Unit(10000 pieces)	1144.3	1262.8	1374.6
底图(万张)	Base Map(10000 pieces)	22.2	19.9	21.8
电子档案(GB)	Electronic Records(GB)	18660.3	56462.2	46347.3
照片档案(万张)	Photos(10000 sheets)	93.8	86.6	111.6
录音磁带、录像磁带、影片档案(万盘)	Audio Tapes, Video Tapes and Film Files (10000 discs)	2.4	2.0	2.2
开放档案(万卷、万件)	**Archives Open to Public(10000 volume,10000 pieces)**	**389.6**	**514.3**	**468.9**
档案利用情况	**Utilization of Archives**			
利用人次(万人次)	Utilization (10000 person times)	65.7	41.5	28.1
利用卷次(万卷(件)次)	Utilization volume times (10000 rolls (pieces)	79.3	64.4	51.5
档案馆建筑面积(万平方米)	Floor Space of Archive Institutions(10000 sq.m)	28.5	27.8	29.8
#库　房	Storage Room	14.3	13.2	14.0

18-9 分地区公共图书馆基本情况(2020年)

地　区	Region	机构数(个) Number of Institutions (unit)	从业人员(人) Number of Engaged Persons (person)	#专业技术人员 Professional Technical Staff	总藏量(万册件) Total Collections (10000 copies)	#图　书 Books
全　省	**Total**	**103**	**1535**	**1296**	**2356.5**	**1917.2**
#少儿图书馆	**Children's Library**	**2**	**17**	**17**	**13.3**	**9.8**
#省　级	Province Level	1	171	151	431.9	330.0
地　市	Municipal Level	13	559	445	951.8	726.4
县　区	County Level	89	805	700	972.8	860.9
#县图书馆	County Library	44	397	341	459.3	399.0
哈尔滨	Harbin	18	227	203	618.4	489.5
齐齐哈尔	Qiqihar	13	163	135	259.9	217.9
鸡　西	Jixi	4	56	50	79.9	57.5
鹤　岗	Hegang	3	35	32	55.8	51.3
双鸭山	Shuangyashan	5	62	61	61.0	49.2
大　庆	Daqing	6	149	97	166.5	141.4
伊　春	Yichun	11	126	102	126.6	98.9
佳木斯	Jiamusi	7	115	94	114.2	98.3
七台河	Qitaihe	2	38	32	37.5	31.6
牡丹江	Mudanjiang	8	118	112	130.0	122.1
黑　河	Heihe	6	67	51	52.6	46.9
绥　化	Suihua	12	164	146	173.9	139.9
大兴安岭	Daxinganling	7	44	30	48.8	42.7

Statistics on Public Libraries by Region(2020)

本年新增藏量(万册) New Collections During the Year (10000 copies)	实际持证读者数(个) Actual Number of Licensed Readers (unit)	总流通人次(万人次) Total Number of Circulation (10000 person-times)	#书刊文献外借人次 Borrowing from Libraries	书刊文献外借册次(万册次) Number of Books and Periodicals Lent to Readers (10000 copy-times)
70.3	**917756**	**396.1**	**127.0**	**288.2**
0.2	**4616**	**0.6**	**0.1**	**0.4**
10.3	25369	64.3	6.9	31.8
17.7	582590	169.7	47.5	99.5
42.3	309797	162.2	72.6	157.0
17.7	124237	83.0	34.9	70.2
21.3	210804	92.3	37.9	74.4
6.1	67113	28.2	11.7	25.7
3.0	25634	7.0	4.9	8.9
0.8	21613	8.8	0.8	1.4
0.9	12712	5.9	2.1	5.8
1.7	87453	57.1	17.7	47.4
5.0	346533	14.9	4.6	14.6
4.1	25698	18.0	4.7	10.7
1.9	5319	36.1	1.7	4.2
3.1	39877	21.6	13.1	25.0
8.2	14336	5.4	3.1	5.7
2.2	30534	33.5	17.0	30.6
1.7	4761	3.0	0.8	2.0

18-9 续表

地 区	Region	为读者举办各种活动 Service Activities Provided for Readers 次数（个） Number of Activities (unit)	参加人次（万人次） Number of Readers Involved (10000 person-times)	计算机（台） Computers (set)	#电子阅览室终端数 Terminals in Electronic Media Reading Rooms	本年收入合计（万元） Total Revenue (10000 yuan)
全 省	**Total**	**2055**	**49.6**	**5414**	**3316**	**27876**
#少儿图书馆	**Children's Library**	**11**	**0.2**	**65**	**50**	**228**
#省 级	Province Level	426	12.2	326	73	5513
地 市	Municipal Level	556	9.6	1340	619	10288
县 区	County Level	1073	27.8	3748	2624	12075
#县图书馆	County Library	489	13.3	1795	1261	5836
哈尔滨	Harbin	671	14.0	886	577	5038
齐齐哈尔	Qiqihar	180	1.2	653	415	2616
鸡 西	Jixi	56	0.5	165	123	1118
鹤 岗	Hegang	12	2.1	179	78	618
双鸭山	Shuangyashan	80	1.5	163	80	1040
大 庆	Daqing	98	2.4	462	313	2325
伊 春	Yichun	83	0.8	608	399	1303
佳木斯	Jiamusi	42	0.9	455	337	1378
七台河	Qitaihe	27	2.6	92	75	525
牡丹江	Mudanjiang	106	2.2	382	164	2289
黑 河	Heihe	52	1.8	302	190	1016
绥 化	Suihua	186	7.2	554	383	2347
大兴安岭	Daxinganling	36	0.2	187	109	751

Continued

本年支出合计(万元) Total Expenditure (10000 yuan)	资产总计(万元) Total Assets (10000 yuan)	#固定资产净值 Net Value of Fixed Assets	公用房屋建筑面积(万平方米) Floor Space of Buildings Actually Used (10 000 sq.m)	#书库 Stack Rooms	#阅览室 Reading Rooms	阅览室座席数(个) Seats of Reading Rooms(unit)
27753	**85442**	**66310**	**35.1**	**6.0**	**11.0**	**27639**
214	**493**	**348**	**0.2**	**0.06**	**0.07**	**312**
5513	23722	21118	3.4	0.3	1.3	2387
10367	26907	21468	13.6	2.5	3.7	8070
11873	34813	23724	18.1	3.1	6.0	17182
5789	22624	14278	8.5	1.6	2.9	7038
4930	13022	10830	5.6	1.3	1.4	5908
2591	17421	8299	4.0	0.6	1.1	2213
1085	2490	2168	0.9	0.2	0.3	920
629	1319	1066	1.3	0.4	0.2	821
1150	1577	1329	0.7	0.2	0.2	805
2313	5080	3839	4.1	0.4	1.2	3026
1323	4042	3060	2.6	0.4	1.1	2838
1358	1557	1208	3.8	0.7	1.3	2192
558	1387	1387	0.6	0.1	0.2	510
2289	7933	7438	2.5	0.5	0.6	1405
1010	1582	1367	2.0	0.2	0.7	1480
2276	2799	2376	2.7	0.5	1.0	2346
728	1511	825	0.9	0.2	0.4	788

18-10 文化文物机构人员情况
Number and Personnel in Culture and Cultural Relics Institutions

机构类别	Category of Institution	机构(个) Number of Institutions (unit)			从业人员(人) Number of Employed Persons(person)		
		2018	2019	2020	2018	2019	2020
合　计	**Total**	**7842**	**8434**	**7327**	**35867**	**47237**	**43769**
文化合计	**Cultural**	**7560**	**8157**	**6939**	**32859**	**44303**	**40770**
艺术表演团体	Art Performance Troupes	90	87	82	4317	3617	4050
#公有制	Public Ownership	39	39	41	3230	3206	3126
艺术表演场馆	Art Performance Places	56	64	64	822	1315	1520
#公有制	Public Ownership	30	29	26	298	300	198
公共图书馆	Public Libraries	109	110	103	1659	1594	1535
文化馆	Cultural Centers	149	150	142	2280	2152	2129
文化站	Cultural Stations	1486	1280	1245	3405	2820	3046
#乡镇综合文化站	Township Comprehensive Cultural Stations	901	902	896	1552	1665	1936
艺术展览创作机构	Art Exhibition and Creative Institutions	23	18	13	123	118	92
#美术馆	Museum	13	11	11	83	81	79
文化和旅游部门教育机构	Culture and Education	6	6	4	607	598	293
文化和旅游科研机构	Art Research Institutions	3	3	3	85	80	77
文化市场经营机构	Institutions of Business of Culture	5376	5142	4114	13743	13743	12615
#娱乐场所	Entertainment Venues	2274	2032		6923	5773	
网　　吧	Internet Bar	2978	2943		6658	6596	
旅行社	Travel Agency		855	775		4816	3866
星级饭店	Star Hotel		182	149		9713	7892
文化和旅游行政部门	Administrative Department of Culture	139	142	133	2107	2379	2182
其他文化和旅游机构	Other Cultural Institutions	123	118	112	1343	1358	1473
#文化市场执法机构	Cultural Market Law Enforcement Agencies	73	71	68	603	678	687
文物合计	**Cultural Relics**	**282**	**277**	**388**	**3008**	**2934**	**2999**
博物馆	Museums	191	193	191	2691	2668	2743
文物保护管理机构	Agencies of Cultural Relics Preservation	86	81	55	258	221	197
文物科研机构	Scientific and Research Agencies	2	2	3	47	45	59
文物行政部门	Heritage Administration			139			
其他文物机构	Other Cultural Relics Agencies	3	1		12		

注：文化市场经营机构不包括非公有制院团和场馆。
a) Institutions of Cultural Business do not include non-state-owned troupes and theaters.

18-11 广播电视事业发展情况
Basic Statistics on Radio and Television Stations

项 目	Item	2016	2017	2018	2019	2020
广播	**Radio**					
广播电台(座)	Number of Broadcasting Stations (set)	14	10	10	10	10
广播节目综合人口覆盖率(%)	Radio Coverage of Population(%)	98.8	98.8	99.0	99.2	99.9
公共广播节目套数(套)	Number of Public Radio Programs (set)	111	107	108	108	101
全年制作广播节目时间(小时)	Length of Radio Programs Produced (hour)	239479	255972	245174	234049	234013
全年公共广播节目播出时间(小时)	Length of Public Radio Programs Broadcasted (hour)	536502	573841	587998	601021	547200
电视	**Television**					
电视台(座)	Number of Television Stations (set)	15	10	10	10	9
电视节目综合人口覆盖率(%)	TV Coverage of Population (%)	98.9	98.9	99.1	99.1	99.8
全省有线广播电视用户数(万户)	Number of Users of Cable Radio and TV(10 000 households)	651.4	606.1	591.6	666.2	584.9
#农村	#Rural	152.9	112.4	125.9	106.3	112.1
数字电视用户数	Number of Users of Digital TV (10000 households)	642.6	554.6	568.8	652.2	578.8
有线广播电视入户率(%)	Popularization Rate of Cable Radio and TV (%)	48.4	41.6	38.6	42.9	39.4
#农村	#Rural	24.6	18.5	20.5	17.5	18.4
公共电视节目套数(套)	Number of Public TV Programs (set)	121	105	105	105	104
全年制作电视节目时间(小时)	Length of TV Programs Produced (hour)	115121	90490	105089	88602	107621
全年公共电视节目播出时间(小时)	Length of Public TV Programs Broadcasted (hour)	634212	587060	593441	602615	610149
全年电视剧播出数(部)	Number of TV Plays Broadcasted (set)	3872	4963	4809	4869	5189
全年电视剧播出数(集)	Number of TV Plays Broadcasted(part)	121301	176304	171629	173410	175079
广播电视技术及其他	**TV Technology and Others**					
广播电视总收入(亿元)	Revenue of Radio and TV (100 million yuan)	63.2	82.1	59.8	61.1	64.2
广播电视从业人员数(人)	Staff and Workers of Radio and TV (person)	20935	29160	27518	24856	22921
#编辑、记者	Editors and Reporters	5494	4880	4962	4449	4646
#播音员、主持人	Announcers and Anchor Persons	1048	796	859	810	803
#工程技术人员	Engineering Technical Personnel	3221	3349	4274	4146	4345
中、短波转播发射台(座)	Transmission and Relaying Stations of Medium and Short Wave Broadcast (unit)	41	42	39	38	37
发射功率(千瓦)	Power of Transmitters (kw)	2131	2167	2188	2026	1955
调频电视转播发射台(座)	Relaying Stations of Frequency Modulation TV Broadcasting(unit)	203	218	223	217	174
调频发射功率(千瓦)	FM Transmitting Power(kw)	683.3	632.3	635	634	650
电视发射功率(千瓦)	TV Transmitters Power(kw)	690.8	981.4	1041.2	1029.7	563.7
有线广播电视传输干线网络总长(万公里)	Length of Transmission Trunk for Cable Radio and TV (10 000 km)	6.4	4.6	7.6	9.0	9.6

18-12 广播电视节目制作情况(2020年)
Basic Statistics on Radio and Television Programs Produced(2020)

单位：小时 (hour)

项 目	Item	总 计 Total	省 级 Province Level	地市级 City Level
广播节目制作	**Production of Radio Programs**	**234013**	**64868**	**133369**
新 闻	News Programs	34201	8282	15696
专 题	Special Subject Programs	69390	19214	42495
综 艺	General Entertainment Programs	43558	12739	21787
广播剧	Radio Play Programs	10089	4519	3173
广 告	Advertising Programs	15817	3510	11349
其 他	Others	60957	16602	38867
电视节目制作	**Production of TV Programs**	**107621**	**29574**	**42965**
新 闻	News Programs	35502	10069	11150
专 题	Special Subject Programs	29757	11234	11303
综 艺	General Entertainment Programs	10971	2600	2879
影视剧	TV Play Programs	1896	31	
广 告	Advertising Programs	13044	2639	9004
其 他	Others	16449	2998	8627

18-13 广播、电视节目播出情况(2020年)
Basic Statistics on Radio and Television Programs Broadcasting (2020)

单位：小时 (hour)

项 目	Item	总 计 Total	省 级 Province Level	地市级 City Level
广 播	**Radio Broadcasting**			
公共节目套数(套)	Number of Public Programs (set)	101	9	34
平均每日播出时间	Broadcasting Hours per Day	1499	166	609
新闻资讯	News Programs	316	19	81
专题服务	Special Subject Programs	320	57	161
综艺益智	General Entertainment Programs	242	34	97
广 播 剧	Radio Play Programs	133	11	52
广 告	Advertising Programs	105	10	67
其 他	Others	383	37	152
电 视	**Television Broadcasting**			
公共节目套数(套)	Number of Public Programs (set)	104	7	31
平均每日播出时间	Broadcasting Hours per Day	1672	157	544
新闻资讯	News Programs	238	27	69
专题服务	Special Subject Programs	205	28	67
综艺益智	General Entertainment Programs	85	7	21
影 视 剧	TV Play Programs	673	72	233
广 告	Advertising Programs	162	7	78
其 他	Others	309	15	77

18-14　出版、发行事业机构和人员数
Number of Institutions and Personnel Engaged in News and Publishing Undertakings

指　标	Item	2014	2015	2016	2017	2018	2019	2020
机构数(个)	**Number of Institutions (unit)**	**693**	**692**	**693**	**692**	**625**	**668**	**666**
出版单位	Publishing Units	419	418	421	420	367	413	406
书刊印刷厂	Printing Houses	169	169	169	155	155	155	160
新华书店	Book Stores	105	105	103	103	103	100	100
人员数(人)	**Number of Personnel (person)**	**23031**	**21045**	**20556**	**16434**	**15794**	**16286**	**13707**
出版单位	Publishing Units	13468	12809	11865	9135	8798	9654	7400
书刊印刷厂	Printing Houses	6539	5304	5274	4991	4294	4039	3807
新华书店	Book Stores	3024	2932	3417	2308	2702	2593	2500

18-15　图书、期刊和报纸出版情况
Number of Books, Magazines and Newspapers Published

年　份 Year	出版数量(种) Number of Publications (kind)			印刷数量(万册、万份) Printed Copies (10000 copies)			总印张数(万印张) Printed Sheets (10000 sheets)		
	图　书 Books	期 刊 Magazines	报　纸 Newspapers	图　书 Books	期 刊 Magazines	报　纸 Newspapers	图　书 Books	期 刊 Magazines	报　纸 Newspapers
1978	269	24	3	10512	1361	13797	33915	3325	12789
1980	246	59	9	11108	2151	15324	50301	6161	13463
1985	855	88	28	16513	2795	49649	62240	8143	31764
1990	1176	184	58	12342	5302	56480	46750	14390	37577
1995	1868	311	86	11342	6718	69115	53136	19103	72446
2000	2070	319	75	9944	7919	73571	49187	24908	119448
2001	2281	322	76	9779	7391	69783	58022	24030	114053
2002	2258	323	76	8747	6459	74244	56561	23116	141986
2003	2098	323	76	7865	5615	73639	50934	21291	143870
2004	2828	312	76	7704	4331	74339	50388	21703	159947
2005	2930	315	76	5938	3503	71410	45850	14985	261470
2006	2667	307	95	5520	3870	89458	48814	18045	267697
2007	3099	309	95	5285	4996	78166	39911	23662	290481
2008	3182	313	91	5167	5092	72667	43260	25191	238501
2009	3408	314	90	6114	5210	75726	44384	26235	229434
2010	3515	314	90	7420	5253	78219	55880	26568	256544
2011	4430	315	89	8284	5502	79234	61349	28559	299480
2012	4218	315	89	6353	5640	78997	52721	29575	311360
2013	5247	314	88	6636	5789	74931	53024	29213	281419
2014	5043	315	88	7426	5279	69039	62513	28070	232130
2015	6087	314	88	7170	4467	66308	62626	25358	173144
2016	7336	314	88	7694	4340	62387	66638	24598	145570
2017	7549	315	86	8837	4390	56521	75582	24205	110925
2018	8709	315	88	8203	3483	49909	68944	18923	87629
2019	8110	315	84	8452	3049	42801	67310	17338	69770
2020	7638	316	76	8804	2486	33053	77263	13183	45397

18-16 图书出版情况(2020年)
Statistics on Books Published by Categories(2020)

类 别	Category	种类 (种) Number of Publications (item)	总印数 (万册) Printed Copies (10000 copies)	总印张 (千印张) Printed Sheets (1000 sheets)	定价总金额 (万元) Total Amount of Pricing (10000 yuan)
使用"中国标准书号"部分合计	**Publications with "China International Standard Book Number"**	**7638**	**8804.3**	**772638.4**	**174700.4**
马列主义、毛泽东思想	Marxism-Leninism, Mao Zedong Thought	5	0.7	114.8	33.5
哲 学	Philosophy	70	34.3	4113.5	2120.2
社会科学总论	General Social Sciences	29	7.5	901.8	317.9
政治、法律	Politics and Law	82	13.2	4431.9	1011.1
军 事	Military Affairs	10	1.8	294.6	89.8
经 济	Economics	278	33.3	5482.6	2233.1
文化、科学、教育、体育	Culture, Science, Education and Sports	3876	7984.4	682100.4	138664.0
语言、文字	Languages	192	34.6	4265.3	1699.4
文 学	Literature	746	325.2	25544.1	10320.8
艺 术	Arts	385	53.5	4364.7	2484.5
历史、地理	History and Geography	267	84.7	9542.8	4699.2
自然科学总论	General Natural Sciences	4	0.3	15.8	6.6
数理科学、化学	Mathematics and Chemistry	223	37.5	6082.1	1926.7
天文学、地球科学	Astronomy and Geology	52	10.5	780.7	346.4
生物科学	Biology	72	21.9	1847.4	836.1
医药、卫生	Medicine and Health Care	304	37.2	4983.7	2068.8
农业科学	Agricultural Science	98	13.3	1372.8	740.9
工业技术	Industrial Technology	656	72.3	11991.9	3300.2
交通运输	Transportation	132	12.7	1956.0	578.2
航空、航天	Aeronautics and Aerospace	16	1.4	282.9	117.3
环境科学	Environmental Science	45	8.6	627.2	211.2
综合性图书	General Books	96	15.3	1541.5	894.6

18-17　音像制品出版情况

Statistics on Number of Publication of Audio-Video Products

指　标	Item	出版品种(种) Number of Publications (kind)		出版数量(万张) Volume of Publications (10000 discs)		发行量(万张) Circulation (10000 sheets)	
		2019	2020	2019	2020	2019	2020
总　计	**Total**	**10**	**3**	**0.12**	**0.08**		**0.08**
录像制品	Video Products	4	3	0.06	0.08		0.08
录音制品	Fixation on Phonograms	6		0.06			

18-18　体育系统从业人员情况(2020年)

Statistics on Staff and Workers in Physical Education System (2020)

单位：人　　(person)

指　标	Item	总　计 Total	公务员 Civil Servants	体　育 教练员 Sports Coaches	运动员 Athletes	科研人员 Scientific and Technical Personnel
体育行政机关	Administrative Agencies of Physical Culture and Sports	1012	638	38		
运动项目管理部门(优秀运动队)	Sports Events Management (Elite sports team)	1934		316	1262	7
职业、运动技术学院	Sports Technical Institutes	128				6
体育运动学校	Physical Education and Sports Schools	296		116		1
竞技体校	Competitive Sports School	42		19		
少儿体育运动学校(业余体校)	Spare-time Sports School	864		560	3	
单项运动学校	Physical Education and Sports Schools	8		6		
训练基地	Training Bases	366		29	184	2
体育场馆	Stadium and Gymnasium	211				
体育科研机构	Sports Science and Technology Institute	48				36
其他事业单位	Other Institutions	240		35		

18-18 续表 Continued

单位：人 (person)

指 标	Item	医务人员 Medical	文化教师 Teachers	管理人员 Administrative	工勤人员 Logistics	其他 Others
体育行政机关	Administrative Agencies of Physical Culture and Sports			169	12	155
运动项目管理部门(优秀运动队)	Sports Events Management	10		156	75	91
职业、运动技术学院	Sports Technical Institutes	12	54	26	9	14
体育运动学校	Physical Education and Sports Schools	8	89	52	13	9
竞技体校	Competitive Sports School			5	4	12
少儿体育运动学校(业余体校)	Spare-time Sports School		11	140	35	107
单项运动学校	Physical Education and Sports Schools		2			
训练基地	Training Bases	2		36	92	17
体育场馆	Stadium and Gymnasium			60	74	67
体育科研机构	Science and Technology Institute			7		3
其他事业单位	Other Institutions					

18-19 体育事业发展情况 Development of Sports

指 标	Item	2015	2016	2017	2018	2019	2020
运动员教练员裁判员人数(人)	**Number of Coaches and Referees (person)**						
等级运动员	Number of Athletes in Grades	1483	912	724	968	1037	845
等级教练员(国家级)	Number of Coaches in Grades	25	32	30	15	33	33
一级教练员	First-class Coach						365
二级教练员	Level 2 Trainer						182
三级教练员	Level 3 Trainer						69
高级教练员	Senior Coach						379
等级裁判员	Number of Referees in Grades	690	99	135	981	712	1074
优秀运动员	Excellent Athletes	1286	1363	1398	1348	1501	1449

18-20　卫生机构基本情况
Basic Conditions of Health Institutions

年　份 Year	卫生机构数 (个) Number of Health Institutions (unit)	床位数 (张) Number of Beds (bed)	人员数 (人) Number of Personnel (person)	#卫生技术人员 Medical Technical Personnel	万人拥有卫生机构床位 (张) Number of Health Institutions Beds per 10000 Persons (bed)	万人拥有卫生技术人员 (人) Number of Medical Technical Personnel per 10000 Persons (person)
1980	8685	104022	175286	133527	32.5	41.7
1985	8794	107527	201065	151337	32.0	45.1
1990	8945	122328	227003	172821	34.5	48.8
1991	8878	124949	232614	178220	35.0	49.9
1992	8853	127164	237985	182368	35.2	50.5
1993	7702	127896	236793	179536	35.1	49.3
1994	7714	128390	235334	179362	35.0	48.8
1995	7637	126466	234074	178842	34.2	48.3
1996	7065	121441	230843	177663	32.6	47.7
1997	7676	121263	231589	178483	32.3	47.6
1998	7620	120470	226719	174980	31.9	46.4
1999	7653	120211	226532	176100	31.7	46.4
2000	8038	120454	222746	171252	31.6	45.0
2001	7944	118037	219624	169865	31.0	44.6
2002	8755	119547	198462	154660	31.4	40.6
2003	8469	115930	192858	149964	30.4	39.3
2004	8230	119645	190563	149274	31.4	39.1
2005	8326	119833	191172	150657	31.4	39.5
2006	8181	123308	191945	151916	32.3	39.8
2007	8464	126058	200346	158726	33.0	41.6
2008	7928	136315	203502	161927	35.6	42.3
2009	8678	146568	215412	172118	38.3	45.0
2010	8938	159957	233900	188612	41.8	49.3
2011	8656	165402	236101	191396	43.1	49.9
2012	8836	178342	241266	197168	46.5	51.4
2013	9582	189290	250191	203741	49.4	53.1
2014	9603	201538	256148	209169	52.6	54.6
2015	9304	211637	259395	212504	55.4	55.6
2016	20378	220039	292210	221345	57.8	58.2
2017	20278	241422	299903	229059	63.6	60.4
2018	20357	250139	299813	230890	66.3	61.2
2019	20377	257539	305552	237595	68.7	63.3
2020	20461	253245	310435	242583	79.5	76.2

注：2016年开始包括村卫生室情况，与以往年份不可比(下同)。
a) From 2016, includes the situation of the village health room, which is not comparable with the previous years (similarly following tables).

18-21 卫生机构各类人员(2020年)
Employed Persons in Health Care Institutions by Type of Occupation(2020)

单位：人 (person)

类　别	Category	总计 Total	医院 Hospitals	卫生院 Health Centers	疾病预防控制中心 Diseases Prevent and control Centers	其他卫生机构 Other Institutes
总　计	**Total**	**310435**	**207386**	**22911**	**5814**	**74324**
卫生技术人员	**Medical Technical Personnel**	**242583**	**170340**	**18921**	**4250**	**49072**
执业(助理)医师	Assistant Doctors on Guard	96112	60695	8658	1768	24991
#执业医师	Doctors on Certified Doctors	82045	56519	5569	1460	18497
注册护士	Registered Nurses	102318	82722	3920	352	15324
药师(士)	Pharmacists of Chinese Medicine Personnel	11072	7965	1175	90	1842
检验人员	Laboratory Technicians Personnel	12935	9032	1029	836	2038
其　他	Others	20152	9926	4139	1204	4883
其他人员	**Other Personnel**	**50983**	**37046**	**3990**	**1564**	**8383**
其他技术人员	Other Technical Personnel	11262	7347	1144	601	2170
管理人员	Managerial Personnel	17478	12477	1332	558	3111
工勤人员	Logistics Works	22243	17222	1514	405	3102
平均每万人拥有卫生技术人员	**Number of Medical Technical Personnel per 10000 Population**	**76.2**	**53.5**	**5.9**	**1.3**	**15.4**

注：其他卫生机构总计中包括乡村医生和卫生员。
a) Other Institutes include rural doctors and health workers.

18-22 医疗机构运营情况(2020年)
Operation of Medical Institutions (2020)

指　标	Item	合计 Total	#医院 Hospitals	卫生院 Health Centers	门诊部 Clinics	妇幼保健院 Maternity and Child Care Centers	专科疾病防治院 Specialized Disease Prevention &Treatment Institutes
门诊服务	**Service of Clinics**						
诊疗人次(万人次)	Total Number of Patients Treated (10000 person-times)	8527.0	5113.0	710.9	145.1	158.4	32.6
#门　诊	#Clinics Patients	7391.9	4493.3	652.3	106.2	150.8	30.7
急　诊	Emergency Patients	521.1	482.7	8.6		2.7	0.0
住院服务	**Service of Clinics**						
入院人数(万人)	Hospital Admissions (10000 patients)	359.0	326.2	23.7	0.5	4.4	1.1
住院病人手术人次(万人)	Number of Operation of Patients (10000 patients)	104.4	102.6			1.8	0.004
每百门、急诊的入院人数(人)	Hospital Admissions per 100 Out-patient and Emergency Patient (person)	5.6	6.56	3.58		2.89	3.51
床位利用	**Utilization of Hospital Beds**						
平均床位周转率(次)	Average Turnover of Beds (times)	15.0	15.9	11.0		12.4	5.0
平均床位工作日(日)	Number of Days per Bed in Use in a Year (days)	166.0	176.7	92.0		83.7	258.4
床位使用率(%)	Utilization Rate of Beds (%)	45.4	48.3	25.1		22.9	70.6
出院者平均住院日(日)	Average Hospitalization Period (days)	10.4	10.7	6.4		6.2	22.9

18-23　卫生机构、床位、人员数(2020年)

Numbers of Health Institutions, Beds and Employed Persons (2020)

机构名称	Name of Institutions	机构数 (个) Number of Institutions (unit)	床位数 (张) Number of Beds (bed)	人员数 (人) Number of Personnel (person)	#卫生技术人员 Medical Technical Personnel
总　计	**Total**	**20461**	**253245**	**310435**	**242583**
医　院	Hospitals	1126	215180	207386	170340
综合医院	General Hospitals	740	146818	149352	124244
中医医院	Hospitals Specialized in Traditional	168	29576	29374	23885
中西医结合医院	Hospitals Combining Chinese and Western Medicine	9	823	987	817
民族医院	National Hospitals	4	276	190	155
专科医院	Specialized Hospitals	201	37443	27372	21145
口腔医院	Hospitals of Mouth Cavity Diseases Care	20	533	1103	839
眼科医院	Hospitals for Eye Care	16	1146	1489	925
耳鼻喉科医院	Hospitals for Ear, Nose and Throat Care	3	353	462	377
肿瘤医院	Tumor Hospitals	6	5463	4194	3478
心血管医院	Hospitals for Vas of Heart	5	1232	1026	903
胸科医院	Hospitals for Chest	1	650	729	615
妇产(科)医院	Hospitals of Maternity	14	1319	1660	1376
儿童医院	Hospitals of Children	3	940	1316	1164
精神病医院	Mental hospitals	42	15325	6480	4683
传染病医院	Hospitals for Infectious Diseases	11	4563	3687	2860
皮肤病医院	Hospitals of Dermatology	7	189	207	164
骨科医院	Orthopedics Hospitals	8	950	906	765
康复医院	Rehabilitation Hospitals	7	1391	765	559
整形外科医院	Plastic Surgery Hospital	6	145	439	238
美容医院	Hairdressing Hospital	52	3244	2909	2199
其他专科医院	Other Specialized Hospitals	4	244	111	94
护理院	Nursing Home				
基层医疗卫生机构	**Primary Health Care Institutions**	**18653**	**31102**	**81107**	**56062**
社区卫生服务中心(站)	Sanitation and Service Agencies of Community	645	7077	15449	12626
社区卫生服务中心	Health Service Center	465	6249	14073	11409
社区卫生服务站	Health Service station	180	828	1376	1217
卫生院	Health Centre	973	23831	22911	18921
街道卫生院	Sub-district Level	7	116	140	112
乡镇卫生院	Township	966	23715	22771	18809
村卫生室	Village Clinics	10385		22066	5199
门诊部	Clinics	1018	194	8640	7763
诊所.卫生所.医务室	Clinic. Health Clinic. Infirmary	5632		12041	11553
诊　所	Clinics	4837		9952	9599
卫生所、医务室	Health Clinic. Infirmary	795		2089	1954
专业公共卫生机构	**Professional Public Health Agency**	**626**	**6088**	**20820**	**15530**
疾病预防控制中心	Center for Diseases control and Prevention	147		5814	4250
专科疾病防治院(所、站)	Specialized Disease Prevention and Treatment Institutes	74	2223	2462	1882
健康教育所(站、中心)	Health Education Centre				
妇幼保健院(所、站)	Maternity and Child Care Centers	131	3859	7826	6067
急救中心(站)	First-aid Centers	15	6	884	426
采供血机构	Institutions of Pick and Supply Blood	30		1016	747
卫生监督所(中心)	Health Supervision Institute (Centre)	135		2436	1968
计划生育技术服务机构	Family Planning Institutions	94		382	190
其他卫生机构	**Other Medical Institutions**	**56**	**875**	**1122**	**651**
疗养院	Sanatoriums	3	875	319	238
卫生监督检验(监测、检测)所(站)	Medical Supervise Institutions				
医学科学研究机构	Research Institutes of Medical Sciences	5		58	25
医学在职培训机构	Medical Institutions of In-service Education	8		194	44
临床检验中心(所、站)	Clinical Laboratory Center	10		231	151
统计信息中心	Statistical Information Center	3		78	7
其他	Others	27		242	186

注：本表人员合计中包括乡村医生、卫生员和诊所乡村医师数；不含乡镇卫生院在村卫生室工作的执业(助理)医师、注册护士数。

a) This table includes the number of village doctors, health workers and village doctors in clinics, excluding the number of practicing (assistant) doctors and registered nurses working in village clinics in township hospitals.

18-24 分地区卫生事业基本情况(2020年)
Basic Statistics on Public Health by Region(2020)

地 区	Region	卫生机构数(个) Number of Health Institutions (unit)	#医院 Hospital	#综合医院 General Hospitals	#中医医院 Chinese Medicine Hospitals	#基层医疗卫生机构 Primary Health Care Institutions	#专业公共卫生机构 Professional Public Health Institutions	#其他机构 Others
全 省	**Total**	**20461**	**1126**	**740**	**168**	**18653**	**626**	**56**
哈尔滨	Harbin	4393	324	194	58	3961	89	19
齐齐哈尔	Qiqihar	2735	133	92	19	2540	60	2
鸡 西	Jixi	1064	66	48	5	956	41	1
鹤 岗	Hegang	705	42	34	4	639	21	3
双鸭山	Shuangyashan	1098	55	40	4	1014	29	
大 庆	Daqing	1431	118	68	25	1275	34	4
伊 春	Yichun	684	39	29	6	605	40	
佳木斯	Jiamusi	1977	98	65	8	1817	56	6
七台河	Qitaihe	634	25	17	2	577	31	1
牡丹江	Mudanjiang	2238	83	47	14	2077	65	13
黑 河	Heihe	1001	58	47	6	913	29	1
绥 化	Suihua	2194	51	34	11	2034	103	6
大兴安岭	Daxinganling	307	34	25	6	245	28	

18-24 续表 Continued

地 区	Region	卫生机构床位数(张) Number of Beds in Health Institutions (bed)	卫生机构人员数(人) Number of Persons in Health Institutions (person)	#卫生技术人员数(人) Medical Technical Personnel (person)	#执业(助理)医师 Assistant Doctors on Guard	#注册护士 Registered Nurses	#药师(士) Pharmacist	#技师(士) Technician
全 省	**Total**	**253245**	**310435**	**242583**	**96112**	**102318**	**11072**	**12935**
哈尔滨	Harbin	86993	94827	74646	29854	32802	3214	3898
齐齐哈尔	Qiqihar	34281	39488	31034	12192	13713	1525	1489
鸡 西	Jixi	13130	15446	12238	4861	5315	569	674
鹤 岗	Hegang	8648	10910	8669	3141	4137	409	428
双鸭山	Shuangyashan	11581	12063	9578	3777	4045	451	463
大 庆	Daqing	18717	28218	22148	9675	9196	1050	1184
伊 春	Yichun	7584	9342	7042	2749	2801	328	410
佳木斯	Jiamusi	19083	23630	18428	6779	7710	781	945
七台河	Qitaihe	4956	6377	4910	1961	2029	233	280
牡丹江	Mudanjiang	17430	27553	22695	8179	9224	976	1338
黑 河	Heihe	8412	12525	9756	3982	3775	546	609
绥 化	Suihua	19661	26227	18285	7786	6219	837	1005
大兴安岭	Daxinganling	2769	3829	3154	1176	1352	153	212

18-25 享受补助、救济人员情况
Persons Receiving Subsidies or Relief Funds

单位：万人 (10000 persons)

项　　目	Item	2016	2017	2018	2019	2020
城乡居民最低生活保障人数	**Number of Persons Receiving Minimum Living Allowance in Urban Area and Rural Area**	**232.1**	**200.6**	**163.4**	**140.0**	**135.4**
城镇居民最低生活保障人数	Number of Persons Receiving Minimum Living Allowance in Urban Area	111.1	95.4	74.1	59.8	54.4
农村居民最低生活保障人数	Number of Persons Receiving Minimum Living Allowance in Rural Area	120.9	105.2	89.3	80.2	81.0
传统救济情况	**Traditional Relief**					
农村特困人数	Extremely poor population in rural areas	12.2	11.3	10.3	9.5	9.3

18-26 社会福利单位机构和工作人员数
Number of Social Welfare Institutions and Enterprises

项　　目	Item	机构数(个) Number of Institutions or Enterprises (unit)			工作人员(人) Number of Persons Engaged (person)		
		2018	2019	2020	2018	2019	2020
总　　计	**Total**	**1481**	**1747**	**1978**	**18490**	**19651**	**22209**
社会福利事业单位	Social Welfare Institutions	1290	1556	1787	15048	16082	18783
收容遣送站	Collecting and Repatriation Units	57	56	56	584	587	538
殡葬事业单位	Funeral and Interment Institutions	134	135	135	2858	2982	2888

18-27 调解民间纠纷分类
Number of Civil Disputes Mediated by Type

项　　目	Item	调解纠纷(件) Civil Disputes(cases)			各种纠纷所占比重(%) Percentage(%)		
		2018	2019	2020	2018	2019	2020
总　　计	**Total**	**362434**	**372933**	**153218**	**100.0**	**100.0**	**100.0**
婚姻家庭	Family Disputes	77018	72474	19845	21.3	19.4	13.0
房屋、宅基地	Housing and Housing Sites	13417	12875	3624	3.7	3.5	2.4
邻　　里	Neighbor Disputes	86743	99590	35198	23.9	26.7	23.0
损害赔偿	Compensation for Damages	19725	22213	7988	5.4	6.0	5.2
其　　他	Others	165531	165781	86563	45.7	44.5	56.5

18-28 律师、公证、调解工作基本情况
Basic Statistics on Lawyers, Notarization and Mediation

项　目	Item	2016	2017	2018	2019	2020
律师工作	**Lawyers**					
律师事务所(个)	Number of Law Offices (unit)	834	857	862	857	866
律师(人)	Number of Lawyers (person)	5091	5378	5468	5999	6352
#专职律师	#Full-time Lawyers	4733	4765	4840		5185
兼职律师	Part-time Lawyers	252	236	220		262
聘请担任常年法律顾问的单位(处)	Number of Units with Permanent Legal Advisors (unit)	6409	5212	6547	6938	5537
民事诉讼代理(件)	Agent of Civil Cases (case)	25006	30468	41378	52046	37378
行政诉讼代理(件)	Agent of Administrative Action (case)	945	845	864	1581	1076
刑事辩护代理(件)	Agent and Defender of Criminal Cases (case)	23413	11188	15166	17474	12368
非诉讼法律事务(件)	Agent of Non-Litigious Legal Affairs (case)	6114	547	10108	13753	4342
咨询和代书(件)	Consulting and Writing (case)	455621	100889	49278	54632	46010
代理申诉	Representation of Complaint				1353	256
公证工作	**Notarization**					
公证处(个)	Number of Notary Offices (unit)	149	149	123	119	111
#办理涉外的	#Related to Foreign	77	77	77	77	77
公证人员(人)	Notarial Personnel (person)	1024	1092	864	814	1174
#公证员	#Notaries	421	399	412	395	380
公证员助理	Assistant Notaries	370	445	452	419	509
办理公证件数(件)	Number of Transacted Notarization (case)	384625	426754	452323	509098	299393
#国内经济合同公证	Notarization of Domestic Economic	31770	4038	15996	53835	33023
人民调解工作	**Number of People's Mediation**					
专职司法助理员(人)	Number of Full-time Judicial Assistants (person)	2032	2382	2422	2404	1774
人民调解委员会(个)	Number of People's Mediation Committees (unit)	16146	15286	15324	15178	14302
调解人员(人)	Number of Mediators (person)	68135	59633	57508	57005	52858
调解民间纠纷(件)	Number of Civil Disputes Mediated (case)	282195	282968	367248	372933	153218

18-29　国内公证业务分类(2020年)
Domestic Notarial Services by Type(2020)

单位：件　　(piece)

分　类	Item	办理公证 Number of Notarial Documents Issued	比重(%) Percentage(%)
总计	**Total**	**299393**	**1.00**
委托	Power of Attorney	59604	0.199
声明	Declaration	41863	0.140
赠与(单方)	Gift	2110	0.007
受赠	Gratuities	815	0.019
遗嘱	Testaments	1390	0.005
保证	Promises	1092	0.004
公司章程	Corporation Constitutions	2	
出生	Births	4200	0.014
生存	Survival	19	
死亡	Deaths	954	0.003
身份	Identity	1341	0.004
曾用名	Resume	836	0.003
住所地(居住地)	Residence	34	0.041
学历	Education Background	28	
学位	Academic Degree	23	
经历	Experiences	11	
资格	Qualifications	4	
无(有)犯罪记录	Illegal and Criminal Record Check	10395	0.035
婚姻状况	Marital Status	4291	0.014
亲属关系	Kinship Confirmation	12967	0.043
收养	Adoptive Relationship	2	
抚养事实	The Fact of Raising	5	
财产权	Property Rights	901	0.003
收入状况	Income State	2	
指纹(印鉴)	Fingerprint	61	
不可抗力(意外事件)	Force Majeure (Accident)	4	
查无档案记载	Check No Archival Records	1	
证书(执照)	Certificate, Licence	36329	0.121
文书上的签名(印鉴)	Signature, Seal	1847	0.006
文本相符	Conformity of Documentation	38030	0.127
保全证据	Evidence Preservation	2270	0.008
现场监督	Field Supervision	1648	0.006
合同(协议)	Contract (Agreement)	10601	0.035
继承(受遗赠)	Inheritance	57996	0.194
具有强制执行效力的债权文书公证书及执行证书	Executor Force Certificate of Execution	7537	0.130
公证登记	Mortgage Registration		
公证提存	Drawing Registration	40	
公证保管	Storage Registration	11	
其他	Others	129	

18-30 婚姻登记和离婚情况
Basic Statistics on Marriages and Divorces

年 份 Year	居民登记结婚(对) Registered Marriages (couple)	初 婚(人) First Marriages (person)	再 婚(人) Remarriages (person)	涉外及华侨、港澳台同胞准予登记结婚的国内居民 Registered Marriages Related to Foreign, Oversea Chinese, Hong Kong, Macao & Taiwan: 合 计(人) Total (person)	#女 性 Female	准予登记离 婚(对) Registered Divorces (couple)	法院协议判决离婚(对) Agreement and Adjudged Divorces (couple)	离婚率(‰) Divorce Rate (‰)
1985	284282	547585	20979	56	39	9155	30018	2.3
1990	284720	529796	39644	173	128	17104	37224	3.1
1995	267300	490744	43856	4312	4271	19237	54733	4.0
1996	260229	473216	47242	4002	3771	20571	58705	4.3
1997	270653	498139	43167	3173	3154	20737	61855	4.4
1998	234488	416018	52958	2745	2700	19792	56600	4.0
1999	224610	403756	45464	2168	2060	22654	52976	4.0
2000	217750	384399	51101	2560	2385	23739	51137	3.9
2001	222294	392712	51876	3889	3675	24940	50925	4.0
2002	193072	335930	50214	3770	3592	26698	45552	3.8
2003	201202	348460	53944	4208	3920	35186	42388	4.1
2004	235120	410058	60182	2844	2558	49278	43733	4.9
2005	228311	395978	60644	2448	2055	53932	42065	5.0
2006	231917	409739	54095	2942	2034	55506	43026	5.2
2007	252041	438465	65617	1982	1738	66779	40340	5.6
2008	283017	486996	79038	2879	2470	79403	40044	6.2
2009	303854	519276	88432	2929	2460	91355	36961	6.7
2010	308886	529835	87937	3093	2286	104406	35272	7.3
2011	332683	555952	109414	2390	1459	116019	35272	8.0
2012	345617	591433	99801	2348	1199	124138	32616	8.4
2013	376612	651424	101800	2101	1163	147613	30643	9.7
2014	352253	617682	86824	1853	1171	157983	29302	10.4
2015	318224	553715	82733	1500	997	162094	27708	10.8
2016	306307	522071	90543	1547	978	164902	22532	10.8
2017	286732	481250	92214	1271	816	175276	21573	11.6
2018	278195	462484	93906	1262	782	175566	19095	11.7
2019	244370	399726	89014	1246	761	170110	16767	11.5
2020	171906	283387	60425	279	148	126147	11620	8.7

18-31　劳动争议案件受理和处理情况
The Disposal of Labor Disputes

单位：件　　(case)

项　目	Item	2016	2017	2018	2019	2020
案件受理情况	**Cases Accepted**					
当期案件受理数	Number of Cases	10661	12884	23326	36254	19841
#集体劳动争议案件数	# Collective Labour Disputes	56	37	9	9	39
劳动者申诉案件数	Cases Appealed by Laborers	10496	12781	23187	35877	18906
劳动者当事人数(人)	Number of Laborers Involved(person)	12690	14278	23613	36830	21696
#集体劳动争议劳动者当事人数	#Laborers Involved in Collective Labour Disputes	1831	1275	142	362	1134
争议原因	Cause of the Disputes					
劳动报酬	Labour Remuneration	3939	5289	9872	13613	9133
社会保险	Social Insurances	2192	2277	2842	6441	3011
变更劳动合同	Change the Labour Contract					
解除、终止劳动合同	Relieve and End the Labour Contract	624	563	1025	1035	364
其　他	Others	2972	3515	5664	6024	4227
案件处理情况	**Cases Disposed**					
结案数	Number of Cases Settled	10683	13200	23205	35205	20529
处理方式	By Manners of Settlement					
仲裁调解	By Mediation	3248	4520	8187	12762	10919
仲裁裁决	By Arbitration Lawsuit	5874	6675	11228	16743	9016
其　他	Other	1561	2005	3790	5700	594
处理结果	By Result of Settlement					
用人单位胜诉	Lawsuit Won by Units	778	1084	2533	2841	1886
劳动者胜诉	Lawsuit Won by Laborers	5260	7076	7633	12342	6105
双方部分胜诉	Lawsuit Partly Won by Both Parties	1868	2087	2333	3226	8930
本期未结案件数	**Number of Cases Dissected**	**397**	**81**	**202**	**1251**	**563**
其他方式调解案件数	**Number of the Arbitrated Cases through Other Forms**	**7274**	**11732**	**17674**	**30750**	**11584**

18-32 社会保险基本情况
Basic Statistics of Social Insurance

项目	Item	2016	2017	2018	2019	2020
年末参加城镇职工基本养老保险人数(万人)	Number of Urban Staff Basic Pension Insurance Contributors at Year-end(10000 persons)	1144.1	1206.1	1308.5	1364.9	1411.4
#职工	#Staff and Workers	655.6	682.2	731.7	765.1	790.3
离退休人员	Retirees	488.5	523.9	576.8	599.8	621.0
基金收入(亿元)	Revenue(100 million yuan)	1005.7	1240.5	1630.2	1785.4	1629.3
基金支出(亿元)	Expenses(100 million yuan)	1332.7	1534.2	1793.1	2094.8	2240.1
累计结余(亿元)	Balance at Year-end(100 million yuan)	-196.1	-486.2	-557.2	-433.7	-368.9
年末参加基本医疗保险人数(万人)	Number of Basic Medical Care Insurance (10000 persons)	1599.8	2892.6	2908.6	2837.1	2827.0
年末参加城镇职工基本医疗保险人数(万人)	Number of Urban Households Basic Medical Care Insurance Contributors at Year-end (10000 persons)	879.5	843.8	856.2	873.6	876.4
#职工	#Staff and Workers	525.5	493.2	498.0	496.5	484.6
离退休人员	Retirees	354.0	350.6	358.2	377.1	391.8
基金收入(亿元)	Revenue(100 million yuan)	258.4	285.6	308.1	333.0	370.0
基金支出(亿元)	Expenses(100 million yuan)	237.8	259.9	267.8	295.7	284.1
累计结余(亿元)	Balance at Year-end(100 million yuan)	294.8	320.6	360.9	398.2	517.9
年末参加城乡居民基本医疗保险人数(万人)	Number of Urban Residents Basic Medical Care Insurance Contributors at Year-end (10000 persons)	720.3	2048.9	2052.3	1963.5	1950.6
年末参加失业保险人数(万人)	Number of Unemployment Insurance Contributors at Year-end (10000 persons)	313.2	315.1	318.0	324.0	326.2
#领取失业保险金	#Beneficiaries of Unemployment Insurance Fund	6.9	7.1	7.2	6.1	7.3
基金收入(亿元)	Revenue(100 million yuan)	26.5	22.0	19.1	22.5	18.6
基金支出(亿元)	Expenses(100 million yuan)	20.2	19.4	15.2	25.6	38.7
累计结余(亿元)	Balance at Year-end(100 million yuan)	165.2	167.8	171.7	128.2	108.3
年末参加工伤保险人数(万人)	Number of Work Injury Insurance Contributors at Year-end (10000 persons)	522.2	519.1	520.1	464.1	442.6
#享受工伤待遇	#Beneficiaries	6.1	6.2	6.9	5.9	4.6
基金收入(亿元)	Revenue(100 million yuan)	23.2	23.7	24.9	26.9	20.4
基金支出(亿元)	Expenses(100 million yuan)	23.4	24.0	26.0	26.4	23.0
累计结余(亿元)	Balance at Year-end(100 million yuan)	32.3	32.0	30.9	31.3	28.7
年末参加生育保险人数(万人)	Number of Maternity Insurance Contributors at Year-end (10000 persons)	358.0	355.1	350.2	343.5	397.7
#享受待遇	#Beneficiaries	9.4	8.9	8.2	9.1	11.9
年末参加城乡居民社会养老保险人数(万人)	Number of Urban and Rural Residents Basic Pension Insurance Contributors at Year-end (10000 persons)	837.6	839.6	896.8	916.7	908.7
#领取养老金	#Farmer Beneficiaries	309.6	328.0	347.7	361.1	367.4

注：2020年职工医保与生育保险合并实施，生育保险基金不再单独计算收支、结余情况，包含在职工医保中。

a) In 2020, employee medical insurance and maternity insurance will be implemented together, and the maternity insurance fund will no longer calculate the income, expenditure and balance separately, which will be included in employee medical insurance.

主要统计指标解释

广播/电视节目综合人口覆盖率　指根据原国家广电总局制定的《广播电视人口覆盖率统计技术标准和方法》进行统计调查的，在对象区内能接收到由中央、省、地市或县通过无线、有线或卫星等各种技术方式转播的各级广播/电视节目的人口数占全国总人口数的百分比。

艺术表演团体　指由文化部门主办或实行行业管理(经文化行政部门审批或已申报登记并领取相关许可证)，专门从事表演艺术等活动的各类专业艺术表演团体，含民间职业剧团。不包括群众业余文艺表演团体。

艺术表演场馆　指由文化部门主办或实行行业管理(经文化市场行政部门审批或已申报登记并领取相关许可证)，有观众席、舞台、灯光设备，公开售票、专供文艺团体演出的文化活动场所。

文化市场经营机构　指经文化市场行政部门审批或已申报登记并领取相关许可证的、从事文化经营和文化服务活动的机构。

国家综合档案馆　指由中央或地方各级档案行政管理部门直接管理的，按行政区划或历史时期设置的，收集和管理所辖范围内多种门类档案的档案馆。

等级运动员　指经考核正式批准授予运动员称号的运动员，分为国际级运动健将、运动健将、一级、二级运动员。

等级教练员　指经考核正式批准授予等级教练员职称的教练员，分为国家级、高级、中级、初级教练员。

医疗卫生机构　指从卫生行政部门取得《医疗机构执业许可证》、《计划生育技术服务许可证》，或从民政、工商行政、机构编制管理部门取得法人单位登记证书，为社会提供医疗保健、疾病控制、卫生监督服务或从事医学科研和医学在职培训等工作的单位。医疗卫生机构包括医院、基层医疗卫生机构、专业公共卫生机构、其他医疗卫生机构。

医院　包括综合医院、中医医院、中西医结合医院、民族医院、各类专科医院和护理院，不包括专科疾病防治院、妇幼保健院和疗养院。包括医学院校附属医院。

基层医疗卫生机构　包括社区卫生服务中心、社区卫生服务站、街道卫生院、乡镇卫生院、村卫生室、门诊部、诊所(医务室)。

专业公共卫生机构　包括疾病预防控制中心、专科疾病防治机构、妇幼保健机构（含妇幼保健计划生育服务中心）、健康教育机构、急救中心（站）、采供血机构、卫生监督机构、取得《医疗机构执业许可证》或《计划生育技术服务许可证》的计划生育技术服务机构。

其他医疗卫生机构　包括疗养院、临床检验中心、医学科研机构、医学在职教育机构、医学考试中心、农村改水中心、人才交流中心、统计信息中心等卫生事业单位。

卫生人员　指在医院、基层医疗卫生机构、专业公共卫生机构及其他医疗卫生机构工作的职工，包括卫生技术人员、乡村医生和卫生员、其他技术人员、管理人员和工勤人员。一律按支付年底工资的在岗职工统计，包括各类聘任人员(含合同工)及返聘本单位半年以上人员，不包括临时工、离退休人员、退职人员、离开本单位仍保留劳动关系人员、本单位返聘和临聘不足半年人员。

卫生技术人员　包括执业医师、执业助理医师、注册护士、药师（士）、检验技师（士）、影像技师、卫生监督员和见习医（药、护、技）师（士）等卫生专业人员。不包括从事管理工作的卫生技术人员(如院长、副院长、党委书记等)。

执业医师　指《医师执业证》“级别”为“执业医师”且实际从事医疗、预防保健工作的人员，不包括实际从事管理工作的执业医师。执业医师类别分为临床、中医、口腔和公共卫生四类。

执业(助理)医师　指《医师执业证》“级别”为“执业助理医师”且实际从事医疗、预防保健工作的人员，不包括实际从事管理工作的执业助理医师。执业助理医师类别分为临床、中医、口腔和公共卫生四类。

每万人口执业(助理)医师　每万人口执业(助理)医师=(执业医师数+执业助理医师数)/人口数×10000。人口数系年末常住人口。

每万人口卫生技术人员　每万人口卫生技术人员=卫生技术人员数/人口数×10000。人口数系年末常住人口。

每万人口医疗卫生机构床位　每万人口医疗卫生机构床位=医疗卫生机构床位数/人口数×10000。人口数系年末常住人口。

社会工作师　指通过全国社会工作师职业水平考试并取得社会工作师职业水平证书的人员。

社会福利企业　指以集中安置有一定劳动能力的残疾人就业为目的（残疾职工占生产人员10%以上）、带有社会福利性质的企业总称。社会福利企业分类为：社会福利工厂、假肢厂、其他福利企业。性质分为：国有、集体和其他性质。

城市居民最低生活保障人数　指在报告期末家庭平均收入在当地规定的最低生活保障线以下的城镇居民数。包括“三无”对象，失业人员和在职、下岗、退休人员等。

农村居民最低生活保障人数　指报告期末在建立农村最低生活保障制度的地区，得到当地政府或集体给予最低生活保障的农业人口家庭人数。

五保户　指无法定抚养义务人，或者虽有法定抚养义务人，但是抚养人无抚养能力的；无劳动能力的；无生活来源的老年人、残疾人和未成年人。

传统救济人数　指国家规定由民政部门救济的特殊人员和60年代精简退职老职工救济人员。特殊人员包括麻风病人、原国民党起义、投诚人员、归侨、台胞台属、宽大释放人员、摘掉右派帽子人员、因公负伤的下乡知青、因计划生育手术事故造成死亡和丧失劳动能力人员等传统民政救济对象。

社区服务机构数　指报告期末设立的社区服务指导中心、社区服务中心、社区服务站、社区养老机构和设施、互助型的养老设施等其他社区服务机构的总和数。具有面向老人，残疾人，儿童及其家庭的商品递送、医疗保健、家庭保洁、日间照料、陪伴服务等为社区居家养老服务的设施和突出综合服务的职能。

粗离婚率　指某地区当年离婚对数占该地区年平均人口的比重。计算公式为:

$$粗离婚率 = \frac{当年离婚对数}{年平均人口数} \times 1000‰$$

人民检察院直接立案侦查案件　指按照管辖的规定，由人民检察院直接立案侦查的贪污贿赂犯罪、渎职犯罪、国家机关工作人员利用职权实施的侵犯公民人身权利和民主权利的犯罪以及经省级人民检察院决定立案侦查的国家机关工作人员利用职权实施的其他重大犯罪案件。

要案　指县、处级以上干部的犯罪案件。该指标主要反映职务犯罪案件中县、处级以上干部被人民检察院依法立案侦查的情况。

批准逮捕　指人民检察院对公安机关、国家安全机关、监狱管理机关提出逮捕的犯罪嫌疑人进行审查，根据事实，依法做出逮捕决定。该指标主要反映人民检察院对提请逮捕犯罪嫌疑人进行审查后依法做出批准逮捕决定的情况。

决定逮捕　指人民检察院对直接立案侦查的案件，认为需要逮捕犯罪嫌疑人时，依据法律做出的逮捕决定。该指标主要反映人民检察院对直接受理的案件行使决定逮捕权的情况。

适用简易程序　指人民法院对依法可能判处三年以下有期徒刑、拘役、管制、单处罚金的公诉案件，事实清楚，证据充分，人民检察院建议或者同意适用简易程序的案件；告诉才处理的案件；被害人起诉的有证据证明的轻微刑事案件。

提出抗诉　指人民检察院对人民法院的判决、裁定认为确有错误，向人民法院提出对案件重新进行审理的诉讼活动。包括按照第二审程序提出的抗诉和按照审判监督程序（再审程序）提出的抗诉。

立案监督　指人民检察院对侦查机关刑事立案活动的监督。包括对应当立案而不立案的监督和不应立案而立案的监督。

监督立案　包括侦查机关接到要求说明不立案理由后主动立案和执行通知立案两个内容。

监管活动　指人民检察院对监狱等监管改造场所的管理活动进行的监督。青少年罪犯　指人民法院在报告期内判决发生法律效力的有罪判决中14周岁以上不满25周岁的罪犯。其中14周岁以上不满18周岁的罪犯为未成年罪犯。

行政案件　指公民、法人和其他组织不服行政机关作出的具体行政行为，向人民法院提起行政诉讼，人民法院依法审理的案件。

单独赔偿　指单独提起行政赔偿的案件。当事人对行政行为的合法性没有争议，就行政侵权造成的损害赔偿单独提起赔偿诉讼。

公证人员　指在公证处工作的人员总称，包括公证处主任、副主任、公证员、公证员助理(助理公证员)和其他从事辅助性工作的人员。

公证文书　指公证处根据当事人申请，依照事实和法律，按照法定程序制作的，具有法律效力的司法证明文书。

受理劳动人事争议案件数　指劳动人事争议仲裁委员会根据国家有关规定，对劳动人事争议当事人的申请予以审查，符合受理条件而正式立案、准备处理的劳动人事争议案件数。

城镇职工基本养老保险

1.参保职工人数　指报告期末按照国家法律、法规和有关政策规定参加城镇职工基本养老保险并在社保经办机构已建立缴费记录档案的职工人数，包括中断缴费但未终止养老保险关系的职工人数，不包括只登记未建立缴费记录档案的人数。

2.离退休人员人数　指报告期末参加城镇职工基本养老保险的离休、退休和退职人员的人数。

3.基金收入　指根据国家有关规定，由纳入基本养老保险范围的缴费单位和个人按国家规定的缴费基数和缴费比例缴纳的养老保险基金，以及通过其他方式取得的形成基金来源的收入。包括单位和职工个人缴纳的基本养老保险费、基本养老保险基金利息收入、上级补助收入、下级上解收入、转移收入、财政补贴和其他收入。

4.基金支出　指按照国家政策规定的开支范围和开支标准从养老保险基金中支付给参加基本养老保险的个人的养老金、丧葬抚恤补助，以及由于保险关系转移、上下级之间调剂资金等原因而发生的支出。包括离休金、退休金、退职金、各种补贴、医疗费、死亡丧葬补助费、抚恤救济费、社会保险经办机构管理费、补助下级支出、上解上级支出、转移支出、其他支出等。

5.基金累计结余　指截至报告期末基本养老保险基金收支相抵后的累计余额。

城乡居民基本养老保险

1.参保人数　指报告期末，参加城乡居民养老保险（在经办机构参保登记并已建立缴费记录以及制度实施当年已经年满60周岁并在经办机构参保登记）的总人数（不包括已经办理注销登记手续的人数）。

2.基金收入　指根据国家有关规定，由参加城乡居民基本养老保险的个人按规定缴费的城乡居民基本养老保险基金，以及通过集体补助、财政补助等其他方式取得的形成基金来源的收入。包括个人缴费收入、集体补助收入、政府补贴收入、利息收入、转移收入、上级补助收入、下级上解收入和其他收入。

3.基金支出　指按照国家政策规定的开支范围和开支

标准从城乡居民基本养老保险基金中支付给参加城乡居民基本养老保险的个人养老金待遇支出，以及由于参保人员跨统筹地区流动而发生的支出等。包括养老金待遇支出、转移支出、补助下级支出、上解上级支出、其他支出。

4.基金累计结余　指截至报告期末城乡居民基本养老保险基金收支相抵后的累计余额。

基本医疗保险

1.参保人数　指报告期末按国家有关规定参加相应基本医疗保险的人数。

2.基金收入　指由用人单位和个人按照国家规定的缴费基数、缴费比例或缴费标准缴纳的基本医疗保险基金，财政补助资金以及通过其他方式取得的形成基金来源的款项，包括：单位缴纳收入、个人缴纳收入、财政补助收入（含医疗救助补助个人收入）、财政补贴收入、利息收入和其他收入。

3.基金支出　指按照国家政策规定的开支范围和开支标准，从基本医疗保险基金中支付给参保人员的医疗保险待遇支出，以及其他支出。包括住院医疗费用支出、门急诊医疗费用支出、个人账户基金支出、其他支出。

4.基金累计结余　指截至报告期末基本医疗保险基金累计结余金额。

失业保险

1.参保人数　指报告期末按照国家法律、法规和有关政策规定参加了失业保险的城镇企业、事业单位的职工及地方政府规定参加失业保险的其他人员的人数。

2.基金收入　指报告期内筹集的失业保险基金的总额，包括失业保险费收入、利息收入、财政补贴收入、其他收入、转移收入。

3.基金支出　指报告期内为保障失业人员基本生活、预防失业、促进再就业等支出的基金总额，包括失业保险金支出、医疗补助金支出、丧葬补助金和抚恤金支出、职业培训和职业介绍补贴支出、其他费用支出、技能提升补贴支出、稳定岗位补贴支出、其他支出、转移支出。

4.基金累计结余　指截至报告期末失业保险基金收支相抵后的累计余额。

工伤保险

1.参保人数　指报告期末依据国家有关规定参加工伤保险的职工人数和有雇工的个体工商户的雇工数。

2.享受工伤保险待遇人数　指年报告期内因工伤或职业病而享受工伤保险待遇的职工人数。为享受工伤医疗待遇中未评定等级的人数、享受伤残待遇人数以及享受因工死亡待遇人数之和。

3.基金收入　指根据国家有关规定，由参加工伤保险的单位按国家规定的缴费基数和缴费比例缴纳及难以直接按照工资总额计算缴纳工伤保险费的部分行业企业按规定方式缴纳的工伤保险费，以及依法通过其他形式取得的形成基金来源的款项。包括：工伤保险费收入、利息收入、上级补助收入、下级上解收入、其他收入。

4.基金支出　指按照国家政策规定的开支范围和开支标准从工伤保险基金中支付给参加工伤保险的人员及供养直系亲属工伤保险待遇支出及其他支出。包括工伤医疗待遇支出、伤残待遇支出、工亡待遇支出、劳动能力鉴定支出、工伤预防费用支出、补助下级支出、上解上级支出和其他支出。

5.基金累计结余　指工伤保险基金收支相抵后的期末累计结余金额。

生育保险

1.参保人数　指报告期末依据有关规定参加生育保险的人数。

2.基金收入　指根据国家有关规定，由参加生育保险的单位按照国家规定的缴费基数和缴费比例缴纳的生育保险基金，以及通过其他方式取得的形成基金来源的款项，包括：单位缴纳的基金收入、利息收入和其他收入。

3.基金支出　指按照国家政策规定的开支范围和开支标准，从生育保险基金中支付给参加生育保险的职工，因妊娠、分娩和计划生育手术而享受的待遇及其他支出。包括：生育津贴、医疗费用支出及其他支出。

4.基金累计结余　指截至报告期末生育保险基金累计结余金额。

Explanatory Notes on Main Statistical Indicators

The Population Coverage Rate of Radio/Television refers to the percentage of the whole country's population who can receive radio/television programmes transmitted by national, provincial, municipal or county stations through wireless, cable or satellite techniques, according to Statistical Standard and Method on Television and Radio Coverage of Population established by the former State Administration of Broadcasting, Film and Television.

Arts Performance Troupes refer to the various professional performing arts groups, which sponsored by the cultural sectors or guided by the cultural society (approved by the cultural administration authority, or registered and permitted with the relative certificate), including non-governmental troupes. The mass amateur arts performance troupes are not included. administration, or registered and permitted with the relative certificate), with the facility of auditorium, stage and lighting, and selling tickets in public.

Arts Performance Places refer to the various sites for cultural activities, which sponsored by the cultural sectors or guided by the cultural society (approved by the cultural market.

Cultural Market Operating Units refer to the units dealing in culture and cultural services, which registered and permitted with the relative certificate by cultural market administration.

National Comprehensive Archives refer to all archives institutions responsible for collecting and keeping various documents and materials by administrative regions or historical periods.

Certified Grade Athletes refer to those who are awarded the title of athletes through assessment. The titles include international level athletes, master of sports, first grade athletes and second grade athletes.

Certified Grade Coaches refer to those who are awarded the title of grade coaches through assessment. The titles include national level coaches, senior grade coaches, medium grade coaches and junior grade coaches.

Medical and Health Care Institutions refer to the units which have been qualified the Certification of Health Care Institution, certification of family planning technical service by the administration of public health, or qualified the Certification of Corporate Unit by the civil affairs, administration for industry and commerce, commission office for public sector reform, and engaging in medical care, disease prevention and control, health supervision and inspection, medicine research and on-job training, etc., including: hospitals, health care institutions at grass-root level, specialized public health institutions, and other medical and health care institutions.

Hospitals include general hospitals, hospitals specialized in traditional Chinese medicine, hospitals of integrated traditional Chinese and western medicine, ethnic hospitals, specialized hospitals and nursing hospitals, excluding specialized disease prevention and treatment institutes, maternal and child health care hospitals and convalescent hospitals.

Health Care Institutions at Grass-root Level include community health service centers, community health service stations, urban health centers, township health centers, village clinics, outpatient departments and clinics (health centers).

Specialized Public Health Institutions include centers for disease control and prevention, specialized disease prevention and treatment institutions, women and children care agencies(including women and children health care family planning service center), health education institutions, first aid centers, blood gathering and supplying institutions, health supervision and inspection agencies, and family planning technical service centers that obtained the Certification of Health Care Institution or certification of family planning technical service centers.

Other Medical and Health Care Institutions include sanatoriums, clinical laboratory centers, medicinal scientific research institutions, on-job training institutions, medical examination centers, rural water improvement centers, talent exchange centers, and statistical information centers, etc.

Health Care Employees refer to all employees engaged in the health care institutions, such as hospitals, health care institutions at grass-root level, specialized public health institutions, and other medical and health care institutions, including medical technical personnel, village doctors and assistants, other technical personnel, managerial and service staff. The data is based on the year end payroll, including personnel hired (including contract labor) and re-employed after retirement by the institution for over half a year and excluding temporary workers, retired personnel, resigned personnel, personnel who have left the institution but kept the contract relation and personnel who are re-employed after retirement or temporarily employed for less than half a year.

Medical Technical Personnel refer to the professional staff engaged in health care, including licensed doctors, licensed assistant doctors, registered nurses, pharmacists, laboratory technicians, imaging staff, health care supervisors and intern doctors, pharmacists, nurses, and technical personnel, excluding the medical technical personnel engaged in managerial job (e.g. president, vice president and secretary of the party committee etc).

Licensed Doctors refer to the medical workers who have obtained the licenses of qualified doctors and are employed in medical treatment, disease prevention or healthcare institutions, excluding the licensed doctors engaged in management job. The licensed doctors are divided into 4 categories: clinician, Chinese medicine physicians, dentist and public health physicians.

Licensed Assistant Doctors refer to the medical workers who have obtained the licenses of qualified assistant doctors and are employed in medical treatment, disease prevention or healthcare institutions, excluding the licensed assistant doctors engaged in management job. The classification of licensed assistant doctors is clinician, Chinese medicine, dentist and public health.

Number of Licensed (Assistant) Doctors per 10000 Population The formula is:

Number of Licensed Doctors per 10000 Population = (Number of Licensed Doctors + Number of Licensed Assistant Doctors) / Population *10000

The population is the figure of usual population at year-end.

Number of Medical Technical Personnel per 10000 Population The formula is:

Number of Medical Technical Personnel per 10000 Population = Number of Medical Technical Personnel / Population *10000

The population is the figure of usual population at year-end.

Number of Beds of Medical and Health Care Institutions per 10000 Population the formula is:

Number of Beds of Medical and Health Care Institutions per 10000 Population = Number of Beds of Medical and Health Care Institutions / Population *10000

The population is the figure of usual population at year-end.

Social Welfare Enterprises refer to those welfare-oriented enterprises employing a significant number of handicapped people with certain labour ability (handicapped employees shall exceed 10% of the production staff). They can be categorized as welfare factories, artificial limb plants and other welfare enterprises. They can be in the form of state ownership, collective ownership or other kinds of ownership.

Number of Urban Residents Entitled to Minimum Living Allowances refers to the number of those whose average family income is below a minimum local standard by the end of the reporting period, including both the employed and unemployed, laid off and retired, and those jobless people without stable residence or valid IDs.

Number of Rural Residents Entitled to Minimum Living Allowances refers to the number of those receiving the minimum living allowances from the local government or community in the rural areas where this allowances system is in place as of the end of the reference period.

Households Enjoying Five Guarantees refers to those senior citizens, handicapped or under-aged who, without labour ability, can not make a living by themselves and whose statutory providers are unable to support them or who have no statutory providers at all.

Number of Recipients of Traditional Relief refers to special personnel receiving support from civil affair department according to national regulations and personnel who resigned because of the streamlining in the 1960s. Special personnel include traditional recipients of civil affair support, such as lepers, insurrectionists and surrenders of former KMT, returned overseas Chinese, Taiwan compatriots, personnel pardoned and released early from prisons, personnel removed of the label "rightist", educated youth suffered from work injuries in the "Down to the Countryside Movement" and personnel who have lost their work capacity due to family planning surgeries.

Number of Service Institutions in Communities refers to the total number of community service guidance centers, community service centers, community service stations, community pension institutions and facilities and mutual aid pension facilities and other community service institutions at the end of the reporting period. These institutions offer home keeping and elderly care services for the elderly, handicapped people, children and their families, like commodity delivery, health care, cleaning, adult day care, companion and others.

Crude Divorce Rate refers to ratio of divorced couples to the annual average population in a certain region for the reference year, the formula is:

$$\text{Crude Divorce Rate} = \frac{\text{number of couples divorced for the reference year}}{\text{annual average population}} \times 1000‰$$

Cases Registered and Handled Directly by People's Procuratorate Offices refer to those serious criminal cases that, according to the functional jurisdiction, are registered and handled by the People's Procuratorate Offices, including the ones on bribery and corruption, the ones on abuse and dereliction of duty, offenses against citizens' personal and democratic rights by government officials abusing their powers; and that are registered and handled by the provincial Procuratorate offices in relation to other major crimes committed by government officials by abusing their powers.

Key Cases refer to crimes committed by county and director-level and above officials. This indicator reflects the situation of those county and director-level and above officials involved in criminal cases registered and handled by People's Procuratorate offices.

Approval for Arrest refers to the decision made by people's procuratorate office, in accordance with the law and relevant facts, to approve the arrest of the suspect(s) as proposed by the public security departments, state security departments or prisons authority. This indicator reflects approved arrests made by people's procuratorate offices that are proposed by related departments.

Decision on Arrest refers to decision made by the people's procuratorate office, in accordance with laws, to arrest the suspect(s) in the cases that are accepted and to be investigated by the procurators office. This indicator mainly reflects the implementation of the decision on arrest by people's procuratorate office.

Application of Summary Procedure refers to those cases of public prosecution where the suspects might be, according to law, sentenced to fixed-term imprisonment of no more than three years, criminal detention, public surveillance or punishment with fines exclusively by People's Court ; those cases where the facts are clear and the evidence is sufficient, and which the People's Procuratorate suggests or agrees that the summary procedure is applied to; those cases to be handled only upon complaints; and those minor criminal cases prosecuted by the victims with evidence.

Protests Presented refer to those protests presented by local People's Procuratorate at any level who considers that there exists some definite error in a judgment or order of first instance made by a People's Court at the same level to the People's Court at the next higher level, including the protests raised in accordance with the second instance and protests raised in accordance with procedure for trial supervision.

Supervision of Case Registered refers to the actions made by the People's Procuratorate to supervise the criminal cases registered by investigative authorities, including supervision of the cases which have wrongly not been registered and have wrongly been registered.

Supervision of Case Registration includes both the supervision of the registrations by the investigatory authorities and the supervision of the implementation of the notifications to register after the investigatory authorities are requested to state reasons for not registering a case.

Supervisory Activities refers to the supervision of the People’s Procuratorate over the management of prisons as well as other places of criminal reformation.

Juvenile Criminals refers to the offenders within the age range of 14 to 25 convicted guilty by the court during the reporting period while those between 14 and 18 are defined as minor offenders.

Administrative Cases refer to the cases filed by citizens, corporations and other organizations against the specific administrative conducts of administrative authorities and handled by the court.

Separate Compensation refers to cases that are separately filed for administrative compensation by the party who has no dispute on the legality of administrative conducts but brings proceedings separately to claim for damages caused by administrative tort.

Notary Personnel refers to people working for notary offices including: directors, deputy directors, notaries, assistant notaries and other people providing assistance.

Notary Documents refer to legally binding judicial notary documents developed at the request of the interested party based on facts and the law following certain legal proceedings.

Number of Labour Disputes Cases Accepted refers to the number of cases of labour disputes submitted that, after being reviewed by the labour dispute arbitration committees in line with the relevant national regulations, are accepted and registered for treatment.

Basic Pension Insurance for Urban Staff and Workers

1. Number of staff and workers covered refers to staff and workers participating in the basic pension insurance for urban staff and workers programme according to national laws, regulations and related policies at the end of the reference period, who have already had payment records in social security management agencies, including those who have interrupt payment without terminating the insurance programme. Those who have registered in the programme but with no payment records are not included.

2. Number of retirees refers to the number of retirees participating in the basic pension insurance for urban staff and workers programmes by the end of the reference period.

3. Revenue of the basic pension insurance programme refers to payments made by employers and individuals participating in the pension insurance programme in accordance with the basis and proportion stipulated in State regulations, and income from other sources that become the source of pension insurance fund, including the premium paid by employers and staff and workers, interest income, subsidies from higher level agencies, income as transfer from subordinate agencies, transferred income, government financial subsidies and other income.

4. Expenditure of basic pension insurance programme refer to payment made on pensions and funeral subsidies to those covered in pension insurance programmes according to related national policies on scope and standard of expenditure. Also included are expenditure which arises due to shift of the insurance relationship or adjustment of funds among agencies. More specifically, included are pensions for resigned people, pensions for retired people, pension for people quitting jobs, various subsidies, medical fees, funeral subsidies, compensation payments, management fees for social security agencies, expenses on subsidies to lower subordinates, expenses as transfer to agencies at higher level, transferred expenditure and other expenditure.

5. Balance of basic pension insurance programme refers to the balance of basic pension insurance funds at the end of the reference period after deducting expenses from revenue.

Basic Pension Insurance for Urban and Rural Residents

1. Number of participants refers to people participating in the basic pension insurance for urban and rural residents programme who registered with the participation and established payment records, and who were 60 years old or above when the system was established and registered with the participation.. Those who cancelled their registration are not included.

2. Revenue of the insurance programme refers to the revenue from the payments made, in accordance with related regulations of the government, by individuals participating in the basic pension insurance for urban and rural residents programme and from the subsidies contributed by collective subsidies, public finance and other sources. It includes the payment by individual participants, collective subsidies, government subsidies, interest income, transferred income, subsidies from higher levels, contributions from lower levels, and income from other sources.

3. Expenditure of the insurance programme refers to payment made to those covered in the basic pension insurance for urban and rural residents according to related national policies on scope and standard of expenditure. Also included are expenditures which arise due to movement of participants among different locations. It includes the payment to the individual participants, transferred expenditures, expenses on subsidies to lower subordinates, expenses as transfer to agencies at higher level, and other expenditures.

4. Balance of insurance programme refers to the

balance of basic pension insurance funds for urban and rural residents at the end of the reference period after deducting expenses from revenue.

Basic Medical Care Insurance

1. Number of people participating in the insurance programme refers to people participating in the basic medical care insurance programme according to related regulations at the end of the reference period.

2. Revenue of the insurance programme refers to payments made by employers and individuals participating in the medical care insurance programme in accordance with the basis and proportion stipulated in State regulations, government subsidies and income from other sources that become the source of medical insurance fund, including payment by employers and individuals, financial assistance (including medical assistance subsidiaries to individuals), financial subsidies, interest income and other incomes.

3. Expenditure of the insurance programme refers to medical care payment made to people covered in basic medical care insurance programme within the scope and standards of expenditure according to related national policies, and other expenses, including medical expenses of hospital inpatients, medical expenses for outpatients and emergency patients, payment to individual accounts and other expenditure.

4. Balance of the basic medical care insurance programme refers to the balance of medical care insurance funds at the end of the reference period after deducting expenses from revenue.

Unemployment Insurance

1. Participants refers to staff and workers in urban enterprises or institutions who have participated in the unemployment insurance according to relevant policies and regulations, and other people who have participated according to local government regulations at the end of the reference period.

2. Revenue refers to the total unemployment insurance funds raised in the reference period, including unemployment insurance premium, interest income, financial subsidies, other revenue, and transferred revenue.

3. Expenses refers to total expenses during the reference period to guarantee the basic livelihood of unemployed people, prevention of unemployment, and to encourage their re-employment. Included are unemployment relief, medical fees, funeral subsidies, compensation payments, training expenses, job placement expenses, other expenses, skills upgrading subsidy, job stabilization subsidy, other expenditures, transferred expenditure.

4. Balance refers to the balance of revenue after deducting expenses at the end of the reference period.

Work-related Injury Insurance

1.Participants refers to staff and workers who have participated in the work-related injury insurance and employees who work as self-employed and have participated in the work-related injury insurance according to relevant national regulations at the end of the reference period.

2. Number of beneficiaries refers to number of employee benefited from work-related injury insurance, as a result of work injury or occupational disease. It is the sum of beneficiaries of medical treatment of unrated work injuries, disability benefits for work injuries and compensation for deaths at work places.

3. Revenue refers to payments made by employers participating in the work-related injury insurance programme in accordance with the basis and proportion stipulated in state regulations, and payment by enterprises of some industries where it is difficult to estimate the injury insurance premium directly according to the total wage bill in accordance with stipulated way, and revenue from other sources according to law that become source of work-related injury insurance fund, including revenue of injury insurance, interest income, subsidies from higher level agencies, revenue as transfer from subordinate agencies, and other revenues.

4. Expenses refers to payments made from work-related injury insurance funds to those who participated in the work-related injury insurance and their direct dependents within the scope and standards of expenditure according to related national policies, and other expenditure, including medical fees for work injury, injury and disability subsidies, death subsidies, labor capacity appraisal, injury prevention fees, expenses on subsidies to lower subordinates, expenses as transfer to agencies at higher level, and other expenditure.

5. Balance refers to the balance of the work-related injury funds at the end of the reference period.

Maternity Insurance

1. Number of people covered refers to people who have participated in the maternity insurance programme according to relevant regulation at the end of the reference period.

2. Revenue of maternity insurance programme refers to payments made by employers participating in the maternity insurance programme in accordance with the basis and proportion stipulated in State regulations, and income from other sources that become source of maternity insurance fund, including income of funds paid by employers, interest income and other income.

3. Expenditure of the maternity insurance programme refers to payments made from maternity insurance funds to staff and workers who participate in the maternity insurance programme within the scope and standards of expenditure in accordance with related national policies, expenses paid for pregnancy, child delivery or surgeries related to family planning, and other expenditure, including allowance for child bearing, medical fees and other expenditure.

4. Balance of the maternity programme refers to the balance of the maternity insurance funds at the end of the reference period.

第十九篇　城市概况

CHAPTER 19　GENERAL SURVEY OF CITIES

资料整理: 戚　萍　赵秋梅　李莹莹　王璐璋

19-1　城市公用事业基本情况
Basic Statistics on Urban Public Utilities

指　标	Item	2016	2017	2018	2019	2020
城市建设	**City Areas and Floor Space of Buildings**					
城区面积(平方公里)	Urban Area (sq.km)	2716.3	2582.9	2587.7	2528.1	2573.8
建成区面积(平方公里)	Area of Built Districts (sq.km)	1795.5	1819.7	1825.0	1770.9	1826.9
城市建设用地面积(平方公里)	Area of Land Used for Urban Construction (sq.km)	1808.0	2201.3	1831.4	1773.7	1780.0
城市人口密度(人/平方公里)	Population Density of City Districts (persons/sq.km)	5251	5515	5476	5498	5501
城市供水、燃气及集中供热	**Water Supply, Gas Supply and Heating**					
全年供水总量(亿立方米)	Annual Volume of Tap Water Supply (100 million cu.m)	14.2	14.2	14.0	13.5	13.7
#生活用水	#Water Consumption for Residential Use	3.5	3.7	3.7	3.7	4.3
人均生活用水(升)	Per Capita Water Consumption for Residential Use (liter)	117.6	120.4	125.5	126.8	129.5
城市人口用水普及率(%)	Coverage Rate of Urban Population with Access to Tap Water (%)	97.2	98.5	98.5	98.8	99.0
人工煤气供气量(亿立方米)	Coal Gas Supply (100 million cu.m)	0.7	0.3	0.4	0.3	0.2
#家庭用量	#Consumption of Coal Gas for Residential Use	0.3	0.2	0.2	0.2	0.2
液化石油气供气量(万吨)	Liquefied Petroleum Gas (10000 tons)	19.6	18.9	19.9	18.8	14.7
#家庭用量	#Consumption of Liquefied Gas for Residential Use	10.9	9.6	8.6	7.8	8.4
供气管道长度(公里)	Length of Gas Pipelines (km)	8971	9934	10644	11025	11579
燃气普及率(%)	Coverage Rate of Urban Population with Access to Tap Gas (%)	86.7	87.8	89.5	91.1	90.8
集中供热面积(万平方米)	Area of Centralized Heating(10000 sq.m)	67401	73217	76652	78100	82604
城市市政设施	**Municipal Infra-structure**					
年末实有道路长度(公里)	Length of Paved Roads at Year-end(km)	12626	12369	12726	13422	13713
每万人拥有道路长度(公里)	Length of Paved Roads per 10000 Persons(km)	5.7	5.6	5.5	5.9	5.5
年末实有道路面积(万平方米)	Area of Paved Roads at Year-end(10000 sq.m)	19511	19781	21062	21160	22076
人均拥有道路面积(平方米)	Per Capita Area of Paved Roads(sq.m)	13.6	13.9	14.9	15.2	15.6
城市排水管道长度(公里)	Length of City Sewage Pipes(km)	10642	11990	12278	12422	13291
平均每万人拥有(公里)	Length of Sewer Pipelines per 10000 Population (km)	4.8	5.2	5.3	5.5	5.3
城市公共交通	**Public Transportation**					
年末公共交通车辆运营数(辆)	Number of Public Vehicles under Operation at Year-end (Buses and Trolley Buses, etc.) (units)	19423	20159	19866	20119	19705
每万人拥有公共交通车辆(标台)	Number of Public Transportation Vehicles per 10000 Population(unit)	15.1	15.5	15.8	16.5	15.7
出租汽车数(万辆)	Taxis (10000 units)	10.2	10.1	10.1	10.0	10.1
城市绿化和园林	**City Greening**					
园林绿地面积(公顷)	Public Green Areas (hectare)	76788	69711	70669	68732	71526
人均公园绿地面积(平方米)	Per Capita Public Green Areas (sq.m)	11.9	11.8	12.4	12.4	12.8
公园个数(个)	Number of Parks(unit)	354	371	384	373	422
公园面积(公顷)	Area of Parks(hectare)	9797	11450	12480	11078	11857
城市环境卫生	**Environmental Sanitation**					
生活垃圾清运量(万吨)	Volume of Garbage Disposal (10000 tons)	535	553	525	524	498
粪便清运量(万吨)	Volume of Excrement and Urine Disposal (10000 tons)	120				
每万人拥有公厕(座)	Number of Public Toilets per 10000 Population(unit)	4.6	4.4	4.5	4.7	4.3

19-2 12个省辖城市社会经济主要指标
(2019年,不含所辖县及县级市)

指 标	Item	哈尔滨市 Harbin	齐齐哈尔市 Qiqihar
人口、就业	**Population, Employment**		
年末户籍人口(万人)	Domicile Population at the Year-end(10000 persons)	553.0	131.1
年平均人口(万人)	Annual Mean Population(10000 persons)	552.0	131.6
年出生人口(人)	Annual Birth Population(person)	36159	5796
年死亡人口(人)	Annual Death Population(person)	34076	9929
年末总户数(万户)	Total Households at the Year-end(10000 households)	233.6	58.6
年末单位从业人员数(城镇)(人)	Total Number of Employed Persons at the Year-end(person)	894243	148629
#第一产业	#Primary Industry	906	120
第二产业	Secondary Industry	235455	48310
第三产业	Tertiary Industry	657882	100199
年末城镇登记失业人员数(人)	Number of Registered Unemployed Persons in Urban Areas at Year-end (person)	94798	22172
土地面积	**Land Areas**		
行政区域土地面积(平方公里)	Total Area of Administration Region(sq.km)	10193	4365
#建成区面积	#Developed Areas	446	140
城市建设用地面积(平方公里)	Urban Construction Land Areas(sq.km)	438	
#居住用地面积	#Land Areas of Living	141	
综合经济	**Total Economy**		
地区生产总值(当年价格)(亿元)	Gross Domestic Product(100 million yuan)	4093	472
第一产业增加值(万元)	Added Value of Primary Industry	2005897	300433
第二产业增加值(万元)	Added Value of Secondary Industry	10034321	1417362
第三产业增加值(万元)	Added Value of Tertiary Industry	28888259	3006045
人均地区生产总值(元)	Per Capita GDP(yuan)	74149	36304
地区生产总值增长率(%)	Growth Rate of GDP(%)	3.9	6.9
地方一般公共预算收入(万元)	Local General Public Budget Revenue(10000 yuan)	3709066	395188
#各项税收	#Taxes	3060697	293430
地方一般公共预算支出(万元)	Local General Public Budget Expenditure(10000 yuan)	11011389	1400627
年末金融机构存款余额(万元)	Balance of Deposits of National Banking System at the Year-end(10000 yuan)	108947483	12638540
#城乡居民储蓄年末余额	#Balance of Deposits of Urban and Rural Residence	51754432	9339574
年末金融机构各项贷款余额(万元)	Balance of Loans of National Banking System at the Year-end(10000 yuan)	113235860	9456199
规模以上工业	**Industry**		
工业企业数(个)	Number of Industrial Enterprises(unit)	768	126
内资企业	Domestic Funded Enterprises	709	118
#国有企业	#State-Owned Enterprises	18	1
私营企业	Private Enterprises	308	48
港、澳、台商投资企业	Enterprises with Funds from Hong Kong, Macao and Taiwan	16	3
外商投资企业	Foreign Funded Enterprises	43	5

Major Social and Economic Indicators of 12 Provincial Capitals (2019, Not Including The Cities at County Level and Counties)

鸡西市 Jixi	鹤岗市 Hegang	双鸭山市 Shuangyashan	大庆市 Daqing	伊春市 Yichun	佳木斯市 Jiamusi	七台河市 Qitaihe	牡丹江市 Mudanjiang	黑河市 Heihe	绥化市 Suihua
76.42	59.73	46.1	137.1	71.3	76.2	46.7	86.4	18.3	80.9
77	60.12	46.3	137.2	71.3	76.2	37.5	86.6	18.3	82.5
2998	2208	1621	8539	2293	3703	2162	4299	973	3566
4734	4046	2537	6201	5568	4943	1999	5703	1080	3450
35.91	29.72	22.5	52.7	36.8	35.0	22.4	35.8	8.0	32.3
96989	93790	77425	427590	118501	88231	68534	90424	46729	22030
165	178	6032	375	51786	3230	2301	191	2610	6
45681	42117	32310	223209	14852	14964	33584	16462	4139	4270
51143	51495	39083	204006	51863	70037	32649	73771	39980	17754
10665	9208	4980	28696	14540	8529	7611	22001	2022	3474
2300	4553	1760	5105	10442	1875	3800	2699	14446	2753
80	54	58	248	96	97	68	82	20	45
80	49	58	323	97	90	68	272	20	44
47	18	16	78	40	30	39	31	6	19
175	183	186	2171	124	206	177	287	38	195
82310	145407	247562	529859	251388	316897	171678	157369	15290	803615
817745	871606	888528	12751156	294029	446806	810366	697046	113987	252985
845803	808129	720470	8433106	692914	1298260	792466	2017875	268708	894028
22553	30360	40506	158306	28869	27069	37753	33112	38308	24052
3.0	3.8	6.0	3.0	7.1	4.6	3.1	2.8	6.7	3.5
223086	194026	167581	1511719	151163	240801	263123	86869	117993	58219
159960	117622	115463	1133498	109586	168630	142899	79208	71999	49302
830440	924900	797203	2117566	1289784	932758	924788	115164	351043	460999
6591724	4872194	4722987	27321162	5743442	6991326	3837707	7857017	2806494	4662143
4997349	3775043	2982803	19263069	3873637	5566607	2928882	6291643	1689182	3303876
4336869	1114195	6435252	10789698	1260911	1977996	1384733	4263915	905574	3100250
68	84	52	232	43	101	73	78	29	101
66	83	52	222	39	92	72	71	27	99
3	2	10	2		1	4	1	1	3
31	24	42	135	18	64	48	42	15	24
1	1		1		2		3		1
1			9	4	7	1	4	2	1

19-2 续表1

指 标	Item	哈尔滨市 Harbin	齐齐哈尔市 Qiqihar
邮电通讯	**Post and Telecommunication**		
年末邮政局(所)数(处)	Number of Post and Telecommunications Offices(unit)	383	72
贸易、外经	**Domestic and Foreign Trade**		
限额以上批发零售企业数(法人数)(个)	Number of Corporation Enterprises of Wholesale and Retail Trade Above Designated Size(unit)	605	134
#零售业	#Retail Trade	301	100
外商直接投资项目个数(个)	Number of Projects for Contracted Foreign Direct Investment(unit)	74	
当年实际使用外资金额(万美元)	Foreign Capital Actual Used(USD 10000)	33953	
教育、科技、文化、卫生	**Education, Science and Technology ,Health**		
普通高等学校(所)	Number of Regular Institutions of Higher Education(unit)	11	
中等职业教育学校数(所)	Number of Specialized Secondary Schools(unit)	82	10
普通中学学校数(所)	Number of Regular Secondary Schools(unit)	248	69
小学学校数(所)	Number of Primary Schools(unit)	240	60
普通高等学校教师数(人)	Number of Full-time Teachers of Regular Institutions of Higher Education(person)	832	
中等职业教育学校教师数(人)	Number of Full-time Teachers of Specialized Secondary Schools(person)	4819	332
普通中学教师数(人)	Number of Full-time Teachers of Regular Secondary Schools(person)	23513	5265
小学专任教师数(人)	Number of Full-time Teachers of Primary Schools(person)	15987	3064
普通高等学校学生数(人)	Student Enrollment of Regular Institutions of Higher Education(person)	52485	
中等职业教育学校学生数(人)	Student Enrollment of Specialized Secondary Schools(person)	67773	4333
普通中学学生数(万人)	Student Enrollment of Regular Secondary Schools(10000 persons)	26	5
小学学生数(万人)	Student Enrollment of Primary Schools(10000 persons)	25	5
体育场馆数(个)	Number of Public Stadiums and Gymnasiums(unit)	42	16
剧场、影剧院数(个)	Number of Theaters, Music Halls and Cinemas(unit)	53	7
公共图书馆图书总藏量(千册、件)	Total Collections of Public Libraries(1000 volumes)	929	155
医院个数(个)	Number of Hospitals(unit)	266	69
医院床位数(张)	Number of Beds in Health Institutions(bed)	69262	19161
医生数(执业医师+执业助理医师)(人)	Number of Doctors (Certified (assistant)Doctors)(person)	22429	6618
注册护士(人)	Registered Nurses(person)	26131	9132

Continued

鸡西市 Jixi	鹤岗市 Hegang	双鸭山市 Shuangyashan	大庆市 Daqing	伊春市 Yichun	佳木斯市 Jiamusi	七台河市 Qitaihe	牡丹江市 Mudanjiang	黑河市 Heihe	绥化市 Suihua
52	33	19	186	51	27	22	59	15	30
53	41	19	238	20	24	16	60	20	20
47	34	3	189	18	20	13	51	11	16
	1		11	1	1				3
50	145		7225		39				
		1	1	1	4				1
6	3	4	10	5	11	1	2	5	1
30	26	24	76	33	40	26	35	18	33
20	21	10	85	25	33	17	39	10	36
			75	17	2463				532
213	276	104	463	339	706	4	125	238	158
3223	2584	2493	9291	2469	3784	2234	2875	1443	3367
1451	1290	1049	3803	1946	2159	1408	2616	794	2361
			4000	508	17582				11201
1888	2536	1348	3677	3613	13340	122	1184	2579	563
3	2	2	9	2	4	3	3	1	4
2	2	1	7	1	3	2	3	1	3
9	4	5	59	16	7	4	4	4	562
3	1	1		3	1	6	7	5	4
25	38	33	13	38	37	20	67	16	19
36	31	26	90	30	54	24	38	6	11
6260	6383	4873	13919	5365	10337	3680	10584	910	938
2332	2120	950	7096	2075	3610	1441	4392	646	1387
2804	2991	1500	7472	2180	4790	1653	5772	626	1444

19-2 续表2

指 标	Item	哈尔滨市 Harbin	齐齐哈尔市 Qiqihar
人民生活	**People's Livelihood**		
城镇非私营单位就业人员平均人数(万人)	Average number of employed persons in Urban Non private units(10000 persons)	82	14
城镇非私营单位就业人员工资总额(万元)	Total wages of employees in Urban Non private units(10000 yuan)	7078052	1079211
城镇非私营单位就业人员平均工资(元)	Average Wage of Employed Persons In Urban Non-private Units(yuan)	86525	75152
城镇居民人均可支配收入(元)	Annual per Capita Disposable Income of Urban Households(yuan)	40007	30031
城镇居民人均消费支出(元)	Annual per Capita Consumption Expenditure of Urban Households(yuan)	29235	22181
每百户居民家庭拥有家用汽车(辆)	Number of Automobile per 100 Urban Households(unit)	27	19
每百户居民家庭拥有家用计算机(台)	Number of Computer per 100 Urban Households(unit)	79	59
社会保障	**Social Security**		
城镇职工基本养老保险参保人数(人)	Urban Active Contributors of Basic Endowment Insurance(persons)	2015390	332235
城镇居民基本医疗保险参保人数(人)	Urban Active Contributors of Basic Medical Treatment Insurance(persons)	678998	117525
失业保险参保人数(人)	Active Contributors of Unemployment Insurance(persons)	1002100	168210
提供住宿的各类社会服务机构数(个)	Number of Various Social Service Institutions Providing Accommodation(unit)	366	135
其中：养老服务机构数(个)	Number of Pension Service Institutions(unit)	364	131
提供住宿的各类社会服务机构床位数(张)	Number of Beds of Various Social Service Institutions Providing Accommodation(bed)	42894	18652
其中：养老服务机构床位数(张)	Number of Beds in Elderly Care Service Institutions(bed)	40869	18582
城市居民最低生活保障人数(人)	Minimum Number of Urban Residents(person)	41508	25465
市政公用事业	**Municipal Utilities**		
年末实有城市道路面积(万平方米)	Area of Paved Roads at Year-end(10000 sq.m)	6642	1246
排水管道长度(公里)	Length of City Sewage Pipes(km)	3400	975
供水综合生产能力(包括自备水源)(万立方米/日)	Production Capacity of Tap Water Supply(10000 cu.m/day)	161	48
供水总量(万吨)	Total Annual Volume of Water Supply(10000 tons)	42064	8371
#居民家庭用水量	#For Residential Use		
供气总量（人工、天然气)(万立方米)	Volume of Gas Supply (Coal Gas and Natural Gas)(10000 tons)	83582	25535
#家庭用量	#For Residential Use	18445	3880
液化石油气供气总量(吨)	Volume of Liquefied Petroleum Gas Supply(ton)	64000	7347
#家庭用量	#For Residential Use	12000	910
年末实有公共汽(电)车营运车辆数(辆)	Number of Public Vehicles under Operation at Year-end (Buses and Trolley Buses, etc.)(unit)	7402	895
全年公共汽(电)车客运总量(万人次)	Number of Passengers Carried of Bus, Trolley Bus(10000 person-times)	106093	11400
年末实有出租汽车数(辆)	Number of Taxi(unit)	17980	2019
绿地面积(公顷)	Area of Urban Green Areas(hectare)	15335	4423
#公园绿地面积	#Area of Parks Green Areas	5143	865

Continued

鸡西市 Jixi	鹤岗市 Hegang	双鸭山市 Shuangyashan	大庆市 Daqing	伊春市 Yichun	佳木斯市 Jiamusi	七台河市 Qitaihe	牡丹江市 Mudanjiang	黑河市 Heihe	绥化市 Suihua
9	10	7	39	11	9	6	7	3	2
577000	534269	459840	4023753	4916878	553563	396381	498503	238779	130521
66697	55930	69638	104428	46805	45254	55189	71716	73245	62447
25413	24149	26844	43298	26707	29869	26431	34421	29970	26760
21520	21069	20859	26568		22642	20088	25543	20823	22165
14	17	18	47	22	22	28	23	26	17
41	48	60	61	71	56	60	64	79	50
221296	173748	178583	387644		149000	153637	294532	43831	33315
80500	55104	178583	91060	27872	112200	61338	294532	46801	249819
128000	75035	83200	170977	101235	119220	89318	129175	17300	18217
	22	30	48	32	130	17	75	11	4
172	21		69	32	130	14	73	11	
	2204	2733	4540	3825	7278	1955	7388	1482	1011
10997	2014		6433	3825	14795	1802	6138	1482	
36048	37332	47205	3815	52502	20749	22307	10453	4420	20578
729	492	540	3699	724	637	488	1070	187	189
335	341	345	2549	392	566	210	718	108	218
23	16	27	165	18	30	20	30	7	9
4332	3012	2482	26196	1816	4822	3230	7248	947	402
1897	1282	726	31921	321.7	5300	3008	3331	125	2000
332	617	167	9794	11.9	2100	1750	1559	9	400
8732	4665	6009	6100	10284	22432	1380	7797	1895	3500
5340	4107	1769	4090	6797	403	1255	4210	1641	3500
683	654	500	1932	430	584	499	810	99	502
9414	8923	5352	11896	3624	10000	8216	13368	712	252
2915	2037	1100	4680	2734	2559	1000	2919	967	2344
2812	2998	2196	10262	2964	3732	2707	2161	722	252
742	754	558	1942	1544	860	536	393	194	

19-3 分地区城市建设情况(2020年)
Statistics on City Construction by Region (2020)

地 区	Region	城区面积 (平方公里) Urban Area (sq.km)	建成区面积 (平方公里) Area of Built Districts (sq.km)	城市建设用地面积 (平方公里) Area of Land Used for Urban Construction (sq.km)	征用土地面积 (平方公里) Land Put in Requisition for State Construction Projects (sq.km)	城市人口密度 (人/平方公里) Population Density of Urban Area (persons/sq.km)
总 计	**Total**	**2573.8**	**1826.9**	**1800.0**	**17.4**	**5501**
地级市合计	**Total Number at Prefectural Level**	**1805.4**	**1459.4**	**1462.1**	**13.9**	**6546**
哈尔滨	Harbin	473.0	473.0	443.4	3.3	10686
齐齐哈尔	Qiqihar	131.0	131.0	131.0	1.5	8159
鸡 西	Jixi	80.4	80.4	80.1	2.0	8050
鹤 岗	Hegang	85.0	56.3	48.6		5935
双鸭山	Shuangyashan	118.0	58.1	58.1	2.8	3848
大 庆	Daqing	327.2	252.5	327.2	2.0	4421
伊 春	Yichun	121.9	97.2	97.2		3465
佳木斯	Jiamusi	188.0	96.1	81.9		2984
七台河	Qitaihe	67.6	67.6	67.6	1.8	6178
牡丹江	Mudanjiang	92.7	82.2	70.2	0.2	8137
黑 河	Heihe	27.9	20.0	20.0		5308
绥 化	Suihua	92.8	45.0	37.0	0.4	3659
县级市合计	**Total Number at County Level**	**768.4**	**367.5**	**337.8**	**3.5**	**3045**
尚 志	Shangzhi	152.0	21.3	21.3	0.5	1035
五 常	Wuchang	100.6	26.7	20.1	0.02	1895
讷 河	Nehe	20.0	15.0	15.0	1.5	4890
密 山	Mishan	87.4	19.4	17.9	0.2	1091
虎 林	Hulin	46.2	11.1	11.1		1465
铁 力	Tieli	21.4	16.5	15.7		5435
同 江	Tongjiang	10.8	10.8	10.7	0.4	5657
富 锦	Fujin	17.9	16.2	16.2		7011
抚 远	Fuyuan	12.6	5.6	5.0		3373
绥芬河	Suifenhe City	34.4	29.0	21.4	0.3	2492
海 林	Hailin	24.3	17.7	17.7	0.4	4132
宁 安	Ningan	13.5	11.2	11.2		5541
穆 棱	Muling	10.4	10.4	10.1	0.01	7529
东 宁	Dongning	19.3	14.7	14.6	0.01	3867
北 安	Beian	57.3	23.1	23.0	0.01	2251
五大连池	Wudalianchi	10.0	5.6	5.6		4520
嫩 江	Nenjiang	28.5	19.5	18.7	0.1	5053
安 达	Anda	26.0	25.1	21.8		8975
肇 东	Zhaodong	48.8	42.0	36.2		4983
海 伦	Hailun	17.7	16.9	16.9	0.1	8071
漠 河	Mohe	9.5	9.5	7.6		3699

19-4 分地区城市供水情况(2020年)
Basic Statistics on Tap Water Supply in Cities by Region (2020)

地 区	Region	年末供水综合生产能力(万立方米/日) Production Capacity of Tap Water Supply (year-end) (10000 cu.m/day)	年末供水管道长度(公里) Length of Water Supply Pipelines (year-end) (km)	全年供水总量(万立方米) Total Annual Volume of Water Supply (10000 cu.m)	#生活用水 For Residential Use	#生产用水 For Productive Use	用水人口(万人) Number of Residents with Access to Tap Water (10000 persons)	人均日生活用水量(升) Per Capita Daily Consumption of Tap Water for Residential Use (liter)
总 计	**Total**	**667.4**	**22516.5**	**137320.0**	**42655.3**	**35679.4**	**1401.5**	**129.5**
地级市合计	**Total Number at Prefectural Level**	**586.5**	**19072.5**	**122118.8**	**34908.1**	**33345.8**	**1170.7**	**120.5**
哈尔滨	Harbin	185.4	6812.7	43867.9	14440.6	6241.5	505.5	141.1
齐齐哈尔	Qiqihar	46.8	1079.5	8673.2	3959.0	1410.6	106.9	143.0
鸡 西	Jixi	27.0	1263.6	6010.2	1451.2	1980.0	64.1	92.6
鹤 岗	Hegang	16.2	635.0	3926.7	1442.4	1242.9	50.4	95.0
双鸭山	Shuangyashan	26.0	1150.6	3622.8	1701.8	658.3	45.0	135.5
大 庆	Daqing	147.7	4538.0	30361.5	3657.6	14825.3	144.6	155.7
伊 春	Yichun	20.6	705.7	2626.2	1075.5	817.7	41.4	94.2
佳木斯	Jiamusi	23.5	654.0	4715.4	2420.8	665.0	55.8	147.0
七台河	Qitaihe	21.9	944.1	3001.4	994.0	788.5	41.6	82.2
牡丹江	Mudanjiang	50.0	648.2	11317.4	2339.1	3638.9	67.2	142.1
黑 河	Heihe	5.0	200.1	832.0	405.4	30.4	14.5	111.5
绥 化	Suihua	16.4	441.2	3164.1	1020.7	1046.8	33.7	106.1
县级市合计	**Total Number at County Level**	**80.9**	**3444.0**	**15201.3**	**7747.3**	**2333.6**	**230.8**	**104.4**
尚 志	Shangzhi	4.8	228.1	1410.6	844.4	241.3	15.4	187.6
五 常	Wuchang	8.0	210.4	1290.0	598.6	135.0	18.6	112.3
讷 河	Nehe	2.1	107.2	398.8	266.8	25.4	9.8	87.7
密 山	Mishan	4.0	138.1	690.0	362.6	76.4	9.5	120.7
虎 林	Hulin	2.3	199.8	454.0	205.0	84.0	6.8	108.5
铁 力	Tieli	2.1	259.3	791.0	426.0	128.0	11.6	112.6
同 江	Tongjiang	2.0	290.3	380.0	138.5		6.1	84.5
富 锦	Fujin	8.0	98.7	876.8	368.3	255.2	12.6	112.7
抚 远	Fuyuan	0.6	59.0	217.8	146.0	13.0	4.2	102.4
绥芬河	Suifenhe City	8.1	182.4	918.8	351.9	88.1	8.3	134.6
海 林	Hailin	3.3	90.4	721.1	207.0	20.0	10.0	94.9
宁 安	Ningan	3.0	155.3	395.0	226.0	4.5	7.5	103.3
穆 棱	Muling	2.4	144.9	295.4	191.1	31.8	7.9	78.1
东 宁	Dongning	3.0	103.7	443.9	250.8		7.3	94.9
北 安	Beian	5.2	142.6	903.1	330.3	283.9	12.8	93.7
五大连池	Wudalianchi	0.9	110.0	305.0	175.8	5.4	4.5	115.1
嫩 江	Nenjiang	2.0	266.2	583.2	326.3	57.2	14.3	67.9
安 达	Anda	5.5	91.5	1088.7	620.1	58.5	22.5	87.4
肇 东	Zhaodong	7.0	153.5	2259.8	1280.2	751.1	24.0	151.6
海 伦	Hailun	5.1	274.9	648.2	384.5	45.3	13.9	90.1
漠 河	Mohe	1.6	137.6	130.2	47.1	29.5	3.3	52.3

19-5 分地区城市燃气情况(2020年)
Basic Statistics on Supply of Gas in Cities by Region (2020)

地 区	Region	生产能力(万立方米/日) Production Capacity of Coal Gas (10000 cu.m/day)	管道长度(公里) Length of Gas Pipelines (km)			全年供气总量(万立方米) Volume of Gas Supply (10000 cu.m)			用气人口(万人) Population with Access to Gas (10000 persons)		
			人工煤气 Coal Gas	液化石油气 Liquefied Petroleum Gas	天然气 Natural Gas	人工煤气 Coal Gas	液化石油气(吨) Liquefied Petroleum Gas (ton)	天然气 Natural Gas	人工煤气 Coal Gas	液化石油气 Liquefied Petroleum Gas	天然气 Natural Gas
总 计	**Total**		**318.9**	**19.2**	**11560.1**	**2380**	**146844**	**153326**	**33.9**	**274.5**	**977.4**
地级市合计	**Total Number at Prefectural Level**		**318.9**		**10923.2**	**2380**	**98216**	**145037**	**33.9**	**135.4**	**929.9**
哈尔滨	Harbin				4768.6		22020	71345		21.6	483.9
齐齐哈尔	Qiqihar				1446.8		6977	26966		1.0	105.9
鸡 西	Jixi				180.5		5960	1593		9.4	14.2
鹤 岗	Hegang				175.1		3735	961		9.4	22.4
双鸭山	Shuangyashan		69.4		89.3	126	5638	904	1.8	2.8	31.4
大 庆	Daqing				2452.0		9473	32705		2.9	141.7
伊 春	Yichun				63.0		10352	159		39.0	0.2
佳木斯	Jiamusi				1061.0		19819	5326		0.6	55.0
七台河	Qitaihe		249.6		70.0	2254	1300	61	32.1	5.0	3.8
牡丹江	Mudanjiang				403.6		7739	3311		4.8	63.5
黑 河	Heihe				147.8		1701	124		12.0	2.5
绥 化	Suihua				65.5		3503	1583		26.9	5.6
县级市合计	**Total Number at County Level**			**19.2**	**636.9**		**48628**	**8289**		**139.1**	**47.5**
尚 志	Shangzhi				35.0		5112	740		11.6	3.0
五 常	Wuchang				27.0		6355	286		16.6	1.6
讷 河	Nehe				69.5		436	510		0.8	7.7
密 山	Mishan				41.0		1340	64		4.4	3.2
虎 林	Hulin						1405			6.2	
铁 力	Tieli				53.4		2100	117		5.0	1.4
同 江	Tongjiang			0.2	73.9		244	76		1.0	1.4
富 锦	Fujin				42.0		3900	280		8.9	3.1
抚 远	Fuyuan						270			3.0	
绥芬河	Suifenhe City				32.0		953	60		6.1	0.1
海 林	Hailin				53.8		1900	130		8.5	1.4
宁 安	Ningan				21.0		1930	53		5.3	2.2
穆 棱	Muling				11.5		1120	77		4.2	3.4
东 宁	Dongning				42.9		1701	58		5.2	2.0
北 安	Beian						5377			5.2	
五大连池	Wudalianchi				30.7		205	104		0.8	1.5
嫩 江	Nenjiang						2004			8.3	
安 达	Anda				50.8		6113	933		14.5	8.0
肇 东	Zhaodong			19.0	48.3		3600	4787		15.4	7.3
海 伦	Hailun				4.2		1875	13		5.0	0.2
漠 河	Mohe						690			3.2	

19-6　分地区城市集中供热情况(2020年)
Basic Statistics on Heating in Cities by Region (2020)

地　区	Region	供应能力 Heating Capacity 蒸汽(吨/小时) Steam (ton/hour)	热水(兆瓦) Hot Water (Mega Watts)	供热总量 Quantity of Heat Supplied 蒸汽(万吉焦) Steam (10000 gigajoules)	热水(万吉焦) Hot Water (10000 gigajoules)	集中供热管道长度 Length of Heating Pipelines 蒸汽(公里) Steam (km)	热水(公里) Hot Water (km)	集中供热面积(万平方米) Area of Centralized Heating (10000 sq.m)
总　计	**Total**	**4901.0**	**55185.2**	**2498.0**	**42887.3**		**21135.2**	**82603.8**
地级市合计	**Total Number at Prefectural Level**	**3158.0**	**46965.1**	**1476.0**	**37560.6**		**16883.7**	**70572.7**
哈尔滨	Harbin	2929.0	18582.0	1366.0	17597.0		3682.4	32900.7
齐齐哈尔	Qiqihar		4039.0		2057.0		1038.2	5564.0
鸡　西	Jixi	10.0	1466.0	10.0	1102.0		620.1	2654.0
鹤　岗	Hegang		2773.2		1503.4		911.1	2806.7
双鸭山	Shuangyashan		1454.0		1389.0		885.0	2224.2
大　庆	Daqing		7618.4		6505.6		6466.7	9364.0
伊　春	Yichun		1605.0		1118.0		669.6	1838.3
佳木斯	Jiamusi		1559.0		1500.0		587.0	3379.2
七台河	Qitaihe	72.0	1087.0	77.0	1112.9		349.9	1861.5
牡丹江	Mudanjiang	147.0	3314.0	23.0	1857.4		838.3	4420.7
黑　河	Heihe		989.5		701.1		486.6	1169.9
绥　化	Suihua		2478.0		1117.3		348.9	2389.6
县级市合计	**Total Number at County Level**	**1743.0**	**8220.1**	**1022.0**	**5326.7**		**4251.5**	**12031.1**
尚　志	Shangzhi	75.0	628.1	75.0	465.0		230.5	698.0
五　常	Wuchang		692.0		355.9		110.6	822.0
讷　河	Nehe		452.0		161.0		128.0	510.0
密　山	Mishan	158.0	174.0	169.0	68.0		244.2	550.0
虎　林	Hulin		249.0		220.0		202.0	390.0
铁　力	Tieli	650.0	176.0	185.7	186.4		156.0	578.9
同　江	Tongjiang	225.0	116.0	143.3	47.8		209.9	354.0
富　锦	Fujin		437.0		336.5		193.0	605.0
抚　远	Fuyuan		199.0		156.4		161.4	228.8
绥芬河	Suifenhe City		638.0		374.0		265.1	666.0
海　林	Hailin		482.0		294.0		213.0	540.0
宁　安	Ningan	150.0	232.0	80.0	229.5		189.7	419.0
穆　棱	Muling		282.0		226.7		143.7	342.8
东　宁	Dongning		92.0		232.2		274.0	420.0
北　安	Beian		810.0		458.0		316.0	723.0
五大连池	Wudalianchi		223.0		146.0		138.3	348.2
嫩　江	Nenjiang		650.0		421.0		249.2	701.0
安　达	Anda		336.0		257.0		336.2	944.7
肇　东	Zhaodong		522.0		378.0		169.1	1179.0
海　伦	Hailun	485.0	620.0	369.0	179.0		192.0	855.7
漠　河	Mohe		210.0		134.4		129.7	155.0

19-7 分地区城市市政设施(2020年)
Basic Statistics on Municipal Infrastructure in Cities by Region (2020)

地区	Region	年末实有道路长度(公里) Length of Paved Roads (year-end) (km)	年末实有道路面积(万平方米) Area of Paved Roads (year-end) (10000 sq.m)	城市桥梁(座) Number of City Bridges (unit)	城市排水管道长度(公里) Length of City Sewage Pipes (km)	城市污水日处理能力(万立方米) Daily Disposal Capacity of City Sewage (10000 cu.m)	城市道路照明灯(千盏) Number of Street Lights (1000 units)
总计	**Total**	**13712.6**	**22075.7**	**1233**	**13290.5**	**118619.8**	**712.1**
地级市合计	**Total Number at Prefectural Level**	**11074.2**	**18478.6**	**1090**	**10844.1**	**102634.1**	**566.3**
哈尔滨	Harbin	4343.2	8089.8	519	3686.6	49049.2	190.2
齐齐哈尔	Qiqihar	544.4	1252.7	50	1049.1	7771.4	49.5
鸡西	Jixi	479.4	742.1	82	338.9	4044.0	36.0
鹤岗	Hegang	409.7	503.6	32	354.0	2415.8	15.6
双鸭山	Shuangyashan	446.5	519.0	27	383.7	2570.2	13.6
大庆	Daqing	2253.2	3771.0	202	2571.9	13875.8	82.9
伊春	Yichun	669.7	781.8	55	394.9	2891.0	21.2
佳木斯	Jiamusi	350.3	687.2	33	604.0	4405.7	52.1
七台河	Qitaihe	539.9	488.3	15	244.1	3510.0	30.2
牡丹江	Mudanjiang	806.6	1070.3	68	713.2	7320.0	50.2
黑河	Heihe	87.8	197.0	3	126.9	896.6	12.2
绥化	Suihua	143.4	375.8	4	376.8	3884.5	12.6
县级市合计	**Total Number at County Level**	**2638.3**	**3597.1**	**143**	**2446.4**	**15985.6**	**145.8**
尚志	Shangzhi	146.8	205.8	14	110.4	1423.4	3.2
五常	Wuchang	119.8	166.3	5	126.9	1665.1	4.7
讷河	Nehe	86.0	102.7		108.4	620.0	3.4
密山	Mishan	115.7	186.0	5	111.5	530.0	3.5
虎林	Hulin	77.5	109.5		61.0	340.0	6.7
铁力	Tieli	231.6	199.0	14	97.3	1038.5	6.6
同江	Tongjiang	78.1	143.9		127.1	378.5	8.7
富锦	Fujin	112.7	192.5		106.4	694.0	9.7
抚远	Fuyuan	68.8	132.3	3	36.9	67.7	6.5
绥芬河	Suifenhe City	119.3	190.3	17	153.7	783.4	13.3
海林	Hailin	196.0	224.8	12	127.9	1270.6	8.7
宁安	Ningan	88.3	110.0	4	100.5	807.0	3.4
穆棱	Muling	148.6	109.3	19	77.9	444.3	7.0
东宁	Dongning	126.7	160.8	10	84.7	637.0	6.1
北安	Beian	128.9	301.7	16	134.1	927.0	9.3
五大连池	Wudalianchi	44.8	40.1	1	75.4	203.0	2.9
嫩江	Nenjiang	146.3	272.5	1	104.9	570.0	10.6
安达	Anda	186.2	188.8	4	183.5	968.6	2.8
肇东	Zhaodong	223.5	307.2	11	320.0	1894.0	4.2
海伦	Hailun	97.3	159.9	2	152.8	636.8	14.8
漠河	Mohe	95.7	93.9	5	45.3	86.7	9.8

19-8　分地区城市公共交通情况(2020年)
Basic Statistics on Public Transportation in Cities by Region (2020)

地　区	Region	年末公共交通车辆运营数(辆) Number of Public Vehicles under Operation at Year-end (unit)	#公共汽、电车 Bus and Trolley Bus	运营线路总长度(公里) Length under Operation (km)	#公共汽、电车 Bus and Trolley Bus	公共交通客运总量(万人次) Passengers Transported by Public Vehicles (10 000 person-times)	#公共汽、电车 Bus and Trolley Bus	出租汽车(辆) Number of Taxi (unit)
地级市合计	**Total Number at Prefectural Level**	**19556**	**19370**	**41532**	**41502**	**124213**	**119090**	**98510**
哈尔滨	Harbin	8617	8431	13473	13443	61252	56129	29444
齐齐哈尔	Qiqihar	1390	1390	3007	3007	3772	3772	14136
鸡　西	Jixi	977	977	2206	2206	9600	9600	5358
鹤　岗	Hegang	533	533	748	748	5188	5188	2870
双鸭山	Shuangyashan	766	766	1098	1098	4332	4332	4072
大　庆	Daqing	2492	2492	11207	11207	5817	5817	4663
伊　春	Yichun	688	688	1832	1832	5129	5129	3771
佳木斯	Jiamusi	932	932	1154	1154	8979	8979	6769
七台河	Qitaihe	527	527	498	498	4122	4122	1462
牡丹江	Mudanjiang	1169	1169	2727	2727	8868	8868	5969
黑　河	Heihe	427	427	1487	1487	2646	2646	6963
绥　化	Suihua	1038	1038	2095	2095	4507	4507	13033
县级市合计	**Total Number at County Level**	**2236.0**	**2236.0**	**5207.5**	**5207.5**	**13939.1**	**13939.1**	**19531.0**
尚　志	Shangzhi	250	250	735	735	2343	2343	1328
五　常	Wuchang	158	158	717	717	1301	1301	902
讷　河	Nehe	85	85	159	159	394	394	1486
密　山	Mishan	204	204	83	83	1836	1836	920
虎　林	Hulin	74	74	77	77	382	382	1098
铁　力	Tieli	253	253	653	653	1929	1929	989
同　江	Tongjiang	46	46	45	45	310	310	547
富　锦	Fujin	148	148	498	498	1060	1060	2275
抚　远	Fuyuan	15	15	65	65	164	164	152
绥芬河	Suifenhe City	106	106	233	233	358	358	460
海　林	Hailin	48	48	92	92	195	195	760
宁　安	Ningan	95	95	209	209	260	260	450
穆　棱	Muling	161	161	251	251	150	150	408
东　宁	Dongning	76	76	207	207	582	582	741
北　安	Beian	127	127	238	238	770	770	1809
五大连池	Wudalianchi	86	86	429	429	431	431	690
嫩　江	Nenjiang	62	62	329	329	611	611	2419
安　达	Anda	116	116	344	344	938	938	670
肇　东	Zhaodong	76	76	126	126	166	166	1556
海　伦	Hailun	112	112	47	47	370	370	2290

19-9 分地区城市绿地和园林(2020年)
Basic Statistics on Parks and Green Areas in Cities by Region (2020)

地　区	Region	城市园林绿地面积(公顷) Area of Parks and Green Land (hectare)	#公园绿地 Park Green Areas	公　园(个) Number of Parks (unit)	公园面积(公顷) Area of Parks (hectare)	建成区绿化覆盖率(%) Green Covered Area as % of Completed Area (%)
总　计	**Total**	**71526**	**18085**	**422**	**11857**	**36.9**
地级市合计	**Total Number at Prefectural Level**	**60327**	**14858**	**302**	**9602**	**38.3**
哈尔滨	Harbin	15356	5153	97	2826	34.2
齐齐哈尔	Qiqihar	4710	971	21	511	37.9
鸡　西	Jixi	2813	743	8	539	39.6
鹤　岗	Hegang	3382	754	22	754	42.0
双鸭山	Shuangyashan	2382	632	18	302	43.7
大　庆	Daqing	13893	2116	14	974	44.3
伊　春	Yichun	3430	1652	37	1410	38.5
佳木斯	Jiamusi	3748	862	20	824	43.0
七台河	Qitaihe	3185	610	18	453	46.0
牡丹江	Mudanjiang	5381	770	19	614	28.2
黑　河	Heihe	789	219	8	219	43.1
绥　化	Suihua	1257	376	20	176	28.2
县级市合计	**Total Number at County Level**	**11199**	**3227**	**120**	**2255**	**31.3**
尚　志	Shangzhi	299	187	4	187	17.0
五　常	Wuchang	425	200	5	186	17.5
讷　河	Nehe	424	215	2	208	31.6
密　山	Mishan	398	121	3	114	20.2
虎　林	Hulin	320	109	8	64	38.6
铁　力	Tieli	666	199	6	80	44.6
同　江	Tongjiang	1562	111	3	65	40.0
富　锦	Fujin	459	117	2	5	30.6
抚　远	Fuyuan	181	149	8	217	33.6
绥芬河	Suifenhe City	966	126	13	66	39.1
海　林	Hailin	721	178	14	158	40.2
宁　安	Ningan	373	112	3	63	37.3
穆　棱	Muling	357	136	13	115	38.2
东　宁	Dongning	626	111	13	39	43.5
北　安	Beian	525	204	4	101	25.6
五大连池	Wudalianchi	101	65	1	52	20.9
嫩　江	Nenjiang	663	208	7	203	38.1
安　达	Anda	432	94	4	23	20.1
肇　东	Zhaodong	987	400	3	200	36.1
海　伦	Hailun	411	19	1	21	28.0
漠　河	Mohe	304	168	3	90	30.0

19-10 分地区城市市容环境卫生情况(2020年)
Basic Statistics on Urban Sanitation in Cities by Region (2020)

地 区	Region	清扫保洁面积(万平方米) Area under Cleaning Program (10000 sq.m)	生活垃圾清运量(万吨) Volume of Garbage Disposal (10000 tons)	市容环卫专用车辆设备总数(台) Number of Special Vehicles for Environmental Sanitation (unit)	公共厕所(座) Number of Public Lavatories (unit)	#三类以上 Third Grade and Above
总 计	**Total**	**27643**	**497.6**	**9144**	**6048**	**3397**
地级市合计	**Total Number at Prefectural Level**	**23252**	**392.4**	**7558**	**4903**	**2990**
哈尔滨	Harbin	9742	168.3	3752	2654	2219
齐齐哈尔	Qiqihar	2399	34.8	701	344	25
鸡 西	Jixi	790	26.8	457	313	166
鹤 岗	Hegang	570	12.6	388	152	66
双鸭山	Shuangyashan	481	17.9	232	181	101
大 庆	Daqing	3600	43.7	735	229	229
伊 春	Yichun	750	13.3	222	284	64
佳木斯	Jiamusi	1316	23.0	118	408	
七台河	Qitaihe	655	13.0	176	34	30
牡丹江	Mudanjiang	1521	21.4	332	166	54
黑 河	Heihe	438	6.5	218	56	36
绥 化	Suihua	989	11.2	227	82	
县级市合计	**Total Number at County Level**	**4392**	**105.2**	**1586**	**1145**	**407**
尚 志	Shangzhi	235	7.5	97	40	18
五 常	Wuchang	210	10.2	41	17	
讷 河	Nehe	106	4.8	122	64	64
密 山	Mishan	237	3.8	97	73	19
虎 林	Hulin	144	3.0	97	64	22
铁 力	Tieli	190	4.4	89	57	22
同 江	Tongjiang	160	2.6	90	11	
富 锦	Fujin	248	5.9	45	79	32
抚 远	Fuyuan	80	2.2	56	15	
绥芬河	Suifenhe City	312	4.6	102	20	18
海 林	Hailin	240	4.4	63	37	10
宁 安	Ningan	153	4.9	40	51	8
穆 棱	Muling	139	3.0	47	25	17
东 宁	Dongning	211	2.9	73	39	30
北 安	Beian	230	5.6	135	142	54
五大连池	Wudalianchi	93	1.9	74	36	20
嫩 江	Nenjiang	200	6.0	80	37	26
安 达	Anda	480	8.5	74	109	21
肇 东	Zhaodong	420	10.1	104	192	25
海 伦	Hailun	222	7.3	31	9	1
漠 河	Mohe	82	1.7	29	28	

19-11 分地区城市设施水平(2020年)
Level of Public Facilities in Cities by Region (2020)

地　区	Region	城市用水普及率(%) Coverage Rate of Urban Population with Access to Tap Water (%)	城市燃气普及率(%) Coverage Rate of Urban Population with Access to Gas (%)	每万人拥有公共交通车辆(标台) Number of Public Transportation Vehicles Per 10000 Population (unit)	人均城市道路面积(平方米) Per Capita Area of Paved Roads (sq.m)	人均公园绿地面积(平方米) Per Capita Public Green Areas (sq.m)	每万人拥有公共厕所(座) Number of Public Lavatories Per 10 000 Population (unit)
总　计	**Total**	**99.0**	**90.8**	**15.7**	**15.6**	**12.8**	**4.3**
地级市合计	**Total Number at Prefectural Level**	**99.1**	**93.0**	**18.7**	**15.6**	**12.6**	**4.1**
哈尔滨	Harbin	100.0	100.0	20.5	16.0	10.2	5.3
齐齐哈尔	Qiqihar	100.0	100.0	14.3	11.7	9.1	3.2
鸡　西	Jixi	99.1	36.5	14.6	11.5	11.5	4.8
鹤　岗	Hegang	99.8	63.1	12.0	10.0	14.9	3.0
双鸭山	Shuangyashan	99.0	79.3	16.5	11.4	13.9	4.0
大　庆	Daqing	100.0	100.0	20.9	26.1	14.6	1.6
伊　春	Yichun	98.1	92.7	17.2	18.5	39.1	6.7
佳木斯	Jiamusi	99.5	99.1	16.0	12.2	15.4	7.3
七台河	Qitaihe	99.5	97.8	14.8	11.7	14.6	0.8
牡丹江	Mudanjiang	89.1	90.5	16.5	14.2	10.2	2.2
黑　河	Heihe	98.1	97.7	26.4	13.3	14.8	3.8
绥　化	Suihua	99.4	95.7	30.2	11.1	11.1	2.4
县级市合计	**Total Number at County Level**	**98.6**	**79.8**	**9.1**	**15.4**	**13.8**	**4.9**
尚　志	Shangzhi	97.9	92.8	14.4	13.1	11.9	2.5
五　常	Wuchang	97.7	95.3	7.1	8.7	10.5	0.9
讷　河	Nehe	100.0	86.7	8.4	10.5	22.0	6.5
密　山	Mishan	99.7	79.4	17.7	19.5	12.7	7.7
虎　林	Hulin	100.0	91.6	10.3	16.2	16.1	9.5
铁　力	Tieli	99.6	54.8	21.7	17.1	17.1	4.9
同　江	Tongjiang	100.0	39.4	7.5	23.5	18.2	1.8
富　锦	Fujin	100.0	95.5	11.1	15.3	9.3	6.3
抚　远	Fuyuan	98.8	70.6	3.5	31.1	35.0	3.5
绥芬河	Suifenhe City	97.0	72.3	12.9	22.2	14.7	2.3
海　林	Hailin	100.0	99.1	3.4	22.4	17.7	3.7
宁　安	Ningan	100.0	99.6	10.9	14.7	15.0	6.8
穆　棱	Muling	100.0	97.3	12.4	13.9	17.3	3.2
东　宁	Dongning	97.9	96.6	8.8	21.6	14.9	5.2
北　安	Beian	99.2	40.3	9.7	23.4	15.8	11.0
五大连池	Wudalianchi	100.0	51.3	17.4	8.9	14.3	8.0
嫩　江	Nenjiang	99.3	57.6	3.3	18.9	14.4	2.6
安　达	Anda	96.6	96.6	5.2	8.1	4.0	4.7
肇　东	Zhaodong	98.8	93.6	3.1	12.6	16.5	7.9
海　伦	Hailun	97.5	36.2	7.8	11.2	1.4	0.6
漠　河	Mohe	94.3	91.2	11.4	26.7	47.9	8.0

主要统计指标解释

供水综合生产能力 指按供水设施取水、净化、送水、出厂输水干管等环节设计能力计算的综合生产能力。包括在原设计能力的基础上，经挖、革、改增加的生产能力。计算时，以四个环节中最薄弱的环节为主确定能力。

供水管道长度 指从送水泵至用户水表之间所有管道的长度。不包括新安装尚未使用、水厂内以及用户建筑物内的管道。

城市供水总量 指报告期供水企业(单位)供出的全部水量。包括有效供水量和漏损水量。

生活用水 包括公共服务用水和居民家庭用水。公共服务用水指为城区社会公共生活服务的用水。包括行政事业单位、部队营区和公共设施服务、批发零售业、住宿餐饮业以及社会服务业等单位的用水。居民家庭用水指城市范围内所有居民家庭的日常生活用水。包括城市居民、农民家庭、公共供水站用水。

生产用水 指在城区范围内生产、运营的农、林、牧、渔业、工业、建筑业、交通运输业等单位在生产、运营过程中的用水。

用水普及率 指报告期末城区用水人口数与城市人口总数的比率。计算公式:

$$用水普及率=\frac{城区用水人口(含暂住人口)}{城区人口+城区暂住人口}\times 100\%$$

人工煤气生产能力 指报告期末人工燃气生产厂制气、净化、输送等环节的综合生产能力，不包括备用设备能力。一般按设计能力计算，当实际生产能力大于设计能力时，应按实际测定的生产能力计算。测定时应以制气、净化、输送三个环节中最薄弱的环节为主。

供气管道长度 指报告期末从气源厂压缩机的出口或门站出口至各类用户引入管之间的全部已经通气、投入使用的管道长度。不包括煤气生产厂、输配站、液化气储存站、灌瓶站、储配站、气化站、混气站、供应站等厂(站)内的管道。

城市供气总量 指报告期燃气企业(单位)向用户供应的燃气数量。包括销售量和损失量。

燃气普及率 指报告期末城区使用燃气的城市人口数与城市人口总数的比率。其中燃气包括人工煤气、天然气、液化石油气三种。计算公式为:

$$燃气普及率=\frac{城区用气人口(含暂住人口)}{城区人口+城区暂住人口}\times 100\%$$

城市供热能力 指供热企业(单位)向城市热用户输送热能的设计能力。

城市供热总量 指在报告期供热企业(单位)向城市热用户输送全部蒸汽和热水的总热量。

城市供热管道长度 指从各类热源到热用户建筑物接入口之间的全部蒸汽和热水的管道长度。不包括各类热源厂内部的管道长度。

道路长度 指道路长度和与道路相通的桥梁、隧道的长度，按车行道中心线计算。

城市桥梁 指为跨越天然或人工障碍物而修建的构筑物。包括跨河桥、立交桥、人行天桥以及人行地下通道等。

城市排水管道长度 指所有排水总管、干管、支管、检查井及连接井进出口等长度之和。

城市污水日处理能力 指污水处理厂(或污水处理装置)每昼夜处理污水量的设计能力。

年末公共交通车辆运营数 指年末城市用于公共交通运营业务的全部车辆数。新购、新制和调入的运营车辆，自投入之日起开始计算；调出、报废和调作他用的运营车辆，自上级主管机关批准之日起不再计入。

城市绿地面积 指报告期末用作园林和绿化的各种绿地面积。包括公园绿地、生产绿地、防护绿地、附属绿地和其他绿地的面积。

公园绿地 城市中向公众开放的、以游憩为主要功能，有一定的游憩设施和服务设施，同时兼有健全生态、美化景观、防灾减灾等综合作用的绿化用地。包括综合公园、社区公园、专类公园、带状公园和街旁绿地。其中综合公园、专类公园和带状公园面积之和为公园面积。

清扫保洁面积 指报告期末对城市道路和公共场所(主要包括城市行车道、人行道、车行隧道、人行过街地下通道、道路附属绿地、地铁站、高架路、人行过街天桥、立交桥、广场、停车场及其他设施等)进行清扫保洁的面积。一天清扫保洁多次的，按清扫保洁面积最大的一次计算。

市容环卫专用车辆设备 指用于环境卫生作业、监察的专用车辆和设备，包括用于道路清扫、冲洗、洒水、除雪、垃圾粪便清运、市容监察以及与其配套使用的车辆和设备。

每万人拥有公共交通车辆 指按城市人口计算的每万人平均拥有的公共交通车辆标台数。计算公式:

$$每万人拥有公共交通车辆=\frac{公共交通运营车标台数}{城区人口+城区暂住人口}$$

Explanatory Notes on Main Statistical Indicators

Production Capacity of Water Supply refers to the designed overall production capacity of water facilities, covering the four segments of water collection, purification, conveyance, and outflow through trunk pipelines. Increased capacity through transformation and innovation projects is included as well. The capacity is determined mainly on the weakest of the above-mentioned four segments.

Length of Water Supply Pipelines refers to the total length of all the pipelines between the water pumps and the user water meters, excluding pipelines newly installed but not used yet, pipeline in the water factory, and pipeline in the user's buildings.

Total Volume of Urban Water Supply refers to the total volume of water supplied by water-works (units) during the reference period, including both the effective water supply and loss during the water supply.

Consumption of Water for Living Use It includes Consumption of Water for Public Service Use and Consumption of Water for Households Use. Consumption of Water for Public Service Use refers to water consumption for public service in the urban areas. It includes water consumption of administrative institutions, army camps, public facilities, wholesale and retail, accommodation and catering industry and social service industry, etc. Consumption of Water for Households Use refers to consumption of water for daily life of all households in cities, including households of urban residents and farmers, and public water supply stations.

Consumption of Water for Production and Operation Use refers to water consumption in the process of production and operation by production and operation units of agriculture, forestry, animal husbandry, fisheries, industry, construction industry, and transportation industry, etc. in urban areas.

Coverage Rate of Urban Population with Access to Tap Water refers to the ratio of the urban population with access to tap water to the total urban population at the end of reference period. The formula is:

$$\text{Coverage of urban population with access to tap water} = \frac{\text{Urban population with access to tap water}}{\text{Urban population}} \times 100\%$$

Production Capacity of Gasworks Gas refers to the overall production capacity of the urban gasworks in gas generation, purification and delivery at the end of the reference period, excluding capacity of the reserved facilities. In general, it is determined by the designed capacity, and when actual production capacity is larger than the designed capacity, the capacity is determined by the actual measurement on the weakest segment in the production, purification and delivery.

Length of Gas Pipelines refers to the total length of pipelines in use between the outlet of the compressor of gas-work or outlet of gas stations and the leading pipe of users, excluding pipelines within gasworks, delivery stations, LPG storage stations, refilling stations, gas-mixing stations and supply stations.

Volume of Gas Supply refers to the total volume of gas provided to users by gas-producing enterprises (units) during the reporting period, including the volume sold and the volume lost.

Coverage Rate of Urban Population with Access to Gas refers to the ratio of the urban population with access to gas to the total urban population at the end of the reference period. Gas here includes artificial coal gas, natural gas and liquefied petroleum gas. The formula is:

$$\text{Coverage rate of urban population with access to gas} = \frac{\text{Urban population with access to gas}}{\text{Urban population}} \times 100\%$$

Heating Capacity in Urban Areas refers to the designed capacity of heating enterprises (units) in supplying heating energy to urban users during the reference period.

Quantity of Heat Supplied in Urban Areas refers to the total quantity of heat from steam and hot water supplied to urban users by heating enterprises (units) during the reference period.

Length of Urban Heating Pipelines refers to the total length of steam or hot water pipelines for sources of heat to the leading pipelines of the buildings of the users, excluding internal pipelines in heat generating enterprises.

Length of Paved Roads refers to the length of roads with paved surface including bridges and tunnels connected with roads. Length of the roads is measured by the central lines.

Urban Bridges refer to bridges built to cross over natural or man-made barriers, including bridges over rivers, overpasses for traffic and for pedestrians, underpasses for pedestrians, etc.

Length of Urban Sewage Pipes refers to the total length of general drainage, trunks, branch and inspection wells, connection wells, inlets and outlets, etc.

Daily Disposal Capacity of Urban Sewage refers to the designed 24-hour capacity of sewage disposal by the sewage treatment works or facilities.

Number of Vehicles under Operation at Year-end refers to the total number of vehicles under operation by public transport enterprises (units) at the end of the year, based on the records of operational vehicles by the enterprises (units).

Area of Urban Green Land refers to the total area occupied for green projects at the end of the reference period, including park green land, production green land, protection green land, green land attached to institutions, and other green areas.

Park Green Area refers to green areas open to the public

for amusement and rest with the facilities of amusement, rest and services. Its function includes perfecting ecology, beautifying landscape, and preventing and reducing disaster. Park green areas include comprehensive park, community park, theme park, linear park and roadside green space. Total areas of comprehensive park, topic park and belt-shaped is the area of park.

Road Area Cleaned refers to the area which are regularly cleaned, as at the end of the reference period, at urban roads and public places (mainly including urban roadways, pedestrian walkways, vehicular tunnels, pedestrian underpasses, underground railway stations, lifted roads, pedestrians walk bridges, overpasses, plazas, parking lots and other facilities). If there are several times of cleaning in a day at a location, the area of that time of cleaning with the largest area cleaned will be taken.

Vehicles and Facilities Dedicated to Urban Cleanliness and Environmental Sanitation refer to vehicles and facilities dedicated for use in the operation, management and monitoring of environmental hygiene work. They include vehicles for road cleaning, washing, showering, ice removal, disposal of garbage and human wastes, cleanliness monitoring and related activities.

Public Transportation Vehicles per 10000 Population refers to the number of public transportation vehicles, calculated by urban population, per 10000 population in the city district. The formula for calculation is:

$$\text{Public Transportation Vehicles per 10000 Population} = \frac{\text{Number of Public Transportation Vehicles}}{\text{City District Population}}$$

附录　各县、市主要指标(2020年)

APPENDIX　MAIN INDICATORS OF COUNTIES(2020)

资料整理：于占占　谭　磊　王　悦　王志博
刘忠梁　安　静　李莹莹　吴晨晨
赵秋梅　赵慧来　周柏岩　雷　丽
魏　瑨

附录　各县、市主要指标(2020年)
Main Indicators of Counties (2020)

县、市名称	Name	行政区域土地面积(平方公里) Total Land Area (sq.km)	普查时点常住总人口(人) Total Population (Census time point) (person)	乡镇(个) Township and Towns (unit)	#建制镇 Organic Town	村民委员会(个) Villagers Committee (unit)
呼兰区	Hulan	2233	769997	9	6	162
阿城区	Acheng	2449	500327	4	4	108
双城区	Shuangcheng	3112	633880	17	9	246
依兰县	Yilan County	4606	258345	9	6	132
方正县	Fangzheng County	2976	183789	8	4	67
宾　县	Bin County	3843	444314	17	12	143
巴彦县	Bayan County	3139	420409	18	10	116
木兰县	Mulan County	3171	176245	8	6	86
通河县	Tonghe County	5661	179828	8	8	82
延寿县	Yanshou County	3096	182725	9	6	106
尚志市	Shangzhi City	8891	463358	17	10	163
五常市	Wuchang City	7499	724705	24	12	261
龙江县	Longjiang County	5887	414285	14	8	158
依安县	Yian County	3676	353872	15	6	149
泰来县	Tailai County	3918	249153	10	8	83
甘南县	Gannan County	4791	288203	10	5	95
富裕县	Fuyu County	4018	224040	10	6	90
克山县	Keshan County	3186	255041	15	7	122
克东县	Kedong County	2083	156983	7	5	98
拜泉县	Baiquan County	3597	282019	16	7	186
讷河市	Nehe City	6660	436906	15	11	171
梅里斯区	Meilisi Daur District	2078	125399	6	5	49
鸡东县	Jidong County	3233	211855	11	8	123
虎林市	Hulin City	9331	267870	11	7	85
密山市	Mishan City	7728	339103	16	8	154
萝北县	Luobei County	6769	206072	8	6	63
绥滨县	Suibin County	3344	139795	9	3	109
集贤县	Jixian County	2217	243945	8	5	150
友谊县	Youyi County	1684	101080	11	4	67
宝清县	Baoqing County	9995	331377	10	6	145
饶河县	Raohe County	6599	130519	9	4	79
肇州县	Zhaozhou County	2446	306036	12	6	104
肇源县	Zhaoyuan County	4110	330340	16	8	135
林甸县	Lindian County	3504	191238	8	5	83
杜蒙自治县	Durbote Mongolia Autonomous County	6040	199293	11	5	79
大同区	Datong	2371	180266	4	4	58

注：阿城区、呼兰区、双城区、梅里斯区、大同区、阳明区、爱辉区、北林区、加格达奇区、佳木斯郊区和五大连池风景区的主要指标数据来自当地统计局(下同)。

a) The main indicators data of Acheng, Hulan, Shuangcheng, Meilisi Daur, Datong, Yangming, Aihui, Beilin and Jiagedaqi District, Jiamusi Suburb, Wudalianchi Scenic Spot come from local Statistics(the same as following tables).

附录 续表1 Continued

县、市名称	Name	行政区域土地面积(平方公里) Total Land Area (sq.km)	普查时点常住总人口(人) Total Population (Census time point) (person)	乡镇个数(个) Township and Towns (unit)	#建制镇 Organic Town	村民委员会数(个) Villagers Committee (unit)
嘉荫县	Jiayin County	6750	56523	9	4	73
汤旺县	Tangwang County	2142	33245	2	2	2
丰林县	Fenglin County	2971	62214	3	3	2
大箐山县	Daqingshan County	1039	57697	2	2	10
南岔县	Nancha County	3084	82895	4	3	27
铁力市	Tieli City	6443	225960	8	5	71
佳木斯郊区	Jiamusi Suburb	1748	265340	13	8	125
桦南县	Huanan County	4418	286855	12	7	192
桦川县	Huachuan County	2228	145876	9	5	105
汤原县	Tangyuan County	3420	173688	10	4	137
同江市	Tongjiang City	6229	176112	10	6	85
富锦市	Fujin City	8224	414090	11	11	267
抚远市	Fuyuan City	6041	97329	10	5	49
勃利县	Boli County	2390	199583	10	5	133
林口县	Linkou County	6638	238193	11	11	176
绥芬河市	Suifenhe City	422	114564	2	2	11
海林市	Hailin City	8712	292755	8	8	112
宁安市	Ningan City	7200	322127	12	8	240
穆棱市	Muling City	6041	197065	8	6	127
东宁市	Dongning City	7117	195489	6	6	102
阳明区	Yangming	1345	190973			
爱辉区	Aihui	14373	223832	11	3	89
逊克县	Xunke County	17027	82134	9	3	78
孙吴县	Sunwu County	4313	73387	11	2	94
北安市	Beian City	7193	308237	9	5	62
五大连池市	Wudalianchi City	8745	232294	11	7	96
嫩江市	Nenjiang County	15211	355528	14	9	148
五大连池风景区	Wudalianchi Scenic Spot	780	10989			3
北林区	Beilin	2754	698025	20	15	148
望奎县	Wangkui County	2316	286848	15	10	109
兰西县	Lanxi County	2484	308684	15	8	105
青冈县	Qinggang County	2680	287557	15	12	165
庆安县	Qingan County	5467	260592	14	8	93
明水县	Mingshui County	2297	198271	12	6	99
绥棱县	Suiling County	4311	211907	11	5	76
安达市	Anda City	3599	357535	14	11	116
肇东市	Zhaodong City	4323	666532	21	13	186
海伦市	Hailun City	4642	480216	23	14	243
漠河市	Mohe City	18428	54036	6	6	7
呼玛县	Huma County	14205	36362	8	2	54
塔河县	Tahe County	14064	51056	7	4	11
加格达奇区	Jiagedaqi District	1359	137105	2		8

附录　续表2　Continued

县、市名称	Name	地　区生产总值(万元) Gross Domestic Product (10000 yuan)	第一产业 Primary Industry	第二产业 Secondary Industry	第三产业 Tertiary Industry	地区生产总值指数(上年=100) Indices of Gross Domestic Product (preceding year=100)	人均地区生产总值(元) Per Capita GDP (yuan)
呼兰区	Hulan	1024111	377184	150389	496538	100.2	25752
阿城区	Acheng	2327301	222441	408466	1696394	102.1	46004
双城区	Shuangcheng	2397535	1183265	344839	869431	100.2	37236
依兰县	Yilan County	1115564	290030	118261	707273	102.1	42161
方正县	Fangzheng County	661187	274668	90599	295920	105.1	35587
宾　县	Bin County	1733319	432677	178980	1121662	100.3	38568
巴彦县	Bayan County	1227306	458777	75141	693388	102.2	28652
木兰县	Mulan County	826862	263946	61571	501345	102.3	45755
通河县	Tonghe County	892324	343597	55949	492778	103.1	48844
延寿县	Yanshou County	671468	186291	82555	402622	104.5	36157
尚志市	Shangzhi City	1784967	652073	222400	910494	100.2	37991
五常市	Wuchang City	2832934	1113343	329645	1389946	100.8	38727
龙江县	Longjiang County	1259044	577811	341489	339744	108.6	29909
依安县	Yian County	741794	377906	78365	285523	104.0	20691
泰来县	Tailai County	646868	294994	119731	232143	108.5	25812
甘南县	Gannan County	911785	448428	199802	263555	104.2	31198
富裕县	Fuyu County	750472	360675	153340	236457	108.4	33216
克山县	Keshan County	684931	345522	68484	270925	104.1	26208
克东县	Kedong County	590089	181132	209631	199326	101.1	36584
拜泉县	Baiquan County	634979	321922	57362	255695	104.0	21772
讷河市	Nehe City	1124678	553663	138664	432351	103.0	25434
梅里斯区	Meilisi Daur District	327086	185275	28806	113005	104.3	25666
鸡东县	Jidong County	868704	333159	148063	387482	104.5	40242
虎林市	Hulin City	1599744	1053400	151026	395318	103.0	59094
密山市	Mishan City	1409460	679810	126767	602883	101.5	41037
萝北县	Luobei County	1019258	495457	136125	387676	105.5	49479
绥滨县	Suibin County	599707	389300	12364	198043	101.9	42061
集贤县	Jixian County	725969	319259	74772	331938	103.5	29418
友谊县	Youyi County	426499	193372	33698	199429	104.0	41177
宝清县	Baoqing County	1286825	847243	99906	339676	104.1	38416
饶河县	Raohe County	687181	482260	25268	179653	103.5	52136
肇州县	Zhaozhou County	1373981	556657	217541	599783	101.0	44329
肇源县	Zhaoyuan County	1133277	537253	172205	423819	101.2	33906
林甸县	Lindian County	711638	321237	112336	278065	101.5	36750
杜蒙自治县	Durbote Mongolia Autonomous County	1056165	456674	155353	444138	102.1	52262
大同区	Datong	784614	435786	75853	272975	102.3	42729

注：1.本表计算人均GDP使用的GDP数据为根据第四次全国经济普查资料修订后数据，人口数据为根据第七次全国人口普查资料修订后数据。
2.三次产业增加值数据因四舍五入未做机械调整。

a) The GDP data used in the calculation of per capita GDP in this table is the data revised according to the data of the fourth national economic census, and the population data is the data revised according to the data of the seventh national census.

b) The added value data of the three industries were not adjusted mechanically due to rounding.

附录 续表3 Continued

县、市名称	Name	地 区 生产总值 (万元) Gross Domestic Product (10000 yuan)	第一产业 Primary Industry	第二产业 Secondary Industry	第三产业 Tertiary Industry	地区生产总值指数 (上年=100) Indices of Gross Domestic Product (preceding year=100)	人均地区生产总值 (元) Per Capita GDP (yuan)
嘉荫县	Jiayin County	249426	140588	10918	97920	98.7	43653
汤旺县	Tangwang County	151872	103528	9303	39041	104.9	44308
丰林县	Fenglin County	223891	124571	24451	74869	100.9	34820
大箐山县	Daqingshan County	142783	71026	19475	52282	104.9	23915
南岔县	Nancha County	175803	42259	36677	96867	102.8	20710
铁力市	Tieli City	774006	416546	126347	231113	97.1	33837
佳木斯郊区	Jiamusi Suburb						
桦南县	Huanan County	1226610	702194	209452	314964	110.1	41476
桦川县	Huachuan County	691347	458994	60431	171922	102.6	46483
汤原县	Tangyuan County	696865	389778	92638	214449	104.0	39165
同江市	Tongjiang City	1109412	705401	56007	348004	102.3	62959
富锦市	Fujin City	1552287	753303	174513	624471	108.3	37415
抚远市	Fuyuan City	819470	609865	12830	196775	102.5	84025
勃利县	Boli County	489678	174085	100920	214673	100.3	24700
林口县	Linkou County	705796	301188	65233	339375	100.6	28899
绥芬河市	Suifenhe City	501811	13292	74895	413624	97.9	43298
海林市	Hailin City	1142408	307360	248141	586907	100.1	38219
宁安市	Ningan City	1165946	616081	72230	477635	100.4	35582
穆棱市	Muling City	1311864	304464	503438	503962	111.0	64822
东宁市	Dongning City	723529	258885	167616	297028	100.2	36944
阳明区	Yangming	464234	86403	136352	241479	96.5	
爱辉区	Aihui	364274	143745	64210	156319	104.0	37463
逊克县	Xunke County	397079	206357	80967	109755	103.1	47735
孙吴县	Sunwu County	223349	93856	12958	116535	103.6	29935
北安市	Beian City	1256078	376605	156095	723378	102.4	40050
五大连池市	Wudalianchi City	1080541	662044	71167	347330	103.1	45884
嫩江市	Nenjiang County	2404602	1251543	324932	828127	104.5	65881
五大连池风景区	Wudalianchi Scenic Spot	57407	13504	5219	38684	101.0	47323
北林区	Beilin	2011349	880514	277390	853445	101.5	28701
望奎县	Wangkui County	775507	415064	65813	294630	102.6	26517
兰西县	Lanxi County	743345	417467	48403	277475	101.4	23855
青冈县	Qinggang County	806051	467374	107248	231429	102.3	27430
庆安县	Qingan County	874383	516072	103482	254829	101.2	33142
明水县	Mingshui County	531549	315942	41457	174150	102.6	26294
绥棱县	Suiling County	524724	312638	25449	186637	102.0	24292
安达市	Anda City	1817138	424831	271515	1120792	102.5	50448
肇东市	Zhaodong City	2198538	1025034	318446	855058	102.2	32762
海伦市	Hailun City	1252752	817070	47744	387938	101.6	25599
漠河市	Mohe City	342842	110748	119320	112774	104.4	62830
呼玛县	Huma County	170754	82150	8774	79830	102.4	46517
塔河县	Tahe County	216520	115195	12383	88942	102.1	40593
加格达奇区	Jiagedaqi District	411036	65306	31087	314643	101.7	29710

附录　续表4　Continued

单位：万元　　(10000 yuan)

县、市名称	Name	农林牧渔业总产值 Gross Output Value of Farming, Forestry, Animal Husbandry and Fishery 合计 Total	#农业 Farming	#林业 Forestry	#牧业 Animal Husbandry	#渔业 Fishery	化肥施用折纯量(吨) Consumption of Chemical Fertilizers (ton, Converting the gross weight into weight containing 100% effective component)	农村用电量(万千瓦时) Electricity Consumed in Rural Areas (10000 kwh)	农用机械总动力(万千瓦) Total Agricultural Machinery Power (10000 kw)
呼兰区	Hulan	691529	461694	16986	182613	12310	36081	9631	66.2
阿城区	Acheng	461875	250705	4770	163616	10985	19652	23131	51.7
双城区	Shuangcheng	2341701	1305139	10830	870171	32357	75781	25773	97.7
依兰县	Yilan County	518201	420841	15473	49265	7925	19980	16525	79.6
方正县	Fangzheng County	489146	358958	33227	69791	21789	13354	7428	63.9
宾县	Bin County	892747	347842	28439	499739	12253	57212	12387	122.0
巴彦县	Bayan County	940324	480678	3921	366592	28115	39979	15158	156.5
木兰县	Mulan County	502110	335664	12652	113634	12922	17437	5466	81.2
通河县	Tonghe County	603784	489802	52105	34213	10003	15046	10103	102.9
延寿县	Yanshou County	348731	270755	9799	44437	8455	25235	11765	55.5
尚志市	Shangzhi City	1153075	876555	60704	175817	22944	29635	25427	83.5
五常市	Wuchang City	2054209	1458418	78278	391096	39028	48324	33830	173.7
龙江县	Longjiang County	1187010	547640	14161	609751	13831	36712	17237	185.3
依安县	Yian County	735366	394624	19059	310023	3432	21318	7060	73.9
泰来县	Tailai County	564357	354123	7371	178053	21616	41609	13569	89.1
甘南县	Gannan County	857049	494775	3550	347829	9101	37618	13821	81.7
富裕县	Fuyu County	721850	322380	3418	371940	23479	30519	7575	60.3
克山县	Keshan County	710612	367256	4434	309003	11357	25266	6702	74.3
克东县	Kedong County	374171	146213	6766	212221	8306	9884	4151	60.3
拜泉县	Baiquan County	605129	344194	24141	218123	9500	33081	9964	87.2
讷河市	Nehe City	1084519	596167	10507	453148	15489	36452	15978	124.3
梅里斯区	Meilisi Daur District	352912	220119	1964	119599	2424	56155	4672	65.0
鸡东县	Jidong County	616660	390672	16856	180400	14166	10045	14289	63.3
虎林市	Hulin City	1854230	1629468	57331	114811	34553	108470	17440	110.2
密山市	Mishan City	1256742	940618	12830	221428	54192	45466	19158.9	113.3
萝北县	Luobei County	1019443	580558	14105	350178	4552	18617	1859.2	42.8
绥滨县	Suibin County	778299	580046	2944	98049	22040	19876	3063	77.9
集贤县	Jixian County	396147	251747	4344	131704	3190	34544	14206	75.0
友谊县	Youyi County	338958	267901	512	60132	393	22582	10751	42.0
宝清县	Baoqing County	1526829	1189578	31860	236790	20841	69722	17004	106.8
饶河县	Raohe County	1316460	1134313	45222	101355	12670	57170	7375	40.2
肇州县	Zhaozhou County	1184657	449531	7762	715736	6768	33619	4579	77.6
肇源县	Zhaoyuan County	1063892	549830	12810	433045	64116	20397	14391	70.6
林甸县	Lindian County	629369	263589	9248	330427	20627	21448	10493.3	108.6
杜蒙自治县	Durbote Mongolia Autonomous County	987862	324964	5475	556458	91436	22950	9730	85.2
大同区	Datong	861949	450788	28647	337471	29096	19015	3436	43.4

附录 续表5 Continued

单位：万元 (10000 yuan)

县、市名称	Name	农林牧渔业总产值 Gross Output Value of Farming, Forestry, Animal Husbandry and Fishery					化肥施用折纯量(吨) Consumption of Chemical Fertilizers (ton, Converting the gross weight into weight containing 100% effective component)	农村用电量(万千瓦时) Electricity Consumed in Rural Areas (10000 kwh)	农用机械总动力(万千瓦) Total Agricultural Machinery Power (10000 kw)
		合计 Total	#农业 Farming	#林业 Forestry	#牧业 Animal Husbandry	#渔业 Fishery			
嘉荫县	Jiayin County	221757	190196	7086	15231	2374	9977	1245	23.4
汤旺县	Tangwang County	185074	102340	73915	4958	3861	187	34	0.7
丰林县	Fenglin County	198309	103023	75796	16171	3319	1049	7	2.7
大箐山县	Daqingshan County	121422	29497	65838	21289	4276	525	85	1.0
南岔县	Nancha County	101420	70383	21301	8098	1362	857	3721	3.0
铁力市	Tieli City	709401	449414	47104	189202	15451	10103	3232	60.7
佳木斯郊区	Jiamusi Suburb	653207	293227	8745	334419	7690	15619	14731	
桦南县	Huanan County	1332447	761890	104942	388687	49259	47555	8854	118.5
桦川县	Huachuan County	742121	561722	2894	156794	13512	34455	16301	85.7
汤原县	Tangyuan County	744922	499249	21057	201014	16512	18763	18216	63.3
同江市	Tongjiang City	1178410	1070340	6778	52579	25601	54828	12986	68.4
富锦市	Fujin City	1308569	1102445	3890	161303	21101	87270	30375	151.8
抚远市	Fuyuan City	1051502	931238	5257	61789	36152	32795	13014	76.3
勃利县	Boli County	372256	208968	23349	118175	4598	19937	9188	47.6
林口县	Linkou County	542257	391690	6378	134273	3599	19904	7287	71.8
绥芬河市	Suifenhe City	25512	15365	142	8169	316	378	330	4.3
海林市	Hailin City	534175	423238	13122	83273	3005	14474	7718	45.5
宁安市	Ningan City	1140208	783377	6477	285531	15326	25149	13771	100.0
穆棱市	Muling City	564673	407592	10128	114526	4864	12122	4429	35.3
东宁市	Dongning City	468505	385197	2405	33609	2800	9493	9419	54.6
阳明区	Yangming								
爱辉区	Aihui	299162	195765	26400	61597	4575	13467	2945	
逊克县	Xunke County	410363	304118	9791	48865	5428	30936	3501.8	64.1
孙吴县	Sunwu County	176774	141382	8703	22978	963	9064	1194	51.9
北安市	Beian City	679919	486632	39165	111555	10075	48725	7756.1	63.7
五大连池市	Wudalianchi City	1291521	805573	252287	148770	20763	48693	8858	51.7
嫩江市	Nenjiang County	2389394	1938293	22303	269832	6593	68958	9787	104.9
五大连池风景区	Wudalianchi Scenic Spot	25495	16497	756	4297	3350	1372	160	2.9
北林区	Beilin	1772085	813139	9932	864029	69231	30798	19458	
望奎县	Wangkui County	828907	391071	2785	422588	11401	27295	6650	53.6
兰西县	Lanxi County	786787	433045	5569	333898	11899	40861	15852	58.0
青冈县	Qinggang County	917565	484316	5040	400821	14363	27545	20866	69.3
庆安县	Qingan County	903567	663991	19491	169928	24984	17318	17426	68.6
明水县	Mingshui County	609377	307899	6925	281167	9907	12998	7982	86.7
绥棱县	Suiling County	519721	439068	12196	40843	20326	19101	20774	77.3
安达市	Anda City	861799	392267	3218	422680	25938	21899	14804	73.5
肇东市	Zhaodong City	2094568	892729	6559	1107484	80940	67962	24502	68.4
海伦市	Hailun City	1290337	1049516	14867	213640	7604	54586	22614	137.5
漠河市	Mohe City	231043	70293	97410	40005	388	154	873	2.4
呼玛县	Huma County	149498	104186	25096	11381	1266	4367	631	27.4
塔河县	Tahe County	222873	42571	158013	15370	431	109	378	3.2
加格达奇区	Jiagedaqi District	125550	76473	12146	17105	1369	2178	132	5.1

附录 续表6 Continued

单位：公顷 (hectare)

县、市名称	Name	主要农作物播种面积 Sown Areas of Main Farm Crops 粮食 Grain Crops	#谷物 Cereal	#大豆 Soja	油料 Oil-bearing Crops	甜菜 Beetroots
呼兰区	Hulan	127811	121006	4657		114
阿城区	Acheng	81554	79064	2203		
双城区	Shuangcheng	211376	204509	4784	1197	
依兰县	Yilan County	216519	186189	30010		
方正县	Fangzheng County	67056	54908	11769	5	
宾县	Bin County	166354	152275	13211		
巴彦县	Bayan County	222099	170682	51025		
木兰县	Mulan County	125437	89829	35412		
通河县	Tonghe County	113252	96988	15504	5	
延寿县	Yanshou County	112974	92138	20625		
尚志市	Shangzhi City	167604	94006	67983	155	
五常市	Wuchang City	279947	269370	10177	5	
龙江县	Longjiang County	338882	323872	13540	135	50
依安县	Yian County	284643	156038	122150	26	1973
泰来县	Tailai County	188904	176978	9576	983	
甘南县	Gannan County	306877	217445	78855	44	50
富裕县	Fuyu County	173379	138510	32507	1878	72
克山县	Keshan County	226797	73953	142311		20
克东县	Kedong County	117753	31361	84791		
拜泉县	Baiquan County	238371	60095	173742	283	188
讷河市	Nehe City	414941	182549	214860	28	202
梅里斯区	Meilisi Daur District	117176	105985	10038		
鸡东县	Jidong County	112968	100858	11806	8	
虎林市	Hulin City	451579	374250	75050	296	
密山市	Mishan City	312342	268327	43545	77	
萝北县	Luobei County	247240	173447	73172	7	
绥滨县	Suibin County	216065	183024	32099		
集贤县	Jixian County	147626	125326	22134	66	
友谊县	Youyi County	121322	95207	26112	39	
宝清县	Baoqing County	345754	199009	146425	812	
饶河县	Raohe County	299457	233200	65789	223	
肇州县	Zhaozhou County	136303	132367	3500	348	
肇源县	Zhaoyuan County	157583	145547	11778	11139	
林甸县	Lindian County	150794	96925	43007		
杜蒙自治县	Durbote Mongolia Autonomous County	141509	125331	11324	4840	
大同区	Datong	79021	70027	7276	1610	87

附录 续表7 Continued

单位：公顷 (hectare)

县、市名称	Name	主要农作物播种面积 Sown Areas of Main Farm Crops				
		粮食 Grain Crops	#谷物 Cereal	#大豆 Soja	油料 Oil-bearing Crops	甜菜 Beetroots
嘉荫县	Jiayin County	99536	30080	66267	3	
汤旺县	Tangwang County					
丰林县	Fenglin County					
大箐山县	Daqingshan County				23	
南岔县	Nancha County				14	
铁力市	Tieli City	112113	67510	44523	65	
佳木斯郊区	Jiamusi Suburb	98387	82593	15212		
桦南县	Huanan County	232389	140320	91681	73	
桦川县	Huachuan County	144129	123472	20493		
汤原县	Tangyuan County	130415	110013	20352		
同江市	Tongjiang City	408665	320900	87662		
富锦市	Fujin City	536468	353141	182962	11	
抚远市	Fuyuan City	297773	254182	43591		
勃利县	Boli County	99364	90156	9162	97	
林口县	Linkou County	149819	73898	74799	2072	
绥芬河市	Suifenhe City	2375	600	1747	154	
海林市	Hailin City	95867	65801	29792	1148	
宁安市	Ningan City	145778	109390	23866	2132	
穆棱市	Muling City	127419	54957	70322	6582	
东宁市	Dongning City	57859	26554	30101	2351	
阳明区	Yangming					
爱辉区	Aihui	140298	26464	108984	754	
逊克县	Xunke County	198756	49034	145588	68	
孙吴县	Sunwu County	106407	19310	83345	87	
北安市	Beian City	322372	80954	238650		
五大连池市	Wudalianchi City	411840	72134	335704	30	
嫩江市	Nenjiang County	649325	108780	535772	301	
五大连池风景区	Wudalianchi Scenic Spot	11710	517	11204		
北林区	Beilin	192121	152525	36971		
望奎县	Wangkui County	169692	109706	48673	17	329
兰西县	Lanxi County	165009	152827	11587	102	
青冈县	Qinggang County	162599	137612	24881	126	
庆安县	Qingan County	173385	130665	41972		
明水县	Mingshui County	136301	79986	53822		
绥棱县	Suiling County	146749	78238	68440		
安达市	Anda City	134948	120726	14177	33	
肇东市	Zhaodong City	235365	223760	11114	98	
海伦市	Hailun City	313533	119505	192075		
漠河市	Mohe City	2899	19	2819		
呼玛县	Huma County	73671	2656	70872		
塔河县	Tahe County	6912	108	6768		
加格达奇区	Jiagedaqi District					

附录　续表8　Continued

县、市名称	Name	主要农作物产量(吨) Yield of Main Farm Crops (ton)					水产品产量(吨) Aquatic Products (ton)
		粮　食 Grain Crops	#谷物 Cereal	#大豆 Soja	油　料 Oil-bearing Crops	甜　菜 Beetroots	
呼 兰 区	Hulan	949666	931368	8491		4036	4571
阿 城 区	Acheng	540695	536253	4023			7116
双 城 区	Shuangcheng	1625061	1606717	9126	3376		12436
依 兰 县	Yilan County	1413267	1348610	63833			7756
方 正 县	Fangzheng County	378182	356777	20891	12		10995
宾　县	Bin County	1022675	996712	23943			8111
巴 彦 县	Bayan County	1312792	1213170	98183			20949
木 兰 县	Mulan County	649763	588828	60620			8008
通 河 县	Tonghe County	642781	613147	27611	10		8016
延 寿 县	Yanshou County	586461	551824	34211			5070
尚 志 市	Shangzhi City	801715	660023	131023	324		11831
五 常 市	Wuchang City	1795437	1774876	19102	23		8444
龙 江 县	Longjiang County	2315379	2286374	26733	163	978	8128
依 安 县	Yian County	1301416	1056327	210147	50	112450	2384
泰 来 县	Tailai County	1078084	1057844	16618	2497		14078
甘 南 县	Gannan County	1561678	1410831	128915	57	40	6251
富 裕 县	Fuyu County	952634	888751	59143	3661	3780	7831
克 山 县	Keshan County	728439	433108	250089		1050	3113
克 东 县	Kedong County	337308	194830	138878			3109
拜 泉 县	Baiquan County	700673	405878	286137	440	5643	5349
讷 河 市	Nehe City	1730952	1270846	413505	45	8254	9276
梅里斯区	Meilisi Daur District	728000	705000	20000			1733
鸡 东 县	Jidong County	756326	731793	23721	17		6330
虎 林 市	Hulin City	2934532	2774261	156631	395		7893
密 山 市	Mishan City	1954367	1866607	86828	52		27921
萝 北 县	Luobei County	1425729	1281247	143239	7		2223
绥 滨 县	Suibin County	1346410	1293124	51474			7373
集 贤 县	Jixian County	885036	836542	47353	110		2917
友 谊 县	Youyi County	867438	809561	57855	34		
宝 清 县	Baoqing County	1919711	1602695	316184	704		8076
饶 河 县	Raohe County	1814726	1679180	134739	132		2594
肇 州 县	Zhaozhou County	1003835	995370	7531	1311		7000
肇 源 县	Zhaoyuan County	1104021	1078972	24444	58128		29553
林 甸 县	Lindian County	839818	737275	89415			12126
杜蒙自治县	Durbote Mongolia Autonomous County	847310	820176	19724	19360		42166
大 同 区	Datong	512204	500910	9016	4092	3467	8596

附录 续表9 Continued

县、市名称	Name	主要农作物产量(吨) Yield of Main Farm Crops (ton)					水产品产量(吨) Aquatic Products (ton)
		粮食 Grain Crops	#谷物 Cereal	#大豆 Soja	油料 Oil-bearing Crops	甜菜 Beetroots	
嘉荫县	Jiayin County	298455	184037	109796	4		1017
汤旺县	Tangwang County						
丰林县	Fenglin County						
大箐山县	Daqingshan County				37		
南岔县	Nancha County				11		
铁力市	Tieli City	483085	407520	75361	44		2431
佳木斯郊区	Jiamusi Suburb	664000	633500	29500			8066
桦南县	Huanan County	1210382	1013671	195916	110		8943
桦川县	Huachuan County	951656	908666	42582			8580
汤原县	Tangyuan County	900576	855020	45371			5653
同江市	Tongjiang City	2371288	2218847	152274			14873
富锦市	Fujin City	3147090	2739504	406306	20		12542
抚远市	Fuyuan City	1794359	1730069	64289			2392
勃利县	Boli County	504412	486474	17753	246		2738
林口县	Linkou County	597229	457090	137182	3256		2007
绥芬河市	Suifenhe City	6682	3422	3144	241		206
海林市	Hailin City	469953	417861	51465	1674		1505
宁安市	Ningan City	906130	798452	41362	3312		8034
穆棱市	Muling City	491771	351938	133852	10642		2893
东宁市	Dongning City	190322	142600	44300	3936		1503
阳明区	Yangming						474
爱辉区	Aihui	397024	165501	222089	1006		2232
逊克县	Xunke County	569169	276752	279932	120		3539
孙吴县	Sunwu County	249383	107941	135704	95		668
北安市	Beian City	1131671	600529	518722			4195
五大连池市	Wudalianchi City	1201302	504261	685317	62		3589
嫩江市	Nenjiang County	1626840	616868	997819	692		1172
五大连池风景区	Wudalianchi Scenic Spot	26600	3755	22350			728
北林区	Beilin	1289616	1213262	64325			36043
望奎县	Wangkui County	1081522	927633	94674	43	1051	11118
兰西县	Lanxi County	1003355	985102	15524	284		10549
青冈县	Qinggang County	1157909	1107130	50305	310		10288
庆安县	Qingan County	1144477	1060237	80662			15070
明水县	Mingshui County	647895	540464	101007			6838
绥棱县	Suiling County	741261	612745	128086			11465
安达市	Anda City	986170	962408	23683	8		16428
肇东市	Zhaodong City	1702034	1681341	19119	246		48233
海伦市	Hailun City	1327176	898828	420998			14044
漠河市	Mohe City	4906	45	4582			143
呼玛县	Huma County	122354	12390	109763			671
塔河县	Tahe County	11919	474	11276			200
加格达奇区	Jiagedaqi District						805

附录　续表10　Continued

单位：万元　(10000 yuan)

县、市名称	Name	全年主营业务收入2000万元及以上的工业企业 Industrial Enterprises with Annual Revenue From Principal Business over 20 Million Yuan								
		企业单位数（个） Number of Enterprises (unit)	#亏损企业 Losses	工业总产值 Total Industrial Output Value	资产合计 Total Assets	流动资产合计 Total Current Assets	固定资产净额 Net Fixed Assets	负债合计 Total Liabilities	营业收入 Revenue from Principal Business	利润总额 Total Profits
呼兰区	Hulan	97	23	1786994	2470470	1322077	771928	1610618	1801339	45391
阿城区	Acheng	75	21	1219758	2465598	1256586	763911	1602577	1361110	67542
双城区	Shuangcheng	61	13	1337787	1621660	931205	408784	916767	1236483	81962
依兰县	Yilan County	14	5	111850	295046	88885	191811	200625	91846	6994
方正县	Fangzheng County	42	6	383149	446770	280566	149595	268618	522760	13649
宾县	Bin County	52	13	958984	1680192	786424	379869	1082664	897264	27994
巴彦县	Bayan County	29	10	611890	410462	192842	154309	239259	573545	14068
木兰县	Mulan County	24	1	144004	164406	68060	85398	104754	121344	948
通河县	Tonghe County	23	5	162947	238876	98385	115506	184331	193225	7221
延寿县	Yanshou County	45	1	460212	376205	273709	63873	261797	410470	18759
尚志市	Shangzhi City	33	10	336017	452492	213808	186482	327344	373604	6352
五常市	Wuchang City	116	20	1416940	1130911	709248	322710	635459	1478566	105350
龙江县	Longjiang County	24	4	756063	869538	452519	324301	544459	781939	253659
依安县	Yian County	23	9	371496	365960	187541	134222	258765	347275	3070
泰来县	Tailai County	31	8	254920	679314	385317	262317	495349	538199	155888
甘南县	Gannan County	42	12	568223	697947	508987	149704	305922	631320	164602
富裕县	Fuyu County	24	6	362356	376298	170893	176715	185010	354516	12951
克山县	Keshan County	16	9	122551	201798	97212	58974	145394	101254	-6825
克东县	Kedong County	12	5	421114	1994650	1690811	134162	911581	1402601	537208
拜泉县	Baiquan County	12	4	190813	191475	87263	75677	121925	159366	7905
讷河市	Nehe City	28	9	685330	914267	519999	174489	663104	683672	24302
梅里斯区	Meilisi Daur District	7	4	75271	94277	34449	10519	62352	76741	4921
鸡东县	Jidong County	28	10	278029	507478	229384	143783	326307	275680	12547
虎林市	Hulin City	49	5	648098	1409347	891418	256900	636891	883074	99594
密山市	Mishan City	49	9	415472	856933	442664	285251	564172	497208	18759
萝北县	Luobei County	42	13	693878	855796	472304	218963	457111	841367	59574
绥滨县	Suibin County	11	5	69560	247131	110231	56938	173781	68426	1520
集贤县	Jixian County	23	7	360184	634807	377209	160203	690673	390388	3938
友谊县	Youyi County	19	5	280206	225366	95970	125285	224740	284071	-22092
宝清县	Baoqing County	34	9	802514	1581000	447343	697425	1375417	882712	-22024
饶河县	Raohe County	11	2	80102	103364	39415	54764	75512	83900	2603
肇州县	Zhaozhou County	38	11	734064	696277	201892	221723	366708	707410	15014
肇源县	Zhaoyuan County	97	6	939411	760788	402148	177588	557756	830850	31667
林甸县	Lindian County	24	4	313710	366930	185322	114028	172867	339541	35846
杜蒙自治县	Durbote Mongolia Autonomous County	39	8	697903	1366291	573710	649609	1042871	725150	22448
大同区	Datong	29	10	718510	2657836	512880	504166	2258477	687038	12231

附录 续表11 Continued

单位：万元 (10000 yuan)

县、市名称	Name	全年主营业务收入2000万元及以上的工业企业 Industrial Enterprises with Annual Revenue From Principal Business over 20 Million Yuan								
		企业单位数（个） Number of Enterprises (unit)	#亏损企业 Losses	工业总产值 Total Industrial Output Value	资产合计 Total Assets	流动资产合计 Total Current Assets	固定资产净额 Net Fixed Assets	负债合计 Total Liabilities	营业收入 Revenue from Principal Business	利润总额 Total Profits
嘉荫县	Jiayin County	2	1	10372	52393	26921	24232	17198	9910	-25
汤旺县	Tangwang County	2		6996	31607	7910	18224	30852	5298	264
丰林县	Fenglin County	10	5	28080	99459	40662	28404	54531	22795	-657
大箐山县	Daqingshan County	4	1	23722	95195	31226	53397	36111	22472	7597
南岔县	Nancha County	6	2	72674	247070	77329	88730	167533	64563	-5135
铁力市	Tieli City	17	4	204486	534681	155931	181843	377165	176991	7567
佳木斯郊区	Jiamusi Suburb	42	8	335645	484242	241703	183149	316759	360644	6287
桦南县	Huanan County	34	6	488653	577592	230342	281330	386131	469263	21786
桦川县	Huachuan County	38	5	337257	449661	158442	164369	229515	310312	9528
汤原县	Tangyuan County	37	6	191479	355817	188197	136808	230832	240796	11191
同江市	Tongjiang City	29	6	235992	414334	172456	180082	302149	239314	14342
富锦市	Fujin City	63	14	1383899	1140485	586457	412636	796550	1198242	54579
抚远市	Fuyuan City	9	1	47265	148988	77824	51445	120079	63413	-410
勃利县	Boli County	20	7	316565	622473	378668	130742	368057	308453	-6298
林口县	Linkou County	19	8	64065	173272	63115	85734	131209	156098	-1193
绥芬河市	Suifenhe City	63	27	283314	233296	167339	30775	191590	217896	-5237
海林市	Hailin City	33	16	194813	456762	186560	102874	372636	173902	1066
宁安市	Ningan City	32	8	185353	267101	120514	113979	224165	156306	3351
穆棱市	Muling City	40	15	307526	398196	191841	161228	295354	211978	481
东宁市	Dongning City	26	7	181844	224131	98887	114724	139054	173133	19659
阳明区	Yangming	38	6	863340	1351956	570326	575208	729265	830815	55131
爱辉区	Aihui	30	6	318833	684721	239116	238660	526113	341381	37581
逊克县	Xunke County	9	3	123552	510428	139935	146703	269219	121984	72116
孙吴县	Sunwu County	10	2	74587	110246	54819	41497	76446	73586	-600
北安市	Beian City	31	7	493163	815262	430281	192149	659191	488782	17331
五大连池市	Wudalianchi City	17	8	68885	290188	144972	113423	236427	70017	-4815
嫩江市	Nenjiang County	18	7	637411	1154864	215598	362069	580464	664410	175627
五大连池风景区	Wudalianchi Scenic Spot									
北林区	Beilin	112	34	1854865	3178156	1478654	1387740	2532022	1962820	-13696
望奎县	Wangkui County	18	3	373684	190686	84764	84121	125565	353520	15731
兰西县	Lanxi County	17	9	106869	200203	79408	70215	152834	93308	-4900
青冈县	Qinggang County	31	7	966108	935891	452802	369635	561308	924554	34047
庆安县	Qingan County	39	3	590561	739104	438686	222899	414203	577674	35447
明水县	Mingshui County	10	1	99051	177235	92216	65508	96086	78838	5263
绥棱县	Suiling County	17	3	75535	69192	29523	36949	61429	72607	2565
安达市	Anda City	56	13	778636	1837956	651034	590326	1212066	819418	49034
肇东市	Zhaodong City	40	11	1865072	1339357	740438	295400	960428	1532005	49183
海伦市	Hailun City	29	7	276964	309633	159084	134676	201497	269510	9224
漠河市	Mohe City	7		210351	260653	172385	69761	171847	264813	43003
呼玛县	Huma County	2	1	5948	38898	-2648	16982	16519	19664	-1050
塔河县	Tahe County	4	2	24482	59965	43997	5812	22775	24155	5910
加格达奇区	Jiagedaqi District	5	2	37304	351782	239119	41138	333691	37373	1405

附录　续表12 Continued

单位：万元　　　　(10000 yuan)

县、市名称	Name	全年主营业务收入2000万元及以上的国有控股工业企业 State-holding Industrial Enterprises with Annual Revenue From Principal Business over 20 Million Yuan								
		企业单位数（个）Number of Enterprises (unit)	#亏损企业 Losses	工业总产值 Total Industrial Output Value	资产合计 Total Assets	流动资产合计 Total Current Assets	固定资产净额 Net Fixed Assets	负债合计 Total Liabilities	营业收入 Revenue from Principal Business	利润总额 Total Profits
呼兰区	Hulan	15	4	937924	1467366	674843	565092	969829	968861	29401
阿城区	Acheng	6	1	451603	788092	363662	334086	525696	476362	35126
双城区	Shuangcheng	8	3	820112	717264	407893	225063	431124	716887	42979
依兰县	Yilan County									
方正县	Fangzheng County	1	1	14700	26248	4392	21466	16833	14701	-64
宾　县	Bin County	6		280674	694406	210834	134551	401380	223864	5890
巴彦县	Bayan County	1	1	26710	39835	4316	35185	39434	26711	-756
木兰县	Mulan County	2	1	10974	57344	16923	34259	37306	11173	-2222
通河县	Tonghe County	1	1	14690	23189	2506	20420	22962	14064	-55
延寿县	Yanshou County	1		24660	41902	36641	3601	18295	26867	5848
尚志市	Shangzhi City	3	1	164580	128609	47686	65685	109669	183142	14163
五常市	Wuchang City	5	1	342394	269781	169797	81212	151857	388398	45910
龙江县	Longjiang County	4	1	644214	643957	373119	193483	375572	658296	248007
依安县	Yian County	2	1	167166	146452	62176	73808	118503	177611	569
泰来县	Tailai County	1		21186	47197	7001	40167	46587	21267	127
甘南县	Gannan County	2	1	352764	335538	280728	51938	99236	359316	161297
富裕县	Fuyu County	1		171272	94755	70108	21495	20809	166056	7955
克山县	Keshan County	1		12063	19236	2262	1695	12348	11345	21
克东县	Kedong County	1		285736	1829124	1611804	75708	784823	1271130	531880
拜泉县	Baiquan County									
讷河市	Nehe City	2		506624	477913	308564	49917	360071	491940	25994
梅里斯区	Meilisi Daur District									
鸡东县	Jidong County	2	1	97625	76213	38267	24417	41913	100691	11776
虎林市	Hulin City	5		173752	1001599	617534	133878	385409	245340	80842
密山市	Mishan City	3	2	44699	135667	27638	86795	111889	42710	-3607
萝北县	Luobei County	4		352547	158122	67383	39006	91323	374868	22209
绥滨县	Suibin County									
集贤县	Jixian County	3	1	213582	414014	292499	70884	544057	234292	-188
友谊县	Youyi County	1		23628	55047	9341	45435	52908	23628	35
宝清县	Baoqing County	4	1	347537	1154973	247003	531034	1096978	503178	-23476
饶河县	Raohe County									
肇州县	Zhaozhou County	2		78766	191891	24499	4664	35579	78766	2898
肇源县	Zhaoyuan County	1	1	28871	79289	35590	22493	76262	28871	-6594
林甸县	Lindian County	1		163891	92318	68718	21338	45968	187419	22638
杜蒙自治县	Durbote Mongolia Autonomous County	4		505010	572619	253621	290947	442192	472382	27171
大同区	Datong	5	3	576701	1577234	232713	187812	1326637	317662	-700

附录 续表13 Continued

单位：万元 (10000 yuan)

县、市名称	Name	全年主营业务收入2000万元及以上的国有控股工业企业 State-holding Industrial Enterprises with Annual Revenue From Principal Business over 20 Million Yuan								
		企业单位数(个) Number of Enterprises (unit)	#亏损企业 Losses	工业总产值 Total Industrial Output Value	资产合计 Total Assets	流动资产合计 Total Current Assets	固定资产净额 Net Fixed Assets	负债合计 Total Liabilities	营业收入 Revenue from Principal Business	利润总额 Total Profits
嘉荫县	Jiayin County									
汤旺县	Tangwang County									
丰林县	Fenglin County	1		5619	14622	6812	4411	2746	5619	612
大箐山县	Daqingshan County									
南岔县	Nancha County	2	1	42443	193377	67833	78373	133843	40053	-5703
铁力市	Tieli City	1	1	23033	129890	81255	8808	126177	19168	-1018
佳木斯郊区	Jiamusi Suburb	3	2	49712	126418	52888	55925	110630	49350	-2451
桦南县	Huanan County	1		248185	111636	43522	60525	94930	218056	4872
桦川县	Huachuan County									
汤原县	Tangyuan County									
同江市	Tongjiang City									
富锦市	Fujin City	4		317725	424678	205210	204047	360763	320351	8199
抚远市	Fuyuan City									
勃利县	Boli County	2	2	200532	301461	233177	30274	172749	149834	-8738
林口县	Linkou County									
绥芬河市	Suifenhe City									
海林市	Hailin City	3	2	30111	162962	64088	38074	175965	31340	-1070
宁安市	Ningan City									
穆棱市	Muling City	1		17491	31423	10916	19315	23128	12340	66
东宁市	Dongning City	3	1	65313	94398	39835	52375	54421	64046	10423
阳明区	Yangming	8	2	676510	1128542	424904	551746	630805	656283	39765
爱辉区	Aihui	5	1	129637	261031	81283	122478	170897	148902	15144
逊克县	Xunke County	1		90619	182126	44096	70852	11993	90485	74322
孙吴县	Sunwu County									
北安市	Beian City	3		244603	363202	182143	112694	297988	254931	8263
五大连池市	Wudalianchi City									
嫩江市	Nenjiang County	4	1	507272	918548	116561	281108	450006	516325	152834
五大连池风景区	Wudalianchi Scenic Spot									
北林区	Beilin	10	5	906192	2175630	790852	1154272	1834373	809361	-41802
望奎县	Wangkui County	1		263475	29899	13296	13690	17093	264348	10299
兰西县	Lanxi County	1		19510	29519	4263	24450	29101	19196	136
青冈县	Qinggang County	8	1	805356	734449	360633	303889	437590	744629	26919
庆安县	Qingan County	3	1	78447	178380	108309	54566	117948	78515	8265
明水县	Mingshui County	2		44379	87659	45785	38790	59016	29411	2369
绥棱县	Suiling County									
安达市	Anda City	5	3	247030	464161	168354	195148	307330	200751	-30610
肇东市	Zhaodong City	7	1	1567390	850368	436107	202394	572167	1158980	43929
海伦市	Hailun City	3	1	89575	134372	53630	76727	107706	80289	3505
漠河市	Mohe City	1		105871	156121	109186	31442	105474	107521	41181
呼玛县	Huma County									
塔河县	Tahe County									
加格达奇区	Jiagedaqi District	1		22060	316196	221487	34218	303395	22060	3140

附录 续表14 Continued

县、市名称	Name	公共财政收入(万元) General Budgetary Financial Revenue (10000 yuan)	政府性基金收入(万元) Governmental Fund Income (10000 yuan)	公共财政支出(万元) General Budgetary Financial Expenditure (10000 yuan)	政府性基金支出(万元) Governmental Fund Expenditure (10000 yuan)	公路线路里程(公里) Length of Highways (km)	普通中学在校学生(人) Students in Regular Secondary Schools (person)	小学在校学生(人) Students in Primary Schools (person)
呼兰区	Hulan	12543		347905	55884	1433	14245	16933
阿城区	Acheng	46615	1400	478206	149937	1805	21190	22007
双城区	Shuangcheng	44751		473011	117391	2458	28913	28144
依兰县	Yilan County	28799	5490	347565	33950	1806	11508	12316
方正县	Fangzheng County	16718	1549	229031	25784	1167	8214	8184
宾县	Bin County	49368	14824	388498	51598	2346	23351	22209
巴彦县	Bayan County	29438	14011	465186	33293	2464	18801	19127
木兰县	Mulan County	13449	3845	270065	20100	1349	8208	8620
通河县	Tonghe County	18433	1687	250126	48757	1383	7600	8085
延寿县	Yanshou County	19246	3235	314453	17286	1170	7484	8859
尚志市	Shangzhi City	24836	13197	450400	143080	2524	20976	20300
五常市	Wuchang City	60017	11407	608063	35264	3757	31100	28131
龙江县	Longjiang County	61648	24938	452220	42802	2842	21313	20832
依安县	Yian County	38221	1805	390799	18237	2702	12012	11730
泰来县	Tailai County	50887	4593	315524	17055	2482	10904	12608
甘南县	Gannan County	49959	1326	416405	19655	3007	16395	15573
富裕县	Fuyu County	38656	6545	308405	23473	2109	9579	9083
克山县	Keshan County	27563	4958	399657	43838	2443	11417	9354
克东县	Kedong County	59005	2950	305330	10238	1576	7911	6754
拜泉县	Baiquan County	26674	2586	509995	25565	2664	12896	13844
讷河市	Nehe City	51094	10913	550515	95635	2842	21231	19416
梅里斯区	Meilisi Daur District	10776	4199	144271	6861	798	4144	4308
鸡东县	Jidong County	27677	1687	272534	89044	1764	9852	6124
虎林市	Hulin City	38071	5574	287010	11643	3344	10420	11028
密山市	Mishan City	39831	15454	403188	22039	2826	18773	11318
萝北县	Luobei County	43732	4698	282481	4165	2669	11951	6624
绥滨县	Suibin County	15888	2605	225510	26281	1945	5247	5511
集贤县	Jixian County	25558	5168	260687	52163	1231	12110	9166
友谊县	Youyi County	12356	4737	93558	15996	502	7360	3318
宝清县	Baoqing County	47063	6190	437334	90012	4123	15649	14827
饶河县	Raohe County	13816	699	240799	19519	2496	4769	6135
肇州县	Zhaozhou County	36167	7149	280114	13267	1466	19492	11555
肇源县	Zhaoyuan County	32392	7044	358216	24499	1669	21510	12561
林甸县	Lindian County	25509	7177	299334	38168	1528	9692	8966
杜蒙自治县	Durbote Mongolia Autonomous County	36420	11517	268951	21594	1933	13248	8691
大同区	Datong	34785	4430	147576	4410	1181	10050	6604

附录 续表15 Continued

县、市名称	Name	公共财政收入(万元) General Budgetary Financial Revenue (10000 yuan)	政府性基金收入(万元) Governmental Fund Income (10000 yuan)	公共财政支出(万元) General Budgetary Financial Expenditure (10000 yuan)	政府性基金支出(万元) Governmental Fund Expenditure (10000 yuan)	公路线路里程(公里) Length of Highways (km)	普通中学在校学生(人) Students in Regular Secondary Schools (person)	小学在校学生(人) Students in Primary Schools (person)
嘉荫县	Jiayin County	11688	1539	170554	12616		2101	2403
汤旺县	Tangwang County						442	741
丰林县	Fenglin County						675	1197
大箐山县	Daqingshan County						614	1011
南岔县	Nancha County						2412	1849
铁力市	Tieli City	32915	6137	290834	26526		8510	7777
佳木斯郊区	Jiamusi Suburb	39225		172911	10228	1122	5576	6341
桦南县	Huanan County	39269	2824	436099	51662	1745	14180	12271
桦川县	Huachuan County	24516	6084	262157	38532	1443	7180	6791
汤原县	Tangyuan County	26125	3122	266749	19786	1790	6905	7199
同江市	Tongjiang City	24782	9341	318628	43819	2544	7163	9556
富锦市	Fujin City	78263	9414	603550	91422	4929	25257	19773
抚远市	Fuyuan City	25359	5378	298479	31423	2203	4111	5493
勃利县	Boli County	32695	5809	351777	65637	1554	10279	8856
林口县	Linkou County	46102	5817	328056	17643	2277	10539	9624
绥芬河市	Suifenhe City	49978	20741	221830	39222	233	5733	7126
海林市	Hailin City	46917	7437	271180	52022	2552	11986	11159
宁安市	Ningan City	36800	5859	302113	44064	2528	14087	13631
穆棱市	Muling City	61120	5554	347155	28074	1885	9647	9268
东宁市	Dongning City	36502	5142	252518	21150	1912	8440	9676
阳明区	Yangming	18819		91885	19948	463	9548	5711
爱辉区	Aihui	26302		289634	9046	1712	12922	9182
逊克县	Xunke County	34745	10553	249649	6196	2388	3141	3488
孙吴县	Sunwu County	23888	992	195666	14866	1402	3763	3787
北安市	Beian City	65269	4518	450871	46960	3155	12246	11343
五大连池市	Wudalianchi City	37132	5499	344281	47758	2868	9283	9616
嫩江市	Nenjiang County	101283	30066	540709	35720	3770	15444	15624
五大连池风景区	Wudalianchi Scenic Spot	3600	1328	45482	2819	99	744	620
北林区	Beilin	64374	3494	506410	22257	2459	34923	25217
望奎县	Wangkui County	41268	14774	424752	34905	1853	18617	11258
兰西县	Lanxi County	40056	24476	378196	50693	2013	17902	11472
青冈县	Qinggang County	34259	7836	471912	25376	2703	19941	11199
庆安县	Qingan County	37180	3155	363320	17717	2248	11773	10644
明水县	Mingshui County	22242	4037	310939	16967	1506	10386	8062
绥棱县	Suiling County	34157	10106	288304	50640	2103	13327	7994
安达市	Anda City	105035	28615	516860	60822	1992	17804	11950
肇东市	Zhaodong City	118929	184630	607040	127347	2388	37549	24395
海伦市	Hailun City	55452	8093	753666	67522	3993	26694	17354
漠河市	Mohe City	39476	1749	143472	6730	1845	1609	1619
呼玛县	Huma County	11065	858	177725	11166	1368	1521	1452
塔河县	Tahe County	5728	817	83080	7964	1287	1414	1319
加格达奇区	Jiagedaqi District	21830	1049	153092	45559	574	5790	4724